李榕阶 著
陈鸿钧 整理

论语孔门言行录

SPM 南方出版传媒 广东人民出版社
·广州·

图书在版编目（CIP）数据

《论语》孔门言行录 / 李榕阶著；陈鸿钧整理. —广州：广东人民出版社，2021.8

ISBN 978-7-218-14727-7

Ⅰ.①论… Ⅱ.①李… ②陈… Ⅲ.①孔丘（前551-前479）—学生—评传 Ⅳ.①B222.35

中国版本图书馆CIP数据核字（2020）第241931号

《LUNYU》KONGMEN YANXING LU
《论语》孔门言行录
李榕阶 著 陈鸿钧 整理

版权所有 翻印必究

出 版 人：肖风华

责任编辑：谢应祥
责任校对：古海阳
装帧设计：书窗设计
责任技编：吴彦斌
封面题字：伍宪子

出版发行：广东人民出版社
地　　址：广州市海珠区新港西路204号2号楼（邮政编码：510300）
电　　话：（020）85716809（总编室）
传　　真：（020）85716872
网　　址：http://www.gdpph.com
印　　刷：佛山家联印刷有限公司
开　　本：787毫米×1092毫米　1/16
印　　张：37.5　　字　数：580千
版　　次：2021年8月第1版
印　　次：2021年8月第1次印刷
定　　价：128.00元

如发现印装质量问题，影响阅读，请与出版社（020-85716849）联系调换。
售书热线：（020）85716826

图1 李榕阶先生像

道源洙泗　绍厥心传
表扬先哲　卓尔鸿篇
义主救世　学宗自然
江门风月　辉映后先

——门人高廷梓敬题

图 2　李榕阶先生全家照（约摄于 20 世纪 40 年代）

图3 李文霱先生像(李榕阶子)

图4　原版扉页

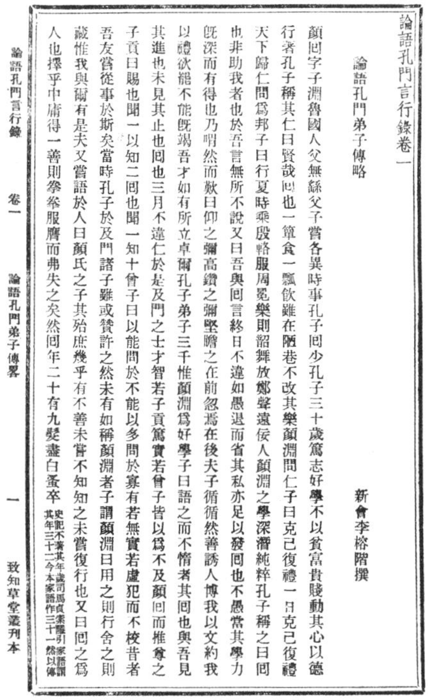

論語孔門言行錄卷一

論語孔門弟子傳略

新會李榕階撰

顏回字子淵魯國人父無繇父子嘗各異時事孔子回少孔子三十歲篤志好學不以貧富貴賤動其心以德行著孔子稱其仁曰賢哉回也一簞食一瓢飲雖在陋巷不改其樂顏淵問仁子曰克己復禮一日克己復禮天下歸仁問爲邦子曰行夏時乘殷輅服周冕樂則韶舞放鄭聲遠佞人顏淵之學深潛純粹孔子稱之曰回也非助我者也於吾言無所不說又曰吾與回言終日不違如愚退而省其私亦足以發回也不愚嘗其學力既深而有得也乃喟然而歎曰仰之彌高鑽之彌堅瞻之在前忽焉在後夫子循循然善誘人博我以文約我以禮欲罷不能既竭吾才如有所立卓爾孔子弟子三千惟顏淵爲好學子曰語之而不惰者其回也與吾見其進也未見其止也回也三月不違仁於是及門之士才智若子貢篤實若曾子皆以爲不及顏回而推尊之子貢曰賜也聞一以知二回也聞一知十曾子曰以能問於不能以多問於寡有若無實若虛犯而不校昔者吾友嘗從事於斯矣當時孔子於及門諸子雖或贊許之然未有如稱顏淵者子謂顏淵曰用之則行舍之則藏惟我與爾有是夫又嘗語於人曰顏氏之子其殆庶幾乎有不善未嘗不知知之未嘗復行也又曰回之爲人也擇乎中庸得一善則拳拳服膺而弗失之矣然回年二十有九髮盡白蚤卒史記不著其年歲司馬貞索隱引家語謂其年三十二今本家語作三十一然以傳

論語孔門言行錄　卷一　論語孔門弟子傳畧　一　致知草堂叢刊本

图5　原版书影一

論語孔門言行錄卷十七

論語孔門言行別錄

新會李榕階撰

余既采論語所記孔門言行著錄於編其他若大小戴記左傳韓詩外傳家語說苑新序以暨周秦諸子莊列荀韓孔叢子呂氏春秋之類所載孔門言行不鮮雖往往駁而不醕僞而失眞然亦學者所欲參究以資評判未可缺而不錄今於原文或有刪節使較簡明其尤紕繆不經者則缺諸或爲辯正焉而俚言俗說近於小說家言者則屛而弗載也其亦博我以文之義歟

▲顏回

●韓詩外傳　子路曰人善我我亦善之人不善我我不善之子貢曰人善我我亦善之人不善我我則引之進退而已耳顏回曰人善我我亦善之人不善我我亦善之三子所持各異問於夫子夫子曰由之所言蠻貊之言也賜之所言朋友之言也回之所言親屬之言也

孔子與子貢子路顏淵遊於戎山之上孔子喟然歎曰二三子各言爾志予將覽焉由爾何如對曰得白羽如月赤羽如朱擊鐘鼓者上聞於天下槊於地使將而攻之惟由爲能孔子曰勇士哉賜爾何如對曰得素衣縞冠使於兩國之間不持尺寸之兵升斗之糧使兩國相親如弟兄孔子曰辯士哉回爾何如對曰願得明王聖

論語孔門言行錄　卷十七　別錄　顏回　一　致知草堂叢刊本

图6　原版书影二

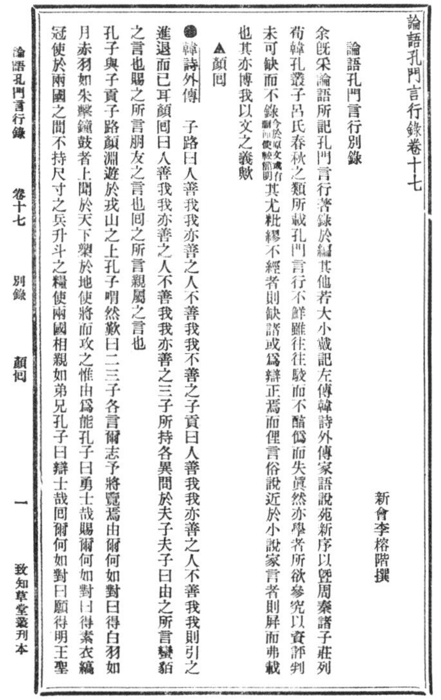

图7 原版作者寄语

孔門言行已成編
勘誤增修待後賢
付與名山留著述
杏壇心學向誰傳
一九五四年一月甲午新會李榕階
香江感懷

李榕阶先生历略

李先生榕阶，字汾甫，新会人，以文学名，前清举人，授职中书科中书。民国十二年，孙大元帅下令统一财政，简任为新台开恩赤五邑财政整理处处长。既而许总司令崇智以粤省财赋亟待整理刷新，召集全省军官，开总部大会，公推先生任广东财政厅长，综理粤省财政，辞弗就，时在民国十三年。未几，新会全邑绅董公推先生任新会县修志馆馆长，亦辞弗就。先生居官，清廉自矢，出纳公开，苞苴断绝，然不加赋而用足，故地方绅商暨各处防军，皆称其廉能。尝谓国家之患，不在水旱，不在盗贼，不在于财用匮乏，不在于兵革不利，而在于人心之败坏。戕其天性，而使仁义绝灭；违乎真理，而使是非混淆；岂止率兽食人，将使人为禽兽矣，此则为天下之大患。以孔孟微言渐失，七十子之记载不详，于是屏绝外缘，发奋为《〈论语〉孔门言行录》一书，参考经史百家载籍，多至千数百种，萃十三年之功力而成。凡二十八万余字，分为二十六卷，所有孔门诸子之德性、气象、学问、事功、才识、境遇、艺术、技能，与夫孔学之大义微言、救世思想，及与释教、耶稣之异同，靡不概括，诚足为羽翼经传之作。自孔子没后，二千五百余年，自来编纂孔门言行，未有如此书之详而核者。《四库全书》所载孔门传记，只有吕元善《圣门志》六卷，夏洪基《孔门弟子传略》二卷，吕书旁及封典古迹，提要讥其芜杂；夏书叙录多冗赘，提要亦议其去取失当。同门钟厅长秀南遗以书，曰："君辞去任务，专心著述，立志不在一时，而在千古也。著有《致草堂文稿》六卷，所为文，渊懿浑灏，谈道隆、伍铨萃两太史皆亟称之。"生平好研究目录之学，藏书四万余卷，迭遭变乱，散佚殆尽。往时著有《春秋疆域图志》十二卷，亦已散佚。生平不好作诗，亦不欲以诗名。尝著五律一首，其词曰："志在澄天下，而今尚晦明。剧怜双翮健，未试一鸣惊。无肉歌长铗，穷途仗友生。归耕愁道阻，风雨满江城。"江门白沙钓台落成纪念，著七绝句二首，其词曰："尚有渔台纪钓翁，黄云紫水仰遗风。当年恍惚衣冠在，师弟渊源一梦中。"又曰："碧玉楼藏论学书，孔颜心法入吾庐。谁云身内无天地，鱼跃鸢飞任卷舒。"早岁任各大学教授，门人甚众，高廷梓、陈剑如、区鼎新、李朴生、吕灿铭、黎藻鉴、陈同昶、梁谦武、陈作良等，皆出其门，或以军功显，或以文学艺术名于时云。

同门弟陈鼎彝谨述
一九五零年庚寅

题词六则

永康会长：弟顷晤李榕阶先生，谈及刊印其大著《〈论语〉孔门言行录》一书。弟认为极合时宜，此书极有价值，可传之作，望鼎力提倡，俾得早日出版至幸。

——伍宪子

欣悉大著《〈论语〉孔门言行录》一书即将付刊，表扬先哲，阐发幽微，学术、人心两俱裨益，钦佩之至。

——郑彦棻

先生的情况困乏，我们很想尽力，尤其《言行录》是必可传世的著述，我们愿意尽力把这套著述出版成功。

——李朴生

兄撰《〈论语〉孔门言行录》，经十三年而成，甚佳。余记得顾亭林先生撰《日知录》，当明末清初国变之际，不惮劳瘁，专力著作，古人好学如此。东汉赵岐著《孟子注》，逃难不忘著述。其时尚未有刻版书，然其注传至今刻入《十三经注疏》中，是皆难能而可贵者。余流寓海隅多年，著有《廿四史述感》一书，颇劳心力，其著述与兄不同，而流离颠沛，则与兄同。言谈之顷，相对一笑。

——汪宗洙

吾师《〈论语〉孔门言行录》是古人所未及就，而后世必不可无之著作，岂止救世良药，实为中华之国宝也。

——吕灿铭

　　余读书虽不多，而深知《〈论语〉孔门言行录》一书极有价值。在中国古籍中，余从未发见有记孔门载籍多至二十八万余字之书。余救世思想不敢后于人也，当尽其绵薄为刊行之，异日如能以英文译出，则流布欧美亦不难矣。

——黄华畅

　　查本书图表一栏，有孔子与及门弟子周游列国疆域图等，以存别处，未及检出刊入。至本书校勘表附记在下册跋文后。（李常照附志）

序一·钱序

　　余避难来港，获识新会李汾甫先生，出其所著《〈论语〉孔门言行录》示余，曰此书方付梓，幸为我序之。余读其校本，盖积十三年之功，网罗既富，参订尤密，为书二十六卷部，都二十八万余言，自先秦两汉以来未尝有也。汉儒尊六艺，《论语》与《孝经》《尔雅》仅列小学，不立于学宫。魏晋之际，王弼、何晏之徒，以清谈说《论语》，虽时有所获，而多失经意。宋兴，朱子《集注》出，说义详审，六百年悬为功令，为近世中国人人所必诵。然清儒毛奇龄《四书改错》，特辟贬抑圣门错一目，其门人陆邦烈乃有《圣门释非录》之辑，虽诋訾，未得其平。然自古治《论语》者，要为重于孔圣，忽于诸贤，欲究当年洙泗讲学之详，此不得谓非一憾事也。盖述孔门事迹，司马迁虽为《仲尼弟子列传》，《家语》复有《弟子解》，然《家语》经王肃窜乱，已非古传之真。裴骃《史记集解》引郑玄，知有孔子弟子目录，然已失其传。至如明夏洪基《孔门弟子传略》、清朱彝尊《孔门弟子考》等编皆简略，今欲考孔门诸贤言论行事之详核者甚难，盖未得其书也。清季阮文达督粤，建学海堂，提倡汉宋学，兼采粤之学者，如朱九江，如陈东塾，如康长素，莫不闻风兴起。汾甫先生盖承粤学之统，其为此书，荟萃古今，订其真伪，阐其精微，一编之中，融会汉宋考据，义理皆备，后有起者，有志寻究孔门学术渊源，此为不可阙矣。先生不以余无知而督序及之，故不辞谫陋，为发其梗概如此，至其书详密精审之所至，则俟读者自得之焉。

钱穆谨拜序于九龙新亚书院
中华民国四十二年（一九五三年）癸巳
孔子二千五百零四年圣诞纪念日

序二·马序

韩非谓孔子之后,儒分为八,有子张之儒,有子思之儒,有颜氏之儒,有孟氏之儒,有漆雕氏之儒,有仲良氏之儒,有孙氏之儒,有乐正氏之儒;子思、孟子、孙氏三家之学,有《中庸》《孟子》《荀子》诸书,为今世学者所共见。颜氏、仲良氏、乐正氏三家,今不可考,无由知其概要。至子张、漆雕二氏,皆亲受业于孔子,韩非谓其自成宗派,然他书鲜有言之者,此不能令人无惑也。《史记》为仲尼弟子立传,谓弟子名姓文字悉取《论语·弟子问》,今其记漆雕开与孔子问答之言,悉与《论语》相合,而《论语》记子张言,有执德不弘,信道不笃,焉能为有!焉有为无!及见危致命,见得思义之语;其与子夏门人论交,则谓君子尊贤而容众,嘉善而矜不能。子张为人,其气度之恢弘,胸襟之广大,已可概见,孔门罕有其比者。然孔门诸子对子张辄有微词,子游谓:"吾友张也,为难能也,然而未仁。"曾子谓:"堂堂乎张,难与并为仁。"此子张平日特立独行之确证,而史公皆略而不记,岂史家所重,在行而不在言乎?

孔门诸贤,来自四方,其气象固不同,即以材质言之,则师也辟,参也鲁,柴也愚,由也喭,其天赋亦各自不同也。孔子之道博大,诸贤各得其一体耳,故有德行、政事、言语、文学之科。及孔子没,诸贤散处四方,各以所闻授后进,而儒家宗派遂以分歧。惜书阙有间,无从详考其传授之渊源,斯治学术史者所深以为憾也!然疑者阙之,固不必强事傅会。若采孔门诸贤言行,分别而玩索之,则在孔子时已见其互有异同,然皆以孔子为依归,故无宗派之别。而实则孔门之有派别,其几已潜伏于及门受教之时,于此益见孔学之博大,而及门人材之盛也!李君汾甫竭十三年精力,撰述《〈论语〉孔门言行录》,为书凡二十六卷,附以图表,于孔门诸贤之言行,博取众说，而折衷于《论语》。盖以《论语》之作，去圣未远，言多可信，而各家学说，亦皆有发扬阐述之功。俾学者得以上窥孔氏微言，而下究汉宋诸儒之学，其裨益后学，诚非浅鲜。余亦深幸汾甫此书成，使后之学者，知孔门诸贤宗师孔子，而又不尽墨守成说也，因为序之云尔。

马鉴序于香港寓庐之老学斋
一九五四年一月五日

序三·伍序

《论语》为研究孔子学术者必读之书,孟子说:"乃所愿,则学孔子。"诸弟子言行,著于《论语》,实为学孔子者最好之门径。汾甫先生萃数十年精力,成《〈论语〉孔门言行录》,予受而读之,佩其用力之勤,所以示后学者,不仅在言而重在行也。诸弟子中,孔子独称颜子为好学,今考《论语》记颜子之行,则屡空而不改其乐,是岂乐箪瓢陋巷乎?颜子盖必自有其乐,虽处箪瓢陋巷人所难堪之境,为自有其乐之故而几忘之。然则颜子之乐何在?在克己复礼也;在不迁怒,不二过也;在无伐善,无施劳也;在有若无,实若虚也。是之谓仁,仁者至公无私,自个人修养言之,则人欲净尽,天理流行。

自人群福利言之,则民吾同胞,物吾同与,学问能体验,到此则一切卑鄙、龌龊、贪污、恶毒、憎恨、排挤、阴险、残杀之下等行为,固然可保无是,事亦自然不会作是,想孔门教育之道,如此而已。《论语》开篇说:"学而时习之,不亦乐乎!"此非单指读书之谓也,故必须能实行,而后可以陋巷箪瓢,不改其乐。

汾甫先生是善学颜子者也,三十年前,曾掌五邑财政。任内有所谓加一局费者,积毫洋七八万元,例入主管长官私囊,汾甫竟能涓滴归公,脂膏不润,在此晚近政海中极难能可贵者。无他,是能深味颜子不改其乐之旨,盖名教中自有乐地,彼区区七八万元阿堵物,曾何足动其胸臆。学问必须从此着手,游刃有余矣。否则读尽万卷书,夷考其行,内多欲焉,则君子之所羞也。

汾甫属吾序其书,吾愿推此意而广之。吾平昔读《论语》,谓《论语》不足尽孔子之学,然《论语》言仁,则孔子学术之中心思想也。颜子固最善体仁者,即全部《论语》诸弟子之言行,亦可以仁括之。《中庸》曰:"仁者人也。"《孟子》曰:"仁也者,人也。"合而言之,道也。明白此义,则学问为群众人生目的,为群众政治,为群众晓得,我之外尚有人,则自私自利之心息,而彼我之情通,而亲爱之义尽。孔子曰:"吾非斯人之徒与而谁与?天下有道,某不与易也。"此仁之义也。有若曰:"百姓足,君孰与不足?百姓不足,君孰与足?"此仁之义也。子张曰:"君子尊贤而容众,嘉善而矜不能,我之大贤欤!于人何所不容?"此仁之义也。曾子曰:"士不可以不弘毅,任重而道远,仁以为己任,不亦重乎?死而后已,不亦远乎?"学问能体验到此,尚何有自私自利之心?尚何有办不通之政治?

孔子抱有教无类之宏愿,具诲人不倦之精神,及门曾受陶铸者,耳濡目染,皆修身为本之教;虽其造诣各有浅深,然由修身而推之大群,使教育政治化,政治教育化,则所受者一也。故其仁也,自生生不息之根荄,言之诸弟子,无不具然;从其扩充之,大量言之,则愚夫愚妇所与知与能者,圣人或亦有所不知不能。《论语》言仁者五十余章,能通此义,则一贯矣。以此通诸弟子之言行,则庶几可以学孔子,不至于欲入而闭之门,亦汾甫先生所以纂孔门言行录之意也矣!

顺德伍宪子谨序
孔子二千五百又四年癸巳(一九五三年)夏六月

序四·郑序

尝读孟氏书，子夏、子游、子张皆有圣人之一体，冉牛、闵子、颜渊则具体而微，体必有实，实恶乎在？曰指人之所以异于禽兽者，有洞明之识见，有不忍之心情，有直往之气概。其存诸内者，则廓然而大公；其施诸物者，则立人达人。惟有万物一体之仁，而后有民胞物与之措施。《易》首乾元，盖乾元握造化之机，元则亨矣，亨则通而利矣。道在贞，固智者知此者也，勇者行此者也，能主宰是者仁也。孔门教学，以仁为大，所以利济万物也。当其潜心玩味，则发愤忘食，乐以忘忧；当其阨穷窘顿，则不怨天，不尤人。领此大化，乘流握柄，无固无必，与天地化，故能育万物，参天地，而何有于彼我之界限？何有于人已之私见？然而孝弟为仁之本，礼乐为仁之方，国以民为主体，而藏富在于民，未有民贫而国可富也，未有民疲而国可强也。

一部《论语》，修已安人之道，如是而已。孔门诸子，久沐春风，柴愚，参鲁，师僻，由喭，小子狂简，可使斐然成章，然才识学力之不齐；雍也可使南面，求可使理财，由可使治兵，赤可使接遇宾客、应对诸侯。若舍瑟铿尔，春风沂水之乐，则吾与点也。师弟之间，融融泄泄，无异家人骨肉，绝无派系之争斗，意见之固执，虽鸣鼓告诫，野哉斥责，亦坦然无介于怀。及其出游列国，则冉有为仆，子路从行，公良孺执戟在傍；虽厄于陈、蔡，被困于宋，围于匡，而卒能脱险，虽当艰危跋涉，而门弟子绝无怨色，无惰容，弹琴鼓瑟，曲三终，而匡人解甲。其遗风至今，曾读孔氏遗书者，犹能乐道之。

新会李汾甫先生仰钻孔学有年，于孔门弟子之言行探赜索隐，成《〈论语〉孔门言行录》二十有六卷，都二十八万余言，历十有三年而书成，为孔子后二千余年未有之叙述。彦棻不敏，既承问序，受而读之，溯洄洙泗渊源，益知人之所以为人之实于是乎在。抑又闻之，我国儒家政见，以人治人，改而止，盖阐发人之所以为人，当承认其地位，而非以被治者为奴役也。苟不明人类相亲相爱之天性，而被治者为奴役，则压力重而反抗愈大，势成壁垒，力与力角，必出于战。经若干世界大战之后，其当有废然思返者乎！孟子曰："正人心，息邪说。"夫表扬先哲，阐述微言，所以正人心也，则斯录之功大矣！故乐而为之序。

郑彦棻谨序
一九五三年十二月

序五·杨序

昔孔子志在《春秋》，行在《孝经》，而《论语》一经，实为其枢纽。孔氏之微言大义，类多见于《论语》，孔门七十子之徒其言行之足征信者，亦莫详于《论语》。使读之者如得其要，衍之者如识其方，则能绳贯而珠联，何异金声而玉振。新会李汾甫先生《〈论语〉孔门言行录》之作得其旨矣。永康不敏，忝从海外诸名贤后，滥竽香港孔圣堂一席，当兹学绝道丧之会，为挽狂澜而戢烈焰，允宜阐发先圣彝训，用供治事规模，表彰前哲徽言，藉备后生楷式。然此殊非疏庸如永康者所敢任，明伦弼教，端赖通儒，倘得大道，同肩成功，何必自我。

方先生此书之将出而问世也，寓笺于永康，曰："自宣圣后二千五百余年，孔门言行迄无详核之专书，《汉书·艺文志》有孔子徒人图法，郑樵《通志》有《论语》孔门弟子目录，焦竑《国史·经籍志》复有《圣门通考》以及《圣门人物志》，第皆散佚。及明之吕元善尝撰《圣门志》，夏洪基并纂有《孔门弟子传略》，然按诸《四库全书提要》，一则讥其芜杂，一则嗤为冗赘，学者病焉。区区窃尝有志于孔孟之学，每感七十子记载弗详，特萃十三年功力，为《〈论语〉孔门言行录》一书。参考经史百家载籍，多至千数百种，凡二十有六卷，都二十八万余言，距今四年前己丑，此书幸告完成。"然则先生用力之勤，与其为志之卓，分之既属孔门诸子之写实，合之尤关一代学术之钩沉，言宗者经能体其要，所为裨益世道人心，庸止语于著述等身已哉！复次伍宪子先生，兼用书以张之，由是港上名流如桂南屏太史暨卢湘父、马鉴、钱穆、吕灿铭诸先生，气求声应，喤引嘤鸣，良可谓实获我心，更足证微言之不终坠。

此书曾经许爱周、高可宁、陈玉泉、李葆葵、刘毓芸、何理甫、黄惠伯诸先生资助付梓，终以印刷，费用浩大，未免为山九仞之忧。永康自维服膺孔教，蒿目横流，切喤引之在先，竭绵力之恐后，为昌大道，勉罄微忱。深知此书一出，后之读《论语》者，皆知孔门诸子之为人，某也直，某也谅，某也敏事慎言，某也善言德行，某也可使足民，某也有勇知方，某也能束带立朝，某也诵诗能专对。振尼山之坠绪，广鲁论之微言，展矣大成于焉。是讵所谓贤者识其大者，文不在兹乎！文不在兹乎！爰应所嘱而述其概如此。

五华杨永康谨序
孔子降生二千五百零四年（一九五三年）

序六·陈序

余与李子汾甫同邑，汾甫少从谈海先生游，谈先生与余世交，邑名士也，尝言汾甫好学，博而文。一日汾甫携所著《〈论语〉孔门言行录》示余，曰："全书凡二十六卷，萃十三年功力，为述孔门学术专书，二千年来无此，公为我刊行之。"余曰："唯唯！孔孟以后，经书汗牛充栋，而云此为二千年所未有耶？"及考伍宪子、钱穆诸先生言，称此书极有价值、可传之作。钱穆先生且云自先秦两汉以来未尝有也；又曰后有起者，欲寻究孔门学术渊源，此为不可阙云。汾甫所学，以致虚为本，以自然为宗，忘己为至，救世为大，尝言胸无一物障碍，至虚也。至虚则灵，良知至虚而至灵也。学以致良知为宗旨，能致良知，则能物来而顺应，勿忘勿助，自然也。当以勿忘勿助为功夫，能忘己则不动心矣，故以不动心为效验，而其用主于救世，其学盖得力于子舆氏，而与白沙、阳明宗旨同。

汾甫为人廉介，尝理财，不加赋而用足，曰公正廉明，理财之本也。迭掌财赋，出纳公开，无丝粟濡染，故舆论称之。其间关跋涉，而至海隅，方欲刊行兹编也。正从事印刷校勘，忽患病，足不能行，困处一室，然犹勉强起坐，摩挲简编，劳苦倦极弗稍懈。余见其颜色憔悴矣！昔西伯囚而演《周易》，邠卿病而注《孟子》，古人著述，其亦成于患难之际耶？闻之龙泽厚先生昔尝语汾甫曰："心性理气之学，举世不谈久矣，而子言之乎！"李少毅先生曰："孟子言性，宋明儒亦言性，然于性之体，罕有言之透辟者。汾甫论性，于性之体用与夫心性理气，辄畅言之，而与《周易》《学》《庸》《孟子》说符合，是真能发聋振聩耳。"

今余综览诸说，益知汾甫此书不可阙，遂卒为刊行之。先是，许爱周、杨永康、高可宁、刘毓芸、李葆葵、何理甫、黄惠伯先生等暨孔圣堂董事、新会商会诸公皆捐资助印，余以为山九仞，岂宜功亏一篑！用竭绵薄，协助成书焉。余老矣，异日者海陆交通，余获与汾甫偕游冈城，经白沙故里，至江门东北，登叱石宕，览江山之胜，访黄云紫水遗迹，为纵谭洙泗学术渊源；遥想当日春风沂水之余韵，相与心神向往，斯亦人生之乐事也耶！汾甫嘱余述其概略，爰不辞而为之序。

新会陈玉泉谨序

一九五三年十二月

序七·钟序

同门李子汾甫,笃志稽古,经史辞章、诸子百家,以暨医方,靡弗究习,尤深于哲理目录之学。曩尝撰有《致知草堂文稿》,谈道隆、伍铨萃两先生皆亟称之。近以《〈论语〉孔门言行录》示余,余读之兴起,曰:"此洙泗学案也!古人所未及就,而后世必不可无之作也!"

昔者吕元善撰《圣门志》六卷,夏洪基撰《孔门弟子传略》二卷,吕书所记,旁及封典古迹,《四库提要》讥其芜杂;夏书搜集颇勤,然叙录尚多冗赘,《提要》亦议其去取失当,其于孔门学术、诸子之材质造诣,概未能一一为之发明表见,学者病焉。汾甫兹编,搜罗宏富,悉心厘订,不傅会,不矜奇,实事求是。其体例通经于史,使学者读之,于圣人启迪之方、诸子亲师取友之诚,与其性情、气象、才识、境遇、学问、事功、艺术、技能,莫不豁然呈露,如见其人,而与之游;如跻其堂,而闻其声。斯诚尚友之要,为读鲁论之津梁也。

至其推崇,有若谓学力在颜、曾之亚,以孔门渊博,无如子夏者,卓尔之叹。颜子见道之证性,即天道文章之与性与天道,盖理无二致云。凡此皆持论确当,而具有特识者。崔氏东壁曰:"学者日读孔子之书,而不知其为人,是一憾事。"

余谓日读《论语》而不知孔门诸子之为人,亦一憾事也。今有此编,不患不知孔门诸子,独患不能学孔门诸子耳。当讲学则驰情于声色、屈节于权势如马融;及居官则巧佞以取容、阿谀以避祸如张禹。斯岂非儒林之大憾事哉!汾甫论学,以致良知为宗旨,以勿忘勿助为功夫,以胸无滞碍、能不动心为效验,其于《大学》《中庸》暨《易》义,皆探赜研机,洞达微言,而得其蕴奥。尝综理五邑财赋,苞苴断绝,政声卓著;性恬澹,不慕仕进。余喜其从事著述，立志不在一时，而在千古也。于是执笔而为之序。

同学弟海丰钟秀南敬序

民国三十二年（一九四三年）仲秋之月

序八·汪序

余少与汾甫肄业于广雅书院,院有冠冕楼,藏书数十万卷,汾甫日夕必登楼观览。有问汾甫何往?余辄应之曰:"在冠冕楼。"盖文史著述之源流义例,汾甫固研究有年矣。及余出就官舍,汾甫亦相偕共事。民国九年,莫氏荣新督粤,陈炯明起东江,提兵入粤,师次石龙,莫氏犹撄城固守,严阵以待。其时工商学子相继辍业,途人奔走骇汗,岌岌若祸在旦夕。于是文化人士集议于广东教育总会,凡千数百人,议久不决,汾甫起立,慷慨言曰:"余主张用教育会名义上书莫督,请离粤以安民心。"众闻言惊讶,莫敢可否,继则有和议者,并公推汾甫主稿。稿成,经众评阅,佥曰"可",遂致书去。越二日,广州各报大字刊载曰:"莫督军离粤矣!"教育局长何剑吾向人笑目汾甫曰:"是以文字驱出莫督军者也。"继而笑曰:"敢叨天功以为己力乎!"于是相对大笑。其文千有余言,痛快淋漓,当时粤垣各报遍登,读者莫不壮之。原文刊入汾甫《致知草堂文稿》,今存。

昔者东汉卢植以经生而议国事,排大难,决大疑,史氏称之。汾甫其殆卢植之俦耶?汾甫平居寡言笑,然常思出万死不顾一生,以赴公家之急。当其发言议事,意气激昂,若不知有身与家也者,余甚奇之。其待人厚,居官廉,不乐仕进;居恒以文史自娱,藏书甚富。著有《〈论语〉孔门言行录》一书,凡二十六卷,萃十三年功力而成,盖孔门学术渊源之作也。自孔子后,罕有记载孔门学术渊源专书,《四库全书总目》可覆按也。其书记孔门言行,而附以子思、孟子,每诠释篇章,或援引诸说,或独抒己见,必有精义,斯已难矣。其于孔孟微言大义,尤能发挥精到,多前人所未及言者,学者许为必传之作,固非寻常羽翼经传者可比也。夷考赵岐著《孟子注》,历尽艰窘而成,汾甫兹编亦然。当其流离转徙,行吟泽畔,虽至贫病交迫,犹复摩娑陈编弗稍懈,卒能成书刊行之,其卫道之心苦矣!卜子夏曰:"笃信好学,守死善道。"吾党君子,其在斯人欤!其在斯人欤!

同门弟番禺汪宗洙谨序
民国癸巳(一九五三年)夏五

序九·陈序

　　孰谓离心可以言理，孰谓离心理可以治事，可以接物？大而安邦经国、莅官行法，小而衽席起居、洒扫应对，岂能离心理以行之？宋明以来，儒者多言心理，然往往分而二之，于是言愈多而愈歧，于真理则去之愈远。夫至道无言，至理不二。孔子曰："余欲无言，天何言！"而四时行，而百物生，天何言哉！此心常如天之太虚，胸无一物滞碍，无所偏倚，故谓之中。及其已发，则仁义礼智出焉，发而中节，故谓之和。和也者，以其能中也，以其不失心之本体也；心之本体之谓性，故率性而行之谓道。孟子曰："仁义礼智根于心。"实根于性也。圣人之道无他，率性而已。孟子曰："万物皆备于我，反身而诚，乐莫大焉。"反身而诚，便是率性。盖性中原有万理，原有万法也。就其形著于外者而言，则有万殊之不同；自其存诸心者而言，只是一本。一本者，此心理万殊者，亦此心理。故曰："吾道一以贯之也。"

　　同学李子汾甫，博览坟典，精研目录之学，尤深于性命理气之说，探赜研几。其学明体达用，著有《〈论语〉孔门言行录》二十六卷，叙述孔门学术渊源，为二千余年未有之著述，不徒羽翼经传有功孔门，其阐述微言，发挥心性要旨，尤有裨于世道人心。昔扬雄作《太玄经》，辞义精深奥衍，当时无能知之者，其门人侯芭独称之，曰后世必有赏识之者。雄文似相如，其雄健闳深，虽班孟坚不能及也。故韩氏昌黎称述古之能文者，独称司马迁、相如、刘向、扬雄，于此可见雄之能文，不亚于相如也。余谓后有起者，于汾甫心性理气之说，必有默契之者。余雅重汾甫为人，既为述其行谊，兹以《〈论语〉孔门言行录》刊成，爰执笔而为之序。

同学弟陈鼎彝谨序
一九五三年十二月

序十·吕序

始余肄业于两广师范，在逊清光绪末年，其时主讲经学者，为新会李榕阶先生。李师字汾甫，黄岩王枚伯入室弟子也，湛深经术，尤精《春秋》三传，故所授《春秋》经传，多所启迪。讲习之余，辄邀余畅谈理性之学，旁及诸子百家，出入经史。时余亦有所阐发，始知余十年来，曾从诸名宿游，固深嗜经书者。厥后，师出理财赋，或任教授，余则鞅掌案牍，从政四方，弗获相从问学者，垂三十年。去岁在粤省，曾于报章获读师所著《白沙先生学说之我见》一文，豁然有得，觉其阐发孔孟微言，纯粹精要，为之赞叹不已。当时余作有《复灵楼记》，尝谓使得从事生平所学，纂辑经传性理之书，裨益学者修养，或从事书画写作，比诸终日劳形案牍者贡献多矣。未遂所志，乃病于劳。今虽息影海隅，而痼疾仍未根治，居恒寄情书画，以养性灵，于圣经贤传，未及编述，时引为憾。

今秋陈子应燿赠余《白沙子翰墨遗迹》，因导师来晤，相见欷歔。师以所著《〈论语〉孔门言行录》示余，曰："此余最近十三年来心力所萃，亦毕生为学之结晶也，汝其为我校订之，并为之序。"余奉命惟谨，忆昔顾亭林有言经书汗牛充栋，惟古人所未及就，后世必不可无之作，乃克传世行后。陈兰甫《东塾读书记》曰："《论语》所记诸贤问答，余尝欲分而录之，附以《礼记》《左传》及古书所载诸贤言行，使读者知诸贤之性情学问，虽同在圣门，而各有不同，所谓学焉，而得其性之所近也。"今以二子之言考之，陈氏则欲著此书而未成，顾氏则谓著作当为古人所未及就，后世必不可无者。吾师纂辑此编，其殆竟陈氏之志，而为后世必不可无之作欤！

全书凡二十八万余言，分二十六卷，首列《论语》孔门弟子传略，次概论，次分列弟子言行而演绎之，次搜集诸子百家传记所载孔门言行，择为别录，次附以孔门弟子总考，又次附入子思、孟子。其书通经于史，举凡孔门弟子之德性、气象、学问、才识、境遇、事功、艺术、技能与夫孔学之大义微言、救世思想及与释教、耶教之异同，概括靡遗，诚足为羽翼经传之作。自孔子没后，迄今二千五百余年，自来编纂孔门言行者，孰有如此编之详核精审哉！吾师尝言："国家之患，不在水旱，不在盗贼，不在于财赋匮乏，不在于兵革不利，而在于人心之败坏，戕其天性而使仁义绝灭，违乎真理而使是非混淆。"此则为天下之大患，故拨乱而反之，正其道在于正人心，兹编之作，意在斯乎！意在斯乎！

门人吕灿铭谨序

壬辰季（一九五二年）秋之月

序十一·自序

昔孔子没，微言隐，大义乖，然《易》与《春秋》传于世，犹得藉以考见其端倪，独孔门七十子之徒，罕闻专书记载，其事散见于《左传》及大小戴《记》，而庄周、列御寇、孔鲋，以暨韩婴、刘向诸儒其所为书，往往采摭孔门轶事，铺张成文，类多傅会穿凿，甚则鄙俚，乃等于小说家言。惟《家语·弟子解》一篇，备载名姓，颇资考证，然于诸贤事迹略而弗详，或以《家语》为王肃所窜，未足据也。若无《论语》，则七十子之精神面目殆湮没而不彰矣！是以《史记·仲尼弟子列传》凡所记孔门言行与其问答，悉取《论语》为文。然史迁谓孔子弟子三千，受业身通者七十有七人，今据《史记》并遍考诸家之说，其目为孔子弟子而见于《论语》者凡三十有六人，若确然考知有据，仅得二十七人而已。虽以子木之粹通易理，季次之不仕污君，其学行卓卓如此，犹弗获著名于篇，何也？岂卷帙为张禹所删，并其文不全耶？厥后齐古论亡，独存鲁论，则简编之有残缺也固宜。然尚赖此书之存，使后之学者可以考知孔门学术渊源，举凡诸子性情、气象、才识、境遇、学问、事功、艺术、技能，试一展卷而粲然矣。

颜子之为人，深潜纯粹，蔼然仁者也。曾子则刚毅而笃实，有子则和易而庄敬，闵子则宁静而高洁，仲弓则居敬而行简。子贡明敏，才智过人；子路果敢，刚直不阿。之数子者，盖孔门卓异之才也。以言学问渊博而笃信谨守，则子夏之为人也；以言气量恢宏而仪容隽伟，则子张之为人也；以言深于礼乐而为政得人，则子游之为人也；以言堪任摈相而谦逊不伐，则子华之为人也。其能安贫守志，弗为利诱者，莫如原思；其能及时行乐，超然物外者，莫如曾皙；其能动必以正，确然有守者，莫如灭明；其能谨言慎行，与时偕臧者，莫如南容；其能隐居求志，不慕仕进者，莫如子开。若夫冉有，则以理财著矣；宰我，则以巧辨闻矣；公冶长之为人，是能不趋势利者也。至如子贱之治单父，以能亲师取友而政教行；子羔之治成人，以能信赏必罚而民畏威。斯皆豪杰之士，卓然有以自见，岂与世浮沉而取荣名者所可同日而语哉！樊迟虽粗鄙近利，而能审问明辨，瑕不掩瑜；子牛虽多言而躁，而能特立独行，不随世污；子旗虽未善应对，而能遇事承教，言不苟随。独申枨以多欲见黜，然无他事见于经传。若冉伯牛居德行之科、颜路为子渊之父，《论语》于其事亦仅一见，虽无特殊可考，要皆孔门之高弟也。当其从游洙泗，讲习一堂，经圣师之耳提面命，由也兼人则退之，求也退则进之，宰予昼寝则严词以儆之。于是柴也愚而终于不愚，参也鲁而终于不鲁，昔为狂简，继则斐然成章矣！夫读其书诵其诗，乌可不知其人！是以论其世也，是尚友也。

汉《艺文志·鲁论》凡二十篇，其中师弟问答评论或弟子立言及同门相为问答者，考其篇章，居全书有半矣。今读孔氏遗经，而于当日及门诸子，不能辨别其性情气象孰醇孰驳，孰刚孰柔，才识孰高孰下，境遇孰丰孰啬；孰能以文学著，孰能以功业显，孰长于艺术，孰著其技能，是犹登人之堂，入人之室，而不识其子弟之为何如人也。

今夫不读《春秋世族谱》，无以知春秋列国之人物；不考《汉书·艺文志》，无以辨九流学术之异同。若是，则孔门言行亟待编纂也明甚。榕阶不揣固陋，爰采《论语》所记，分别排纂，首著《〈论语〉孔门弟子传略》，并为概论，以提其纲；次记其言行而论列之；次则取古书记载涉及《论语》孔门言行者，择录以备参证；又次附以孔门弟子通考，而兼述子思、孟子之言行焉。二子虽非亲炙门墙，然颜、曾而后，孔道之传微言大义弗坠，则二子之力也，故附录之。全书凡二十六卷，世之君子倘为之正其纰缪，补其阙略，有厚望焉。

新会李榕阶序于四会之青山草堂
民国三十有二年（一九四三年）
岁在昭阳协洽冬至后五天

今本凡例

一、本次整理以1954年香港中华书局本为底本，重新编辑出版，整理成今本。

二、本次整理将原文之竖排繁体字悉改为汉语现行标准简体字，横排，以现代标点符号标点断句；凡原文之古体字、异体字、生僻字等，在不改变或影响原意的原则下均改为通用字，不出校勘记。

三、本次整理根据方便读者阅读需要，编辑对原稿内容进行适当调整，合理分段分层，并标识不同的字体。

四、凡原文缺字损字者，均以"□"代之；凡底本双行小字，今本亦遵循原文格式用小字排版。

五、凡原文中引用古籍材料有明显文字舛误者，均予以改正，不出校勘记；因版本问题存在不同字词语句者，则保存原稿文字原貌，不擅作更改。

2020年11月

原版凡例

一、《史记》及周秦诸子传记多载孔门言行，马氏骕《绎史》已分别纂录，其出于寓言及伪讬者，往往而有，即《史记》所载，亦未尽足征信。本编所录，专据《论语》为文，不敢阑入他书，免混淆也。

二、崔氏述《洙泗考信录》（以下简称《考信录》）于孔门事迹，辨论颇为详核，足证当时傅会伪讬之非。然《考信录》专欲核其事之真伪，本编为欲校量才识，因以知诸贤之性情、学问及其造诣之深浅，义例各别。

三、马氏《绎史》编次诸子言行，大抵依据四科次序；崔氏《考信录》编次与之大同小异，而皆与《史记》不同。兹编略仿马、崔二氏编次，而亦稍有区别。

四、本编所述诸子言行，辄援据众说，引申其义；鄙见如有所及，亦或加以说明，要在于举大义而已。其间章句训诂与夫名物制度、文字异同，说经家别有专书为之考证，今概从略。

五、考《史记》《家语》及文翁《图》《阙里志》与朱彝尊《孔子弟子考》等所记载，其称孔门弟子见于《论语》者凡三十有六人，今录二十有七人，其不见于《论语》者不录。虽见于《论语》而未足征信，或其人得罪名教，或其名有异同，未能确定，或其人才识浅陋，不足取重，今亦不录。说详《概论》中。

六、诸子年岁、邑里，《史记》《家语》所载，崔氏述以为不足据，说经家亦多云未确。今据以列入，用存其概，或增补之，使有可考。其真确与否，无从核定，注释家虽有辨正，似亦未尽足据也。

七、颜子、曾子、有子，《论语》皆称子，其余如子贡、子路之属，多称字。惟《史记·仲尼弟子列传》则不加区别，或称名，或称字，随文列举,今所为《〈论语〉孔门弟子传略》亦仿其例。

八、《史记》序次诸子,颜路、曾晳皆在颜回、曾参之后,崔氏《考信录》则叙颜路、曾晳于颜回、曾参之前,示尊卑也。兹编序例为考校诸贤学识高下,虽未敢妄为辨别,然与叙齿叙爵不同,不复依崔氏之例。

九、《论语》记诸子言行,有数人并举者,如"柴也愚"章、"子路曾晳冉有公西华侍坐"章、"季康子问从政"章、"子路问闻斯行"诸章。凡此之类,就其所注重者,如可系属入一人范围则录入之_{如子夏之门人问交则系入子张,伐颛臾事则系入冉有是也},否则分而录之_{如柴也愚章则分而录之}。

十、诸子问答,如无关宏旨,或对于所问之人,与其本人才识无大关系,如"公冶篇·子贡问孔文子""卫灵篇·子张问与师言之道"不录;又或其事有可疑,未能征信者,如公山弗扰畔召子欲往,佛肸召子欲往之类,概从阙如。陈氏澧曰:"读书当阙其疑,所谓不食马肝,未为不知味也。"

十一、皇侃《论语义疏》、邢昺《论语正义》及潘维城《论语古注集笺》、刘宝楠《论语正义》、康有为《论语注》、简朝亮《论语集注补正述疏》等书,类多考据详明,足以发明经旨,今为择要撮入,用资考证,编中但称皇《疏》、邢《疏》、潘氏《集笺》、刘氏《正义》、康氏《注》、简氏《述疏》者,省繁称也。

十二、古人著述,引用某说,必列举其人名、书名,以昭核实,本篇仿其例,间有融会诸说者,则略其名氏,盖不能以一家名也。至于引证所采书目,别为录出,以备查考。其单词孤证则从阙如。

十三、兹编所录诸子言行,既据《论语》一书,不以他书杂入,惟《论语》记载外如《礼记》及《大戴礼》《左传》与夫史传所载,及周秦诸子等书所记孔门言行甚多,其说如非刺谬,足资考证者,今亦别为择录,附识于编。

十四、子思、孟子虽非及门弟子,然斯道之传,微言大义不坠,实有赖于二子。故孟子谓:"余未得为孔子徒,余私淑诸人也。"今并取集其言行而商榷之,附录于编,以明道学渊源之所系。

目 录

卷一　《论语》孔门弟子传略／1

卷二　概论上／21

卷三　概论下／41

卷四　颜回／59

卷五　曾参／87

卷六　有若　闵损　冉耕　冉雍／107

卷七　端木赐上／127

卷八　端木赐下／147

卷九　卜商　言偃／167

卷十　颛孙师／189

卷十一　仲由上／211

卷十二　仲由下／231

卷十三　原宪　公西赤　宓不齐　澹台灭明　曾点　漆雕开／249

卷十四　南宫括　冉求／269

卷十五　宰予　高柴　樊须／285

卷十六　公冶长　颜无繇　司马耕　巫马施　申枨／303

卷十七　别录：颜回 / 319

卷十八　别录：曾参上 / 333

卷十九　别录：曾参下 / 349

卷二十　别录：端木赐 / 367

卷二十一　别录：卜商　言偃 / 389

卷二十二　别录：颛孙师　仲由 / 405

卷二十三　别录：原宪等十六人 / 427

卷二十四　附录：孔门弟子总考 / 453

卷二十五　附录：孔伋 / 485

卷二十六　附录：孟轲 / 501

卷末：李跋 / 528

附　表 / 531

引用书目 / 549

后　记 / 557

卷一 《论语》孔门弟子传略

卷一 《论语》孔门弟子传略

颜回，字子渊，鲁国人，父无繇，父子尝各异时事孔子。回少孔子三十岁，笃志好学，不以贫富贵贱动其心，以德行著。孔子称其仁，曰："贤哉回也！一箪食，一瓢饮，虽在陋巷，不改其乐。"颜渊问仁，子曰："克己复礼，一日克己复礼，天下归仁。"问为邦，子曰："行夏时，乘殷辂，服周冕，乐则韶舞，放郑声，远佞人。"颜渊之学，深潜纯粹，孔子称之曰："回也，非助我者也！于吾言，无所不说。"又曰："吾与回言终日，不违如愚，退而省其私，亦足以发，回也不愚！"当其学力既深而有得也，乃喟然而叹曰："仰之弥高，钻之弥坚，瞻之在前，忽焉在后。夫子循循然善诱人，博我以文，约我以礼，欲罢不能，既竭吾才，如有所立卓尔。"孔子弟子三千，惟颜渊为好学，子曰："语之而不惰者，其回也与！吾见其进也，未见其止也。""回也！三月不违仁。"于是及门之士，才智若子贡，笃实若曾子，皆以为不及颜回而推尊之。子贡曰："赐也闻一以知二，回也闻一以知十。"曾子曰："以能问于不能，以多问于寡，有若无，实若虚，犯而不校，昔者吾友，尝从事于斯矣。"当时孔子于及门诸子，虽或赞许之，然未有如称颜渊者。子谓颜渊曰："用之则行，舍之则藏，惟我与尔有是夫！"又尝语于人曰："颜氏之子，其殆庶几乎！有不善，未尝不知；知之，未尝复行也。"又曰："回之为人也，择乎中庸，得一善则拳拳服膺，而弗失之矣。"然回年二十有九，发尽白，蚤卒。《史记》不著其年岁，司马贞《索隐》引《家语》谓其年三十二，今本《家语》作三十一。然以传记考之，当为四十一。孔子哭之,恸曰:"天丧予!天丧予!自吾有回,门人益亲。"非夫人之为恸而谁为?鲁哀公问:"弟子孰为好学?"孔子对曰:"有颜回者好学,不迁怒,不贰过。不幸短命死矣,今也则亡。"

《阙里志》云:"颜子以鲁昭公二十一年生,哀公五年卒考颜子卒当在哀公十四年墓在鲁城东防山《述异记》云曲阜古城有颜回墓娶宋戴氏,生子歆,歆生俭,俭生威,威生芃,芃生亿,亿生岵,自歆至岵,世为鲁下大夫,子孙世代弗替。汉高帝十二年东巡狩,过鲁,以颜子配享孔子,祀以太牢,后世帝王皆尊师之,封赠有加,以孔子为先圣,颜子为先师,配享庙庭。唐开元二十七年赠兖国公,宋光宗绍熙五年诏兖国公后免其赋役,元文宗至顺二年加封兖国复圣公,明景泰三年以其六十世孙议世袭为翰林院五经博士。"

曾参,字子舆,鲁国南武城人,少孔子四十六岁,曾点之子,以孝闻。孔子以为能通孝道,故授之业,作《孝经》十八章。齐欲聘以为卿,不就,曰:"吾父母老,食人之禄,则忧人之事,吾不忍远亲而为人役也。"曾子于孔门年最少,质虽鲁,而笃志力学,人一己百,人十己千,卒得孔子之道而通一贯之旨。《颜氏家训》云:"曾子七十乃学,名闻天下。"按七十之说,殊未足据。《宋圻笔记》云曾子七十文学始就,乃能著书,非老而学也。一贯者,谓推吾心之天理于万事万物,则事物各得其所。故孟子曰"万物皆备于我,反身而诚,乐莫大焉",此即《大学》絜矩之道。《大学》一篇,皆其得闻于孔子之微言而推阐之也。曾子严于自治,省察之功至密。其言曰:"吾日三省吾身,为人谋而不忠乎?与朋友交而不信乎?传不习乎?"其事亲也,必有酒肉,将彻,必请所与;问有余,必曰有。孟子曰:"若曾子,则可谓养志矣!"

尝居武城教授,有越寇,或曰:"寇至,盍去诸?"乃告其馆人曰:"无寓人于我室,毁伤其薪木。"寇退,则曰:"修我墙屋,我将反。"左右窃议曰:"待先生如此,其忠且敬,寇至则先去,以为民望;寇退则反,殆于不可。"沈犹行曰:"是非汝所知也。昔沈犹有负刍之祸,从于先生者七十人,未有与焉。"孟子曰:"曾子,师也!父兄也!"曾子寝疾,召门弟子曰:"启予足!启予手!《诗》云:'战战兢兢,如临深渊,如履薄冰。'而今而后，吾知免夫！小子！"其敬慎如此。尝言："士不可以不弘毅，任重而道远。仁以为己任，重也；死而后已，远也"又言："可以托六尺之孤，可以寄百里之命，临大节而不可辱，乃为君子。"故孟子以大勇许之，以孟施舍之勇似曾子。然孟施舍守气，不如曾子之守约。守约者，反身循理，所守者约也。其学笃实光辉，教授于鲁，年九十余，后学多宗师之。子思据孔鲋说乐正子春据郑玄说公明仪据孔颖达说单居离据大戴礼注阳肤据包咸注子襄、沈犹行公明高三人皆据赵岐注檀弓据胡寅说公明宣据刘向说皆其弟子。有子二，曰曾元，曰曾申。曾申，字子西，授业于子夏，赵岐《孟子注》以曾西为曾子之孙，是以曾西、曾申为二人。周氏炳中主赵说。然以楚门宜申字子西，公子申字子西例之，申、西止为一人名字耳。毛氏奇龄《四书賸言》引《经典序录》云："曾申，字子西。子夏以《诗》传曾申。左丘明作《传》以授曾申。"曾西即曾申，是曾子之子非孙也。江氏永《群经补义》、阎氏若璩《释地》亦同。论者谓圣道之显多由子贡，圣道之传多由曾子云。

《阙里志》云："唐玄宗开元二十七年赠曾子郕伯，宋度宗咸淳三年封郕国公，配享先圣，元文宗至顺三年加赠宗圣公，明嘉靖九年更正孔庙祀典，改郕伯公，号称宗圣曾子。"

有若，字子有，鲁国人，少孔子十三岁。据《史记·仲尼弟子列传》，然马骕《绎史》引《史记》云，少孔子四十三岁。《史记正义》引《家语》云三十三，一本作三十六。有若气象似孔子，强识好古道。有若曰："其为人也孝弟，而好犯上者，鲜矣；不好犯上，而好作乱者，未之有也。君子务本，本立而道生。孝弟也者，其为仁之本与？"又曰："礼之用，和为贵。先王之道，斯为美，小大由之。有所不行，知和而和，不以礼节之，亦不可行也。""信近于义，言可复也。恭近于礼，远耻辱也。因不失其亲，亦可宗也。"哀公问于有若曰："年饥，用不足，如之何？"有若对曰："盍彻乎？"曰："二，吾犹不足，如之何其彻也？"对曰："百姓足，君孰与不足？百姓不足，君孰与足？"

有子言行皆平实，切于人伦日用，与孔子同。其气象亦雍容和雅，是以《论语》开章即继孔子之言，而首载有子曰。其学术醇正，当在颜、曾之亚，余子无有能及之者。且习于兵事，有国士名，尝佐季孙伐吴，吴子闻之，一夕三迁。左氏见《哀公八年·传》。

孔子没后，子夏、子游、子张以有若似圣人，欲以所事孔子事之，强曾子。曾子曰："不可。江汉以濯之，秋阳以暴之，皓皓乎不可尚已。"诸子欲师事有若者，师其德也，非以其貌也。朱子云："谓其言行气象似孔子耳。岂以其貌哉！"【按】赵岐《孟子注》谓有若貌似孔子，其说盖本于《史记》，未足信也。而有若亦不敢以师道自居焉，其言曰："自生民以来，未有盛于孔子也！"故孟子曰："有若智足以知圣人。"

《阙里志》云："唐赠有若为汴伯，宋封平阴侯。"

闵损，字子骞，鲁国人，少孔子十五岁。《史记》《家语》同。一本《家语》作少孔子五十一岁，误也。以德行著名。孔子称其孝，曰："孝哉！闵子骞！人不间于其父母昆弟之言。"子骞不仕大夫，不食污君之禄，季氏使为费宰，辞曰："如有复我者，则吾必在汶上矣。"鲁人为长府，子骞曰："仍旧贯，如之何？何必改作？"子曰："夫人不言，言必有中。"孔子厄于陈、蔡之间，闵子骞从。与颜渊并称，故曰颜闵。孟子谓其于孔子之道能具体而微云。

《阙里志》云："唐开元二十七年赠闵损为费侯，宋大中祥符二年封琅琊公，咸淳三年改封费公。"

冉耕，字伯牛，鲁国人，以德行著名。有恶疾，孔子往问之，自牖执其手曰："命也！夫斯人也而有斯疾，命也！"尝从孔子厄于陈、蔡之间。孔子为鲁司寇，以伯牛为中都宰据《阙里志》孟子谓其于圣人之道，庶几具体而微，故学者以冉、闵并称焉。

《阙里志》云："唐开元二十七年赠冉耕为鲁侯，宋大中祥符二年东平侯，咸淳三年改封郓公。"

冉雍，字仲弓，鲁国人，少孔子二十九岁，或曰伯牛之宗族据《家语》或曰伯牛之子也据《论衡》仲弓为人宽洪有器量，沉默厚重，寡言语，以德行著名，习于刑政，通于化术，孔子称其"可使南面"。或曰："雍也，仁而不佞。"子曰："焉用佞？御人以口给，屡憎于人焉用佞？"仲弓问仁，子曰："出门如见大宾，使民如承大祭。己所不欲，勿施于人。在邦无怨，在家无怨。"故仲弓之学，以敬为主，居敬而行简，谓居简行简则太简矣。孔子以为然。陈、蔡之厄，尝在其列。为季氏宰，问政于孔子，子曰："先有司，赦小过，举贤才。"仲弓持躬甚密，盖实有大过乎人者。其在孔门最著声望，名在颜、闵之次。

《阙里志》云："唐开元二十七年赠冉雍为薛侯，宋大中祥符二年封为下邳公，咸淳三年改封薛公。"

端木赐，字子贡，少孔子三十一岁，卫人。子贡资性颖悟，才智过人，而利口巧辩。孔子尝黜其辩，问曰："汝与回也孰愈？"对曰："赐也何敢望回？回也闻一以知十，赐也闻一以知二。"既已受业，子曰："赐也，女以予为多学而识之者与？"对曰："然，非与？"曰："非也！予一以贯之。"问曰："赐，何人也？"子曰："女器也。"曰："何器也？"曰："瑚琏也。"陈子禽问于子贡曰："仲尼焉学？"子贡曰："文武之道，未坠于地，在人，贤者识其大者，不贤者识其小者，莫不有文武之道。夫子焉不学，而亦何常师之有？"又问曰："孔子适是国，必闻其政。求之与？抑与之与？"子贡曰："夫子温、良、恭、俭、让以得之。夫子之求之也，其诸异乎人之求之也。"子贡问于孔子曰："贫而无谄，富而无骄，何如？"子曰："可也。未若贫而乐道，富而好礼。"问政，子曰："足食足兵，民信之矣。"子贡曰："必不得已而去，于斯三者何先？"曰："去兵。"子贡曰："必不得已而去，于斯二者何先？"曰："去食。自古皆有死，民无信不立。"

叔孙武叔毁仲尼，子贡曰："无以为也。仲尼，不可毁也。他人之贤者，丘陵也，犹可逾也。仲尼，日月也，无得而逾焉。人虽欲自绝，其何伤于日月乎？多见其不知量也。"孔子没，子贡庐于冢上，三年之外，门人治任将归，入揖于子贡，相向而哭，皆失声，然后归。子贡反，筑室于场，独居三年，然后归。当时孔门弟子虽多，然使孔子名布扬于天下者，子贡先后之也。

子贡长于专对，尝历聘于吴见《哀十二年·传》与齐见《哀十五年·传》，能以辞辩折冲樽俎之间，殆所谓使于四方而不辱君命者也。又善观人吉凶，邾子执玉，高其容仰，鲁君受玉，卑其容俯。子贡曰："以礼观之，二君者将有死亡焉。"已而果然。性明敏，能料事，好废举与时转，货殖鬻财于曹、鲁之间，尝相鲁、卫，家累千金，故七十子之徒，子贡最为饶益。居恒喜扬人之善，然不能匿人之过也。卒终于齐。

《阙里志》云："唐赠端木赐为黎侯，宋赠黎阳公进黎公。"

卜商，字子夏，少孔子四十四岁，卫人。子夏文学著于四科，序《诗》传《易》，又传《礼》，著在《礼志》，孔子复以《春秋》属之。好为精微之论，得孔氏之微言，故孔门弟子，博学无如子夏者。惟器量不宏，与人交，可者与之，其不可者拒之。教门人先从事于洒扫应对进退。

子贡问："师与商也孰贤？"子曰："师也过，商也不及。"曰："然则师愈与？"子曰："过犹不及。"尝为莒父宰，问政于孔。孔子曰："无欲速，无见小利。欲速则不达，见小利则大事不成。"子谓子夏曰："汝为君子儒，无为小人儒。"君子之儒，将以明道也；小人为儒，则矜名而已。子夏晚年，造诣甚深，孔门弟子，自曾子外，以言笃实，则推子夏。孔子既没，子夏退居西河教授，筑石室于隐泉山在汾州偃城北四十里西河，魏地也，魏文侯师事之，咨以国政。其教学之方，则曰："日知其所亡，月无忘其所能。"又曰："博学而笃志，切问而近思，仁在其中矣。"于是段干木、田子方、吴起、禽滑釐之属据《史记·儒林传》与夫公羊高、谷梁赤据戴宏、应劭、孔颖达、颜师古诸家说李克据《艺文志》班注高行子、曾申据《经典释文》王应麟曰高行子，即《诗》序及孟子所谓高子。曾申，字子西，曾参之子，子夏以《诗》传曾申馯臂子弓据《史记》应劭注皆受业于子夏之门，故子夏门人甚盛。晚岁失明，年九十余而卒，或曰寿百余岁。考《史记》弟子传，谓子夏少孔子四十四岁，孔子卒时，子夏年二十八矣，时在周敬王四十一年。后一年，元王立，历正定王、考王，至威烈王二十三年，魏始为侯，距孔子卒时七十五年。文侯为大夫二十二年，而为侯又十六年而卒。姑以始侯之岁计之，文侯以子夏为师，则子夏当时已百有三岁矣。康氏有为谓子夏百有余岁，是据此而计之欤？

《阙里志》云："唐开元二十七年赠卜商为魏侯，宋大中祥符二年封河东公，咸淳三年改封魏公。"

言偃，字子游，少孔子四十五岁《家语》作三十五吴人。子游习于礼，以文学称，与子夏齐名。仕鲁为武城宰，子曰："女得人焉尔乎？"曰："有澹台灭明者，行不由径，非公事，未尝至于偃之室也。"子之武城，闻弦歌之声，（夫子）莞尔而笑曰："割鸡焉用牛刀？"子游对曰："昔者偃也闻诸夫子曰：'君子学道则爱人，小人学道则易使也。'"子曰："二三子！偃之言是也。前言戏之耳。"

当是时，孔氏之门，子夏精于《诗》，子游长于《礼》，故《礼记》子游之言特详。孔子且语以大同、小康之道，是以孔门言礼者皆称子游。其时公卿、大夫、士庶，凡议礼不决者，必折衷于子游，得其一言以为重。盖能北学于中国，身通受业，因文学而得圣人之一体者。观其言论，类多简易疏通，而不滞于形器，其后遂为南派之一大宗。今吴郡有子游家，《家语》以为鲁人，非是。子游之子曰言思。见《礼记·檀弓》郑注。

《阙里志》云："唐赠言偃为吴侯，宋封丹阳公，进封吴公。"

颛孙师，字子张，少孔子四十八岁，陈人。为人有容貌，资质宽冲，博接从容，富于大同思想。其识量恢宏，子夏不能及也。少时尝学干禄，子曰："多闻阙疑，慎言其余，则寡尤；多见阙殆，慎行其余，则寡悔。言寡尤，行寡悔，禄在其中矣。"子张好高务远，故孔子门人友之而弗敬。曾子曰："堂堂乎张也，难与并为仁矣。"子游曰："吾友张也，为难能也，然而未仁。"他日从在陈、蔡，问行。子曰："言忠信，行笃敬，虽蛮貊之邦行矣。言不忠信，行不笃敬，虽州里行乎哉？立则见其参于前也，在舆则见其倚于衡也，夫然后行。"子张书诸绅。又问："士何如斯可谓之达矣？"

子曰:"何哉,尔所谓达者?"子张对曰:"在邦必闻,在家必闻。"子曰:"是闻也,非达也。夫达也者,质直而好义,察言而观色,虑以下人,在邦必达,在家必达。夫闻也者,色取仁而行违,居之不疑,在邦必闻,在家必闻。"

子张晚年学益纯,志益坚,尊贤而容众,嘉善而矜不能,有老安少怀之概。故孔子于其问政而语以五美、四恶之义,盖帝王治世之大经也。子张教人曰:"士当见危致命,见得思义。"又曰:"执德不弘,信道不笃,焉能为有?焉能为亡?"其识力夐乎远矣。论者称其造诣,以为高出游、夏之上云。子张有子曰申详。见《檀弓》。

《阙里志》云:"唐开元二十七年赠颛孙师为陈伯,宋大中祥符二年封宛丘侯,咸淳三年改封陈公。"

仲由,字子路,一字季路,少孔子九岁,卞人也。有勇力才艺,以能政事著称;为人果敢而刚直有节概,然不达权变。初见孔子,冠雄鸡,佩豭豚,后乃儒服委质,因门人请为弟子。子路问政,子曰:"先之,劳之。"请益,曰:"无倦。"问:"君子尚勇乎?"子曰:"君子义之为上,君子有勇而无义为乱,小人有勇而无义为盗。"子路曰:"子行三军,则谁与?"子曰:"暴虎冯河,死而无悔者,吾不与也。必也临事而惧,好谋而成者也。"又曰:"由也好勇过我,无所取材。""子路有闻,未之能行,唯恐有闻。"盖耻声闻过情也。

平居以忠信,无宿诺,故片言可以折狱。小邾射以句绎奔鲁,曰:"使季路要我,吾无盟矣。"见《哀十四年·传》。其见信于人也如此。性慷慨,尝言"愿车马衣轻裘,与朋友共,敝之而无憾"。又能虚怀接物,人告之以有过则喜,不以贫贱丧其志,不以富贵动其心。故孔子曰:"衣敝缊袍,与衣狐貉者立,而不耻者,其由也与!"又曰:"由也升堂矣,未入于室也。"孟武伯问:"仲由仁乎?"子曰:"千乘之国,可使治其赋也,不知其仁。"子路喜,从游。闻孔子浮海之叹,则跃然。尝宿于石门,又遇长沮、桀溺、荷蓧丈人。在陈绝粮,从者病莫能兴,子路愠,见曰:"君子亦有穷乎？"子曰："君子固穷。小人穷斯滥矣。"

子路事亲孝，负米百里之外以养其亲。安贫自守，虽食藜藿不厌。孔子为鲁司寇时，子路为季氏宰，堕三都，出藏甲。又尝为蒲大夫蒲卫邑为蒲邑宰也孔子告之曰："蒲多壮士，又难治。然吾语汝：恭以敬，可以执勇；宽以正，可以比众；恭正以静，可以报上。"故子路治蒲有政绩，孔子称之见《韩诗外传》《史记》亦载之其后仕卫，为孔悝之邑宰，及卫孔悝难作，而蒯聩入立。子路闻之驰往，以赴出公之难，曰："食其禄者不避其祸。"与蒯聩斗，遂死于难。孔子始闻卫乱，曰："嗟乎！由死矣！"已而果然。孔子曰："自吾得由，恶言不入于耳。"子路之子曰子崔。见《孝子传》。

《阙里志》云："唐赠仲由为卫侯，宋封河内公，进封卫公。"

原宪《檀弓》作仲宪，字子思，少孔子三十六岁，鲁人据郑玄或曰宋人据《家语》宪问耻，子曰："邦有道，谷；邦无道，谷，耻也。"问："克、伐、怨、欲不行焉，可以为仁矣？"子曰："可以为难矣！仁则吾不知也。"宪为人清静恬澹，能守节，贫而乐道。孔子为鲁司寇，宪为孔子宰，与之粟九百，辞。子曰："毋！以与尔邻里乡党乎？"

孔子没后，原宪退隐于卫，亡在草泽之中。子贡相卫，结驷连骑，排藜藿，入穷阎，过谢原宪。宪摄敝衣冠，见子贡。子贡曰："嘻！先生何病也？"宪曰："吾闻之，无财之谓贫，学道而不能行之谓病。宪，贫也，非病也。若夫希世而行，比周而友，学以为人，教以为己，仁义之匿，舆马之饰，衣裘之丽，宪不忍为之也。"子贡逡巡而有惭色。既退，原宪乃徐步曳杖，歌《商颂》，声沦天地，若出金石。

夫原宪，间巷人也，环堵之室萧然，自得读书，怀独行君子之德，养志以忘其身，义不苟合当世。当世亦笑之，故终身空室蓬户，褐衣蔬食不厌。死而已四百余年，而弟子志之不倦。

《阙里志》云："唐赠原宪为原伯，宋封为任城侯。"

公西赤，字子华，少孔子四十二岁，鲁人。子华仪容俊伟，娴于摈相之礼。子曰："赤也！束带立于朝，可使与宾客言也。"尝与季路、冉有侍于孔子，各言其志，子华之言愈谦，曰："宗庙之事，如会同，端章甫，愿为小相焉。"子曰："赤也为之小，孰能为之大？"又曰："齐庄而能肃志，通而好礼，摈相两君之事，笃雅有节，是公西赤之行。"谓门人曰："二三子欲学宾客之礼者，其于赤也。"尝为孔子使于齐，冉子为其母请粟，子曰："与之釜。"请益，曰："与之庾。"冉子与之粟五秉。子曰："赤之适齐也，乘肥马，衣轻裘。吾闻之也，君子周急不继富。"

《阙里志》云："唐赠公西赤邵伯，宋封巨野侯。"

宓不齐宓，一作虙，又与伏通字子贱，少孔子四十九岁司马贞《索隐》引《家语》作三十鲁人。子贱有才智，能亲师取友，孔子善之，曰："君子哉若人！鲁无君子者，斯焉取斯？"为单父宰，仁爱百姓，故百姓亲爱之，反命于孔子，曰："此邦有贤于不齐者五人，教不齐，所以治者。"孔子谓其才任霸王之佐，曰："惜哉！不齐所治者小，所治者大则庶几矣。"《家语》《说苑》《吕氏春秋》皆载此事，与《史记》略异。治单父，弹鸣琴，身不下堂，而单父治。巫马期亦尝治单父，以星出，以星入，日夜不处，以身亲之，而单父亦治。巫马期问于子贱，子贱曰："我任人，子任力，任人者佚，任力者劳也。"若宓子贱者，诚知为治之本矣。汉《艺文志》有《宓子》十六篇。

《阙里志》云："唐赠宓不齐为单父伯，宋进封为单父侯。"

澹台灭明，字子羽，少孔子三十九岁《家语》作四十九鲁之武城人。为人公正无私，子游为武城宰，孔子之武城，曰："汝得人焉尔乎？"子游举灭明以对曰："有澹台灭明者，行不由径，非公事，未尝至于偃之室也。"灭明状貌甚恶，欲事孔子，孔子以为材薄。既已受业，退而修行，及南游至江。《史记索引》曰："今吴国东南有澹台湖，即其遗址。"【今按】苏州南五里即澹台湖所在也。湖北有澹台。《儒林传》云："澹台子羽居楚。"所谓南游至江者，其然欤？从弟子三百人，设取予去就，重然诺，名施于诸侯。孔子闻之，曰："吾以言取人，失之宰予；以貌取人，失之子羽。"《家语》谓子羽有君子之容，而行不胜其貌。今云状貌甚恶，其说相反，当以《史记》为是。论者谓其学行于江汉之间，为南派之大宗云。张守节曰："子羽墓在兖州邹城县。"

《阙里志》云："唐赠澹台灭明为江伯，宋封金乡侯。"

曾点一作蒧，字子皙，曾参之父。性旷达，尝与子路、冉有、公西华侍坐于孔子，子曰："盍各言尔志？"对曰："暮春者，春服既成，冠者五六人，童子六七人，浴乎沂，风乎舞雩，咏而归。"孔子喟然叹曰："吾与点也！"或曰点疾时礼教不行，欲修之，孔子善焉。说者谓春风沂水之思，有万物得时之妙，其意志复乎远矣。曾点之学，在孔门当为别派。

《阙里志》云："唐开元二十七赠曾点为宿伯，宋大中祥符二年封莱芜侯，明嘉靖九年立启圣祠，以曾点与颜路、伯鱼、孟孙氏配。"

漆雕开，字子开《汉·志》作漆雕启，《家语》云字子若少孔子十一岁，鲁人《家语》作蔡人习《尚书》，志道甚深，不乐仕进。孔子使漆雕开仕，对曰："吾斯之未能信。"子说。漆雕开者，孔门之高士也，著有《漆雕子》十三篇，见《汉书·艺文志》。

《阙里志》云："唐赠漆雕开滕伯，宋封平舆侯。"

南宫括，一作适，《家语》作韬，又作绦字子容，鲁人。以智自将，世清不废，世浊不污，居恒持躬严谨。常三复白圭之诗，曰："白圭之玷，尚可磨也；斯言之玷，不可磨也。"故出言不苟，孔子称之曰："邦有道，不废；邦无道，免于刑戮。"以其兄之子妻之。括问于孔子曰："羿善射，奡荡舟，俱不得其死然；禹、稷躬稼而有天下。"夫子不答，南宫适出。子曰："君子哉若人，尚德哉若人！"南宫括与南宫敬叔系属两人，说已详载篇中。

《阙里志》云："唐赠南宫括郯伯，宋封为汝阳侯。"

冉求，字子有，少孔子二十九岁，鲁国人，仲弓之宗族也。有才艺，以政事著名，仕为季氏宰，进则理其官职，退则受教圣师。性多退让，孔子曰："求也退，故进之。"冉有曰："非不说子之道，力不足也。"子曰："力不足者，中道而废，今女画。"尝与子路、曾皙、公西华侍坐，子曰："盍各言尔志？"冉有对曰："方六七十，如五六十，求也为之，比及三年，可使足民。"季康子问于孔子曰："冉求仁乎？"子曰："千室之邑、百乘之家，可使治其赋也，不知其仁。"

季孙欲用田赋，使冉有访于孔子。子曰："君子之行也，度于礼，施取其厚，事举其中，敛从其薄，若不度于礼，而贪冒无厌，虽用田赋，将又不足。且子季孙若欲行而法，则周公之典礼在；若欲苟而行。又何访焉？"弗听。子曰："季氏富于周公，求也为之聚敛而赋益之，非吾徒也！小子鸣鼓而攻之可也！"冉子退朝，子曰："何晏也？"对曰："有政。"子曰："其事也，如有政，虽不吾以，吾其与闻之。"季氏旅于泰山，子谓冉有曰："女弗能救与？"对曰："不能。"子曰："呜呼！曾谓泰山不如林放乎？"

冉有负经济才略，仕于季氏，虽不能正谏其失，然时有拾遗补阙，亦足多也。故孔子许之曰："可为具臣。"能知兵，哀公十一年齐伐鲁，冉有师左师，樊迟为右，冉有用矛于齐师，能入其军，遂以有功焉。

《阙里志》云："唐开元二十七年赠冉求为徐侯，宋大中祥符二年封彭城公，咸淳三年改封徐公。"

宰予，字子我，鲁人，有口才，以言语著名。既受业，问："三年之丧，不已久乎？君子三年不为礼，礼必坏；三年不为乐，乐必崩。旧谷既没，新谷既升，钻燧改火，期可已矣。"子曰："于女安乎？"曰"安！""女安，则为之。君子居丧，食旨不甘，闻乐不乐，故弗为也。"宰我出，子曰："予之不仁也！子生三年，然后免于父母之怀。夫三年之丧，天下之通义也。"宰予昼寝，子曰："朽木不可雕也，粪土之墙不可圬也。"既而曰："始吾于人也，听其言而信其行；今吾于人也，听其言而观其行。于予与改是。"

哀公问社于宰我，对曰："夏后氏以松，殷人以柏，周人以栗。曰：

使民战慄。"子闻之，曰："成事不说，遂事不谏，既往不咎。" 宰我问曰："仁者，虽告之曰'井有仁焉'，其从之也？"子曰："何为其然也？君子可逝也，不可陷也；可欺也，不可罔也。"宰我尝仕于齐，为临淄大夫，《史记》谓其与田常作乱，以夷其族，孔子耻之。非也，司马贞《索隐》已辨之。《索隐》曰："左氏无宰我与田常作乱之文，而有阚止字子我，因争宠为陈恒所杀。"恐字与宰我相涉，因误云然。

《阙里志》云："唐开元二十七年赠宰予为齐侯，宋大中祥符二年封临淄公，咸淳三年改封齐公。"

高柴，字子羔_{羔，一作皋}少孔子三十岁_{《家语》作四十}卫人_{《家语》作齐人}子羔长不盈五尺_{《家语》云长不过六尺}状貌甚恶，孔子以为愚。为人笃孝，有法正，执亲之丧，泣血三年，未尝见齿。少居鲁，知名于孔子之门。子路使子羔为费郈宰，子曰："贼夫人之子。"子路曰："有民人焉，有社稷焉，何必读书，然后为学？"子曰："是故恶夫佞者。"子羔仕于卫，为士师，尝刖人足，被刖者不怨也。问之，则曰："断足，固我罪也，君治臣以法令，又何怨？"子羔去卫适鲁，为成宰_{一作郕}，鲁邑，《家语》云仕为武城宰成人有其兄死而不为衰者，闻子羔将为成宰，遂为衰。成人曰："蚕则绩而蟹有匡，范则冠而蝉有緌。兄则死，而子羔为之衰。"见《檀弓》其德化感人如此。

《阙里志》云："唐赠高柴为共城伯，宋封共城侯。"

樊须，字子迟，少孔子三十六岁_{《家语》作四十六}鲁人_{郑玄作齐人}樊迟好问，资性颇钝，或以为粗鄙近利_{据《集注》说}然樊迟笃实人也。问仁于孔子，曰："爱人。"问智，子曰："知人。"尝从孔子游于舞雩之下，问崇德修慝辨惑，孔子美之曰："善哉问！"请学稼，子曰："吾不如老农。"请学为圃，子曰："吾不如老圃"。樊迟出，子曰："小人哉，樊须也！上好礼，则民莫敢不敬；上好义，则民莫敢不服；上好信，则民莫敢不用情。夫如是，则四方之民襁负其子而至矣！焉用稼？"樊迟仕于季氏，伐齐有功，事在鲁哀公十一年。

《阙里志》云："唐赠樊须为樊伯，宋封益都侯。"

公冶长_{一作苌}，字子长_{范宁云字子芝}，或曰齐人_{据《史记》}或曰鲁人_{据《家语》}为人能忍耻辱，不肯苟仕，子曰："长，可妻也。虽在缧绁之中_{缧绁一作累泄}，非其罪也。"以其子妻之。或谓长能解鸟语，侦知齐师侵鲁，鲁发兵应敌，遂退齐师。因厚赐长，以酬其功，欲爵为大夫，辞不受，盖耻因禽语以得禄云。公冶长墓，世传在城阳姑幕城东南五里。

《阙里志》云："唐赠公冶长为莒伯，宋封高密侯。"

颜无繇_{《家语》作颜繇}字路_{一作季路}颜回之父也，少孔子六岁。孔子弟子年最长者为秦商_{《家语》云少孔子四岁}，然名不著于《论语》，其见于《论语》者，以颜路年最长，而子路次之。孔子始教于阙里_{阎若璩曰阙里当作闾里}颜路受业焉_{《史记·弟子传》云颜路父尝各异时事孔子}颜回死，颜路贫不能治丧，请孔子车以为之椁。孔子曰："才不才，亦各言其子也。鲤也死，有棺而无椁。吾不徒行以为之椁。以吾从大夫之后，不可徒行也。"

《阙里志》云："唐开元二十七年赠颜无繇杞伯，宋大中祥符元年封曲阜侯，明嘉靖九年令天下别立启圣祠，以无繇与曾点、伯鱼、孟孙氏配。"

司马耕_{《家语》作司马黎耕}字子牛，宋人。牛多言而躁，问仁于孔子。子曰："仁者，其言也讱。"曰："其言也讱，斯可谓之仁乎？"子曰："为之难，言之得无讱乎？"问君子，子曰："君子不忧不惧。"曰："不忧不惧，斯可谓之君子乎？"子曰："内省不疚，夫何忧何惧？"牛兄桓魋为宋司马，作乱，牛忧之，避适奔齐，旋奔吴，至鲁，与子夏语曰："人皆有兄弟，我独亡。"子夏曰："商闻之也，死生有命，富贵在天。君子敬而无失，与人恭而有礼，四海之内，皆兄弟也。君子何患乎无兄弟也？"牛兄弟五人，子颀、子车皆党于魋，惟牛卓然特立，不肯苟从，有坚忍不拔之操。然流离转徙，卒死于鲁郭门之外，阮氏葬诸邱舆。见左氏《哀公十四年·传》，杜注云："泰山南城县西北有舆城。"录其卒葬所在，愍贤者所失。论者惜之。

《阙里志》云:"唐赠司马牛为向伯,宋封绥阳侯。"

巫马施《家语》作巫马期,字子旗《家语》作子期,鲁人郑玄云鲁人,《家语》作陈人少孔子三十岁。陈司败问:"昭公知礼乎?"孔子曰:"知礼。"退而揖巫马期曰:"吾闻君子不党,君子亦党乎?鲁君娶吴女为夫人,命之为孟子。孟子姓姬,讳称同姓,故谓之孟子。鲁君而知礼,孰不知礼?"施以告孔子,孔子曰:"丘也幸,苟有过,人必知之。"盖臣不可言君亲之恶,讳国恶,礼也。陈司败不明此义,故云。孔子出行,命从者皆持盖,已而果雨。巫马施问曰:"旦无云,即日出,而夫子命持雨具,敢问何以知之?"子曰:"昨暮月宿于毕,《诗》不云乎:'月离于毕,俾滂沱矣。'以此知之。"记此事者,《论衡》以为子路,《史记》叙入有若传,《家语》则云巫马期也。巫马施尝为单父宰,勤劳不懈,有政声。

《阙里志》云:"唐赠巫马期为郯伯,宋封东阿侯。"

申枨《史记》作申党,或作傥;《家语》作申绩,又作申续,亦作申棠,棠又作堂字周《家语》作子周,《阙里志》作子续鲁人。枨性果决,似刚非刚也。子曰:"吾未见刚者。"或对曰:"申枨。"子曰:"枨也欲,焉得刚?"

《阙里志》云:"唐赠申枨为鲁伯,宋封文登侯。"

【附子思、孟子传略】

孔伋,字子思,伯鱼子,孔子之孙也。孔子有侄曰孔弗《史记》作孔忠,字子蔑,其兄孟皮之子,名字具载《史记·仲尼弟子传》及《家语》。伋生而聪敏,能传孔子之学。年六十二,尝困于宋,作《中庸》。崔氏述疑《中庸》非子思所作,谓子思以后宗子思者之所为,故托之子思。愚考《中庸》所载微言大义,至精至博,非子思不能言之,其篇章或有为后人所增入者,若疑以为伪,是因噎废食之见耳。其书始言一理,中散为万事,然事虽万殊,而理则一本。本者何,一诚而已。故曰:"不诚无物。"又曰:"诚者,物之终始,惟天下至诚,惟能尽其性;能尽其性,则能尽人之性;能尽人之性,则能尽物之性;能尽物之性;则可以赞天地之化育。"故其本在于至诚，而其功在于慎独。戒慎不睹，恐惧不闻，慎独之功也。《中庸》三十三章，尤以此为兢兢云。

子思仕卫，有齐寇，或曰："寇至，盍去诸？"子思曰："如伋去，君谁与守？"田子方见其贫，缊袍无表，使人馈以白裘，辞弗受。晚年居于鲁，鲁缪公敬礼之，亟馈鼎肉。缪公曰："古千乘之国以友士何如？"子思曰："古之人有言曰：'事之云乎？岂曰友之云乎？'"故孟子曰："缪公无人乎？子思之侧，则不能安子思。"

子思之学，大而忠君孝亲仁民爱物，小而车舆服食衽席起居，显而文物制度，微而性命理气，外而天地万物之理，无所不该。《小戴记》所载《坊记》《表记》《缁衣》三篇，皆子思之言也。其说与《中庸》相发明，而《中庸》之旨又与《大学》相表里，故韩氏昌黎曰："孟子师子思，而子思之学出于曾子。"今以《大学》《中庸》证之，而益信矣。自七十子后，洙泗流风，近在邹鲁，远及齐魏，学者彬彬兴起。然以子思之学为大宗，孔子之微言大义，赖以不坠者也，故学者多推尊之。子思之门人无可考，惟以子舆氏为著，卒年六十有七据孔元措《孔祖庭广记》或曰六十二据《史记》及《阙里志》，王草堂曰："疑系八十二之误。"或曰百有余岁。据宋翔凤《过庭录》谓子思六十二作《中庸》，时在周威烈王六年，又十三年，威烈王十九年为鲁缪公元年。考《史记·年表》，孔子卒后七十有三年，缪公始立，时子思年七十五。缪公亟见子思，尊礼之果，子思年六十二，安得至缪公时？则孟子之言反为失实矣。又三十余年当烈王初年，孟子就外传受业于子思，则子思年约一百余岁云。葬于祖墓之南《皇览》曰："子思冢在孔子冢南，大小相望。"子白，字子上，通习群书，善兵法。

《阙里志》云："宋端平二年诏以子思升祀堂，上列于十哲之间；咸淳三年封沂国公，配享先圣；元至顺二年加赠述圣公；明正德元年诏赠其子孙一人世授翰林院五经博士，奉祀子思。"

孟轲，字子舆，一字子车，鲁公族孟孙之后也。世居于邹，故为邹人，父激宜公，母仉氏，贤德，教子有方，轲受业于子思之门。【按】《史记》云受业于子思之门人，是为子思之再传弟子矣。据毛奇龄及焦循说，以孟子距子思年岁太远，断其非亲受业于子思。然《列女传》及《汉书·艺文志》《风俗通》诸书则以为亲受业也者，今姑仍其说，识者察之。道既通，游事齐宣王，不能用；适梁，梁惠不果所言，则见以为迂远而阔于事情也。当是之时，秦用商君，富国强兵；楚、魏用吴起，齐用孙膑、田忌之徒。天下方务于合从连衡，以攻伐为贤，而孟轲乃述唐虞三代之德，是以所如者不合，退而与万章之徒序诗书，述仲尼之意，作《孟子》七篇。

孟子道性善，谓人性皆有善，仁义礼智，皆根于性。而生其有不善者，由于气拘物蔽，物交物则引之为不善，而非性之本原也。其陈说齐梁之君，皆以仁义为本，极辟功利之说；论治法在于教养兼施，而推本于与民同好恶；谓不嗜杀人而后能统一天下，痛斥争城争地、杀人盈城盈野之祸；谓保民而王，易如反掌也。

孟子之学，六通四辟，能权而不失乎经。其所陈说，皆可施行于天下后世，于辞受取与之间、义利之辨甚严，评论伯夷、柳下惠，皆有微辞。生平所愿学者，惟孔子。其学以集义为宗旨，以知言养气为纲领，以勿忘勿助为工夫，以不动心为效验。其为气也，至大至刚，故能充实而有光辉。当时辨论，或与门弟子问答，颇费辞说，亦时代使然也。若论其造诣，则博大精微，实居孔子之次，故学者以孔孟并称，号曰"亚圣"。得年最高，凡九十有六岁。据赵大浣《增补苏批孟子》所载《孟子年谱》，谓孟子生于周安王十七年，卒于赧王二十六年，享寿九十六岁。周广业《孟子四考》、宋翔凤《过庭录》略同，皆谓孟子年九十余也。孟氏《世谱》及万斯同《孟子生卒年月辨》、狄子奇《孟子编年》皆云孟子年八十四岁，非是。卒于赧王二十六年，墓在邹县东北三十里四基山之阳。娶田氏，生子睪或以孟仲子名睪，是睪即孟仲子也。《公孙子》内有《仲子问》一篇，未审确否。或云孟仲子，子思弟子，尝与孟子共事子思后学于孟子者从学于公孙丑，其门弟子有乐正子克、万章、公孙丑、公都子四子已从祀孔庙、浩生不害、孟仲子、陈臻、充虞、屋庐子连、徐辟、陈代、彭更、咸丘蒙、桃应、盆成括、滕更、高子凡十七人。其季孙、子叔二人，或以为孟子弟子，或以为非是。赵岐《孟子注》以此二人为孟子弟子，宋徽宗政和五年封季孙丰城伯，子叔城阳伯。及《朱子集注》出，乃始非之，世莫有从赵氏之说矣。顾炎武《日知录》、朱彝尊《曝书亭集》尝论及之，谓元吴莱著《孟子弟子列传》二卷，今不传矣，吴氏书虽不传，序称一十九人，则加入季孙、子叔二人在内，乃适合十九人之数也。至于《史记索隐》以公明高为孟子弟子，而《广韵注》谓离娄亦为孟子弟子，则不知其所本。按高诱注《吕氏春秋》及《艺文类聚》，又以匡章为孟子弟子，《淮南子注》更以陈仲子为孟子弟子，则更不知其所本。全祖望曰：以乐正子、万章、公孙丑、孟仲子、陈臻、充虞、徐辟、陈代、彭更、公都子、咸丘蒙、屋庐子、桃应为孟子弟子，则赵注、孙疏、朱注所同也。季孙子、叔高子、赵注、孙疏所同，而朱注不以为然。浩生不害、盆成括，本不见于赵注，但见于孙疏，而朱注亦不以为然，朱注之去取是也。【按】赵注于《告子题》篇云告子者，告姓也，名不害，兼治儒墨之道者，尝学于孟子，而不能纯彻性命之理。赵以告子名不害，盖即浩生不害也。全氏谓不见于赵注者，非也。阎氏若璩以告子与浩生不害各为一人，亦非。

《阙里志》云："宋神宗元丰七年诏以孟子配享孔子庙庭，位次颜子；元仁宗延祐三年封亚圣邹国公；明嘉靖二年改称亚圣孟子。"

卷一终　门人吕灿铭校字

卷二 概论上

卷二　概论上

《史记·孔子世家》载，孔子以诗书礼乐教弟子，盖三千焉。身通六艺者，七十有二人。文翁《孔庙石室图》亦载七十二人。及考《仲尼弟子传》序，则曰："'受业身通者七十有七人'，皆异能之士也。"所论人数与《世家》异，当以《列传》为正。盖《弟子传》所记，实有七十七人之数也，故马氏端临、臧氏庸皆主七十七人之说。马氏曰："孔子弟子姓名之考者，《史记》《家语》所载并十哲共七十七人。程敏政以《家语》无颜何，非也。《史记》颜何，字冉，《索隐》云《家语》颜何字称，故马氏《绎史》云今本《家语》脱去颜何耳，古本则有合之，故为七十七人。其公伯寮、秦商当作秦冉邹单，《家语》不载，而别有琴牢、陈亢、县亶三人，唐《开元赠典》见《礼乐志》及《唐会要》所载，并七十七人也。"语见《文献通考》。臧氏曰："《史记·弟子传》七十七人，《索隐》引《家语》亦作七十七人。《汉书·地理志》云：'孔子悯王道将废，乃修六经，以述唐虞三代之道，弟子受业而通者七十有七人。'又《儒林传》：'仲尼既没，七十子之徒散游诸侯。'师古曰：'七十子，谓弟子七十七人也。'是可证《史记》《汉书》《家语》皆作七十七人，其言七十二者误也。"说见臧氏《拜经日记》。

《吕氏春秋》云："孔子弟子三千，达徒七十，万乘之主得一可以为师。"《淮南子》曰："孔子弟子七十，养徒三千，皆入孝出悌，言为文章，行为仪表。"《孟子》言："七十子之服孔子。"太史公曰："学者多称七十子之徒。"上列诸说，皆称七十，不言七十七者，盖举成数言之，足见当时弟子多至三千，而成名者则七十有七人也。然《弟子传》所载七十七人，若显有年名及受业闻见于书传者，仅三十五人，其四十有二人则无年及不见于书传矣。今考孔门弟子者，当以《史记》《家语》为主，其事迹记载之翔实，则以《论语》为主。孔子与门弟子问答，其要已在《论语》，而散见于《大小戴记》及《左传》。若周秦诸子所记载，类多傅会之词，或则传闻失实。宋薛据及近儒所为孔子集语，采录于诸子百家之书，即多传闻失实者矣。

孔子弟子七十七人，当无疑义。然杜佑《通典》所录则八十三人，计增入蘧瑗、林放、陈亢、申枨、琴牢、琴张六人，就其增入者考之，殊有未当。蘧瑗、林放不应列入弟子，申枨即申党，陈亢似非孔子弟子，琴牢、琴张亦未能断其为弟子，且其名字有异同。若公伯寮得罪名教，不足称孔子弟子也，今援引诸说申论之。

程氏敏政曰："考宋邢昺《论语注疏》，申枨，孔子弟子，在《家语》作申续，《史记》作申党，其实一人也。今庙庭从祀申枨，封文登侯，在东庑；申党封淄川侯，在西庑，重复无稽，一至于此。公伯寮诉子路，以阻孔子，乃圣门之蟊贼。至孔子于瑗称为夫子，决非及门之士也。林放虽尝问礼，然《家语》《史记》及邢《疏》、朱《注》俱不载入弟子之列。愚以为申枨、申党位号，宜存其一。公伯寮、蘧瑗、林放，宜罢其祀。"语见程氏《篁墩集》。

马端临曰："《仲尼弟子列传》言孔子之所严事，于周则老子，于卫则蘧伯玉。《孔子世家》称孔子适卫，主蘧伯玉，及反鲁，伯玉使人至，孔子礼其使而称伯玉。以夫子其尊之者如此，必非门弟子之列也。"语见《文献通考》。

崔氏述曰："文翁《图》所载弟子，止七十有二人，其中有申枨、林放、申堂、蘧伯玉，则又《史记》《家语》所无者。申枨见于《论语》，其前后章皆论弟子为人，孔子名之，亦如诸弟子补之，近是。申堂不见于经传。【按】申堂即申枨。林放虽见于《论语》而无明文。至蘧伯玉，其出近关，在鲁襄之十四年，已为大夫，其齿长矣。后八年而孔子始生，比孔子之冠也，则伯玉已老矣，夫安得列之弟子乎？"语见崔氏《洙泗考信录》。

崔氏又曰："《史记·仲尼弟子列传》凡七十有七人，司马迁谓弟子籍出孔氏古文，然见于《论语》者二十有七人耳，确有明证，决知其非误者。颜渊、闵子骞、冉伯牛、仲弓、子路、曾晳、子贡、原思、有子、曾子、宰我、冉有、公西华、子游、子夏、子张、樊迟、子羔、漆雕开、司马牛，仅二十人而已。其七人者，颜路、公冶长、南容、子贱、澹台灭明、巫马期、公伯寮也。颜路以请车一见，公冶长以孔子妻之一见，子贱以孔子称之，澹台灭明以子游称之，亦各一见；巫马期则以陈司败之故而附见，南容凡三见。考之《传》记，谓子贱、颜路、公冶长、南容为弟子则近是，谓期与灭明为弟子，恐不然也。巫马期在昭公之世已与孔子同朝，不似尝受业也者。而子游为武城宰，孔子始知灭明时，孔子已老，灭明将何时受业？《传》称其既已受业，退而修行，始有不由径，非公不见之事，既与《论语》刺谬；又称其南游至江，从弟子三百人，孔子曰：'以貌取人，失之子羽。'则其说益舛，而其年益不符矣。至于公伯寮者，但以诉子路见。是时孔子为鲁司寇，子路为季氏宰，方相倚以行道，诉子路即以撼孔子，乌有七十子而肯为是者哉！"

【谨按】公伯寮之为孔子弟子，见于《史记·弟子传》及马注《论语》，然《家语·弟子解》无其人，朱《注》亦不取，盖得罪名教，不足称也。朱竹垞《考录》，郑康成弟子有郗虑其人者，陈氏澧曰："虑承望曹操风旨枉奏，杀孔文举，乃郑门之败类者，郗虑殆即公伯寮之流欤？"明夏洪基撰《孔门弟子传略》列入公伯寮，《四库提要》云明代已罢其祀，列为弟子，未免失考。诚然，至于澹台灭明，包《注》、朱《注》虽未以为弟子，而《史记·弟子传》及《家语》《大戴礼》、皇《疏》、邢《疏》皆以为孔子弟子。郑玄曰："灭明，孔子弟子，子游之同门也。"是以本编仍序入弟子之列。

崔氏又曰："《家语·弟子解》篇，其数与《史记》同而名字或异，且删《史记》三人，别有琴张、陈亢、县亶以合其数。琴张见于《孟子》，补之良是。但谓琴张即牢，未知所本。县亶亦无所考。若陈亢，乃尊子贡而轻视孔子者，《论语》中亢凡两问子贡，一问伯鱼，而绝未尝一问孔子。且《论语》所记门人，未有相称以子者，而亢称伯鱼、子贡皆以子，则亢乃子贡、伯鱼后辈，非孔子弟子也，明矣。"

简氏朝亮曰："郑注《论语》云：'子禽弟子，陈亢也。'《礼·檀弓》篇有陈子亢，郑亦曰孔子弟子。今考《史记·仲尼弟子传》有原亢籍，无陈亢。《史记》叙弟子者，自言据孔氏古文，盖古本《家语》也。《史记》无陈亢，必古本无矣。今本《家语》有陈亢，知王肃窜入之伪也。朱注《孟子》于陈亢言私淑艾者，亦不以陈亢为孔子弟子。《诗》《礼》为孔子所雅言，而陈亢问于伯鱼者，则闻《诗》《礼》而遽喜，是未尝闻雅言者矣。叔孙武叔谓子贡贤于仲尼，而陈子禽谓子贡者，其言亦同，是不得其门者矣。"说见简氏《论语集注述疏》。

许氏谦《读四书丛说》谓子禽称子贡为"子"，称孔子曰"仲尼"，一若自尊其师者，疑其为子贡之门人云。【按】陈亢见于《论语》者凡三节，其言论识见皆甚谫陋。《檀弓》载其阻止殉葬一事，虽有可采，然亦非奇特过人之见。许氏谦疑其为子贡之门人，崔氏述谓为子贡、伯鱼后辈，殆近是已。

琴牢，或以为琴张，或曰非是。郑康成曰："牢，弟子子牢也。"《家语·弟子》篇云："琴牢，卫人，字子开，一字张。"朱子《集注》从《家语》云："孔子弟子，姓琴，字子开，一字子张。"今考《史记》无文，或言《家语》伪书，然《汉书·古今人表》有琴牢，此言先乎王肃矣。左氏《昭二十年传》宗鲁死，琴张欲往吊，仲尼曰："齐豹之盗而孟絷之贼，女何吊焉？"《家语》亦载此事。杜《注》曰："琴张，孔子弟子，字子开，名牢。"孔《疏》引《家语》云："孔子弟子琴张，与宗鲁友。"简氏朝亮曰："《孟子》言狂者云琴张、曾皙，盖张者，琴牢之字，犹皙者曾点之字也，是皆以琴牢即琴张，谓为孔子弟子也。"贾逵、郑众、赵岐又以琴张为颛孙师，非也。服氏虔已辨之。一说谓琴牢非琴张，王氏念孙《读书杂志》云："贾、郑说固无征，王肃《家语》亦不足信，琴张见《孟子·尽心》篇，而《庄子·大宗师》篇作子琴张。《庄子》曰：'子桑户、孟子反、子琴张三人相友善，子桑户死，或编曲，或鼓琴，相和而歌。'无作琴牢者。"《论语·子罕篇》，郑注以牢为子牢，不以为琴张，牢与琴张不得合而为一也。《汉书·古今人表》之琴牢又作琴张，后人据《家语》改之耳。王肃《家语》未出以前，不得有琴张名牢之说云。刘氏宝楠、潘氏维城皆主其说，以琴牢、琴张别为一人。今以诸说纷纭，或言一人，或言二人，殊难确定，且牢事仅以《太宰问于子贡》章附见《论语》，此外无可考。故本编不为列入。以上据《史记》《家语》论孔门弟子人数，并以《论语》所记辨其真伪。

《论语》所记公伯寮、蘧瑗、林放、陈亢、琴牢而外，尚有左丘明、仲孙何忌、孺悲、子服景伯，以暨季子然诸人。今考书传所载，亦有目为孔子弟子者。

刘歆云左丘明好恶与圣人同，亲见孔子，是谓作《春秋传》者，即《论语》之左丘明也。由是班固《汉书》谓孔子与左丘明。观《史记》《家语》亦载其事杜氏《集解》谓左丘明受经于孔子，其后荀崧、刘知几诸儒持说略同，大抵本诸刘歆，皆以邱明为孔子弟子。迨宋程朱以来，学者谓作《传》者与孔子不同时，非《论语》之左邱明。崔氏述曰："《左传》终于智伯之亡，系以悼公之谥，上距孔子之卒已数十年，而所称书法不合经意者，亦往往有之，必非亲炙于孔子也明甚，不得以《论语》之左邱明当之也。"【按】《论语》云："左邱明耻之，丘亦耻之。"玩其辞气，亦不似师弟尚论也者。是则《论语》之左邱明当为孔子前辈，否则亦同时人，而非孔子弟子也。

《左传》："孟僖子将卒，召其大夫属说与何忌使事仲尼。"【按】说即南宫敬叔，何忌即孟懿子，孟懿子与孔子问答，见于《家语·冠颂》篇及《尚书大传》。崔氏述谓二子尝学礼于圣门，然皆世禄子弟，不知尊圣人。公伯寮之诉，景伯欲杀之。武叔之毁，景伯告之子贡，而敬叔皆若弗闻也者。刘氏宝楠曰："孔子仕鲁，使子路堕三都，于是叔孙堕郈，季氏堕费，独孟懿子听小人公敛阳之谋，不肯堕郕亦作成，使孔子不得行其道于鲁，沮之者实懿子。据此则《史记·弟子传》不列其名，《论语》孔注只云鲁大夫，不称孔子弟子，其以此欤？"

宋氏翔凤《论语发微》曰："《文选注·四十七》引《论语摘辅象》曰：'子然公顺多略'，知季子然亦弟子之一。"戴氏望《论语注》曰：

"疑子然即季襄。"是皆以季子然为孔子弟子也。【按】季子然、孟懿子虽见于《论语》，其人言行无足取，《史记》《家语》未列为弟子，更无足征也。

朱子《集注》曰："孺悲尝学士丧礼于孔子，当是时必有以得罪者，故欲见孔子，而孔子辞以疾。"蔡氏节《论语集说》引武夷吴氏曰："《杂记》言哀公使孺悲之夫子学士丧礼，则孺悲尝事夫子矣。"简氏朝亮言："孺悲宜在孔子弟子之列，而《史记·弟子传》不载，其得罪可知也。"朱氏彝尊《孔子弟子考》曰："据《礼·杂记》，孺悲学士丧礼于孔子，士丧礼于是乎书。郑注云：'士丧礼已废矣！孔子以教孺悲，国人乃复书而存之。'方悫《注》云：'丧礼将亡，圣人不可以不书，必待孺悲学而后书之者，以明礼之不废，亦有所因也。'盖孔门自子夏兼通六艺而外，若子木之受《易》，子开之习《书》，子舆之述《孝经》，子贡之问《乐》，有若、仲弓、闵子骞、言游之撰《论语》，而传士丧礼者，实孺悲之功也。惟因孺悲欲见而孔子辞以疾，疑拒之门墙之外，不屑教诲耳。"【按】孔子不见孺悲，其原因无从考证，惟孺悲事载于《论语》者，仅此一章，无其他可以互相发明。《史记》《家语》既无纪载，《集注》亦未注明弟子，故不列入本编言行录中。

【谨按】朱氏《孔子弟子考》谓洪氏《隶续》载鲁峻石壁残画七十二子像，其中有子服景伯者，唐刘怀玉作《孔圣真宗录》，亦以子服景伯在七十子之间，遂据以列入《弟子考》。今以《论语》考之，公伯寮诉子路于季孙，景伯以告孔子，而欲诛寮于市朝；叔孙武叔毁仲尼，景伯又以告子贡，则其卫道之深心，诚不愧为弟子者。惟《史记》《家语》无明文，他书亦无可考证，未敢断定其必为孔门弟子也。以上更就《论语》所记，未敢断定为孔子弟子者，援引诸说，推广而辨别之。

上文论列诸贤，皆见于《论语》者。《论语》以外及《史记》《家语》所未载者，今以传记考之，七十子之外，尚多有其人焉。朱氏彝尊《孔子弟子考》搜集颇富，录孔门弟子多至九十八人。苏辙撰《古史》，著录七十九人，其搜罗亦勤矣。余于《〈论语〉孔门言行录》附有《孔门弟子通考》一卷，亦搜集至九十八人，而所载名氏与朱氏考则有别也。若其他刺谬不足征信者，皆不录入。今略举诸说，以待质证。

《论语》皇《疏》叙末云孔子弟子见于《论语》者有二十七人，《古史考》则三十人，谓阳虎亦是弟子。简氏朝亮曰："此据《墨子》而妄言之。《墨子·非儒》篇诬孔子言徒属弟子皆效孔丘，又言子贡、季路辅孔悝乱乎卫，阳虎乱乎齐，佛肸以中牟畔，漆雕开残莫大焉。夫虎，阳货名也，虎自鲁奔齐，以《左传》稽之，其乱有然。《论语》云阳货欲见孔子，孔子不见，何墨翟诬以其徒乎？子路遭卫之乱而死节焉，史称'子贡相卫'，非辅孔悝为家臣也。《论语》书佛肸事彼叛而召孔子，岂其往哉！孰谓其徒？《韩非子》云有漆雕氏之儒，又云漆雕之廉、漆雕之暴也，故诬之曰残。"

简氏又曰："《史记·孔子世家》云：'孔子以诗书礼乐教，弟子盖三千焉，身通六艺者七十有二人。'如颜浊邹之徒，颇受业者甚众。又云：'适卫，主于子路妻兄颜浊邹家。'"《孟子》作颜雠由。夫颜浊邹为孔子所主，则贤士也。如此之徒甚众，则《仲尼弟子列传》外，岂不多君子哉？又曰："《古今人表》有颜雠由，又有颜浊邹。今据《史记》以证《孟子》，则浊邹即雠由，《人表》列作两人，误也。《汉书注》则以卫之颜浊邹为齐之颜涿聚，非也。盖颜涿聚，固别一人，受业于孔子，以梁父大盗而改为齐之忠臣矣。其亦自显于《仲尼弟子列传》外者欤？此据《尸子》《吕氏春秋》《淮南子》而知也。"简氏说见《论语集注述疏》。

孔门弟子见于《左氏传》者，顾栋高《春秋大事表》列举出十二人，蘧伯玉、子路、冉有、子贡、子羔、有若、樊迟、琴张、澹台灭明、南宫敬叔、司马牛、秦丕，兹是已。然仲孙何忌，则置于乱臣之列，又以蘧伯玉为弟子，别择未确。

余尝翻阅经传，录孔门言行，以《论语》《史记》《家语》为主，参以文翁《图》、《孟子》及孔昭焕《阙里文献考》、朱彝尊《孔子弟子考》诸书。《汉·艺文志》有《孔子徒人图法》二卷，郑樵《通志》有郑玄《论语孔子弟子目录》一卷，焦竑《经籍志》有《圣门通考》十五卷、《圣门人物》十二卷，皆佚。其目为孔子弟子者，通计九十有八人。详《孔门弟子总考》，其姓名与朱氏《考》所列九十八人略异。

朱氏以薛邦、郑国为二人，又以申续、申枨、申棠一人而分作三人，故不同。其中见于《论语》者，凡三十有六人孟懿子、季子然未计入内，其言行确有可据者，则二十七人也，颜回、曾参、有若、闵损、冉耕、冉雍、端木赐、卜商、言偃、颛孙师、仲由、原宪、公西赤、宓不齐、澹台灭明、曾点、漆雕开、南公括、冉求、宰予、高柴、樊须、公冶长、颜无繇、司马耕、巫马期、申枨是也。未录者九人指文翁《图》等书所记，谓为孔子弟子者，陈亢、林放、蘧瑗、左邱明、琴牢、孺悲、子服景伯、公伯寮、仲孙何忌是也。凡不见于《论语》者不录如《弟子传》载公晳哀、商瞿、公孙龙，其学行卓然可纪，惟不著于《论语》虽见于《论语》而未足征信者不录如文翁《图》所载之林放、蘧瑗、杜预、刘知几所称之左丘明，鲁峻《石壁七十二子像》之子服景伯是已或因得罪名教如《弟子传》载谗诉子路之公伯寮，《左氏传》载孔子使子路堕成，懿子梗命，及《集注》谓孔子不见孺悲，必因其得罪，故辞以疾是已或其名字有异同，而未能确定者如琴牢，或称琴张，或曰非是或其人才识浅陋，不足取重，亦未足征实者如陈亢谓子贡贤于仲尼至伯鱼为孔子之子，然《史记·弟子传》及《家语·弟子解》、朱氏《孔子弟子考》皆不录入，盖以古者易子而教之义欤？陈亢问于伯鱼有无异闻孔子，问伯鱼有无学诗学礼，当时伯鱼或不在听受之列凡此皆不列入本编言行录中。以上更推究《论语》以外所记诸子，为孔门弟子总考之根据，并述编次《论语》孔门言行之标准。

《家语》："卫将军文子问于子贡曰：'吾闻孔子施教，先之以《诗》《书》，道之以孝悌，说之以仁义，观之以礼乐，然后成之以文德。盖入室升堂者，七十有余人，其孰为贤？'子贡对曰：'夫夙兴夜寐，讽诗崇礼，行不贰过，称言不苟，是颜回之行也……在贫如客，使其臣如借，不迁怒，不深怨，不录旧罪，是冉雍之行也……不畏强御，不悔矜寡，其言循性，材任治戎，是仲由之行也……恭老恤幼，不忘宾旅，好学博艺，省物而勤，是冉求之行也……齐庄而能肃，志通而好礼，摈相两君之事，笃雅有节，是公西赤之行也……满而不盈，实而如虚，博无不学，其貌恭，其德敦，其言于人也无所不信，其骄大人也常以浩浩，是曾参之行也……美功不伐，贵位不喜，不侮不佚，不傲无告，是颛孙师之行也……为大学之深，送迎必敬，上交下接若截焉，是卜商之行也……贵之不喜，贱之不怒，苟利于民矣，廉于行已，其事上也，以佑其下，是澹台灭明之行也……先成其德，及事而用之，故动则不妄，是言偃之行也……独居思仁，公言仁义，其于诗也，则一日三复白圭之玷，是南宫韬之行也；出入于户，未尝越礼，往来过之，足不履影，启蛰不杀，方长不折，执亲之丧，未尝见齿，是高柴之行也。凡此诸子，赐之所亲睹也。'孔子闻之而笑曰：'赐也！汝为知人矣！'"【按】子贡品评，颇为适当，《大戴礼记》亦载此文，大略相同，是可为孔门诸贤之学案矣。

陈氏澧曰："《论语》有绝奇处，师旅因以饥馑，而子路能为之；哀公十二不足，而有若劝以盍彻；足食、足兵、民信，子贡问三者去一、二者去一。读之皆使人瞿然而惊，以此知圣门诸贤才识谋虑，超越寻常万万也。"语见《东塾读书记》。康氏有为曰："孔子在陈、蔡之际，弟子之高才者多从之，皆能名震于诸侯，故子西告楚昭王曰：'王之使使诸侯，有如子贡者乎？'曰：'无有。''王之辅相有如颜回者乎？'曰：'无有。''王之将帅有如子路者乎？'曰：'无有。''王之官尹有如宰予者乎？'曰：'无有。'子西之言见《孔子世家》。盖三千七十之中，妙选高才，从行以备致用，故震动时流如此。时孔子年已六十三，而子游年十八，子夏年十九，皆未弱冠，而巍然为孔门文学之选，可谓绝异矣。"见康氏《论语注》。【按】孔门诸子，颜渊则才堪王佐朱《注》："颜子，王佐之才也。"曾子则名重诸侯《韩诗外传》："齐迎以相，楚迎以令尹，晋迎以上卿。"仲弓可使南面，冉有可使治赋，子游为武城宰，能化其民；子路为季氏宰，能堕费郈；子华则善于容仪，可使接遇宾客；子贡则娴于辞令，可以应对诸侯；子夏为莒父宰，而莒父治；子贱为单父宰，而单父治。其他如闵子骞季氏使为费宰而子骞辞之宓不齐治单父有政声，孔子称其才原思孔子为鲁司寇时，思为孔子宰，然独行其志，义不苟取子羔《史记》载子羔为费郈宰，《家语》谓其仕为武城宰，又能化成人漆雕开子使漆雕开仕，足见其才南容邦有道则仕，邦无道则卷而怀之之徒，皆具干济之才，足以经纶邦国，固不徒以德行著称者也。

【谨按】人皆称孔子为教育家、哲学家、政治家、经济家，余谓何止此也！孔子且为外交家、军政家、音乐家。孔子于夹谷之会却齐师，能折冲樽俎之间，是外交家也。季康子问冉有于军事学之乎？性之乎？冉有对以学于孔子。且卫灵问阵，亦以孔子能知兵，是军政家也。孔子闻仲由鼓瑟，知其有北鄙杀伐之声；听子游弦歌之音，知其能以礼乐化民。取瑟而歌，孺悲闻而警惕；击磬于卫，荷蒉知其有心，是音乐家者之所为也。彼子贡学受于孔子而擅外交之才，冉有受学于孔子而能知兵入齐军有若、樊迟亦能知兵，颜闵之徒亦皆知音，斯授受之渊源有自矣。其将门必有将之义欤？以孔门造就人才之多，曾子、子夏教授门徒之众，益可推知孔子为教育大家。以子贡、子游、子夏诸贤，皆深于微言，虽以释氏精微之论，亦不能越孔道之范围，可推知孔子为哲学大家。以子贱、子羔之能化其民，政声卓著，仲弓又可使南面，其徒若此，其师可知，以此推之，知孔子为政治大家。以有若劝哀公行彻法，谓百姓足则君亦足，冉有又可使治赋，可使足民，益推知孔子为经济大家。若是，孔门之人才，实为千载一时之盛，惜其不遇时也。谁谓孔子生当今日而秉国之钧，不足以治天下哉！

荀卿子《非十二子》篇独称仲弓，而非子游、子夏、子张，以为贱儒。于子思、孟子亦以为沟犹瞀儒，其言不足辨也。荀卿之学出于子弓，故尊其师而抑他人，或以所谓贱儒者，言在三子之门为可贱，谓其徒耳，非贱三子也，今亦不取。

朱子沂问于其师简朝亮曰："皇《疏》引江熙云：'鲁哀公当千载之运，圣贤满国，使哀公能举而用之，鲁其王矣。夫王鲁固不宜言，而鲁多君子，实哀公当时之幸也。然哀公用之，而三桓阻之，则如之何？'或曰晋悼公当群卿擅政之日，亦卒能有为，顾哀公所为何如耳？其然欤？"答曰："如定公不许季恒子受女乐也，亦孰能阻之乎？"【按】孔门仕宦，不过邑宰家臣之属，曾未有秉国之政，得以藉手一试者。当时列国君相，非有过人之才识度量，鲁哀亦一庸懦之君，何能有为！颜、闵终于不仕，彼以孔子尚无所试，以行其道，是以箪瓢陋巷，宁在汶上，以终其身，此不遇时者之所为，盖有所不得已也。

苏氏辙《齐州闵子庙记》曰："孔子弟子之高弟，咸仕于诸国，宰我仕齐，子贡、冉有、子游仕鲁，子路仕卫亦仕鲁，子夏仕魏，弟子之仕者亦众矣。然其称德行者四人，独仲弓尝为季氏宰，而颜渊、闵子骞、冉伯牛三人，皆未尝仕也。夫子之贤，犹不以仕为污，而三子之不仕，何欤？三子者，愿为夫子而未能，下顾诸子而以为不足为也，是以止而有待。夫子尝曰：'世之学柳下惠者，未有若鲁独居之男子。'吾于三子亦云。"以上苏氏说。【按】孔门弟子仕于季氏者，若冉有、季路、仲弓、樊迟、有若，或为季氏宰，或为家臣，孔子皆不以为非。盖父母之邦也，不忍去，亦无可去，且为张公室计，以为苟能竭其才力，有所设施，即于公家不为无补。盖不忍使周公之后，为权臣所夺，非甘为季氏用，实欲用季氏耳。当定公时，孔子本有用鲁之志，及至哀公之世，则行道已无可望，而鲁且日危，故但使冉有辈，图所以维持之。其后田氏篡齐，三家分晋，季氏独不能篡鲁，未必非圣贤维持之力也。后世若狄仁杰之仕武则天，许鲁斋之仕元世祖，之二人者，一则乃心王室，不惜委曲求全，藉以保全善类，卒能匡复唐室；一则慨然以道自任，将以植世教，立民彝，又以生长北方，先人庐墓所在，更无可逃之区域，不同伯夷、太公避纣，有东海、北海之可居也。盖其出处进退，必权衡于轻重之间，而非可以苟然者。《淮南子》所谓不为秦楚变节，不为胡越改容也，亦明矣。故事有或出于不得已，与可以已而不已者，其情不同，岂可以一概而论之哉！以上论孔门人才及其出处。

桓谭《新论》曰："孔子以四科教士，随其所喜，譬如市肆，多列杂物，欲置之者并至。"陈氏澧曰："德行、言语、政事、文学，皆圣人之学也，惟圣人能兼备之，诸贤则各为一科，所谓学焉，而得其性之所近。后世或讲道学，或擅辞章，或优干济，或通经史，即四科之学也。然后世各立门户，相轻相诋，惟欲人同乎己，而不知性各有所近，岂能同出于一途。若同出一途，则四科有其一而亡其三矣，岂圣人之教乎！"又曰："胡安定教授湖州，敦尚行实，置经义斋、治事斋。经义斋者，择疏通有器局者居之；治事斋者，人各治一事，又兼一事，如治民、治兵、边防、水利、算数之类。其在太学，有好尚经术者，好谈兵战者、好文艺者、好节义者，使各以类，群居讲习，此四科之遗意也。"《元史·吴澄传》云澄为国子监司业时，定教法四条，一曰经学，二曰行实，三曰文艺，四曰治事，尤合于四科之法。

《世说新语》有德行、言语、政事、文学四门，隋崔颐撰《八代四科志》三十卷见《隋书·崔廓传》后盖为八代人作传，而分为四科也。然自古以来，可传之人，无出于四科之外者也。陈氏说连下三节俱见《东塾读书记》。

元魏高崇云："仲尼四科，德行为首，人能立身约己，不忘典训，斯亦足矣。"刘献之云："人之立身，虽百行殊途，准之四科，要以德行为首并见魏本传，皆笃论也。"朱子云："学不可以一事名，德行、言语、政事、文学皆学也。今专以德行为学，误矣。"《答潘恭叔书》。此论四科之不可偏废，夫专以德行为学，朱子犹以为误，若专以言语、政事、文学为学，其误尤可知矣。专学一科，不误也，专以己所学之一科乃谓之学，而以己所未学之三科不得谓之学，则误也。

皇侃《论语疏》云："范宁曰：'文学，谓善先王典文。'侃案：文学指博学古文。司马温公曰：'古之所谓文者，谓诗书礼乐之文、升降进退之容、弦歌雅颂之声，非今之所谓文也。今之所谓文者，古之辞也。'"《答孔司户文仲书》。《新唐书·文艺传·序》云："夫子之门，以文学为下科。"澧案：此误以后世之文辞，为孔门之文学。又见文学在四科之末，故云下科耳。德行、言语、政事，皆载在先王典文诗书礼乐之内，故以文学承三科之后，非下也。【按】《论语笔解》李习之曰："以四科校量次第，则孝弟当德行科，上也。使四方不辱君命，当言语科，次也。言必信，行必果，当政事科，又次也。以推文学可知矣。或当时解经以为如此，故《文艺传·序》云然。"

范文正公云："王者采人，岂无其要？孔子之辨门人，标以四科，一曰德行，二曰政事，三曰言语，四曰文学，以四科辨之，思过半矣。"《推委臣下论》。司马文正公云："人之才性，各有所能，或优于德而啬于才，或长于此而短于彼，故孔门以四科论士，汉室以数路得人。"《乞以十科举士答子》。二公论才，皆以四科，可见四科者，王者所以治天下，不可缺一也。

简氏朝亮曰："孔门之学，由四教焉，曰文、曰行、曰忠、曰信，皆一人而四教也。四教既成，于是名之以四科，四教明而四科出焉。非先四分之，而以一科教一人也。合教成之，而名其尤长者之科，其余非不能也。不然，则言语科而下，皆无德行者乎？言经义者，不能治事，履而行之，岂经义之用乎？言治事者，不本经义，变而通之，岂治事之美乎？"语见《论语集注述疏》。【按】文、行、忠、信四教，必须人人通习，犹今学校之普通科也。德行、言语、政事、文学四科，于普通学成之后，择其尤长者专治之，犹今学校之专门科也。以上言孔门教学分列四科。

简氏又曰："孔门自颜子以下，颖悟莫若子贡；自曾子以下，笃实无如子夏。"【按】简说是也。今考孔子弟子，其列于四科者，若子贡、子夏、子张，晚年造诣皆卓绝。其不列于四科者，曾子、有子而外，若澹台灭明、漆雕开、原宪、公西赤、宓不齐、南容诸贤，其造道亦深，行谊才识迥不犹人也。

朱子论孔门弟子，谓颜子天资纯粹，曾子刚毅笃实，子贡俊敏，子夏谨严，子路好勇，子游高简虚旷，不屑细务，其言似矣。然以子张全然务外。又曰他在圣门，岂不晓得为学之要，只是他资质是个务外底人，所以终身只是这意思云。【按】子张晚年造诣颇纯，观其见危致命、见得思义，及执德、弘信、道笃之言，则其造诣可知，其学能变化气质也可知。故孔子称之曰仁。见《大戴礼》及《家语》。于其问仁，则语以恭、宽、信、敏、惠；问政，则语以五美四恶。此岂务外之人所可同日而语哉！

《集注》于孔门诸贤，辄多贬辞，冉有之为季氏聚敛，宰予之昼寝，其责备之也固宜。若平常问答间，本无可议者，亦辄举其短处，此殆近于无病呻吟者矣。于樊迟则曰粗鄙近利，于宰予则曰志气昏惰，于冉有则曰心术不明，于子夏则曰规模狭隘，见小欲速，于子张则曰心不诚实，好高务外，于子路则曰用知自私，所见者小，于子贡则曰子贡之患，非言之艰而行之之艰。甚而引程子之说，谓仲弓焉知贤才而举一言，可见其与圣人用心大小之不同，一心可以兴邦，一心可以丧邦，只在公私之间。是以仲弓之心为私，足以丧邦也。毛氏奇龄曰："仲弓之言重在知，孔子之言重在举，一在知举，一在举知，何公何私？何大何小？而无端吹索如此。"语见毛奇龄《四书改错》。《四书正误·序》曰："圣门七十余贤，其载在《鲁论》者，率表表可称，而乃以庄子疑琴张，以淮南证伯牛，以佛老疑曾皙，以喫菜根讥原宪，以没下稍断子张，以终不喻定子贡，以粗鄙近利毁樊迟，以倾侧狭隘疑子夏，是诬贤者也。程、朱醇儒，而亦随波混俗，诚不解也。"

《论语》记及门之问仁多矣，颜渊问仁、仲弓问仁、子贡问为仁、子张问仁、司马牛问仁、樊迟三次问仁两兼问知，而夫子答之各有不同，盖诸贤学力有高下，故训辞有浅深也。后儒遂疑孔子教人，有偏全大小之殊，是不然。颜渊、仲弓闻孔子之言，能请事斯语，牛则疑讱言之不足以为仁。樊迟三问，夫子三答，而樊迟尚有未喻也。子贡之于仁，则拟之太高且远，而以博施济众为未足。子张意志高远，孔子则语以仁之功用。凡此皆因才施教，或言仁之体，或言仁之用，言虽不同，而所以勉之为仁则一也。陈氏澧曰："朱《注》于孔子之答门弟子，辄曰因其失而告之，此未可一概而论。非礼勿视勿听四语，若以告他人，则亦可谓其人视听言动多非礼，故夫子戒之矣。今夫子以此答颜渊，可见告诸贤者，非必因其有失也。朱《注》所言诸贤之失，多出于前人之说，《史记·仲尼弟子列传》论云：'毁者或损其真。'此之谓也。"以上言孔门诸子才质及朱子评论之失当。

王充《论衡·问孔》篇曰："论者谓孔门之徒七十子之才胜今之儒，此言妄也。彼见孔子为师，圣人传道，必授异才故耳。夫古人之才，今人之才也，今谓之英杰，古以为圣神，故谓七十子历世希有。使当今有孔子之师，则斯世学者皆颜、闵之徒也；使当时无孔子，则七十子之徒犹今之儒生耳。"【按】王氏此说，正以见圣人教人之善，其德感人之深，所谓十室之邑，必有忠信，人皆可以为尧舜也。孔子教人，有教无类，凡可以为善者，无不引而进之，于是从游其门、获其陶镕者，有如时雨之化，莫不向于善道。故王充述孟子之言曰："闻伯夷之风者，贪夫廉，懦夫有立志；闻柳下惠之风者，薄夫敦，鄙夫宽。"徒闻其风犹且变节，况亲接颜面，相敦告者乎？王氏又云："孔门弟子七十之徒，皆任卿相之用，被服圣教，文才雕琢，知能十倍，盖教训之功而渐渍之力也。未入孔子之门，闾巷常庸无奇，其尤甚者子路也。世称子路无恒之庸人，未入孔门时，戴鸡佩豚，勇猛无礼，闻诵读之声，摇鸡奋豚，扬唇吻之音，聒圣贤之耳，恶至甚矣。孔子引而教之，渐渍磨砺，阖导牖进，猛气消损，骄节屈折，卒能政事，序在四科，斯盖变性，使恶为善之明效也。"王说见《论衡·率性》篇。

子以四教，文、行、忠、信，考其主，要不外一诚而已。其言曰："盖有不知而作之者，我无是也。"是以及门弟子所学，虽有浅深，然皆诚实不欺。其语子路，则曰："知之为知之，不知为不知，是知也。"是教之以诚也。若未得为得，未信为信，是谓自欺。如此者，本已差，安能入道？樊迟问知孔子，既告之矣，樊迟未明，又质诸子夏，反复研究，明而后已，是不敢以不知为知也。其他诸子言行，可以类推矣。参用程尹夫说，见《朱子大全集》。

　　孔子之答及门弟子，虽非必如《集注》所云因其失而告之，然亦时多警惕之言、引进之法，所谓循循善诱也。于子贡恐其多言，而教以先行其言；于子游恐其但能有养，而教之以致敬；于子夏恐其但能服劳，而教之以色难；于子路恐其过于尚勇，而教之义以为上；于子张恐其驰心于外，而教之以慎言慎行。此如医者，因病发药，亦足见培才之苦心矣。汪氏中曰："孔子云：'中人以上，可以语上也；中人以下，不可以语上也。'明乎教非一术，必因乎其人也。其见于《论语》者问仁问政，所答无一同者，闻斯行诸，判然相反，此其所以为孔门也。"汪说见汪氏《述学补遗》。以上言孔门教人以诚，故能变化气质之偏。

　　诲人不倦者孔子也，然其于及门诸子，不惟诲之不倦，又往往审问其志趣，考核其勤惰，辨别其材质艺能。盖平日言行问答之间，虽知其学力之所至，然其将有所待而欲为之志，则不能知也。欲验其自知之何如，使之知有所未至而自励也。如颜渊、季路侍，子曰："盍各言尔志？"子路、曾皙、冉有、公西华侍坐，子曰："如或知尔，则何以哉？"是审问其志趣也。如"与回言终日，不违如愚，及退而省其私，亦足以发，则曰回也不愚"，是察知颜回之聪明矣。宰予昼寝，则徽戒之曰："朽木不可雕，粪土之墙不可杇。"是察知宰予之昏惰矣。见闵子骞、子路、冉有、子贡侍侧，则知其气象之刚柔。听子路、冉有、公西华言志，则信其所言之不谬。谓由可治赋，求可为宰，赤可与宾客言，是察知其艺能韬略矣。谓子贡为瑚琏之器，谓申枨多欲，仲弓可使南面，子路不耻衣敝缊袍，是察知其才质性情矣。于回也见其进不见其止，于师也而知其过，于商也而知其不及，于柴也而知其愚，于参也而知其鲁，于师也而知其辟，于由也而知其喭。子路、冉有之问，闻则答词各异而进退之，是于及门之学业资质靡弗明也。盖视其所以，观其所由，察其所安，是观人方法。然非验诸平时，亦安能深知其底蕴，此教育家应有之责也。简氏朝亮曰："《学记》云：'退息必有居学。'盖学者既退，遂燕居而自学也。教者于是省焉，此教学之常也。仲由鼓瑟、宰予昼寝，皆省而知之也。"简说见《论语集注补正述疏》。

孔门教规甚严。观其斥宰予昼寝，及闻子路鼓瑟有北鄙杀伐之声，则曰："由之瑟，奚为于某之门。"闻冉有为季氏聚敛，则曰："小子鸣鼓而攻之可也。"其辞气严厉，不稍假借如此。康氏有为曰："昼寝小过，而圣人且深责之，可见圣门教规之严。易贵自强不息，盖昏沉为精明之大害，故圣人尤以垂戒。"见康氏《论语注》。由此观之，则得罪名教如公伯寮者，其不容于圣门也明甚。孺悲欲见而孔子拒之，或以为不屑教诲之，其信然欤！

孔子于门弟子之有过失者，虽严辞以儆之，而平时教人，则气象宽和，即之也温。然亦时有戏言，如子游为武城宰，孔子之武城，闻弦歌之声，则曰："割鸡焉用牛刀？"是戏言也。浮海之叹，曰："从我者其由与？"此因不得志于时，有所感触，而为是无聊之想。以子路好勇，遂谓其可与从游，亦戏言耳。苏氏辙曰："虽圣人与人言，亦不免有戏也。"即此可以见之矣。

《晏子》曰："仲尼居处惰倦，廉隅不正，则季次、原宪侍；气郁而疾，志意不通，则仲由卜商侍；德不盛，行不厚，则颜回、骞雍侍。"《尸子》曰："仲尼志意不立，子路侍；仪服不修，公西华侍；礼不习，子游侍；辞不辨，宰我侍；忘忽古今，颜回侍；节小物，冉伯牛侍。曰吾以夫六子自励也。"【按】两家所记，其辞虽未尽莹，而大旨可取也。《尚书大传》载，孔子云："自吾得回，门人加亲；自吾得赐，远方之士日至；自吾得师，前有光后有辉；自吾得由，恶言不至于门。"其词虽与《晏子》《尸子》略异，然皆有互相砥砺之义。王氏守仁尝言："中年以后得力于及门，夹持之功居多。"其《答聂文蔚书》曰："仆四顾彷徨，将求有助于我者，诚得豪杰之士，扶持匡翼，共明良知之学，于天下使皆能致其良知，去其自私自利之弊，以济于大同，则仆之病固将脱然而愈矣。"语见《传习录》。以此观之，可知敬业乐群，为进德修业之基。盖抗颜而为人师，则言动起居，皆为及门所瞻仰，所谓十目所视也，安得有丝毫苟且，而贻师范之玷。《学记》云："教学相长。"非专指知识技能而言，则以仁会友，以友辅仁之义，从可知矣。以上言孔子教授与训育兼施，随时省察，宽严适中，是以教学相长，愈亲切而获益多。

【谨按】孔门弟子好问，问仁之外，问政、问士亦屡矣。子贡问政、子路问政、仲弓问政、子夏问政、子张问政、颜渊则问为邦，子贡问士、子路问士又问成人，子张问士又问善人之迹，其他问明、问知、问行、问耻、问孝、问友、问君子、问事君、问崇德辨惑，又问崇德修慝辨惑，皆详记于《论语》。或则问之于师，而复辨之于友；或则同门相为问答。盖博学、审问、明辨，学者之所必要。博学而不审问，则事理未必尽明也。今一以见诸贤之善问，一以见孔子之诲人不倦，当日一堂讲习，师若弟互相切磋之益如此。孟子曰："得天下英才而教育之。"其乐何如也。

诸贤之所问者，往往欲穷极物理，反复事变。例如宰我问："井有仁焉，其从之也？"是盖欲推论仁者悲悯之怀，而探究其所设施也。子贡问："博施济众，可以为仁乎？"是欲穷核仁者之量，而推测其功用也。宰我问："三年之丧，期可已矣？"子路问："卫君待子为政，则将奚先？"子贡问："兵食不足，必不得已而去，何者为先？"冉有问："既庶何加？既富何加？"凡此之类，皆欲阐明事理，穷至其极也。盖学不讲则不明，理不辨则不精。

王充《论衡》曰："圣人之言，不能尽解；说道陈义，不能辄形。不能辄形，宜问以发之；不能尽解，宜难以极之。孔子笑子游之弦歌，子游引前言以距孔子。自今按《论语》之文，孔子之言多若笑弦歌之辞。弟子寡若子游之难，故孔子之言，遂结不解，以七十子不能难也。学问之法，不为无才，而难于距师，核道实义，证定是非。苟有不晓，问难何伤。孟懿子问孝，而子告以无违，若不得樊迟之问，则无违之说遂不可知。盖孝子亦当先意承志，所谓无违者，是无违亲之志乎？抑无违亲之欲乎？何以知其无违于礼也?又如闻斯行之一则、语以有父兄在一则,曰闻斯行之,若非公西赤之问,何以知孔子进退二子之深意?"语见《问孔》篇。【按】《论语》记孔子之言,有待于问而后明者尚多。当时弟子能问者虽多,其能善问直穷到底,如子贡问乡人皆好皆恶,及足食足兵两章,亦不多见。鄙意亦欲仿《问孔》篇例,为《论语质疑》一书,以俟商榷。或问《论语》所记,多是面相授受,故辞简而意尽。盖平时圣德已服其心,而诚意温辞,又足以启其信,是以无厚入有间,而不觉其入之深,故曰:"游于圣人之门者,难为言也。"

援王充《问孔》篇之义,余于《论语》所记,欲问者颇多,即以颜路请车一事而论,颜渊与子贡年则相若。颜渊少孔子三十岁,子贡少三十一岁。此二人者平时又极相得。闻一知十、闻一知二之言,子贡已能辨之。子贡见原宪时,结驷连骑,史称其家累千金;则颜子之丧,子贡何难负担其葬费,而必待于颜路请子之车,岂其时子贡不在鲁欤?然子华乘肥马衣轻裘,冉有为子华之母请粟而与之五秉,则当时同门之有财力,足以助颜子丧葬者,固大有人也。至使颜路痛哭彷徨,向夫子请车以为之椁,岂当时门人欲厚葬颜渊,孔子不许,遂以中辍欤?然孔子不言厚葬之非礼,但语颜路以从大夫后,不可徒行,此可疑者也。余记得民国十年,有嘉应州人谢星桥者,曾任福建知县,在广州时,与余一面交。谢氏患病,余辄造其庐省视,为延医并代筹毫洋二百元药费。谢氏卒后,余为募集丧葬费五百金送之。及余偕陈君醒余往吊,入其门,其妻闻余至,痛哭失声,出自闺房,跪而行,向余称恩公不绝口。姚将军雨平闻之,语余曰:"星桥,我部下也,先生待之厚如此!余愧弗如。"是时余亦贫乏,然揆以通财之义,又值友人患难也,为之资助,岂得已哉!

《伊川语录》曰:"伯温问学者如何可以有所得?曰:'将《论语》诸弟子问处,便作已问;将圣人答处,便作今日耳闻,自然有得。孔孟复生,不过以此教人。'"语见二程遗书。【按】伊川此言,是教人身体力行也。

简氏朝亮曰:"孔门弟子于孔子之道,不惟通之,且身体而力行之,故《史记》称孔子之弟子,曰'身通六艺者七十二人'。此其通六经,而必谓之身通礼经解,所以于六经而并言,其为人也。岂不以其读此经,即于此经为人乎?则读《论语》,亦当如此。张禹、何晏,其传经之功不可没,其为人则违经也。经曰:'及其老也,戒之在得。'又曰:'非敢为佞也。'今以《汉书》考之,朱云请斩马剑,断佞臣头一人。佞臣,谓张禹也。是时天子畏灾异,以禹为国老,就而问之。禹以子孙故,不敢言王氏奸,而敢为佞,以欺天子。是王莽篡汉之机,由禹以成之也。经曰:'恶佞口之覆邦家者。'又曰:'攻乎异端,斯害也已。'今以《魏志》观之,何晏好老庄言,则好异端矣。何晏竟为清谭祖尚虚无,谓六经为圣人糟粕,天下士大夫争慕效之,遂成风流,不可复制。盖清谭之祸始此矣,魏晋五胡所由乱中国也。"以上言孔门弟子好问并宜身体力行,方得为学之要。

卷二终　门人吕灿铭校字

卷三 概论下

卷三　概论下

　　孔门最重一"仁"字，孔子于子路、冉有、公西华、仲弓皆曰："不知其仁。"原宪问："克、伐、怨、欲不行，可以为仁矣？"子曰："可以为难，仁则吾不知。"于令尹子文、陈文子皆曰："焉得仁。"惟于管仲则曰："如其仁！如其仁！"盖重其能一匡九合，扶危拯溺之功，是仁者之事也。观于以仁称许管仲，则圣人救世之心，可想而知矣。

　　盖仁之体，在存天理去人欲；仁之用，在救世。仁者之心，纯乎天理，而无一毫人欲之私。白沙子所谓人"心不可有一物"，即《中庸》所云"喜怒、哀、乐"，无一物之私着，无一念之滞碍，而后能运得转，抑心之体，本如此也。盖胃有积滞，则不能消化；手有淤血，则不能转动。飞行者触及山岳则陨，航行者触及礁石则沉。人心亦然，胸中无一毫障碍，而后能行所无事。"富贵不能淫，贫贱不能移，威武不能屈"，是孟子不动心之效验，此仁之体也。余著《白沙先生学说之我见》一文，发明其旨，已编入《广东文献丛谭》。及其用也，发诸于心，以应万事，临万变，已立立人，已达达人，宋儒所谓为天地立心，为生民立命者，虽至颠沛流离、穷通死生之际，而亦有所不顾，有所不避，此仁者之用。心，即仁者之事也，得诸于心，夫何慊乎哉！明乎仁之体用，而道乃克全，庄子所谓"执道者德全"也。管仲虽未能此，而其功业，炳炳琅琅于宇宙间，则无愧仁者之功用，故孔子称之曰"仁"。

　　孔子一生，皆具老安少怀之志，故曰："吾非斯人之徒与而谁与？天下有道，丘不与易也。"所以周流辙环，栖栖于鲁、卫、齐、宋、陈、蔡、荆楚，不遑宁处。当时晨门、荷蒉、楚狂、沮、溺之流，颇能窥见其至，隐然卒无所试，乃作归与之叹。反乎曲阜，杏坛之上、泗水之滨，回琴点瑟，日侍其侧，虽罕言命与仁，而所以启迪其弟子者，无非为仁之功夫，曰："苟志于仁矣，无恶也。""有能用其力于仁矣乎，我未见力不足者。"其弟子之问仁者，固以仁语之，即不以仁问，而忠恕之道、立达之方，随时随事，举以告其门徒，故曰："无行而不与二三子者，是丘也。"盖仁之功用在救世，孔子言之详矣。彼徒知独善其身者，未得谓之仁也。夫人类以互助为至要，而其效用，孰有大于救世者乎！

孔门治世，即以仁为本旨。于子贡言"博施济众"，于子游言"君子学道则爱人"，于季路、颜渊侍坐则言"老安少怀"，于原宪则言"周急不继富"，后世提倡社会主义，其理由亦基于此。春秋时，阡陌虽未开，豪强虽未并，而患贫患寡之势，久已演变而成。盖自井田之法废，而强陵弱，众暴寡，势所不免矣。圣人处此，惟有提倡"均无贫、和无寡、安无倾"之说以救天下，使之强不陵弱，众不暴寡而已。若夫夺富者之财物以益贫者，以为哀多益寡，则圣人身为师长，亦不闻损子贡以助颜渊，劝子华使养原宪。何也？势不能也。以上言孔门最重"仁"字，仁之用在救世，故孔门之学在于救世。

子贡谓："夫子之言性与天道，不可得闻。"性与天道，微言也。微言者，精微之论、大道之旨归也。《大学》《中庸》所载，皆微言也。颜子体道，曾子一贯，有若似圣人，其于微言大义，洞达无间矣。子贡、子骞、仲弓、子夏、子游、子张，莫不闻孔子之微言。子贡言："文武之道在人。贤者识其大者。"夫能识其大，则微言大义亦皆识之矣。顾氏炎武曰："夫子教人，文行忠信，而性与天道在其中矣。"《庄子·天地》篇载子贡之言曰："执道者德全，德全者形全，形全者神全，神全者，圣人之道也。"故康氏有为曰："子贡是能闻性与天道者。"子骞、仲弓之得闻微言，在《论语》虽不概见，然以《家语·执辔》篇而考子骞，以《刑政》篇而考仲弓，则微言所在，是固可得而闻也。子夏深于《易》也，《易》，学者圣人之微言大义，皆备于其中矣。《礼记》及《尚书大传》《韩诗外传》所记孔子与子夏言论，颇多微言。他如《家语·执辔》篇、《列子·黄帝》篇、《孔丛子·论书》篇，微言往往而有，亦足以觇子夏之学识矣。《礼运》一篇，孔子语子游以大道之行大同小康之道，其说详矣。余子所无也，则子游得闻微言矣。今以仲尼《燕居》篇及《大戴》所载，而考子张之言行，则其所得闻者，皆大道也。故子贡称之曰："美功不伐，贵位不喜，不傲无告。"子张之行，孔子曰："其不伐，犹可能也；其不弊，百姓则仁也。"子张之得闻微言，从可知矣。

孔子之道，通天、地、人，其大无所不包，故曰："夫子之道，费而隐。"朱《注》："费者，道之广也；隐者，体之微也。"《中庸》所谓"致广大而尽精微"者，孔子之学也。微言是孔道之精者，盖发明道之广大，必先发明其精微，而广大乃可得而言。精微者，广大之奥窔也，卷之退藏于密，放之则弥六合矣。彼读孔孟之书，但举其近者浅者，或以近者浅者而忽之，夫道无浅而非深，理无粗而非精，子思子言极高明而道中庸，中者不偏不倚，庸平常也，虽至平常之事物，而有其至理存焉。彼不知其旨趣，是犹日食菽粟，而不知其养人之效力也。孔门学者，颜、曾、有若而外，子贡、仲弓、闵子骞、子夏、子游、子张诸贤，无不深探孔氏微言。其后子思、孟子，言之益详益精，而孔道之传，赖以不坠。然后之学者，犹有疑焉，往往误心与理为二，而有内外之分，岂知心外无事、心外无物、心外无诚，不诚即无物矣。故孟子曰："万物皆备于我，反身而诚，乐莫大焉。"明乎此理，而后可读孔孟之书，而后可以分析孔门诸子学识之高下，而后可以处己处人，以治天下国家。

余寻绎孔孟微言，综其旨要，不外反身之学，即是问心之学。宰我欲行短丧之制，孔子曰："于汝安则为之。"冉有欲伐颛臾，孔子言："不患寡而患不均，不患贫而患不安。"及"去兵去食，而信不可去"之说，斯皆出于心之自然而为之谋虑，无所用其勉强也。颜子之克己复礼，并致谨于四勿，曾子之三省吾身，皆问心之学也。至孟子学说，而反身之理益明，故曰反身而诚，自反而仁，自反而有礼，行有不得者，皆反而求诸己。盖反诸于心，有所不安，不可以治己，不可以治人，安能治天下国家。必本此至善之良知良能，以应事而接物，则无所往而不利；虽读尽二十四史，评衡古今人物贤奸善恶，亦无适而不当；虽莅官行法，断狱临刑，亦无枉屈之弊矣。

老、佛之学，与儒异也。佛学之精微，其见识之超越耶教之博爱，精神之伟大，求之我国历史，惟孔孟学识器量，足以兼之。孔孟而外，未有其人也。佛氏精微之论，亦与孔子之微言大义相表里，而其宗旨皆在救世，其出发点皆在仁孝，未有不爱其亲而能爱他人者也。世界各大宗教，其宗旨莫不相同，故曰东海圣人、西海圣人，此心同此理同也。

考王弼注《易》，颇多微言，论者谓其涉于玄虚，非也。王守仁《传习录》持论深得圣人旨趣，论者又议其近于禅学，亦岂知禅理之精微者，即与孔子之微言互通乎！【按】《六祖坛经》其中精微之论，足与六经精义相发明者甚多。若执守成见而妄议其非，则诬矣。

或曰孔门之学既在救世，然所谓微言者，于救世有何功用？曰：微言者，心性之旨要。所谓性与天道也，孔门之学，心学也。发明微言，即发明人之心理，仁义礼智皆根于心而生，实根于性而生。性善，故仁义礼智无不善。以之事亲则孝，以之敬长则悌，以之治己则忠，以之待人则信，以之接物则有礼，以之处事则合义。施之辞受取予则廉而介，施之日用所为则知耻而有勇。管子所谓四维者，礼义廉耻也。四维不张，国乃灭亡。夫人而不孝不悌，不忠不信，无礼义，无廉耻，是人而禽兽也。孔子曰："能以礼让为国乎？何有？"夫为国以礼，未闻舍礼而可以为国也。研究微言大义者，即是考核人之所以为人，使人能孝悌忠信，礼义廉耻，而后可以治天下。《大学》八条，止终之言治平，始之则曰正心、诚意、致知、格物，古今治术学术，胥于是乎在矣！不然者，反乎人之本心，是谓拂人之性，则菑必逮乎身，奚可以安人安百姓？如此，则上无礼，下无学，贼民兴，丧无日矣。《春秋》书梁亡，非谓其有敌国外患也，谓其上下离心，如土崩瓦解而亡也。卫懿公好鹤而狄入卫，入之云者，谓敌之来，如入无人之境也。天下之治，百年维之而不足；天下之乱，一旦坏之而有余。征诸近世史，拿破仑兵力非不强也，以好战而败；希特勒器械非不精也，以善战而亡。故吴起曰："在德不在险。"孟子曰："域民不以封疆之界，固国不以山溪之险，威天下不以兵革之利。"余综览二十四史，稽考历代兴亡之故，而知治乱之源矣。孔门诸子，岂空谈性命，泛言学术也哉？以上言孔门诸子多获闻微言，而微言大义，正为挽救世道人心之本，并言佛学之理、耶教宗旨，皆在救世，与孔孟同。

孔门弟子，不惟相从于杏坛以讲学也，且常从夫子远适异国。孔子居鲁，有樊迟为之御；适卫，则冉有为之仆。周游列国，弟子之从行者甚多。《史记·弟子传》颜高、公良孺二人或为御，或从孔子。从而适卫者有子路子见南子，子路不悦从而过匡者有颜渊子畏于匡，颜渊后如蔡及叶，则子路从而后也，遂问津；在楚，则叶公问孔子于子路矣。及厄于陈、蔡之间，则有颜渊、子贡、子路、冉有、宰我、颜刻、公良孺诸贤从。然孔子凡三次适卫、居卫之日，尤多弟子之从，而居于卫者亦众。仪封人曰："二三子何患于丧乎？"是从行者不一其人矣。仪封，卫邑也。及冉有以为卫君为疑，而子贡遂有夷齐之问，子路喜从行。《史记·弟子传》云："子路喜从游。"长沮桀溺之讽刺、丈人之斥责，子路皆亲尝其苦况，然行三军则问谁与，闻浮海则喜从行，而不以为疲倦窘苦也。师若弟当日车尘马迹，仆仆征途之况，可想而见之矣。虽当厄穷饥饿，诸子皆相从而不愿去，此其所以为贤也。

臧氏庸《拜经日记》曰："孔子从游弟子，据《史记·孔子世家》，定公十二年，孔子使仲由为季氏宰，齐人遗女乐，子路曰可以行矣。过匡，颜刻为仆，颜渊后。反卫，南子愿见，子路不悦。过郑，与弟子相失，郑人或谓子贡，东门有人，若丧家之狗，子贡以实告。过蒲，弟子有公良孺者，以私车五乘从。鬬甚疾，子与之盟，子贡曰：'盟可负耶？'孔子曰：'要盟也。'神不听。佛肸召，子欲往，子路疑之。将西，见赵宣子，临河而叹，子贡趋而进问。哀公三年，孔子在陈，季康子召冉求，子贡送冉求，曰：即用，以孔子为招。明年，孔子自陈迁于蔡。明年，如叶。叶公问孔子于子路。子路遇长沮、桀溺丈人。孔子迁蔡三岁，楚使人聘孔子，孔子将往拜礼，陈、蔡大夫围，孔子绝粮，子路愠见，子贡色作，颜回入见，使子贡至楚，昭王兴师迎，然后免。昭王将以书社地七百里封孔子，子西曰：'王之臣有如子贡、颜回、子路、宰予者乎？'曰：'无有。'昭王乃止。哀公六年，孔子反卫，子路曰：'卫君待子为政。'明年，召冉有为季氏宰，季康子问军旅于冉有，对曰：'学之于孔子。'康子以币迎孔子归。"

《论语》："从我于陈、蔡者,皆不及门也。"次以《德行·颜渊》一节,或以为合为一章,或以为非是。其主张不与上文连者,则皇《疏》、邢《疏》及毛氏奇龄《论语稽求篇》、江氏声《论语竢质》、潘氏维城《论语古注集笺》、臧氏庸《拜经日记》、刘氏宝楠《论语正义》皆是。其主张与上文连者,本于郑氏康成及程子伊川、朱子《集注》、阎氏若璩《四书释地》、马氏骕《绎史》、康氏有为《论语注》、简氏朝亮《论语集注补正述疏》皆是。今举诸说申言之。其不主张与上文连者,毛氏曰:"此记七十子之异能者,非指从陈、蔡者而言,如冉求一人,当陈、蔡之难时,冉求正仕于鲁,事在《左传·哀公六年》,则此一人显然不从陈、蔡者。"江氏曰:"圣门弟子,惟记此人者,各就其所长之,尤专目之尔。"潘氏曰:"太史公书孔子厄于陈、蔡,惟记子路、子贡、颜渊三人问答,余皆不著,则此与前章不宜合也。"臧氏曰:"今考从游弟子,惟有颜渊、子贡、子路、冉有、宰我、颜刻、公良孺七人,而不及闵子骞、冉伯牛、仲弓、子游、子夏五人,则郑《注》合为一章,盖非《仲尼弟子列传》以《德行·颜渊》一节总序于前本,不以为陈、蔡相从之士。"是主张不与上文连者也。其主张与上文连者,释文云郑云:"以合前章,程子曰:'四科,乃从夫子于陈、蔡间者尔,门人之贤,固不止此。'《集注》因程子说,亦合前为一章。"阎氏曰:"孔子厄陈、蔡,时年六十三,在鲁哀公六年,时子游年十八,子夏年十九,皆以文学名。"马氏曰:"陈、蔡之厄,从者十人,列为四科,而曾参不与,非参之德行不及诸子,当时适不从游耳。"康氏曰:"孔子去鲁十四年,而居陈、蔡六岁,为日至久,当时虽思归而不果,弟子之高才者从之,观于子西之言,可知其时新脱陈、蔡之难,十哲皆从在其列,十哲各有所长,孔子分以四科,此十哲者,相得至深,相从已久,故孔子思之甚。至此之发叹,不审何时?盖适十哲不在,故思之而记其所长也。《史记》叙厄陈、蔡,只有子路、子贡、颜回,盖简文也。"简氏曰:"据哀三年《传》云,秋,季孙卒,此桓子也。"《史记》云:"桓子卒,康子代立。"召冉求。当是时,求与孔子犹居陈、蔡。是主张与上文连者也。惟简氏以陈、蔡之厄在哀二年,毛氏则以为在哀六年。若在哀公二年,则子游年尚未及十八，子夏年未及十九矣。今就当时从游弟子考之，计臧氏所列七人外，尚有子张。据《史记·弟子传》，谓子张从，在陈、蔡间问行。是子张亦从在陈、蔡也。然以年岁考之，子张少孔子四十八岁，当厄于陈、蔡时，年甫十余龄耳，岂能从师远涉？且《论语》与难诸贤，不及子张，可知《史记》所载，未尽足据。然则四科诸贤，当日果从游与否，殊难确定也。

邢《疏》云："郑氏以合前章，皇氏别为一章，言任用德行，则有颜渊、闵子骞、冉伯牛、仲弓四人。颜子三月不违仁，闵子孝格其亲，不仕大夫，不食污君之禄，仲弓可使南面，伯牛有疾，夫子深叹惜之，是德行之选也。若用其言语辨说，以为行人，使适四方，则有宰我、子贡二人。《孟子》谓宰我、子贡善言德行，《史记》宰予利口辨辞，子贡利口巧辞，是言语之选也。若治理政事，决断不疑，则有冉有、季路二人。《论语》求也艺，由也果，可使从政，是政事之选也。若文章博学，则有子游、子夏二人。子游习礼，子夏习诗，皆博通典要，是文学之选也。然夫子门徒三千，达者七十有二，而四科惟举十人者，但言其翘楚者耳。或时在陈言之，惟举从者。其不从者，虽有才德，亦言不及也。"以上见邢《疏》。然则邢《疏》亦持两说，未尝专主分合，今则各存其说，以俟参考。

刘氏宝楠曰："孔门弟子无仕陈、蔡者，故郑《注》以为不及仕进之门。"孟子云：'君子之厄于陈、蔡之间，无上下之交也。'无上下之交，即此云不及门也。此与《集注》异解，《集注》云厄于陈、蔡之间，弟子多从之者，此时皆不在门，故孔子思之，盖不忘其相从于患难之中也。《孔子世家》言：'匡人拘孔子，孔子使从者为宁武子臣于卫，然后得去。'宁武子非孔子同时人，然必有从者。臣卫之事，误以属之宁武子耳。及陈、蔡之厄，孔子亦使子贡如楚，楚昭王兴师迎孔子，然后得免。又《檀弓》言夫子将之荆，先之以子夏子夏当作子贡申之以冉有，可知夫子周游，亦赖群弟子仕进得以维护之。今未有弟子仕于陈、蔡，故致此困厄也。"语见刘氏《论语正义》。【按】时当衰乱，势必满途荆棘，况复远适异邦？或则异言，或则异服，尤令人疑若无人为之维护，为之先容，则误会必多，非惟有绝粮之患，即身之安全未可必也。孔子曰："可与立，未可与权。"孔子使子贡如楚，使从者臣于卫，是当日之用权也。权固不可轻用，必不得已而后用之，盖能权而不背于经，斯为善耳。

以上言孔门诸子多从孔子远适异邦，跋涉艰危，困穷饥饿，欣然处之，曾无怨色。

《论语》一书，多记圣贤气象，如云"子之燕居，申申如也，夭夭如也"；《乡党篇》"恂恂如也，侃侃如也，訚訚如也，与与如也，怡怡如也，愉愉如也"，是形容孔子气象；如云"吾与回言终日，不违如愚"，则形容颜子沉潜气象；如云"赤也束带立于朝，可使与宾客言"，则形容子华文采风流气象；如云"宰予昼寝"，孔子谓之"朽木，拟诸粪土"，则形容宰我晏安昏惰气象；如云"雍也简，可使南面"，则形容仲弓庄敬俨恪气象；如云"如临深渊，如履薄冰"，则形容曾子戒慎恐惧气象；如云"堂堂乎张也"，又云"师也辟"，则形容子张容止庄矜，文过其实气象。"闵子侍侧訚，訚訚如也"，则形容闵子和易中正气象；"行行如也"，则形容子路刚强勇敢气象；"侃侃如也"，则形容冉有、子贡和乐刚直气象。盖观察其人之气象，可以知其德性矣。

陈氏澧曰："《论语》二十篇所记诸贤问答，澧尝欲分而录之，附以《礼记》《左传》及古书所载诸贤之言之事，其荒唐者不录，使读之而知诸贤之性情学问，虽同在圣门，而各有不同，所谓学焉，而得其性之所近也。"语见《东塾读书记》。【按】品衡才识，商榷襟怀，在圣门已屡言之。孔子问子贡："与回也孰愈。"子贡问："师与商也孰贤。"子言："由也果，赐也达，求也艺。"是品衡才识也。颜渊、季路侍，子曰："盍各言尔志。"而子路又曰："愿闻子之志。"及子路、曾皙、冉有、公西华侍坐，子曰："如或知尔，则何以哉？"是襟怀与才识，皆所当知也。盖能知人，而后能论世，而后可以尚友，孔门诸贤之襟抱，《论语》记之详矣。古书所载诸子言行，马氏《绎史》尝分别纂入，其见于《论语》者，马氏不载，然古书记载，类多传会假托之辞，或则传闻失实。崔氏《考信录》辨之颇严，是诚有未足征信者。以上言孔门诸子气象襟怀各有不同。

学孔子之学，必自学其门人始，学其门人，必自能学其安贫始。贫而不谄，而后能有节概，有节概，而后能出万死不顾利害，以赴国家之急。孔门多安贫之士，实孔门多侠士也。颜子之"箪瓢陋巷"，人皆知之。然颜子而外，曾子、闵子骞、冉伯牛、子路、原宪、漆雕开、曾点、公冶长、巫马期、公晳哀,以至子思,无一不穷,无一不能安贫者。原宪虽贫,不闻借贷于子贡;子路虽窭,何尝求助于子华。而颜曾更无论矣。余读史,至原宪衣敝缊袍,捉襟见肘,犹复歌高颂,声澈金石;子路则百里负米,藜藿充饥。未尝不喟然兴叹也。嗟夫!孔门诸子果如是,其穷哉!夫古今大圣贤、大豪杰、大哲学、大宗教家,孔孟之外,以观释迦牟尼、耶和华,孰不从患难困厄中锻炼而来者?

所谓孔门多侠士者,如子路、公良孺之侠,见于《传记》。《左传》载,小邾射来奔,曰:"使季路要我,吾无盟矣。"以子路有侠义也。《家语》载公良孺贤而有勇,孔子遇难于匡,伐树于宋,困于蒲,公良孺皆从,以其有侠义也。

曾子大勇,可以讬六尺之孤,可以寄百里之命,非大侠又焉能之?颜子,敢死之士也!子畏于匡,颜渊后,孔子恐其敢死而冒险,颜渊曰:"子在,回何敢死?"盖杀身成仁,舍生取义,彼视为固然,无待蓍龟。此如《列子》载之出金石,入水火者,视等寻常也。盖胸无滞碍,故心无所动,一以义理为主,而生死穷通,于我何有哉!以上言学孔子之学,必自学孔门能安贫始。

《史记》《家语》所载孔门弟子年岁,皆以孔子年龄为准的,若孔子年龄发生一岁之差异,则诸弟子年龄亦皆不免有一岁之差矣。考孔子生卒年月,《公》《谷》及《史记》所载不同,《公》《谷》以孔子之生在鲁襄公之二十一年;《史记·孔子世家》则以为在鲁襄之二十二年,然孔子卒于鲁哀公之十六年,若依《公》《谷》,则孔子有七十四岁;依《史记》,则七十三岁。孔氏子孙,如孔元措之《孔庭广记》、孔衍植之《重纂阙里志》、孔广牧之《先圣生卒年月考》,则从《史记》,独孔继汾之《阙里文献考》则从《公》《谷》。然《史记》所载郈费之堕,在定公十三年,《春秋传》则云在定公十二年。孔子去鲁,据《鲁世家》及《年表》,皆在定公十二年,而《孔子世家》则云在十四年,是《史记》亦自为牴牾矣。故崔述及朱彝尊皆反《公》《谷》所载孔子生年为准,谓孔子生于鲁襄公二十一年。即周灵王之二十年己酉。冬十月二十一庚子日。即今夏历八月二十一日。其说是已。孔门弟子之邑里、氏族,别有论著,详见《孔门弟子总考》。以上言弟子年岁，皆以孔子年龄为准，孔子生年当从《公》《谷》。

朱竹垞谓："受业者为弟子，受业于弟子者为门人。"朱氏撰有《孔子门人考》。遂以《论语》所称门人为孔子再传弟子，此盖误读欧阳子之说耳。陈氏澧曰："欧阳子谓门生非弟子，未尝谓门人非弟子。"门生固与弟子不同，《后汉书·贾逵传》云："拜逵所选弟子及门生为千乘王国郎。"是门生非弟子，欧阳之说固不误也。对师自称则曰弟子，及门统称则曰门人。如竹垞说，则子夏之门人是子夏之弟子，正可证门人即弟子矣。说见陈氏《东塾集》。刘氏宝楠曰："子出，门人问子路，使门人为臣，门人欲厚葬之，门人不敬子路。"又《孟子》言："门人治任将归。"皆是学于夫子之门之人也。惟曾子谓门弟子，则为曾子之门人。子夏之门人问交于子张，则为子夏之弟子。说见《论语正义》。【按】《论语》是孔氏遗书，其主体属于孔子，所载门人即是孔子门人，若是弟子之门人，必别为之显出，如所云"子夏之门人"是已。安得以《论语》所记门人，尽属于孔子弟子之门人乎？"子出，门人问。"邢《疏》亦误以为曾子之门人，金氏鹗《求古录礼说》曰："夫子语曾子，以一贯此，曾子在夫子门，不得率其门人问侍，则问于曾子者，必夫子之门人也。"其说是已。

《论语》所记门人，未必尽属《弟子传》七十七贤之选，如忠恕即是一贯，须曾子解释而后明。"子路可使门人为臣"，"门人不敬子路之类"，必其才识寻常者矣。孔子弟子三千，贤者七十七人，其事迹可纪者不过三十余人，而子路、冉有、宰我且常为夫子所告诫，况其下焉者耶！子曰："吾党之小子狂简，斐然成章，不知所以裁之。"夫斐然成章，尚当加以裁正，是则人固赖有圣相者矣。墨子云："仲尼，圣相也。"

孔子弟子之门人，以曾子、子夏之门人为最盛。曾子之门人，若乐正子春、公明仪、单居离，皆见于大、小《戴记》；若阳肤，则见于《论语》；子襄、沈犹行、公明高，则见于《孟子》。刘向谓公明宣、胡寅谓檀弓，亦为曾子弟子。韩氏昌黎曰："子思之学，出于曾子。"朱子谓："曾子气象刚健，故后来有子思、孟子，其传永远。"杨氏名时曰："孔子没，群弟子离散分处诸侯之国，各以所闻授弟子，得其传者盖寡，独曾子之后，子思、孟轲之传得其宗。"简氏朝亮亦言："子思学于曾子,是皆以子思为曾子弟子也。"近人钱基博撰《古籍举要》,以子思非曾子弟子,谓:"《汉书·艺文志》部录诸子,必谨师承,惟于子思所著书,未有称曰曾子弟子者。"并引章氏炳麟说为证。钱氏及章氏说皆详载本编"曾子"卷。【按】章氏、钱氏虽持异说,然亦无确据也。以上言门人即是弟子,并申明子思之学出于曾子。

子夏之门人最有声望,若田子方、段干木、吴起、禽滑釐,则见于《史记·儒林传》;若高行子、曾申、公羊高、谷梁赤,则见于《经典释文》及《风俗通》;若馯臂子弓既学于商瞿,又学于子夏,则见于《史记·弟子传》应劭《注》;若魏文侯,则见于《史记·弟子传》。又有李克者,以《艺文志》李克七篇系之曰:"子夏弟子。"是李克亦子夏门人也。

有子、子游、子张之门人当亦不少,然无可考。《汉志》云:"《世子》二十一篇,名硕,陈人也,七十子之弟子。"又云:"《公孙尼子》二十八篇、《芉子》十八篇,皆七十子之弟子。"今无以知其为某人之弟子矣。盖战国时,正学既绝,又遭秦焚书,七十子之弟子与其所著之书佚者多矣。

韩氏昌黎言:"古之学者,不耻相师。"吾考孔孟学术渊源而益信。据康有为说,孔伋为子游弟子,然则伋师曾子,又师子游矣;据孔颖达,则公明仪既师曾参,又师曾申也;据陆氏《释文》,孟仲子即师孟子,又师李克也;据朱彝尊,吴起为子夏弟子,又为曾申弟子,是相师也;据《汉·艺文志》,李克为子夏弟子,而《释文》又载其为曾申弟子,亦是相师也。以至馯臂子弓既师商瞿学《易》,又师子夏学《诗》;曾申既师子夏学《诗》,又师左丘明学《春秋》。当日师弟授受源流系统,至今尚可考也。以上言曾子及子夏之门人最盛,并言孔孟时期门人互相师友之益。

昔尝谓"孔门诸贤,颜、曾而外,无如有若者",私怪当时从祀,不列有若于十哲。及读顾氏炎武《日知录》、阎氏若璩《孔庙从祀末议》、康氏有为《论语注》,皆亟称有若之为人,于兹尤足征信然。有若今已列于十二哲之目矣。清《文献通考》载乾隆三年升先贤,有子配享位于大成殿,在先贤卜商之次。事有旷百世而后论定者,以知公道在人心,不可掩也。

顾氏炎武曰："《孟子》言：'他日子夏、子游、子张以有若似圣人，欲以所事孔子事之，强曾子。曾子曰：'不可，江汉以濯之，秋阳以暴之，皜皜乎不可尚已。'"慈溪黄氏谓：'门人以有若言行气象类孔子，而欲以事孔子之礼事之。有若之所学何如也？曾子以孔子自生民以来所未有，非有若之所可继而止之，非贬有若也。有若虽不足比孔子，而孔门之所推尚，一时无及有若者，可知咸淳三年议升从祀以补十哲，众议必有若也。祭酒为书，力诋有若而升子张，不知《论语》一书，孔子未尝深许子张。据《孟子》，则子张正欲事有若者也。【愚按】《论语》首篇录有子之言者三，与曾子并称曰子，撰次《论语》者欲以二子接孔子之传也。《左传》言孔子之卒，哀公诔之；有若之丧，悼公吊焉。其为鲁人所重，又可知矣。十哲之祀允，宜厘正。"说见顾氏《日知录》。

王圻《续文献通考》载："明洪武二年，江西崇仁县训导罗恢请正孔庙从祀之制，言孔庙从祀，当以道学论，有若优于宰我也。《论语》记有若言行者四，皆有裨于世教。记宰予言行者四，皆见责于圣人，宜以有若居十哲，而宰予居两庑。公伯寮阻坏圣门，不宜从祀。蘧伯玉，孔子故人，行年六十而化，今列在两庑，实有未当云。"阎氏若璩《孔庙从祀末议·十一》则谓："十哲之外，宜进有若、公西华于庙庭，广为十二哲。"康氏《论语注》曰："有子为孔子传道之大宗，自颜子外，得孔子之具体者也。《论语》于七十子皆字之，惟于有子、曾子称'子'，盖孔门之后，儒分为八，而本始实分二宗。譬之禅家，有子广大如慧能，曾子谨严若神秀，惜有子早没，故所传不及曾子之广耳。"今综观诸说，则有子之学力从可知矣。以上言有若学力，实在颜曾之次。

康有为谓："孔子之后，七十子各述所闻以为教，枝派繁多，以《荀子》《韩非子》所记儒家大宗，有颜氏之儒，有子思之儒，有孟氏之儒，有孙氏之儒，有仲弓之儒，有乐正氏之儒。其他澹台率弟子三百人渡江，田子方、庄周传子贡之学，商瞿传《易》，公孙龙传《坚白》，而儒家尚有宓子、景子、世硕、公孙尼子及墨子之董无心等，皆为孔门之大宗。颜子为孔子具体，子贡传孔子性与天道，子木传孔子《阴阳》，子游传孔子《大同》，子思传孔子《中庸》，公孙龙传孔子《坚白》。子张则高才奇伟，而颜子学说无可考。今以《庄子》考子贡之学，以《易说》考商瞿之学，以《礼运》考子游之学，以《中庸》考子思之学，以《春秋》考孟子之学，以《正名》考公孙龙之学，以《荀子》考子弓之学，其精深环博，穷极人物本末，大小精粗，无乎不在，何其伟也！《论语》辑自曾子门人，而曾子之学专主守约，则其所述不足以尽孔学之传，亦可知矣。假以颜子、子贡、子张、子思辑之，吾知其博大精深，必不止此也。"

刘向言："《鲁论》二十篇，皆孔子弟子记诸善言者。"《汉·艺文志》云："《论语》者，孔子应答弟子时人，及弟子相与言，而接闻于夫子之语也。当时弟子各有所记，夫子既卒，门人相与辑而论纂，故谓之《论语》。"刘、班二氏皆不著明为何人所撰定，皇侃《论语义疏》。陆德明《经典释文》亦未加考定。惟郑氏康成则以为子夏、仲弓等所撰。柳氏宗元著《论语辨》二篇则以为曾子弟子为之，谓："孔子弟子，曾参最少，少孔子四十六岁，曾子老而死年九十余岁是书记曾子之死，则去孔子也远矣。曾子死时，孔子弟子略无存矣。且是书载弟子必以字，独有子、曾子称子，意其为乐正子春、子思之徒为之也。"程子颇采其说，谓成于有子、曾子之门人。简氏朝亮、康氏有为持说略同。今考《鲁论》一书。《论语》有三家，鲁人所传者为《鲁论》凡二十篇；齐人所传者为《齐论》，多《问王》《知道》二篇，凡二十二篇。《古论》出自孔壁，凡二十一篇，于《鲁论》中《尧曰篇》分《子张问》，以下为《从政篇》，后经张禹删订，而鲁论独显，《齐论》《古论》渐以微灭矣。于孔门师弟之言论行事，皆详为记载。《史记·仲尼弟子传》其所记述，亦不出《论语》范围，凡所以修己待人、治天下国家之义，择精语详，他传记无能及之者。谭贞默曰："孔子一生，仕止久速，造次颠沛，纂修删述，盛德大业，靡一不具于《论语》。"及门弟子德性气质、学问造诣、浅深高下，进退得丧，靡一不具于《论语》。《论语》多记言少记事，知孔子之言者，即知孔子之事；知及门弟子之言者，即知及门弟子之事矣。康氏谓："其书撰于曾门，于大义微言无所得，其所论述不过曾子守约之说。"殆未必然。即康氏论述孔子学说而推原其传统，亦未免有傅会也。以上言《论语》价值及其编纂之人，并正康氏说之误。

后世论从祀诸贤，以颜渊、闵子骞、冉伯牛、仲弓、宰我、子贡、冉有、季路、子游、子夏列于十哲，大抵根据四科之目。闵子孝于其亲，不仕大夫，不食污君之禄。仲弓可使南面，荀子以与孔子并称。冉伯牛事无可考，观其有疾，夫子深叹惜之，则其为德行之选，当有依据。孟子亦言冉伯牛、闵子骞善言德行，然孔子弟子若曾子、有子、原宪皆德行之选也，而不著于四科，然则四科所列诸贤，诚未足尽圣门之长才。宰我、冉有虽列在四科，然常为孔子所斥责，今惟据四科以定祀典，殊有未允。《论语》邢《疏》云四科，但举十人者，或时以在陈言之，惟举从者，其不从者，虽有才德，亦不及也。司马光《十哲论》曰："所列十人者，虽以科第之，然门人之中，非惟十人为贤也，且所列十人，孔子谓宰我'朽木不可雕'，谓子贡'不受命而货殖'，谓冉有'非吾徒，使小子鸣鼓而攻之'，谓子路'知德者鲜'，谓子贡曰'商也不及'，然则岂为尽善耶？十人之外，岂可尽诬耶？"《野客丛谈》谓后人错认孔子之意，遂以四科之人目为十哲云。《集注》引程子曰："四科乃从夫子于陈、蔡者尔，门人之贤固不止此，曾子传道而不与焉。故知十哲，世俗论也。"马氏《绎史》亦以孔子及门堪列四科者多有其人，并举原宪、季次、公西赤、颛孙师、宓子贱、子皋、商瞿为言，皆笃论也。

秦氏蕙田曰："孔庙配享之典，颜子定于三国魏正始二年，曾子定于唐睿宗太极元年，子思定于宋度宗咸淳三年，孟子定于宋神宗元丰七年。从祀之七十子定于后汉明帝永平十五年。其间进退升降，递有迁改，求其义旨，大约有二：一曰传道，二曰传经。圣人之门，若曾子之《大学》、子思之《中庸》、孟子之《七篇》，皆经与道合者也。自七十子没，而微言绝，大义乖，先王之道，几于坠地，赖有汉儒讲明之抱残守缺，以传于后。然自时厥后，则经与道分矣。许氏约曰：'自伊洛之举与性理之说明，始以颜、曾、思、孟并列称为四配，盖得夫子之传者颜、曾、子思也，得曾、思之传者，孟子也。'"语见秦氏所著《五体通考》。

追赠孔门弟子，始于唐高宗总章元年。唐时圣贤皆为塑像，颜子之像则立侍，于是李元瓘奏称："准礼授坐不立，授立不跪，颜子道亚生知，才光入室，应据礼文，合从坐侍。又四科弟子闵子骞等，并伏膺儒术，亲承圣教，虽复列像庙堂，而不参享祀按祠令。何休等二十二贤犹沾从祀，岂有升堂入室之弟子，独不沾配享之余？请于春秋释奠，列享在二十二人之上云。"【按】唐贞观时，以左丘明、卜子夏、公羊高、谷梁赤、伏胜、高堂生、戴圣、毛苌、孔安国、刘向、郑众、杜子春、马融、卢植、郑康成、服子慎、何休、王肃、王辅嗣、杜元凯、范宁、贾逵等二十二人配享尼父庙堂，而七十子自颜子外，反不得与列，故李元瓘有此奏称也。

马氏端临曰："自《礼记·释奠》于先圣先师之说，郑康成释先师，以为如《乐》有制氏、《诗》有毛公，《礼》有高堂生、《书》有伏生之类，自是后儒言释奠者，本于《礼记》；言先师者，本于郑《注》。然述夫子之道，以亲炙言，则莫如七十二贤；以传授言，则莫如子思、孟子。今舍是不录，而皆取之释经诸儒，其间如贾景伯之傅会谶纬，戴圣、马融之贪鄙，固当见摈于洙泗，今乃俱在侑食之列，而高弟弟子，除颜渊外，反不得预？李元瓘虽言之，而仅能升十哲，曾子侪于二十二子之列，而七十二贤俱不得沾享祀，盖拘于康成之注，而以专门训诂为尽得圣道之传也。"马说见《文献通考》。

邱氏濬曰："塑像之设，中国无之，有之自佛教入中国始，三代以前祀神，皆以主，无所谓像也。然其所为像者，郡与县殊不一，其状长短丰瘠、老少美恶，惟工之巧拙是制，亦岂其生时盛德之容？甚非神而明之，无声无臭之道也。国初洪武十四年，首建太学，圣祖毅然见千古之非，自夫子以下俱祀以神主。呜呼盛哉！"说见《大学衍义补》。【按】设像之非，宋濂亦论之，及至张璁奏请毁像事，乃实行。

历代祀典，从祀诸贤坐次，依据四科之目，虽以有若、原宪，亦不得比于宰我、冉有，已属不当。而公伯寮位次竟在有若、公西赤、樊迟之上，其申党、申枨，原是一人，而乃分别从祀。至明弘治间，从程敏政之奏，始罢公伯寮从祀。至嘉靖时，从张璁奏，去党存枨，祀典始正。

孔鲤、孔伋，在宋徽宗时，尚未得从祀庙庭，毕仲由曰："孔子庙自颜回已降，皆爵命于朝，冠冕居正，而子鲤、孙伋，乃野服幅巾以祭，为不称诏。"云其后朱子始列状，请以泗水侯孔鲤从祀，则当日祀典，未能犁然当人心，概可见矣。以上言诸贤从祀，历代典制多有未当。

《四库提要·传记类》有《圣门人物志》十二卷，明郭子章撰郭为隆庆间人凡游于圣门与私淑而得从祀庙庑者，各为小传，附以论赞。天启中，吕元善复撰《圣门志》六卷，其书并取后代理学诸儒，附于弟子之后，无关道统者，亦悉胪列，别次于从祀诸贤之末。明夏洪基又撰《孔门弟子传略》二卷夏为崇祯时人，所载孔门弟子，得八十八人，首叙圣贤教学，次及行事，终以评语。洪基自称："《家语·弟子解》止记姓名邑里，言行散见别卷，《史记》则杂撮经书，语无伦次。以薛应旂撰《四书人物考》收录群书，庞杂无纪，遂为此书。"云然《提要》谓其语多冗赘，去取未精，则亦未为善本也。考孔门言行，历代罕有专书。《汉·艺文志》所载《孔子徒人图法》、《通志》所载《论语孔子弟子目录》、焦竑《经籍志》所载《圣门通考》《圣门人物志》又已散佚，今见于《四库全书》者，惟有明代所撰，而考其编次，又去取未精如此。

班氏孟坚云："读书当举大义。"韩氏昌黎亦言："提要钩元，斯诚善学，故图谱尚矣。"古人学问博洽，以其明习图谱之学也。顾氏栋高《春秋大事表》得其意矣。窃以为所读之书，无论何科，皆当用图谱识之，则纲举目张，展卷瞭然，不独《春秋》当有图谱也。昔有问张华以汉之宫室、千门万户，莫不明晰者。时人服其博物。张华固博物矣。然此非博物之效也，盖见汉宫室图焉；问武平一以鲁之三桓、郑之七穆，春秋族系，无有遗者。时人服其明于《春秋》，平一固熟《春秋》矣，然此非明《春秋》之效也，盖见《春秋世族谱》焉。使张华不见汉宫室图，虽读尽汉人之书，亦莫知前代宫室之规范；使平一不见世族谱，虽诵春秋如建瓴水，亦莫知古人氏族之始终。则图谱之学重矣！爱师其法，特于卷首附入图谱，以便省览。

昔人谓作史之难，莫难于表。自史迁援据世谱，于《史记》特著为表，后世史家，辄多因之。然廿四史中不尽有表，以其难也。清万季野著《历代史表》，足补其阙。又如周嘉猷之《南北史表》、齐召南之《帝王年表》

等，皆踵其规也。本编附入三种表于诸贤之姓氏、年岁、邑里、官爵、褒赠及其德性、气质、学问、事功、艺术、技能，与夫孔门之授受源流系统，皆为表记，虽未敢云纲举目张，亦可略窥一斑。研究孔门学术渊源者，此诚不可少，其殆有裨于后之读《鲁论》者乎？以上言明代记录孔门书籍，尚多芜杂，并言本编附入图谱之必要。

卷三终　门人吕灿铭校字

卷四 颜回

卷四　颜回

《史记》："颜回,字子渊,鲁人,少孔子三十岁。"
《家语》曰："颜回以德行著名,孔子称其仁。"

【谨按】司马迁曰："七十子之徒,仲尼独称颜渊为好学。"哀公及季康子问弟子孰为好学?孔子皆曰颜回者好学。以余考《论语》所记孔子称许颜渊者数矣,一则曰其心三月不违仁,再则曰贤哉回也;又曰不迁怒,不二过;有颜回者好学,今也则亡;曰吾与回言终日,不违如愚;曰回也,非助我者,于吾言无所不悦;曰见其进未见其止;曰用行舍藏,惟我与尔有是。问仁,则语以克己复礼;问为邦,则语以经世大法。及其卒也,则深惜之,痛悼之,曰天丧予!且哭之至于恸。孔子之于颜渊如此,而颜渊形容孔子之道,则曰仰之弥高,钻之弥坚,瞻之在前,忽焉在后;又曰博我以文,约我以礼,即竭吾才,如有所立卓尔。盖孔子之道博大精深,形无方,居无体,语之而不穷,挹之而不尽,而能知之者颜渊也。彼于道之无方无体中,能见其如有所立,是确知有可以持循之处矣。孟子述颜渊之言曰："舜何人也,予何人也。有为者亦若是。"夫孔门弟子,无有自信可为尧舜者,有之,自颜渊始。彼必真知灼见,孔子之道,即尧舜之道,而尧舜之心,亦即孔子之心。心之精明灵觉是良知,能致良知,务为善而去恶,则人欲尽,天理见,有以复其本体之明。夫致吾心之良知于事物,使事物各得其所,则亦一尧舜矣。

《孟子》谓尧舜与人同者，此也。颜渊盖有见于此矣，是真能得圣人心学之传者也。余观其所为形容孔子之道，以视曾子江汉秋阳之喻、子贡宫墙日月之比、有子麒麟凤凰之称，其精粗浅深，盖有不可同年而语者。《论语》："赐也何敢望回！"《大戴礼》曾子谓曾元曰："吾无夫颜氏之言，吾何以语汝！"知颜渊为二子所深服也。今述颜回言行凡二十条。

> 子曰："吾与回言终日，不违，如愚。退而省私，亦足以发，回也不愚。"《为政篇》

朱子《集注》引其师李侗之言曰："颜子深潜纯粹，闻夫子之言，即默识心融，触处洞然，自有条理，故能不违。"简氏《述疏》曰："《经》称孔子云：'回也！非助我者也，于吾言，无所不说。'盖不说者违也，违而问难，则辨难而有助焉。此明者能之，愚者不能也。若夫无所不说，则不违如愚矣。"康氏《注》曰："神圣共处，天人同贯，虽复至言伟论，视作寻常。孔子盖新得颜子，方喜传道有人，故为反复之词，乃其赞叹之至也。"

【谨按】君子之学，不贵领略于口耳，而贵融会于身心。能融会于身心，则触处洞然，不知手之舞而足之蹈，故孟子曰："深造之以道，欲其自得之也。自得之，则居之安。居之安，则资之深，资之深，则取之左右逢其原矣。"《荀子·劝学》篇曰："君子之学也，入于耳，著乎心，布于四体，形乎动静。端而言，蠕而动，一可以为法则。"今以颜子之天资聪颖，又能好学不倦，故一闻孔子之言，即已体会入微，所谓闻一知十也。夫既已默识心通矣，何违之有？

"退而省其私"者，据刘氏《正义》云："《注》谓'退与二三子说绎道义'。"则私谓燕私，与群弟子同居学中时也。《礼·学记》言："大学之教，退息必有居学。""居学"非受业之所，故言私也。《集注》以私为燕居独处，亦通。《周书·官人解》："省其居处，观其义方。"则"省私"亦观人之法。

> **颜渊曰："愿无伐善，无施劳。"**《公冶篇·颜渊季路侍章》

孔《注》解"无施劳"，谓："无以劳事置施于人。"《四书辨疑》亦同此义。《集注》于"劳"字解作"有功"。《易经》所云"劳而不伐"也，复引或曰："劳，劳事也。劳事，非己所欲，故不欲施之于人。"是兼取孔义。刘氏《正义》驳之曰："孔子言'择可劳而劳之'，是劳民，非政府所能免。今但言不施以劳事，然则可劳者，亦勿劳乎？"盖"施劳"与"伐善"对文，《礼记·祭统》注："施，犹著也。"《淮南·诠言训》："功盖天下，不施其美，谓不诇大其美也。"《礼·表记》："君子不自大其事，不自尚其功。"《荀子·君子》篇："备而不矜，谓之圣，故天下不与争能，此颜子之志也。曾子言：'有若无，实若虚。'指颜子言斯，即无伐善施劳之意。"康氏《注》曰："人心之坏，从矜伐始。伐善施劳，则有骄心责报心；与己等者，则有妒心忮心；不报之，则生仇心妒心，仇心遂生杀心。故大同必自忘劳始，绝去骄妒责报之根，乃可入大同之世也。"简氏《述疏》曰："颜子不违仁者也，所谓有若无也。孟子言性者曰'分定故也'，又云'我固有之也'。夫吾性分所固有者，皆吾职分所当为，何善可伐？何劳可施？《论语》云：'己欲立而立人，己欲达而达人。'此所以无伐善也。《孟子》云：'禹思天下有溺者，由己溺之；稷思天下有饥者，由己饥之。'又云：'禹、稷、颜回同道。'此所以无施劳也，皆物我一体也。"【按】俞氏樾《续〈论语〉骈枝》谓："善也、劳也，皆以在人者而言。伐，解作败；施，解作弛，而训为毁。劳谓功也，谓人有善宜奖成之，而勿败之；人有功宜保存之，而勿毁之，是谓无伐善无施劳云。"其说亦通，然不败人善，不毁人功，则中才之士亦可能为，何待于复圣颜子？

程子曰："夫子安仁，颜渊不违仁，子路求仁，其志皆与物共者也。"又曰："子路勇于义者，观其志，岂可以势利拘之哉！颜子不自私己，故无伐善；知同于人，故无施劳。其志大矣！然未免出于有意。至于夫子，则如天地之化工，付与万物而己不劳焉。观其言，分明是天地气象。凡看《论语》，须要识得圣贤气象也。"【按】《韩诗外传》曰："有以孔子之志为言者，则云旷然如天地苞万物也。此汉时韩婴之义，其已先程子而言之矣。"刘氏《正义》曰："子路重伦轻利，不失任恤之道，义者之事也；颜子劳而不伐，有功而不德，仁者之事也。夫子仁覆天下，教诫爱物，圣者之事也。"评论可云适当。

【谨按】庄子以颜渊为"坐忘"，谓为"离形去知"。夫"离形去知"，则与天地化矣。将不知有穷通死生，何伐善施劳之足言？若善而不伐，劳而不施，是犹有迹象者存也。然庄子特寓言耳。孔子语颜渊"克己复礼为仁"，则非无所用其胜私之功《集注》："克己，胜私也。"而岂有所谓"坐忘"者。"坐忘"之说，盖老庄之学，非圣贤深造之道也。圣贤之学，只是去人欲存天理，不使欲动情胜，故心体廓然大公，不动于气，不着一分，意必固我，自无不正之忿懥，自无不正之恐惧，自然无所骄傲，自然无所夸张。夫惟不矜，故天下莫与争能矣！夫惟不伐，故天下莫与争功矣！

> 哀公问："弟子孰为好学？"孔子对曰："有颜回者好学，不迁怒，不二过。不幸短命死矣。今也则亡，未闻好学者也。"《雍也篇》

程子伊川曰："颜子之怒，在物不在己，故不迁。有不善，未尝不知，知之，未尝复行，故不二过。"又曰："喜怒在事，则理之当。喜怒者也，不在血气则不迁。可怒在彼，己何与焉？如鉴之照物，妍媸在彼，随物应之而已，何迁之有？"又曰："如颜子者，岂有不善？所谓不善，只是微有差失。才差失便能知之，才知之，便更不萌作也。"张氏南轩曰："怒之所以迁者，以起怒于己故也。起怒于己，故溢于气，征于色，发于辞，横于胸中，而不能化移于他物，而莫之止，就能知怒之不当迁，方其怒甲也而视乙，其辞气终未能以遽化，是皆起怒于己故耳。君子非无怒也，怒其逆于理而已。理之所在，如鉴付形各，各适其可，己何与焉？然则奚迁之？有过之所以贰者，以其所以为过之根不除也。人每患不见其过，就能见其过而遏止之，其心一或有懈，则其端复乘间而萌矣。君子非无过也，隐微之间有所小慊则谓之过，惟其涵养纯熟，天理昭融，过虽未形，未尝不知消而去之，如日销冰，无复余迹然，则奚贰之有？是二者，盖克己复礼之功也。如是而后，谓之好学，则孔门之所谓学者，盖可知矣。"说见南轩《论语解》。

郑氏汝谐曰："颜子不能无怒也，因物而怒，循理而止，犹水之激也。激之者已，其寂然者自若也，是谓不迁怒。夫有一毫不循于天理者，即过也。颜子不能无过，其过未尝不知，知之，未尝复行。犹玉之污也，污之者去，其莹然自若也，是谓不贰过。"语见《论语意原》。

许氏谦曰："人把皮肤包住这些血气，便是我有，便要取物以供我所欲，但气象狭小，不能与天地之气相通，只是专欲尊己，知有己不知有人，一遇怒事，便把怒迁向他人，及做事差失，亦以为无紧要。若以克去此私，则心量广大，不见我尊于人，所以怒不敢轻加于人，作事亦不敢有过失，究其极，即圣人之'无我'也。"语见《读四书丛说》。

康氏有为曰："七情之发动于血气，往往过分，如风雨交加，不择而施。而七情之中，怒之发时，尤难治也。气质或本于先天，或根于父母，或成于习俗，惟颜子神明极清，存养备至，圆明净照，不介毫厘，纤垢不侵，光灵常耀，如镜照物，光明自在。妍媸各付，而本体不动，如日运行，拒力甚大，热光常发，而掩蚀难侵，凡其神明之发及其存养之纯，虽曰天资之高，亦由好学之笃。"语见康氏《论语注》。

【谨按】 以上诸说，或言迁怒、二过之由，或言不迁怒、不二过之方，皆推阐详尽，语极精到，故并录之。考《易经·系辞下传》："子曰：'颜氏之子，其殆庶几乎！有不善未尝不知，知之未尝复行也。'"夫不善，未尝不知，是卜动念于知几也；未尝复行，是能慎私欲于未萌也。所以能不迁怒、不贰过也。《复》之"初九"曰："不远复，无只悔。"王辅嗣注云："复之不速，遂至迷凶，不远而复，几悔，而反，以此修身，患难远矣。错之于事，其殆庶几乎。"夫能不远而复，是能提醒此心之效也。以理制欲，以性克情，故能使人欲净尽，而天理昭著。故曰："复，其见天地之心乎！"刘氏《正义》曰："《益》初至四互复，其象曰：'君子，以见善则迁，有过则改。明改过能有益也。'夫子言学《易》，可无大过，颜子好学，亦能体复，故《易·系辞传》独称之。"

【附录】

韩愈《颜子不二过论》据原文略为删节

论曰：登孔氏之门者众矣，三千之徒，四科之目，孰非由圣人之道，为君子之儒者乎？其于过行过言，亦云鲜矣。而夫子举不贰过，惟颜氏之子，其何故哉？

夫圣人抱诚明之正性，根中庸之至德，苟发诸中形诸外者，不由思虑，莫匪规矩；不善之心，无自入焉；可择之行，无自加焉。故惟圣人无过，所谓过者，非谓发于行、彰于言，人皆谓之过而后为过也，生于其心则为过矣。故颜子之过此类也。不二者，盖能止之于始萌，绝之于未形，不二之于言行也。《中庸》曰："自诚明谓之性，自明诚谓之教。"自诚明者，不勉而中，不思而得，从容中道，圣人也，无过者也；自明诚者，择善而固执之者也，不勉则不中，不思则不得，不二过者也。故夫子之言曰："回之为人也，择乎中庸，得一善，则拳拳服膺而不失之矣。"又曰："颜氏之子，其殆庶几乎！"言犹未至也。而孟子亦曰："颜子具圣人之体而微者。"皆谓不能无生于其心者。

颜子自惟其若是也，于是居陋巷以致其诚，饮一瓢以求其志，不以富贵妨其道，不以隐约易其心，确乎不拔，浩然自守，知高坚之可尚，忘钻仰之为劳，任重道远，竟莫之致。是以夫子叹其"不幸短命"，"今也则亡"，谓其不能与己并立于至圣之域，观教化之大行也。不然，夫行发于身、加于人，言发乎迩、见乎远，苟不慎也，败辱随之，而后思欲不二过，其于圣人之道，不亦远乎？而夫子尚肯谓之"其殆庶几"，孟子尚复谓之"具体而微者"哉！

> 子曰："回也！其心三月不违仁，其余则日月至焉而已矣。"《雍也篇》

《朱子语类》曰："仁与心，本是一物，被私欲一隔，仁便远去，却为二物。若私欲既无，则心与仁便不相违，合成一物。心犹镜也，仁犹镜之明。镜本来明，被尘垢一蔽，遂不明，若尘垢一去，则镜明矣。"《苏氏东坡全集》曰："孔子言：'吾之于人也，谁毁谁誉，如有所誉，必有所试。'其于颜渊试之也熟，而观之也审矣。夫阅三月之久，而颠沛造次，无一不出于仁，是以知其终身弗畔也。君子之观人也，必于其所虑焉观之。所虑有伪，则终身不得其真，有利害以临之，则败也。尧舜性之，五霸假之，假之者，不待终日而决矣。而况于三月之久乎？"康氏《注》曰："圣门七十子皆高贤，然神明内功，非持循勉强所能至，在存养至熟，涵泳自然也。否则，于一刻之间，万念纷起，朋思憧憧，能力持数刻不违仁已大难，况一日乎？学者试反照内观，当知七十子之不可及，非独颜子也。此圣门教弟子专养神明，比较功候之浅深，操存舍亡之生熟也。"

【谨按】孔子言仁者，"无终食之间违仁，造次必于是，颠沛必于是"。夫终食不违，则无须臾违也。今颜子能三月不违，则终食不违可知。皇《疏》云："即不违，则应终身，而止举三月者，三月一时，为天气一变，一变尚能行之，则他时能可知也。"并引范《述》云："颜子不违仁，岂但一时，将以勖群弟子之志耳。"《朱子语录》曰："三月只是言久尔，非谓三月后必违也。"其心之纯乎天理，而无一毫人欲之私，亦可知矣。然究何以能此？孟子所谓："必有事焉而勿正，心勿忘，勿助长也。"夫此心稍一放纵，即有他歧之惑，其弊便失诸忘。然过于把持，未免拘滞缚束，其弊便流于助。一忘一助，即违仁矣。故"勿忘勿助"者，不违仁之功夫也。其用力喫紧处，全在于必有事焉。"必有事"者，是集义也，是博文约礼也，是致吾心之良知于事事物物也。果能于良知，体认亲切，则胸有主宰，自然知是知非，自然实实落落，依着此心之良知做去，善便存，恶便去，无少吝惜，无少假借，随时随地随事，省察克治，而不稍懈，则无非礼之视听言动，日用间莫非天理之流行矣。其始虽或勉强，久则几于自然，能浑然无间矣。

子曰："贤哉，回也！一箪食，一瓢饮，在陋巷，人不堪其忧，回也不改其乐。贤哉，回也！"《雍也篇》

程子伊川曰："颜子之乐，非乐箪瓢陋巷也，不以贫窭累其心而改其乐也。"又曰："箪瓢陋巷非可乐，盖自有其乐尔。"又曰："昔尝受学于周茂叔，每令寻仲尼、颜子乐处所乐何事。"《朱子大全集》曰："箪瓢陋巷，固非可乐之事。颜子能不以人之忧而改其所乐耳。若其所乐，则固在箪瓢陋巷之外也。"朱子策问其门徒曰："'饭蔬食饮水，曲肱而枕之，乐亦在其中。'所乐何事耶？"钱氏《四书管见》曰："苟乐矣！虽死生之变不与易也。箪瓢陋巷，而为之遽改乎？"

【谨按】程朱之说，皆言颜子所乐，不在箪瓢陋巷，是已。然所乐者何事，则引而不发也。窃谓胸有主宰，能不为物累，则穷富皆乐。《中庸》所谓"无入而不自得"。《孟子》所谓"反身而诚，乐莫大焉"。盖中有主，则此心与理为一，从容游泳于天理之中，而后能因物付物也。虽箪瓢陋巷，不知其为贫；虽万钟九鼎，不如其为富矣。故曰："仁者不忧。"不忧，故乐也。不改其乐，非不改箪瓢陋巷之乐。谓虽在箪瓢陋巷，而不改其乐耳。所乐者，固不在箪瓢陋巷也。"饮水枕肱"亦非乐事，乐在其中耳。所谓贫而乐者，亦以所乐者道，非以贫为可乐也。《吕氏春秋》曰："古之得道者，穷亦乐，达亦乐，所乐非穷达也，道得于此，则穷达一也。"《慎大览篇》。若不以道为乐，必胸无主宰，则不能随遇而安，而情随境迁，不惟以贫贱为忧，即富贵亦不能乐。盖患得患失之情，日扰攘于胸中，何乐之有？《传》云："古有居宫穴而神不遗者，末世有为万乘而日忧悲者，是则富亦忧矣。"或曰庄子云："回有郭外之田五十亩，足以给饘粥；郭内之田十亩，足以为丝麻。"《韩诗外传》载入。若是，则亦不穷也。然孔子称"回也屡空"，孟子言"颜子居陋巷"，则其穷可知，且古之田亩，其广袤尺寸，与今不同一，夫受田百亩，凶年或不免于死亡。江氏永《群经补义》曰："古者百亩之田，当今二十三亩半，每亩收谷约得二石四斗，二十三亩半可收谷五十六石四斗，折半为米，得二十八石二斗，人一岁约食米三石六斗，百亩之田可食八人。"当时孔门诸子，子贡则结驷连骑，历聘上国；子华则峨冠博带，应对诸侯；仲弓、冉有、季路皆为季氏宰；子夏、子贱为莒父宰及单父宰；子游则为武城宰；宰我则为临菑大夫。同门之士，相继而起，惟颜子则一亩之宫，环堵之室王氏念孙《经义述闻》以此二语解"陋巷"二字萧然自处，不戚戚于贫贱，不汲汲于富贵，与孔子之蔬水曲肱同其旨趣，久矣遁世，无闷不见，是而无闷，盖确乎其不可拔也。故曰："贤哉，回也！"

> **子谓颜渊曰："用之则行，舍之则藏，惟我与尔有是夫。"**《述而篇》

刘氏《正义》曰："《新语·慎微》篇引此文说之云：'言颜渊道施于世，而莫之用，是行藏皆指道言。'《孟子》谓：'士穷不失义，达不离道。'又言：'古之人得志，则泽加于民；不得志，修身见于世。穷则独善其身，达则兼善天下。'即此义云。"康氏《注》曰："无经世之才则大用之，而尸位素餐，复悚折足；无养魂之道则进不见用，即嗟穷怨上，干进逢迎。若用之能行，可援天下；舍之能藏，若忘天下。卷舒自在，进退裕和，非有圣人之才，又有圣人之道者不能。孔门诸贤，惟颜子有之。孔子喜之，许其同己。"简氏《述疏》曰："经云'隐居以求其志，行义以达其道'。吾闻其语矣，未见其人也，今于颜渊而以其人相期矣。"《集注》尹氏焞谓："用舍无与于己，行藏安于所遇，命不足道。"非也。《孟子》云："孔子进以礼，退以义，得之不得曰有命。"岂谓命不足言乎？

【谨按】行藏，指出处言，行有行之道，藏有藏之道，可行则行，可止则止。行则达之天下，泽加于民；藏则独善其身，立言以垂诸后世。士君子处穷处达，皆有事在，故不肯轻生于天地间，昧然而生，寂然而死。韩氏愈《答崔立之书》谓："方今天下风俗，尚有未及于古者，边境尚有被甲执兵者。仆虽不贤，亦且潜究其得失，致之乎吾相，荐之乎吾君。若其不可，则求国家之遗事，考贤人哲士之终始，作唐之一经，垂之于无穷，诛奸谀于既死，发潜德之幽光，二者将必有一可。"云此是何等识见，何等本领。若用之则无可行，舍之则不能藏，何足取哉！尹氏谓"命不足道"，其意以为中人之情行不得去之时，于是无可奈何，而委之于命，盖出自勉强之所为，而未尝无求之之心。若圣人，只看义之如何。贫富贵贱，惟义所在，所谓安于遇而已，更不问命，故曰"命不足道"。然不免有语病矣。张南轩曰："其行也，岂有意于行之；其舍也，岂有意于藏之。"修词亦未善。朱子曰：

"圣人虽无私意期必之心，若其救时拯物之怀，皇皇不舍，岂可谓无意于行？至于舍之而藏，则虽非其所欲，谓舍之而犹无意于藏，则亦过矣。若果如此，则是孔颜之心漠然无情于应物，推而后行，曳而后往矣。"见《朱子语录》。推张氏之意，以谓："欲扶世立功名者，则知行而不知藏；欲洁身遗世者；则知藏而不知行。"皆有意必于其间，然谓全无用意，将与木偶等伦矣！亦岂圣人之心哉！

> 曾子曰："以能问于不能，以多问于寡；有若无，实若虚，犯而不校。昔吾友尝从事于斯矣！"《秦伯篇》

马《注》谓："友即颜渊也。"《集注》从之。今考《大戴礼·曾子疾病》篇，曾子谓曾元、曾华曰："吾无夫颜氏之言，吾何以语女哉？"知颜渊为曾子所甚服，非颜渊亦不足以当此也。刘氏宝楠引徐幹《中论》云："人之为德，其犹虚器欤？器虚则物注，满则止焉。故君子常虚其心志，恭其容貌，不以逸群之才加乎众人之上。视彼犹贤，自视犹不足也，故人愿告之而不倦。《易》曰：'君子以虚受人。'《诗》曰：'彼姝者子，何以告之？'君子之于善道也，大则大识之，小则小识之。善无大小，咸载于心，然后举而行之，我之所有，既不可夺我之所无，又取于人，是以功常前人，而人后之也。"见《虚道》篇。《中论》所言，与此相发，前篇颜子言志，无伐善，无施劳，即若无若虚之意，犯而不校，则其学能养气可知也。刘说见《论语正义》。张式栻《论语解》曰："以能问于不能，以多问于寡，乐善无厌也。有若无，实若虚，有善而不居也。犯而不校，不动于血气，而安于理也。非心不违仁者，其能之乎？此颜子由克己而至于无我之效也。"简氏朝亮曰："颜子不校者，非微弱不能校也，非虑患不敢校也，非禽兽不足校也，非含忍不欲校也，非愧悟不必校也。颜子之心，则宽宏不忍校也。非其学之从事于仁乎？斯不见物我之有间也。《吴志注》引《江表传》云：'程普颇以年长，数陵侮周瑜。瑜折节容下，终不与校。普后自敬服而亲重之，乃告人曰："与周公瑾交，若饮醇醪，不觉自醉。"'盖其不校者，含忍也，愧悟也，斯可怀矣！况颜子乎？《经》言颜子不迁怒，非无怒也，其怒者何也？违公义者当怒，犯己私者不校，皆其心之不违仁也。若不辨于斯，当怒不怒，忘公义焉。乃犹曰犯而不校，诬也。岂择乎中庸者哉！"简说见《论语述疏》。

> 颜渊喟然叹曰："仰之弥高，钻之弥坚。瞻之在前，忽焉在后。夫子循循然善诱人，博我以文，约我以礼，欲罢不能。即竭吾才，如有所立卓尔。虽欲从之，末由也已。"《子罕篇》

郑氏汝谐曰："不因答问，何以喟然而叹？斯叹也，如开户牖，如披云雾，如行者之至，如梦者之觉，盖不期叹而叹也。钻仰者，用力之处；坚高者，因用力而有见也。弥高弥坚，力犹未及也；在前在后，莫测其化也。至求之夫子之教，则自有序。博我以文，约我以礼，由博约以进，欲罢不能，尽吾心力以求之，然后见其所立之卓尔。向之高坚前后，谓其恍惚不可名也；今之所立卓尔，见其精微之底蕴也。虽欲从之，末由也已，此未达一间也欤？"真氏德秀曰："欲罢不能者，盖人之于学，若能实用，其功自然见得。循理则乐，不循理则不乐。由乎礼则安，不由乎礼则危，不待父兄师友之检约，自然欲止而不能，如此方是真有所得也。"康氏《注》曰："古今为孔子赞者多矣！宰我则称'贤于尧舜'；子贡则称'百王莫违'；子思则称'发育万物，峻极于天'；庄子则称'配神明，醇天地育万物，六通四辟，大小精粗，其运无乎不在'；颜子则称'仰弥高，钻弥坚，瞻之在前，忽焉在后'。五子皆善言德行者，然虽极力铺写，终不若颜子之所形容，所谓圣而不可测之谓神也。"

【谨按】夫子之道，费而隐。费者，用之广也；隐者，体之微也。语本朱《注》。用之广，则其大无外，其小无内，故无所不包。体之微，则寂然不动，感而遂通，故非见闻所及。夫有限之高，虽嵩岱而可陵；有形之坚，虽金石而可钻。惟费而隐，则周流六虚，而上下无常也；俯仰绝尘，而钻凿愈坚矣。夫在南在北，有方向则可寻求；或远或近，有形象则可窥见。惟费而隐，则刚柔相易，而进退无恒也；恍惚难辨，而前后莫测矣。今于博文约礼之余，真积力久，遂能于道之无方无体中，灼然见其如有所立卓尔。皇《疏》谓："卓尔者，绝地不可得，言之处卓然，出视听之表是也。"形既峻拔，理复超绝。《庄子》云："颜渊曰：'夫子步亦步，夫子趋亦趋，夫子驰亦驰，夫子既奔逸绝尘，而回瞠若乎后矣。'"奔逸绝尘，卓尔也；瞠若乎后，欲从末由也。《广雅》："趉，绝也。"李善《西都赋注》："违跮，犹言超绝也。卓尔，乃形容夫子之道极精微，不敢必知，不可灼见也。"程子谓："到此地位，真是峻绝，着力不得。"颜子于此所谓一旦豁然贯通，是则金镜已得，不假外求，而操之在我者矣。故可以物来而顺应，且能泛应而曲当。如制器也，为方为圆，莫能预定其可定者，但能不出乎规矩；如作乐也，歌宫歌征，不必前知其可知者，要之不离乎六律。何也？以有絜矩在也。絜矩之道，忠恕之道也。吾心良知之天理，自然固有之天则也。能致吾心良知之天理，于事物则能尽其性；能尽其性，则能尽人之性；能尽人之性，则能尽物之性；能尽物之性，则可以赞天地之化育矣。卓尔之称，殆颜子见道之言也。《孟子》言："大而化之之谓圣，圣而不可测之谓神。"神也者，无体变动不居也。颜子卓尔一言，意其所以窥圣道者，在此时矣。而其进学之功，则自博文约礼始。博文即是约礼之功，犹道问学即是尊德性之功，其理一也。今如人子事亲，礼也，则凡所以讲求事亲之道者，皆所以尽吾事亲之心，行吾事亲之事，非事亲为一事，讲求事亲之道，又为一事也。若分而为二，则博文者，所博何文？所学何事？宋儒解说，辄以博文属知。约礼属行。此后世章句训诂、辞赋声韵之学，所以异于孔、颜之学欤？

子曰："语之而不惰者，其回也与！"《子罕篇》

《集解》："颜渊解，故语之而不惰，余人不解，故有惰语之时，是以惰属教者言，不属受者言。"《集注》引范氏祖禹曰："颜子闻夫子之言，而心解力行，造次颠沛，未尝违之。如万物得时雨之润，发荣滋长，何有于惰？胡炳文《四书通》曰：'天地间有惰人无惰物，物得时雨，立见发育，曾不见其惰也。'此则指受教者而言。"皇《疏》、邢《疏》亦指受教者。毛氏奇龄曰："惰语，谓语者惰也。盖教不欲惰，故有教不倦之文。然不得不惰，故又有先传后倦之文。"《学记》曰："古之教者，时观而勿语，必力不能问，然后语之。语之而不知，则舍之。舍，即惰也。"

【谨按】上篇云"吾与回言终日"，以回能晓解，故"终日语之而不惰"。子曰："举一隅不以三隅反，则不复也。"此则不能晓解，虽语之详，亦无益，是以惰语两说比较，以毛说为长。毛说亦与《集解》同。

> 子谓颜渊曰："惜乎！吾见其进也，未见其止也。"《子罕篇》

《论语》记冉有曰："非不说子之道，力不足也。"子曰："力不足者，中道而废。今女画。"宰予自诿于力不足，且复昼寝，若是者不见其进，而反见其止也，非人止之，吾自止之也。故曰："未成一篑，止，吾止也。""苟能一日用其力于仁，未有见力不足者。"故君子之于学，好之而不能自已，是以发愤忘食，虽终食之顷而不肯违仁。所谓"造次必于是，颠沛必于是"，盖其得诸于心者，不觉手之舞而足之蹈，实有无限愉快，孰肯故步自封而旦夕弃之？观于夫子自言"三十而立，四十不惑，以至七十而从心所欲"，又言"在齐闻韶，三月不知肉味"，至欲"假年学《易》"。其学之不厌如此，故德日进而不已，宁有止境之时？又蘧伯玉行年五十，而知四十之非，则其进修弗懈，老而弥笃可知矣！孔门好学，未闻有如颜子者。今也则亡，夫子悬想其人，能勿为之惋惜？皇《疏》谓颜子死后，故孔子有此叹也。

> 子曰："回也！非助我者也，于吾言无所不说。"《先进篇》

《大戴礼·曾子立事》篇："君子学必由其业，问必以其序。问而不决，承间观色而复之，虽不说，亦不强争也。""不说"，犹言"不解"。孔注训"说"为"解"，谓"闻言即解"，即《学记》言"相说而解"之意。《学记》又言"教学相长"。《中庸》记孔子对哀公之言，曰："博学、审问、慎思、明辨。"盖能问则触发愈多，能辨则事理益明。若子贡切磋之言，子曰："赐也，始可言诗。"子夏后礼之问，子曰："启予者，商。"是触类旁通，足以启发人之思，致实亦有助于教者，非惟学者之得益也。而回也不违如愚，无所疑问，故子曰："非助我者。"《集注》曰："颜子于圣人之言，默识心通，故夫子云。然其辞若有憾焉，其实乃深喜之也。"徐幹《中论·智行》篇："仲尼亦奇颜渊之有盛才也，故曰'回也，非助我者也，于吾言无所不说。'颜渊达于圣人之情，故无穷难之辞，是以独获亹亹之誉，为七十子之冠。"康氏《注》曰："当时诸贤多疑问，如宰我问三年之丧，子路迂视正名，于异义尤多质证，惟颜子声入心通，无所疑难，故孔子称之。"

季康子问："弟子孰为好学？"孔子对曰："有颜回者好学，不幸短命死矣。今也则亡。"《先进篇》

【谨按】考颜子之死，诸书纪载不一。秦汉人说颜子卒年，如《列子·力命》篇、《淮南子·精神训》、高诱注《后汉书·郎凯传》皆以颜子卒年为十八，不足据也。《家语》谓为三十一，别本又作三十二。《集注》亦作三十二。《史记·弟子传》但云："颜回少孔子三十岁，年二十九发尽白蚤死。"不著其卒之年。臧氏庸《拜经日记》曰："五十以上而卒，皆可谓之'蚤'。三十一之文，不知所本，必系王肃伪撰。"考《公羊传·哀十四年》："颜渊死即获麟之年子曰：'噫！天丧予！'子路死，子曰：'噫！天祝予！'西狩获麟，孔子曰：'吾道穷矣！'"夫曰"天丧予"、"天祝予"，曰"吾道穷者"，是皆孔子将没之年所言。《公羊春秋》及《弟子传》皆连言之，则颜子之死，必与获麟、子路死及夫子卒相后先，孔子年七十一，获麟哀十四年七十二，子路死哀十五年七十三，孔子卒哀十六年，周敬王四十一年颜子少孔子三十岁，孔子七十，颜子已四十矣。又《史记·世家》云："伯鱼年五十，先孔子卒。"以核《家语》"孔子年二十而生伯鱼"之说，则伯鱼卒时孔子年六十九。哀公十二年也。按《史记》云伯鱼年五十，《家语》云孔子年十九娶于宋亓官氏之女，一岁而生伯鱼，是孔子二十而生伯鱼。依《史记》伯鱼年五十，适当孔子六十九岁。今据《论语》，颜子死在伯鱼后，则孔子年七十一时，颜子正四十一，时已在孔子反鲁之后反鲁时年六十八因鲁哀季康之问，迴想颜氏，故述之，有余痛焉。《论语·先进篇》叠书颜渊死者四，而首冠以季康子问，明其为一时事也。若王肃说孔子年六十一颜子死，此正孔子自陈过蔡之年，犹未反鲁，哀公康子何从问询？且此时去困陁陈、蔡，首尾三载孔子六十三陁陈、蔡，如六十一颜子已死，孔子思从难诸贤，何以首及颜子？展转究核，便可以知矣。毛奇龄《论语稽求篇》、孔广森《公羊通义》、翟灏《四书考异》、周国价《四书释疑》、周秉中《四书典故辨正》略同。

周氏国价曰："陈蔡之陁，子路愠见，子贡作色匪兕之歌，独颜渊能解之，则夫子六十三时，颜子依然在也。其后自楚返卫，自卫反鲁，凡《论语》所记颜子言行，可与《世家》参考者，多在夫子六十以后、七十以前，岂有其人已死，而尚见其行事及其语言者？尝考《公羊传》及《史记·世家》所载年月，则颜子之死，实在哀公十四年春秋获麟之际，其时为夫子七十一岁也。"钱氏大昕《养新录》同。

崔氏述《考信录》曰："《论语》'颜路请子之车'一章，则伯鱼之卒在颜子前明甚。《家语》称孔子年二十而生伯鱼，伯鱼年五十而卒。则是伯鱼卒时，孔子年六十有九，其称颜回少孔子三十岁，若三十二而死，则孔子年在六十有二，若是则颜子反先伯鱼而卒矣，岂不谬哉？"

【谨按】臧庸、周国价皆以颜子卒年为四十一，在哀公十四年获麟之岁，时孔子年七十有一，是据《孔子世家》以孔子生于鲁襄之二十二年也。其以伯鱼之卒在哀公十二年，时孔子年六十九，是据《家语》孔子二十生伯鱼。伯鱼年五十而卒之说，然江氏永、朱氏彝尊两家所著《孔子年谱》皆载颜子之卒，在哀公十三年，则是西狩护麟之前一年，是以孔子生于鲁襄二十一年。盖从《公》《谷》之说，以较《孔子世家》所云孔子生于鲁襄二十二年者相差一年，故纪载各有不同。其同者，则皆以颜子四十一岁卒于孔子七十一之年；其异者，一则以颜子卒于哀十四年获麟之岁，一则以颜子卒于哀十三年获麟之前也。

颜渊死，颜路请子之车以为之椁，子曰："才不才，亦各言其子也。鲤也死，有棺而无椁。吾不徒行以为之椁。以吾从大夫之后，不可徒行也。"《先进篇》

《集注》胡氏寅曰："孔子遇旧馆人丧，尝脱骖以赙之矣。今乃不许颜路之请，何耶？葬可以无椁，骖可以脱，而复求大夫不可以徒行，命车不可以与人而鬻诸市也。《礼·王制》云：'命服、命车，不鬻于市。'粥、鬻通。且为所识穷乏者得我，而勉强以副其意，岂诚心与直道哉！或者以为君子行礼，视吾之有无而已。夫君子之用财，视义之可否，岂独视有无而已哉！"吴氏嘉宾《论语说》曰："丧具称家之有无，礼有赙丧者赙之，亦惟其称焉耳。使颜子无附身以为敛，无附棺以为葬，师与友脱骖竭财以助之，可也，是非得已也。有棺而无椁，有葬而为之厚葬，则非也，以其得已也。君子所以受于人者义而已，必不得已而后受，苟可以已而已。故曰：'周之亦可受也，免死而已。'夫子之视颜子，视之犹其生也，彼以其生之所不受者而与之，是死之也。故曰：'君子之爱人也以德，小人之爱人也以姑息。'"潘氏《集笺》曰："按《白虎通》云：'臣七十悬车致仕，七十退去避贤者，所以长廉耻也。'悬车，示不用也。颜子卒时，孔子年七十二当作七十一，正在悬车致仕之年，故颜路请子之车以为椁，而夫子晓之，以从大夫之后不可徒行。是年夏，请讨陈恒，沐浴而朝告于哀公，亦以从大夫之后故耳。以此推论当日情事，则颜路之请，不为无因，而夫子第示以义之所不可，而亦非所靳也。"刘氏《正义》曰："公羊《隐元年·传》丧事有赙。赙者，盖以'乘马束帛车马'曰赙。是赙丧之礼，本有车马，故夫子于旧馆人之丧，脱骖以赠。今颜子死，夫子亦必有赙，而颜路复请子之车以为椁，且不嫌于自请者，盖哀痛迫切，不遑计及于礼之当否。且知夫子于颜渊谊厚，不妨以情告也。然礼丧事不外求，不可称贷而为悦。《春秋》讥武氏子来求赙，故《公羊传》曰：'丧事无求，求赙非礼。'何休曰：'有则送之，无则致哀而已，不当求，求则皇皇，伤孝子心。'颜路请车，孔子不与，亦是不合求，故抑之也。"

丧事称家之有无，原不以葬之厚薄为荣辱。故门人厚葬而孔子非之，且鲤死，有棺而无椁，人之情，断无于其所厚者而反薄之。颜子虽为孔子所深爱，亦不过亲如己子耳。况以从大夫之后，不可徒行。于礼，则丧事无求，求赙非礼。故于颜路之请而却之，裁之以义也。石子重问于朱子曰："孔子若有财，还与之椁否？"朱子曰："孔子若有财，必与之椁，盖朋友有通财之义，况孔子之于颜渊，视之如子耶？所谓丧具称家之有无，但不可以非义他求耳。"语见《朱子大全集》。

> **颜渊死，子曰："噫！天丧予！天丧予！"**《先进篇》

《汉书·董仲舒传》赞曰："刘歆以伊吕乃圣人之耦，王者不得则不与。故颜渊死，孔子曰：'噫！天丧余！'惟此一人为能当之。自宰我、子贡、子游、子夏不与焉。"颜师古注言："失其辅佐也。"刘氏《正义》曰："天生圣人，必有贤才为之辅佐。今天生德于夫子，复生颜子为圣人之耦，并不见于世，而颜子不幸短命死矣。此亦天亡夫子之征也。故曰：'天丧予。'"【按】颜《注》本于何休，见公羊《哀十四年·传》。

> **颜渊死，子哭之恸。从者曰："子恸矣！"曰："有恸乎？非夫人之为恸而谁为？"**《先进篇》

皇《疏》曰："夫子往颜家哭之也，从者谓诸弟子从孔子往颜渊家者，见孔子哀甚，故云'子恸矣'。"《论衡·问孔篇》以从者为门人。胡氏炳文《论语通》引冯氏说曰："伯牛有疾，自牖执其手。颜渊死，哭为之恸。夫子之用情于门人如此。夫子死，门人相向而哭，皆失声。筑室于场，六年而不忍去者，门人之用情于夫子又如此。死生之际，情义见焉。后世师友道丧，闻孔门之风者，盍少愧焉！"

颜路丧子，而违礼请车；子夏丧子，而过哀失明。若伯鱼之丧，则未有若何异闻者。盖过礼与过情,圣人所必无者也。独于颜渊之丧而哭之恸,非为私人哭,为吾道哭也。盖恐斯道之无传人也。夫子于伯牛之疾,叹曰"命矣";夫于子路之死,叹曰"天祝余",亦既已悲之矣。而不若颜渊之甚,此不惟师弟感情出于不能自已,诚以斯文所系也。天之将丧斯文也,则后死者不得与于斯文;天之未丧斯文也,而颜子先死,则所与共维斯道者谁乎?而能不悲乎?夫子哭之恸,以至变动容貌,哀戚之至。然当哀而哀,出于情之自然,虽圣人不能无也。惟在得其性情之正耳。皇《疏》谓:"颜渊既死,孔道亦亡。"又引刘歆言:"颜是亚圣之耦,孔、颜自然之对物,一气之别形也。"缪播曰:"西河之人疑子夏为夫子,叔孙武叔贤子贡于仲尼,斯皆非其类矣。颜回尽形,形外者神,故知孔子之理者回,知回亦唯孔子,则当日师弟之情感可知矣。"

> 颜渊死,门人欲厚葬之。子曰:"不可!"门人厚葬之。子曰:"回也视予犹父也,余不得视犹子也。非我也,夫二三子也。"《先进篇》

《集解》马《注》曰:"回自有父,父意欲听门人厚葬。"郑《注》亦同斯义。《集注》曰:"门人之厚葬,盖颜路听之也。"皇《疏》云:"孔子葬鲤,无椁而不能止,回无椁,故曰视回不得犹子。"【按】颜路爱子情切,而不自知其非礼,故夫子言此以慨叹之。盖丧事贵称有无,而圣人之可尊,在魂气无不之,若体魄之藏,非所重也。其犹父犹子之说,据刘氏《正义》曰:"《晋语·栾共子》云:'成闻之,民生于三,事之如一。父生之,师教之,君食之。'颜子事夫子犹父,故曰:'子在,回何敢死。'则同于父母在,不许友以死之义也。故夫子曰:'回也!视予犹父也。'"简氏《述疏》曰:"《礼·檀弓》云子贡曰:'昔者夫子之丧颜渊,若丧子而无服,丧子路亦然。'故子贡于孔子之丧,则云:'请丧夫子,若丧父而无服。'由是推之,则犹父犹子之义明矣。夫子惟责二三子,而不斥言颜路者,不忍斥言之也。"

> 子曰："回也其庶乎？屡空。"《先进篇》

《史记·货殖传》云："颜渊箪食瓢饮，在于陋巷，孔子贤之曰：'回也，其庶乎！屡空。'"《伯夷传》云："回也屡空，糠糟不厌。"《盐铁论·地广》篇云："颜渊屡空，不为不贤。"《后汉书·贾逵传》："帝谓马防曰：'贾逵母病，此子无人事于外，屡空，将从孤竹之子于首阳矣。'"是汉人解"屡空"，皆为"空匮"。虽数空匮，而乐在其中，故曰："回也，其庶乎！"即《易·系辞传》所云："颜氏之子，其殆庶几乎！"谓"庶几"，近道也。《集注》曰："颜子不以贫窭动其心而求富，故屡至于空匮是也。家欢无日赢，生计有时绝，犹能不改其乐，所以为贤。若解作'心空'，如皇《疏》引顾欢之言，以'空'为'虚'说，近虚无，失经旨矣。《庄子》：'孔子谓颜回曷不仕乎？'对曰：'回有郭外之田五十亩，足以给飦粥；郭内之田十亩，足以为丝麻；鼓琴足以自娱；所学夫子之道，足以自乐也。回不愿仕。'孔子愀然变容曰：'善哉！回之意。丘闻之，知足者不以利自累也。审自得者，失之而不惧；行修于内者，无位而不怍。丘诵之久矣，今于回而后见之，是丘之得也。'"《韩诗外传》："颜渊问于孔子曰：'渊愿贫如富，贱如贵，无勇而威，与下交通，终身无患难，可乎？'孔子曰：'善哉！回也！夫贫而如富，其知足而无欲也；贱而如贵，其让而有礼也；无勇而威，其恭敬而不失于人也；终身无患难，其择言而出之也。若回者，其至乎！'"【今按】《庄子》及《韩诗外传》所言，足与本文相发。

> 子畏于匡，颜渊后。子曰："吾以女为死矣。"曰："子在，回何敢死？"《先进篇》

刘氏《正义》曰："《曲礼》云：'父母在，不许友以死。'颜子事夫子犹父，故云：'子在，回何敢死？'"《吕氏春秋·劝学》篇："曾子曰：'君子见行于道路，其有父者可知也，其有师者可知也。'曾点使曾参，过期而不至，人见曾点曰：'无乃畏耶？'曾点曰：'彼虽畏，我存，夫安敢畏？'孔子畏于匡，颜渊后，孔子曰：'吾以女为死矣！'颜渊曰：'子在，回何敢死？'颜回之于孔子，犹曾参之于父也。此周、秦人解义之最古者。盖颜子随夫子行，忽遇匡人之难，相失在后。夫子望之不至，疑其为匡人所杀。虽在颜子，必不轻身赴斗，然乱离之时，或不幸而死于非命，此亦人事所恒有。及后颜子来见，夫子喜出望外，故直道心之所疑初，不料颜子之未死也。然夫子遇难而颜子曰'子在'何也？盖以夫子状类阳虎，匡人疑而误围之，非真欲杀夫子。俟其细询踪迹，审其动静，自足知之。《书传》言夫子弦歌不辍，曲三终而匡人解甲。忠信笃敬，蛮貊可行，此岂阳虎之所能为者？盖不待夫子自辨，而匡人已知决非阳虎矣。夫子之不轻于一死，颜子盖真知之，故曰'子在'。而因子在，不敢轻生，自必潜身远害，或从他道迂行，此其所以相失在后也。圣贤往迹及其心事，可按文而得之矣。"

潘氏《集笺》曰："《孟子》云：'莫非命也！顺受其正，是故知命者不立于岩墙之下。'夫立岩墙之下，则恐其厌厌而死，犹畏而死也，《檀弓》郑注：'畏，谓人或以非罪攻己，不能有以说之而死之者。'【按】此即有畏惧迫胁之意。俱为非命。不为非命而死，乃为知命。《孟子》此文，与'子在，回何敢死'相发明。子在者，圣人知命，不死于非命也。回何敢死，大贤知命，不死于非命也。《论语》此言，明圣贤知命之学。盖微服所以脱桓魋，弹琴所以解匡人，此圣人解难之妙用，若斗则必死于畏矣。惟其不斗，所以不死。不死，所以为知命也。"

《集注》引胡氏曰："夫子即不幸遇难，回必捐生以赴之。幸而不死，则必上告天子，下告方伯，请讨以复仇。"毛氏奇龄《四书索解》驳之曰："天子不为匹夫复仇，且周天子仅同守府，其时已无方伯，将欲谁告？"周氏国价《论语释疑》曰："请讨，亦未必讨。况匡是郑地，桓王伐郑，反为所败，孰谓敬王能伐郑？春秋时，无方伯，只齐、晋更霸。然定、哀以来，齐、晋俱衰，虽逆臣亦不能自讨，何能为邻境代理误伤之事？当时回失在后,知夫子必不死于非命,故曰'子在'。盖匡人误认为虎,夫子岂遂误承为虎,不加表白?回岂遂误听,而遽为捐躯乎?"【按】胡氏说,诚有未安"陈恒弑简公"章。《集注》亦采其说,谓:"春秋之法,弑君之贼,人人得而讨之,仲尼此举,先发后闻可也。"陈氏澧曰:"如此,则胡氏胜于孔子矣。孔子作《春秋》,乃不知春秋之法,而待于胡教之乎?孔子可先发鲁国之兵,而后告哀公乎?荒谬至此,而朱子采之,窃所不解也。"

子畏于匡一事,崔氏述谓《史记》《家语》所载,多未足信,而辨之颇详,其言曰:"《世家》载孔子去卫,将适陈,过匡,颜刻为仆,以其策指之曰:'昔吾入此,由彼缺也。'匡人闻之,以为阳虎,阳虎尝暴匡人,匡人遂止孔子。孔子状类阳虎,拘焉五日,使从者为宁武子臣于卫,然后得去。遂过蒲,月余而反乎卫,又月余然后去卫,过宋而至于陈云云。夫孔子在鲁为司寇,居卫见礼于其君,其去也,道路之人当悉知,不得因刻一言而遂误以为虎。况拘之五日,亦当出一言以相诘,乃竟不知其非阳虎,亦岂人情?宁武子之卒,至是已百余年,从者将欲为谁臣乎?此必无之事也。而世咸信之,朱子亦采之,异矣!又《家语》云:'孔子之宋,匡人简子以甲士围之,子路奋戟将与战,孔子止之曰:"歌,予和汝。"子路弹琴而歌,孔子和之。曲三终,匡人解甲而罢。'云云。此言孔子欲以歌退敌矣,而岂有是理哉?后世之臣,有欲临河读《孝经》以退敌者,未必非此言误之也。夫匡人果拘孔子五日而免之,则颜渊当同拘而同免矣;匡人果围孔子,曲三终而解去,则颜渊当同围而同解矣。何以《论语》云'颜渊后乎'?此必孔子闻匡人欲杀己,而有心或改道而行,或易服而去,仓卒避难,遂与颜渊相失,故不曰'拘于匡'、'围于匡',而曰'畏于匡'。不然若已为所拘所围,生死系于其手,而犹曰'其如予何?'圣人之言不近迂乎?然则,此事当与微服过宋相类,不得如《世家》《家语》之说也。且孔子既欲适陈,则适陈矣,必不中道而返,再居卫月余而后适陈也。灵公既不召孔子,孔子无故去而复返,不但为其所轻,吾恐其疑益甚焉。然使孔子果以适陈之故过匡,亦当在后日去卫过宋之时,不得云自匡返卫而后去也。"【按】崔氏说足资考证,因备录之。

> 颜渊问仁。子曰："克己复礼为仁。一日克己复礼，天下归仁焉。为仁由己，而由人乎哉？"颜渊曰："请问其目。"子曰："非礼勿视，非礼勿听，非礼勿言，非礼勿动。"颜渊曰："回虽不敏，请事斯语矣。"《颜渊篇》

马《注》解"克己"为"约身"。皇《疏》、邢《疏》同谓："能约身反礼，则为仁矣。"范宁解"克"为"责"，谓"能责己复礼则为仁"，其义略同，是旧注解也。及隋刘炫解《左传》，训"克"为"胜"，谓："身有嗜欲，当以礼义齐之，嗜欲与礼义战，使礼义胜其嗜欲，归复于礼，乃为仁也。"《集注》解"克"为"胜己"，谓："身之私欲也，谓仁者心之德，莫非天理，而往往坏于人欲，必能胜私欲而复于礼，而后本心之德全。"其说与刘炫略同，而实本于程子。程子曰："非礼处便是私意，既是私意，如何得仁？须是克尽己私，皆归于礼，方始是仁。"邢《疏》兼采刘说。简氏《述疏》申言之曰："《释诂》云'克，胜也'，又云'胜，克也'，则克亦胜也。《法言》云：'胜己之私，谓克。'"其说与《集注》同。《集注》释"己"字，上下文同而义异，汉学家多疵之不知。自人欲而称己焉，则曰"克己"；自天理而称己焉，则曰"由己"。《孟子》云："所以考其善不善者，岂有他哉？于己取之而已矣。"《经》云"毋我"，又云"我欲仁"。《洪范》言"皇极"，又言"六极"，同文异义，群经多有之也。郑氏汝谐曰："己者，我也。私欲在我，为仁亦在乎我。润下水也，覆溺亦水也；燔炙火也，燎原亦火也。润下燔炙，水火之正性；覆溺燎原，非其正也？均是曰己，而其义之不同如此。"

"克己"，训"约身"，或训"克"为"胜"、为"责"，义皆互通。盖能克去私欲，而后能谓之"约身"。若私欲不去，其身何以能约？能约身亦即能克去私欲矣。人欲去，天理存，是以谓之为仁。《乐记》云："人生而静，天之性也。感于物而动，性之欲也。物至知知，然后好恶形焉。好恶无节于内，知诱于外，不能反躬，天理灭矣。夫物之感人无穷，而人之好恶无节，则是物至而人化物也。人化物也者，灭天理而穷人欲者也。"《乐记》之言"反躬者"，即是"克己"也。人之生有是性，即有是情，性善也。而情之所发，有喜怒哀惧爱恶欲，岂尽善乎？犹之乎理，则善也。而气之所发，有刚柔偏正之不同，岂尽善乎？惟不汩其情而全其性，不动于气而循乎理，故发而中节，是谓之和。其和也，即其中也。夫惟情有善恶，气有善恶，故人心亦有善恶。故曰"人心"、"道心"。心既有善恶，即身亦有善恶矣。"己"者，"身"也。故当克去其不善，以归于善，而后能复其本原之性，故曰"克己复礼也"。《集注》训"己"为"私欲"，是专就其恶者而言，至为仁由己，而后就其善者言之。于是宋元以来，儒者多主其说，汉学家则多疵之。毛氏奇龄、凌氏廷湛、臧氏庸、阮氏元、陈氏澧皆不以为然。凌氏谓："《论语》一书，言'己'者多矣，无有可以解作'私欲'者。"臧氏谓："邢《疏》袭刘炫说以释《论语》，遂开《集注》以'己'为私欲之端，与全部《论语》'人''己'对举之文，若方凿员柄之不合。"云。

何以谓"为仁由己"也？《孟子》曰："不学而知者，良知也；不学而能者，良能也。"良知良能，皆吾性之所固有，非由外铄我也。故不待学而得之，知善知恶是良知，为善去恶是良能，盖克念可以作圣矣，妄念则狂焉。操之则存矣，舍之则亡焉。人患不能自克耳，若能自克，以道心制人心，以性克情，于是本体虚明，纯乎天理，而无一豪人欲之私，则日用间莫非天理之流行，故曰："我欲仁，斯仁至矣。"故为仁由己也，而由人乎哉！

颜子请问其目，而夫子举"四勿"以告者。朱子曰："能存此心，自然中理，然容貌辞气，亦当加谨。故程子言：'敬，必以整齐、严肃、正衣冠、尊瞻视为先。'又言：'未有箕踞而心不慢者。'诚为至论。使其致谨于四勿也有以哉！"见《朱子大全集》。刘氏《正义》曰："视、听、言、动，古人皆有礼以制之，若《曲礼》《少仪》《内则》诸篇及《贾子·容经》所载皆是。凡非礼之事，接于吾者能有以制吾之目而勿视，制吾之耳而勿听，制吾之口而勿言，制吾之心而勿行，所谓克己复礼也。"《春秋繁露·天道施》篇曰："夫礼，体情而防乱者也。目视正色，耳听正声，口食正味，身行正道，非夺之情，所以安其情也。"《乐记》云："君子反情以和其志，比类以成其行。奸声乱色，不留聪明；淫乐慝礼，不接心术，惰慢邪僻之气不设于身体。使耳目鼻口心知，百体皆由顺正以行其义是也。"康氏《注》曰："人之气质有毗阴毗阳之偏，即有过中失和之害。甚者纵欲任气，其害仁甚矣。惟胜其气质之偏，节其嗜欲之过，斯保合太和，还其元德，视听言动，皆魄之为也。由礼则顺，失礼则乖。夫备魂魄而为人，魂清魄浊，以其浊魄，而专横用事，必为物诱。故非发强刚毅，清明澹泊，无以力制物欲，变化气质，故佛氏难在降伏其心。以颜子至善之恣，犹须从事四勿，而况其下焉者乎？"

"四勿"不及思者，非缺文也。盖尝思之，此心若憧憧往来，则虽有存焉者，寡矣。孟子言："耳目之官不思，而蔽于物。物交物，则引之。"夫子惟举"四勿"不及思者能克己复礼，即是非礼勿思矣。若更言非礼勿思，则"克己复礼"四字为赘文，岂有中无主宰而能此"四勿"者哉！"非礼勿思"者，是其纲领；"四勿"者，则其条目也。真氏德秀曰："'勿'者，禁止之词。心有所主，故能禁止，明乎以思禁止之也。"其说是已。程子谓："四者，身之用也，由乎中而应乎外，制于外所以养其中。"亦是此意。或谓制外者，未必能养中，今观戏子装整停停当当，亦似非礼勿视勿言者，而谓其能养中乎？曰："此致饰于外者，伪也。"故必先有克己复礼为纲领，而后及此四条目也。"克己复礼为仁"句是少不得的。不曰克己复理，而曰克己复礼者，礼即理也，举理则浑然若难测其端倪，举礼则仁之条理易见。礼者，天理之节文也。

> 颜渊问为邦。子曰："行夏之时，乘殷之辂，服周之冕，乐则《韶》《舞》。放郑声，远佞人，郑声淫，佞人殆。"《卫灵篇》

干宝《易·杂卦》注曰："弟子问为政者数矣，而夫子不与言。三代损益，以非其任也。回则备言王者之佐伊尹其人，故夫子及之焉。"刘逢禄《论语述何》曰："圣人所与共制作者，惟颜氏之子，博文约礼，用舍行藏，独荐颜渊为好学，则是夫子之素臣也。"康氏《注》曰："世积久而弊生，凡志士通人，莫不有改制之意。孔子以大圣，损益百王，折其中以推行于后世，尤为责无可辞，仁不能已。颜子有用舍行藏之学，故孔子改制，与之商定乐制宜用某朝，某物宜用某王，虽皆出于前代，实已定于新圣也。"

【谨按】孔门诸子多问为政，颜渊则问为邦，固与诸子所问不同。孔子答之，其辞亦异。其以王者制作法度语之，欲立万世之常规也。颜子王佐之才，非此亦不足以称其量。当时周以建子之月为正朔，或者疑孔子改制，不合尊王之义，不知质文损益，因时制宜，非有乖于治道。《吕氏春秋·察今》篇曰："治国无法则乱，守法而弗变则悖，悖乱不可以治国，世易时移，变法宜矣。譬之良医，病万变，药亦万变，变法者因时而化。夫不敢议法者众庶也，以死守法者有司也，因时变法者贤主也。"《吕览》此言，正颜子问为邦之意。且子、丑、寅，皆可为春，皆可为正，天开于子，天以子月为春，周以为正。胡氏不知子月可为春，谓春秋以夏时，冠周月，非也。地辟于丑，地以丑月为春，商以为正。人生于寅，人以寅月为春，夏以为正。若以节气论，则用建寅月，尤合于人事，用以推步历法更密。十一月即子月当闭藏之候，非发号施令所宜，故《易·乾之初九》则曰"潜龙勿用"，谓非其时也。《春秋经传》所载失闰者不一，其日蚀不在朔者亦多，可知周历之疏不及夏历也。朱子曰："天开于子，地辟于丑，人生于寅。斗柄建此三辰之月，皆可为岁首。"故三代迭用之，或曰商周之改正朔，何以不如夏时之得正？曰阳气虽始于黄钟，而月为建子，阳气犹潜于地，未有以见其发生之功。历丑转寅，而三阳始备，盛德在木，而春气应焉。以言天地则生物之功著矣！以言乎人则作事之序明矣！此孔子所以有取于夏时也。

《家语》载颜回对定公论东野毕御马一事，谓其"御虽善，而马必佚，以其穷马之力也"，故曰："鸟穷则啄，兽穷则攫，人穷则诈，马穷则佚。自古及今，未有穷其下而无危者也。"《家语》所记，虽未必实有其事，然《韩诗外传》《新序》皆载之，亦以见颜子之政见，使治国者能明此义，则民不穷而有余力，不至于诈，不至于佚矣。否则，商贾不欲藏于其市，行旅不欲出于其途，亦安见其可以致治哉！

王氏守仁《拔本塞源论》曰："孔子云：'人而不仁，如礼何？人而不仁，如乐何？'制礼作乐，必具中和之德，声为律而身为度，然后可以语此。尧舜羲和，钦若昊天，历象日月，星辰其主，在于'敬授人时'也。舜'在璿玑玉衡'，则重在于'以齐七政'也。皆汲汲然以仁民之心，行其养民之政治。历明时之本，固在于此。自王道熄而霸术焻，圣道晦而邪说横，搜猎先王之典章法制，窃取其近似者假之于外，而无诚心实意，但以济其私己之欲，日求所以富强之说、倾诈之谋，若管、商、苏、张之属，以苟取一时之功利。既其久也，斗争劫夺，不胜其祸，斯人沦于禽兽夷狄，而霸术亦有所不能久矣。"【按】夫子于颜子之问，但语以制作法度，而不及为治之体者，盖以颜子于圣人心学、帝王治术，研究有素，无俟赘言也。

【谨按】考《韩诗外传》《家语》《说苑》《庄》《列》《荀》《杨》《吕览》《论衡》《法言》诸书，均载有颜子事迹，而《庄子》所载尤详，其间多精微之论，然亦多假托之辞。若《论衡》载望见吴门白马、《家语》载窃食墨饭，皆属傅会，崔氏《考信录》已辨之。至《易·系辞传》云"子曰'颜氏之子其殆庶几乎！有不善，未尝不知；知之，未尝复行'"，《中庸》云"回之为人也，择乎中庸，得一善，则拳拳服膺而弗失之矣"，《孟子》谓"颜子当乱世，居于陋巷，一箪食，一瓢饮，人不堪其忧，颜子不改其乐"等辞，则皆与《论语》所记互相表里。惟本编义例，专采《论语》所记者而论，列之其他传记所载。有足以互相发明者，亦为引入；不是，则为择要附录，不入本文，他皆仿此。

或曰："颜子可学乎？"曰："可"。观孔子之论颜子，曰"好学"，曰"屡空"，曰"三月不违仁"，曰"在陋室不改其乐"，怒曰"不迁"，岂无怒哉，过曰"不二"，岂无过哉。及观颜子之所自言，善曰"无伐"，劳曰"无施"。曾子称之则曰"有若无，实若虚，犯而不校"；夫子教之则曰"克己复礼"，曰"用之则行，舍之则藏"。如此，固非有新奇特异之行也。惟颜子潜心于道，不以外之欲而动其情，不以境之穷而移其志，专精于博文约礼之训，致谨于视听言动之际，得一善则拳拳服膺而弗失，由勉强而几于自然，所以为贤也。岂真堕体黜聪，心斋坐忘，如庄子所云莫能窥其窈冥恍惚哉？

崔氏《洙泗考信录》曰："汉人称黄叔度为颜子，宋人以程伯淳拟颜子。"【余按】颜子所以几于圣人者，以其德也。其于尧舜禹汤文武之道，必能深有所见，故孔子因其问为邦，而以王者制作法度语之，非徒以蕴藉和平，气象雍容而胜人也。使其不至早世而能见用于时，必有以移风易俗，创制显庸，措天下于唐虞三代之隆。即不见用，亦必著书立说，以发明孔子之道。彼叔度者，吾不知其胜人者何在也？程子资颖学纯，启迪后学，固有功于圣道。然所建白，皆寻常贤臣循吏之所能，此或因位卑，未能尽其所长，而其持论教人，亦未见可方孟子之二三也。然则二子者，不过以其蕴藉和平，气象雍容，故有此品题耳。宁颜子而仅如是已乎？盖汉末流风，渐尚气度。至于魏晋，遂专以风采度量权衡人物，以至万事不理，遂有刘石之祸。宋亦颇有此风，是以有靖康之乱也。宋以来，儒者多以周、程、张、朱媲诸颜、曾、思、孟，其视颜、孟，亦太浅矣。按：黄、程二贤，固不足以媲颜子，即后世颜、闵并称，颜、曾并称，亦有未当。曾子尚未可以拟颜子，况于闵子徒以《论语》所记"德行"一节颜、闵并列？《孟子》亦有冉牛、闵子、颜渊具体而微一语，后人遂混称之耳，岂笃论哉？

考历代帝王于孔子外，特尊师颜子。元至顺二年，加封颜子为兖国复圣公，制曰："朕惟得孔氏之门，入圣人之域，颜子一人而已。观其不迁怒，不二过，已成复圣之功；无伐善，无施劳，益著为仁之效。盖将不日而化矣，惜乎天不假之以年也！朕缅怀哲人，留心圣学，将大彰于风教，故特示于褒嘉。"语见王圻《续文献通考》。

卷四终　女常照校字

卷五　曾参

卷五　曾参

曾参　《史记》："曾参，字子舆，点之子，鲁国南武城人，少孔子四十六岁，能通孝道，故孔子授以《孝经》。"《家语》同。

《孟子》论曾子之勇，以谓："自反而缩赵岐《注》'缩，义也'虽千万人，吾往矣。"是勇也，气为之也。何气也，配义与道之气也。北宫黝、孟施舍之勇，血气之勇也；曾子之勇，道义之勇也。故不言守气而言守约。守约者，反身循理之谓，不求诸人而求诸己，何约如之？孔门有曾子，大勇者也，故曰"临大节而不可夺"，又曰"士不可以不弘毅，任重而道远"。夫惟大勇，故质虽鲁钝，而志则刚健。乾乾刻苦自励，日必三省其身，如临深渊焉，如履薄冰焉，惟恐其体之有亏，惟恐陷其身于不义。慎独之功，即深且久，于是由勉强而自然，闻孔子一贯之言，遂豁然以悟矣。夫孔颜之学，心学也，而慎独要焉。慎独者，诚意之功也。不能慎独，则不能诚意，意不诚则心不正，心不正则身不修，家何以齐？国何以治？故治平之道，原于絜矩，其几在于慎独，絜矩之道，忠恕而已矣。《孟子》曰："万物皆备于我，反身而诚，乐莫大焉。"故道虽万殊而源则一本，此所以为一贯也欤？孔门弟子，颜子而外，厥为曾子，今述曾参言行凡十三条。

> **曾子曰："吾日三省吾身：为人谋而不忠乎？与朋友交而不信乎？传不习乎？"**《学而篇》

《四书辨疑》曰："《集注》解尽己之谓忠，以实之谓信。夫尽己以实，只是一意忠信，理虽相近，然公明系属两事，不可混而无别。盖忠当以心言，信当以言论。心无私隐之谓忠，言有准实之谓信。"胡氏炳文《论语通》引黄氏说曰："为人谋则必实尽其心，交朋友则必实践其言，讲习则必实用其力。盖曾子天资醇厚，志学恳笃，其于《大学》，既推明诚意之旨，其自省，又皆一本乎诚。此所以能尽人事之当然，而合天理之本然也。"

曾子践履笃实自治之功真切，故动必反求诸其身。夫不责诸人而求诸身，此圣学之基也。惟反求诸己，故其学约而易行，孟子所以称其守约。荀子曰："君子博学而日三省乎己，则智明而行无过矣。"荀子注重切己功夫，深得曾子为学之本。《大戴礼·曾子立事》篇曰："旦就学，夕而自省。"又曰："君子既学之，患其不博也；既博之，患其不习也；既习之，患其不知也；既知之，患其不行也。"此曾子以传不习自省之证。刘氏《正义》曰："夫子言：'十室之邑，必有忠信，而不如丘之好学。'可见好学最难，其于及门，惟称颜子好学。今曾子三省，既以忠信自勖，又以师之所传，恐有不习，则其好学可知矣。"

> **曾子曰："慎终追远，民德归厚矣！"**《学而篇》

《祭统》云："孝子之事亲也，有三道焉：生则养，没则丧，丧毕则祭。养则观其顺也，丧则观其哀也，祭则观其敬而时也。尽此三道者，孝子之行也。"又云："君子之教也，外则教之尊其君长，内则教之孝于其亲。是故明君在上，则诸臣服从；崇事宗庙社稷，则子孙顺孝。尽其道，端其义，而教生焉。是故君子之教，必由其本，顺之至也。故祭者，教之本也。"《檀弓》记子思之言曰："丧三日而殡，凡附于身者，必诚必信，勿之有悔焉耳。三月而葬，凡附于棺者，必诚必信，勿之有悔焉耳。"【按】《礼记》所言，即曾子慎终追远之义。

《集注》曰："慎终者，丧尽其礼；追远者，祭尽其诚。盖终者，人所易忽也，而能谨之；远者，人所易忘也，而能追之厚，道也。"简氏《述疏》曰："《孝经》云：'父子之道，天性也。父母生之，续莫大焉。'慎终追远，动民以天之厚也。"康氏《注》曰："鸟兽失群，犹有啁啾之顷，何况于人？故不欺死者之无知，不忘祖宗之已远，事死如生，事亡如存，厚之至也。故民从其德，念祖思亲，虽违万里，犹念祠墓，不忘宗国也。"

> 子曰："参乎！吾道一以贯之。"曾子曰："唯。"子出，门人问曰："何谓也？"曾子曰："夫子之道，忠恕而已矣。"《里仁篇》

《集注》曰："圣人之心，浑然一理，而泛应曲当，用各不同。曾子于其用处，盖已随事精察而力行之，但未知其体之一尔。夫子知其真积力久，将有所得，是以呼而告之。曾子果能默契其旨，即应之速而无疑也。"又曰："天地至诚无息，而万物各得其所。盖至诚无息者，道之体，万殊之所以一本也；万物各得其所者，道之用，一本之所以万殊也。"简氏《述疏》曰："从心所欲不逾距者，一以贯之也。矩存于心，未欲之先，则浑然一理，此静之体也；矩形于心，既欲之后，则泛应曲当，此动之用也。体用一理，动静一原，是一以贯之也。"

王氏弼曰："忠者，情之尽也；恕者，反情以同物者也。未有反诸其身而不得物之情，未有能全其恕而不尽理之极也。能尽理极，则无物不统，极不可二，故谓之一。推身统物，穷类适尽，一言而可终身行者，其惟恕也。"【按】王说颇精，简氏朝亮谓其本老子得一者而言之，近于清谭，殊有未然。至解"一贯"二字，则《四书辨疑》之说亦颇明显，其言曰："天下事物犹钱也，道犹钱窍也，理犹钱索也，理之贯道，犹索之贯于钱窍也。钱虽散处，各有从索之窍；事物虽殊，各有合理之道。父子有亲，君臣有义，长幼有序，夫妇有别，朋友有信，至于亲亲而仁民，仁民而爱物。事事物物，差等不齐，千蹊万径，各有攸往，一一推之，皆天理所在也。理所不在，则窒而不通，必不可行。杨、朱为我，墨翟兼爱，是已。吾儒之道，未有不循自然之理，所谓吾道一以贯之者，一指理而言，谓所行之道，惟一理以贯之也。"

道虽万殊，而原本一贯，《大学》之道，言其至极，则曰"治国平天下"。而推究其本，则在于致知。致知者，致吾心之良知也。能致吾心之良知于事物，则事物各得其所，故曰："能尽己之性，则能尽人之性；能尽人之性，则能尽物之性。"夫事物之万有不齐者，物之情也，所谓万殊也。然吾心之良知，即天下人之心之良知，而天下人之心之良知，实无以异于吾心之良知，盖一而已矣。《大学》所谓"絜矩之道"，即一贯之道。絜矩者，推此心以度物而用情，施诸己而不愿，亦勿施于人，则忠恕矣。尽己之谓忠，推己之谓恕。忠恕以用言，一贯以体言。盖以不忍人之心，行不忍人之政。推至天地，位万物育其本，亦不过尽己心而为忠，推己心而为恕耳。

> 曾子有疾，召门弟子曰："启予足！启予手！《诗》云：'战战兢兢，如临深渊，如履薄冰。'而今而后，吾知免夫！小子！"《泰伯篇》

《孝经》云："身体发肤，受之父母。不敢毁伤，孝之始也。立身行道，扬名于后世，以显父母，孝之终也。"《大戴礼·曾子大孝》篇："乐正子春下堂而伤其足，数月不出，犹有忧色。门弟子问曰：'夫子伤足瘳矣，数月不出，犹有忧色，何也？'乐正子春曰：'吾闻之曾子，曾子闻之夫子曰："天之所生，地之所养，人为大，父母全而生之，子全而归之，可谓孝矣。不亏其体，可谓全矣。"故君子顷步而弗敢忘孝也。今予忘夫孝之道矣，是以有忧色也。'"夫一举足而弗敢忘父母，是故"道而不径，舟而不游"，不敢以先父母之遗体行殆也。【按】《礼记·制义》所载，与此大同小异，曾子传《孝经》，在孔门中，曾、闵皆以孝称，夫身体犹不可有亏损也，而况亏行以辱亲乎？

简氏《述疏》曰："明哲保身，是孝之常，故身体发肤，不敢毁伤。杀身成仁，是孝之变，虽毁伤亦如无毁伤也。苟从游侠刺客之风，是不知不敢毁伤之义也。或乃讬于孝子，以为不敢毁伤，于是不死谏，不死难，不死战，则苟免矣，孝云乎哉？"

康氏有为以《大戴记》曾子十篇，皆兢兢守身之言，谓曾子之学偏重体魄，是不然。曾子之学，灵魂与体魄交重。《经》言："身体发肤，不敢毁伤，盖孝之始耳。"若孝之终，则立身行道，扬名于后世也。曾子传《孝经》，岂不深明此义乎？且曾子执德弘毅，仁为己任，可以寄百里之命，可以托六尺之孤，岂不知杀身成仁，舍生取义，而乃专以体魄为重乎？《论语》所记，特举其孝之一端云尔。

【谨按】曾子之门弟子，今可考者，《礼·檀弓》篇有乐正子，《春祭义》篇有公明仪，《论语·子张篇》有阳肤，《孟子》有子襄、沈犹行《离娄》篇、公明高《万章》篇、王氏应麟《曾子》十八篇考证云有单居离，至如《史记》言吴起学于曾子，则曾申也。《释文》谓申以《左传》授吴起。《礼·檀弓》亦称申为曾子，与此《经》言曾子不同。《檀弓》言："曾子寝疾易箦，门弟子侍疾者有子春其人。"则此云"召门弟子"，子春必在其内矣。曾子卒年无可考。卢辨据《大戴礼·卫将军文子》篇云"常以皓皓，是以眉寿"，谓其不慕富贵，是仁者寿，则其年高矣。康注《论语》以曾子享年九十有余云。

> 曾子有疾，孟敬子问之。曾子言曰："鸟之将死，其鸣也哀；人之将死，其言也善。君子所贵乎道者三：动容貌，斯远暴慢矣；正颜色，斯近信矣；出辞气，斯远鄙倍矣。笾豆之事，则有司存。"《泰伯篇》

《礼记·冠义》云："礼义之始，在于正容体，齐颜色，顺辞令。容体正，颜色齐，辞令顺，而后礼义备。"《表记》云："是故君子貌足畏也，色足惮也，言足信也。"《大戴礼·四代》篇："盖人有可知者焉，貌、色、声，众有美焉，必有美质在其中者矣；貌、色、声，众有恶焉，必有恶质在其中者矣。"《中论·志学》篇："君子口无戏谑之言，言必有防；身无戏谑之行，行必有检。故虽妻妾不可得而黩也，虽朋友不可得而狎也。"并与此文义相发。《说苑·修文》篇载曾子之言，与《论语》所记略异，而大意则同也。

《集注》曰："不庄不敬，其动容貌也，非暴则慢；惟庄敬有素，则容貌之动，斯远暴慢矣。内无诚实，其正颜色，是色庄而已；惟诚实有素，则颜色之正，斯近信矣。涵养未熟，其出辞气，非鄙则倍；惟涵养有素，则辞气之出，斯远鄙倍矣。"

康氏有为曰："曾子以为道之所贵者，在容貌不暴慢，颜色宜庄敬，辞气勿鄙倍。然此皆外形修饰，而非性命之微旨。即使其言或为孟敬子而发，然后世士夫能饰其容色辞气，而心术险诐，行诣卑污者多矣。考曾子少孔子四十六岁，当孔子梦奠之年，仅二十七岁耳。故从游陈、蔡者，皆不及与。其天资既鲁，侍教不久，故所得不深。当时同门诸贤，或传教异国，或为卿相大夫，颜子、伯牛、子路、宰我早卒，子贡居卫，子张居楚，子夏居西河，子游居吴，灭明游楚。其居洙泗故乡，因圣人之遗教，收吾党之狂简，嗣阙里之遗音，终身讲学，老寿九十，惟有曾子。故弟子最多，在孔门灵光岿然，最为耆宿，后学慕其盛名，以为孔子大宗，遂皆归之。齐鲁之间，学者多出其门，故后学独称曾子。然其学仅在守身于仁之道，无所发明孔子大道，遂暗没而不彰，陋隘而不广矣。"以上见康氏《注》。【按】康氏评论虽未确当，然亦具一见解，因录之以备览。

> 曾子曰："可以托六尺之孤，可以寄百里之命，临大节而不可夺，君子人与？君子人也。"《泰伯篇》

刘氏《正义》曰："《注》以安国家定社稷为大节，明此大节所关在宗社安危存亡也。能安国家社稷，则不得以利害移、威武屈矣，故知不可倾夺。"《吕氏春秋·忠廉》篇言："忠臣之事君，苟便于主，利于国，无敢辞违，杀身出生以徇之。"即此注意。《集注》曰："其才可以辅幼君，摄国政，其节至于死生之际，而不可夺，可谓君子矣。"《朱子大全集》载潘恭叔之言曰："惟临大节而不可夺，方见得可以托，可以寄。夫托孤寄命，幸而无大变，未见其难也。惟其几微之间，义理精明危疑之时，志意坚定，虽国势抢攘，人心摇兀，犹能保辅幼孤，而安其社稷，虽持百里，而能全其生灵，利害不足移其见，死生不能易其守，故曰'临大节而不可夺'。"

简氏《述疏》曰："桓十一年，传宋人执祭仲，祭仲被执，与宋人盟而立突，故突归于郑。而忽出奔卫，忽世子当立也。祭仲惧，执以死，是临难而苟免也，是夺大节于死生之际也。宋魏公韩琦有言：'生平处大事，即以死自处，其后幸而获济，皆天也，其言可念已。'诸葛武侯托孤寄命，出师伐魏，申大义于天下，其表词曰：'臣鞠躬尽瘁，死而后已。至于成败利钝，则非臣之所能逆睹也。'此能持大节也，季汉君子，其在斯人欤？"

辅幼君，摄国政而曰可者，则其才可知矣；临大节不可夺，则其操可知矣。有才有节，非君子而何？若但有才而无节，或有节而无才，未见其可也。《朱子语录》曰："若无其才，而徒有其节，虽死何益？如受人托孤之责，自家虽无欺之之心，却被别人欺了，也是自家不了事，不能受人之托矣。如受人百里之寄，自家虽无窃之之心，却被别人窃了，也是自家不了事，不能受人之寄矣。徒能临大节而不可夺，却不能了得他事，虽能死也，只是个枉死，济得甚事？如晋之荀息是已。"

> 曾子曰："士不可以不弘毅，任重而道远。仁以为己任，不亦重乎？死而后已，不亦远乎？"《泰伯篇》

刘氏《正义》曰："《表记》云：'仁之为器重，其为道远，举者莫能胜也，行者莫能致也，取数多者仁也。夫勉于仁者，不亦难乎？'《表记》之文，与此章互证，惟勉于仁，故士贵弘毅也。《孟子》述伊尹之言曰：'天之生斯民也，以先知觉后知，以先觉觉后觉。予，天民之先觉者也，予将以斯道觉斯民也。非予觉之，而谁也？'又述其意云：'思天下之民匹夫匹妇有不被尧、舜之泽者，若已推而内之沟中，其自任以天下之重也。'故《孟子》称伊尹为'圣之任'。夫仁者，天德也。《易传》云：'天地之大德曰生。'德即仁也。人受天地之中以生，当则天而行，故于仁不可有一息之间，故曰'君子无终食之间违仁'。乡道而行，忘身之老，不知年数之不足也。俛焉日有孳孳，毙而后已。孳孳者，不倦之意，是仁以为己任也。年数有尽，不能不毙，惟毙而后已，则未毙而先已，非圣贤之所许矣。"

《朱子语录》曰："《论语》记曾子之言，如'可以托六尺之孤'章，见得曾子直是峻厉如士；'不可以不弘毅'章，见得曾子之学，大抵如孟子之勇，若不勇，如何主张得圣道住？"郑氏汝谐曰："曾子以笃实之资，而加以三省之功，及其至也。可以辅幼主，可以摄国政，虽死生之际，不可得而夺，惟其能任此事，是以能为此言也。弘，则所存者大，故能任重；毅，则所守者固，故能致远。弘而不毅，则易变；毅而不弘，则狭隘。观此数语，其介如金石，其重如山岳，诸子未易企及也。"康氏《注》曰："曾子平日所言，皆守身谨约之说，惟此章最有力，真孔子之学也。其得成就为孔学大派，皆弘毅之功力，肩孔道仁为己任也。易箦不昧，死而后已，曾子盖能行，而后言者，虽守约，亦可法矣。"

参也鲁。《先进篇》

《集注》程子曰："参也！竟以鲁得之。"又曰："曾子之学，诚笃而已，圣门学者，聪明才辩，不为不多，而卒传其道，乃为质鲁之人，故学者以诚笃为贵也。"赵氏《论语纂疏》引辅氏曰："大抵聪明才辩者，所见最快，所造则浅，方涉其藩，而自谓入其奥矣。惟诚则有物，惟笃则有力，曾子才质即鲁，于道初若难入，而其求之也不敢有易心。故内尽其诚，而无始终之异；外尽其力，而无作辍之殊，所以其造反深也。"杨氏时曰："曾子在孔门，当时以为鲁。鲁者，学道尤难于他人。然子思之《中庸》，圣道所赖以传者也。考其渊源，乃自曾子。则传孔子之道者，曾子也，岂非以鲁得之乎？"

《图书编》云："考《史记》，孔子没时，曾子年方二十七，已闻一贯之说，谓之尽钝，可乎？盖参本笃实之人，观其平日自治诚切，如十目所视，十手所指，无时无处，而非慎独之功，所以能任重道远也。"或以曾子年七十，文学始就，乃能著书，故孔子曰"参也鲁"，盖其少时止以孝显，未如晚节之，该洽云。

【按】此因"参也鲁"一言而傅会之耳。

【谨按】曾子为人，诚笃且有刚强不屈之操，坚忍不拔之志，斯能有为有守者也。惟其有守，是以临大节而不可夺；惟其有为，是以能任重而致远。故获闻一贯之旨，克荷道统之传。由斯以观，举凡豪杰圣贤事业，固无一而不从刻苦中来也。康氏《注》谓："曾子质鲁，故守约有余，而扩充不足，徒致谨于容貌、颜色、辞气之间，而其成就者，小于孔子大同之道。东周之为斯人之与，皆无所受。但真积力久，坚毅诚笃，加以老寿，故为大师。宋儒因一贯之言，遂尊以为传道。"云。康氏此言，未免浅之乎测曾子矣！

> 曾子曰："君子以文会友，以友辅仁。"《颜渊篇》

《礼·学记》云："《大学》之教也，时教必有正业，退息必有居学。故君子之于学也，藏焉修焉，息焉游焉。夫然，故安其学而亲其师，乐其友而信其道，是以虽离师辅而不反也。"《说苑·说丛》篇曰："贤师良友在其侧，诗书礼乐陈于前，弃而为不善者鲜矣。"康氏《注》曰："孔子谓子贱鲁无君子者，斯焉取斯？盖严师诱导之功，不如贤友夹辅之力。人情孤独则懒惰易，观摩则奋厉生。置诸众正友之中，则寡失德；置诸多闻人之中，则不寡陋。故辅仁之功，取友为大。但会之之始，勿以宴乐佚游进，则得益友矣。"王氏守仁曰："今之所谓友者，或以艺同，或以事合，徇名逐势，非所谓辅仁之友也。仁者，心之德，人而不仁，是失其心德，不可以为人，奚可以为友？辅仁者，求以全其心德也，如是，而后友之。若以技艺文辞之工、地势声望之重，而鹜然欲以友乎贤者，贤者弗与也。友也者，友其德也，不以贵贱少长而分也。孟献子之友五人，无献子之家者也，曾以贵贱乎？仲由少颜路三岁，回、由之赠答盖友也。回与曾点同时，曾参曰：'昔者吾友。'曾以少长乎？"

> 子曰："不在其位，不谋其政。"曾子曰："君子不思不出其位。"
> 《宪问篇》

毛氏《稽求篇》曰："夫子既言位分之严，故曾子引夫子赞《易》之辞以为证。此与牢曰子云'吾不试，故艺'正同。"北齐魏长贤，为法曹参军，转著作佐郎，以参议时政，斥为上党屯留令，论者皆与思不出位，为长贤责，谓其出位谋事故也。夫出位谋事，而即以思不出位责之，则思不出位，与不在其位，不谋其政，果一章矣。【今按】皇《疏》、邢《疏》皆连为一章，《集注》分之，而以"不在其位"二句为重出，然《集注》既云因上章方语而类记之，则上章非重出矣。《易》言："兼山艮，君子以思不出其位。"曾子因述此言以证，各专其职，不得滥谋他人之政之意耳。否则，曾子引《经》，近于空发，不解何意矣。《中庸》云："君子素位而行，不愿乎其外。"又言："在上位不陵下，在下位不陵上，正己而不求于人，则无怨。"郑《注》"不愿乎其外"，谓"思不出其位也"。以此推之，则滥谋他人之政者，固为思出其位，驰心于外，亦为思出其位。然在本文，则以连上一章为宜。

> 曾子曰："吾闻诸夫子：人未有自致者也，必也亲丧乎！"《子张篇》

《集注》："致，谓尽其极也。盖人之真情所不能自已者。尹氏焞曰：'亲丧，固所自尽也，于此而不用其诚，恶乎用其诚？'"【按】尹氏说与《檀弓》记乐正子春之言同，子春曰："自吾母而不得吾情，吾恶乎用吾情？"孟子言亲丧，因所自尽，亦即此义。《尸子》载："曾子读《丧礼》，泣下沾襟。"则其孝可知矣。简氏《述疏》曰："自致者，自以礼物致之而至其极也。谓以礼物致于他人，可酌损之，惟亲丧之哀，必自以礼物致之而至其极。孟子称'君子不以天下俭其亲'，然后尽于人心，其若斯矣。《礼·檀弓》称子路伤贫，曰死无以为礼，非伤其不能自致耶？"

【按】简氏说本作别解,可备一义。

> 曾子曰:"吾闻诸夫子:孟庄子之孝也,其他可能也,其不改父之臣与父之政,是难能也。"《子张篇》

《集注》:"献子有贤德,而庄子能用其臣守其政,故其他孝行,虽有可称,而不若此事之为难。"《朱子语录》曰:"人固有用父之臣者,然稍拂他私意,便自容不得;亦有行父之政者,于私欲稍有不便处,自行不得。如唐太宗为高宗择许多人,若长孙无忌、褚遂良之徒,及高宗因立武昭仪,便不能用矣。又季文子相三君,无衣帛之妾,无食粟之马,到季武子便不知此,是不能行父之政矣。"简氏《述疏》曰:"孟献子事宣公,历成公,逮襄公,相三君矣。命臣行政将五十年,贤大夫也。"《大学》云:"孟献子曰百乘之家,不畜聚敛之臣,与其有聚敛之臣,宁有盗臣。"则献子之臣无聚敛者,其政之无聚敛可知也。《孟子》云:"孟献子百乘之家也,有友五人焉,遂举所志者二人,曰乐正、裘牧仲。"又言:"孟献子之友五人,皆不有孟献子之家者也。"则其礼贤下士可知矣。其政之大者,则城虎牢以偪郑,郑人乃成,夫晋楚争郑五十年矣,今成其险而楚不能争,天下之兵于是乎稍息,中邦之善政也,献子为之也。今孟庄子皆不改焉,其孝子象贤者乎!周氏国价《论语释疑》曰:"献子于其役,邑之入四而取一,仍以其三还公,损己益上,上之不敢病君,下之不忍病民,是社稷臣也。庄子守其遗规,制节谨度,而宏济于艰,非其天性过人,本孝德以作忠,何由安内而靖外耶?献子可谓有贤子矣。夫子特表而出之,以为世族法。曾子闻孝生慕,慕庄子之孝,正以慕献子之贤也。及庄子死,季武子遂肆行无忌,四分公室,皆尽征之,而献子之遗臣遗政,悉行变改。民去其上,君无寸柄,所以至失位奔亡也。从后追溯,求如献子之父子济美,翊戴公室,岂可得哉!"

刘氏《正义》曰:"马《注》谓:'父臣父政,虽有不善者不忍改,此义非也。'三年不改为孝,亦以其父善道,己能守之,若有不善,正当改易，何云不忍？"康氏《注》曰："有献子之贤父则可，否则幹虫乃得为孝。盖为政以益民为本，若其益民，则萧规曹随，千古称美；若其非也，则禹之治水，尽易鲧道，乃为孝耳。大孝以喻亲于道为义，学者宜辨之。"

> 孟氏使阳肤为士师，问于曾子。曾子曰："上失其道，民散久矣。如得其情，则哀矜而勿喜。"《子张篇》

苞《注》曰："阳肤，曾子弟子。士师，典狱官也。"皇《疏》曰："君上若善，则民不犯罪，故尧舜之民，比屋可封；君上若恶，则民多犯罪，故桀纣之民，比屋可诛。"张氏栻曰："先王之于民，所以养之教之者，无所不用其极，故民心亲附其上，服习而不违，如是而犹有不率焉？而后刑罚加之，盖未尝不致哀矜恻怛也。后世礼义衰微，所以养之教之者，皆荡而不存矣。上之人未尝心乎民也，故民心涣散而不相属，以陷于罪戾而蹈于刑戮。此所谓上失其道，民散久矣。"《韩诗外传》云："'昔之君子，道其百姓不使迷，是以威厉而刑措不用也。'故形其仁义，谨其教道，使民目晰焉而见之，使民耳晰焉而闻之，使民心晰焉而知之，则道不迷而民志不惑矣。《诗》曰'示我显德行'，'睠言顾之，潸然出涕'，哀其不闻礼教而就刑诛也。夫散其本教而待之刑辟，犹决其牢而发以毒矢也，不亦哀乎？"《盐铁论·后刑》篇引此文说之，云："夫不伤民之不治，而伐己之能得奸，犹弋者睹鸟兽挂罥罗而喜也。"

康氏《注》曰："上未尝养之教之，则民之犯罪，迫于不得已，或出于无知，非其天性然也。士师审讯，虽得其情，宜哀矜其本出无幸而勿喜也。孔子言'不教而杀谓之虐'，士师不当以得情为喜。曾子此言，有万物一体之意，与大禹之泣罪同矣。"简氏《述疏》曰："欧阳修《泷冈阡表》述其母告之云：'汝父为吏，尝夜烛治官书，屡废而叹。吾问之，则曰："此死狱也，我求其生不得尔。"吾曰："生可求乎？"曰："求其生而不得，则死者与我皆无恨也；矧求而有得耶，以求有得，则知不求而死者有恨也。夫常求其生，犹失之死，而世常求其死也。"'斯非为酷吏言之乎？程子云：

'一命之士苟留心爱物，于人必有所济。'由是言之，若士师者，固可为也。《晋书·陶侃传》云：'谢安每言陶公虽用法，而恒得法外意。'于以明哀矜者而若斯。"

【谨按】考曾子言行，散见于《孝经》《礼记》《大戴礼》《韩诗外传》《白虎通》及《家语》《新序》《说苑》《孝子传》《列女传》与夫《庄子》《荀子》《晏子》《吕氏春秋》《韩非子》《淮南子》《抱朴子》《孔丛子》《论衡》《中论》诸书。而《孝经》，大、小《戴礼》《韩诗外传》《家语》《说苑》尤详其事迹。为后人所伪讬者亦多，如芸瓜受杖见《说苑》蒸梨出妻见《家语》及《白虎通》食鱼吐肉见《孝子传》啮指动心见《论衡》杀人投杼见《新序》临终易箦见《檀弓》，皆其尤著者也。又如鲁君致邑见《说苑》齐景征聘见《说苑》丧欲速贫，死欲速朽见《檀弓》执亲之丧，水浆不入口亦见《檀弓》等事，往往傅会而成，未必实有其事也。崔氏《考信录》已辨之，张自烈《曾晳杖参辨》指为傅会之词是也。至如《韩非子》载"卫文子见曾子"一段，马氏骕称为诬枉，诚然，故不可以不辨。

【谨按】曾子之学，最重践履，不事空言，志意弘博，而有毅力，故卒能传孔子之道。其精微之论则著于《大学》。《大学》一书，发明忠恕之蕴，即孔子一贯之旨，亦即孔方言仁之旨也。子思之《中庸》，其精深微妙之理，正与《大学》相表里。故子思之学，原于曾子，而曾子之学，传自孔子，惟其能忠恕也，故"己欲立而立人，己欲达而达人"，而"仁之效不可胜用"矣。惟其能践履也，故务求笃实，而不使有一毫之苟且，于是敬以自持，日必三省，此诚意慎独之功，所以特著也。

康氏有为谓："曾子十篇，散见于《大戴礼》，其学以修身守约为宗旨，而于孔子至仁、太平之大道，不甚发明。"又言："《论语》辑自曾门，于孔子之微言大义缺而弗记，而孔道遂隘。"康氏之小曾子，殆专就其谨约者言之，而未举其全，不得谓之笃论也。

近人钱基博著《古籍举要》，谓子思非曾子弟子，其言曰："按《汉书·艺文志》部录诸子，必谨师承，如儒家曾子十八篇、宓子十六篇，皆系曰孔子弟子，而子思二十三篇，系之曰孔子孙，不称曾子弟子也。"并引章氏炳麟之言曰:"宋人远迹子思之学,上隶曾参,今寻《制言》《天圆》诸篇,与子思所论殊矣。《檀弓》记曾子呼伋古者言质长老,呼后生则斥其名,微生亩亦呼孔子曰'丘',非师弟子之征也。《檀弓》复记子思所述郑君曰为曾子言,难继以礼,抑之足明其非弟子也。阮元为《子思子章句》曰:'师曾迪孟。'孟轲之受业,则太史公著其事矣。师曾者,何征耶?"见《太炎文录》。【按】二氏之言,只是旁证,尚无确证,不足为据也。

韩氏昌黎曰:"子思之学,出于曾子。"朱子曰:"曾子气象刚健,故后来有子思、孟子其传永远。"杨氏名时曰:"孔子没,群弟子离散分处诸侯之国,各以所闻授弟子,然得其传者盖寡。故子夏之后有田子方,子方之后流而为庄周,其去本远矣。独曾子之后子思、孟轲之传得其宗。子思之学,《中庸》是也。"谢氏良佐曰:"诸子之学皆出于圣人,其后愈远而愈失其真。独曾子之学,专用心于内,故传之无弊,观于子思、孟子可见矣。"简氏朝亮曰:"《史记》谓孟子受业于子思之门人,盖受业于子思之门,非门人也。子思学于传《大学》而慎独严之,曾子、子思作《中庸》,故《中庸》言慎独者,如《大学》焉。综观诸说,复以《中庸》所言者而征诸《大学》所言之理,益知其传受之一贯矣。"

若以《大学》非曾子所作,则崔氏《述》亦言之,然无确切之反证也。崔氏曰:"世多以《大学》为曾子所作,朱子分'大学之道'至'未之有也'为《经》,为孔子之言;其余为《传》,以为曾子之意,而门人所记者。【今按】《诚意章》'曾子曰云云',果为曾子所自作,不应自称'曾子',且玩通篇文字,首尾联属,其出一人手笔明甚。《大学》一书,疑为战国时人所撰,然其《传》必出于曾子,何以知之?曾子曰:'夫子之道,忠恕而已。'今《大学》所言皆忠恕之事。曾子盖得之孔子,而后人又衍之为《大学》者也。"【按】崔氏既以《大学》所言本于忠恕之旨,而又疑为战国时人所撰,其说颇持两端。及考郑氏康成《礼注》暨《孔丛子》,则以《大学》《中庸》皆为子思所作,亦未足据。简氏朝亮曰:"曾子,《大学》之传人,或疑之非也。《大学》次《礼记》四十二篇,《汉志》谓《礼记》出孔子壁中,又谓七十子后学者所记也,自七十子言之，安见《大学》必非传之曾子耶？故程子曰：'《大学》，孔氏之遗书。'朱子云：'盖孔子之言而曾子述之。'皆有由也。今议者云：'《大戴礼》曾子十篇，皆冠曾子名，而《大学》无之。'夫诸经篇名，非一例也，徒执篇名而例之也固哉！"

【谨按】曾子之学甚博，与游、夏同。周氏寅清《典三賸稿·读曾子》篇曰："《汉·艺文志》曾子十八篇。《隋志》据《七录》称《曾子》二卷，连目录三卷，新、旧《唐书》作三卷。《崇文总目》、郑樵《通志》《山堂考索》《宋史·艺文志》皆载曾子二卷。《永乐大典》所存，仅《立事》《事父母》《制言》（上、中、下）《疾病》《天圆》七篇，其完善者，惟《大戴礼》曾子十篇。曾子学穷天人，其言较诸儒醇，其学较诸儒博，诸儒以艺见道，曾子以道见艺，曾子时，《礼经》在鲁，其篇第十倍于今，而《曾子问》一篇能穷极礼变，非曾子不能问，非孔子不能答也。于以知曾子文学之博，等于游、夏，特诸儒虽能发挥光大，而笃实则不及曾子也。"

曾子于孔门年最少，而学最纯，故其传愈远，而无流弊。朱子曰："曾子之为人敦厚质实，其学以躬行为主，其所守者，固未尝离孝、敬、信、让之规，其制行立身，又专以轻富贵守贱贫不求人知为大。是以从之游者，所闻虽或甚浅，而亦不失为谨厚修洁之人；所记虽或甚疏，而亦必有以切于日用躬行之实。"见《朱子全书》。

孔门诸贤，卓然可纪者众矣。颜渊而外，独推曾子。孔子答群弟子问孝，不过一二言，至曾子则特为著《孝经》以授之。子贡言："夫子之文章可得而闻，性与天道不可得而闻。"孔子告曾子则曰："吾道一以贯之。"以是后学多宗师曾子。故崔氏述曰："圣道之显，多由子贡；圣道之传，多由曾子。子贡之功在当时，曾子之功在后世。"其言是也。

【附著】

大学之道，在明明德，在亲民，在止于至善论

昔尝读朱子《大学章句》而疑之，其解"亲"作"新"改古本经文以谓："既自明其明德，又当推以及人，使之亦有以去其旧染之污，而明德新民，皆当止于至善之地而不迁也。"余窃以为不然。

夫亲民者，明德之实在工夫也，不明其德，无以亲民，不亲民，亦无以验其明德。盖考之于事为之著，验之于伦常之间，不为气拘，不为物蔽，无稍乖戾，无稍怨尤，而后克尽。夫天理之极，苟曰吾心如止水，如明镜，可以鉴物，可以烛形，及临之以事变，则仓皇而失措；动之以利禄，则苟旦而变节，恶在其能明德也？

今夫暗室独居，无采色以悦其目焉，无郑声以如其耳焉，无货财以撄其心焉，人皆可自夸为尧舜、为孔孟，而孰知其未交于物也哉。一旦目接乎都丽之容，耳听乎声妓之乐，而金缯财贿，在在足以动其心，物交物则引之矣。《乐记》曰："感于物而动，性之欲也。"物之感人无穷，而好恶无节，是则物至而人化物也。人化物也者，灭天理而穷人欲者也。于此而能不为物所化者，而后有以见其德之明。故《大学》之教，迪以明明德，继之曰"在亲民"。_{不言物而言民者，举民则括包物。}

然必曰"止于至善"，何也？至善者，良心也。就其本体而言，则曰"性"，就其发用而言，则曰"理"，就其精明灵觉而言，则曰良知。良知者，知善之当为，知恶之当去也。知善当为而为之，知恶当去而去之，是致良知，在止于至善者。谓明德亲民，不在于父兄之督责，不在于师友之训诫，而在于用吾心之所安之至善以为标准也。心之所安，谓之"止。"《易》曰："艮，其止。"止其所止，得其所则心安矣。止于至善，得其所矣。忠臣救国，烈女殉夫，志士仁人，当托孤寄命之时，历艰危窘苦，百折而不移者，行其心之所安而已。是则大学之道，在明其明德，而明德之实在工夫，在于亲民，所以能明德亲民者，其机全在止于至善。

若不以良心为标准，则利欲熏心，而神明乱矣；死生动念，而志操失

矣。目乎其曷能明？耳乎其曷能听？应事接物曷能泛应而曲当？尝见假仁义以欺世，伪辞让以鸣高者，以此诳人，实即以此诳己，其本心之失久矣。夫不能止于至善，而谓其能明德能亲民，吾不信也。

朱子之解《大学》也，皆求之于外。其谓"明德新民"，皆当止于至善之地而不迁，盖以不迁为止也。然何者为至善之准则？在外乎？在内乎？以为在外。所谓当止于至善，当与不当，从何知之？如何始可以言？当以为在内，则反躬即是至善，即良心也。良心自能辨义利，别是非，尚何待于外求乎？《孔丛子·记问》篇，子思问于夫子曰："物有形类，事有真伪，必审之奚由？"子曰："由乎心，心之精神，是谓圣，推数究理不以疑。"

夫惟以良心为根本，则致知者，致此良知也；格物者，格此良知所知之物也。《孟子》："惟大人为能格君心之非。"赵岐《注》："格，正也。"朱《注》从之。物犹事也，以物印心，以心正物，谓之格物。能格物，则所谓致知者不落空矣。故物格而后知致，知致而后意诚，意诚而后心正。推至修齐治平，皆根于良心而发动设施，未有不能以物印心，以心正物，而能致其良知者；未有不基于良心作用，而可以诚意正心治国平天下者也。

朱子曰："致知者，推极吾之知识，欲其所知无不尽；格物者，穷至事物之理，欲其极处无不到。"诚若是言，是以知识为致知，以穷理为格物，必如斯而后能诚意，能正心。则愚夫愚妇未尝学问之人，是终不可以诚意正心也，不可以修身也。而《中庸》谓："夫妇之愚，可以与知、与能。"究何所指而言耶？夫穷理为居敬工夫，犹之博文为约礼工夫，而遂以此为诚意正心之本，是举其枝而遗其干，何异导河者不曰源于积石，而谓其出自孟门；导江者不曰源于岷山，而谓其出自巫峡也。

或曰：谓至善即良心，谓心之所安为止，心之所安之处是至善，亦既闻其说矣。而《大学》何以复言"知止而后能定"？曰：知止则心不妄动，心不妄动，其定也可知矣。不定则不静，此心既定，自然能静；不静则不安，此心既静，自然能安。能安，故能虑，能虑，故能得，自然之理也。今有人无因而投之以珠宝，馈之以货财者，取之乎？其却之也。设若不问当否，而但计较得失，则憧憧然于心而不定，不定故不静不安，其思虑亦多歧惑而失之。苟揆之以义，知其不当得也，而不取焉，其心定矣。定则静，静则安，因之能虑能得，既无他歧之惑，亦无尤悔之咎。

是道也，何道也？皆推本于吾心之良知，不欺其心，而实用其力以致之也。夫不欺者，慎独之功也。能慎独，则意必诚，心必正。以之修身齐家，则身修而家齐矣；以之治国平天下，则国治而天下平矣。治平之道，不外絜矩。絜矩者，推此心以度物。而用情，忠恕之道也。吾心盖有体用焉，当其喜怒哀乐之未发也，虚灵不昧，故谓之中；及其既发而中节也，则谓之和。未发也，以体言；即发也，以用言。明德，体也；亲民，用也。止于至善，则无分于已发未发，而体用一原也。但使提醒此昭明灵觉之良知，而胸有主宰，则金镜已得，而操之在我矣。由是以明德也可，由是以亲民也可，此大学之道，亦即圣学之根源也。

卷五终　女常照校字

卷六 有若 闵损 冉耕 冉雍

卷六　有若　闵损　冉耕　冉雍

有若　《史记》："有若，字子有，少孔子十三岁。"一本作"三十三"，又作"四十三"。邢《疏》及《礼记·檀弓·疏》亦引作"四十三"，误也。《家语》作"三十六"，一本《家语》作"三十三"，郑《目录》曰："鲁人。"《家语》曰："有若为人强识，好古道。"

《孟子》曰："子夏、子游、子张以有若似圣人，欲以所事孔子事之。"洵斯言也，则有若几于圣人矣。史迁谓："有若状似孔子，弟子相与共立为师。"然则弟子之师有若，殆师其貌而非师其德也乎？余考《论语》所记有子言行，醇而不驳，若所云"孝弟为仁之本"、"礼之用贵于和而有节"，与夫"盍彻之请"，尤足证其言中规行中矩也。夫诸子当日尊崇有若，必以同门诸贤齿德俱尊，无如有若者矣。《史记·弟子传》："有若少孔十三岁。"在当时可云齿德俱尊。盖取其德而非取其貌也明甚，特其貌或有似于孔子耳。崔氏述谓，其务本之旨、贵和之说，能发圣人未发之蕴，其对哀公盍彻之言、欲复先王之制，识见尤卓，是以游、夏有似圣人之品目，则固非诸弟子所敢望也。顾氏炎武亦亟称之。康氏有为曰："有子能闻孔子之大道，为孔门传道之大宗，自颜子外，得孔子之具体者也。"陈氏澧曰："《荀子·非十二子》，其后陆子静诋有子、子贡、子夏，亦似效荀子也，夫亦可以不必矣。"今述有若言行凡四条。

> **有子曰:**"其为人也孝弟,而好犯上者,鲜矣;不好犯上,而好作乱者,未之有也。君子务本,本立而道生。孝弟也者,其为仁之本与!"《学而篇》

真氏德秀曰:"《论语》次章即述有子之言,其继圣以立言,曰:'孝弟为仁之本。'开口便与诸贤不同。"阮氏元曰:"《论语》于孔子外,惟有子、曾子称'子'。诸弟子以有子似夫子而欲师之,惟曾子不可强,其余皆服之矣。故《论语》次章即列有子于曾子之前,其言盖兼乎《孝经》《春秋》之义,孔子志在《春秋》,道在《孝经》。《孝经》取天子、诸侯、卿、大夫、士、庶人最重之事,顺其道而布之,能守其义,则永无奔亡弑夺之祸。惟不孝不弟而逆行之,是以子弑父,臣弑君,亡绝奔走,不保宗庙社稷,是以孔子作《春秋》,明王道,制叛乱,行褒贬。《春秋》论之于已事之后,《孝经》明于未事之前,其间相通之故,则有子此章实通彻本原之论也。"见《研经室集》。康氏《注》曰:"孔子志在《春秋》,以成其体天之仁;行在《孝经》,以成其锡类之孝。故以《春秋》之仁为经天下之大经,以《孝经》之孝为立天下之大本。然《孝经》言事亲者甚少,而言待天下人者甚多,盖孝子不匮,永锡尔类,必锡类,乃为大孝。故尧舜仁覆天下,而孟子称之曰:'尧舜之道,孝弟而已。'诚以孝弟为仁之本,立爱自亲始,本原既定,推以爱人物,通天人,而大道自生也。"刘氏《正义》曰:"曾子不可强,非不服有子也,特以尊异孔子,不敢以事师之礼用之他人。观曾子但言孔子德不可尚,而于有子无微词,则非不服有子可知。当时弟子,惟于有子、曾子称子,此必孔子没后,其弟子尊事二子为师,故通称子。至闵子骞、冉有各一称子,此则为二子之门人所记,而孔子弟子之于二子仍称字也,故篇中于冉、闵,称字。称'子'错出。"

《集注》解孝弟为仁之本,谓为仁,犹曰行仁。毛氏奇龄曰:"孝弟是仁之本,孟子所言甚明。仁之实,在事亲,则仁本孝弟也。亲亲,仁也,则孝弟生仁也,实者本也。管子曰:'孝弟者,仁之祖也,祖亦本也。'"

见毛氏《四书改错》。【按】《孝经》云："夫孝，德之本也。"是孝弟为仁之本。《孝经》又云："不爱其亲而爱他人者，谓之悖德；不敬其亲而敬他人者，谓之悖礼。以顺则逆民无则焉。"观此，则不孝不弟，虽有他善，终是不仁，何者？为其大本已失也。程子谓"性中无孝弟"，此语极有病。钱氏《养新录》、简氏《述疏》已辨之。

> 有子曰："礼之用，和为贵。先王之道，斯为美，小大由之。有所不行，知和而和，不以礼节之，亦不可行也。"《学而篇》

《礼·祭义》云："礼者，履此者也。"《易·系辞传》："履，以和行。"虞翻注："礼之用，和为贵也。"刘氏《正义》曰："《周官·大司乐》言六德'中、和、祗、庸、孝、友'，言'中，又言庸，夫子本之，故言中庸之德；子思本之，故作《中庸》'。有子言以礼节之者，知所节则知所中，《中庸》所谓和而不流也。和而不流，是以礼节之也，则礼之中也。"康氏《注》曰："礼胜则离，必和之以乐；乐胜则流，必节之以礼。盖礼以严为体，而以和为用；乐以和为体，而以严为用。礼者为异，乐则为同；礼为合敬，乐为合爱；礼为别宜，乐为敦和；礼为无争，乐为无怨，二者不可偏废如此。"简氏《述疏》曰："老聃习于礼，而以六经为先王之陈迹，将自养其天和，而不必其养于礼。庄子则曰'和以天倪'，是知和而和也。观于魏晋间士大夫，如嵇康、阮籍、阮咸、山涛、向秀、王戎、刘伶，号为竹林七贤者，皆崇尚虚无，轻蔑礼法，或则放荡形骸，或则清谈误国，于是礼节失而人心坏，天下乱矣！然后知有子此言为豫戒之也。"

【谨按】礼之体，主于敬；礼之用，主于和。不和，则拘谨龌龊行之，亦不能持久。故行礼贵于和，然不敬则流荡放肆，失其忠信严敬之本，甚则灭天理而穷人欲。故其体主于严，惟有肃恭俨恪之容，而复有从容不迫之态，斯为贵也。

> 有子曰："信近于义,言可复也。恭近于礼,远耻辱也。因不失其亲,亦可宗也。"《学而篇》

刘氏《正义》曰:"《孟子》谓:'大人者,言不必信,惟义所在。'是信,须视义而行之。《曾子立事》篇云:'言之必思复之,思复之必思无悔言。'夫思无悔言,谓以义裁之,否则,但守硁硁之信,而未合于义,人将不直吾言,吾虽欲复之不得。《表记》云:'恭以远耻。'亦谓恭近于礼以行之,否则,虽恭敬而不中礼,或为人所轻侮,而不免耻辱,所谓恭而无礼则劳也。《曾子立事》篇又云:'观其所亲爱,可以知其人矣。'谓观其所亲爱之是非,则知其人之贤不肖,若所亲不失其亲,则此人之贤可知,故可宗敬也。朱子曰:'此言人之言行交际,皆当谨之于始而虑其所终,不然,则因仍苟且之间,将有不胜其自失之悔矣。'"

简氏《述疏》曰:"义不必信者,若《春秋》,晋士匄帅师侵齐,闻齐侯卒,乃还。《春秋》善之是也。信非义者,若《史记》,尾生与女子期于梁下,女子不来,水至不去,抱柱而死是也。恭不近礼者,若《左传》云:'公会齐侯,盟于蒙,孟武伯相,齐侯稽首,公拜。齐人怒,武伯曰:"非天子寡君,无所稽首。"'明齐人之不近于礼也。恭近于礼,若《明史·海瑞传》云瑞'署南平教谕。御史诣学宫,属吏咸伏谒,瑞独长揖,曰:"台谒当以属礼,此堂,师长教士地,不当屈。"'盖近于师礼者欤?如因仍而伏谒,其谓师礼何?因不失其亲,亦可宗者,如《后汉书·郭太傅》载茅容之,因郭林宗卒以成才;《赵岐传》载岐依于孙嵩,遂免于难是也。"

> 哀公问于有若曰:"年饥,用不足,如之何?"有若对曰:"盍彻乎?"曰:"二,吾犹不足,如之何其彻也?"对曰:"百姓足,君孰与不足?百姓不足,君孰与足?"《颜渊篇》

《说苑·政理》篇:"鲁哀公问政于孔子,对曰:'政有使民富。'哀公曰:'何谓也?'孔子曰:'薄赋敛,则民富矣!'公曰:'若是,则寡人贫。'孔子曰：'《诗》云："恺悌君子，民之父母。"未见其子富而父母贫者也。'"与此章问答正同。《荀子·富国》篇："下贫则上贫，下富则上富，故田野县鄙者，财之本也；垣窌仓廪者，财之末也；百姓时和，事业得叙者，货之源也；等赋府库者，货之流也。故明主必谨养其和，节其流，开其源，而时斟酌焉。潢然使下必有余，而上不忧不足，如是则上下俱富。"【按】荀子此文，足以发明有子本义。

姚氏鼐《经说》曰："孔子之告哀公曰：'古之君子，安其居节，丑其衣服，卑其宫室，车不雕几，器不刻镂，食不贰味，与民同利。'又曰：'仁人不过乎物。'今以孔子所讽推之，则哀公者，多欲奢纵而不恤民之君也。故曰：'今之君子，求实无厌，夫人君之德，必恭俭爱人，而况于饥岁乎？'"

郑氏汝谐曰："古者民之财即上之财，民之力即上之力。上无兵也，以民为兵。车乘，民所出也；刍粟，民所供也；板干力役，皆民所为也。上能宽其赋敛，则民得其生，无旷土，无闲民，出力以供其上者众，何患其不足也？不恤其困而厚取之，则室家离矣，田莱荒矣。下无以供其上，而上之所取者愈悉，是犹凿垣之址而培其高，以是而求足，何自而能足乎？善富国者，藏富于民。"

康氏《注》曰："横征苛敛，令民无以为生，则君亦与之俱危。汉灵善作家而黄巾起，明万历务矿税而闯贼兴，可不戒乎！"又曰："公羊发孔子之大义，曰：'什一者，天下之中正也，多乎什一，大桀小桀；小乎什一，大貉小貉。'《谷梁》曰：'古者什一而籍，盖井田什一，政也。'孟子告滕文公曰：'请野九一而助国中什一。'使自赋惟助，为有公田，方里而井，井九百亩，其中为公田八家，皆私百亩，同养公田，是助税为九之一也。若无井田之处，其税通收什之一为彻法，此助彻之异，而入彻制最便，贡法亦十取一，其所异者，贡则校数岁之中以为常，后世税法是也。彻则量所入而收之。今欧美制，量田所入而税近之，但非十一耳。"

许氏谦曰："鲁自宣公以后，既于公田取什一，又于私田之中收其什一，是谓什二。当时三家擅政，而鲁君无民，虽赋什二，而不入于公室，私家富而公家贫，彻法果行，则取民有定制，量入为出，安有不足之患哉？"毛氏奇龄《四书賸言》曰："鲁自税亩以后，国既横征，野多逸敛，间输县贡，反至匮乏，有子盍彻之说，是因时补救，捐虚税而收实赋也。惜公不悟，其后以加赋问于夫子，夫子亦不能挽。哀公十二年春，遂用田赋，敛益重，民益困矣。"龚氏元玠《四书客难》曰："《集注》谓公欲加赋，以足用也。然当时年饥，常额尚不能供，若加多于额外，虽敲扑日施，安能强以所无窃意？公殆欲重刑，以使民无逋赋，抑或思于杂税中为巧取之术欤？有子劝以行彻者果行，彻法什二之后，忽复什一，私田无税，民心感悦，额外无征，民食必足，不独无逋赋也。共公田所入，亦不至相率隐藏什一之所收入，不至有名无实矣。幸而年丰，公私所入，皆有赢余，不幸年饥，而民有余积，自必踊跃急公，所谓百姓足，君孰与不足也。"

李氏元度曰："有子以盍彻对哀公，其论似迂，实兴鲁之奇策也。盖哀公念意，如逐君之雠，无时不欲去三家，其志盖图自强，非剥民以自奉也。有子心如其意，盖谓国势视民心为转移，权臣擅国而民不归之，未敢公然篡弑，若加以要结民心，则其祸烈矣。陈氏厚施于国，所以篡齐也。鲁自宣公，税亩始有加赋之举，较彻法倍之，此最得罪于民。而禄去政逮，亦即始于宣公。在宣公，原因公室四分，不加赋，则用不足，故不得已什取其二，然利则归三家，怨则归己，民心自此离矣。民心离，故国势削，历成、襄、昭、定以及哀公凡六世，卒莫能振。即昭公为季氏所逐，民亦莫之怜也。幸而三家庸暗无有能用，陈氏厚施之术以结民心，而季桓子且用田赋，民所不附，故鲁犹得仅存耳。今欲兴鲁，莫先于收民心，收民心，莫先于减赋。今当荐饥之年，恻然下哀痛之，令复先王先公之旧制，与民更始。如此则事属有因，恩出自上，三家不能梗议，而民且爱之如父母，归之如流水矣。民心一举可回，即国势一言可定。三家虽悍，势不能达众以自封。由是，法卫文布衣帛冠之俭，师勾践生聚教训之图，均无贫，和无寡，安无倾，三家虽不去可也。万一三家违众自封，民且以戴君者仇，三家家势日孤矣，去之抑何难哉？是诚兴鲁一大机会也。"简氏《述疏》曰："哀公患三桓之侈，欲以越伐鲁而去三桓，竟无能为，百姓不归故也，如乘年饥之后复其彻法，三桓必不能违，而公遂得民矣，则三桓何足患哉?"【按】简说与李氏略同因，并录之以资参证。俞氏正燮称："有若此言为筹国老谋至计，是已。"

考有子言行，见于《论语》者仅得四章，其散见他书如《左传》《礼记》《家语》亦寥寥耳。《左传·哀公八年》："微虎欲宵攻王舍，私属徒七百人，三踊于幕庭，卒三百人，有若与焉，及稷门之内，或谓季孙曰：'不足以害吴，而多杀国士，不如已也。'乃止。吴子闻之，一夕三迁。"若是，则有若国士之名，声动邻国，吴子且闻之而退兵，其声价迥乎远矣。然以《史记》年岁考之，有若少孔子十三岁，则当哀之八年，有若年已五十余，其气力已衰，又岂能三踊于幕庭? 此亦一疑问也。

【谨按】《礼记·檀弓》所载"丧欲速贫、死欲速朽"之语，有子以为非君子之言是也。然曾子不知夫子有为而言，而子游反知之乎? 曾子果与子游同闻此言于夫子，则桓司马及南宫敬叔之事，曾子亦必与子游同见之，何容曾子不知而子游独知之? 又《史记》载孔子弟子以有若不知雨一事，请其避席，不知孔门弟子所以尊事有若者，谓其言行学问几于圣人，非以其能知雨为似圣人也，乌有因不知雨而遂黜之哉? 柳氏宗元亦误信此说，王氏应麟《困学纪闻》已辨之。子夏、子张、子游以有若似圣人，欲以所事孔子事之，而曾子以为不可，但言江汉秋阳不可尚，而未尝诋有若。孟子言有若智足以知圣人，有子亦知孔子为生民所未有，则其断断不敢从游夏之请，以事孔子者事己也，明甚。使有子不自量，公然居于师座，竟自比于孔子，岂尚足为有子哉? 然则当日之事，盖三子欲师有子，而有子不肯居，是以中辍，好事者因傅会而为此言耳。参用洪迈、宋景文、崔述诸家辨论。

康氏有为曰："子夏、子游、子张皆师有子，以有子为孔子传道之大宗。当时惟曾子不从，故别为一宗，子思、孟子为子游后学，子游既尝事有子，故有子实闻孔子之大道。盖孔门之后，儒分为八，而本始实分二宗。譬之禅家，有子广大如慧能，曾子谨严似神秀，惜有子早没，故所传不及曾子之广，后世列十哲，挤有子于末，而以子思、孟子出于曾子，实沿王肃伪《家语》之谬。"【今按】康氏言虽未尽确，而有子学行，则实在颜、曾之次，马氏端临、顾氏炎武皆称之。及考从礼诸贤，有子仅列在两庑，至清乾隆三年然后得从配享，列于十二哲之目，其晦而不彰者久矣。

闵损

《史记》："闵损，字子骞，少孔子十五岁。"《家语》及郑《目录》皆云："鲁人。"

《史记·弟子传》云闵子骞"不仕大夫，不食污君之禄"，呜呼！此其所以居德行之科欤？《论语》记子骞言行，寥寥数章，然大节已可概见，以视冉有、宰予，过之远矣。夫孔子最重孝弟，曾子、闵子、子路皆以孝闻。宰我欲行短丧，而夫子斥之。有子立言，以孝弟为仁之本，夫不孝不弟，即不忠信，恶乎能仁？古之明王，其教民也，必以孝弟为先。孝弟举，则三纲五常之道通，而家国天下之风正。故其治道相承，至于累世，数百年而不坏，非后世所能及也。故孝弟也者，王道为治之本也。余观孔子、有子所论列，因以审核孔门诸子言行，然后知其孰醇孰疵，故所称"孝哉闵子骞"，其言特著于《论语》而又能不仕权门，乐道忘势，其高风可挹如此，是则列在德行之科，颜、闵并称，盖有由矣。今述闵损言行凡三条。

季氏使闵子骞为费宰。闵子骞曰："善为我辞焉！如有复我者，则吾必在汶上矣。"《雍也篇》

《集解》孔注曰："费季氏邑，季氏不臣，而其邑宰数畔。闻子骞贤，故欲用之。"皇《疏》曰："僭礼乐，逐昭公，是不臣也。昭十三年，南蒯以费畔，又公山弗扰以费畔，是数畔也。"程子曰："仲尼之门，能不仕大夫之家者，闵子、曾子数人而已。"谢氏良佐曰："学者能少知内外之分，皆可以乐道，而忘人之势，况闵子得圣人为之依归？夫仕于权门，刚则取祸，柔则取辱，如由也不得其死，求也为季氏附益，以既无先见之知，又无克乱之才故也。然则闵子其贤乎！"康氏《注》曰："闵子德行高选，岂肯仕于权门，惟盛名为累，辞避颇难，胜之仰药于王莽，任之佯狂于公孙，是不得已也。若误见絷维，则难于中止，闵子先几之决，而辞避之婉，其过人远矣！而高风尤可味焉。"简氏《述疏》曰："《通鉴·晋纪》云：'裴頠荐韦忠于张华，华辟之，忠辞疾不起，人问其故，忠曰："张茂先华而不实，裴逸民欲而无厌，弃典礼而附贼后，此岂大丈夫之所为哉？我尝恐其溺于深渊，而余波及我，况可蹇裳而就之哉？"'韦忠之风，其如在汶上者欤？"

【谨按】毛氏奇龄说，则以仲尼之门，非不肯仕于大夫之家，即夫子亦尝为季氏史，为季氏司职吏，闵子只以费本岩邑，其先又经叛臣窃据，实恐难任，故辞之颇坚。季氏以南蒯、公山弗扰皆畔，此地与邱郰相唇齿，欲得一仁厚者为宰，故使子骞，及子骞不从，子路乃欲使子羔为之，圣门非必耻仕季氏也。其说亦是。然闵子实不欲臣于季氏也，与由、求诸人不同。《史记》载闵损不仕大夫，即指此辞费宰言矣。《家语·执辔》篇载闵子为费宰，此王肃伪《家语》之言，不足据也。苏氏辙《闵子庙记》论闵子不仕之义，已录入概论中。

子曰："孝哉闵子骞！人不间于其父母昆弟之言。"《先进篇》

《韩诗外传》："闵子骞早丧母，父娶后妻，更生二子，疾恶子骞，以芦花衣之，父徐察知，欲逐后母，子骞启曰：'母在一子寒，母去三子单。'父善其言而止，母悔改之，后至均平，卒成慈母。"《说苑》及《孝子传》均载此事。

此章解说，诸家不同。崔氏述曰："人不间于其父母昆弟之言，玩其词意，以父母昆弟之称其孝为易，而人之称其孝为难，以父母昆弟之言，或不免于溺爱而溢美也。故必人言佥同，乃可为据，绝不类身处逆境也者。若如世俗所传，则闵子之得称为孝，易反在人，而难反在于父母昆弟矣。"是一说也。康氏《注》曰："人多有高行美才，而父母昆弟之间反为不满意者，盖骨肉至近，隐微易见故也。至父母昆弟称其孝，乡党朋友称其孝，内外皆同，无有间异，斯为至孝。是称孝之难，正在于父母昆弟以人之称。闵子为孝，无异于其父母昆弟之称其孝也。"又是一说。"不间"二字，皆解作无异，然崔氏疑闵子不类处逆境，夫正惟闵子善处逆境，能谕亲于道，乃足为孝，若寻常人处顺境家庭，虽孝，亦何足异？宋韩琦对英宗曰："自古帝王独称舜孝，岂其余皆不孝耶？父母慈而子孝，此常事不足言；父母不慈而子孝，乃足称耳。孔子弟子三千，独称闵子之孝以此。"阎氏《四书释地文》续曰：夫子于弟子，无有称其字者，唯闵子骞，是直述时人之辞。当时其父母昆弟谓之孝矣，而时人亦同称之曰"孝哉闵子骞"。此所谓不间于其父母昆弟之言也，是以"孝哉闵子骞"五字出自时人之口，而夫子述之，益以见其能孝，时人之言，无异于其父母昆弟之言也。【按】阎说亦是。

【谨按】或以"不间"解作"无间"，谓无非间。《集解》陈群注谓："人不得有非间之言。"即"禹，吾无间然矣"之"间"，谓人无责让诽谤其父母昆弟之言也。此说尤精确可采。盖闵子虽遭家庭变故，而克谐以孝，感动其亲，同化于善。外人对于闵子，不但无非间之言，即对于其父母昆弟，亦无非间之言。刘氏《正义》曰："闵子一言，则后母不遣两弟温暖，是上事父母，下顺兄弟，于是其父感之，其后母与两弟亦感之，则此一举，不从父命，而谏使一家，孝友克全，尤非寻常不苟从令可比。孔子称其孝兼言兄弟，正指此事。闵子之孝，不啻大舜之乂不格奸，若恭世子不肯伤公之心，不言志而言死，非可言孝也。"考汉魏人解说此文，亦以人不非间其父母昆弟为孝，正与陈注相同。《论衡·知实》篇："孔子曰：'孝哉闵子骞！人不间于其父母昆弟之言。'虞舜大圣，隐藏骨肉之道，宜愈子骞。瞽叟与象，使舜治廪浚井，意欲杀舜。舜当见杀己之情，早谏豫止，既无如何，宜避不行，何故使父与弟得成杀己之恶？使人间其父弟，万世不灭。"是解"间"为"非间"，故刘氏宝楠、焦氏循皆本之。焦氏《补疏》曰："《汉书·杜邺传》谓孔子善闵子骞守礼，不苟从亲所行，无非礼者，故无可间也。亦即陈注所本。《后汉书·范升传》升奏记王邑曰：'升闻子以人不间于其父母为孝，臣以下不非其君上为忠。'又云：'知而从令，则过大矣。'是二者皆以苟于从令为非，盖从令而致亲于不义，则人必有非间其父母昆弟之言。惟不苟于从令，使其亲所行能合于义，人无非间其亲之言，乃得为孝。然则闵子之孝，在人无非间其父母昆弟之言，人所以无间于其父母昆弟之言者，以其不苟从令也。"

> **鲁人为长府。闵子骞曰："仍旧贯，如之何？何必改作？"子曰："夫人不言，言必有中。"**《先进篇》

刘氏《正义》曰："鲁之长府，为兵器货贿所藏，鲁君左右多为季氏耳目，公欲伐季氏而不敢发，故居于长府，欲藉其用，以伐季氏。昭公伐季氏，在廿五年，孔子时正居鲁，则知鲁人为长府，正是昭公居之，因其毁坏，而欲有所改作，以为不虞之备。但季氏得民已久，非可以力相制，故子家羁力阻其谋，宋乐祁知鲁君必不能逞，而闵子亦言仍旧贯，欲公无妄动也。《论语》书曰鲁人明为公讳，以为非出自公意也，当时伐季之谋，路人皆知，闵子所言，正指此事，然其辞则微而婉。"

康氏《注》曰："昭公二十五年，公居长府，九月伐季氏，此改长府，未知昭公自改大之，藉以多藏甲兵抑？季氏逐昭公后，虑后君再据以伐已而改小之，若在昭公改之，昭则为不量力而妄作；若在季氏改之，则更有无君之恶。闵子微讽之婉而中，言不妄发，发必当理，惟有德者能之也。"

【谨按】考闵子事迹，《大戴记》《韩诗外传》《家语》《说苑》《孝子传》暨《韩非子》《尸子》《孔丛子》皆有记载。《韩诗外传》谓闵子始有菜色，后有刍豢之色，只是形容之辞，未必实事。至如《家语·执辔》篇载闵子为费宰，问政于孔子一段，其辞博而精，然事与《论语》相牴，闵子既有汶上之言，岂复为邑宰耶？或记者妄加"为费宰"三字以傅会其事？然不可考矣。

真氏德秀曰："闵子言行，见于《论语》者四章《侍侧章》今别记入《子路篇》合而观之，则其躬至孝之行，辞不义之禄，气和而正，言谨而确，此其所以亚于颜渊，而与曾子并称也欤？"

冉耕

《史记》："冉耕，字伯牛。"郑《目录》云："鲁人。"《阙里广志》曰："伯牛少孔子七岁。"

《白虎通》曰："冉伯牛危言正行，而遭恶疾。"《史记·弟子传》曰："伯牛有恶疾。"包《注》所本。《论衡》："伯牛空居而遭恶疾。"《淮南子》曰："伯牛为厉。"《说文》："厉，恶疾也。"又曰："颜回、季路、子夏、冉伯牛，孔子之通学也。然颜渊夭死，季路殂于卫，子夏失明，冉伯牛为厉，此皆迫性拂情而不得其和也。"【按】迫性拂情之说非也，伯牛之贤，而遭恶疾，此贤者之无可如何，故孔子重言以惜之，曰斯人也而有斯疾，盖惋惜之甚矣。其列诸德行之科，获与颜、闵齐名者，必有过人之行，非苟然而称之也。孟子谓冉牛、闵子、颜渊善言德行，又谓冉、闵所学，儗诸圣人之道，皆能具体而微，即此亦可以想见其人矣。惜乎记载简略，其事迹无可考耳。陈氏镐《阙里志》、马氏骕《绎史》、崔氏述《考信录》皆列伯牛于闵子之后，今从之，述冉耕言行凡一条。

伯牛有疾，子问之，自牖执其手，曰："亡之，命矣夫！斯人也而有斯疾也！斯人也而有斯疾也！"《雍也篇》

皇《疏述》、包《注》，意谓孔子恐其恶疾不欲见人，故不入户，但于窗上执其手。《四书辨疑》亦以牛有恶疾不欲见人，盖尝见有此疾者，往往不欲与人相近，今于其所当尊敬者尤欲避之，盖自惭其丑恶腥秽也，是以孔子但从牖执其手，意与包《注》同。朱竹垞、毛奇龄皆主包说。然师至问疾，而不欲见，恐非人情，且已执其手，岂不见其面乎？钱氏坫《论语后录》曰："伯牛之疾，恶疾也，夫子自牖执其手者，盖恐入室致己亦有是疾耳。此即恐其传染也。"然执其手，独不患其传染乎？若江氏声《论语俟质》则谓："孔子圣无不通，焉有不知医者？执其手者，切其脉也，既切脉，而知其疾不治，故曰：'亡之，命矣夫！'"此亦是以意揣度之词，未为确实。《乡党篇》云："康子馈药，拜而受之。曰：'丘未达，不敢尝。'"是夫子未尝知医也。王氏守仁曰："圣人无所不知，只是知个天理；无所不能，只是能个天理，不是天下事物都便知得，便做得来也。天下事物如名物度数草木鸟兽之类，不胜其繁，何缘能尽知得？"如王氏所言，则江氏所云"圣无不通,焉有不知医"之说非也。

俞氏樾《续论语骈枝》曰:"《集注》谓:'礼,病者居北牖下,君视之,则迁于南牖下,使君得以南面视己。'时伯牛家以此礼尊孔子,孔子不敢当,故不入其室,而自牖执其手,盖与之永诀也。"此说实有未惬,孔子既不敢当,则此之非礼亦明矣。《四书辨疑》亦驳此说。然则自牖执其手当作何解?据《士丧礼》,"士处适寝",以谓古人慎终,男子不死于妇人之手,故必居适寝,而不居燕寝。盖平时则居燕寝,疾甚,乃迁适寝。伯牛虽有疾,其时犹未遽死,尚在燕寝,孔子以伯牛居燕寝之中,其地近亵,且必有妇女侍疾,故不入其室,而自牖视之耳。【按】俞氏说虽曲折,然较为近情。

考冉伯牛事,书传罕载,惟《尸子》记:"仲尼意志不立,子路侍;仪服不修,公西华侍;礼不习,子游侍;辞不辩,宰我侍;忘忽古今,颜渊侍;节小物,伯牛侍。曰吾以六子自励也!"【按】此为傅会之词耳。《阙里志》载孔子为鲁司寇,以伯牛为中都宰,有恶疾,孔子痛惜之。然伯牛是否为中都宰,他书亦无可考。

崔氏述曰:"《孟子》书载公孙丑称冉牛、闵子、颜渊具体而微,自宋以来多有颜、曾并称,盖若是班、马者。【今按】《论语》哀公问:'弟子孰为好学?'孔子对曰:'有颜回者好学……今也则亡,未闻好学者也。'哀公之问,在孔子归鲁之后,后此四五年而孔子卒,果有可与颜子抗行者,孔子必举以告哀公矣。孔子之言如是,则是早有定论,颜子非他人所可及矣。颜子问仁问为邦,子语之,皆与诸贤不同。《论语》记孔子称闵子曰'夫人不言,言必有中';称冉牛曰'斯人也,而有斯疾也',如是而已。至于颜子,曰'用之则行,舍之则藏,惟我与尔有是夫'。其称颜子,至于如是,则与称冉、闵有间矣。盖颜子造诣已深,不独冉、闵不能及,即曾子亦不能及也。"

又曰:"闵子与伯牛,皆居德行之科,孔子之称闵子不一而足,其出处大节,人所难能,惟伯牛无所表见,此或因其早卒,未及有所树立故耳。《孟子》书称二子,以为具体而微,故首列之。"

冉雍

《史记》："冉雍，字仲弓。"《家语》云："少孔子二十九岁。"郑《目录》云："鲁人。"《论衡》以仲弓为冉伯牛子，《家语》谓伯牛之宗族，二说未知孰是。朱子曰："仲弓为人，厚重简默。"

吕氏新吾曰："深沉厚重，是第一等资质；磊落雄豪，是第二等资质；聪明才辩，是第三等资质。"余执是说以考圣门，则仲弓之厚重简默是第一等资质也。故孔子曰"可使南面"，或曰"仁而不佞"，亦以其厚重简默尔。夫仲弓之居敬行简，殆几于仁矣。子曰"不知其仁"，盖于及门诸贤，不欲遽以仁许之，而冀其深造自得也。其于子路、冉有、子华、原宪，皆曰"不知其仁"，亦即此意。孔门四科，仲弓列在德行，当时已有定评，马氏骕、崔氏述叙次孔门子，因而不改，盖有由也，今述冉雍言行凡五条。

或曰："雍也仁而不佞。"子曰："焉用佞？御人以口给，屡憎于人。不知其仁，焉用佞？"《公冶篇》

孔子最恶佞人，曰"巧言令色，鲜矣仁"，曰"是固恶乎佞者"，又曰"恶利口之覆邦家者"，语司马牛曰"仁者其言也讱"，又云"君子欲讷于言"，《论语》所载此类甚多可考也。《家语》哀公问取人之法于孔子，孔子对曰："无取捷捷，无取钳钳，无取啍啍。捷捷，贪也；钳钳，乱也；啍啍，诞也。故弓调而后求劲焉，马服而后求良焉，士愿而后求智能焉。不愿而多能，譬之豺狼不可迩。"《说苑·尊贤》篇略同。《韩诗外传》曰："人之利口赡辞者，人畏之；畏之，斯恶之。子曰'恶利口之覆邦家者'，举此可以证矣。仲弓简默，故或人以为不佞，盖当时风尚于佞，故夫子深恶而痛言之。"

康氏《注》曰："诸国并立，极重才辩，惟才辩乃能合众，然孔子提倡仁道，而恶巧辩之士，以其华而不实也。故曰'远佞人'，又曰'焉用佞'。盖孔子之宗旨在仁，苟其仁也，虽朴拙而深取之；苟其不仁，虽智辩而不重之。张释之贵东阳侯长者而不取啬夫之喋喋，得圣人意也。简氏《述疏》曰：'佞者能屈人之口，而不能服人之心，则人屡憎之矣。'盖言事以口给犹不可，况御人乎？"

> 子曰："雍也，可使南面。"仲弓问子桑伯子。子曰："可也，简。"仲弓曰："居敬而行简，以临其民，不亦可乎？居简而行简，无乃太简乎？"子曰："雍之言然。"《雍也篇》

《说苑》载此文，谓："简者，易野也，无礼文也。"盖简而不敬则易野而无礼文，其弊也流于狎亵，或失威仪，非君子之道也。"敬"之一字，彻上彻下，故敬以御烦，虽烦而不乱；敬以行简，虽简而不疏。《集注》谓："仲弓宽洪简重，有人君之度，亦以其居敬而行简也。若但能简而不敬，则子桑伯子之为矣。"刘氏《正义》曰："《毛诗·匪风》传烹鱼烦则碎，治民烦则散，烦与简正相反，夫子以居上不宽为不足观，又言宽则得众，是亦尚行简之意。是故居敬则有威仪可观，行简则不大声色，以此化民，民自服从。若不能居敬，而专务行简，在己既无法度可守，所行必至怠惰，或至放诞无礼，斯纪纲废弛，而不可以为治矣。"

康氏《注》曰："子桑伯子，即庄周所称子桑户者。见《庄子·大宗师》篇，《通志》谓为鲁大夫鲁人也。与孟子反、琴张为友，其行近于自由。《家语》称其不衣冠而处。夫自处以敬则清明，在躬而行简以临民，则事不烦而民不扰。若先自处以简，所行又简，无法度之可守，不可行也。此采朱子《集注》。神明疏放若伯子，盖近老氏之道，执简御繁，清静为治，而无敬以直内，则乏整齐严肃，不足以为正修齐治之本，此即儒学与老学之异也。荀子称圣人之不得势者仲尼、子弓，以圣人称仲弓，盖荀子尊其本师，见仲弓宜得势，与孔子同尊之至矣。"《说苑》称："仲弓通于化术，孔子明于王道"，二者并称，与荀氏同。

潘氏《集笺》曰："有地有爵，皆得南面称君而治。"《经义述闻》云："《大戴礼·子张问入官》篇君子南面临官。"《史记·樗里子传》：

"请必言子于卫君,使子为南面。"是也。盖卿大夫有临民之权,临民者无不南面,仲弓之德可为卿大夫以临民,故曰可使南面。《论语摘辅像》曰:"仲弓淑明清理,可以为卿。"见《思玄赋注》。为卿则南面临民矣。包《注》、皇《疏》谓"诸侯",非也。身为布衣,安得僭拟人君乎?《说苑·修文》篇谓:"南面,天子也。"尤误。简氏《述疏》曰:"孔子作《春秋》,尊天子曰天王,今乃曰某可使为天子,岂非乱臣贼子之言哉?此《春秋》所必诛也。"

> 子谓仲弓,曰:"犁牛之子骍且角,虽欲勿用,山川其舍诸?"《雍也篇》

《家语·弟子解》谓:"仲弓为伯牛之家族,生于不肖之父。"《史记·弟子传》:"云仲弓父贱人。"未明言为某人之子。何氏《集解》则曰:"父虽不善,不害其子之美。"皇《疏》引申其说。《集注》更甚,其言谓:"仲弓父贱而行恶。"简氏《述疏》从之。夫称其子之贤,而彰其父之恶,非人情也。周氏国价曰:"似必于伦子游之亲比犬马,仲弓之父比犁牛,夫子未必如此云然。"语见《论语释疑》。朱子谓:"此论仲弓云尔,非与仲弓言。"苏氏辙亦同此说。然揆之情理,终有未协,故崔氏述曰:"岂宜因此一譬,遽悬坐其父以行恶之名乎?"上述诸说,皆未以仲弓之父为伯牛者。钱氏大昕《养新录》、潘氏《集笺》亦谓仲弓之父非伯牛。

惟王充《论衡》则以牛伯为仲弓之父,《自纪》篇曰:"母犁犊骍,无害牺牲;祖浊裔清,不防奇人。鲧恶禹圣,叟顽舜神,伯牛寝疾,仲弓洁全,颜、路庸固,回、杰超伦,孔、墨祖愚,丘、翟圣贤,此以伯牛为仲弓之父矣!彼或有所本也。如此则仲弓之父岂为恶行者?"刘氏宝楠、康氏有为皆主其说。刘氏曰:"《史记》言'仲弓父贱人',贱者,微贱之称耳,夫子亦自言少贱,非谓其行有不善也。"康氏曰:"孔子叹息伯牛之疾,乃善其有贤子而慰之,明仲弓才德洁全,神必见祐,必不因父疾而弃于世也。朱子谓仲弓父贱行恶,盖不考之甚矣。今据汉儒今文家说正之,以见仲弓父子为孔门高第,两世德行之科,馨香荐升,无与伦比,不因恶疾而少损也。"【按】伯牛是否为仲弓之父,无从确定,姑各存其说,以俟审择。

> 仲弓问仁。子曰:"出门如见大宾,使民如承大祭。己所不欲,勿施于人。在邦无怨,在家无怨。"仲弓曰:"雍虽不敏,请事斯语矣。"《颜渊篇》

圣人之学,不外"敬恕"二字,敬以持己则不慢,出门如见大宾,使民如承大祭,敬也。如见如承者,虽未见,亦如见矣;虽未承,亦如承矣。此心常凛敬畏,而不敢有丝毫之苟且也。恕以待人则不偏,己所不欲,勿施于人,恕也。是能用絜矩之道,推己之心,以度物而用情,则人我一体矣。至于在邦无怨,在家无怨,是敬恕之效也。"敬恕"二字,实为圣学之要。而反之于心,其着实用力之处,在于能致良知。能致良知,推吾心之严恭以接物,必无不敬之弊;推吾心之恻隐以待人,必无不恕之弊。果能此道,仁在其中矣。《论语纂疏》引辅氏曰:"才不敬,便私欲万端,害仁之体;才不恕,便拘己遗物,梏仁之用。敬以养之,恕以达之,则天理流行,不至间断,私欲亦无自而萌矣。"《大戴礼·卫将军文子》篇云:"在贫如客,使其臣如藉,不迁怒,不深怨,不录旧罪,是冉雍之行也,盖其从事于仁之功深矣。"阮氏元《研经室集》曰:"孔子惟与颜子、仲弓论南面为邦之道。愚谓孔子于诸子问仁而答之各异,其告颜、冉,独为探本穷源,则二子之所得可知矣。"朱子《语录》曰:"仲弓资质温粹,颜子资质刚明,颜子则刚健果决,仲弓则敛藏严谨。"

> 仲弓为季氏宰。问政。子曰:"先有司,赦小过,举贤才。"曰:"焉知贤才而举之?"曰:"举尔所知。尔所不知,人其舍诸?"《子路篇》

《集解》王注曰:"先有司者,言当先任有司,而后责其事。"《集注》申之曰:"谓必先之于彼,而后考其成功。"简氏《述疏》曰:"先率其作为以兴事，而后考察其成功也。盖以将责成者，当先委任也。《书》言率作兴事，屡省乃成，是也。"宋氏翔凤曰："夫毛举细故，动挂吏议，则有司皆畏缩，弥缝其阙矣。周公曰故旧无大故，则不弃也，无求备于一人，皆赦小过之义。惟赦小过，则贤才乐为之用矣。举贤才为有司之责，自世卿世大夫而举贤之政不行，先有司者，以举贤才为本；举贤才者，必以知人为要。"宋说见《论语说义》。

子游为武城宰，子曰："汝得人焉已乎？"颜渊问为邦，子曰："远佞人。"诸葛武侯《出师表》谓："亲贤臣，远小人，先汉所以兴隆；亲小人，远贤臣，后汉所以倾颓。"故为政莫要于得人，古今无异道也。而得人在于能知人，小善足，以中人之意；小信足，以固人之心，此小人之易辨识也。若夫大奸似忠，大诈似信，此则难于辨别，故曰知人则哲。仲弓之于贤才，不患不能举也，而患于不能知，孔子谓"举尔所知"，盖举所知，则所不知者，亦相缘以进矣。郭隗之计行，而乐毅至燕；萧何之谋用，而韩信归汉。张九龄之起，由张说荐之；范仲淹之用，由晏殊荐之。又如吕夷简之荐包拯，韩魏公之荐欧阳修，所谓拔茅茹以其汇也，盖一阳升则三阳与之俱升矣。故君子道长，则小人道消，舜举皋陶，而不仁者远；汤举伊尹，而不仁者远，胥是道也。《淮南子》曰："人主贵正而尚忠，忠正在上位执正营事，则谗佞奸邪无由进矣。譬犹方员之不相盖，而曲直之不相入，夫鸟兽之不可同群者，其类异也。是故圣人得志而在上位，谗佞奸邪而欲犯主者，譬犹雀之见鹯，而鼠之遇狸也。"其说可与本义相发。

然举尔所知，非如唐崔祐甫为相所荐用者，必其所素识也。必其所素识，则所遗者多矣。韩非子曰："王登为晋中牟令，荐中牟士而襄王用之，曰：'我取登，既耳目之矣，登之所取，又耳而目之，是耳目人，终无已也。'襄王之言，达于各举所知之义矣。"《孔丛子》载卫出公使人问于孔子，曰："寡人之任臣无大小，一一自观察之，犹复失人，何故？"答曰："如君之言，此即所以失之也。人既难知，非言问所及，观察所尽，且人君之所虑者多，多虑则意不精，以不精之虑，察难知之人，宜其有失也。昔者，舜臣尧官才任士尧一从之，左右曰：'人君用士，当自任耳目，而取信于人，无乃不可乎？'尧曰：'吾之取舜，已耳目之矣，今舜所举，吾又耳目之，是耳目人，终无已也。苟其可付，则己不劳，而贤才不失矣。'"

【按】此与《韩非子》所载，用意略同，是任人之法也。蔡氏节曰："仲弓所言，是以一己之所知为知；夫子所言，是以众人之所知为知是也。"

《集注》引程子之言曰："仲弓问：'焉知贤才而举之？'子曰：'举尔所知，尔所不知，人其舍诸？'便见仲弓与圣人用心之大小，推此义则一心可以兴邦，一心可以丧邦，只在公私之间尔。"简氏《述疏》曰："仲弓可使南面，其心欲尽知一时之贤才，固大而非小也。程子于仲弓而小之，其未察欤？夫因大者之公，推而及小者之私，安可自仲弓而推之？"毛氏奇龄曰："仲弓居德行之列，程说谓其心可丧邦，凭空捏造，使贤者无所容于天地间矣。夫仲弓之问，重在知夫子之言重在举，一在知举，一在举知，何公？何私？何大？何小也？"

【谨按】考仲弓言行，《家语》《说苑》《论衡》《孔丛子》皆有纪载，《家语》与《孔丛子》所载刑政辨听讼之法，语多可采，足资参考。崔氏述曰："孔子以南面许仲弓，固非治赋为宰者所可比也；而问仁政，孔子所答，亦非诸弟子所能及。故居德行之科，而列颜、闵之次。按仲弓之在圣门，其才识造诣，自颜、曾、有若而外，实罕有及之者。"

或疑仲弓之贤，而夫子未许其仁，何也？朱子曰："仁道至大，非全体不息者不足以当之，颜子亚圣犹不能无违于三月之后，仲弓虽贤，未及颜子，圣人固不得而轻许之也。又曰：全体者，此心无一物之杂也；不息者，未尝休息而置之无用处也。全体似个桌子四脚也，若三脚，便是不全不息，是常用他，或置之僻处，又被别人将去，便是息。"【按】朱子此喻颇确，天理浑然，无一毫之杂，是谓全体；天理流行，无一念之间，是谓不息。苟能是，则可以谓之仁矣。此圣人之功用，求诸孔门，颜子而外，难得其人，故孔子于及门之士不轻以仁许之。

卷六终　门人吕灿铭校字

卷七　端木赐上

卷七　端木赐上

端木赐

《史记》："端木赐，字子贡，卫人，少孔子三十一岁。"

崔氏述曰："余考《史记》所载弟子年岁，虽不足尽信，然大要不甚远。今以《论语》《春秋传》《戴记》考之，康子之问，先由而赐而求；武伯之问，先由而求而赤；《春秋传》多载子路、冉有、子贡之事，而子贡尤多，曾子、游、夏皆无闻焉；《戴记》则多记孔子没后，曾子、游、夏、子张之言，而冉有、子贡罕所论著。盖圣门中子路最长，仲弓、冉有、子贡则其年若是班者，子贡当孔子在时，已显名于诸侯，仕宦之日既多，讲学之日必少，是以不为后学所宗，故其后无传。若游、夏、子张、曾子则视诸子为后起，事孔子之日短，教学者之日长，是以孔子在时无所表见，而名言绪论多见于孔子没后也。不然，闵子'具体而微'、仲弓'可使南面'，何以门人皆无闻焉？反不如得一体者犹能传经于后世乎？由是观之，羽翼圣道于当时者，颜、闵、子贡、由、求之力，而子贡为尤著；流传圣道于后世者，游、夏、曾子、子张之功，而曾子为尤纯。"又曰："考《论语·子张篇》子贡之推尊孔子至矣，孔学所以昌明于世者，大率由于子贡，而'与回孰愈'之问，亦似伯仲可见，故次之冉闵、仲弓之后云。"崔氏之言是已。程子言孔子弟子，颜渊而下，有子贡；蔡氏节谓圣门学者，惟子贡资禀亚于颜子，其为后儒所推重如此，今述端木赐言行凡三十四条。

> 子禽问于子贡曰："夫子至于是邦也，必闻其政。求之与？抑与之与？"子贡曰："夫子温、良、恭、俭、让以得之。夫子之求之也。其诸异乎人之求之与？"《学而篇》

皇《疏》引梁冀曰："夫子所至之国，入其境，观察风俗，以知其政教。其民温良，则其政教之温良也；其民恭俭让，则政教恭俭让也。孔子但见其民，则知其君政教之得失，孔子观化以知，与凡人异也。"刘逢禄《论语述何》申其说曰："《礼经解》云：'入其国，其教可知也。'温，《诗》教也；良，《乐》教也；恭俭让，《礼》教也。兴于《诗》，立于《礼》，成于《乐》，《易》《书》《春秋》之旨已赅之矣。反是，则其政乱矣。《孝经》曰：'移风易俗，莫善于乐；安上治民，莫善于礼。'《礼》云：'王者陈诗以观民风，不下堂而见天下。'是温、良、恭、俭、让，正为诗书礼乐之教。而诗书礼乐，又为观察风俗考知国政之原，故曰：'夫子温、良、恭、俭、让以得之也。'"

吴氏嘉宾《论语说》曰："君所自擅者谓之政，常不欲人与闻之，况远臣乎？温、良、恭、俭、让，是诚于不干人之政也，则入人之国，无有疑且忌焉者，其视圣人有如师保，安忍不以告焉。今之人求以闻人之政，不知其身且将不之保也，韩非《说难》是已。"简氏《述疏》曰："《左传》言：'晋重耳之出亡及楚也，子玉请杀之，楚子不从，曰："晋公子广而俭，文而有礼。"'此楚子感于其德也，德如晋公子者，虽异邦人犹足感也，况圣人乎？"康氏《注》曰："圣人出乎伦类，如泰山之于丘垤，河海之于行潦，所至如睹异人，观佛所至各国迎拜可知矣。孔子过化存神，既非人所能测，而其礼乐文章之盛、徒属之才，春秋处士，实无其比，所至公卿闻而震惊，就而咨询固然，即此以观圣人之德盛礼恭，可想像焉。"

子贡善言德行，观于此章之言，及《子张篇》所云"绥之斯来，动之斯和"等语，皆善形容圣人之盛德。然夫子至是邦，未有能委国而授之以政者。张氏栻曰："盖见圣人之仪形而乐告之者，秉彝好德之良心也，而私欲害之，是以终不能用耳。"

> 子贡曰："贫而无谄，富而无骄，何如？"子曰："可也。未若贫而乐，富而好礼者也。"子贡曰："《诗》云：'如切如磋，如琢如磨。'其斯之谓与？"子曰："赐也，始可与言《诗》已矣，告诸往而知来者。"《学而篇》

《吕氏春秋·慎人》篇子贡曰："古之得道者，穷亦乐，达亦乐，所乐非穷达也，道得于此，则穷达一也。"此子贡从于陈、蔡而言之也。周子《通书》曰："见其大则心泰，心泰则无不足，无不足则富贵贫贱处之一也。"【按】周子所言，与吕氏所述子贡语，皆足与本文相发。

《集注》曰："常人溺于贫富之中，而不知所以自守。《论语纂疏》引辅氏曰：'为贫所胜，则气随以歉而为卑屈，故多求而谄；为富所胜，则气随以盈而为矜肆，故有恃而骄。'无谄无骄，则知自守矣，而未能超乎贫富之外也。贫而乐，富而好礼，则超然自得，而忘其贫与富矣。"许氏谦曰："贫者见富则卑屈，富者见贫则矜肆，盖不期然而然也。行之既熟，则贫者无所不用其谄，富者无所不用其骄矣。"《集注》谓："无谄无骄，知自守者能之，乐则心广体胖；好礼则安，处善乐循理，非知命者不能也。知气数之命，则能无谄无骄；知天理之命，然后能乐与好礼。夫至于乐天知命，则外来者不足以改其乐，岂知所谓贫？亦何暇顾其富？是谓超然于贫富之外者也。"康氏《注》曰："子贡不欲人加，亦不加人，盖倡自由平等之学，又先贫后富，曾用力焉。惟是贫贱骄人、富贵下士，虽迥出寻常，而心迹未能忘富贵也。夫神明自得，固有出乎贫富之外者，贫而乐道，精研学术，玩心造化，则忘怀于贫富矣。"刘氏台拱《论语骈枝》曰："颜渊而下，颖悟莫如子贡，故夫子进之以此，然语意浑融，引而不发，子贡能识此意，而引诗以证明之，所以为告往知来也。"

【谨按】贫而乐，此"乐"字与寻常快乐不同，身处逆境，贫乏无以自存，饘飧不继，何乐之有？即使自己能忍耐得，而号寒啼饥，室人交谪之声，想亦不能免也。所谓出北门而心忧，以此言乐，亦强颜耳。窃谓贫而乐者，谓贫而无怨也。处贫时，稍有怨心，便不能安分守节，便为外物所摇夺。至于卑屈则谄也。谄者，形之于外；怨者，藏之在心。若能贫而无怨，不惟形之于外无谄，即存之于心，亦泰然。不陨获于贫贱，不充诎于富贵，虽箪瓢屡空，晏如也。夫君子居易以俟命，不知命，无以为君子，当此之时，惟有夷然处之，终不肯枉道以求合，是以饥寒切身，而心不动者，非忘身者不能也。乐者，乐其道也，非以贫为可乐也，不以人爵而夺吾天爵，不以外至之纷华而丧吾中心之所守，故达亦乐，穷亦乐也。《史记》作"贫而乐道"。郑康成注曰："《乐》谓：'志于道，不以贫为忧苦是也。'余既注此，及读张氏栻《论语解》'至贫而无怨难'一章，其言曰：'富而无骄易者，不矜于外物者能之；至于贫而无怨，非内有所安者不能也。或谓世固有处贫贱而无失，一旦富贵，则失其本心者，是以无骄者为难，而无怨者反易矣。此盖未知无怨之味也，所谓处贫贱而无失者，特未见其失于外耳，又乌能保其中之无怨？盖有一毫不平于心，皆怨也。故贫而无谄易，贫而无怨难，无怨则进于乐矣。'"张氏此言，正与鄙见相合，故备述之。

> **子贡问君子。子曰："先行其言，而后从之。"**《为政篇》

孔子教人曰："古者言之不出，耻躬之不逮也。"又曰："君子欲讷于言而敏于行。"《礼·缁衣》子曰："言从而行之，则言不可饰也；行从而言之，则行不可饰也。故君子寡言而行，以成其信。此皆教人谨言，使言行相顾也。"《大戴记·曾子制言》篇："君子先行后言。"《立事》篇："君子微言而笃行之，行必先人，言必后人。"《韩诗外传》："学而慢其身，虽学不尊矣；不以诚立，虽立不久矣。诚未著而好言，虽言不信矣。"斯皆与本文相发。盖言行相顾，不外一诚而已。子贡尝言："我不欲人之加我也，吾亦欲无加诸人。"孔子谓："非尔所及。"正见其言之轻发，故因其问而戒之。

《四书辨疑》曰:"《集注》引周氏孚先之言,谓:'先行其言者,行之于未言之前;而后从之者,言之于既行之后。'果如此说,须以'先行'二字为一句,'其言'二字则分属下句矣。然于事理终有未协,大抵人之行事,必有言约在前,行从其言,此正理也;若以言从行,则事既行矣,安用更言?如每事既行之后,必以言从之,意亦涉于伐善矣。"

> 子贡欲去告朔之饩羊。子曰:"赐也!尔爱其羊,我爱其礼。"《八佾篇》

蔡邕《明堂月令论》曰:"古者诸侯朝正于天子,受月令以归,而藏诸庙,每月告朔朝庙出而行之。周室既衰,诸侯怠于礼,鲁文公废告朔礼,仲尼讥之。《经》曰:'闰月不告朔,犹朝于庙。'刺舍大礼而徇小义也。自是告朔遂阙,而徒用其羊,故子贡请去之,仲尼曰:'赐也!尔爱其羊,我爱其礼。'庶明王复兴君人者,昭而明之,稽而用之也。"惠氏栋《明堂大道录》曰:"明堂月令者,虞、夏、商、周四代治天下之大法,鲁为望国,始废其礼,故《春秋》特书之,子曰'我爱其礼',其犹有东周之志乎?"

毛氏奇龄曰:"告朔与视朔不同,告朔以特羊告庙,请朔而行,然后皮弁视朔以听政,明是两事。《春秋》文公六年始不告朔,至十六年然后不视朔,两时两经,展卷即见。今《集注》以'告朔'为'视朔',非也。况饩羊专为告朔朝庙而设,与视朔无涉,故《春秋经》曰:'闰月不告朔,犹朝于庙。'其称犹朝庙者,正《论语》犹供此羊也。使以无羊之视朔,而无端供羊,则去之久矣。"简氏《述疏》曰:"《集注》谓文公始不视朔,而有司犹供此羊。当曰文公始不告朔,盖始乎六年闰月不告朔也,饩羊于告朔供之,非于视朔供之。"

> 子贡问曰:"赐也何如?"子曰:"女器也。"曰:"何器也?"曰:"瑚琏也。"《公冶篇》

《礼记·礼器·目录》云："名为《礼器》者，以其记礼使人成器之义也。"故孔子谓子贡："女器也。曰何器也？曰瑚琏也。"包《注》："瑚琏者，黍稷器也，夏曰瑚，殷曰琏，周曰簠簋，宗庙器之贵者也。"刘氏《正义》曰："夫子言赐也达，可使从政，故以宗庙贵器比之，言女器若瑚琏者，则可荐鬼神羞王公矣。"康氏《注》曰："子贡高才达学，卓然早成，故孔子称其成器，且许为宗庙重器。至于闻性与天道后，变化从心，必更有进，其去大道不器不远矣。人才必先求成器，而后能进为不器也。"

> 子谓子贡曰："女与回也孰愈？"对曰："赐也何敢望回？回也闻一以知十，赐也闻一以知二。"子曰："弗如也！吾与女弗如也！"《公冶篇》

《集注》引胡氏曰："子贡方人，夫子既语以不暇，又问其与回孰愈，以观其自知之如何。闻一知十，上知之资也；闻一知二，中人以上之资也。子贡平日以己方回，见其不可企及，故喻之如此。【按】胡氏称子贡以己方回，原无证据，《四书辨疑》已驳之。夫子以其有自知之明，而又不难于自屈，故既然之，又重许之，此其所以终闻性与天道，不特闻一知二而止也。"

胡氏谓重许之，是以"与女弗如"，解作"许女弗如"，"与"解作"许"，虽见《广雅》。《广雅》云："许，与也。则与，亦许也。"然"许女弗如"，其语未安，故毛氏《四书改错》驳之，仍以从包《注》为惬。包《注》曰："既然子贡不如，复云吾与女俱不如者，盖欲以慰子贡也，是于女下加一'俱'字。"《论衡·问孔》篇引此文，亦有"俱"字，以当时子贡之名凌颜渊少上，孔子恐子贡志骄气溢，故言此以抑之也。《论语古义》曰："《郑玄别传》：'玄从马融学，马融谓卢子干曰："吾与女皆不如也。"'"《后汉·桥立传·曹操祭桥立文》云："仲尼称'不如颜渊'。"李《注》引《论语》"吾与女俱不如也"，《论语后录》据《新唐书·孝友传》云任敬臣"刻志从学，任处权见其文，叹曰孔子称颜回之贤，以为弗如，吾非古人，然见此儿，信不可及"。合李善所引论之，是唐时犹未脱"俱"字，谓"吾与女俱弗如也"。《集解》及皇《疏》、邢《疏》皆作俱不如解。

皇《疏》引顾欢曰："回为德行之俊，赐为言语之冠，浅深虽殊，而品裁未辨，欲使名实无滥，故假问孰愈，以明愚智之异。"【按】顾说正与《论衡》相发，然圣贤虚怀若谷，孔子尚谓不如颜渊，何况子贡？《论语述何》曰："世视子贡贤于仲尼。子贡自谓不如颜渊，夫子亦自谓不如颜渊。圣人溥博如天，渊泉如渊也。若颜子自视，又将谓不如子贡矣。以能问于不能，以多问于寡，有若无，实若虚，圣贤所以日进而不已也。"

康氏《注》曰："颜子明睿所照，即始见终；子贡推测而知，因此识彼。颜子于孔子之言无所不悦，子贡则告往知来，是其验矣。说本《集注》。但子贡推知正反对待，而颜子则析之极精，随闻一法即知其细微条理，非脑根极精细者不能也。"

郑氏汝谐曰："二子之优劣，圣人岂不知之？必使赐自言者，欲见赐之觉与未觉也。闻一知十，即始知终也；闻一知二，因此知彼也。赐非特自知，亦深知颜子之蕴矣。圣人于群弟子所得之处，时发其机，而叩击之警策之，彼确然自信者，必不惑于圣人之言，若漆雕开是也；子路闻浮海之说而喜，则未免堕于转徙之中矣。"

> 子贡曰："我不欲人之加诸我也，吾亦欲无加诸人。"子曰："赐也，非尔所及也。"《公冶篇》

《集注》述程子之言谓："不欲人之加诸我，吾亦欲无加诸人，仁也；施诸己而不愿，亦勿施于人，恕也。恕则子贡能勉之，仁则非其所及。"简氏《述疏》申其说，谓："子贡只能强恕而行，为知者之利仁，未能为仁者之安仁。"按：是说皆泥于忠恕违道不远之言也。夫能恕即能仁矣，恕者，洁矩之道，仁之方也。仁者，恕之根本；恕者，仁之作用。所谓违道不远，盖恐行之者有过不及耳。若行之适当，其可尚未得谓之仁，则曾子所云夫子之道，忠恕而已矣。然则夫子之道尚有未仁者耶？谓子贡学力未及仁者之安仁则可，谓恕未得为仁则不可也，且"施诸己而不愿，亦勿施于人"，与"不欲人之加诸我，吾亦欲无加诸人"，其理有何异乎？

> **子贡曰："夫子之文章，可得而闻也。夫子之言性与天道，不可得而闻也。"**《公冶篇》

邢《疏》云："文章者，六籍也。六籍文字章著，焕然可修，耳目可闻见，故曰'可得而闻'；性与天道，深微不可得而闻也。"《史记·天官书》云孔子论六经，"至天道性命，不传；传其人，不待告，告非其人，虽言不著"。《论语述何》曰："性与天道，微言也，《易》《春秋》备矣，盖难与中人以下言也。"宋氏翔凤《朴学斋札记》曰："'子所雅言，诗书执礼'，此夫子之文章。子罕言'命与仁'，此性与天道也。太史公言《易》本隐之显，《春秋》推见至隐，皆穷理尽性以至于命者。"又曰："孔子文辞，有可与共者，至于《春秋》，子游、子夏之徒不能赞一词，即不可得而闻之义。"刘氏《正义》曰："《孔子世家》言：'孔子不仕，退而修诗书礼乐，弟子弥众，至自远方，莫不受业。'"又云："孔子以诗书礼乐教，弟子盖三千焉。"据《世家》诸文，则夫子之文章，谓诗书礼乐也。故《记》言夫子四教，首在于文，颜子亦言"夫子博我以文"，此群弟子所得闻也。《世家》又云："夫子晚而喜《易》，序《彖》《系》《象》《说卦》《文言》。读《易》，韦编三绝，曰：'假我数年，若是，我于《易》则彬彬矣。'"盖《易》藏太史氏，学者不可得见，故韩宣子适鲁，观书太史氏，始见《周易》。孔子五十学《易》，惟子夏、商瞿得传是学。然则子贡言"性与天道不可得闻"，《易》是也。盖性与天道，莫详于《易》，以《易》义徵之，则触处可见性与天道，其理精微，中人以下不可语上，故不可得闻。及至汉世儒者，若伏生、董生、翼奉、刘向、刘歆辈，皆以五行说天道，而眭京等又言七政灾变，以吉凶祸福言天道，与此章所云天道不同。

康氏《注》曰："文章德性之见于外者，六艺是也；若性与天道，则非其人不传。性者，人受天之神明，即知气灵魂也；天道者，鬼神、死生、昼夜、终始变化之道。今《庄子》所传子贡之学，其言精深微妙，可与上天之载无声无臭之说参看，可想像孔子性与天道之微妙矣。其谓'百家之学'，'多得一察焉以自好'，譬如耳目鼻口，皆有所明，不能相通，犹百家众技，皆有所长，时有所用，然不该不徧一曲之士，罕能备天地之美，称神明之容，是以内圣外王之道，闇而不明，郁而不发云。盖庄周有所传于性与天道，又悲天下不闻性与天道，不得见天地之纯，古人之大体，各执一端，故曰'道术将为天下裂'。"【按】康氏说兼知气灵魂鬼神死生而言，是不特将文章与性与天道分为二，即性与天道亦分为二矣。

顾氏炎武曰："夫子教人文行忠信，而性与天道在其中矣，故曰不可得而闻。子曰：'二三子以我为隐乎？吾无隐乎尔，吾无行而不与二三子者，是丘也。'子贡谓夫子之言性与天道不可得闻，是疑其有隐者也，是以文章与性与天道为二也，不知夫子之文章，无非夫子之言性与天道。【按】《易》为性与天道专书，其余六籍，虽非性与天道之专书，而其理亦散见于六籍中矣。故因子贡之疑，而以四时行百物生晓之。"

【谨按】性与天道是二是一，孔《注》分而为二，非也。李翱《笔解》云："性与天道，只是一义。"杨龟山曰："在天曰命，在人曰性，率性而行曰道。"其说实本于《中庸》。盖天赋于人为性，性即理也，有是形，有是气，即有是理，仁义礼智皆根于性而生，故率性而行，即是道。是道也，天道也，出于人心天理之本原，良知良能，则其发见者也。就喜怒哀乐未发而言，心若太虚，却无善恶之可言，而仁义礼知之理，实已浑然于心中，无所偏倚，是之谓中，是性之本体也。就喜怒哀乐已发而言，知善之当为而为之，知恶之当去而去之，所为皆合于仁义礼智，无所乖戾，是之谓和，是性之作用也。惟至诚者能之，诚者，天之道也。《中庸》言："惟天下至诚，为能尽其性；能尽其性，则能尽人物之性。"《孟子》谓"人性皆善"，又谓"尽其心者知其性，知其性则知天"，是则性与天道岂有二乎？

子曰："赐也达，于从政乎何有。"《雍也篇》

【谨按】子贡居言语之科，与宰我并称，而贤于宰我，其于货殖又能亿则屡中。孔门如子华、子贡皆长于专对之才，子华束带立于朝，可使与宾客言，其容观修伟可知，其利口巧辞可知，子贡之容观修伟，殆不亚于子华，《史记》载："子贡相卫，结驷连骑。"而利口巧辞常或过之。《史记》载其"利口巧辞"。今观《弟子传》所载，谓其历聘齐、晋、吴、越，从容陈说于诸侯之前，一出而存鲁乱齐、破吴强晋而霸越，则其才辩可想而知矣。虽其说近于游说者之词，或战国时纵横家讬言之。崔东壁已有此说，疑其不类子贡所为。然《左传》记其辞盟于吴之类，其长于专对也明甚。他如料事之明，凡见于《春秋传》者，不一而足。《论语》载其问政，则豫于不得已者变而通之，兵食可去，而信不可去，其于事理之变，皆能通达矣。孔子谓："赐也达，可使从政。"孔《注》："达，谓达于物理也。"以子贡之博闻强识，诚足以当之。

> 子贡曰："如有博施于民而能济众，何如？可谓仁乎？"子曰："何事于仁！必也圣乎！尧舜其犹病诸！夫仁者，己欲立而立人，己欲达而达人。能近取譬，可谓仁之方也已。"《雍也篇》

《集注》引吕氏说谓："子贡有志于仁，徒事高远，未知其方。"毛氏奇龄驳之曰："博施济众，不是驰骛高远，此即圣道仁道一贯忠恕之极处，只圣道便该忠恕，而由仁达圣，则必从强恕求仁，以驯至乎圣也。圣道贵于博济，由尽己性尽人性，以至于位天地育万物，并非驰骛。《中庸》成己必至成物；《论语》修己必至安人安百姓；《孟子》独善其身，必至兼善天下也。吕氏之言，岂知道知学者哉？"语见《四书改错》。

刘氏《正义》曰："仁训爱，圣训通，并见《说文》。通者，无疑滞无阻碍也。故通乎天地阴阳刚柔之道，而后可以事天察地；通乎仁义之道，而后可以成己成物。若于义理有未明晓，于人未能格被，是即疑滞阻碍，而有所不通矣。如此者，以之自治，则行事乖戾；以之治人，则多所拂逆。是故天地交为泰，天地不交为否。泰者，通也；否者，不通也。通与不通，天下之治乱系之。博施济众，使无一人不遂其欲，以我性情通于人，并使人无乎不通。故夫子以为圣，以为尧舜犹病。圣、仁本是同原，特圣为成德之名，夫子视为最难，故但言仁。"

康氏《注》曰："子贡以孔子不轻以仁许人，乃穷极其量以言之，不知博济众生，使一夫无失其所，一物皆得其生，此非徒有仁人之心所能为也。仁者之心，只是推己及人，能与人同其好恶，己立则欲立人，己达则欲达人，然推行亦当有次第，亲亲而后仁民，仁民而后爱物。孟子谓'老吾老以及人之老，幼吾幼以及人之幼'，皆从此理推出。孟子专言扩充，真得孔子之传者也。"

罗泌《路史》曰："孟子言'五十者衣帛，七十者食肉'，则少者有不帛不肉矣；所云'班白者不负戴'，则少者不免于负戴矣。圣人之心，非不欲少者衣帛食肉、不负戴也，而所养有不赡，此病施之不博也。内无怨女，外无旷夫，则江汉之民无鳏寡矣；老有所养，幼有所长，则江汉之民无孤独矣。然江汉之域无鳏寡无孤独，而江汉以外之远人，或有鳏寡孤独也，此病济之不众也。博施济众，尧舜所以犹病也。夫见其生不忍见其死，若不见则有所不及矣；闻其声不忍食其肉，若不闻则有所不及矣。是以先王不务广地，而于吾之所制，则每致其详。苟致其详，则四海之内将有闻风兴起，是则是效者矣。"

【谨按】博施济众，为仁之功用也，但求之于外，则有时而穷，而其势或有所不及，故曰"尧舜犹病"，罗氏之言详矣。若己立立人，己达达人，则全在于此心之欲，曰"己欲立己欲达"，是不假于人而求诸于己也。夫仁之为道，岂有他哉？反诸于心，而无一毫偏私，以此明通公溥之心，推及于人，己得其所，亦欲人之各得其所，即此一念，便是仁，推而行之，以求至乎其极，便是圣。《孟子》曰："大而化之之谓圣。"圣者，仁之至，义之尽，与天地合德，与日月合明也。故求仁之道，不必求之高且远，祗是以心度物，推己及人。故曰："能近取譬，即是仁之方矣。"《集注》："方，术也，近取诸身，以己所欲，譬诸他人，知其所欲，亦犹是，然后推其所欲，以及于人，则恕之事而仁之术也。"此《大学》"絜矩之道"也。简氏朝亮曰："《大学》'絜矩之道'，于上下左右前后而推其好恶,是恕也,犹言近取诸身也。"

周子曰:"仁之道至易而难行,何也?孔子谓'我欲仁斯仁至';又曰'有能一日用其力于仁,未有力不足者'。斯非易乎?曾子曰:'仁以为己任,不亦重乎?死而后已,不亦远乎?'是难也。惟其易,故反之于心而仁在焉,不假外求而自得之;惟其难,故孔门弟子,独颜子三月不违仁,其余则日月至焉而已。夫子于及门诸子,未敢轻以仁许之者,由斯以观天下之至难,其本实原于至易。而其至易者,行之又转觉其难,而未易几及,此其所以为仁之妙用也欤?"

> 冉有曰:"夫子为卫君乎?"子贡曰:"诺!吾将问之。"入,曰:"伯夷、叔齐何人也?"曰:"古之贤人也。"曰:"怨乎?"曰:"求仁而得仁,又何怨?"出,曰:"夫子不为也。"《述而篇》

据《史传》所载,卫世子蒯聩欲杀君夫人南子卫灵公夫人灵公逐之,蒯聩奔晋,及公薨,国人立蒯聩之子辄即卫君出公辄其后晋赵鞅即赵简子纳蒯聩于戚卫邑齐国夏卫石曼姑帅师围戚蒯聩在戚凡十五年于是公羊家言以辄之立,是不以父命辞王命,而以王父命辞父命,不以家事辞王事,而以王事辞家事。谷梁家亦同其说。二传所言,自是卫人当日所据之义,以蒯聩负罪出亡,而辄嫡孙当立也,于是臣民安之,大国助之,而夫子是时居卫为公养之仕,故冉有疑而问之。

刘氏《正义》曰:"辄之立及,拒蒯聩,是以王父命辞父命。然叔齐是父命立之,及父死,不复拘执父命,而让国于伯夷,与卫辄之贤,执王父命而辞父命者相反,若伯夷则又遵守父命而终,让国不受,与蒯聩之弃父命而争国者相反。故子贡于二子询其人为何如,盖欲知夫子之为卫君与否而兼以明蒯聩之是非。云'怨乎'者,言伯夷不得立,而叔齐或恐兄争国,不得已而让,彼此或不能无怨心,故问曰'怨乎'。"

郑氏汝谐曰:"卫辄据国以抗其父,正与夷齐事相反。夷齐之奔,饿死不恤,一则存君父之命,一则念天伦之叙,此求仁而得仁也。子贡以其穷也而疑其怨，夫仁者之心，循夫天理，天理所安，何怨之有？以夷齐之穷犹不怨，辄若去国，不至如夷齐之穷也。何为不去而与父抗哉？夫子之不为卫君，即此可知矣。"

毛氏奇龄曰："此事从无定论。定公九年，卫灵、齐景、鲁定恨晋之凌贱三国，世责朝贡，比之附庸臣属，因同谋叛晋。晋赵鞅患之，将迁卫所贡里社五百家之在邯郸者，实之晋阳，以绝卫往来。而邯郸大夫赵午不即迁，遂杀赵午，午之亲中行范氏遂叛，据朝歌，而赵鞅围之。当是时，卫灵、齐景与鲁定同救朝歌，而不谓是年卫世子蒯聩得罪南子而奔于宋，反远依赵鞅助之攻卫，是聩不特犯国母，直犯公矣。次年，鲁定忽死，哀公初立。然哀之元年，卫灵合齐景、鲁哀三国伐晋，而不意灵公又死，于是鞅乃用阳虎计，借纳蒯聩以伐卫丧，且击灵公在日遣郑师之援朝歌者，而聩亦执戈奋击，败郑师于铁，是聩以仇师袭国暴伐父尸剪死父未竟之志，卫人纵不为卫，君亦当为卫，并为卫先君也。哀二年，晋帅师入戚，至三年而齐景尚践旧约，遣师围戚，卫亦遣师随之，然乃留聩于戚，以至有孔悝之难，是辄始终未尝拒父也，辄所歉者，未能如叔齐耳。"

康氏《注》曰："孔子于《春秋》，则许辄于义当立；《公》《谷》二传亦同辞。盖《春秋》为国嗣立法，则以王父及天子之命为重，明法律可立辄也。若以辄自为计，则宜逃而让之他子，乃得人心之安。盖《春秋》为定法律，《论语》为陈高义，言各有当，义各有为也。"

简氏《述疏》曰："诸大夫以既立辄，则于蒯聩莫迎立焉。然蒯聩居戚，卫人罢兵，辄亦知拒父为不安也。辄从诸大夫之谋，其拒父也，非安于拒父也，故《续春秋》云：'哀公十有六年春，王正月己卯，卫世子蒯聩入自戚入于卫，卫侯辄来奔。'言无动兵也，出奔而已，明非安于拒父也，此出公所以亦称为孝公也。蒯聩入立，为庄公怨，大夫之莫迎立己，而未尝怨及辄。哀十六年，《左传》言浑良夫告庄公曰：'疾与亡国指出公辄皆君之子也，召之而择其材焉可也。'浑良之言，而庄公不斥之，明蒯聩于辄无嫌也，蒯聩亦知辄非安于拒父也，则久居戚而未动焉。卫君辄当时如待孔子而为政，则父子之名可正，非迁也，孔子为政，迎世子蒯聩而为国君父，辄以国养焉，其父子间必有能欢然者。唐玄宗在蜀，众立其子于灵武，是为肃宗，而李沁善全之，况其在圣人乎？惜乎辄于孔子，惟知公养，而不用之为政也，则父子之名不正，辄非安于拒父，而卒不谓之拒父而不可也。"

【谨按】郑氏、毛氏皆主张卫辄去国，简氏则主张迎蒯聩为国君父而以国养焉，二者虽似不同，然必有让国之贤，而后能迎其父，迎之而为国君父，而以国养焉可也。或蒯聩不欲为国君父而欲为国君，亦未可知。故卫辄必有让位之心，而后能行其迎养之事。子贡欲知夫子之是否为卫君，不以卫君为问，而问夷齐，不惟问夷齐，而且问其有怨无怨，盖从心地研究其言，可谓切至矣。夷齐事适与卫辄事相反，知夫子之贤夷齐，即知夫子之不为卫君矣，此子贡之极聪明处。子贡才质明敏，其于平日问答，闻夫子言无谄未若贫，而乐无骄未若好礼，即知如切不及如磋，如琢不及如磨；夫子曰"女器也"，而器有大小，子贡即以何器为问；夫子但言学不厌教不倦，不敢以圣自居，子贡即推言学不厌智也，教不倦仁也，仁且智圣矣。凡此皆是即彼例此，告往知来，所谓"闻一知二"，所谓"赐也达"，若与樊迟、司马牛辈相较，其识见之相去远矣。

> 太宰问于子贡曰："夫子圣者与？何其多能也？"子贡曰："固天纵之将圣，又多能也。"《子罕篇》

《说苑·善说》篇曰："子贡见吴太宰嚭，太宰嚭问曰：'孔子何如？'对曰：'臣不足以知之。'太宰嚭曰：'子不知，何以事之？'对曰：'惟不知，故事之，夫子其犹大山林也，百姓足其材焉。'太宰曰：'子增夫子乎？'对曰：'夫子不可增也，夫赐，其犹一累壤，以增太山不益高。'"【按】《说苑》所载未必实事。《韩诗外传》载齐景公问仲尼于子贡，子贡答词与此略异，而大意则同。然子贡论述圣德如《论语》所记者，皆具卓识，所谓知足以知圣人也。

简氏《述疏》曰："'固天纵之将圣'二句，朱《注》未叶。《释诂》云：'将，大也。'《诗·长发》《毛传》同。孔《注》亦以'大圣'为言宜，云'实天纵之大圣，又兼多能也'。然所谓'多能者'，非以礼乐射御书数而言，盖六艺者，春秋时士大夫皆能之矣，太宰何必惊异？亦岂得以为鄙事多能者？谓能辩楛矢、坟羊、防风氏之骨也，此能辩之，则博物之事，即才艺也，太宰所由惊异焉。"

《集注》据《集解·孔说》谓："太宰，官名，或吴或宋，未可知也。然据《说苑》所载，子贡与吴太宰嚭论述圣德，当以吴太宰为近。邢《疏》及郑《注》亦以为吴太宰。《左传》：哀公七年，公会吴于鄫；十二年，公会吴于橐皋，是时太宰皆与子贡语；十六年秋，公会卫侯宋皇瑗于郧，其时太宰又与子贡语，故宜定为吴太宰。《史记·孔子世家》：'吴客闻夫子防风氏骨节专车，及僬侥氏三尺之语，于是曰："善哉圣人！"'是前此固有以夫子之多能为圣者，亦吴人也。或以为宋太宰，又曰陈太宰，非是。"参用毛氏《四书改错》、刘氏《正义》、潘氏《集笺》说。简氏朝亮曰："《左传》哀七年，吴太宰嚭召季康子，则子贡辞焉；哀十二年，吴太宰嚭请寻盟，则子贡对焉。既而吴执卫侯，太宰嚭说子贡之言而舍卫侯，以此证之，此问子贡者，当亦吴太宰嚭。"语见简氏《述疏》。是也。

> 子贡曰："有美玉于斯，韫椟而藏诸？求善贾而沽诸？"子曰："沽之哉！沽之哉！我待贾者也。"《子罕篇》

邢《疏》云："君子于玉比德，时孔子抱道不仕，子贡以夫子有美德而怀藏之，故假玉以问，欲观孔子圣德藏用如何。"语见皇《疏》。马《注》："训韫为藏。"毛氏奇龄曰："韫，训作藏，则藏椟而藏非文理矣。韫、椟，皆包物之器，大抵以皮包物曰韫，故从韦；以木包物曰椟，故从木。陈琳《赋》：'山节藻梲，既椟且韫。'明以韫椟分封作两物可验。"

《集注》引范氏祖禹曰："君子未尝不欲仕也，又恶不由其道，士之待礼，犹玉之待贾也。若伊尹之耕于野，伯夷太公之居于海滨，世无成汤、文王，则终焉而已，必不枉道以从人，衒玉而求售也。"

> 子曰："回也其庶乎，屡空。赐不受命，而货殖焉，亿则屡中。"《先进篇》

《史记·货殖传》云："子贡既学于仲尼，退而仕卫废著。著，贮也。鬻财于曹鲁之间，七十子之徒，赐最为饶益，而颜渊箪食瓢饮，在于陋巷。子贡结驷连骑，束帛之币，聘享诸侯，所至，国君无不分庭与之抗礼。然孔子贤颜渊而讥子贡，曰：'回也其庶乎，屡空。赐不受命而货殖焉，意古音亿，度也。则屡中。'"【按】《史记》所引，即用《论语》原文。《集注》云："子贡不如颜子之安贫乐道，然其才识之明，能料事而多中。《论衡·知实》篇：'子贡善居积意贵贱之期，数得其时。'《率性》篇云：'赐不受天命所加，而货财积聚，为世富人者，得货殖之术也。'"简氏《述疏》曰："《经》云：'死生有命，富贵在天。'《孟子》云：'莫非命也，顺受其正。'子贡不受天命所加。旧注言不受教命，或言不受爵命，又言不受官命，皆非。既货殖而能亿则屡中，夫子言其能料事，是美词也，非抑之也。赐也达，其才识可知矣。"【按】简说是也，然耳以两听而聋，目以两视而纷，心以两思而惑，既志于道，而复纷心于货殖，至于亿度盈虚多寡，则心驰于外，而志丧于内矣。盖正其谊者，必不能谋其利；明其道者，必不能计其功也。善哉！康氏之言曰："孔子以立命为大义，盖人之富贵贫贱，皆有命在。陶猗之子，黄白坐拥；黔娄之儿，儋石不可得。命宜富者，不求亦富；命当贫者，求之亦贫。故举世滔滔，皆为求富，而富终不可得，其才智明达，工于货殖者，人以为其才能所致，不知亦其命所固有也。"语见康氏《注》。

> 子贡问政。子曰："足食，足兵，民信之矣。"子贡曰："必不得已而去，于斯三者何先？"曰："去兵。"子贡曰："必不得已而去，于斯二者何先？"曰："去食，自古皆有死，民无信不立。"《颜渊篇》

足食者，《礼·王制》云："冢宰制国用，必于岁之杪五谷皆入，然后制国用，用地小大，视年之丰耗，以三十年之通制国用，量入以为出。"《荀子·富国》篇曰："足国之道，节用裕民，而善藏其余，是足食由，于能制国用，有余蓄，则藏谷以备凶荒也。"参照刘氏《正义》说。足兵者，治戎器之政也，《僖十八年·传》言"金之用者曰铸兵"，盖兵器也。故《孟子》言："刺人而杀之曰兵也。"《隐四年·传》云"败郑徒兵"，则谓执兵之人为兵矣。足兵，以器言，不以人言，故可言去兵。古者寓兵于农，彼兵者民也，可去乎？录简氏说。顾氏炎武曰："'乃积乃仓，乃裹糇粮，于橐于囊。'国所以足食也。'备乃弓矢，锻乃戈矛，砺乃锋刃，无敢不善。'国所以足兵也。苟其事变之来而有所不及备，则耰锄白梃可以为兵，而不可阙食以修兵；糠籺草根可以为食，而不可弃信以求食。古之人有至于张空弮罗雀鼠，而民无贰志者，非上之信有以结其心乎？此盖权于缓急轻重之间，而为不得已之计也。"语见《日知录》。

《晋语》载："晋饥，公问于箕郑，曰：'救饥何以？'对曰：'信。'又云：'于是乎民知君心贫，其不惧藏出而入，何匮之有？'可知信能立国，虽箕郑亦知此义。"皇《疏》引李充曰："朝闻道夕死，孔子之所贵；舍生取义，孟子之所尚。自古有不亡之道，而无有不死之人。故杀身，非丧己；苟存，非不亡己也。"周氏国价《论语释疑》曰："夫子将'信'字压倒'死'字，要将信之所以重于死处，抉透能信，则民之卫上，如人子之卫父母，虽死而固结之心不解；如手足之捍头目，虽亡而维护之精不散。看张、许二公守睢阳，矢尽食穷，而军心不变，想见其气节，炳炳琅琅，至今犹有生气也。乃知危急之会，死在所轻，信在所重。设若信去而兵食徒存，米粟非不多，兵革非不利，委而去之矣。"简氏《述疏》曰："去兵去食而不去信者，岂其迂哉！此民所由立，即政所由立也，此政之奇而正也。《孟子》云：'与民守之，效死而民弗去。'后世之铸军铸饷而失信于民也，则鱼烂而亡矣。彼乌知信亡斯国亡者。""信"字，属在上者言，俞氏樾曰："《集注》云'无信，则虽生而无以自立，不若死之为安'。则是信为民之信，与上文民信之矣同一字而有二义，且去食而责民之信，理亦未圆，将使委巷细民，人人枵腹而抱尾生之柱乎？"康氏《注》曰："食足信孚，则可制梃以挞坚甲利兵。贾谊言：'钼耰棘矜，不敌于钩戟长铩，然斩木为兵，遂灭强秦。'至若张巡死守一城，而障唐室；王烛以布衣死节，而存齐国；文天祥于宋亡后，待死以存节义之正气，其功大矣！彼徼倖偷生，藉口于保全生灵，若冯道历相十主者，斯必为孔子所斥绝也。"

程子曰："孔门弟子善问，直穷到底，如此章者，非子贡不能问，非圣人不能答。"

> 棘子成曰："君子质而已矣，何以文为？"子贡曰："惜乎！夫子之说君子也。驷不及舌。文犹质也，质犹文也。虎豹之鞟犹犬羊之鞟。"《颜渊篇》

"文犹质也"四句，诸家解说不同，据《集解》孔安国注曰："虎豹与犬羊别，正以毛文异耳，今使文质同者，何别虎豹与犬羊？其意谓若文犹质，质犹文，是文质相同，如虎豹之皮去其毛文以为鞟，与犬羊之鞟同处，何以别虎豹与犬羊？是同文于质也。"皇《疏》、邢《疏》采之。然棘子成是弃文用质，非有文质同之见，则孔《注》非也。说谓文犹质，质犹文，礼无本不立，无文不行，文质皆所宜，用其轻重，等也。文如虎豹，质如犬羊，虎豹犬羊皮各有所用，正如文之与质，不宜偏有废置也。此据刘氏《正义》。一说文犹质也，质犹文也，文质等耳，不可相无，若必尽去其文，而独存其质，则虎豹之鞟犹犬羊之鞟，君子小人无以辩矣。君子，指虎豹文也；小人，指犬羊野也。此据朱子《集注》，简氏《述疏》采之，以谓虎豹与犬羊之别，全在其毛，若去其毛而为鞟，孰能辨别其虎豹与犬羊？犹君子小人之辨在文与野，若去其文而徒用其质，使君子小人皆野服，孰可辨尊贤之等？【按】以上两说皆通，棘子成者，老、晏之流也，以崇质尚俭为宗，彼以为去伪保真，固异于小人之浮华鲜实，然文质相须为用，故曰："文质彬彬，然后君子。"夫质胜文则野，胜之犹且不可，况于用质而不用文耶？《易·革·象传》："大人虎变，其文炳也；君子豹变，其文蔚也。"夫人情莫不重虎豹者，为其毛之炳蔚也。若去其毛存其鞟，使与犬羊之鞟等，则文与野无以异，甚或有重犬羊之皮，而轻虎豹之皮矣，岂人之情也哉？

> **子贡问友，子曰："忠告而善道之，不可则止，毋自辱焉。"**《颜渊篇》

《集注》曰："友，所以辅仁也，故尽其心以告之，善其说以道之，然以义合者也，故不可则止，若以数而见疏则自矣。"刘氏《正义》曰："责善，辱朋友之道也，然不可则止，不复言，所以全交，亦所以养其羞恶之心，使之自悟也。"简氏《述疏》曰："文七年，传晋荀林父告先蔑而弗听者，则赋诗以讽之板之三章，其词曰：'我虽异事，及尔同僚。我即尔谋，听我嚣嚣。我言维服，勿以为笑。'夫同官为僚，敢不尽心乎？友之义已尽矣，林父遂止而弗告矣，不以自辱闻也。"

卷七终　门人吕灿铭校字

卷八　端木赐下

卷八　端木赐下

> 子贡问曰："何如斯可谓之士矣？"子曰："行己有耻，使于四方，不辱君命，可谓士矣。"曰："敢问其次。"曰："宗族称孝焉，乡党称弟焉。"曰："敢问其次。"曰："言必信，行必果，硁硁然小人哉！抑亦可以为次矣。"曰："今之从政者何如？"子曰："噫！斗筲之人，何足算也。"《子路篇》

【谨按】春秋之世，列国纷争，当时人才最重使节，能不辱命，夫岂易言。子贡能言，故以使事告之。夫行己有耻，是有守也；不辱君命，是有为也。有为有守，所以为士。《曾子·制言》篇："有耻之士，富而不以道，则耻之；贫而不以道，则耻之。"此其志有所不为，而其才足以有为者也。至如宗族称孝，乡党称弟，即孟子所谓"一乡之善士"，是有守而未必能有为者，故曰："其次。"若夫言必信，行必果，则与孟子所云"大人者，言不必信，行不必果"相反。夫大人之言行，一于义而已，义之所在则言之必信，行之必果；如其非义，则言不必信，行不必果。苏氏轼曰："立然诺以为信，犯患难以为果，此固孔子之所小也。孟子因之，故曰：'大人者，言不必信，行不必果。'大人者，不立然诺，而言未尝不信也；不犯患难，而行未尝不果也。"苏氏说见《东坡全集》。反是，而一于信，一于果，则硁硁然之小人矣。《孟子》谓："悻悻然，见于其面。"悻悻，正与硁硁同。孙爽《孟子音义》："悻悻或作悾悾，悾与硁同。硁硁，直貌，有坚确之意。"故曰："又其次也。"其识量浅狭矣，然犹不失为乡党自好之士，故有取焉。下此则为市井之小人，既无耻又无才，无耻则无所不为，无才则无所可用，名之曰"斗筲"，则今之从政者，犹谚语所谓饭桶也。

《礼·聘义》云："使者聘而误主，君弗亲飨食也，所以愧历之也。"夫误而失礼，以辱君命，犹其小焉尔。其大者，则行人失辞，不利国家，或屈节焉，以行己无耻，而不知国耻也。子贡有节概之士，而又长于口辩。《左传·哀公十五年》载其与子服景伯如齐，而折陈成子之言，卒能反鲁侵地。又如《弟子传》所载田常欲伐鲁，孔子谓门弟子曰："父母之国危，二三子何为莫出？"子贡请行，孔子许之，遂行。故子贡一出，存鲁乱齐，破吴强晋而霸越，则其才可知矣。是所谓"能不辱君命"者也。汉时苏武出使匈奴，亦能不辱君命，名节卓然，《汉书·苏武传》赞曰："孔子称志士仁人，有杀身以成仁，无求生以害仁，使于四方，不辱君命，苏武有之矣。"

简氏《述疏》曰："《集注》谓子贡每问愈下，故夫子以斗筲之人警之。"程子又谓："子贡之意，盖欲为皎皎之行闻于人者。"【按】其说皆未审也。子贡之问愈下，欲明其究也，夫子非以是警之也。夫欲为皎皎之行闻于人，是近名矣。安见子贡欲为是闻耶？盖士者，民之望也，子贡以为今之从政者，岂士也欤？欲求士之实而自修也。夫斗筲之人，皆市道无耻者流，则士而非士矣。顾亭林所谓亡国之遗，夫子岂以是而警子贡乎？

> 子贡问曰："乡人皆好之，何如？"子曰："未可也。""乡人皆恶之，何如？"子曰："未可也。不如乡人之善者好之，其不善者恶之。"《子路篇》

郑《注》："乡人皆好，或者行与众同，或朋党矣；乡人皆恶，或者行与众异，或孤特矣。不若乡人之善行者好之，恶行者恶之。与善人同，复与恶人异道，理胜于前，故知是实善也。"简氏《述疏》曰："今使其有苟合耶？则不善者不恶之矣；今使其无可好耶？则善者不好之矣。《经》云：'众恶之，必察焉；众好之，必察焉。'察则别于善不善之类矣，其本则在知人之智也。此以知选举而徒从众者之非良法也。谓无别于其类也。"康氏《注》曰："此为采乡评合公论言之，风谷未美，则乡论亦不可据。乡人皆好，或为阉然媚世之人；乡人皆恶，或为独行苦节之士。故不如善人好之，则无同流合污之害；不善人恶之，则益见嫉恶禁邪之风。圣人论人，不采诸众誉，而并察诸众毁，后世仅知采众好，则所得皆媚世合污之人矣。"

> 子贡曰："管仲非仁者与？桓公杀公子纠，不能死，又相之。"子曰："管仲相桓公，霸诸侯，一匡天下，民到于今受其赐。微管仲，吾其被发左衽矣。"《宪问篇》

《汉书·韦贤传》引刘歆说，谓："周自幽王后，南夷北夷，交侵中国，不绝如线。《春秋》纪齐桓南伐楚北伐山戎，孔子曰：'微管仲，吾其被发左衽矣。'是故弃桓之过而录其功，以为霸首。"王氏弼曰："于时戎狄交侵，亡邢灭卫，管仲攘戎狄而封之，南服楚师，北伐山戎，而中国不移，故曰：'受其赐也。'观此，则当日管仲攘夷之功可知矣。子路、子贡皆疑管仲未以为仁，而不知管仲之所为，仁者之功用也。"《集解》王《注》王肃也曰："管仲召忽之于公子纠，君臣之义未正成，死之未足深嘉，不死未足多非，故仲尼但美管仲之功，亦不言召忽不当死也。"《家语》云："子纠未成君，管仲未成臣，管仲不死束缚而立功名，未可非也。"其说与王《注》同。《史记·管晏列传》管仲曰："公子纠败，召忽死之，吾幽囚受辱，鲍叔不以我为无耻，知我不羞小节，而耻功名不显于天下也。"由斯以论，则管仲不死，其势实有所不得已者。盖当日夷狄交侵，微管仲，其谁定之，使先王衣冠礼乐之盛不沦于夷狄者，管仲也。无论管仲之与公子纠君臣之义未定，即曰君臣之分而所系者在一身，若华裔之防则所系者在天下，故孔子称其'九合诸侯，一匡天下'，尊周攘夷之功，不当以匹夫匹妇之谅而律管仲。匹夫匹妇，不必指召忽言。徐幹《中论》及《汉书·应劭传》所云皆谓仲尼比召忽于匹夫匹妇，固哉。盖权衡于大小之间，而以天下为心也。夫君臣之分，犹不敌华裔之防，而况其未为君臣者耶？钱氏时曰："诸侯知天王之尊，生民免夷狄之祸，皆管仲之赐也。不然，则大经大法，泯然不存，夷狄异类，横行中国，而衣冠礼乐之地，沦污于腥膻，而莫之救，其视区区一死，真沟渎自经之徒耳。又况管仲于义可以不死者乎？"阮氏元曰："管仲不必以死子纠为仁，盖管仲不以兵革会诸侯，使天下之民无兵革之灾，保全生命极多。仁道以爱人为大，若能保全千万生灵，其仁大矣。故孔子许其仁，而略其不死子纠之小节也。"

康氏《注》曰："管仲相齐，夷狄不得乱中国，诸侯不相寻兵戈，保华夏之族，存文明之化，功德至大，孔子自以为受其赐，后世若五胡不乱华、金元不入中国，则文明之程度必不止此。当时若有夷吾，民亦至今受其赐也。文明教化，为公共进化所关，一乱则不可复。若刘石之陷洛阳、隋之破金陵、金之入汴、匈奴之入罗马、突厥之入君士但丁，均于文明有损，实为天下之公罪。有捍御之者，亦为天下之公功，微管之言，称许之至，亦保爱种族文明之至。子路、子贡泥于寻常小节而责管仲，孔子乃比较其功罪是非，盖施仁大于守义，救人大于殉死，宋儒不知此义，动以死节责人，而不以施仁望天下，立义隘狭，反乎公理，悖乎圣义，世俗习而不知其非，宜仁义之日微，而中国之不振，然有管仲之才之功，则可不死，否则背君事仇，贪生失义，又远不若召忽也。"

【谨按】或曰仁者安仁，必其心浑然，天理无一息之不存，无一毫人欲之私，而后可以谓之仁。孔子于及门弟子，独许颜渊，谓能"三月不违"，其余则曰"日月至焉"而已。虽以仲弓之贤，犹未以仁许之，今考管仲之德，其违阙者多矣，而乃称之曰仁。然则仁有二道耶？曰"以仁之体言"，则曰"纯乎天理"；以仁之用言，则曰"利泽及人"。故博施济众，尧舜犹病，二者各当其可，不能执一而论也。

> 子曰:"君子道者三,我无能焉:仁者不忧,知者不惑,勇者不惧。"子贡曰:"夫子自道也。"《宪问篇》

皇《疏》引江熙曰:"圣人体是,极于冲虚,是以忘其神武,遗其灵智,遂与众人齐其能否,故曰'我无能焉'。子贡识其天真,故曰:'夫子自道也。'"周氏国价《论语释疑》云:"曰仁、曰智、曰勇,我无能焉,盖以是切己自求,非以是自谢也。君子知以明道,仁以体道,勇以任道。《中庸》合舜之知、回之仁、子路之勇,而道乃全。夫子曰'我无能',与君子之道四某未能,语气相同,原是以道自求,非泛作谦词也。子贡知足以知圣,恐人误看圣语,故为之解曰是乃夫子自言其所用力。以不惑自验其知,以不忧自验其仁,以不惧自验其勇,君子道者三,非夫子不足以尽圣人身分,与子贡知圣,实际并见矣。"

【谨按】仁者心无系累,无妄念,无私欲,故无入而不自得,胸襟洒然,夫何忧?知者见理明,识事机,辨典直,故能当机立断,物来顺应,夫何惑?勇者立志定,秉节坚,操守严,故能浩然独立,刚直而不馁,不为外物所摇夺,不为势力所屈挠,夫何惧?大抵圣贤处境,只是素位而行,素富贵则行乎富贵,素贫贱则行乎贫贱,素患难则行乎患难,盖知其无可如何,惟有安之若命,故曰"居易以俟命",则忧惑恐惧之心,自然冰释矣。若不能素位而行,终日汲汲于富贵,或戚戚于贫贱,将为贫贱所移,或为威武所屈,其忧惑恐惧之心,虽终身亦不能免,然事变之来,虽忧惑恐惧,亦何能解脱?徒自苦耳。故君子贵于知命。

康氏《注》曰:"人之生世,忧患、迷惑、恐惧,乃自苦也。极乐、大明、无畏,乃神明之至。得此则原始反终,虽历千百世,而无阻无害。孔子深得极乐之道,随入何地,皆欢喜自得,而永解苦恼者也。备极大明,随入黑暗,皆光明四照,而永无迷失者也;浩气独立,随入危险,皆安定从容,而绝无畏惧者也。故仁、知、勇三者,乃度世之宝筏,勿以为佛氏之所同,而割弃之也。"【按】康说虽近禅宗,然其理原可相通,因节录之。

> 子贡方人，子曰："赐也贤乎哉？夫我则不暇。"《宪问篇》

【谨按】方，《郑》本作"谤"据《释文》，谓言人之过恶也。其说非是，简氏《述疏》曰："若是谤人，孔子当云我则不为，何言'不暇'？孔注曰：'方人，谓比方人也。'《集注》义同。《庄子·田子方》篇：'鲁多儒士，少为先生方者。'是'方'，训'比'也。学以相辅而成，朋友切磋，最为学道之益，一则比较他人才智，而择其所长者以为法则；一则因以反省自己之失，而图改善也。子贡问赐也何如？而夫子以瑚琏比之。又问师与商也孰贤？其平时好比方人物，故夫子以女与回也孰愈问之。然比方人物，较其长短，虽属穷理之事，但专务为此，则心驰于外，而所以自治者疏六句本于《集注》故夫子曰：'赐也贤乎哉？'欲其反求诸己也。"

郑氏汝谐曰："子贡方人，夫子诲以'我则不暇'。及子贡以'终身可行'为问，夫子则告以'忠恕'，且语以一贯之旨。子贡服膺斯言，晚年遂尽化其气质，即不善如纣，子贡犹恕之曰：'纣之不善，不如是之甚。'其恕也如此。以视前日方人之心，盖已洗涤无余矣。及观其于叔孙武叔毁仲尼与子禽谓仲尼岂贤于子，俱辟其非，并称述圣人道大德容之盛，可见子贡晚年进德，盖极于高明矣。"

> 子曰："莫我知也夫。"子贡曰："何为其莫知子也？"子曰："不怨天，不尤人，下学而上达。知我者其天乎？"《宪问篇》

【谨按】《史记·孔子世家》及《说苑·至公》篇皆载"不怨天，不尤人，下学而上达，知我者其天乎"数语，金以莫知之叹发于获麟之后，盖以为因获麟而发也。然《论语》此经固不系之获麟而书，或谓此因子贡方人而发，欲其下学而上达，不必方人以求知，不求知于人，而求知于天也。故曰"知我者其天"，其说亦近于固执矣。

《集注》曰："不得于天而不怨天，不合于人而不尤人，但知下学而自然上达，此言其反己自修，循序渐进也，深昧语意，盖有人不及知而天独知之之妙。"简氏《述疏》曰："《孟子》云：'孔子进以礼，退以义，得之不得曰"有命"。'故《易传》云：'乐天知命，故不忧。'盖不得于天而不怨天也。《易传》云：'遁世无闷，不见是而无闷。'盖不合于人而不尤人也。惟本天人之理，反己自修而已矣。"

王氏守仁曰："夫目可得见，耳可得闻，口可得言，心可得思者，皆下学也。目不可得见，耳不可得闻，口不可得言，心不可得思者，上达也。如木之栽培灌溉，是下学也；至于日夜之所息条达畅茂，乃是上达。故凡可用功可告语者，皆是下学。上达只在下学里，凡圣人所说，虽极精微，俱是下学，学者只从下学用功，自然上达，不必别寻个上达的工夫云。"【按】王氏此言，深得一贯之旨，犹云"文章可得而闻，性与天道不可得而闻"，不知性与天道即在文章之中，不能离文章而言性与天道也。但从事于文章工功，真积力久，自然司得性与天道，故下学而上达，其理本是如此。

> 子曰："赐也，女以予为多学而识之者与？"对曰："然，非与？"曰："非也，予一以贯之。"《卫灵篇》

【谨按】孔子语曾子，曰"予一以贯之"；及语子贡，亦曰"予一以贯之"。《集注》谓"彼以行言，此以知言"，是泥于"多学而识"四字。夫一以贯之者，以谓殊途而同归，百虑而一致，亦即知行合一之义。盖博文为约礼之功，多识前言往行，皆所以增长吾之德性，非以骛博也。修齐治平外，岂别有所谓学问者乎？否则，其学为支离矣。虽多，亦奚以为？何得云一以贯之？皇《疏》云："我以一善之理贯穿万事，而万事自然可识斯其义也。"

一贯之说，诸家不同，分别录之，以备采择。

潘氏《集笺》曰："一贯者，乃执一理以贯通所闻，推此以求彼，得新而证故，如是而后能多学。夫子非以多学为非，以多学而识为非也。若一一识之，则其识固难，其忘亦易，非所以为多学之道矣。譬之学字，以其偏旁观之，斯万千之名可以形声尽也。譬之学数，以其比例观之，斯大小之形可以乘除尽也。是一贯者，为从事于多学之方也。"

康氏《注》曰："学徒多识而不知一贯，则散钱满屋，无以为收拾之方。"简氏《述疏》曰："孔子云：'多闻，择其善者而从之，多见而识之。'孟子云：'博学而详说之，将以反说约也，此一贯之义也。'子贡问曰：'有一言而可以终身行之者乎？'子曰：'其恕乎。'亦所谓吾道一以贯之也。"顾氏炎武云："六爻之义，至颐也，而曰：'知者观其彖辞，则思过半矣。'三百之《诗》，至汎也，而曰：'一言以蔽之，曰思无邪。'十世之事，至远也，而曰：'殷因于夏礼，周因于殷礼，虽百世可知。'百王之事，至殊也，而曰：'道二，仁与不仁而已矣。'此所谓'予一以贯之'者也。彼章句之士，则不足以观其会通矣。"

【谨按】潘氏之论，不取记忆教授，而取开发教授，即《论语》云"举一隅当以三隅反"之理。顾氏及康氏、简氏，皆以归纳法解释一贯之义，所谓"反说约也"。至于阮氏元，则谓博学、审问、慎思、明辨是为多学而识，笃行是一以贯之，谓徒博学而不能行，如诵诗三百，授以政，使四方而不能达，不能专对，虽多，亦奚以为？其说虽通，恐非本义。焦氏循则谓人与己一贯为忠恕，杨子为我，墨子兼爱，如能贯之，则恕矣，则不执一矣，圣人之道，贯乎为我、兼爱者也。简氏斥之，谓其煽杨墨之祸，以此诂经，是乱经也。焦氏引杨墨为言，不无语病，今亦不取。

> 子贡问为仁。子曰："工欲善其事，必先利其器。居是邦也，事其大夫之贤者，友其士之仁者。"《卫灵篇》

刘氏《正义》曰："《曾子制言下》云：'凡行不义，则吾不事；不仁，则吾不长奉；相仁义，则吾与之聚群。'《荀子·哀公》篇云：'所谓庸人者，不知选贤人善士托其身焉以为己忧。'然则所事所友，皆已德行之助，资以砥砺，故宜慎选之也。"康氏《注》曰："利器可以助用，故机器既出，世界一变；益友可以辅德，故仁贤熏染，德性日新，虽有良工，而无利器，则拙苦难成；虽有志士，而无君子，则孤陋焉。取此专以外物助成内德，益知亲师取友之要，而负俗教化之切也，夫子以是告子贡，欲其有所严惮切磋，以成其德也。"

【谨按】亲师取友，辅仁之方也，孔子美子贱，谓鲁无君子者，斯焉取斯。夫上资之材，犹藉师友辅导之力、切磋之功。若独学无友，岂止于孤陋寡闻！王氏守仁自谓生平得力之处，有赖于同门夹持之功不鲜，诚非虚言也。

《程子》曰："子贡问为仁，非问仁也，故孔子告之以为仁之资而已。"简氏《述疏》曰："子贡，卫人，历鲁、齐、晋、吴、越诸邦，《史记》可考也。孔子告之者明乎所至之居，皆为仁之资也。孔子告子贡以'仁者，己欲立而立人，己欲达而达人'，盖告之以仁之体也。此则因其问为仁，而告之以为仁之资。程子其辩之明矣。"又曰："《集注》谓夫子尝以子贡说不若己，故以是告之其义，本于《家语》。《家语》云孔子曰吾死之后，'赐也日损'，'赐也悦不若己者处'。《集注》用之，则为所误尔。孔子云'无友不如己者'，子贡岂未之闻乎？如切如磋，如琢如磨，子贡言《诗》而知之矣，何为悦不若己者？然犹曰子贡来学之初或然也。今谓孔子以死后说之，则是孔子垂没之年矣，岂子贡来学之初耶？《史记·列传》云子贡'喜扬人之美，不能匿人之过'，然子贡恶讦，以为直者蚑，非不能匿人之过可知也。惟其喜扬人之美，亦何为而悦不若己者乎？《集注》宜有修焉。"【按】毛氏奇龄亦辨之，谓："以子贡为悦不若己者，虽出自《家语》《说苑》，然皆不足据，且此处文义并无此意，尊贤求友是为仁取资之要事，何必以此波及之？"毛说是也。

> 子贡问曰："有一言而可以终身行之者乎？"子曰："其恕乎！己所不欲，勿施于人。"《卫灵篇》

《韩诗外传》曰："己恶饥寒，则知天下之欲衣食也；己恶劳苦，则知天下之欲安佚也；己恶衰乏，则知天下之欲富足也。知此三者，圣王所以不降席而匡天下，则君子之道忠恕而已矣。"【按】孔子语子贡曰："己所不欲，勿施于人。"则己所欲，又当施诸人矣。《孟子》言："得民心有道，所欲与之聚之，所恶勿施，尔也。"故"忠恕，违道不远"，"己欲立而立人，己欲达而达人"，则仁在其中矣。

黄氏震川曰："曾子告门人，则曰：'夫子之道，忠恕而已矣。'仲弓问仁，子告以'己所不欲，勿施于人'，其告子贡也亦然。盖始则勉强而行之，所谓'施诸己而不愿，亦勿施诸人也'；继则几于安行，所谓'我不欲人加于我，吾亦欲无加于人也'。'恕'字从如从心。【按】中心曰'忠'，如心曰'恕'，二语见《周礼·大司徒疏》。能如吾心之所欲，以推诸人，则己欲立而立人，己欲达而达人矣。如吾心之所恶，以推诸人，则所恶于上，毋以使下；所恶于下，毋以事上矣。如吾心之所欲，恶以推诸人，推诸人则所欲与之聚之，所恶勿施尔也。然有时我以恕待人，而人反不以恕待我，则惟有以直报怨，或如颜子之犯而不校，孟子所谓三自反：自反而仁，自反而忠，自反而有礼而已。"

康氏《注》曰："天下之人物虽多，事理虽繁，而其对待者，人与己而已。己，人也；人，亦人也。此心同，此理同，性情或异，嗜好或殊，然既同是人，当不相远。故道本诸身，欲徵诸己，己所欲者与人同之，己所不欲勿施于人，推己及人，如心而出，反诸至近，而可行诸至远。盖万物同原，人己一体，至浅之理，而为极善之言，万理无逾于恕者，可以终身行之，四海通之，万世从之者也。"

【谨按】《圣经》千言万语，其所以诏示天下后世者，不外一"仁"字。仁之至极则为圣，仁之作用则为恕。仁者，恕之体；恕者，仁之用也。果能实现，其恻隐之仁，必有救世之想，必有一视同仁之概。既能一视同仁，则施诸己而不愿，亦必不以施诸人。何也？以其心有所不安也，未有己所不安之事，强以施诸他人，而可以为仁者也。无他，以其违乎本心也。其本心之天理已失，而后不虑及人之好恶，不计人之得失，不顾人之安危也。苟能提起此心，用其恻隐之仁，以普及于天下，不论何时何地何事，本着此一点真心，以待人待物，父以此诏其子，兄以此勉其弟，视天下之溺犹己溺，视天下之饥犹己饥，人虽有过失也，或原其情以宥之，或宽其量以容之，如此，则此心泰然，而争端亦息矣。此岂非治平之基，而大同之道也哉？

> 子曰："予欲无言。"子贡曰："子如不言，则小子何述焉？"子曰："天何言哉，四时行焉，百物生焉，天何言哉？"《阳货篇》

皇《疏》引王弼曰："予欲无言，盖欲明本，举本统末而示物于极者也。夫立言垂教，将以通性，而弊至于湮；寄旨传辞，将以正邪，而势至于繁。既求道中，不可胜御，是以修本废言，则天而行化也。"刘氏《正义》曰："夫子本以身教，恐弟子徒以言求之，故欲无言，以发弟子之悟。圣人法天，故《大易》咸取为'象'，故曰：'大人者，与天地合其德。'《诗·文王》云：'上天之载，无声无臭。'载者，事也，天不言而事成，故无声无臭也。"《荀子·天论》篇："列星随旋，日月递照，四时代御，阴阳大化，风雨博施，万物各得其和以生，各得其养以成。不见其事，而见其功，夫是之谓神；皆知其所以成，莫知其无形，夫是之谓天。"

【谨按】孔子尝言'吾无行而不与二三子者'，是圣人一动一静，莫非天理之流行。盖以身教，而不在言语之末，以气象感人尤深也。汉之黄叔度、宋之程伯淳、明之陈白沙，史载其蕴藉雍容，霭然儒者，足以感动后进，况圣如孔子，岂必以言语见？苟徒事于言语之末，而不得其所以立言之本旨，尤足滋误会也。

《丹铅后录》曰："孔子于颜回，则终日与之言，曰'回也非助我者'，盖得忘言之筌蹄，而契无言之教也。自回以下，虽颖悟如赐，而夫子犹屡启发之，曰'予欲无言'，即欲示以无言之教也。盖子贡之学，从知识入，故孔子问：'女与回也孰愈？'而子贡即对以闻一知十、闻一知二之说，孔子乃谓子贡曰：'女以予为多学而识之者与？'然则子贡之不及颜渊，即此可以测知之矣。"

徐氏爱仁曰："子贡专求圣人于言语之间，故孔子以无言告之，使之实体诸心，以求自得。颜子于孔子之言，默识心通，故与之言终日，若决江河而之海也。故孔子于子贡之无言不为少，于颜子之终日言不为多，各当其可而已。"语见《传习录序》。【按】至道本无言，儒释同此指，研究孔颜，当识心学，知者不待言也，不知，虽言不传。

毛氏奇龄曰："《集注》谓此开示子贡之切，惜乎其终不喻也。夫子贡焉有不喻之理？《集注》何以知其终不喻而且惜之？君子名之必可言，《注》云子路不喻；上好礼，《注》云樊迟终不喻。此三终不喻，不知何据而云？然《蒙引》云子贡后来闻性与天道，如何说终不喻？则在极附《集注》者犹且疑之。"简氏《述疏》曰："《集注》谓子贡终不喻者，则以子贡闻此而无明喻之辞尔，然岂不为默喻乎？其默喻也，即感于无言之意也。《笔解》云韩曰：'吾谓仲尼非无言也，特设此以诱子贡，且激子贡，使进于德行科也。'李曰：'子贡谓夫子之言性与天道不可得而闻，又谓夫子之不可及，犹天之不可阶而升。'此识得仲尼天何言哉之意也明矣。"

> 子贡曰："君子亦有恶乎？"子曰："有恶。恶称人之恶者，恶居下流而讪上者，恶勇而无礼者，恶果敢而窒者。"曰："赐也亦有恶乎？""恶徼以为知者，恶不孙以为勇者，恶讦以为直者。"《阳货篇》

张氏拭曰："君子者，惟其爱人，故恶称人之恶者，为其薄也；惟其顺德，故恶下流而讪上者，为其逆也；惟其循理，故恶勇而无礼者，为其陵犯也；惟其达义，故恶果敢而窒者，为其冥行也。子贡之恶，是恶其近似而害于知勇与直者也。子贡之检身，抑可知矣。"说见《论语解》。

康氏《注》曰："称人恶，则谿刻无仁厚之意；下讪上，则悖逆无忠敬之心；勇无礼，则犯上作乱；果敢而窒，则胆大妄为此因《集注》之言而修之是四者，皆孔子之所恶也。"又曰："徼，谓抄人之见以为己有。讦，谓攻发人之阴私。夫知之为知之，不知为不知，是为知；自反而不缩，虽褐宽博，吾不惴焉，是为勇；直道而行乃为直。反是，故子贡恶之。圣贤之所恶如此，学者亦可自省为圣贤所恶否也。凡圣贤之所恶，皆所谓恶不仁者也。"

【谨按】圣贤之好恶，皆出于公。若此七者之可恶，不惟孔子、子贡恶之，亦人人之所同恶也。惟众人之好恶，性往溺于私而不由于公，是以失其性情之正。圣人则不然，其所当好者则好之，所当恶者则恶之，故曰："唯仁者能好人能恶人。"苟自省无此七者之可恶，于圣贤则庶几矣。

> 子贡曰："纣之不善，不如是之甚也。是以君子恶居下流，天下之恶皆归焉。"《子张篇》

《列子·杨朱》篇："天下之美归诸舜禹，天下之恶归诸桀纣。"《集解》、孔《注》亦以纣为不善，后世憎之，以天下之恶归之。此一说也。杨恽《报孙会宗书》曰："下流之人，众毁所归。"《后汉书·窦宪传》论曰："宪功庸兼茂，而后世莫称者，章末衅以降其实也。是以下流，君子所甚恶焉。"观此诸文，皆以天下之恶为恶名也。

皇《疏》引蔡谟曰："圣人之化，由群贤之辅；闇主之乱，由众恶之党。是以有君无臣，宋襄以败，卫灵无道，夫奚其丧？言一纣之不善，其乱不得如是之甚，身居下流，天下恶人皆归之，是以亡也。"此又一说也。左氏《昭七年·传》楚芊尹无宇曰："昔武王数纣之罪，以告诸侯，曰纣为天下逋逃主萃渊薮。"杜《注》："天下逋逃，悉以纣为渊薮，集而归之，即此义也。"【按】二说皆通，当以前说为得子贡本意，故邢《疏》云此章戒人为恶是也。若依后说，则"天下之恶"句，"恶"字下当加一"人"字，文义乃明。

> 子贡曰："君子之过也，如日月之食焉。过也，人皆见之；更也，人皆仰之。"《子张篇》

凌氏曙曰："日月之行天上，日居上，月居下，日为月所掩，故日食。月在天上，日乃在地下，地球居中隔之，日光为地球所掩，不能耀月，故月食。"语见《四书典故覈》。【按】凌说与地理学家论地球与日月之关系大略相同。简氏《述疏》曰："日月一岁十二会，方会而终谓之晦，既会而始谓之朔。晦朔之交，日月会于天上之辰，月在日下，东西度同，南北道同，则月掩日之光而日食，《春秋》所谓'日有食之'也。朔以后，晦以前，分十五日，日月相对，谓之望，其望也，日在地圜之下，月在天上，受日之光，于是乎月盈矣，或蔽于地焉，则月失日之光而月食，历家所谓'暗虚之蔽'也。君子之过而能更，则人知其无伤于德，如日月之食而能更，则人知其无伤于明。孟子言古之君子更其过者，犹子贡说也。"康氏《注》曰："君子光明磊落，绝无隐匿，即有过，众与人共见，旋即改去，不留纤污，明德复明，完全无缺，故如日月之食，此与小人之过必文互对。"

> 卫公孙朝问于子贡曰："仲尼焉学？"子贡曰："文武之道，未坠于地，在人。贤者志其大者，不贤者志其小者。莫不有文武之道焉。夫子焉不学？而亦何常师之有？"《子张篇》

刘氏《正义》曰："《中庸》云：'仲尼祖述尧舜，宪章文武。'大道之传，由尧舜递至我周，制礼作乐，于是大备，故言：'文王既没，其文在兹。'及此子贡言道，故亦称文武也。文武之道常存，是以夫子删定赞修，皆为有徵之文献。《书》言夫子问礼于老聃，访乐于苌弘，问官于郯子，学琴于师襄，其人苟有善言善行足取者，皆为我师，此所以为集大成之圣也。"康氏《注》曰："老聃、苌弘，贤者之志其大，孔子就而问礼；师襄、师挚，不贤者之志其小，孔子就而问乐。以及项橐可师，童谣可识，皆所谓焉不学、无常师也。《吕氏春秋》谓'孔子学于孟苏夔靖叔'，或亦孔子所尝问学者，但生知之神圣，博采古今中外之长，无在非师，亦无一师可服，盖孔子为创教之圣，无不师学，实亦非关师学也。"

【谨按】圣人无常师，又能不耻下问，孔子问礼于老聃，访乐于苌弘，问官于郯子，学琴于师襄，其入太庙，能每事问，故韩氏昌黎所谓圣益圣也。学者不肯从师，又耻于下问，以智自矜，所以愚益愚也。夫巫医乐师百工之人不耻相师，所以能成技，士大夫之族则耻相师，吾未见其能明也。

> 叔孙武叔语大夫于朝曰："子贡贤于仲尼。"子服景伯以告子贡。子贡曰："辟诸宫墙，赐之墙也及肩，窥见室家之好。夫子之墙数仞，不得其门而入，不见宗庙之美，百官之富。得其门而入者寡矣。夫子之云，不亦宜乎？"《子张篇》

刘氏《正义》曰："夫子没后，诸子切劘砥励，以成其学，故当时以有若似圣人，子夏似夫子，而叔孙武叔、陈子禽皆以子贡贤于仲尼，可见子贡晚年进德修业之功，几乎超贤入圣。扬子《法言·问明》篇：'仲尼，圣人也。或劣诸子贡，子贡辞而精之，然后廓如也。'武叔未亲圣教，本在门外，故云不得其门而入者。"简氏《述疏》曰："子贡晚见用于鲁，当哀公时，拒吴之寻盟，吴将执卫侯而请舍之，使齐而反其侵地，鲁人贤之，其所谓贤于仲尼者，殆以是欤？当时景伯于子贡常同事而就谋焉，故举所闻以告，子贡设譬而及宗庙，意谓圣人之德，当有飨也。《史记》创《孔子世家》，史迁盖知其美富矣。迄今中邦数千年，孔子庙飨徧天下，七十子峨峨而从祀其庭，斯美富何如哉！"康氏《注》曰："孔子圣而不可测，之谓神也。凡道愈深远，人愈难见道；稍浅而近，人人则易窥。人情皆据所见以论，以武叔而论孔子，如以三尺僬侥而窥龙伯大人，岂能见哉？孔门自颜子具体外，其余诸子亦不过得片鳞爪甲，何况后人？故二千年来，得见孔子之道者寡矣。子贡得孔子之一体而世大震惊，盖圣道愈深则愈暗，然而人益不能测也。"

【谨按】公伯寮诉子路于季孙，而子服景伯以告；此次叔孙武叔之言，而子服景伯亦以告，然则子服景伯者，最为嫉恶之人，最景仰孔子之人，而又与圣门子路、子贡相友善者也。子贡贤于仲尼之说，在子服氏亦必不以为然，盖深知子贡必非自是之人，故以告子贡，然则子服氏固贤者也。

> 叔孙武叔毁仲尼。子贡曰："无以为也！仲尼不可毁也。他人之贤者，丘陵也，犹可逾也。仲尼，日月也，无得而逾焉。人虽欲自绝，其何伤于日月乎？多见其不知量也。"《子张篇》

《列子·仲尼》篇："陈大夫聘鲁，见叔孙氏，叔孙曰：'吾国有圣人。'曰：'非孔丘耶？'曰：'是也。''何以知其圣乎？'叔孙曰：'吾闻颜回曰孔丘能废心而用形。'"翟氏灏《四书考异》曰："称圣人而以废心用形为词，即谓之毁圣人可也。"

【谨按】《列子》所载，系假托之词，颜渊蚤死，武叔安得闻此语？即以为闻诸颜渊，而颜子亦何至出此言？武叔始以不知圣人，而谓子贡贤于仲尼；继且以不知圣人，而毁仲尼。如《列子》所载固不足信，且如所言，其称之者非也。惟其称之者非，故其毁之者亦非，不足辨也。

简氏《述疏》曰："子贡之言智，足以知圣人其过乎万世无穷者哉。而后世犹有他惑，而亦如武叔焉，则日月而阴霾其明，固无伤也，彼亦如武叔而已矣。武叔者，万世之愚罪人也。"康氏《注》曰："以孔子之神圣，在当时亦遭毁谤，盖道大如天，非民所能名，而小大精粗不容，必相攻击，但攻人者，必其相等乃能攻，否则如盲者攻日月无明，其于日月何损？只益见其盲而已。"

> 陈子禽谓子贡曰："子为恭也，仲尼岂贤于子乎？"子贡曰："君子一言以为知，一言以为不知，言不可不慎也。夫子之不可及也，犹天之不可阶而升也。夫子之得邦家者，所谓立之斯立，道之斯行，绥之斯来，动之斯和。其生也荣，其死也哀，如之何其可及也？"《子张篇》

刘氏《正义》曰："《荀子·儒效》篇云：'造父者，天下之善御者也，无舆马则无以见其能；羿者，天下之善射者也，无弓矢则无以见其巧；大儒者，善调一天下者也，无百里之地则无以见其功。'夫子未得大用，故世人莫知其圣，而或毁之。然至诚必能动物存神过化，理有不忒，夫子仕鲁，未几而政化大行，亦可识其略矣。"简氏《述疏》曰："《春秋》：'定公十年春，及齐平。夏，公会齐侯于夹谷，齐人来归郓欢龟阴田。'当是时孔子以司寇摄相，故齐人服义而归鲁田，《左传》可考也。《史记》言孔子为鲁司寇，'与闻国政三月，粥羔豚者弗饰贾，男女行者别于涂，涂不拾遗，四方之客至乎邑者，不求有司，皆予之以归'。此得邦家而道行之兆也。惜乎未久而齐沮之尔。《新序》云：'鲁有沈犹氏者，旦饮其羊，饱之，以欺市人；公慎氏有妻而淫；慎溃氏奢侈骄佚；鲁之制马牛者善豫贾。孔子将为鲁司寇，则沈犹氏不敢饮其羊，公慎氏出其妻，慎溃氏逾境而徙，鲁之鬻马牛者不豫贾，布正以待之也。'此可与《史记》参观。"康氏《注》曰："此圣人之神化，上下与天地同流者，子贡言夫子之得邦家，其能易世安民如此，然孔子未尝得邦家，但垂教耳，而能不立斯立，不道斯行，不绥斯来，不动斯和，固不藉国家之力也。"

《集注》引谢氏良佐曰："观子贡称圣人语，乃知晚年进德，盖极于高远也。"王氏应麟《困学纪闻》曰："孔门受道，惟颜、曾、子贡，其自注云子贡闻一以贯之之传，与曾子同。"【按】考子贡事迹，散见于《礼记》《左传》《尚书大传》《韩诗外传》《史记》《家语》《说苑》《新序》《庄子》《列子》《荀子》《韩非子》《吕氏春秋》《论衡》等书，其说颇详，而亦多传会。

【谨按】《史记·弟子传》记其历聘诸国，存鲁乱齐亡吴强晋而霸越，有类于战国纵横家者流，必非事实。王氏安石曰："《史记》所载此传者之妄也，如其言，则仪、秦轸代，无以异也。孔子曰'己所不欲，勿施于人'，己以坟墓之国，而欲全之，则齐、吴之人，岂无是心也哉？岂可以变诈之说，亡人之国，而求自存哉？子贡固不宜有此，矧曰孔子使之乎？太史公言学者多称七十子之徒，誉者或过其实，毁者或损其真，子贡虽好辩，讵至于此？殆所谓毁损其真者哉！"苏氏洵亦论之，谓非子贡实事，诚然。

崔氏述曰："《论语》列子贡于言语之科，《孟子》称子贡善为说辞，以其才长于专对，若《春秋传》称辞盟于吴《哀十二年·传》及说太宰嚭而舍卫侯之类耳，若战国纵横之流，巧言乱德以倾覆人家国者也。乌有佐陈恒以篡齐？欺夫差使亡国者哉？此盖因子贡善于辞令，遂托言之耳。"

《家语·六本》篇载："孔子言谓：'吾死之后，商也日益，赐也日损。'曾子问其故，子曰：'商也好与贤己者处，赐也好悦不若己者。'"

云云，此又因子贡好方人而傅会之矣。

【谨按】《韩氏外传》载子贡对齐景公之言，以仲尼之德比拟于天。《史记·弟子传》曰："使孔子名布扬于天下者，子贡先后之也。"则子贡卫道之功大矣。

【谨按】子夏与子贡晚年皆造道甚深，当日孔子于子贡，往往与颜渊对举，如"与回孰愈"之问，及云："回也其庶乎，屡空；赐不受命而货殖焉，亿则屡中。"则子贡之才质在孔门中，颜子而外，诚未有能及之者。

卷八终　门人吕灿铭校字

卷九 卜商 言偃

卷九　卜商　言偃

卜商

《史记》："卜商，字子夏，少孔子四十四岁。"《家语》："子夏，卫国人。"郑《目录》亦作"卫人"。孔颖达《檀弓疏》则云"魏人"。

【谨按】子夏，笃信谨守之人也。子游脱略，颇有名士态度；子夏质直，近于守文之徒。惟其脱略，故少恪慎之信，其事亲也，恐或近于弗敬；惟其质直，故易流于固执，其事亲也恒乏温和之色。然二子之学力，则子夏造诣为尤深。子夏盖深于《诗》者也，子曰："起予者商也，始可与言诗已矣。"今考《诗序》二卷旧本，题卜子夏撰，而学者聚讼纷纭。以为《大序》子夏作，《小序》子夏毛公合作者，郑康成《诗谱》也。以为子夏所序《诗》，即今《毛诗》序者，王肃《家语注》也。以为卫宏受学于谢曼卿而作《诗序》者，《后汉书·儒林传》也。以为子夏所创，毛公及卫宏又加润益者，《隋书·经籍志》也。以为子夏不序《诗》者，韩愈也。以为子夏惟裁初句，以下出于毛公者，成伯玙也。以为《诗》人所自制者，王安石也。以《小序》为国史之旧文，以《大序》为孔子所作者，程明道也。以首句即为孔子所题者，王得臣也。以为《毛传》初行尚未有序，其后门人互相传授，各记其师说者，曹粹中也。以为村野妄人所作，昌言排击而不顾者则倡之者，郑樵、王质，和之者朱子也。大抵《大序》出于子夏，《小序》

首二语则原在《毛传》以前经师所传，其《小序》续申之，语则出于《毛传》之后递相授受推演而成也。参用《四库提要·诗序》二卷案语。然子夏不惟深于《诗》，而又深于体深于《易》，明于《春秋》，能得孔氏之微言者也。故孔门弟子，以子夏为最博学，今述卜商言行凡十六条。

> 子夏曰："贤贤易色；事父母能竭其力；事君，能致其身；与朋友交，言而有信。虽曰未学，吾必谓之学矣。"《学而篇》

《汉书·李寻传》颜师古注："贤贤，尊上贤人；易色，轻略于色，不贵之也。" "易"字，解作"轻易"。《集注》："贤贤易色者，谓贤人之贤，而易其好色之色，好善有诚也。" "易"字解作"改易"。陈氏祖范《经咫》曰："此主夫妇一伦，言贤贤，如《关雎》之'窈窕淑女，君子好逑'。《车舝》之'辰彼硕女，令德来教'。易色，如所谓情欲之感，无介乎容仪宴私之意，不形乎动静，在妇为嫁德不嫁容，在夫为好德非好色也。"蔡氏节曰："贤贤易色，谓贤人之贤而为之改容更貌也。"此别一说。宋氏翔凤《朴学斋札记》曰："三代之学，皆明人伦，贤贤易色，明夫妇之伦也。《诗序》曰：'《周南》《召南》，正始之道，王化之基，是以《关雎》乐得淑女以配君子，忧在进贤不淫其色，哀窈窕，思贤才，而无伤善之心焉，是《关雎》之义也。'此贤贤易色之切证，非虚指好善有诚者也。"说本刘申受，宋氏采之。

【谨按】宋氏说与陈氏同，易色之"易"，解作"轻易"，或作"改易"，其训虽殊，而义则相通。惟有轻易之心，而后能改易也。然如《集注》所云，则须明出"好"字，未免添字解经，其旨虽是，而解则费词矣。子夏所举四者，皆人伦之大端也。子夏生平笃信谨守，不尚高论，然圣贤之学术、帝王之治道，穷物理审时世，虽变化无端，而处于伦常，欲尽其所能为者，道亦不外乎此，故云虽曰："未学，吾必谓之学矣。"

简氏《述疏》曰："子夏之言，有为之言也。反而言之，若不能此四者，虽曰已学，吾必不谓之学矣。盖春秋时，学术既废，其学者多失本真，苟未学者而得其本，犹之学也，而以未学少之，可乎？茅容之孝、王彦章之忠，皆未学而能然，斯生质之善也，而不得以未学少之。冯道历事五朝，自著《长乐老序》以为荣，安在其为学中人也。"

> 子夏问孝，子曰："色难。有事，弟子服其劳；有酒食，先生馔，曾是以为孝乎？"《为政篇》

包、马二家解"色难"，均以"承顺父母颜色"为"难"。司马光《家范》说此文云："色难者，观父母之志趣，不待发言而后顺之。即此注意，盖服劳奉养，人子之所宜然，而不足为难，惟隐候颜色，先意承志，乃能深得欢心。"《祭义》云："养，可能也；敬，为难。敬，可能也；安，为难。"《盐铁论》云："上孝养志，其次养色。"《曲礼》云："视于无形，听于无声是也。"及郑氏康成解"色难"，则以"和颜悦色"为"难"，是以"色"为"人子之色"。【按】《祭法》云："孝子之有深爱者，必有和气；有和气者，必有愉色；有愉色者，必有婉容。"又云："严威俨恪，非事亲之道。"《吕氏春秋·孝行览》云："和颜色，养志之道也。"皇《疏》引颜延之曰："夫气色和，则情志通，善养亲之志者，必先和其色，故曰难也。"此郑氏义，朱子采之，于子夏似较切近，足见夫子因材施教，如医者之对病发药也。抑余考荀卿子所载子夏家贫，衣若县鹑，人曰："子何不仕？"曰："诸侯之骄我者，吾不为臣；大夫之骄我者，吾不复见。"若是，则子夏能固穷者也。今能设酒食以养亲，则其过人远矣。

> 子夏问曰："'巧笑倩兮，美目盼兮，素以为绚兮。'何谓也？"子曰："绘事后素。"曰："礼后乎？"子曰："起予者商也！始可以言《诗》已矣。"《八佾篇》

惠氏士奇《礼说》曰："子夏疑素以为绚，夫子以后素惟绘事为然，故举以示之，子夏遂因素而司礼，盖五色之黑黄苍赤必以素为之介，犹五德之仁义智信必以礼为之闲，且礼者，五德之一德，犹素者五色之一色，以礼制心，复礼为仁。太素者，质之始也，则素为质；后素者，绘之功也，则素为文。故曰'素以为绚'。素也者，万物之所以成始成终也，故履初素贲上白，素者'履之始，白者'贲之终。然则忠信之人可以学礼，何谓也？忠而无礼则愿也，信而无礼则谅也，愿则愚，谅则贼，不学礼，而忠信丧其美也。是故画缋以素成，忠信以礼成。素者无色之文，礼者无名之朴。老子不知，以为忠信之薄。宫立而五音清，甘立而五味平，白立而五色明，礼立而五德纯。故曰大文弥朴，孚似不足，非不足也，质有余也。"

【谨按】惠氏系采诸郑《义》，皇《疏》亦同。朱子解"后素"，则以为"后于素"，谓："先以粉地为质，而后施五采，故曰'甘受和，白受采'，犹人先有美质，而后可加文饰，所谓忠信之人，乃可学礼也。"其说与郑氏异义矣。《集注》："倩，好口辅也；盼，目黑白分也；素，粉地画之质也；绚，采色画之饰也。言人有此倩盼之美质，而又加以华采之饰，如有素地而加采色也。子夏初疑其以素为饰，故问之。"两说比较，似以《集注》为长，故简氏《述疏》曰："郑司农《考工记》云：'素功，无缘饰也，由是言之，则素功以素质言也，非以白采言也。'郑注《论语》云：'凡绘，先布众色，然后以素分布其间以成文，喻美女虽有倩盼美质，亦须礼以成之。'盖郑意以素喻礼也，然礼岂惟白采之素乎？且如其说，将《诗》言倩盼者，后布白采之素以成绚，是美人傅粉也。子夏初何为而疑问耶？汉学家必从郑，以素喻礼，盖辩之未明矣。"

谢氏良佐曰："子贡因论学而知《诗》，子夏因论《诗》而知《礼》，故皆可以言《诗》。"【按】子夏，传《诗》者也，而亦以习礼闻仪，《礼·丧服传》或云子夏传焉。

子谓子夏曰："女为君子儒，无为小人儒！"《雍也篇》

【谨按】君子小人之分，义与利之间而已，正其谊不谋其利，明其道不计其功，君子也。若一面去读书，一面去谋利，驰心于富贵利达，鲜有不为奸慝者矣。何晏曰："君子之儒，将以明道；小人之儒，则矜其名。"程子曰："君子儒为己，小人儒为人，是也。子夏为孔门高弟，其识见或失于狭隘者有之，而必不陷于功利，此所云'君子小人'，当以器识广狭分，不当以邪正分也。"刘达禄《论语述何》曰："君子儒，所谓贤者识其大者；小人儒，所谓不贤者识其小者。识大者方能明道，识小者易于矜名。"子游讥子夏之门人"小子"，以其识小也。夏侯胜谓章句小儒，破碎大道，此亦小人儒也。夫子勉子夏以君子儒者，欲其器识远大，可以大受；不可为小人儒，但务卑近。故子夏问政，而孔子告以"无欲速，无见小利"，盖将以儒术远大期之，子夏虽或失于狭隘，而与俗儒不同，更与陋儒不同，《荀子·非十二子》篇目为贱儒，盖亦诬矣。

> 子夏为莒父宰，问政。子曰："无欲速，无见小利。欲速则不达，见小利则大事不成。"《子路篇》

《大戴礼》《四代》篇曰："好见小利妨于政。"《吕览·劝勋》篇曰："利不可两，忠不可兼，不去小利，则大利不得；不去小忠，则大忠不至。故小利，大利之残也；小忠，大忠之贼也。"并与此文义相发。《程子》曰："子张问政，子曰：'居之无倦，行之以忠。'子夏问政，子曰：'无欲速，无见小利。'盖子张过高而未仁，子夏之病，常在近小，故各以切己之事告之。"《集注》曰："欲事之速成，则急遽无序，而反不达。见小者之为利，则所就者小，而所失者大矣。"张氏栻《论语解》其说略同。康氏《注》曰："学者之患，皆在见小、欲速，由其志趣不远，规模不大，而成就亦因之。所见愈远，经营愈大，为万世久远之规，为普天成仁之事，则其达成愈难，而皆视其所欲以决之。"

简氏《述疏》曰："唐刘晏造运船，漕运关东，谷入长安，是京师之食也。晏置十场造船，每艘给钱千缗，或言所用实不及半，虚费太多，晏曰：'不然，论大计者不惜小费，凡事必为永久之虑，今始置船场，执事者多当先使之私用无窘，则官物坚牢矣。若遽与之屑屑校计锱铢，安能久行乎？异日必有患吾所给多而减之者，减半以下犹可也，过此则不能运矣。'其后五十年，有司果减其半。及咸通中，有司计费以给之，无复羡余，船益脆薄易坏，漕运遂废，非见小利者使之然欤？"

《家语·致思》篇云："孔子将行，雨而无盖，门人曰：'商也有之。'孔子曰：'商之为人也，甚吝于财，吾闻与人交，推其长者，远其短者，故能久也。'"【按】此是形容子夏器量狭小，非其实也。《说苑》亦载此事，崔氏述已辩之。子夏之在圣门，品行卓卓，必不吝一盖，于其师亦未必。孔子与诸弟子皆无盖，而子夏独有也。此必因子夏为人近于拘谨，遂傅会此言耳。

> 子夏之门人问交于子张，子张曰："子夏云何？"对曰："子夏曰：'可者与之，其不可者距之。'"子张曰："异乎吾所闻。君子尊贤其容众，嘉善而矜不能。我之大贤与，于人何所不容？我之不贤与，人将距我，如之何其距人也？"《子张篇》

张氏栻曰："包《注》言：'友交当如子夏，泛交当如子张。'其说是已，二子论交，各持一义，不可废也。若但泛然交际，固常尊贤而容众，嘉善而矜不能；若与之为友，则当与其可者，而拒其不可者。但拒之之辞，微嫌过甚耳。"蔡氏节述永嘉何氏曰："子夏之言，是为初学择交者也。子张之言，是学成而泛交者也。"康氏《注》曰："朱子谓子夏之言迫狭，盖子夏守约者也，以此教其门人小子，使之慎其初交，无比匪人，无亲损友，未尝不是。若子张之说，乃深得圣道，宏奖风流，其于贤则尊之，善则嘉之，又推施仁恕，众则容之，不能则矜之，真有万物一体之量，有因物付物之怀，孔子待人，正尔如此。则子张之所得，可知也。朱子以为过高，而妄议子张，则是妄议孔子也。盖朱子亦是守约之人，于此未有得者。"

> 子夏曰："虽小道，必有可观者焉。致远恐泥，是以君子不为也。"
> 《子张篇》

《汉·艺文志》云："小说家者流，盖出于稗官，街谈巷语，道听涂说者之所造也。孔子曰：'虽小道，必有可观者焉。致远恐泥，是以君子弗为也。'然亦弗灭也。闾里小知者之所及，亦使缀而不忘，如或一言可采，此亦刍荛狂夫之议也。"《庄子》曰："百家众技，皆有所长，时有所用，虽然，不该不徧，一曲之士也。"《后汉书·蔡邕传》："邕上封事曰：'夫书画辞赋，才之小者，匡国理政，未有其能。昔孝宣会诸儒于石渠，章帝集学士于白虎，通经释义，其事优大，文武之道，所宜从之。若乃小能小善，虽有可观，孔子以为致远则泥，故君子当志其大者。'"班《志》及蔡邕皆以"致远恐泥"为孔子之言。刘氏《正义》曰："小道为诸子书，本汉人旧义。"故郑《注》云："小道，如今诸子书也。"江熙曰："百家竞说，非无其理。"亦用郑义。康氏《注》曰："百家众技，立于世者，其中各有精妙有可观览，但如耳目口鼻，皆有所明，而不能相通，不如孔子之大道。若欲经世立教，则当致之远大，故君子择焉。"简氏《述疏》曰："谓小道为诸子。《集注》亦采之。【按】邢《疏》及杨氏龟山亦以小道为百家众技。故曰'小道如农圃医卜之属'，是举其隅而言也。孟子时有为神农之言者许行，曰'贤者与民并耕而食'，此其陷焉。故《汉志》云：'及鄙者为之，以为无所事圣主，欲使君臣并耕，悖上下之序。'盖泥者若斯也。夫泥者，不通如在泥中然，是以君子不学也。皇《疏》云：'为犹学也。'君子为学，本于六经大道，而于小道则观之，舍短取长也，如为小道而不知大道，则泥而不通矣。彼他求于外者，非不小道可观也，乃惑者为之，而弃六经大道，岂君子然乎？昔孙叔敖相楚，三年不知轭在衡后，务大者固忘小也，如以相国而劳乎考工，乌知务大而为大道耶？老农老圃，孔子不如，非忘之也，以此为细民之事，非君子之学也。"

> 子夏曰："日知其所亡，月无忘其所能，可谓好学也已。"《子张篇》

皇《疏》云："日知其所亡，是知新也；月无忘其所能，是温故也。"刘氏宗周曰："君子之于道，日进而无疆，其所亡者，既日知之，则拳拳服膺而弗失之，至积月之久，而终不忘。所谓学如不及，犹恐失之也。"陈氏澧曰："日知其所亡，月无忘其所能，读之似甚浅近，然二者实学问之定法也。于稽其类，则知新者，知也；温故者，无忘也。知及之者，知也；仁能守之者，无忘也。择善者，知也；固执者，无忘也。深造者，知也；自得之者，无忘也。知斯二者，知也，弗去者，无忘也。平旦之气者，知也；操则存者，无忘也。"【按】学问之道，温故知新而已。温故而不知新，其失也陋；知新而不温故，其失也殆。顾氏炎武著《日知录》，义取乎此，《中论》载子夏曰'日习则学不忘'，亦即此章之义。

> 子夏曰："博学而笃志，切问而近思，仁在其中矣。"《子张篇》

【谨按】仁之为道，不求诸外，而在反求诸己，故曰"非由外铄我也"。博学者，是致力沉潜于六艺之道也，已有力行之功，然恐其或有间断也，故贵乎笃志。能博学而笃志，则是笃信好学，守死善道，而无躐等与他歧之惑矣。切问者，是致力考辨乎六艺之道也，亦已有力行之功，然恐其涉于务外也，故贵乎近思，能切问而近思，则是能近取譬，反求诸己，而无驰高与骛远之弊矣。二者之致力也，虽见于外，而其根源，实出诸心。心在于成己与成物也，则博学以求其方，切问以明其理，当夫理之未得也，则笃志以求之；辨之未明也，则切近而思之。举凡所志所事，无不本于吾心良知之精明，以研叩而体察之，此非仁者之用心而何？故曰"仁在其中矣"。

《集注》谓："四者皆学问思辨之事，而未及乎力行，然则力行者何事乎？既已学问思辨，是已致力于行，尚于何处更求力行乎？是离学问思辨而言道也，是歧道而二之也。"《集注》又言："从事于此，则心不外驰，而所存自熟，故仁在其中。然心苟外驰，必不能从事于此，既能从事于此，即以见心不外驰。盖道问学者，即是尊德性功夫；明善者，即是诚身功夫。固无二致也。《中庸》言：'择善固执，是诚之者，所以行仁也。'子夏之言，即择善固执之义。"简氏《述疏》："以子夏言仁，由学而入，是即朱子见解，故其解格物之义，谓必穷至事物之理，以求至乎其极，而后可以致知诚意。若是，则是愚夫愚妇未尝学问，是不可以诚意，不可以修身矣。如其所言，是求之于外，而非反躬切己之学，其与孔子言仁之旨相去远矣。"

> 子夏曰："百工居肆以成其事，君子学以致其道。"《子张篇》

《齐语》管子对桓公曰："今夫士群萃而州处，则父与父言义，子与子言孝，其事君者言敬，其幼者言悌，少而习焉，其心安焉，不见异物而迁，故其父兄之教，不肃而成；其子弟之学，不劳而能。夫是故士之子恒为士。今夫工群萃而州处，审其四时，辨其功苦，权节其用，论比协材，旦暮从事，施于四方，以饬其子弟，相语以事，相示以巧，相陈以功，少而习焉，其心安焉，不见异物而迁，故其父兄之教，不肃而成；其子弟之学，不劳而能。夫是故工之子恒为工。"【按】此即居肆成事，学致其道之谓也。

【谨按】赵氏佑《温故录》、吴氏英《经句说》皆言"学"字上脱一"居"字，居肆、居学，皆以地言。学，乃学校之学也，盖人必先安定其身体，使有所归宿，以为用功之处，而后能专一其心志，而不至于纷惑。故百工居肆，士人居学，而后其事可成，其学可就也。康氏《注》曰："凡艺业，必合群讲习而后精，盖相观而善谓摩，耳濡目染，故不肃而成，不劳而能。苟闭门独学，则无讲习渐摩之益，必孤陋而寡闻，勤苦而难成矣。"

> 子夏曰："小人之过也必文。"《子张篇》

《史记·孔子世家》齐群臣对景公曰："君子有过则谢以质，小人有过则谢以文。"《孟子》曰："古之君子，过则改之；今之君子，过则顺之。岂徒顺之又从而为之辞？"【按】为之辞，即文也。皇《疏》引缪播曰："君子过犹不及，不及而失，非心之病，务在改行，故无吝也。其失之理明，然后得之理著，得失既辨，故过可复改也。小人之过，生于情伪，故不能不饰，饰则弥张，乃是谓过也。"康氏《注》曰："小人魂昏魄重，卑污诡曲，外托无过，而不肯改过，故不惮自欺，必从而文饰之，包藏粉饰，既无知过之诚，遂绝改过之望，所以终于小人欤？"

【谨按】过而不改，是未能见得善之当为，恶之当去耳。如真能见得，譬若瘢痕之在面，尘垢之染衣，则虽欲一时不去之而不可得，何用文为？此必认真有为圣贤之志，而后能不欺其心，否则掩其不善而著其善，终亦必为小人而已矣。

> 子夏曰："君子有三变：望之俨然，即之也温，听其言也厉。"《子张篇》

《集注》曰："俨然者，貌之庄；温者，色之和；厉者，辞之确。"程子曰："他人俨然则不温，则不厉，惟孔子全之。"邢氏《疏》曰："常人远望之，则多懈惰；即近之，则颜色猛厉；听其言，则多佞邪。惟君子则不然，远望之，则正其衣冠，尊其瞻视，常俨然也；就近之，则颜色温和，及听其言辞，则严正而无邪佞也。"康氏《注》曰："此所谓气备四时也。色温则可亲，言厉则无私，其与巧言令色之鲜仁相反矣。"顾氏炎武《日知录》曰："据《洪范》正义云：'言之决断，若金之斩割。'谓居官，则告谕可以当鞭朴；行师，则誓戒可以当甲兵。是之谓：'听其言也厉。'"

【谨按】望之俨然者，君子非有意于俨然而貌示庄敬也。盖由其心无苟且。即之也温者，君子非有意于温也，盖由其心无邪佞。听其言也厉者，君子非有意于厉也，盖由其心无偏私。三者皆诚于中而形于外，盖出于自然而然，非可以伪为也。

> 子夏曰："君子信而后劳其民；未信，则以为厉己也。信而后谏；未信，则以为谤己也。"《子张篇》

蔡氏节曰："好逸恶劳，民之情也。惟有恳切爱民之意，信乎其民，故其使民也，而民从之，盖知其利乎我也；喜顺恶咈，君之情也，惟有笃实爱君之诚，信乎其君，故其谏君也，而君听之，盖知其忠乎我也。苟民以为厉己，君以为谤己，是其诚意未孚矣。"简氏《述疏》曰："子夏文学而深于

《易》者，故其言事上使下，皆与信孚之义相通。"

《易·比》之"初六"曰："有孚盈缶，终来有他吉。"王氏弼曰："夫不以信而为，比之首则祸莫大焉。故必有孚盈缶，然后可以免于咎。"《晋》之"六三"曰："众允悔亡。"王氏弼曰："志在上行，与众同信，乃得悔亡，是则事上使下，必其诚意交孚，而后可以有为，乃获吉也。"

> 子夏曰："大德不逾闲，小德出入可也。"《子张篇》

《韩诗外传》曰："孔子遭齐程木子于郯之间，倾盖而语。有间，顾子路曰：'由，束帛十匹以赠先生。'子路曰：'昔者由闻之夫子，士不中道相见。'孔子曰：'大德不逾闲，小德出入可也。'"刘氏《正义》曰："据此则为夫子佚事。盖孔子言而子夏述之也。"【按】《晏子春秋》，晏子对孔子，亦有此二语。简氏朝亮以此为公言孔子为述所闻，今子夏亦述之。

康氏《注》曰："大德、小德，犹言大节、小节。大德，事关国家身名，一败则终身瓦裂，故一毫不可苟。假若小德，则饮食起居之际，猎较犹可，申夭不妨，故云'出入可也'。子夏虽守约，而执德犹宏，若程子之谏折枝，必至使人作伪而后已，盖为人道所难，则必尽反乎大道，不可不察也。"

【谨按】孔《注》、皇《疏》、邢《疏》，皆以大德小德指人言。方氏旭《论语偶记》亦同。简氏《述疏》则就观人论，以谓修己者，虽小德亦不可使有出入，引《荀子》言："大节是，小节是，上君也；大节是，小节一出焉，一入焉，中君也。大节非，小节虽是，吾无观其余矣。"言观人也。简氏盖因吴氏谓子夏此言不能无弊，故申论之本作别解，可备一说。

> 子游曰："子夏之门人小子，当洒扫应对进退，则可矣，抑末也。本之则无，如之何？"子夏闻之，曰："噫！言游过矣！君子之道，孰先传焉？孰后倦焉？譬诸草木，区以别矣。君子之道，焉可诬也？有始有卒者，其唯圣人乎！"《子张篇》

《集注》曰："君子之道，非以其末而先传之，非以其本为后而倦教，但学者所至，自有浅深，如草木之有大小，其类固有别矣。若不量其浅深，不问其生熟，而概以其高且远者，强而语之，则是诬之而已。君子之道，岂可如此？若夫始终本末，一以贯之，则惟圣人为然，岂可责之门人小子乎？"简氏《述疏》曰："《曲礼》云：'毋噭应。'又云：'侍坐于君子，君子问，更端则起而对。'又云：'长者问，不辞让而对，非礼也。'又云：'负剑辟咡诏之，则掩口而对。'盖所当若是也。《曲礼》云：'凡为长者粪之礼，必加帚于箕上，以袂拘而退；其尘不及长者，以箕自向而扱之。'《管子·弟子职》云：'凡拚之道，实水于槃，攘臂袂及肘，堂上则播洒，室中握手。'盖所当若斯也。《曲礼》云：'遭先生于道，趋而进，正立拱手，先生与之言则对，不与之言则趋而退。'盖所当若是也。斯皆小学之道，夫门人而曰小子，固在子游言中，何意忘小子宜小学乎？"

　　程子曰："君子教人有序，先传以小者近者，而后教以大者远者，非先传以近小，而后不教以远大也。"又曰："圣人之道，更无精粗，从洒扫应对以至精义入神，贯通只一理。"【按】程子此语，实彻终之论。盖事有浅深，而理无浅深，事有小大，而理无小大也。洒扫应对为事之浅者、小者，人所共知也。而洒扫应对之如何而合于理，则必有其所以然之处。盖当洒扫则洒扫，而洒扫不失其序；当应对则应对，而应对不失其宜。虽圣人为之，亦若是耳。盖处事适当者为理，若于事上有过差，即于理上有欠阙。故洒扫应对进退，下学也，而上达之理存焉。上达之理，即在下学之中，非口可得而言，非耳可得而闻也。门人小子，教以下学工夫可已，及其至也，则下学而上达焉。康氏称许子游，谓其后学有子思、孟子，皆为孔道大宗，发明天命性道，能直指本心，得其大本。子夏教授西河，而后学不闻大成，由其过于守约所致云，此未为笃论也。

> **子夏曰："仕而优则学，学而优则仕。"**《子张篇》

《集注》曰："仕而学，则所以资其仕者益深；学而仕，则所以验其学者益广。"简氏《述疏》曰："墨子称周公佐相天子者，则云'周公朝读书百篇'，此学之资其仕者矣。《说苑》称子贱对孔子问仕何得者，则云'始诵之文，今履而行之，则学日益明'，此仕之验其学者矣。春秋之季，其士大夫若周原伯鲁者，不悦学也，曰：'可以无学，无学不害。'识者所以知周之将乱也。废学，乌能为国哉？"康氏《注》曰："仕优而后学，若方仕而专事读书，则必旷职业胙矣。学优而后仕，若不学而遽干禄，则必覆悚刑凶矣。"

【谨按】考子夏教授西河。《史记正义》："西河，今汾州。"《括地志》云："隐泉山在汾州隰城县北，山崖壁立，崖半有一石室，去地五十丈，顶平有地十许顷。石室为子夏退老西河时所居，其地有卜商神祠，今尚在。"晚年造诣甚深，为魏文侯所礼重。《家语》载孔子之言曰："吾死之后，商也日益，赐也日损。"谓商好与贤己者处也。此语未必实有，当是傅会之词，于《子贡卷》已辨之。子夏于《诗》《书》《易》《礼》《春秋》皆精研。《礼·丧服》篇大传先儒，相传以为子夏所作。不独长于《诗》也，而好为精微之论，其于《易》学尤深。《易》学者，精微之奥窔也，夫子言《诗》《书》执《礼》而罕言《易》，尝读《易》至《损益》，喟然而叹，举其理以语子夏。见《说苑》及《家语》。故子夏卒传《易》学，今所传子夏《易传》十一卷，说经者以为伪撰。臧氏庸《拜经日记》曰："《七略》云子夏《易》传三卷，汉兴韩婴传。《汉·艺文志》：'《易》有十二家。'而无子夏作传者。《七略》为刘子骏所作，孟坚据之以撰《艺文志》。《七略》既云汉兴韩婴传，韩婴字子夏，是《易》传为汉韩婴所作，而非卜子夏也。"然当日子夏实深于《易》学也。《史记索隐》曰："子夏文学著于四科，序《诗》传《易》。"即此可以证明。《索隐》并言孔子以《春秋》属商，又传《礼》，著在《礼志》。其好为精微之论者，殆有得于《易》义者乎？宋氏翔凤《论语说义》曰："子夏六十四人共撰仲尼微言，以当素王微言者，性与天道之言也。"

【谨按】《礼记·孔子闲居》所载"三无五起"之说，皆属精微之论。《家语》亦载之。《尚书大传》及《韩诗外传》有"见其表不见其里"等语，所谓里者，盖谓精微者也。《韩诗外传》孔子与子夏论《书》，曰："丘尝悉心尽志，已入其中，前有高岸，后有深谷，冷冷然如此，既立而已矣，不能见其里也。盖谓里为精微。"又《家语》载子夏谓人物之生，"各有奇耦，气分不同，凡人莫知其情，惟达德者能原其本"。子贡曰："微则微矣，非治世之待也。"孔子曰："各其所能。"据此足为子夏好论精微之证。《家语》又云："子夏为人性不弘。当指可者与之，其不可者拒之等语。而好论精微，时人无以尚之。"斯亦足证也。

【谨按】 子夏，卫人，或以为魏人，唐赠子夏为魏侯，宋封魏公。据《史记》及《吕氏春秋·举难察贤》篇并言子夏为魏文侯师，盖子夏固尝居魏，魏、卫同音，故误以为魏人耳。今考《集解》引郑《目录》云："温国卜商，温是卫邑也。"《论语录》曰："《汉书·地理志》：'温国属河内郡，河内，卫地。'故《家语》以为卫人是也。"

洪氏迈曰："孔子弟子，惟子夏于诸经独有著述，于《易》则有《传》，于《诗》则有《序》，而《毛诗》之学，子夏授高行子，四传而至小毛公，或云子夏传曾申，五传而至大毛公。于《礼》则有《仪礼·丧服传》一篇。于《春秋》，虽云'不能赞一辞'，盖亦尝从事于斯矣。后汉徐防上疏云：'《诗》《书》《礼》《乐》，定自孔子；发明章句，始于子夏。'斯其证矣。"朱氏彝尊曰："洪氏申明子夏传经之功，可谓得其要领。"语见朱氏《经义考》。

《史记·儒林传》云："子夏居西河，田子方、段干木、吴起、禽滑釐之属皆受业于子夏，为王者师。"《汉·艺文志》云："《诗》有毛公之学，自谓子夏所传。《经典释文》叙录《毛诗》，引徐整云：'子夏授高行子，一云子夏传曾申。'"《经典释文》曰："子夏授高行子，高行子授薛仓子，薛仓子授帛妙子，帛妙子授河间大毛公，毛公写诗诂训传，以授赵人小毛公。一云子夏授曾申，申传魏人李克，克传鲁人孟仲子，孟仲子授根牟子，根牟子授赵人孙卿子，孙卿子授鲁人大毛公。"（陵玑《草木虫鱼疏略》同。）《春秋》有公羊高 公羊名高，齐人谷梁赤 谷梁名赤，鲁人 皆子夏弟子也。《七录》云："谷梁名淑，字元始。"应劭《风俗通》云："谷梁赤，子夏门人。"又《史记》载："墨翟，宋大夫，善守御，为节用。"《索引》云："《墨子》书有文子问于墨子。文子，子夏弟子也。"考文子又述老子之言，盖文子尝为儒家之学，又出入于老墨之间者也。又《汉·艺文志》载李克七篇，班注曰："李克，子夏弟子也。则子夏弟子固多矣。"《史记·弟子传》云："孔子传《易》于商瞿，瞿传楚人馯臂子弓。"原作子弘，误也。应劭《注》曰："子弓是子夏门人，则馯臂子弓既为商瞿门人，又为子夏门人也。《弟子传》又称子夏居西河教授，为魏文侯师，则文侯斯亦其弟子也。孔子门人弟子之多且有名于时者，莫子夏若矣。"

康氏有为曰："子夏为魏文侯师，寿百余岁，讲学西河，人拟于孔子，故荀子谓：'子夏氏之儒，盖在有子、曾子外，实为孔门之大宗。'"

朱氏彝尊曰："《韩非子》载，自孔子后，有子张之儒，有子思之儒，有颜氏之儒，有孟氏之儒，有漆雕之儒，有仲良氏之儒，有公孙氏之儒，有乐正氏之儒，而子夏之门人若高行子、曾申、公羊高、谷梁赤，传《诗》及《春秋》者，反不与焉，不得其解也。"语见朱氏《义经考》。

朱氏《文水县卜子祠堂记》曰："《诗》《书》《礼》《乐》，定自孔子。发明章句，始于子夏。"盖自六经删述之后，《诗》《易》俱传自子夏，夫子又称其可与言《诗》。《仪礼》则有《丧服》一篇。又尝与魏文侯言《乐》。郑康成谓：'《论语》为仲弓、子夏所撰。'特《春秋》之作，不赞一辞，夫子则曰《春秋》属商。其后公羊、谷梁二子皆子夏之门人。盖文章可得而闻者，子夏无不传之，文章传性与天道亦传，是则子夏之功大矣。"

【谨按】考《礼记》《尚书大传》《韩诗外传》《家语》《说苑》《新序》《列子》《荀子》《尸子》《韩非子》《孔丛子》《中论》等书，皆载子夏言行，诸书所记，尚少偏驳之论。惟《说苑》记孔子将行，无盖，弟子谓子夏有之，孔子言其人短于财，并言与人交当推其长远其短等语。《家语·致思》篇亦载此事。若是，则以子夏为吝惜也。又《檀弓》记子夏丧其子而丧其明，曾子责以三罪，亦似不近人情。盖闻丧而吊，方当慰藉，忽数其罪而责之，岂人情乎？崔氏述以为此皆出于傅会之说，诚然。

简氏朝亮曰："子夏哭子丧明，《礼记·檀弓》云尔。《史记》称子夏为魏文侯师，是由春秋而战国，则子夏之年当百有数十矣。【按】《攈采异闻录》云：'魏文侯以卜子夏为师，考《史记》所书子夏少孔子四十四岁，孔子卒时，子夏年二十八，是时周敬王四十一年。后一年，元王立，历正定王考王，至威烈王二十三年，魏始为侯，去孔子卒时七十五年矣。文侯为大夫二十二年，而为侯又十六年而卒，姑以始侯之岁计之，则子夏已百有三岁。'其为师时，必非丧明也。如其衰老丧明，安必以丧子故乎？曾子之年未闻逾百也，岂逮子夏丧明之年而罪之乎？且子夏为《丧服传》，《论语》称其问孝，则深于礼而必哀者也。而《檀弓》云曾子怒曰：'商！女何无罪也。'乃云丧尔亲，使民未有闻焉，丧尔子，丧尔明，盖怒呼其名而罪之其词，皆可疑也。执丧，岂因使人有闻乎？此《檀弓》传闻之失尔。《论衡·祸虚》篇固疑之矣。"毛氏奇龄曰："王充《论衡》云子夏失明，虚妄之言。宋王伯厚、明方正学辈亦有辨其未确者。"

伍兰清问于其师简氏朝亮曰："《通鉴·周纪》云：'周威烈王二十三年，初命晋大夫魏斯、赵籍、韩虔为诸侯。'此三家分晋，天子不惟不讨，而反命之，魏斯者，文侯也。《史记》言：'文侯受经于子夏，夫以子夏之贤，而于魏文侯亦教之乎？'"答曰："子夏居西河教授，西河，魏地也，子夏居之，文侯受天子命为诸侯，则魏君也，天子命之，子夏安得干天子命，而不以为诸侯。昔者孟子谓万章曰：'子以为有王者作，将比今之诸侯而诛之乎？其教不改而后诛之乎？'今魏文侯受天子命为诸侯，至西河而受教，是师子夏也，非臣之也，子夏安可不教之乎？教之以六经之术，俾善治其国焉。庶几天子之命虽失，而终无咎也。田子方、段干木皆受业于子夏。见《史记·儒林》传。而文侯亦师之。见《魏世家》李克云。是则文侯固好学而能得师者也。"【按】伍氏之问，其意以为子夏不当教魏文侯也，固哉！苏氏子瞻《荀卿论》以李斯之不忠，归其罪于荀卿，谓其父杀人，其子必且行劫，非笃论也。孔子有教无类，与其进也，不保其往。荀卿之为世诟病者，不在于李斯之为其弟子，不在于言性恶，而在非十二子。夫以李斯之不忠，尚不能归罪于荀卿，而责其教诲之不当，况以文侯之殷勤受业，执弟子礼而来，为子夏者岂可却而不纳哉？

言偃

《史记》："言偃，字子游，吴人，少孔子四十五岁。"《家语》作"鲁人"，谓"少孔子三十五岁"，误也。

【谨按】孔门四科，子游、子夏皆以文学名。子游则习于《礼》，子夏则习于《诗》，其学行皆卓然可纪，《论语》所记，亦无贬词。今以《礼运》考之，孔子语以大道之行天下为公论者，谓其得闻大同之道，能传孔子之微言，非余子可及也。是以子游之事见于《礼记》者独多。沈氏德潜《吴公祠堂记》曰："子游之文学，以习《礼》自见，今读《檀弓》上下二篇，当时公卿士大夫，凡议礼弗决者，必得子游一言以为重轻，故自论小敛户内大敛东阶，以暨陶咏犹无诸节，其间共一十有四，而其不足于人者，惟县子泳哉。叔氏一语，则其毕生之合礼可知。"【按】沈氏说与阎氏若璩《四书释地又续》略同。崔氏述曰："《檀弓》记司寇惠子之丧，子游为之重服，释之者曰：'惠子废嫡立庶，故子游为重服以讥之。'然废嫡立庶，其过在人，谏之可也，自处于非礼，不已反失乎？使文子终不悟，是徒失己而无救于人也，此必非子游之事云。"崔氏之言是已。今述言偃言行凡四条。

> 子游问孝。子曰："今之孝者，是谓能养。至于犬马，皆能有养。不敬，何以别乎？"《为政篇》

包《注》云："犬以守御，马以代劳，皆养人者。"养，供养也。《礼·坊记》云："小人皆能养其亲，君子不敬，何以辨？"言小人亦能养亲，惟狎恩恃爱，而敬不至。小人，即庶人；君子则士以上通称。《曾子·立孝》篇曰："君子之教也，忠爱以敬，尽力而无礼，则小人也。尽力，即以力致养之事；无礼，即不敬也。"参用刘氏《正义》。毛氏奇龄《稽求》篇曰："今但以养为能事者，匪特为子能之，即犬马亦能之也。彼所不足者，独敬耳。此是旧注正说。若人养犬马，此何晏之邪说，不知《集注》

何以取之？"【按】束晳《补亡诗》曰："养隆敬薄，惟禽之似。"唐李峤《表》云："犬马含识，乌鸟有情。宁怀反哺，岂曰能养。"马周《疏》云："臣少失父母，犬马之养，已无所施。"宋王丰《表》云："犬马之养未伸，风木之悲累至。"皆以犬马喻人子，足以证明本章之义。

> **子游曰："事君数，斯辱矣；朋友数，斯疏矣。"**《里仁篇》

《集注》引胡氏寅曰："事君谏，不行，则当去；导友，善不纳，则当止。至于烦渎，则言者轻，听者厌矣。是求荣而反辱，求亲而反疏也。"吴氏嘉宾曰："数与疏对。数，密也，疾也，速也。《记》曰'祭不欲数'是也。'君子之交淡如水，小人之交甘如醴。君子淡以成，小人甘以坏。'事君交友，皆若是矣。数者，昵之至于密焉者也。惟恐其辱，乃所以召辱；不欲其疏，乃所以取疏。故曰：'上交不谄，下交不渎。'"《宋书·萧思话刘延孙传》论："夫侮因事狎，敬由近疏。疏必相思，狎必相厌。厌思一殊，荣辱自隔。"【按】陈白沙先生论交，谓："情不可过，会不可数，抑情以止慢，疏会以增敬，终身守此，然后故旧可保。"其子游立言之意也乎？

康氏《注》云："君臣朋友，皆以义合，故其事同，然子游所言亦为交浅者言之。若托孤寄命之君臣，投分同志之朋友，当大事临大节之际，则牵裾断鞅，切切偲偲，又不得以此论矣。"

【谨按】"数"，又作"责让"解，《礼记·儒行》云："其过失可微辨，而不可面数也。谓不可面相责让也。"俞氏樾《群经平议》说同。俞氏又云："《曲礼》曰：'为人臣之礼不显谏。'故谏有五，而孔子从其讽。其于朋友则曰忠告，而善道之。事君而数，则失不显谏之义；朋友而数，则非所以善道之矣。"此说于义亦顺。

> 子之武城，闻弦歌之声。夫子莞尔而笑，曰："割鸡焉用牛刀？"子游对曰："昔者偃也闻诸夫子曰：'君子学道则爱人，小人学道则易使也。'"子曰："二三子！偃之言是也。前言戏之耳。"《阳货篇》

刘氏《正义》曰："夫子于武城，得闻弦歌之声者。《乐记》云：'古之教者，家有塾，党有庠。'春秋时，庠序塾之教废，故礼乐崩坏，雅颂之音不作，子游为武城宰，乃始复庠序之教，于是求学者众，故夫子入其境，得闻弦歌之声。"康氏《注》曰："孔子礼乐并制，而归于乐。盖人道以乐为主，无论如何立法，皆归于使人乐而已。故小康之制尚礼，大同之世尚乐。今普天下人人皆敦和无怨，合爱尚同，百物皆化，《礼运》以为大道之行也。子游尝闻大同，其治武城，即以此道治之，故孔子喜极，美其以大道治小邑也。其后子思、孟子之学，皆出于子游，故多能言大同之道。"简氏《述疏》曰："闻弦歌声，乐也。乐在礼中，故《礼记》有《乐记》一篇，周官大司乐所以属于掌邦礼之宗伯也。今邑有弦歌，知其为礼乐之教焉。子游文学，其以礼乐为治六经之术也。汉尚经术，于是天下多循吏，人民忠厚，服从国事，有三代之遗风。明洪武间，经术粲然，吏治民风，庶几于汉，学道岂迂乎？"

【谨按】此章辞义，崔氏《考信录》以为失真，其言曰："鲁为礼乐之邦，故孔子曰：'鲁一变，至于道。'武城，鲁邑，弦歌之声，不必武城而后有之。孔子既喜之，何以反戏之？独不虑闻者之疑之乎？然以子游之聪敏，亦不当闻戏言而误以为实也，且于孔子前称夫子，亦非春秋时语。此盖传而失其真者。"愚谓崔氏《考信录》考辨颇为精详，多所纠正，然其学主见闻，勇于自信，《清史列传》称其虽有考证，而纵横轩轾，任意而为者亦多，诚然。若此章之论，则未免疑经太甚矣。

> 子游曰："丧致乎哀而止。"《子张篇》

夏氏之蓉《丧说》曰："人未有自致者也，必也亲丧乎？述曾子语。盖先王制礼，出于人情之所不能自已者，是故衰麻免绖之数，哀之发于衣服者也；擗踊哭泣之节，哀之发于声音者也。斩衰唯而不对，齐衰对而不言，大功言而不议，哀之发于言语者。父母之丧，朝一溢米，莫一溢米。齐衰之丧，不食菜果；大功，不食醯酱；小功，不饮酒醴。哀之发于饮食者也。父母之丧，居倚庐，寝苫枕块；斩齐衰之丧，居垩室。哀之发于居处者也。凡此皆称情以立文焉。"康氏《注》曰："子游之说，即丧与其易也宁戚，不若礼不足而哀有余之意。然毁不灭性，故有礼以节之。若从尚哀，则阮籍之斗酒呕血为得矣。朱子以为有弊，诚然，子游盖为忘哀者言之也。"

【谨按】夏氏、康氏两说皆从《集注》，谓当致极其哀也。《集注》引杨氏说，其义略同。以"而止"二字当作"而已"。孔《注》解此则云："毁不灭性。"皇《疏》、邢《疏》皆因之，盖谓治丧者尽哀而止，过此则灭性矣，故曰："毁不灭性也。"

考子游事迹，《礼记》所载特详。此外则《家语》《说苑》皆有纪载。其见于《礼运》者，多孔子告语之词，特为精粹。见于《檀弓》者，则子游吊丧及讨论礼仪之事。《论语》不载子游习《礼》，而《礼记》特详载之者，互文见义，正可补《论语》之缺，盖孔门中长于礼者莫子游，若子游，固礼乐中人也。

子游深于礼学，即曾子亦未能及之。考《檀弓》所载"曾子袭裘而吊""子游裼裘而吊"一节，及"曾子吊于负夏"一节，可以知之，虽曾子亦佩服子游，自以为不及也。

朱子为《子游祠堂记》，谓孔门诸子多东州之士，独子游为吴人。吴于虞夏五服，在要荒之外，其俗鄙陋不文，子游生其间，独能北学于中国，身通受业，因文学而得圣人之一体。考其言论，类皆简易疏通，高畅宏达，意其为人必敏于闻道，而不滞于形器，所谓南方之学，得其精华者，盖自古而已然也。周氏秉中曰："地记之书，数吴中人物者，皆数季札、子游，然张守节《史记正义》谓'商大戊时有巫咸，祖乙时有巫贤'，则吴自泰伯前已有人矣。"

崔氏述疑子游非吴人，谓吴去鲁远，若涉数千里而北学于中国，此不可多得之事。孔子没后，子游常居鲁。悼公之吊有若也，子游摈；武叔之母死，而子游在鲁。鲁之县子公叔戍亦与子游游，是子游非吴人明矣。说见崔氏《考信录》。

愚谓崔说未允。陈良，楚产也，尚北学于中国，而谓子游不能之乎？子游学于洙泗，故常居鲁，岂必以所居在鲁，遂定其为鲁国人？如崔氏说，则吴人不能常居鲁国乎？王氏慎中《唐荆川集序》亦称子游为吴人。且吴郡有言偃冢在，若是，鲁人何为越数千里而迁葬于吴也？崔氏殆未考焉。

卷九终　门人吕灿铭校字

卷十 颛孙师

卷十　颛孙师

《史记》："颛孙师，陈人，字子张。少孔子四十八岁。"

【谨按】《孟子》言："子夏、子游、子张皆有圣人之一体。"是则子张与子夏、子游并重于圣门矣。朱子曰："子夏笃信谨守而规模狭隘，故常不及。子张才高志广而好为苟难，故常过中。"余观其学干禄，而夫子教以寡尤寡悔；其问善人，而夫子教以践迹而后能入室；问政，则以无倦忠实告之；问行，则以忠信笃敬告之；问仁，则以恭宽信敏惠告之。皆所以进子张于中庸，而不使其失中也。子曰："师也过，商也不及。"又曰："过犹不及。"盖道以中庸为至，而贤智之过，虽若胜于不及，然其失中则一也。子张晚年造诣日进于高明，于是有见危致命、见得思义之论，执德弘信道笃之言，盖几几乎臻于中庸矣。又安得以子游称其未仁，曾子谓其"难与并为仁"而少之哉？今述颛孙师言行凡十八条。

子张学干禄。子曰："多闻阙疑，慎言其余，则寡尤；多见阙殆，慎行其余，则寡悔。言寡尤，行寡悔，禄在其中矣。"《为政篇》

蔡氏节《论语集说》曰："闻见不多则孤陋单浅，而无所参验；疑殆不阙则冒昧，苟且而无所据依。闻见多矣，疑殆阙矣，而不能谨，则言行之间或有所戾，而尤悔之积不能免矣。"刘氏《正义》曰："《王制》云：'司马辨论官材，论进士之贤者，以告于王，而定其论。论定，而后官之。任官，然后爵之。位定，然后禄之。'盖古者乡举里选，皆择士之有贤行学业，然后举而用之，故寡尤寡悔，即是得禄之道。当春秋时，废选举之务，世卿持禄，贤者隐处，多不在位，故郑康成《注》云：'寡尤寡悔，虽不得禄，亦同得禄之道。'明学者当不失其道而得之，不得则有命矣。"康氏《注》曰："朱子谓：'多闻见者学之博，阙疑殆者择之精，慎言行者守之约。'盖当官临政，民命所关，非讲通掌故，而熟知其得失；考观物理，而深得其变通；亲历时地，以审其适宜；久阅人事，而悉其情伪。则其尤悔多矣。然反覆求之而未能深信，辗转试之而未能得安者，尚不敢冒昧而言之行之。夫以为政之难，言一事而过说丛生，行一事而悔恨纷起，若无尤无悔，大贤所难，学者至举措寡尤、心中寡悔之时，可以从政矣。虽未能立即为政，而才望既崇，徵辟亦必至也。"

董子云："正其谊不谋其利，明其道不计其功。"盖不谋利而利或不至，不计功而功或不得，然而得与不得，皆有命在，学者不可不正谊明道，而况干禄在其中也。子张之学干禄，非如后世之所谓干禄也，盖胸有所蕴，欲发展之而见诸事为尔。然此意一萌，则涉于外驰矣。此六句参用《延平问答》语。故夫子以是告之。

崔氏述曰："《新序》称子张见鲁哀公，七日而哀公不礼，讬仆夫而去曰：'臣闻君好士，故不远千里之外，犯霜露，冒尘垢，百舍重趼，不见休息，而以见君。'云云。夫子张圣门高弟，虽有干禄之心，必不至屈身求见，而哀公亦初无好士之事。且子张从孔子在鲁久矣，孔子没后，子张犹与子游、子夏时相问难，则是居于鲁也，有何尘垢霜露而不远千里乎？"

【按】崔说是也。

> 子张问:"十世可知也?"子曰:"殷因于夏礼,所损益,可知也;周因于殷礼,所损益,可知也;其或继周者,虽百世,可知也。"《为政篇》

简氏《述疏》曰:"董子云:'道之大原出于天,天不变,道亦不变。'言三代因礼也。左氏《昭二十五年·传》云:'子产曰:"夫礼,天之经也,地之义也,民之行也。"天地之经而民则之。夫则之者,因礼也;所损益,以善其因也。'《乐记》云:'三王异世不相袭礼,言所损益也。'《礼·大传》云:'立权度量,考文章,改正朔,易服色,殊徽号,异器械,此其所得与民变革者也。亲亲也,尊尊也,长长也,男女有别,上下有序,此其不可得与民变革者也。'其变有常,故可豫知,变于有礼则治且兴,变于无礼则乱且亡,征诸群史,皆可知也。"康氏《注》曰:"孔子之道,有三统三世可藉,三统以明三世,推三世而及百世,夏殷周者,三统递嬗,各有因革损益,观三代之变,则百世之变可知。盖民族相承,则后王之起,不能不因于前朝;而弊化宜革,则一代之兴,不能不损益为新制也。"

【谨按】世界交通,人类思想愈开,则文化愈进,而文明之程度,亦日异而岁不同。其质文之递嬗,不特制度有所损益,即风俗习尚亦往往改变于前,此有不可以揣测者。孔子谓"所损益可知",盖指其大体而言耳。若夫纲常名教之真理,则万古不能变,亦不可变,盖东海西海之人,此心同此理同。真理者,性也,如变此真理,是变易人之本性,或则毁灭其本性矣。性可灭乎?子张之问,原欲逆知将来,其思想之超凡,概可想见。《集解》马注曰:"其变有常,故可豫知,是以所问者为将来也。"《史记·孔子世家》言孔子观殷夏所损益,曰:"后虽百世可知。"是皆指未来而言。朱子《集注》、简氏、康氏亦同此义。惟邢《疏》云:"非但顺知,既往兼亦预知将来。"其说稍异矣。陈氏澧《东塾读书记》谓此章指顺知既往而言,殊未必然。

> 子张问曰:"令尹子文三仕为令尹,无喜色;三已之,无愠色。旧令尹之政,必以告新令尹。何如?"子曰:"忠矣。"曰:"仁矣乎?"曰:"未知,焉得仁?""崔子弑齐君,陈文子有马十乘,弃而违之。至于他邦,则曰:'犹吾大夫崔子也。'违之。至一邦,则又曰:'犹吾大夫崔子也。'违之。何如?"子曰:"清矣。"曰:"仁矣乎?"曰:"未知,焉得仁?"《公冶篇》

《集注》曰:"子文为人,喜怒不形,物我无间,知有国而不知有身,忠矣!故子张疑其仁,然未知其果出于天理之公而无人欲之私否也?是以夫子但许其忠而未许其仁。文子洁身去乱,可谓清矣!然未知其心果见义理之当然而能脱然无所累乎?抑不得已于利害之私而犹未免于怨悔也?故不许其仁。今以他书考之,子文之相楚,所谋者无非僭王猾夏之事,文子之事齐,既失正君讨贼之义,又不数岁而反于齐,则其不仁亦可见矣。"又曰:"子张未识仁体而悦于苟难,遂以小者信其大者,夫子之不许也宜哉!"

【谨按】子文姓鬬,名谷,字於菟,楚之上卿,三仕三已之事,虽未备载于经传,然《楚语》观射父曰:"昔鬬子文三舍令尹,无一日之积,恤民故也。"《潜夫论·遏利》篇曰:"子文三为令尹而有饥色,妻子冻馁,朝不及夕,则子文固贤者也。"皇《疏》引李充曰:"进无喜色,退无怨色,公家之事,知无不为,忠之至也。"考陈文子,名须无,齐大夫,经传不书其出奔。皇《疏》引李充说,讥其不如宁武子之能愚,蘧生之可卷,未可谓智,洁身而不济世,未可谓仁。全氏祖望曰:"文子出奔之事,不知果否?即有之,亦不久遽返,仍比肩崔庆之间觊其亡而窃政,可谓清乎?其后父子相商,得庆氏之木百车而戒以慎守,何清之有?熟读《左氏传》,踪迹自见。圣人第就子张所问论之,不及其他,忠厚论人之法也。"语见全氏《经史问答》。今以二子行事比较,则文子不及子文之贤远甚,夫子但许二子以忠以清,而未许其仁。盖仁者,其处心则纯乎天理而无一毫人欲之私,其行事则主于救世，所谓己立立人，已达达人也。简氏朝亮曰："仁者必忠，而忠者不必皆仁；仁者必清，而清者不必皆仁是也。孔子于门弟子，自颜子外，犹未遽以仁许之，而况其他乎？子张举二子行事儗于仁者，无怪朱子谓其未识仁体也。"

> 子贡问："师与商也孰贤？"子曰："师也过，商也不及。"曰："然则师愈与？"子曰："过犹不及。"《先进篇》

《礼记·仲尼燕居》："子曰：'师，尔过，而商也不及。'子贡越席而对曰：'敢问将何以为此中也？'子曰：'礼乎礼！夫礼者，所以制中也。'"《檀弓》篇："子夏既除丧，而见予之琴，和之不和，弹之而不成声，作而曰：'哀未忘也，先王制礼而弗敢过也。'子张既除丧，而见予之琴，和之而和，弹之而成声，作而曰：'先王制礼，不敢不至焉。'"【按】此文即是过与不及之证，可以知二子之才质矣。

《集注》曰："子张才高意广，而好为苟难，故常过中。子夏笃信谨守，而规模狭隘，故常不及。"简氏《述疏》曰："子张问士何如斯可谓之达？此其才高意广者也。曾子曰：'堂堂乎张也！难与并为仁。'子游曰：'吾友张也！为难能也，然而未仁。'此其好为苟难者也。子夏告司马牛，则守所闻以告。此其笃信谨守者也。子夏论交，则云：'其不可者拒之。'孔子之告子夏，则曰：'无欲速，无见小利。'虑其失而戒之也。此以见其规模狭隘也。"

康氏《注》曰："子张才高意广，其成就终能远大，非子夏所可及。《大戴礼·将军文子》篇，孔子遍论及门，惟称子张，子张与颜子并。此称'师也过'，或在子张初年时云。"【按】子张少孔子四十八岁，于孔子梦奠之时，子张年仅二十有五，则孔子当时亦只知子张少年之才质，未能知其晚年之造诣，安得称为与颜子并？子夏晚年造道甚深，具有证信，康氏以子张之学非子夏所能及，未为笃论也。

师也辟。《先进篇》

《集解》马《注》谓："子张才高过人，失在邪辟文过。"皇《疏》引王弼说，云："辟亦作僻饰过差也。"二说皆非。《集注》曰："辟，便辟，谓习于容止，少诚实也。"刘氏《正义》曰："便辟，犹盘辟。'墨子再拜便僻'，'便僻'与'再拜'连文，即《汉书·何武传》召见所举者'槃辟雅拜'也。《儒林传》注：'苏林曰："张氏不知经，但能盘辟为礼容。"'盘亦便之转。考《荀子·非十二子》篇云：'禹行而舜趋，子张氏之贱儒也。'《大戴礼·五帝德》云：'孔子曰吾欲以容貌取人，于师也改之。皆可证也。'若马《注》所云邪辟文过，乃小人怙恶之行，不可似子张也。"简氏《述疏》曰："《曲礼》云若主人拜则客还辟。辟，拜。"又云："大夫士见于国君，君若劳之，则还辟再拜稽首；君若迎拜，则还辟不敢答陈。今言辟者，明其习于容止也，盖徒习之，斯异乎《孝经》称容止可观者之实矣。然子张终成君子者何也？孔子告子张以言忠信行笃敬，而子张书诸绅，由是则便辟者消矣。"

子张问善人之道。子曰："不践迹，亦不入于室。"《先进篇》

陈氏澧曰："子张问善人之道，何《注》、皇《疏》、邢《疏》、朱《注》皆非，彼谓善人不能入室，然则何谓道乎？"阎百诗《四书释地三续》已疑之。翟晴江云："善人生质虽美，不由实践，则不能造乎深奥。若作如是解，庶于道字贴合。"翟说见《四书考异》。陈厚甫先生云："此言善人之道当践迹，乃能入圣人之室，如不践迹，亦不能入室。言质美未可恃也，必如此解乃通。"以上皆见《东塾读书记》。孔氏广森曰："孔子告以善人之道，当效法前言往行，以成其德。譬诸入室必践陈涂堂户之迹，而后能至也。"语见《经学卮言》。刘氏《正义》曰："孔说是也。践迹者，谓学礼乐之事，善人质美未学，故必进于礼乐，乃可入室。"俞氏樾曰："此勉善人以效法圣人也，不践圣之陈迹，亦不能入圣人之奥室也。"此二语本程明道，见二程《语录》，余氏引之。简氏《述疏》曰："善人者，朱子谓质美而未学者也。践迹者，践行前人之迹，以喻学也，博学于文，约之以礼，循循然如践迹也。善人由学而至于圣人，如践迹而入于室也。明乎善人之道，必由学焉。"

【谨按】上列诸说，与陈氏澧说同。简氏云："明乎善人之道，必由学焉。"今若反言之，如不由学，亦不能至于圣人也。即是不践迹，亦不入于室也。"践迹"二字，韩愈别作一解，其《答侯生书》："践迹"解作"践形"，谓"践形之道无他"，一诚是也。《孟子》言："万物皆备于我，反身而诚，乐莫大焉。"苟有不诚，则万物不备矣。其说颇精。盖形色皆是天性，若不能诚实践之，而有一毫私伪之心，亦不能入圣人之室也。朱子《答吴晦叔书》曰："人之形色，莫非天性，如视则有明，听则有聪，动则有节。所谓天性者，初不外乎形色之间也。但常人失其性情之正，故视有不明，听有不聪，动不中节，是虽有形而无以践之。惟圣人能尽性，故可以践形而无愧于形耳。"语见《朱子大全集》。此与韩氏说同，可作别解。

> 子张问明。子曰："浸润之谮，肤受之诉，不行焉，可谓明也已矣。浸润之谮，肤受之诉，不行焉，可谓远也已矣。"《颜渊篇》

《集注》曰："毁人者，如水之渐渍而不骤，则听者不觉其入而信之深矣。诉冤者，如病之创痛急迫而切身，则听者不及致详而发之暴矣。二者难察，而能察之，则可见其心之明而不蔽于近矣。"郑氏汝谐曰："凡谮诉者，如正言之，则皆识之矣。惟其便僻侧媚，入人以渐，虽智者或不察也。于此不行焉，可谓明矣。不惟其明，可谓远矣。害正殖邪，召祸生乱，皆谮诉者之为也，消之于未萌，折之于方张，非远而何？"

刘氏《正义》曰："《汉书·刘向传》：'谗邪之所以并进者，由上多疑心也，既已用贤人而行善政，如或谮之，则贤人退而善政还。夫执狐疑之心者，来谗贼之口；持不断之意者，开群枉之门。谗邪进则众贤退，群枉盛则正士消。'今由向言观之，凡信谗诉者，皆由君心多疑所致，即是不明也。《荀子·致士》篇：'朋党比周之誉，君子不听；残贼加累之谮，君子不用；隐忌壅蔽之人，君子不近；货财禽犊之请，君子不许。凡流言、流说、流事、流谋、流誉、流诉，君子慎之。'按荀子此言，亦足发明本章之义，能若是，则可以绝谮诉之萌矣。"

简氏《述疏》曰："唐陆贽奏云：'凡谮言，利于中伤，惧与公辩。或云岁月已久，不可究寻；或云事体有妨，须为隐忍；或云恶迹未露，宜假他事为名；或云但弃其人，何必明言责辱。词皆近于情理，意实苞于矫诬。'盖浸润之谮类然也。《琴操》云：'尹吉甫之子伯奇其母亡，后母谮之，取毒蜂缀衣领，令伯奇掇之，吉甫怒，放伯奇于野，伯奇履霜自伤见放，于是援琴鼓之而作《履霜操》。'盖肤受之诉类然也。"简氏又云："徐邈与范宁书曰：'足下听断明允，庶事无滞，则吏慎其责而人听不惑矣。'自古以来，欲为左右耳目者，无非小人也，皆先因小忠而成其大不忠，先藉小信而成其大不信，遂使谗谄并进，善恶倒置，可不戒哉！昔明德马后未尝顾左右与言，可谓远识，况大丈夫而不能免此乎？"

> 子张问崇德辨惑。子曰："主忠信，徙义，崇德也。爱之欲其生，恶之欲其死。既欲其生，又欲其死，是惑也。"《颜渊篇》

《汉书·王尊传》，公乘兴等讼王尊曰："尊以京师废乱，群盗并兴，选贤征用，起家为卿，贼乱既除，豪猾伏辜。今以佞巧废黜，一尊之身、三期之间，乍贤乍佞，岂不甚哉？孔子曰：'爱之欲其生，恶之欲其死，是惑也。'又应仲远为泰山太守，举一孝廉，旬月之间杀之，邴原曰：'孝廉，国之俊选，举之若是，则杀之非也；若杀之是，则举之非也。'语云'爱之欲其生，恶之欲其死。既欲其生，又欲其死，是惑也。'仲远之惑甚矣！"

【谨按】《汉书》所载，是汉时解说，皆以"爱之""恶之"，"之"字同指一人而言。包《注》曰："爱恶当有常，一欲生之，一欲死之，是心惑也。"皇《疏》云："犹是一人，而爱憎生死于我心，我心不定，故为惑矣。"邢《疏》亦同此解。所谓进则若将加诸膝，退则若将坠诸渊也。"既欲其生，又欲其死"二句，是覆举上文以起"惑"字之义，非有两意。《乐记》云："著，则贤不肖别矣。著，犹明也。"孔《疏》曰："所好得其善，所恶得其恶，则贤不肖自然分别矣。今此忽爱忽恶，是好恶未著，故贤不肖亦不能辨，非惑而何？"《集注》解此四句分作两截，非是。刘氏台拱曰："人性之偏，爱恶为甚，内无知人之明，外有毁誉之蔽，鲜有能至，当不易者。子张为人高远阔疏，用人听言，盖其所短，故夫子以是箴之。"刘说见《论语骈枝》。

> 子张问政。子曰："居之无倦，行之以忠。"《颜渊篇》

《大戴礼·问入官》云："君子欲政之速行也，莫若以身先之；欲民之速服也，莫若以道御之。不先以身，虽行必邻也；不以道御之，虽服必强矣。故非忠信，则无可以取亲于百姓；外内不相应，则无可取信者矣。"《集注》曰："居，谓存诸心无倦，则始终如一；行，谓发于事以忠，则表里如一。"简氏《述疏》曰："若唐玄宗先勤政而后患怠荒，斯居之无倦，难矣。若汉武帝内多欲而外施仁义，斯行之以忠，难矣。子张之学，孔子勉其多闻多见。夫宽以居之，子张所能也，其果能无倦乎？故不曰宽以居之，而曰居之无倦。子张堂堂而未仁也，非中心之忠，无以为仁，故不曰仁以行之，而曰行之以忠。"

【谨按】二程《语录》伊川谓："子张少仁，无诚心爱民，则必倦而不尽心，故孔子因其问而告之。"简氏《疏》略本此意，而未若程子所言之甚。考《大戴礼·卫文子》篇孔子论子张，以其仁为大，何得议其未仁乎？孔子又言子张不弊百姓，引《诗》以称其恺悌，何得云不爱民乎？

> 子张问："士何如斯可谓之达矣？"子曰："何哉，尔所谓达者？"子张对曰："在邦必闻，在家必闻。"子曰："是闻也，非达也。夫达也者，质直而好义，察言而观色，虑以下人，在邦必达，在家必达。夫闻也者，色取仁而行违，居之不疑，在邦必闻，在家必闻。"

《颜渊篇》

刘氏《正义》曰："《大戴礼·曾子制言上》，弟子问于曾子，曰：'夫士何如则可以为达？'曾子曰：'不能则学，疑则问，欲行则比贤，虽有险道，循行达矣。今之弟子病下人不知事贤，耻不知而又不问，欲作则其知不足，是以惑闇终其世而已矣。是谓穷民也。'曾子之论达，与夫子略同，皆谓谨身笃行，不求声闻者也。若夫闻者，多是虚伪以仁，为善德而色取之，不顾其行之违也。《荀子·宥坐》篇孔子为鲁司寇而诛少正卯，曰：'人有恶者五，而盗窃不与焉。一曰心达而险，二曰行僻而坚，三曰言伪而辩，四曰记丑而博，五曰顺非而泽。有一于此，则不免于君子之诛。少正卯兼而有之，故居处足以聚徒成群，言谈足以饰邪营众，强足以反是独立，此小人之桀雄，不可不诛也。'观此，则闻乃圣人所深恶矣。班固《王莽传》赞莽'始起外戚，折节力行，以要名誉，宗族称孝，师友称仁。及其居位辅政成哀之际，勤劳国家，直道而行，动见称述，岂所谓"在家必闻，在国必闻"，"色取仁而行违者"耶？'以莽之奸邪，亦是好为闻人也。"以上见《论语正义》。

【谨按】闻与达，即名与实之分。达则务实，闻则务名。务实则不求人知，内主忠信，而所行合宜，审于接物，而卑以自牧，皆自修于内者也。闻则专求人知，善其颜色，以取悦于人，而行则背之，又自以为是，而无所忌惮，此致饰于外者也。夫有其实，必有其名。闻亦无害于达，惟有心于名，必致务外而忘内，君子小人之分以此。程子谓学者当务实，不要近名，有意近名，大本已失，为名而学，则是伪也。今考子张器量恢宏，尊贤容众，嘉善而矜不能，此其所长也。及其弊也，则失之务外，在于好闻，未免矜情饰貌，故曰："师也辟。"其曰："在邦必闻，在家必闻。"夫子已逆知其发问之意，故以何哉尔所谓达者反诘之，而因以正之，此圣人因材施教也。然《大戴礼》载子贡称颛孙师之行，则曰："美功不伐，贵位不喜，不侮不佚，不傲无告。"孔子言之曰："其不伐犹可能也，其不弊百姓则仁也。"是其终能务实以成名矣。达矣！

> 子张问行。子曰："言忠信，行笃敬，虽蛮貊之邦，行矣。言不忠信，行不笃敬，虽州里，行乎哉？立则见其参于前也，在舆则见其倚于衡也，夫然后行。"子张书诸绅。《卫灵篇》

《说苑·敬慎》篇："回将西游，问于孔子曰：'何以为身？'孔子曰：'恭、敬、忠、信可以为身。恭则免于众，敬则人爱之，忠则人与之，信则人恃之。人所爱，人所恃，必免于患矣。'"《荀子·修身》篇："体恭敬而心忠信，术礼义而情爱人，横行天下，虽困四夷，人莫不贵也。"王氏守仁《答聂文蔚书》曰："尧舜三王之圣，言而民莫不信者，致其良知而言之也；行而民莫不悦者，致其良知而行之也。是以能施及蛮貊，而凡有血气者，莫不尊亲为其良知，同也。"又《与陈才卿书》曰："若知此心理端的在我，则参前倚衡，自有不容舍者，亦不待求而得，不待操而存矣。"

康氏《注》曰："子张虽才高，及闻忠信笃敬之训，即书之于绅，其信受持循如此，可见为学之切矣。盖忠、信、笃、敬，偶言之则极易，终身行之则极难，稍涉苟且欺诈刻薄怠慢，即一步不可行矣。凡可行者谓之道，不可行者谓之非道，故天下之言道者甚多，不必辨其道为非道，但问其可行与不可行。孔子之道，只有忠、信、笃、敬，从之则蛮貊可行，背之则州里不可行。盖道非高奇而切于人事也，故曰'不可须臾离'，又曰'道不远人，远人不可以为道'。"简氏《述疏》曰："左文襄宗棠之言外务，其要非孔子所谓言忠信、行笃敬者乎？物必相反而后能相克，彼贪利而尚廉，多诈而尚信者何也？彼亦人也，未必不可以诚动也。俄官游历者，过甘肃阐言西教，及至兰州，文襄接礼焉，与之讲孟子三反之义，俄官为之敛容。夫三自反者，忠、信、笃、敬所由生也，于是俄官请由边购面粮，以资我关外之军，其后文襄卒定西疆。此以知中邦君子不忘经术之功也。"

【谨按】余年十八读《论语》，至此章，恒默识之，既而曰："言何以能忠信？行何以能笃敬？其转移之妙用，非在于自觉乎？本此自觉之良知，知善当为则毅然为之，知恶当去则毅然去之，不容有一毫虚伪掩饰，以存于念虑之间，于是所言自不能不忠信，所行自不能不笃敬，盖有良知以督责之也。良知即是天理，能推动此良知之天理，不欺其心，而实用其力，以性克情，以理制欲，则言岂有不忠信，行岂有不笃敬哉？"

> 子张问仁于孔子。孔子曰："能行五者于天下为仁矣。""请问之。"曰："恭、宽、信、敏、惠。恭则不侮，宽则得众，信则人任焉，敏则有功，惠则足以使人。"《阳货篇》

康氏《注》曰："'仁'字从二人，为人偶，故其道与人交涉为多，恭、宽、信、敏、惠皆与人交涉之至道也。盖慢人者人亦慢之，严则人怨，欺则人疑，懦为事之贼，无恩则人不怀，故欲有为于天下，未有不行恭宽信敏惠者。"周氏国价《论语释疑》曰："夫子与人言仁，类多鞭辟入里，独于子张偏说向天下远处去，盖子张志向高远，其问仁之施，由内心而被于天外，将以明百王之心法，与未章问政，同一阔大规模，故曾子曰：'张也堂堂！'于此可见。"毛氏奇龄曰："子张问仁，而孔子以五者告之，此五者是为仁之作用，不侮得众，五项是行仁之效验，既非泛论，亦非以子张所不足以告之也。《集注》谓因子张所不足者，实为无妄苛刻之言。"

子张能尊贤而容众，嘉善而矜不能，恭矣、宽矣、敏矣、惠矣，所虑者或信有不足乎？夫子固就其性之所近者告之，亦以勉其所未逮也。五者行之于天下，则天下归仁矣。然非仁亦不能行此五者。苟无诚心，即不能接物，安望其能不侮得众？推之一家一乡尚不能行，而况于天下乎？朱子曰："行是五者，则心存而理得矣。"张氏栻曰："能行此五者，则其心公平而周遍矣。夫心存理得，公平周遍，非仁而何？"

> 子张曰："士见危致命，见得思义，祭思敬，丧思哀，其可已矣。"
> 《子张篇》

康氏《注》曰："见危致命者，临难无苟免；见得思义者，临财无苟得。二者见其义也。祭思敬，则不忘远；丧思哀，则能恤死。二者见其仁也。仁且义可以为士矣。盖命者人所难舍，财者人所共贪，远者人所易忘，死者人所易背。所贵乎士为其有节行也。死犹不惜，财能不贪，则寻常之小节愈可信；远犹不忘，死犹能恤，则生而近者之不遗益可见矣。"简氏《述疏》曰："见危致命，即《宪问篇》所云'见危授命'也。若季汉之臧洪，天下义士也，曹操围张超于雍邱，洪闻而欲救之，请于袁绍，不许，洪由是与袁绍绝，绍兴兵围之不下，绍欲降之不从，卒至粮尽城陷，不屈而死，是能致命也。战国时，齐人鲁仲连责魏新垣衍请赵帝秦，痛陈其弊，于是衍不敢复言。赵平原君欲封鲁仲连，连辞让终不肯受；平原君以千金为寿，亦不受，遂辞而去。若斯者，非士行之洁白欤？是能见得思义也。管宁避汉季之乱，隐居辽东三十年，年八十余，四时祠祭，辄亲荐馔馈，跪拜成礼。宁少丧母，不识形象，常特加觞，泣然流涕，此祭思敬也。《宋史》富弼、文彦博皆逮事四朝，任为将相，公忠亮直，有大臣风，居丧尽礼，不肯起复，中外称之，此能丧思哀也。之数人者，皆可法也。"

【谨按】见危致命，亦即志士仁人，无求生以害仁，有杀身以成仁之意。盖生我所欲，义亦我所欲，然不为苟得也。故死有重于泰山，有轻于鸿毛，视夫义与不义耳。苟不义而偷生，不能见危致命，则其生也亦无意味，果何为哉？若夫不义之财而得之，人虽不我责，宁独无愧于心耶？盖反诸于心，苟有一毫之未安而得之，即为不义矣，君子不屑也。孔子言"及其老也，戒之在得"，愚谓人当垂暮之年，则晚节尤当爱惜，岂可以外至之财利而丧其所守哉？子张之言，其进于道矣。

> 子张曰："执德不弘，信道不笃，焉能为有？焉能为亡？"《子张篇》

康氏《注》曰："执德不弘，则狭小拘泥，而不能变通尽利，因应随时；信道不笃，则游移变迁，而无定力负荷，守死力争。凡一世中所关系之人，一教中所担荷之士，皆赖弘德以应变，笃信以护持，苟其不然，则其人无足轻重，有亦不见多，无之亦不见少也。如孟轲、荀卿诸子，可谓执德弘信道笃，故关系于儒教甚重。子张此言，真为治世传教之要，无志者不足论，若以道自命之人，深宜自察也。"又曰："《荀子》及《韩非》皆载子张氏之儒，《大戴记·卫将军文子》篇孔子称子张与颜子并，今合《论语》观之，问仁、问明、问行、问远、问十世尊贤容众，嘉善矜不能，真所谓德弘信笃者矣。"

【谨按】上两章述子张之言，则其晚年闻道有得，可以概见。《集注》讥其好高务外，在其少年时或有之，然不得因一时一事而律其终身也。若执难与并为仁之说而议之，则苛刻矣。

> 子夏之门人问交于子张，子张曰："子夏云何？"对曰："子夏曰：'可者与之，其不可者拒之。'"子张曰："异乎吾所闻。君子尊贤而容众，嘉善而矜不能。我之大贤与，于人何所不容？我之不贤与，人将拒我。如之何其拒人也？"《子张篇》

蔡邕《正交论》曰："子夏之门人问交于子张，而二子各有闻于夫子，然则以交诲也，商也宽，故告之以拒人；师也褊，故告之以容众。各从其所行而矫之，至于仲尼之正交，则泛爱而亲仁也。"潘氏《古注集笺》曰："子夏非宽者，夫子告以可者与之，不可者拒之，非恐其不能拒人，而恐其可者亦为所拒也。子张非褊也，夫子告以尊贤容众，嘉善矜不能，非恐其不能容众矜不能，而恐其于贤者善者亦只泛交也。蔡说失之矣。"

《集解》包《注》云："友交当如子夏，泛交当如子张。"皇《疏》引郑康成说，谓子夏所云"伦党之交"，子张所云"尊卑之交"。栾肇云："此犹《易》云'仁者见其仁，智者见其智'，宽则得众而易滥，褊则寡合而身孤，二者皆有偏性。"邢《疏》云："二子所言，各是其见，论交之道，不可相非，愚谓子夏守约，其言为慎于初交，欲人之无比匪人，无亲损友也，是夫子所云无友不如己者之意。"《吕氏春秋·观世》篇周公旦曰："不如吾者，吾不与处，累我者也；与我齐者，吾不与处，无益我者也。惟贤者必与贤于己者处。"【按】

此即"无友不如己者"之意。子张则才高志广，有宏奖风流之概，有万物一体之量，有因物付物之怀，故贤则尊之，善则嘉之，众则容之，不能则矜之，是得闻于夫子之训也。据《韩诗外传》子贡谓堂衣若曰："君子尊贤而容众，嘉善而矜不能。"可证其与子张同闻于夫子也。二者比较，则子张之论，尤见其器量宏大，然亦当视其所交之人及其地位之如何。二子之言，各有当也。

毛氏奇龄曰："记者之意，本欲存子张之说以垂训。夏是客，张是主，今《集注》概举而非之，谓子夏之言近狭，子张识之是也。但其所言亦有过高之弊，是失主客之意矣。且两贤所言，俱各有本。子夏所本，即孔子'无友不如己'语，特其所异者，在'拒'字耳，故曰'异乎所闻'。若子张则正以所闻辟'拒'字者，其反覆两'拒'字，与矜容对照，此有何弊？而又以高远贬之。"简氏《述疏》曰："《集注》有未审焉，子夏所云，为门人修学者言之，则谨严也；为君子成德者言之，则迫狭也。岂当概以讥之乎？可者不可者，犹曰贤者不贤者，拒，谓不与之交也，益友损友，于期辨矣。《易》曰：'比之匪人，不亦伤乎？'言其不知拒也。《集注》本意以为大贤无所不容，然大故亦所当绝，损友亦所当远，而乃曰不贤，固不可以拒人，然损友亦所当远，岂相应乎？且不贤者之于损友，何以能远乎？《集注》宜修焉，盖为门人修学者言交，则子夏所云宜矣；为君子成德者言交，则子张所云宜矣。以子夏所云而广以子张所闻，不亦善乎？"

> 子游曰："吾友张也为难能也，然而未仁。"《子张篇》

《集注》曰："子张行过高，而少诚实恻怛之意。"简氏《述疏》曰："《经》云：'师也过。'斯子张行过高焉。《经》云：'师也辟。'斯少诚实恻怛之意焉。"焦氏循《论语补疏》曰："此文但言难能，未言所以难能者何在？故下连载曾子之言堂堂，知堂堂为难能，即知难能为堂堂，此自相发明之例。"刘氏《正义》曰："《集解》包《注》谓难能者，言'子张容仪之难及'，焦说本此。【按】郑康成《注》：'堂堂，谓子张容仪过盛。'《后汉书·伏湛传》，杜诗上疏谓：'湛容貌堂堂，国之光晖。'足证堂堂即仪容盛之意。《大戴礼》

载孔子言子张不弊百姓，以其仁为大。又言其不伐不侮，是则子张诚仁矣。而子游讥其未仁者，以其容仪过盛耳。"

康氏《注》曰："孔子没后，同门中子张年少，而才行最高，子游所以推其难能也，但仁则未知，此即孔子未许子路、冉有之意。故子游亦未许子张。孔子于仲弓、子路、冉有、公西赤皆曰'不知其仁'。而记《论语》者为曾子之徒，与子张宗旨大异，乃误传其所短耳。"

> **曾子曰："堂堂乎张也！难与并为仁矣。"**《子张篇》

《集注》引范氏祖禹曰："子张外有余而内不足，故门人不与其为仁。子曰：'刚、毅、木、讷近仁。'宁外不足而内有余，庶可以为仁也？"简氏《述疏》曰："刚、毅、木、讷，皆诚实也，非务外自高者也，子张与曾子是友直谅者，其究则以友辅仁，其难与者竟不难矣。"考《大戴礼》称子张者，固谓夫子以其仁为大也。《礼·檀弓》云：'子张死，曾子有母之丧，齐衰而往哭之，或曰："齐衰不以吊。"曾子曰："我吊也与哉？"'今考《曲礼》云："知生者吊，知死者伤。"夫曾子于子张之死也，非吊之也，盖伤之也，于以见曾子与子张并为仁之情也。

刘氏《正义》曰："弟子群居，修德讲学，皆是为仁，但必忠信笃敬，虑以下人，而后与人，以能亲容，人以可受，故可与并为仁。若容仪过盛，则疑于矜已，或绝物矣。故难与并为仁。《列子·仲尼》篇，子曰：'师之庄贤于丘也。'又曰：'师能庄而不能同。'庄，即堂堂；不能同，即难与并之意。"

【谨按】《家语·六本》篇载孔子之言，略与《列子》所载同。《家语·五帝德》篇记孔子之言，曰："吾欲以颜状取人也，则于灭明改之矣；吾欲以言辞取人也，则于宰我改之矣；吾欲以容貌取人也，则于子张改之矣。"其言子张，亦即堂堂，难与并为仁之意。然孔子称弟子皆以名，此称字，或因此章而傅会之耳。

康氏《注》曰："曾子守约，正与子张相反，故不满之。人之性，金刚水柔，宽严异尚，嗜甘忌辛，趋向殊科，宗旨不同，遂至相攻。上章祇以为未仁，尚无定论；难与为仁，则过矣。夫孔子称子张不弊百姓，以其仁为大。又言其美功不伐，贵位不喜，不侮不佚，不傲无告，所谓尊贤容众，嘉善矜不能，仁孰大焉？"

> 子张问于孔子曰："何如斯可以从政矣？"子曰："尊五美，屏四恶，斯可以从政矣。"子张曰："何谓五美？"子曰："君子惠而不费，劳而不怨，欲而不贪，泰而不骄，威而不猛。"子张曰："何谓惠而不费？"子曰："因民之所利而利之，斯不亦惠而不费乎？择可劳而劳之，又谁怨？欲仁而得仁，又焉贪？君子无众寡，无小大，无敢慢，斯不亦泰而不骄乎？君子正其衣冠，尊其瞻视，俨然人望而畏之，斯不亦威而不猛乎？"子张曰："何谓四恶？"子曰："不教而杀谓之虐；不戒视成谓之暴；慢令致期谓之贼。犹之与人也，出纳之吝谓之有司。"《尧曰篇》

张氏栻曰："姑息以予民，则惠而费矣。若因其所利而利之，如制之田产，教之树畜，通工易事之类，其为惠均平，而何费之有？使之不以其道，民劳而怨矣。若以逸道使民，何怨之有？凡动于私者，皆贪也。若所欲者仁，何贪之有？君子之所以自处者安裕，故常泰然而无不敬也，故不骄。若以势位智力自恃，则骄矣。骄则不泰矣。正衣冠，尊瞻视，临之以庄也，持身如是之严，故人望而畏之，而非以威加人也，故不猛。若使人有畏已之心则猛，而反害于威矣。"语见《论语解》。蔡氏节《论语集说》曰："大司徒以五礼防万民，而教之中，故民不率教者则刑之。苟不教而杀，则虐也。采檗山黄氏说。士师以五戒先，后刑罚，所以警昏愚而惩怠慢。先事而约之，然后可以责成。苟不戒，则彼不知缓急之所向，而遽视成焉，则暴也。大司徒大军旅大田役，以旗致万民而治其政令，盖聚众以警之，垂象以晓之也。谨于所发而期于必行，则民之应之也如响。苟缓于前而急于后，不至则刑之，是贼民也。"兼采谢氏、黄氏、东溪刘氏说，皆见蔡氏《论语集说》。

邢《疏》云："民居五土，所利不同，山者利其禽兽，渚者利其鱼盐，中原利其五谷。人君因其所利，使各居其所安，不易其利，则是惠爱，利民，在政且不费于财也。"此谓因民所利而利之也。《荀子·富国》篇曰："古人使民夏不宛暍，冬不冻寒，急不伤力，缓不后时，事成功立，上下俱富，而百姓皆爱其上，人归之如流水，亲之欢如父母，为之出死断亡而愉者，无他故焉，忠信调和均辨之至也。"此谓择可劳而劳之也。《雍也篇》云："夫仁者，己欲立而立人，己欲达而达人。"《大学》云："明明德于天下。"则仁政之化行，皆感而且来也，又何贪？此谓欲仁而得仁也。所谓君子无众寡，无小大，无敢慢者，殷仲堪云君子处心以虚，接物以敬，不以众寡异情大小改意，无所敢慢，斯不骄也。所谓君子正其衣冠，尊其瞻视，俨然人望而畏之者。《中论·法象》篇曰："夫法象立，所以为君子。法象者，莫先乎正容貌，慎威仪，是故先王之制礼也，为冕服采章以旌之，为佩玉鸣璜以声之，欲其尊也，欲其庄也，焉可懈慢也？夫容貌者，人之符表也。符表正，故情性治；情性治，故仁义存；仁义存，故盛德著；盛德著，故可以为法象。斯之谓君子矣。"以上语见《中论》。故凡能此五者，是曰尊五美也。所谓不苟而杀谓之虐者。《书·多方》云："我惟时其教告之，我惟时其战要囚之，至于再，致于三，乃有不用，我降尔命，我乃其大罚殛之，言违教命而后囚杀之也。刑不先教，是虐杀矣。"所谓不戒视成谓之暴者。王氏樵《绍闻编》曰："视成，如今官府之受成；致期，如今官府之立限。周公之营洛邑也，赋工命役，咸勤诰治，戒之如此其至也，然后视其成焉。若但责其成，而无夙戒之道，则卒遽无渐，而人难于效功矣。"所谓慢令致期谓之贼者。《书·费誓》云："鲁公之令众也，甲戌我惟征徐戎，甲戌我惟筑。期会明审如此。'刍粮之不备，桢干之不供，则有某刑。'其令之严又如此，孰敢不依期而集哉？今也慢其令于先，而刻期于后，以误其民而必刑之，则是贼之而已。"所谓出纳之吝，谓之有司者。《集注》云："均之以物与人，而于其出纳之际，乃或吝而不果，则是有司之事，而非为政之体，所与虽多，人亦不怀其惠矣。项羽使人有功，当封刻印刓，忍弗能予，卒以取败，亦其验也。凡此四者，是曰四恶，所当屏也。"《韩诗外传》及《荀子》所记，与此言四恶略同，而不如《论语》之详瞻。

【谨按】考孔门问政多矣。子贡问政，则告以足食足兵民信；子路问政，则告以先之劳之，又曰无倦；子夏问政，则告以无欲速，无见小利。仲弓问政，则告以先有司，赦小过，举贤才。今子张问政，夫子乃告以五美四恶，凡所以利民之道、仁民之制、劳民之方、平等之义，皆包举之，言简而该，治世之大法也。《集注》引尹氏焞曰："此记于《尧曰》章后者，所以继帝王之治也，则夫子之为政可知矣。"

考子张事迹，载在《礼记》《大戴礼》《韩诗外传》及《家语》《说苑》《新序》《庄子》《孔丛子》《中论》等书，而《礼记》《大戴礼》《孔丛子》所载问答尤详，亦多精要语。《庄子》载子张与满苟得问答，满苟得谓"无耻者富，多诈者显"，又谓"小盗者拘，大盗者为诸侯，侯之门，义士存"等语，皆寓言之笔耳。《史记·游侠传序》则取其说，史公盖有为而言之也。

赵岐《孟子注》曰："琴张，子张也，为人蹎踔谲诡，《论语》曰'师也辟'，故不能纯善而称狂。又善鼓琴，号曰琴张。"马骕曰："琴张谓琴牢耳，赵氏说不识何据。"崔氏述曰："琴张见《孟子》《左传》，但谓琴张即牢，未知所本。"愚考《家语》别有琴张，称为孔子弟子，而非子张也。【按】赵氏谓琴张为子张固非，即马氏谓琴张即牢，亦无所本，上文概论已详之。

康氏有为论子张，则极力推崇之，引《大戴礼》为据，谓孔子称子张，与颜子并，又言子张问仁，问明，问行，问远，问十世，尊贤容众，嘉善矜不能，真所谓执德弘信道笃者，迥非曾子、子夏所能及，后人过尊曾子，遂抑子张。朱子以其行过高而少诚实，则大误矣。记《论语》者，当为曾子后学，而非子张之徒，故未足为据云。愚考子张于孔子梦奠之时，年仅二十有五。上文《师也过》章已辨之。孔子没后，子夏、子游、子张且欲尊师，有若以所事孔子者事之，强曾子，曾子不可，则子张当时才识安敢与颜子并？顾氏炎武谓："《论语》一书，孔子未尝深许子张。"诚然。且子张学干禄、师也辟，见于《论语》，谓《论语》出于曾子门人所撰述，不足为据者，非也。

子张晚年造诣既深，执德弘信道笃，其才识气象，诚有过人者。然未足证其果能出乎曾子之上也。即以子夏而论，子夏晚年造诣甚深，获闻孔子之微言大义，固与余子不同。康氏谓子张之贤，非子夏所能及，是就其所见者而言之耳。诚如其言，是以《大戴礼》为足据，而反以《论语》为不足据，岂笃论哉？

卷十终　门人吕灿铭校字

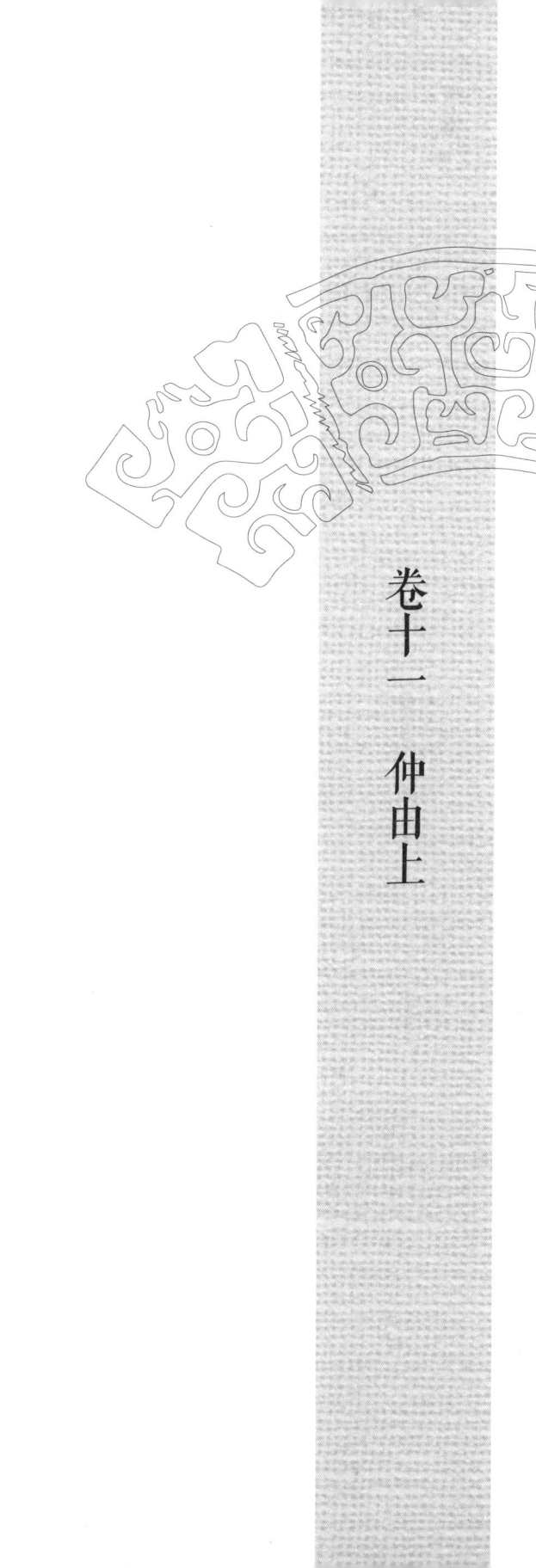

卷十一 仲由上

卷十一　仲由上

《史记》："仲由，字子路，亦称季路，卞人也。少孔子九岁。子路性鄙，好勇力，志伉直，冠雄鸡，佩豭豚，后乃服儒服。"《家语》："子路为人果烈刚直，不达于变，仕卫为大夫，遇蒯聩与辄争国，子路遂死辄难。"

《孟子》云："或问乎曾西，曰：'吾子与子路孰贤？'曾西蹴然，曰：'吾先子之所畏也。'曰：'然则吾子与管仲孰贤？'曾西艴然不悦，曰：'尔何曾比予于管仲？若是，则子路贤于管仲也。'"夫孔子称管仲曰："如其仁，如其仁！"而曾西乃小之，以为不得比于子路，其推尊子路如此然，则子路之为人，盖可想见矣。子路，勇者也，富于才艺，其在圣门，以政事名。百里负米，更以孝显。余观其不耻与衣狐貉者立，而耻食其禄者之不救其患；不耻闻己之有过，而耻闻道之未能行；千乘之国，可使治赋，片言折狱，曾无宿诺。其刚毅果敢之气，实孔门不可多得之才，故孔子曰："由也，升堂矣！"崔氏述曰："子路于及门中年最长，孔子亦屡称之，虽时有所督责，固不如褒之者之多也，升堂入室，已有定评。"今述仲由言行凡三十四条。

> 子曰："由！诲汝知之乎？知之为知之，不知为不知，是知也。"《为政篇》

《韩诗外传》："孔子曰：'由！吾语汝，夫慎于言者不哗，慎于行者不伐，故君子知之为知之，不知为不知，言之要也；能之为能之，不能为不能，行之要也。'"《家语》及《荀子》亦载此文，以子路初见夫子时告语之也。又《荀子·儒效》云："知之曰知之，不知曰不知，内不自以诬，外不自以欺，以是尊贤畏法，而不敢怠傲，是雅儒者也。"此即夫子诲子路之义。

康氏《注》曰："天下之物理无尽，生有涯而知无涯，人之所知，不及其所不知，故尧舜之知不能遍物，但当择要而知之，是即为有知之人，惟学而后知不足也。若常人多强不知以为知，自通人观之，适见其无知而已。"

> 子曰："道不行，乘桴浮于海。从我者，其由与？"子路闻之喜。子曰："由也好勇过我，无所取材。"《公冶篇》

《汉书·地理志》云："东夷天性柔顺，异于三方之外，故孔子悼道不行，设浮于海，欲居九夷，有以也。"颜《注》曰："欲乘桴筏而适东夷，以其国有仁贤之化，可以行道也。"刘氏《正义》曰："据《志》言，则浮海指东夷，即渤海也。夫子当日必实有所指之地，汉世《师说》未失，故尚能知其义。夫子本欲行道于鲁，鲁不能竟其用，乃去而之他国，最后乃如楚，楚虽蛮夷，而与中国通已久，其时昭王又贤叶公好士，固遂如楚，以冀其用，则是望道之行也。至楚，又不见用，不得已而欲浮海居九夷，由《汉志》注释之，则非遁世幽隐，但为世外之想可知。"又曰："子路亲师，虽从患难勿恤也，故闻而喜。"

王氏夫之《四书稗疏》曰："《集注》言'伤天下之无贤君'，于义自明，惜未言欲行道于海外，遂使俗儒以鲁连蹈海、管宁渡辽拟之，一筏之泛，岂犯鲸波陵巨洋者乎？夫子居鲁，沂费之东即海也，其南则吴越也。夫子此叹，伤中国无贤君，欲自日照通安东，赣榆适吴越耳。俗传夫子章甫鸣琴而见越王勾践，虽无其事，然亦自浮海之言起之。程子《春秋传》言：'桓公盟戎而书至，以讨贼望戎，盖居夷浮海之志也，明其以行道望之海外耳。'故子路喜而为，好勇之过，谓其急于行道，而不忧其难行也。"

康氏《注》曰："孔子抱拨乱反正之道、太平大同之理，横览中国，皆不能行，私居忧叹，欲出海外。是时大瀛海之说已通，大九洲之地已著，孔子答曾子发明地圆，故心思海外大地，必有人种至善，可行大同太平之理者，欲择勇者开教异域，以子路勇而好仁，故许其同行。子路果喜，可见圣贤传教救人，不惮艰远之苦志矣。惟是时海道未通，无船筏以出海，故卒不果行，使当时孔子西浮印度、波斯，以至罗马；东渡日本，以开美洲。则大教四流，大同太平之道或行诸异地矣。"

【谨按】郑《注》云子路信夫子欲行，子言无所取材者，无所取于桴材也。以子路不解微言，故戏之耳。"材"字指材木言，谓桴材，非裁度也。由郑说观之，是夫子作假设之词，非真欲浮海矣。浮海者，遁思也，盖伤天下无贤君，不可以正言，故聊为微言而假设也。《集注》以取材为裁度，谓讥其不能裁度事理，以适于义。若是，则适为假设之言，而遽以正义讥之，岂善喻耶？

> 孟武伯问："子路仁乎？"子曰："不知也。"又问。子曰："由也！千乘之国，可使治其赋也，不知其仁也。"《公冶篇》

《大戴礼·卫将军文子》篇："文子问夫子之门人于子贡，子贡谓：'不畏强御，不侮矜寡，其言循理，材任治戎，是仲由之行也。'"与夫子此言相合。康氏《注》曰："孔门为经世有用之学，弟子各有经国之才，故楚昭王欲相孔子，而子西畏其弟子之多才，曰：'王之相率，有如子路者乎？'曰：'无有。'可见诸子才名，震动远国也。"

程氏瑶田《论学小记》曰："夫仁，至重而至难也。《经》曰：'仁以为己任，任之重也；死而后已，道之远也。'如自以为及，是为未死而先已，圣人之所不许。故曰'回也，其心三月不违仁''吾见其进也，未见其止也'。言夫行恕以终其身，死而后已，不自以为及也。故有问人之仁于夫子者，则皆曰未知。盖曰吾未知其及焉否也。"【按】学无止境，圣人欲勉以所未至，不欲生其自足之心，而妨其进修之功也。

> 子路有闻，未之能行，惟恐有闻。《公冶篇》

【谨按】孔《注》谓前闻未及行，恐后有闻，不得并行也。皇《疏》、邢《疏》、朱《注》皆采之。盖子路勇者，力行至神，殆如雷霆精锐，冰雪聪明，汲汲力行，不稍暇逸，一有所闻，即力行之，唯恐其未能行也。于是唯恐更有所闻，前所闻者而未及行，后所闻者又至，则积压而难行矣。记者摹写其神志如此。包慎言《温故录》则以"闻"当读若声闻之"闻"，谓子路当时有声闻，为人所称道，子路自度尚未能行，故唯恐复有闻也。此说盖得之韩氏昌黎《韩氏名箴》，曰："勿病无闻，病其哗哗。昔者子路，唯恐有闻。赫然千载，德誉愈尊。"是以闻为声闻，此亦可做一解。

> 颜渊、季路侍。子曰："盍各言尔志？"子路曰："愿车马衣轻裘与朋友共，敝之而无憾。"《公冶篇》

蔡氏节《论语集说》曰："子路，求仁者也，故能克其私于衣服车马之间；颜子，不违仁者也，故欲物我之无间；孔子，安仁者也，故欲无物不得其所。大凡人之不仁，病在有己，故虽衣服车马之间，此意未尝不存焉。当如子路能克其私意，而后孔颜事业可致也。"简氏《述疏》曰："子路之志，盖求仁之恕也，推己以及物也，非侠士轻财者比矣。亦岂达观如庄周辈哉！"

康氏《注》曰："子路愿与人同其财物，此大同思想也。孔门大同之道，往往于微言见之。盖人道之争，先从货物始，粒糇以愆，豆觞致讼，先有吝心，则生贪心，合贪与吝，则生鄙心诈心险心杀心，无所不至矣。故大同必自能舍财物始，先绝贪吝之根，乃可入大同之世也。"

> 季康子问："仲由可使从政也与？"子曰："由也果，于从政乎何有？"《雍也篇》

【谨按】子路之为人，勇敢有为，不避艰险，盖有坚忍不拔之操，故足以任大事。若畏葸怯懦，观望成败，或则因循苟且，则纲纪不修，而政事旷废矣。天下之事，强半坏于躁切，亦半坏于因循，皆由无敬畏之心、果敢之才有以致之。子路秉性刚明，片言折狱，其治兵也，有勇知方，故夫子称之曰果，於从政乎何有？佛氏最重金刚，盖有取于勇猛精进也。为学如是，为政亦如是已。

> 子见南子，子路不悦。夫子矢之曰："予所否者，天厌之！天厌之！"《雍也篇》

《集解》："孔安国等以为南子者，卫灵公夫人也，淫乱，而灵公惑之，孔子见之者，欲因以说灵公使行治道也。矢，誓也。子路不悦，故夫子誓之行道。既非妇人之事，而弟子不悦，与之咒誓，义可疑焉。"原本孔安国及夫子誓之下，皆有"曰"字，于文不顺，今据臧氏《拜经日记》改正。盖何晏述孔安国等说，兼该马、郑、包、周诸儒之义而申言之。'行道以下'，何晏语，邢《疏》误为孔氏之言，非也。

康氏《注》曰："《吕氏春秋》《淮南子》《监铁论》皆言孔子见南子为行道。盖古者男女有相见之礼，君夫人礼宾，如今泰西仪文。自阳侯杀缪侯而娶其夫人，故大飨废夫人之礼，自是男女别隔。孔子以人权大同之道，固可相见，故特行之，子路习闻小康之制，以为男女不当见，尤疾淫乱之人，因疑孔子不当见之。彼笃守小康者，见大同之举动，无不怪也。盖圣人踪迹兼于三世，故上下无常，非为邪；进退无恒，非离群。故曰'圣而不可测，之谓神'，子路、朱子皆未之测，何况余子。"

> 子路曰："子行三军，则谁与？"子曰："暴虎冯河，死而无悔者，吾不与也。必也临事而惧，好谋而成者也。"《述而篇》

《集解》孔注曰："子路见孔子独美颜渊，以己有勇，若夫子为三军，当与己俱，故发此问。"邢《疏》云："子路好勇，故夫子抑之，使慎其勇。"皇《疏》引缪播曰："圣教轨物，各应其求，随长短以抑引，随志分以诱导也。"

毛氏奇龄曰："临事而惧，正夫子慎战之意；好谋而成，正夫子我战则克之意。"简氏《述疏》曰："武侯出师，其《表》云'先帝知臣谨慎'，是能惧而能谋者欤？秦苻坚谋伐晋，而云'以吾之众，投鞭足以断流'，卒为谢玄所败，是不知惧故也。"戴氏望《论语注》曰："王者行师，以全取胜，不以轻敌为上。《传》曰：'善为国者不师，善师者不陈，善陈者不战，善战者不死，善死者不亡。'《逸周书》曰：'谋有不足者三：仁废则文谋不足，武废则勇谋不足，备废则事谋不足。是行军当用谋也。'"

【按】焦循《补疏》曰："好谋而成，成犹定也，定即决也。《三国志·郭嘉传》：'袁公多端寡要，好谋无决。'盖无决，即是无成；好谋而成，即是好谋而能决也。"其说亦通。

【谨按】行军之道，其要有二：一在于慎，一在于谋。不慎则必偾事，无谋势亦必败。高固轻敌而丧师，先谷躁进而败绩，皆无惧心也。栾枝曳柴而败荆，莫敖采樵以致绞，皆谋定也。魏禧著《左氏兵谋》、顾栋高《春秋大事表》列兵谋一门，胡林翼著《读史兵略》，斯诚用兵之要诀。夫子临事而惧，好谋而成，二语实已总括行军之道。

> 叶公问孔子于子路，子路不对。子曰："女奚不曰'其为人也，发愤忘食，乐以忘忧，不知老之将至云尔。'"《述而篇》

《集注》曰："未得，则发愤而忘食；已得，则乐之而忘忧。以是二者俛焉日有孳孳，而不知年数之不足，但自言其好学之笃耳。然深味之，其纯亦不已之妙，有非圣人不能及者。"康氏《注》曰："忘食，则不知贫贱；

忘忧，则不知苦戚；忘老，则不知死生。非至人，安能及此？"简氏《述疏》曰："《经》云：'终日不食，又云三月不知肉味。盖发愤忘食也。'《经》云：'饭疏食饮水，曲肱而枕之，乐在其中。盖乐以忘忧也。'孔子之学，且自发愤中来，学者当如何哉？时孔子自蔡如叶，年既六十矣，故言老之将至也。叶公虽不知孔子，而实向慕焉，以其当问政于孔子也。子路不对，以圣人之德，有未易明言欤？孔《注》云：'不对者，未知所以答。'诚然。"

【谨按】《集注》谓叶公必有非所问而问者，故子路不对非也。皇《疏》谓所问之事，当乖孔子之德，故子路不对；又引李允云，疑叶公问之，必将欲致之为政，子路知夫子之不可屈，故不对。皆属臆测之词。

> **子疾病，子路请祷。子曰："有诸？"子路对曰："有之。《诔》曰：'祷尔于上下神祇。'"子曰："丘之祷久矣。"**《述而篇》

《庄子》云："孔子病，子贡出卜，孔子曰：'子待也，吾坐席不敢先，居处若斋，食饮若祭，吾卜之久矣。'"又《论衡·感虚》篇引此云："圣人修身正行，素祷之日久，天地鬼神知其无罪，故曰'祷久矣'。"潘氏维城曰："诸说皆与本文相发。"康氏《注》曰："人苟有罪，岂一祷所能赦？亦岂神祇所能赦？苟无功德，岂祷所能邀福？亦岂神祇所能锡福？苟有功德而无罪过，则暗合神明，虽不祷，而祷已久矣，何事于祷？"按：康氏说，亦即《庄子》《论衡》之意。

郑氏汝谐曰："若曰无愧于神明而不必祷，则武王何所愧而周公为之祷也？若曰鬼神无祷之之理，周公不必祷，焉可也？盖不祷者，明正直之义；祷之者，尽拳拳之忠。使子路自致其祷，未必非之，唯其请祷，是以不许也。"简氏《述疏》曰："昔武王有疾，周公自祷于三王，武王于是乎疾瘳。子路忧师之疾，自祷，宜也；请祷，非也。周公自祷，忠孝之诚也；孔子不祷，修身之义也。苟不辩焉，有陷于狄之鄎舒隽才而不祀者矣。"吴氏嘉宾《论语说》曰："请祷，不当使病者知之。周公册祝，虽祝史，皆命之使勿敢言，况请乎？子路之请祷，欲圣人致斋取必于鬼神耳。"

毛氏奇龄曰："古有祷礼，有谥礼，总名曰《诔》。诔者，累也。祷者，累功德以求福；谥则累功德以易名。明分二礼，但与累功德同，故均以'累'字称之，实则祷有祷诔，谥有谥诔，《集注》谓'诔者，哀死而述其行之词'，此错据《礼》文也。子路纵不学，岂不稍为病者嫌乎？"

> 子疾病，子路使门人为臣。病间，曰："久矣哉，由之行诈也！无臣而为有臣。吾谁欺？欺天乎？且予与其死于臣之手也，无宁死于二三子之手乎！且予纵不得大葬，予死于道路乎？"《子罕篇》

刘氏《正义》曰："考《士丧礼》，虽有夏祝、商祝、御者、彻者、摈者、奠者之属，皆暂时司其事者，谓之有司，本不为臣也。今用大夫礼，是伪有臣也。伪，所以为欺，故曰：'吾谁欺？欺天乎？'"郑《注》云："大夫退，死葬以士礼；致仕，则以大夫礼葬。盖年老归政曰致仕，其爵未失，故从大夫礼葬。若大夫退，是君疏斥已，或已避位弗仕，既去大夫之位，则不得以大夫礼葬，故宜以士礼葬。《王制》云：'大夫废其事，终身不仕，死以士礼葬之是也。'夫子虽尝为鲁司寇，是大夫，及去鲁，以微罪，行宜降用士礼。"简氏《述疏》则谓孔子去鲁致仕，而去及归鲁，吉月而朝，与闻国政，故曰'从大夫后，不可徒行'，此以知孔子虽去位，当以大夫礼葬，惟无臣尔，盖异乎在位者也。其说亦正。《集注》引范氏曰："曾子将死，起而易箦，曰：'吾得正而毙焉，斯已矣。'子路欲尊孔子，而不知无臣之不可为有臣，是行诈也。"康氏《注》曰："大葬，谓君臣礼葬；死于道路，谓弃而不葬。孔子贵天爵不贵人爵，重魂轻魄，但免弃而不葬，而不贵乎大葬也。"

> 子曰："衣敝缊袍，与衣狐貉者立，而不耻者，其由也与？'不忮不求，何用不臧？'"子路终身诵之。子曰："是道也，何足以臧？"
> 《子罕篇》

许氏谦曰:"孔子言:'士志于道,而耻恶衣恶食,未足与议。'盖谓士不可有厌贫之心。然外物来铄于我,则其心易动,而能不耻,此子路所以为贤也。以见其心正气全,达命安分,略不以此芥蒂于胸中,正可与车马轻裘与朋友共章对看,此是不慕人之富,彼是不轻人之贫;此是不屈于物,彼是乐于物。共合而观之,可见子路气象之全矣。"

【谨按】忮则忌人之有,故强者必忮;求则谄人之有,故弱者必求。忮求之心一生,则无所不至矣。《朱子大全集》载周氏舜弼之说,与管见相同。其始皆以贫富之见动于其心耳。子路虽衣敝缊袍,与衣狐貉者并立,而不觉其富,曾无一毫美慕之态;又不自耻其贫,曾无一毫怯懦之情,是能不以饥寒易其虑,不以贫富动其心,可以进于道矣。惟闻夫子称许之言而终身诵'不忮不求',则器量似有未宏,故夫子抑而进之。郑氏《论语意原》谓子路强探力取,终不见其有得,未免责之太过矣。

《韩诗外传》解"不忮不求",与此不同,其言曰:"夫利为害本,而福为祸先,惟不求利者为无害,不求福者为无祸。"又云:"非其道而行之,虽劳不至;非其有而求之,虽强不得。故智者不为非其事,廉者不求非其有,是以害远而名彰。"又云:"安命养性者,不待积委而富;名号传乎世者,不待势位而显,德义畅于中而无外求也。三节皆引《诗》'不忮不求,何用不臧'。"刘氏宝楠曰:"揆韩之意,似以不害,由于不求害,谓己有祸患,非谓伤害他人也。"此义与马《注》不同,并得通也。马《注》:"忮,害也;臧,善也。言不忮害贪求,何用不善。"

或以"不忮不求"二句以下别为一章,孔氏广森《经学卮言》曰:"子路常诵'不忮不求',二言'尤南容一日三复白圭之玷',子以其取于《诗》者小,故语之曰'不忮不求',是或一道也。然止于是,何足以臧?作疏者始以引《诗》为美子路,又以终身诵之为闻誉自足,重诬贤者。且夫子既取《诗》词'何用不臧',而乃顿抑之,谓'何足以臧',是自异其枘凿也。"

【谨按】《史》言敝袍不耻者,无引诗词,故孔广森以"不忮不求"以下别为一章,与"南容三复白圭"章同于义,亦通。惟注疏家如皇《疏》、邢《疏》皆以承上文为一章，《集注》从之，简氏《述疏》以为经文上下皆贯，经义相承也。今乃从注疏家说。

> **季路问事鬼神。子曰："未能事人，焉能事鬼？""敢问死。"子曰："未知生，焉知死。"**《先进篇》

皇《疏》云："周孔之教，唯说现在，不言过去未来，而子路问事鬼神，鬼神在幽冥之中，是过去也。又问死，死是后事，是未来也。陈群曰：'鬼神及死事难明，语之无益，故不答。'"简氏朝亮曰："此未察乎不答之答焉，子尝言之矣，务民之义，即所以事人也；敬鬼神而远之，即所以事鬼也。"

赵氏佑《温故录》曰："夫先王之事鬼神，莫非由人事而推之，故生则尽养，死则尽享，惟圣人为能飨帝，惟孝子为能飨亲。吾未见孝友不敦于父兄，而爱敬能达乎宗庙者也。若论生死，则人有所当死，有所不当死，莫难乎知之明而处之当。君子穷理尽性，以至于命归于得正而毙，不敢以父母之身行殆，不敢以匹夫之谅为名者，惟其能知敬吾生，故能重吾死也。否则，生无以立命，死适为大愚而已。是故善继人之志，善述人之事，事死如事生，事亡如事存，孝之至也。能事人，即能事鬼矣。尽其道而死者，正命也；桎梏而死者，非正命也。然志士仁人，杀身成仁，虽死尤生，亦正命也。得其所以生，即得其所以死，能知生，即能知死矣。"

罗氏泌曰："昔者宰我问鬼神之名，子曰：'气者，神之盛也；魄者，鬼之盛也。'奈何季路之问事鬼，则曰：'未能事人。'问死，则曰：'未知生。'夫鬼神生死，人事之大也。神者，天之徒；鬼者，物之徒也。惟人之初，与天为徒，孰不具此神哉？及生之后，开闭之不谨，而好恶之偏从而蔽之，圣人惟其然也。故开天之天，而不开人之天；闭人之窦，而不闭天之窦。开天者，德生；开人者，贼生。德生者，阳明胜；阳明胜，故识性用。贼生者，阴浊盛；阴浊盛，故物欲行。识性用，则归于神；物欲行，则归于鬼。归于神者，与天为徒；归于鬼者，与物为徒。今夫天阳而地阴，魂阳而魄阴，是故智气归天，而体魄则归地，神阳而鬼阴，君子阳而小人阴，是故正直为神，而憸险则为鬼，德阳而欲阴，男阳而女阴，是故德盛成男，欲盛成女，君子于此，其可不惄之又惄，而自堕于鬼物哉？"

康氏《注》曰："郑康成云圣人之精气，谓之神；贤智之精气，谓之鬼。《易》曰：'原始反终。'故知死生之说，精气为物，游魂为变，故知鬼神之情状。又曰：'通乎昼夜之道，而知夫原始反终。'通乎昼夜，言轮回也。死于此者，复生于彼；人死为鬼，复生为人，皆轮回为之。若能知生所自来，即知死所归去；若能尽人事，即能尽鬼事。尽人事者，顺受其正，素位自得，则魂魄不坏，即能轮回无碍；尽鬼事者，修精气，炼魂魄，存元神，保灵魂也。苟弃人事而专务乎此，则先有滞碍，不能轮回矣。"【按】罗氏、康氏两家学说略同足，足资参究，因并录之。

> 闵子侍侧，訚訚如也；子路，行行如也；冉有、子贡，侃侃如也。子乐。"若由也，不得其死然。"《先进篇》

闵子訚訚，中正之貌；冉有、子贡侃侃，和乐之貌；子路行行，刚强之貌。四子各具其自然之性，皆侍于孔子之侧，孔子见其气象，既喜其可以同归于善，又乐得英才而教育之也。或疑"子乐"当作"子曰"，谓知由不得其死，何乐之有？据《文选·幽通赋》及《座右铭》两注，并引作"子曰若由也不得其死然"，以为确证，其实未足据也。简氏《述疏》已辨之，其言曰："此'子乐'而不能无忧者尔，皇《疏》引袁氏曰：'道直时邪，自然速祸。'《哀十五年·传》云孔子闻卫乱，曰：'由也死矣。'此非以其数知之，以其刚强赴义而知之也？或以为忧死，何乐乎？非也。一则以喜，一则以惧也。或疑'子曰'别为章，则《经》言：'若者，何所承耶？'"以上简氏说。是"子乐"二字不当改为"子曰"，记者当时看出孔子有欢愉之色，故记之曰"子乐"。然夫子于欢愉之顷，转若有不足之意，既而曰"若由也，不得其死然"此句，是连类附记孔子之言耳，其情状殆可想而见也。

《集注》引尹氏焞曰："子路刚强，有不得其死之理，故因以戒之，其后子路卒于卫孔悝之难。【按】《家语·颜回》篇颜回谓子路曰：'力猛于德，而得其死者鲜矣！'其词亦有警告子路意。又《家语·子贡问》篇载子路与子羔仕于卫，及其死事，其言子路被醢，恐未必然。然孔子去卫，子路不与之俱去，而尚羁留异地，且为孔悝家臣，又非得志可以行其道者，则其识似有不足，而卒死于卫，惜哉！"潘恭叔问于朱子曰："孔悝不能禁其母之为乱，及为卫臣，又不能有所立，以子路之贤而为其家臣，心甚疑之。"朱子曰："圣人之门，不使人逃世避人以为洁，故群弟子多仕于乱邦。然若子路、冉有之徒，亦太不择矣！"语见《朱子大全》。

或问孔子许子路升堂，是其品节甚高，何以见之？龟山杨氏曰："观其死尤不忘结缨，非其所养素定，何能尔耶？苟非其人，则遑遽急迫之际，方寸乱矣。"简氏朝亮曰："今以《哀十五年·传》推之，季路曰：'食焉不避其难。'卫之难，蒯聩为父而争其子辄之国也。孔悝卫君，辄之臣也；季路，孔悝之家臣也。蒯聩劫孔悝以登台，季路死之，义也。孔子闻卫乱，曰：'由也死矣。'知其必以义死也。使季路临难苟免，非义也。惜其不能如孔子之先去卫耳。后世若魏徵、王珪奉高祖命，为太子官，则君臣之分定，其职当辅导太子，如太子不可辅导，则当去官，所谓不能者止也。既不能去，则当为太子死于其官，所谓见危授命也。今王、魏不能，其异乎季路之能死节者矣。"

> 子曰："由之瑟奚为于丘之门？"门人不敬子路。子曰："由也升堂矣，未入于室也。"《先进篇》

《说苑·修文》篇："子路鼓瑟，有北鄙之声，孔子闻之，曰：'信矣！由之不才也。'冉有侍，孔子曰：'求，尔奚不谓由夫先王之制音也。奏中声，为中节，流入于南，不归于北。南者，生育之乡；北者，杀伐之域。故君子执中以为本，务生以为基，故其音温和而居中，以象生育之气。小人则不然，执末以论本，务刚以为基，故其音湫厉而微末，以象杀伐之气，和节中正之感不加乎心，温俨庄恭之动不存乎体。夫杀者，乱亡之风，奔北之为也。今由也既无意先王之制，而有亡国之声，岂能保七尺之躯哉？'"《家语》载此文，大同小异。许氏谦曰："人心善恶邪正，可于乐声见之，善听声者，闻乐即知人心，如荷蒉闻夫子磬声，而知圣人有心于天下；闵子听孔子鼓琴，而知其有欲得之心。《孔丛子》作闵子，《韩诗外传》作曾子。钟子期听伯牙鼓琴，而知其志在高山流水；蔡邕闻邻人鼓瑟，知其有杀心之类是也。子路刚勇，其瑟声有刚强气象，故孔子儆告之。"

《集注》曰："升堂入室，喻入道之次第也，言子路之学，已造乎正大高明之域，特未深入精微之奥耳，未可以一事之失而遽忽之也。按孔子论善人之道，谓不践迹，亦不入于室。所谓入室者，亦以精微之奥言。此所云升堂入室，以喻入道之浅深也；彼所云践迹入室，谓不由实践，亦不能造乎深奥。以言生质虽美，未足恃也，立意各别。"

> **由也喭。**《先进篇》

《集注》："喭，粗俗也。"简氏《述疏》曰："喭，《书》无逸。"孔《疏》引作"谚"。皇本郑《注》云："子路失之畋喭。"邢《疏》云："今本'畋'作'畔'字，《书》：'畋喭，失容也。'朱子之义，视郑《注》尤明矣。《经》云：'子路率尔而对。'又云：'野哉由也！'斯其粗率而野俗也。故孔子与子路论'成人'，必曰：'文之以礼乐，将化其喭欤？'而子路遂为成人矣。"

【谨按】子路于孔子之前，出辞气而鄙倍者往往有之，如云："有是哉？子之迂也！"及夫子问各言尔志，则率尔而对。当其从行失路而遇丈人，又卒然问曰："子见夫子乎？"遂为丈人所挫抑。盖子路性刚少含蓄，故失之粗俗，亦即是鄙野也。《史》载其性鄙好勇，力志伉直，初见孔子时，欲陵暴孔子，后乃儒服委质，卒为成人。由此观之，则天下无不可化之人也。然非亲炙洙泗之门，则亦未易言者。

> 子路问："闻斯行诸？"子曰："有父兄在，如之何其闻斯行之。"冉有问："闻斯行诸？"子曰："闻斯行之。"公西华曰："由也问闻斯行诸？子曰'有父兄在'；求也问闻斯行诸？子曰'闻斯行之'。赤也惑，敢问。"子曰："求也退，故进之。由也兼人，故退之。"《先进篇》

刘氏《正义》曰："夫闻义即当力行，君子善则归亲，苟有所为而合于义，称父母或兄之命焉可也。若必待禀命，而或为父兄所阻不得行，是亦奚得为义？但子路有闻即行，其中有宜禀命者，而迫不能待，不特失承顺之道，并其所行或因急遽而未合于义，此夫子所以抑之也。至冉有自言悦子之道，而以力行不足为逑，是不患其不禀命，但虑逡巡退缩而为之不力耳。夫子所以进之。二子之问，非在一时，而公西华之窥圣人，有以得其异同，亦可谓善学者矣。"又曰："《学记》云学者有四失，教者必知之。人之学也，或失则多，或失则寡，或失则易，或失则止。此四者，心之不同也。知其心，然后能救其失也。教也者，长善而救其失者也。"

康氏《注》曰："闻斯行诸，自由之义也；有父兄在，服从之义也。孔子两义并存，各视其人而药之，亦各视其时而施之，非其时非其人，而妄行自由，不可；非其时非其人，而妄行服从，亦不可也。教者如医病，务在因人相时，审病发药耳。本文义似相反，而道则并行不悖，此圣人权实兼施，读者以意逆志可也。"

> 子路、曾皙、冉有、公西华侍坐。子曰："以吾一日长乎尔，毋吾以也。居则曰：'不吾知也！'如或知尔，则何以哉？"子路率尔而对曰："千乘之国，摄乎大国之间，加之以师旅，因之以饥馑，由也为之，比及三年，可使有勇，且知方也。"夫子哂之。《先进篇》

《韩诗外传》曰："子路治蒲三年，孔子过之，入境而善之，曰：

'由！恭敬以信矣。'入邑，曰：'善哉！由忠信以宽矣。'至庭，曰：'善哉！由明察以断矣。'子贡执辔而问曰：'夫子未见由，而三称善，可得闻乎？'孔子曰：'入其境，田畴草莱甚辟，此恭敬以信，故民尽力也；入其邑，墉屋甚尊，树木甚茂，此忠信以宽，故民不偷也；入其庭，庭甚闲，此明察以断，故民不扰也。'"《家语·辩政》篇所记略同。

【谨按】《韩诗外传》所载，足征子路才足临民，武足御敌，其言志云云，为不谬矣。徒以率尔而对，其言不让，故夫子哂之。《梁惠王》篇："卒然问曰。""卒"与"率"义同。《曲礼》："侍于君子，不顾望而对，非礼也。"子路于四子中年最长，自当先对，但当顾望，不得急遽耳。

> 子曰："片言可以折狱者，其由也与？"子路无宿诺。《颜渊篇》

毛氏奇龄曰："古者折民狱讼，必用两辞，故《周官·司寇》：'以两剂禁民狱。'先取两卷而合之，使两造狱词各书其半，即今告牒与诉牒也。及听狱后，复具一书契而两分之，使各录辩答之辞于其中，即今两造两口供也。是折狱之法，前卷后契必得两具，若卷不两具，谓之单词，单词不治。如司寇禁狱，凡不赍卷，即自坐不直，不俟上于朝而遽斥之是也。契不两具，则谓之不能举契，亦不治，如春秋晋听王讼王叔氏，不能举其契，王叔奔晋是也。是半卷半契，总无折理，惟子路明决，单词可断，在他人岂能之。"

【谨按】毛说与孔《注》、郑《注》略同，孔曰："听讼必须两辞，以定是非，偏信一言以折狱，惟子路可。"郑曰："片言，单词也，惟子路能取信，所言必直，故可令断狱也。郑意盖以人既信子路，自不敢欺，故虽片言，必是坦白，即可令依此断狱。然片词断狱，未必可能，且未可为法，夫子必以此称之。"《易·序卦》云："贲者，饰也。"故《贲象》云："君子以明庶政，无敢折狱。"盖狱词多饰，尤难明也，况偏词乎？虽有圣者，不能不听两造之词，子路虽贤，无是理也。故欧阳詹著《片言折狱论》及康氏《注》、简氏《述疏》皆驳正之，然仍应以《集注》为合。《集注》曰：

"片言，半言也，子路忠信明决，故言出而人信服之。盖极言其辞未毕而人已信服之矣。"张氏栻曰："听狱之词，能以片言决其是非，而人无不听顺者，以其平日之履行，有以取信于人故也。"故下文即补入"子路无宿诺"一语，谓急于践言，不留其诺，正见其然诺不苟，平时足以取信于人也。子路有闻即行，其于折狱亦然。盖狱讼一定，即予开释，不使讼者受羁累之苦，此子路忠信之事也。今之狱吏每审一案，动至延滞，甚或经年不决，辄视当事人财贿之有无多寡，以为持法之轻重，故留宿诺者，亦即舞弊之一端，其何以能决狱？今考《韩诗外传》及《家语》，皆载孔子称子路明察以断，则子路为良有司焉。《左传》："小邾射以句绎奔鲁，曰：'使季路要我，吾无盟矣。'季康子使冉有谓曰：'千乘之国，不信其盟，而信子路之言，子何辱焉。'对曰：'鲁有事于小邾，不敢问故，死城下可也。'彼不臣而济其言，是义之也。由弗能。其不轻易许诺。如此即无宿诺之证。"

子路问政。子曰："先之劳之。"请益。曰："无倦。"《子路篇》

《大戴礼记·子张问入官》篇云："故躬行者，政之始也。"又云："君子欲政之速行也者，莫如以身先之也；欲民之速服也者，莫若以道御之也。"此言先之之义。《鲁语》："敬姜曰：'昔圣王之处民也，择瘠土而处之，劳其民而用之，故长王天下。夫民劳则思，思则善心生，逸则淫，淫则忘善，则恶心生。沃土之民不材，淫也；瘠土之民莫不向义，劳也。'"此言劳之之义。《集注》引苏氏曰："凡民之行，以身先之，则不令而行；凡民之事，以身劳之，则虽勤不怨是也。但先与劳，患不能持久，若能无倦，则功无不成，事无不就矣。敬者，无倦之终始也，心存敬畏，故能始终行之而不懈。唐玄宗为政，始非不善也，然有始无终，是倦也。其所以倦者，此心不能常存敬畏故也。故修己治人，其道莫先于敬。他日孔子语子路曰'修己以敬，修己以安人，安百姓'，无非原于'敬'之一字，其义可见矣。"

> 子路曰："卫君待子而为政，子将奚先？"子曰："必也正名乎！"子路曰："有是哉？子之迂也！奚其正？"子曰："野哉，由也！君子于其所不知，盖阙如也。名不正，则言不顺；言不顺，则事不成；事不成，则礼乐不兴；礼乐不兴，则刑罚不中；刑罚不中，则民无所措手足。故君子名之必可言也，言之必可行也。君子于其言，无所苟而已矣。"《子路篇》

《史记·孔子世家》："是时，卫君辄之父蒯聩不得立，在外，诸侯数以为让。"而孔子弟子多仕于卫。如子路、子贡、高柴辈。孔子在卫，为公养之仕，卫君将留用孔子，故子路举以问也。钱氏坫《论语后录》及毛氏《稽求篇》皆以此在哀公六年，出公立已四年矣。《集注》谓在哀公十年，是出公立已八年。简氏《述疏》从《集注》说，正名，指蒯聩事，言已详为《卫君》章。

恽氏敬先贤仲子庙立石，文曰："卫出公辄未尝拒父也，卫灵公生于鲁昭二年，其卒年四十七，而蒯聩为其子，出公为其子之子，度出公之即位也，内外十岁耳。哀公二年蒯聩入戚，三年春围戚，卫之臣石曼姑等为之，非出公也。夏氏炘卫出公辄，论曰灵公薨时，辄至长亦年十余岁耳，以十余岁之童子即位，则拒蒯聩者，非辄也。蒯聩有杀母之罪，斯时南子在堂，其不使之入亦明矣，辄不得自专也。考蒯聩于灵公四十二年入居于戚，及至出公十四年始与浑良夫谋入，凡在戚十有五年，此十五年中，绝无动静，则辄之以国养可知。孔子于辄之六年自楚至卫，辄年可十七八岁，有欲用孔子之意，故子路曰：'卫君待子而为政。'孔子以父居于外，名之不正，莫甚于此，故有正名之论。而子路意辄定位已久，故以子言为迂，其后孔子去卫，而卫果有孔悝之难。盖孔子在卫凡六七年，辄能尽其公养，则此六七年中，必有不忍其父之心，孔子以为尚可以为善，而欲进之以正名。惜其优柔不断，终不能用孔子耳。设也辄果称兵拒父，而孔子尤至卫，且处之六七年，其何以为孔子？"

【谨按】公山弗扰之召、佛肸之召，而子欲往，子路皆不悦也。如使卫君有忍于其父之心，而不可以为善，即使待子为政，子路亦必不悦，何为举此以问？今观于孔子在卫。为公养之仕凡六七年，而子路、子贡皆不以此而稍有疑焉，则当日卫君非有拒父之心，从可知矣。

《集注》引胡氏安国之言，谓："夫子为政，而以正名为先，必将具其事之本末，告诸天王，请于方伯，命公子郢而立之，则人伦正，天理得，名正言顺而事成矣。"毛氏奇龄驳之，谓当时安有方伯？惟晋最强，自文宣以后，竟以方伯自居，贬齐、鲁、卫为属国，至卫灵、齐景，发愤不平，邀鲁叛晋，与赵鞅抗兵，非一日矣。今蒯聩以得罪国母奔晋，藉鞅师以攻齐攻卫，与父为仇，以致卫灵身死，尸尚未葬，而赵鞅用阳货计，借蒯聩奔丧为名，纳聩据戚，而卫不敢拒。<small>全氏祖望《鲒埼亭集》及刘氏《正义》均以蒯聩得罪出奔，闻丧奔赴，卫人所不可拒，蒯聩之归有名，而卫人之拒无名云。其说与毛氏稍异。</small>至次年，齐遣师围戚，然后卫亦遣石曼姑帅师从之，此即宋儒所称拒父之师者。向使当时请方伯以讨拒父之师，则其所请者，正卫灵所累战累伐，假纳聩以据戚邑之晋赵鞅也。<small>语见《四书改错》。</small>简氏《述疏》曰："胡氏言孔子为政而立郢者，非也。立郢者，南子矫卫灵公之命尔。卫辄之事，无论告诸天王，请于方伯，其济与不济，如何而岂？当由受卫君之为政者而告请废卫君他立乎？夫卫君辄定位久矣，今待孔子而为政，如卫君不可有国者，孔子亦不受其为政；若受其为政，则以为卫君也。安有废卫君者耶？然则孔子受卫君之为政而先正名者，何也？其必请辄迎蒯聩为国君父而孝养之也，若后世唐肃宗迎玄宗于蜀者可推也。夫《春秋》书蒯聩曰：卫世子则未告废焉，其得罪灵公而亡，于辄非不爱也。辄之立，卫人立之，非辄自立也。晋师纳卫世子，卫以为敌也，故拒之。而主兵者齐也，非卫也。卫之从齐，南子与诸大夫之谋也。然辄不迎其父者，辄固不知叔齐让伯夷之义，抑亦以诸大夫立辄者不欲蒯聩之归也。蒯聩是以怨诸大夫而不怨辄也。孔子如为政，其请蒯聩受辄养也，蒯聩必乐从之，如是则孔子善全其父子，而名可正矣。惟辄终不迎父，则以孔子未尝为政，知卫将乱，旋即去卫。至哀公十六年，孔悝立蒯聩，是为庄公，既而已氏杀之，卫乱以晋故立公孙般师，齐执般师，立公子起，卫石圃逐其君起，卫侯辄自齐复归，未几出奔，遂卒于越，斯卫乱终焉，皆名不正以致之也。子路为孔悝家臣，名不正则卫必乱，乱邦不可居也，孔子去卫，而子路不去，其失先机之知矣。然能知死义，则君子人也，岂其伤勇哉！"

卷十一终　门人吕灿铭校字

卷十二 仲由下

卷十二　仲由下

> 子路问曰："何如斯可谓之士矣？"子曰："切切偲偲，怡怡如也，可谓士矣。朋友切切偲偲，兄弟怡怡。"《子路篇》

《集注》引胡氏安国曰："切切，恳到也；偲偲，详勉也；怡怡，和悦也。皆子路所不足，故告之。又恐其混于所施，则兄弟有贼恩之祸，朋友有柔善之损，故又别而言之。"

皇《疏》引缪协曰："朋友不惟切磋，亦贵和谐；兄弟非但怡怡，亦须戒厉。然朋友道缺，则面朋而匿怨；兄弟道缺，则阋墙而外侮。欲矫之，故云朋友切切偲偲，兄弟怡怡。切切偲偲，相切责之貌也；怡怡，和悦之貌也。"

【谨按】子路好勇，率尔之遽，野哉之麤，故孔子以此训示之。然考《礼·檀弓》所记，子路去鲁，谓颜渊曰："何以赠我？"曰："吾闻之也，去国则哭于墓而后行；反其国不哭，展墓而入。"谓子路曰："何以处我？"子路曰："吾闻之也，过墓则式，过祀则下，言行者主于孝，居者主于敬也。"朋友切切偲偲，是子路已能之矣。《檀弓》又云："子路有姊之丧，可以除之矣，而弗除，孔子曰：'何弗除也？'子路曰：'吾寡兄弟而弗忍也。'孔子曰：'先王制礼，行道之人皆弗忍也。'子路闻之，遂除之。"是能于兄弟怡怡也。子路之进德修业可知矣。

> 子路问成人。子曰："若臧武仲之知，公绰之不欲，卞庄子之勇，冉求之艺，文之以礼乐，亦可以为成人矣。"曰："今之成人者何必然？见利思义，见危授命，久要不忘平生之言，亦可以为成人矣。"
>
> 《宪问篇》

《说苑·辨物》篇："颜渊问于仲尼，曰：'成人之行若何？'子曰：'成人之行，达乎性情之理，通乎物类之辨，知幽明之故，睹游气之源，若此，可谓成人。既知天道，行躬以仁义，饬躬以礼乐。夫仁义礼乐，成人之行也；穷神知化，德之盛也。'"【按】此说则成人最所难能，然告子路与告颜渊不同，告子路则重在事功，故毛氏奇龄曰："此圣贤尚事功重材干也。与子贡问士章之重使四方，子路问仁章之独许管仲一例。故此将谨信自守之士特抑之，与问士章特抑言行信果者为硁硁小人，问仁章特抑致身殉死者为匹夫匹妇，亦是一例。盖圣贤最忌自了汉，明德而不新民，成己而不成物，独善而不兼善，非圣道亦即非圣学。"徐仲山曰："余读硁硁小人节而疑之，及读今之成人节而又疑之，至读匹夫匹妇节始豁然矣。"

《集注》曰："能兼此四子之长，则知足以穷理，廉足以养心，勇足以力行，艺足以泛应，而又节之以礼，和之以乐，使德成于内，而文见乎外，则材全德备，浑然不见一善成名之迹；中正和乐，粹然无复偏倚驳杂之蔽，则为全人矣。"康氏《注》曰："见利思义则廉节，见危授命则忠烈，久要不忘则诚信，此皆子路所长者。"

【谨按】子路问成人，夫子以成人之全体告之，子路当时闻之，必有慊然不自足，惶然惧不成人，夫子遂以其所已能者而慰之，故曰今之成人者。乃《集注》引胡氏安国说，谓今之成人以下属子路之言。阎氏《四书释地三续》引顾泾阳言，以胡氏解为确当。刘氏《正义》亦云于义较长。恐未必然，如胡氏说，夫子岂得竟无言而止，"曰"以下者，更端之词耳。故毛氏奇龄、简氏朝亮皆不采胡氏说。

> 子路曰："桓公杀公子纠，召忽死之，管仲不死。"曰："未仁乎？"子曰："桓公九合诸侯，不以兵车，管仲之力也。如其仁！如其仁！"《宪问篇》

《说苑·善说》篇："子路问于孔子，曰：'昔者管仲欲立公子纠而不能，是无能也；桎梏而居槛车无惭色，是无愧也；事所射之君，是不贞也；召忽死之，管仲不死，是无仁也。'子曰：'管仲欲立公子纠而不能，非无能也，不遇时也；桎梏而居槛车无惭色，非无愧也，自裁也；事所射之君，非不贞也，知权也；召忽死之，管仲不死，非无仁也。召忽者，人臣之材也，不死则为三军之虏，死则名闻天下；管仲者，天子之佐、诸侯之相，死之则不免为沟中之瘠，不死则功名显于天下，夫何为死之由？汝不知也。'"《家语·致思》篇略同。

康氏《注》曰："仁莫大于博爱，祸莫惨于兵戎，天下止兵，列国君民皆同乐生，功莫大焉。故孔子再三叹美其仁。孟子之卑管仲，乃为传孔教言之有为而言也。宋儒不善读之，乃鄙薄事功，攻击管仲，至宋朝不保，夷于金元左衽者数百年，生民涂炭，则大失孔子之教旨矣。"

【谨按】孙氏志祖著《读书脞录》，及简氏《述疏》皆疑孔子之于管仲，未必深许其仁，盖泥于管仲器小一语，是失孔子立言之旨矣。夫仁之体，在于存天理，去人欲；仁之用，则在于救世。全其体者，固谓之仁；得其用者，亦不可不谓之仁。故博施济众，仁之用也，而尧舜犹病诸。管仲之不死，正留其身，以泽及天下，其隐忍图存，非偷生也。然必有管仲之才之志，而后可以不死。故曰："召忽之死也，贤其生；管仲之生也，贤其死。"当夫蛮夷猾夏之秋，锋镝死亡之惨，苟有人焉，能拨乱而反之正，化干戈为玉帛，其功德为何如也？孔子之许管仲，以其志存救世，功在天下也。王氏引之曰："管仲不用民力，而天下安，孔子称如其仁。如，犹乃也，谓乃其仁也，乃其仁也。"王说见《经传释词》。李氏祖陶曰："管仲相桓公前后三十余年，未尝连诸侯合一大战，其雍容镇静，犹有先王耀德不观兵之遗，故孔子以仁许之。"观于孔子之语子贡，谓"微管仲，吾其被发左衽"，则极赞扬管仲，特许其仁也可知矣。余考《通鉴·晋纪》，当元帝避胡而渡江也，桓彝谓周顗曰："我以中州多故，来此求全，而单弱如此，将何以济？"及见王导，共论世事，退谓顗曰："向见管夷吾，吾无忧矣。"时诸名士相与登新亭游宴，周顗中坐，叹曰："风景不殊，举目有江河之异，因相视流涕。"王导愀然变色，曰："当共戮力王室，克复神州，何至作楚囚对泣耶！"众皆收泪谢之。由今观之，孰有如管仲其人者耶？孰有如王导其人者耶？民国三十二年仲秋八月，中日抗战期间特记。

子路问事君。子曰："勿欺也，而犯之。"《宪问篇》

《集解》孔注曰："事君之道，义不可欺，当能犯颜谏诤。"刘氏《正义》曰："《注》以勿欺，即谓能犯颜谏诤也。《孟子》言齐人谓其君何足语仁义，是为不敬；又云谓其君不能者，是贼其君。与此义同。子路仕于季氏，夫子恐其甘以具臣自待，又季氏将伐颛臾，子路力未能谏止，故告以勿欺，而又恐其意未明，故更曰'而犯之'。《礼·檀弓》云'事君有犯而无隐'，若隐，即为欺矣。"康氏《注》曰："君尊而威，故事君者，皆外为容悦而内为欺诈，勿欺则尽忠，犯颜则直节。《易》曰：'王臣蹇蹇，匪躬之故。'即其义也。"

康氏词意，亦与孔《注》同，惟《集注》引范氏说，谓："犯原非子路所难，而以不欺为难，当先勿欺而后犯。"张氏栻《论语解》略同其说，是分"犯"与"不欺"为二义矣。其实"犯"以"不欺"为本，内能不欺于心，而后可犯颜谏诤。《宋史》载刘安世："正色立朝，面折廷诤，或逢盛怒则执简却立，俟威稍霁，复前抗词，旁列者见之，蓄缩悚汗，目之曰'殿上虎'。"此其犯，由勿欺而出也，实非有两义。毛氏奇龄曰："子路生平以不欺见称，故邾射以句绎奔鲁，尚欲要子路一言以为信，岂有事君而反出于欺者？此不过正告以事君之道，而注者必曰对病发药，谬矣。"

> 公伯寮诉子路于季孙。子服景伯以告，曰："夫子固有惑志于公伯寮，吾力犹能肆诸市朝。"子曰："道之将行也与，命也；道之将废也与，命也。公伯寮其如命何！"《宪问篇》

【谨按】《史记·弟子传》及马注《论语》皆以公伯寮为孔子弟子。寮，一作缭，程氏敏政、崔氏述皆辨之，以孔门不应有是人也。程敏政以寮为圣门蟊贼，渎罢其祀。《集注》亦不取。子服景伯，鲁大夫。季孙，即季氏。夫子，指季孙也。时子路仕于季氏，景伯恶伯寮之谮子路，而欲诛之。

刘氏《正义》曰："子路以忠信见知于人，不知寮何所得诉，而季孙且信之。朱子或问以为在堕三都出藏甲之时，说颇近理。当时必谓子路此举，是强公室弱私家，将不利于季氏，故季孙有惑志。"龚氏元玠《四书客难》曰："子服氏于哀之三年始见于《传》，堕郈费之时。在定公十二年。景伯曾否为大夫无可考，以时势度之，盖哀公十四年小邾射以句绎来奔之时之事也。子路不肯要盟以济其言，而伯寮之诉有辞矣。前既勇于承命以堕郈费，兹复不肯要盟邾射，于季孙有损无益，此诉所以得行，而听者所以惑也。子路遂去鲁而适卫，明年死于卫孔悝之难。"**【按】**刘氏系据朱子说，简氏《述疏》从之。然龚氏说以景伯于哀之三年然后见于《左传》，而子路不肯要盟邾射在哀公十四年，距堕都时凡十八年。在堕都时，景伯能否有力量肆伯寮于市朝，此实一疑问。因两存其说，以俟参考。

康氏《注》曰："孔子立命，故易道之，至则穷理尽性，以至于命。得之不得，曰有命；道之行与废，亦有命。盖虞舜起匹夫而为天子，微子生为王子而遭殷之亡，太公八十渔钓而成大业，颜子三十陋巷而遂夭死，皆非人力所能为也。有天命在，助我者，命使之；攻我者，命致之。故知命，则不怨天不尤人矣。孔子之待伯寮，孟子之待臧仓，皆归之天命。学者信得命过，自能乐则行之，忧则违之矣。"

张氏尔岐《蒿庵闲话》曰："人道之当然而不可违者，义也；天道之本然而不可争者,命也。贫富贵贱,得失死生,有所制而不可强。君子与小人一也,命不可知。君子当以义知命,凡义所不可,即为命所不有也。故进而不得于命者,退而犹不失吾义也。小人尝以智力争命矣,力不能争,则智邀之,智力无所施,而后谓之命。君子则以义安命,故其心常泰;小人以智力争命,故其心多怨。然众人之于命,亦有安之者矣。大抵皆知其无可如何,而后安之者也。圣人之于命安之矣,实不以命为准也,而以义为准。故虽力有可争,势有可图,而退然处之,曰义之所不可也。义所不可,斯曰命矣。"

> **子路宿于石门。晨门曰:"奚自?"子路曰:"自孔氏。"曰:"是知其不可而为之者与?"**《宪问篇》

阎氏若璩《四书释地》曰:"或以石门为齐地,非也。《太平寰宇记》:'古鲁城凡有七门,次南第二门名曰石门,子路宿于石门即此。'《注》云:'鲁城外门,盖郭门也。'因悟孔子辙游四方已久,使子路归鲁视其家,甫抵城而门已阖,只得宿于外之郭门。次日晨兴,伺门而入,掌启门者讶其太早,曰:'汝从何来乎?'若城门既大启后,则往来如织,焉得尽执人而问之?此可想见者一。'自孔氏',言自孔氏处来也。夫不曰孔某而曰孔氏,以孔氏为鲁城中人,举其氏辄可识,不必如答长沮之问为孔某也。此可想见者二。'是知其不可而为之者与?'分明是孔子正栖栖皇皇,历聘于外,若已息驾洙泗之上,则不必作是语。此可想见者三。总从'鲁郭门'三字悟出情踪也。"周氏秉中《四书典故辩正》曰:"石门为鲁郭门,确有明证。《吕氏春秋》:'归父居石门。'皇甫谧《高士传》:'石门守者,鲁人。'为鲁守石门是也。"

简氏《述疏》曰:"《后汉书·蔡邕传》注引郑云:'石门,鲁城外门也。'《水经注》:'洙水西北流,径孔里,又西南,枝津出焉。又南径瑕邱城东,而南入石门。旧结石为水门,跨于水上。'盖子路自外归孔里,必由石门也。晨门,盖贤人而隐于抱关者,汉梅福补南昌尉,去官,数上书,辄报罢王莽专政。福一朝弃妻子去九江，至今传以为仙。其后有人见福于会稽，变名姓为吴市门卒云。是亦晨门之流也。"

张氏栻曰："晨门知世之不可为，而未知道之不可以已也。然玩其词，气缓而不迫，则其所养有过于荷蒉者欤？"康氏《注》曰："孔子视天下饥溺，犹己饥溺，明知世方昏浊而后救之，故曰：'天下有道，丘不与易也。'是其不可为而为之者，不然，以齐景、卫灵之昏庸，佛肸、公山之反畔，陈、蔡之微弱衰乱，圣人岂不深知，而顾恋恋徘徊若是哉？"

> 子路问君子。子曰："修己以敬。"曰："如斯而已乎？"曰："修己以安人。"曰："如斯而已乎？"曰："修己以安百姓。修己以安百姓，尧舜其犹病诸。"《宪问篇》

《易·家人卦·象》传云："女正位乎内，男正位乎外。"又《上九》爻词曰："有孚威如，终吉。"《象》曰："威如之吉，反身之谓也。"是齐家之道，本于修身，故修己以敬，而后能安人也。《书》曰："克明峻德，以亲九族，九族既睦，平章百姓，百姓昭明，协和万邦，黎民于变时雍。"《中庸》曰："君子笃恭而天下平，是治国之道，亦本于修身，故修己以敬，而后能安百姓也。故曰其身修，不令而行；其身不修，虽令不从。'修己以敬'一言，彻上彻下，本末兼赅。"《集注》曰："至矣尽矣，而子路少之。子路勇者也，以为未足，故孔子再以其充积之盛，自然及物者告之。"

王氏守仁《传习录》曰："夫圣人之心，以天地万物为一体，其视天下之人，无外内远近，凡有血气，皆其昆弟赤子之亲，莫不欲安全而教养之。天下之人心，其始亦非有异于圣人也，特其间于有我之私，隔于物欲之蔽。不能修己以敬。大者以小，通者以塞，人各一心，至于视其父子兄弟如仇雠，不能安人。圣人有忧之，是以推其天地万物一体之仁。修己以敬。以教天下，使之皆有以克其私，去其蔽，而复其心体之同然。亦使人修己以敬。而其教之大端，则尧舜禹之相授受，所谓道心惟微，惟精惟一，允执厥中也。后儒以此语出于伪经，然有取焉。其节目所谓父子有亲，君臣有义，夫妇有别，长幼有序，朋友有信而已。是安人工作。唐虞三代之世，教者以此为教，学者以此为学，但使之孝其亲，弟其长，信其朋友，以复其心体之同然。是安人效验。是盖性分所固有，而非有假于外者，果能心学纯明，有以全其万物一体之仁，则其精神流贯，志气通达，而无有乎人己之分、物我之间矣。圣人之学，所以至易至简也。但修己以敬，扩而充之，即可安人安百姓。"

> 卫灵公问陈于孔子。孔子对曰："俎豆之事，则尝闻之矣；军族之事，未之学也。"明日遂行。在陈绝粮，从者病，莫能兴。子路愠见曰："君子亦有穷乎？"子曰："君子固穷，小人穷斯滥矣。"《卫灵篇》

【谨按】皇本、邢本皆以灵公问陈，与在陈事连为一章，朱子《集注》、潘氏《笺》从之。高氏注《吕氏春秋》，连引问陈绝粮两事，盖当时简篇相连也。刘氏《正义》谓"两事非在一时，不得合为一节"云。今以记事家例之，连叙之事，不必同在一时，若别为一章，经当曰"子在陈矣"。今惟曰"在陈"，斯承上文而言也。皇、邢本以"明日遂行"句属在陈节之首，刘氏遂疑事非一时，不应合为一节。今以节次分之，则'明日遂行'句宜属上节。若以事类考之，则两节不妨合为一章也。

《左传·哀十一年》："孔文子将攻太叔，访于仲尼，仲尼曰：'胡簋之事，则尝学之矣；甲兵之事，未之闻也。'退，命驾而行。"与此略同。然孔子去卫，因灵公问陈而去，则与孔文子事不同一时也。又《史记·世家》云："冉有为季氏将师，与齐战，克之。季康子曰：'子之于军旅，性之乎？'冉有曰：'学之于孔子。'"则孔子未尝不明军旅之事，孔子所以不答者，董子曰："伐国不问。"仁人是也。

孔子至卫不一次，据《史记·孔子世家》云："孔子将西见赵简子，至于河乃还，而反乎卫，入主蘧伯玉家。他日，灵公问兵陈，孔子曰：'俎豆之事则尝闻之，军旅之事未之学也。'明日，灵公与孔子语，见蜚鸿，仰视之，色不在孔子，孔子遂行，复如陈。"此事在鲁哀公二年，是孔子去卫，实因灵公问陈，适遇灵公仰视蜚鸿，故去志益决耳。《世家》又云："孔子将往楚，陈、蔡两国大夫谋发兵围孔子，遂绝粮，于是孔子使子贡至楚，楚昭王兴兵迎孔子，然后得免。"据此则绝粮事在哀公六年。《檀弓》有子曰："昔者夫子失鲁司寇，将之荆，先之以子夏，申之以冉有。"臧氏庸曰："子夏当作子贡，厄于陈蔡，当在哀公六年。"【按】毛奇龄亦云哀公大年。然以陈、蔡大夫合谋围孔子，则未必然。全氏祖望《经史问答》辩之曰："陈事楚，蔡事吴，则仇国也，安得二国大夫之合谋？且吴志在灭陈，楚昭救之，则陈方仗楚之救，安有围其所聘用之人？《世家》以孔子在陈绝粮，又因《孟子》言孔子厄于陈、蔡之间，遂傅会为此言耳。"

周氏秉中曰："在陈绝粮有数说，其谓孔子居蔡，楚昭王使人聘之，孔子将往拜，陈、蔡大夫发兵围之于野，不得行，绝粮，此《史记》之说也。谓是时孔子自宋适陈，吴伐陈，陈乱，故乏食，此孔《注》之说也。孔《注》谓孔子去卫如曹，曹不容；之宋，遭匡人之难；又之陈，会吴伐陈，陈乱，故乏食。谓据《鲁论》，绝粮当在去卫如陈时，此朱子《集注》之说也。简氏《述疏》不从孔《注》而主《集注》说。谓是时陈服楚，蔡服吴，吴楚交战无虚岁，孔子徘徊陈蔡，而绝粮于兵间，此齐觉翁之说也。谓绝粮有两事，此是厄于无上下之交，非陈、蔡大夫兵围之事，两事相距三年，此谭梁生之说也。据《史记》，则绝粮在哀公六年。据孔《注》，以为自宋适陈，遭此厄，则在哀公元年。据朱子，则在哀公二年。然以陈、蔡追随之弟子考之，哀公二年，游、夏皆未逾十五岁，恐未能以文学显名，从师跋涉，则绝粮当在哀公六年也。《史记》之年可信，但以兵围孔子之说则不可信。孔《注》谓因陈人被兵而绝粮，此于情事为近。"语见《四书典故辨正》。

《孟子》言孔子厄于陈、蔡，无上下之交，当是陈有兵祸，时孔子正徘徊于陈、蔡之间，其门弟子又无仕于陈、蔡者，无可以为之援助，是以绝粮于兵间耳。崔氏述曰："《孟子》言孔子于季桓子，为见行可之仕；于卫灵公，为际可之仕；于卫孝公，为公养之仕。独于陈、蔡则曰'无上下之交'。盖古之适他国者，其君大夫必馈之以饩，而陈、蔡皆无之，以此致厄。如晋重耳之不礼于郑卫，乞食于五鹿者。然乌有所谓发徒役以围孔子于野者哉？《春秋传》云：'陈不救火，君子是以知其先亡。'《国语》亦言：'陈之道路不修，宾旅无所依，故单子知其必亡。'盖陈之国事日非，其君大夫皆不恤宾旅，孔子亦不乐立于其朝。而蔡乃楚境，楚人务富国强兵，非能尊贤养士之国，虽有贞子叶公之辈，度亦暂与相依，而未必遂久与相处，是以往来两地，未有定居，其窘饿穷乏，盖亦非一日之事矣。故曰：'厄于陈、蔡之间。'言其非一时非一地也。"【按】崔氏说是已。

《集注》解"君子固穷"，谓"君子固有穷时"。程子谓："固穷者，固守其穷。"两说皆通。按《易·困卦》彖词曰："困，刚掩也，险以悦，困而不失其所亨，其唯君子乎？"《象》曰："泽无水，困，君子以致命遂志。夫致命遂志，此君子所以能困穷也。"《尸子》曰："守道固穷，则轻王公。"《荀子·宥坐》篇曰："夫子告子路曰君子之学，非为通也，为穷而不忧，困而意不衰也。知祸福终始，而心不惑也。"《说苑》云："子思居于卫，缊袍无表，二旬而九食。田子方闻之，使人遗狐白之裘，子思辞而不受，子方曰：'我有子无，何故不受？'子思曰：'伋闻之，妄与，不如遗弃物于沟壑。伋虽贫也，不忍以身为沟壑，是以不敢当也。'若孔伋者，可谓固穷之君子矣。"

《庄子·让王》篇曰："孔子穷于陈、蔡之间，七日不食，藜羹不糁，颜色甚惫，而弦歌于室。子路、子贡入，子路曰：'如此者可谓穷矣。'孔子曰：'是何言也！君子通于道之谓通，穷于道之谓穷，今丘抱仁义之道，以遭乱世之患，其何穷之为？故内省而不穷于道，临难而不失其德，天寒既至，霜雪既降，吾是以知松柏之茂也。'陈、蔡之厄，于丘其幸乎？"【按】此即孟子"动心忍性，增益其所不能"之意，可与本章互证。至《孔子世家》所载孔子厄于陈、蔡时，子路、子贡及颜渊入见之语，《家语·在厄》篇亦记之。观其所言，似欲比较三子之才识器量，然一若颜子以外，皆不足以知孔子者，此则傅会之言，不足信也。故崔氏《洙泗考信录》辨之，足破史迁之惑。

> 子曰："由！知德者鲜矣。"《卫灵篇》

【谨按】《集解》王肃注云："君子固穷，而子路愠见，故谓之少于知德。"王《注》是蒙上文为言。《集注》亦采其说，盖以连上章为一时之语，简氏《述疏》因之。康氏《注》曰："世人皆昏于利欲，其贤知者，不驰于外则骛于远，故求知德之人甚少，即有笃行之士，则行之不著，习矣不察，终身由之，亦不知其道。子路盖长于行而短于知者，故呼而告之。"据康氏说，是不专指子路而言，于义较得。陈氏澧曰："皇《疏》云呼子路语之，云知德之人难得，故为少也。是皇《疏》解知德为知德之人，其义最明。若如王肃说，则'者'字何所指乎？"陈说见《东塾读书记》。《荀子·宥坐》篇曰："夫子厄于陈、蔡，答子路语毕，复曰：'居！吾语女。'昔者公子重耳霸心生于曹，越王勾践霸心生于会稽，齐桓公小白霸心生于莒，故居不隐者思不远，身不佚者志不广。"刘氏《正义》曰："此言或即知德者鲜之义。"据此，则知德者鲜，亦非专为子路而言。

> 子曰："由也！女闻六言六蔽矣乎？"对曰："未也。""居！吾语女。好仁不好学，其蔽也愚；好知不好学，其蔽也荡；好信不好学，其蔽也贼；好直不好学，其蔽也绞；好勇不好学，其蔽也乱；好刚不好学其，其蔽也狂。"《阳货篇》

张氏栻曰："学所以明善也。好仁不好学，则徒欲博爱，而不知所施之当然，故其蔽愚；好知不好学，则过用其聪明，而不知要之所在，故其蔽荡；好信不好学，则固守其小谅，而不知义之所存，故其蔽贼；好直不好学，则务径情而不知含蓄，故其蔽绞；好勇不好学，则犯难而不知止，故其蔽乱；好刚不好学，则务胜而不知反，故其蔽狂。"康氏《注》曰："有美质者，必当讲学穷理，若质美而不学，即为其质所蔽。若有仁质而无学以裁之，则可陷可罔，愚而无益。有知质者而无学以节之，则高远放荡若庄列之流。有信质者如无学以裁之，则如尾生抱桥待死，徒以自戕。有直质者而无学以量之，则如直躬证父攘羊。有勇质者而无学以调之，则血气张愤，必至作乱，若刺客游侠，轻身徇人，冒文纲而犯公义。有刚质者而无学以和之，则披猖触犯，必至狂妄。"管氏同《纪闻》曰："大人之所以言不必信者，惟其好学而知义之所在也。苟好信不好学，则虽重然诺，而不明事理之是非，谨厚者则硁硁为小人，苟又挟以刚勇之气，必如刺客游侠，轻身徇人，扞文纲而犯公义，自圣贤观之，非贼而何！"

戴氏震《孟子字义疏证》曰："人之血气心知，本乎阴阳五行者，性也。血气资饮食以养，及其化也，即为我之血气，非复所饮食之物矣。心知之资于学问，其自得之也亦然，以血气言，昔者弱而今者强，是血气之得其养也。以心知言，昔者狭小而今者广大，昔者暗昧而今者明察，是心知之得其养也。故曰虽愚必明。"

【谨按】王氏阳明言博文即是约礼工夫，穷理即是尽性工夫，明善即是诚身工夫，是则读书穷理，皆所以涵养其身心，增益其知能。盖人性虽善，而气质有刚柔清浊，当加克治之功，以变化其气质之偏苟。不读书穷理，而任气用事，鲜有不失之偏蔽。彼自以为是，而辨义未精，则差之毫厘，随而谬以千里矣。读书穷理，所以变化其气质也。涵咏乎诗书，薰陶乎礼义，取友以辅仁，博物以扩其识，皆去蔽补偏之道，故荀子曰："君子博学而参省乎己，则知明而行无过矣。"谓学能祛蔽也，能变化气质也。张子横渠教人，以变化气质为第一工夫，苟气质不能变化，或失则愚，或失则荡，或失则贼，或失则绞，或失则乱则狂，此不学之蔽也。戴氏饮食之喻，以明变化之效，最为确切。夫饮食之物，既可使之变化，以养其体。若使读书穷理，仍不能变化其气质，则是下愚不移，亦足哀也。《集注》引范氏说，谓："子路勇于为善，其失之者则未能好学以明之，故夫子告之以此。"今合下章有勇无义为乱之言观之，范氏之说，其洵然欤！

> 子路曰："君子尚勇乎？"子曰："君子义以为上，君子有勇而无义为乱，小人有勇而无义为盗。"《阳货篇》

《礼·聘义》曰："有行之谓有义，有义之谓勇敢。所贵于勇敢者，贵其能立义也；所贵于立义者，贵其有行也；所贵于有行者，贵其行礼也。故所贵于勇敢者，贵其敢行礼义也，故勇敢强有力者，天下无事则用之于礼义，天下有事则用之于战胜，用之于战胜则无敌，用之于礼义则顺治，外无敌，内顺治，此之谓盛德。故先王之贵勇敢强有力如此也。勇敢强有力，而不用于礼义战胜，而用之于斗争，则谓之乱人，刑罚行于国，所诛者乱人也。"【按】此文足与本章互相发明。胡氏安国曰："疑此为子路初见孔子时答语。"今考《史记·弟子传》："子路好勇力，志伉直，冠雄鸡，佩豭豚，陵暴孔子，孔子设礼稍诱子路。子路后儒服委贽，因门人请为弟子。"而问勇，夫子答之如此，所以深折其自矜之质，而进之以大道也。可窥圣人陶铸之法矣。

> 长沮、桀溺耦而耕，孔子过之，使子路问津焉。长沮曰："夫执舆者为谁？"子路曰："为孔丘。"曰："是鲁孔丘欤？"曰："是也。"曰："是知津矣。"问于桀溺。桀溺曰："子为谁？"曰："为仲由。"曰："是鲁孔丘之徒与？"对曰："然。"曰："滔滔者天下皆是也，而谁以易之？且而与其从辟人之士也，岂若从辟世之士哉？"耰而不辍。子路行以告。夫子怃然曰："鸟兽不可与同群，吾非斯人之徒与而谁与？天下有道，丘不与易也。"《微子篇》

金氏履祥《论语集注》考证曰："长沮、桀溺，名皆从水，子路问津，一时何自识其姓名？谅以其物色名之，如荷蒉、晨门、荷蓧丈人之类是也。"康氏《注》曰："长身高者桀，身短者沮溺，记者名其隐沦之意，凡楚狂、丈人、荷蒉、晨门及沮溺，皆大隐无名，此略以其身体行谊记之。"简氏《述疏》曰："长沮、桀溺，楚人，不书楚者，以其与楚狂连章而书，其为楚人可知也。丈人亦然。"王厚齐曰："一时在野之贤，萃于楚国，圣人晚年眷眷于楚，有以也。"

拨乱反正，圣人之心事也。视天下之溺犹己溺，视天下之饥犹己饥，故曰"老安少怀"，盖有不忍天下沉沦之心，而后有杀身成仁之行。圣人之心，无日不在救世，以天下之安危为一身之责任，此所以为仁也。若治则进，乱则退，此洁身自好之徒、隐者之行，岂与圣人同其宗旨哉？王伯厚曰："沮溺、荷蓧之行，虽未能合乎中；陈仲子之操，虽未能充其类。然唯孔孟可以议之，斯人清风远韵，如鸾鹄之高翔，玉雪之不汗，视世俗殉利忘耻贪荣苟得者，犹腐鼠粪壤也。"【按】王说似本于黄榦，殆有所感而言。

> 子路从而后，遇丈人，以杖荷蓧，子路问曰："子见夫子乎？"丈人曰："四体不勤，五谷不分，孰为夫子？"植其杖而芸，子路拱而立。止子路宿，杀鸡为黍而食之，见其二子焉。明日，子路行以告。子曰："隐者也。"使子路反见之。至，则行矣。子路曰："不仕无义。长幼之节，不可废也；君臣之义，如之何其废之？欲洁其身，而乱大伦。君子之仕也，行其义也，道之不行，已知之矣。"《微子篇》

钱氏时曰："接舆直言从政之殆，桀溺直欲为避世之徒，而丈人则辞旨含蓄，与舆溺异矣。故子路一见而起敬，夫子一闻而知其隐者，然其不知夫子则一也，使子路反见，将以教之，至则行矣，何去之速也？"

康氏《注》曰："凡人分气于天，民吾同胞，义当救之，实发于其心之不忍，所谓知其不可为而为之者也。当时齐景、卫灵之昏，陈、蔡之弱，权臣世家之妒，中人以下，尚知必不见用，岂孔子之圣，而不知之？犹复周流栖栖，不厌不倦，是其仁也。孔子岂不知洁身远避之为乐哉？而不忍之心既不能恝，救民之天职又不敢废也。观此数章，与佛肸公山数章合读，则孔子周流之苦、救民之切，累遭讥讽而接引不倦，万世下想见其仁，犹有感动也。"

【谨按】《史记·弟子传》谓子路喜从游，如上章与此章，则为孔子去叶反蔡之时也。《孔子世家》叙长沮、桀溺及此，于去叶反蔡时，皆在哀公六年，孔子年已六十四矣。当日师若弟栖栖皇皇，老而益困，比诸过宋适卫，去卫适陈尤为苦，况其所遇者，一时皆山林隐遁之流，不曰仪封人，则曰晨门，不曰楚狂，则曰荷蒉，不曰长沮、桀溺，则曰荷蓧丈人，无有扶危定倾，拨乱反正之士，堪与共言天下事者，故曰"鸟兽不可与同群也"，盖其所遭愈艰，而其志愈苦矣。

"子路曰：'不仕无义。'"以下，郑《注》谓子路留言以语丈人之二子，是为子路之言也。《集注》谓子路述夫子之意。如此，是其词虽出自子路，而意则出自夫子矣。既又云福州有国初时写本，"路"下有"反子"二字，以此为子路反而夫子言之也。若是，则此言非留向丈人而发。毛氏奇龄曰："郑《注》至今无异说者，况此系后汉勒石，唐人镌板之经文，从无异同也。所云国初时写本，其谁见之？"语见《四书改错》。简氏《述疏》曰："宋福州本是异文耳，非古本也。"

【谨按】考《左传》《礼记》《大戴礼》《韩诗外传》《家语》《说苑》，以及《荀子》《吕氏春秋》《韩非子》《孔丛子》《新书》《论衡》等，记载子路事迹颇详，间有鄙俚之言，如《说苑》记为女纳私婿，及为兄易妻等事，且以为孔子之言，可乎？又如《韩非子》记子路为郈令时，为浆饭以餐徒役，夫子使子贡覆其饭，毁其器。此等记载，岂足为据？至于《冲波传》记子路取水逢虎，《孝子传》记仲子崔为父复仇等事，皆小说家鄙谈，尤不足征信也。

崔氏述曰："世传子路事亲尝食藜藿，负米百里之外，亲没之后，南游于楚，从车百乘，积粟万钟，累茵而坐，列鼎而食。"《家语·致思》篇载此事。【余按】《论语》称子路"衣敝缊袍，与衣狐貉者立"，则子路少年之贫，固当有之。若南游于楚，从车百乘，积粟万钟，则无是事也。子路从孔子去鲁，厄于陈、蔡，由卫反鲁，复仕于卫，而死于难，传记历历可考，何尝有游楚之时，而百乘万钟以自奉？亦非子路之所为也。此后人傅会之说耳。又曰："经传之文，多以冉有季路并称，世遂视若班焉者。"然子路用于季氏，而为之堕费；冉有用于季氏，而为之聚敛。其行事之相去也甚远，所以并称者，以其政事之才相埒耳。亦犹言语科之称宰我、子贡，非谓二子可以等量而齐观也。

《史记·孔子世家》："定公九年，孔子年五十，公山不狃以费畔季氏，使人召孔子，孔子循道弥久，温温无所试，莫能已用，曰：'盖周文武起丰镐而王，今费虽小，傥庶几乎！欲往。'子路不悦，止孔子，孔子曰：'夫召我者，岂徒哉？如用，我其为东周乎？'然亦卒不行。"《盐铁论·褒贤》篇孔子曰："如有用我者，吾其为东周乎！庶几成汤文武之功，为百姓除残去贼，岂贪禄乐位哉？"《说苑·至公》篇："孔子怀天覆之心，挟仁圣之德，悯时俗之污泥，伤纪纲之废坏，服重历远，周流应聘，而当世诸侯，莫能任用，是以德积而不肆，大道屈而不伸，海内不蒙其化，群生不被其恩，故喟然叹曰：'如有用我者，则吾其为东周乎？'"据此诸文以证《论语》，一若真有其事者。余窃以为不然，《论语》所记，亦有为后人所伪撰者。

【谨按】余考《雍也篇》，"子见南子"，子路不悦；《阳货篇》"公山不扰以费畔，召，子欲往"，子路亦不悦；"佛肸召，子欲往"，子路又不悦。是子路对于孔子之行，其不悦者三矣。或曰："圣达节，贤守节。"孔子之见南子及欲应公山佛肸之召，是达节也，权也；子路之不悦，是守节也，经也。惟圣人能用权而不背乎经。子路守经，孔子行权，子路以义，孔子以仁，且仁而不失乎义也。其说似矣。子见南子，《集注》谓古者仕于其国，有见小君之礼，则见南子，礼也，何伤乎？然不解于夫子矢之之言也。何晏曰："行道既非妇人之事，而弟子不悦，与之祝誓，义可疑焉。"是也。若夫公山氏因阳虎为乱，佛肸党于范中行氏，皆叛人也。叛人之召，而子欲往乎？应叛人召，犹得谓之坚白乎？《新序》言佛肸之畔，中牟人田卑虽就鼎烹，而不肯与焉，今谓圣人与之乎？其事虽载于《史记》及《说苑》《盐铁论》，然可疑也。简氏朝亮为之曲解，谓召子欲往，是召子而欲其往，非子欲往也。然终无解于"如有用我，其为东周"之言；无解于"吾岂匏瓜？焉能悬而不食"之言。或曰始之欲往召之者，尚未叛也；其卒不往者，知其不可以有为也。夫知其将叛而欲往焉，是谓不义；不知其将叛而欲往焉，是谓不智。谓圣人而有是耶？阳货欲见孔子，孔子不见，岂肯应叛人之召而欲往耶？此必无其事者。今应援多闻阙疑之例矣。潘氏维城曰："《群经补义》《四书考异》诸说，多属臆度之词，不如阙疑为是。"或曰佛肸之叛在赵襄子时，则孔子既卒矣，何往之有？斯以《论语》此文，为张禹误采而诬圣人者尔，然未有确证也。或曰孔子岂欲往乎？所谓欲往者，泛示其意，欲以觇门人之意，如欲居九夷、乘桴浮海之说耳。子路见形而不及道，故闻乘桴而喜，闻之公山而不悦，升堂而未入室，安测圣人之趣？皇《疏》、江熙说。此江熙之说，明其非实往也。然九夷可欲居，畔者不可欲往也，宜有辨焉。

崔氏述曰："东汉以来所行之《论语》，为张禹所更定，非古之《论语》也。禹傅会王氏，以保富贵，则公山、佛肸两章，安知非其有意采之，以为解嘲也乎？据《隋书·经籍志》：'郑玄以《张侯论》为本，参考齐古论而为之注，则非汉初之《鲁论》矣。'故今《论语》称为《鲁论》，而或以《季氏》一篇为《齐论》，则《论语》书中未必无一二篇之可疑，一篇中未必无一二章之可疑者也。其有一二章之不类者，不得以此疑圣人而曲为之解也。夫东汉之世，去古未远，齐古尚存，犹可考证，王充既知公山、佛肸之往不合于义，即当辨其真伪而去取之，若赵岐之删《孟子·外篇》者然，岂非圣门功臣？乃反据以议圣人之失，何其谬也！今于公山、佛肸两章，始疑其事不经，其后参考孔子事迹，乃知年世不符，而为后人所伪撰。"崔氏说见《洙泗考信录》。

【谨按】然则此两章之言，不足为孔子事迹之证据，不得以其见于《论语》及《史记》，遂误信之也。本编未敢采入，盖亦附于阙疑之义焉。

卷十二终　门人吕灿铭校字

卷十二 原宪 公西赤 宓不齐 澹台灭明 曾点 漆雕开

卷十三　原宪　公西赤　宓不齐　澹台灭明　曾点　漆雕开

原宪

《史记》："原宪，字子思。"《论语》称"原宪"，又称"原思"。《家语》云："宋人，少孔子三十六岁。"郑《目录》作"鲁人"。未知孰是。

《史记·游侠传序》曰："季次《仲尼弟子传》：'公皙哀，字季次。【按】季次不见于《论语》原宪，闾巷人也，读书怀独行君子之德，义不苟合当世，当世亦笑之。故季次、原宪终身空室蓬户，褐衣疏食不厌。死而已四百余年，而弟子志之不倦。"马氏宛斯曰："陈、蔡之厄，从者十人列为四科，而曾子不与，非曾参德行不及诸子也，当时适不从游耳。若夫行列四科，则圣门多有其人矣，若原宪之贫居乐道、季次之未尝屈节、公西之闲于摈相、颛孙之美誉宽博、宓子之治单父、子羔之化成人、有若之强识、商瞿亦不见于《论语》之传经，方诸十子，宁云有愧？"以上马氏说。由此观之，若序四科，则原宪者固德行之选也。孔门诸子，自颜、曾、有若而外，若闵子骞、原宪、曾点、漆雕开之伦，皆所谓不事王侯，能高尚其事者。崔氏东壁《考信录》次原宪于有子之后，有以也。今述原宪言行凡三条。

卷十三　原宪　公西赤　宓不齐　澹台灭明　曾点　漆雕开

> **原思为之宰，与之粟九百，辞。子曰："毋！以与尔邻里乡党乎！"**
> 《雍也篇》

司马贞《史记索隐》引《家语》云："原思少孔子三十六岁。"金氏谔《礼说》曰："依《家语》，则夫子仕鲁时，原宪方十六岁耳。《家语》云'三十六'，'三'字讹，当作'二'字，谓原思少孔子二十六岁也。盖孔子五十二岁始仕鲁为中都宰，五十三进位为司空司寇，五十六岁去位，原思为宰，当在孔子为司空司寇时。"

周氏国价《论语释疑》曰："九百之禄，其为粟也多矣。思无儋石之储者也，骤焉满籯满车，故辞。"简氏《述疏》曰："原宪贫，歌商颂，声出金石，盖廉士也，故辞粟之多。"又云："贤人仕宦，泽润州乡语本皇《疏》；廉士自洁，未及物焉。闻圣人之义，而遂宏矣。"康氏《注》曰："原思为宰，则有常禄，思廉节太过，遂辞其多，故孔子教以分诸邻里之贫者。圣人用财有道，或不与，或必与，非吝非施，适当乎义，能周急不继富，使富不更富，贫不至贫，则财产均矣；人人公其财于邻里乡党，而公产行矣。此大同之道也。孔子仁民爱物之心，无在而不发挥，于此可见矣。"

【谨按】《家语》载原宪："清静守节，贫而乐道。孔子为鲁司寇，原宪尝为孔子宰。孔子卒后，原宪退隐于卫。"则宪固狷介之士也。此所云"辞"者，虽非辞禄而辞其多，然有位则有禄，义所当受不得辞，惟辞位乃无禄耳，故孔《注》曰："禄法所得，当受无让。"郑氏康成曰："士辞位不辞禄。"《诗采菽正义》载此语。是也。

> **宪问耻，子曰："邦有道，谷；邦无道，谷，耻也。"**《宪问篇》

《集注》曰："邦有道，不能有为；邦无道，不能独善，而但知食禄，皆可耻也。宪之狷介，其于邦无道，谷之可耻，固知之。至于邦有道，谷之可耻，则未必知，故因其问而并言之。"

【谨按】朱《注》是以邦之有道无道，而食其禄，皆为可耻，于"邦有道"句加"不能有为"四字而后其说可通，然不免添字解经矣。且其说与《泰伯》篇"天下有道则见"，及"邦有道，贫且贱焉，耻也"文义显有抵触。孔《注》曰："邦有道，当食禄；君无道，而在其朝食其禄，是耻辱。"其说是已。处无道之世，而贪位慕禄，不能引身远退，若冯道之更事四姓，可耻孰甚？故邦有道当谷，若邦无道而谷，乃可耻也。皇、邢两《疏》，其义亦同。潘氏《古注集笺》曰："邦无道而谷，固为可耻。至于邦有道，当以贫贱为耻。谷又何所耻者？盖宪为宰而辞禄，即邦有道，亦恐有不食其禄者，故诏以'邦有道，谷'，所以广其意也。"吴氏嘉宾亦同此义。康氏《注》曰："此与'天下有道，丘不与易'相反，盖以救时为心者，则可就无道之国；以立节为志者，则不宜立无道之邦。义之浅深异也。道大者宜学圣人，否则当知所耻矣。"

或问曰"邦无道，谷"。不犹愈于管仲事仇乎？曰孟子言"有伊尹之志则可，无伊尹之志则篡也"，故有管仲之才之志则可，若无管仲之才之志则不可效管仲，然则处无道之世，而家贫亲老，无以为养，为贫而仕可乎？曰孟子不云乎"为贫者辞尊居卑，辞富居贫"夫辞尊居卑，辞富居贫，即周之则受之之义也。

> 克、伐、怨、欲不行焉，可以为仁矣？子曰："可以为难矣，仁则吾不知也。"《宪问篇》

【谨按】克，好胜也；伐，自矜也；怨，忿恨也；欲，贪欲也。四者不行，亦人所难能而未得为仁者。《集注》谓仅能制之，使不得行，而未能天理浑然，故不足以言仁。其说盖本于程子，伊川程子谓颜子克己之事，是克去己私以复乎礼，则私欲不留，而天理之本然者得矣。若但制而不行，则是未有拔去病根，而尚容其潜藏隐伏于胸中也。《集注》引程子语。程说亦有未协，夫经文既曰"不行焉"，是已不许其根伏矣，尚何潜藏之有？孔子未许为仁者，恐原宪未识仁体也。夫仁者，全体浑然，当其未发如明镜止水，原无善恶之可言，岂有所谓"克伐怨欲"者？及其感于物而动，乃有善恶发见，若至于好胜，至于矜夸，至于忿恨，或贪欲，则流于恶矣。于此而不行焉，是能拔去病根，故曰"可以为难"。然未知其专从事于克治之功乎？抑实能知心之本体，原无此四者之累否也？知心体原无此四者之累，则知吾心全体浑然，可以识仁之本体矣。则四者之累，不待制止而自然不行矣。颜子三月不违仁者，能识得心之本体，常存而不放也，故默不待坐，心不待澄，发诸于外，自然有条理节文，尚何克伐怨欲之有？唐荆川曰："人欲愈克，则愈见其植根之甚深；天理愈穷，则愈见其精微之难至。"此盖就用功者言，若识得仁体，则无事乎此。宪或未识仁体，故孔子未以仁许之。《集解》及皇《疏》、邢《疏》皆以合上文为一章，《集注》分之是也。

焦氏循《论语补疏》曰："孔子谓：'我欲仁，斯仁至矣。有能一日用其力于仁，我未见力不足者。'皆以仁为易也。而克伐怨欲不行，犹未得谓之仁何也？"《吕览·察微》云："子贡赎鲁人于诸侯，让而不取其金。孔子曰：'赐失之矣！自今以往，鲁人不赎人矣。取其金，则无损于行也。'子路拯溺者，其人拜之以牛，子路受之。孔子曰：'鲁人必拯溺者矣。'"夫让不取金，不伐不欲也，而赎人之路遂窒。孟子称公刘好货，太王好色，与百姓同之，使有积仓，使无怨旷，此即己立立人，己达达人之义。若必屏妃妾，减服食，而于百姓之饥寒仳离漠不关心，则坚瓠也。故克伐怨欲不行，苦心洁身之士耳，不如因己之欲，推以知人之欲；因己之不欲，推以知人之不欲。絜矩取譬，事不难而仁至矣。阮氏元曰："原思之克伐怨欲不行者，但能无损于人，不能有益于人，即未能立人达人，所以孔子未许为仁。"康氏《注》曰："克伐怨欲四者，在人如烈火奇毒，为害甚大，禁制不易，如能降伏，可以为难。若仁则为元德，有恻怛之心、博爱之理，天地一体，万物同气。夫能制其魄者，仅能克己自守，尚未有益于人，故未及能仁也。盖以尊德性行仁为学，则日事扩充，不必防检，而其道日大，魂自清而魄自禁；若以遏恶欲守义为学，则日事防检，虽极力勉强，而其道日隘。学者根资不同，皆可入道，而行仁者远矣。"【按】此诸说皆就仁之作用言，余上文则就仁之本体言，当分别观之。

【谨按】考原宪事迹，《韩诗外传》及《史记》《家语》《新序》等书皆有纪载，《史记·弟子传》云："孔子卒后，原宪亡在草泽中。子贡相卫，结驷连骑，而过谢原宪，宪摄敝衣冠见子贡，子贡耻之，曰：'夫子岂病乎？'原宪曰：'吾闻之无财者谓之贫，学道而不能行者谓之病，若宪贫也，非病也。'子贡惭，不怿而去。原宪乃曳杖而歌商颂，声沦天地，如出金石，天子不得而臣也，诸侯不得而友也，故养身者忘家，养志者忘身。"《新序》《韩诗外传》并载此事。其说颇近于杜撰，故崔述辩之，以子贡为人贫无谄，富无骄者也，若以贫为耻，以富为荣，子贡断不至是。语见《考信录》。然而原宪之为人，亦可想见矣。

毛氏奇龄曰："《四书集注补》谓'原宪之学不足有为'，若如其言，则夫子使为宰，是思本不足餐而夫子强之餐矣。思之狷介，原属有为，所谓人有所不为，而后可以有为。"乃朱氏《语类》又曰："原思只是一个喫菜根人，一事也做不得。"然闻之宋人汪氏有云："人咬得菜根，则百事可做。"此言朱氏亦尝称之，且引其言入《小学》中，而于思，独曰"不可做一事"，是直视圣门品流在乞丐下，其不当与侪辈相齿序且十百倍也。宋儒范淳夫曰："原思不受非分之禄。"尹和靖曰："原思甘贫守道。"二子之称原思，词尚和平，然则朱氏刻薄矣。

公西赤

《史记》："公西赤，字子华，少孔子四十二岁。"郑《目录》云："鲁人。"

孔子谓："诵诗三百，使于四方，不能专对，虽多亦奚以为？"子贡问士，子曰："行己有耻，使于四方，不辱君命，可谓士矣。"盖在竞争之世，两国和战，往往视行人一言为重轻。晏子云"不出尊俎之间，而折冲千里之外"者，使臣之力也。于是而使才重矣。然以考诸圣门，堪当行人之选者，子贡而外，惟有子华。《史记·弟子传》孔子尝使商瞿之齐。则商瞿亦使才中人也。《论语》记子华使于齐。又曰："赤也，束带立于朝，可使与宾客言。"谓其长于专对之才也，谓其能不辱君命也。想其容观修伟，应对敏给，久已超绝等伦，况复乘肥马，衣轻裘，俨然贵介公子，所谓居移气而养移体也者。观其形状，固非如子羔之长仅六尺。《家语》："子羔长不过六尺，状貌甚恶。"《史记》则云："不盈五尺。"子羽之貌寖惊人。《史记》："澹台子羽貌恶，孔子曰：'以貌取人，失之子羽。'"听其言谈，亦不若子路之率尔少文。《论语》："子路率尔而对，夫子哂之。"子牛之多言而躁。《史记》司马牛"多言而躁"。瞻其衣冠则文采，岂振襟见肘、纳履决踵之原宪。事见《韩诗外传》。所能望其容仪。语其气象则谦冲。《论语》载"非曰能之……愿为小相"等语甚谦冲。岂可者与之不可则拒之子夏。事见《论语·子张篇》。所能同其器量。伯牛有疾见《论语·雍也篇》。不胜车尘马迹之劳，讵堪驰骋乎上国？仲弓简默，授以朝聘会同之职，终嫌缺略于礼文。《说苑》："孔子曰：'可也，简。'简者，易野也。野者，无礼文也。"闵子虽善说辞，而面有菜色，《韩诗外传》："闵子始见夫子，有菜色。"宰予虽长口辩，《史记》："宰我利口辩辞。"而其志已昏。《论语》："宰予昼寝，子曰：'朽木不可雕也。'"惟夫子华其人者，丰采可观，容止合摈相之度；笃雅有节。《大戴礼》子贡曰："笃雅有节，公西赤之行也。"辞令通权变之宜，故曰"可使与宾客言也"。今述公西赤言行凡四条。

> "赤也何如？"孟武伯问子曰："赤也，束带立于朝，可使与宾客言也，不知其仁也。"《公冶篇》

刘氏《正义》曰：《大戴礼·卫将军文子》篇："子贡曰：'志通而好礼摈，相两君之事，笃雅其有礼节，是公西赤之行也。'孔子曰：'礼仪三百，可勉能也；威仪三千，则难也。'公西赤问曰：'何谓也？'孔子曰：'貌以摈礼，礼以摈辞，是之谓也。'孔子之语人也，曰：'当宾客之事则通矣。'谓门人曰：'二三子欲学宾客之礼者，于赤也。'"此与本章及下篇可以互证。

简氏《述疏》曰《晏子春秋》云："晋平公使范昭观齐国政，景公觞之，范超起曰：'愿得君之尊为寿。'公命左右酌尊以献。晏子命撤去之，范超不悦，归谓平公曰：'齐未可并，吾欲试其君。'晏子知之，于是辍伐齐师。孔子闻之，曰：'不出尊俎之间，而折衡千里之外，此之谓也。'今赤可与宾客言，其必能折冲尊俎者乎！"

> 子华使于齐，冉子为其母请粟，子曰："与之釜。"请益。曰："与之庾。"冉子与之粟五秉。子曰："赤之适齐也，乘肥马，衣轻裘，吾闻之也，君子周急不继富。"《雍也篇》

《集注》引程子曰："夫子之使子华，子华之为夫子使，义也。而冉子乃为之请，圣人宽容，不欲直拒人，故与之少，示不当与也。请益，而与之，亦少示不当益也。求未达，而与之多，则已过矣。故夫子非之。盖赤苟至乏，则夫子自必周之，不待请矣。原思为宰，则有常禄，思辞其多，故又教以分诸邻里之贫者。盖莫非义也。"【按】原思辞粟，与冉子请粟连类见义，故记者合为一章，本编分列原思及子华卷中，以事从其人也，当互参之。张子横渠曰："于斯二者，可见圣人之用财矣。"语见张氏栻《论语解》，许氏《读四书丛说》词意略同。陈氏澧曰："子华使于齐，皇《疏》云：'旧说疑之子华之母为当定乏？为当定不乏？若实乏，而子华肥轻，则为不孝。孔子不多与，是为不仁。若不乏，而冉求与之，则为不智。谁为得失？'澧谓子华之富，夫子明言之，此无可疑者。冉子之意，盖酬其劳耳。"语见《东塾读书记》。

毛氏奇龄曰："子华使齐，正夫子为司寇时时孔子五十三岁，由、求、赤一齐仕鲁。由使治赋，《春秋传》所称'堕三都'者；求使宰财，《孟子》所谓'赋粟倍他日'者；赤使治宾客，即此使齐是也。是使齐正为鲁使，与下文原思为宰是一时事，故一与粟一辞粟，皆公家稍食，两可比较。若解作为孔子使，则夫子教学阙门，家无禄廪，安有藏粟可私授至八十斛者？惟冉子为司财宰，职司出纳，故一请一与，得以自主。若夫子之粟，冉子亦焉得主之？如谓冉子与以己粟，则是炫己富，以矫夫子之却，信无理矣。"

【谨按】毛氏说，以谓子华使齐，与原思为宰，同在孔子为鲁司寇时，而阎氏《四书释地续》驳之，谓史载赤年少孔子四十二岁，当孔子为司寇时，赤甫八岁，岂能使于齐？此当是孔子自卫反鲁后，赤年将三十，求仕季孙久已，富而多粟，故能自与之粟五秉也。吴氏英《经说》亦以《家语》记原思少孔子三十六岁，计为宰时，年未及弱冠云。是二说者，皆据《史记》所载弟子年岁，疑孔子为司寇时，二子未必出仕，然《史记》《家语》所记弟子年岁多未可信，周秉中《四书典故辨正》已论之。刘氏宝楠以原思为宰，在孔子为司空、司寇时，则与毛氏说同；其谓子华使于齐，与原思为宰，不必同在一时，则与毛氏说异。二者未知孰是？当俟参考。

> 子曰："若圣与仁，则吾岂敢？抑为之不厌，诲人不倦，则可谓云尔已矣。"公西华曰："正唯弟子不能学也。"《述而篇》

《集注》引晁氏说之曰："当时有称夫子圣且仁者，以故夫子辞之，然又恐无以进天下之材，率天下之善，将使圣与仁为虚器，故以'为之不厌，诲人不倦'自处也。"简氏《述疏》曰："《孟子》云昔者子贡问于孔子，曰：'夫子圣矣乎？'孔子曰：'圣则吾不能，我学不厌而教不倦也。'子贡曰：'学不厌，智也；教不倦，仁也。'仁且智，夫子既圣矣。今此经言圣与仁，而不言智者，盖非仁无以成圣，非智无以成仁，言仁，则智可该也。"《中庸》言："成己，仁也；成物，知也。""知"与"智"通。成己则学不厌之，智以得，仁也；成物则教不倦之，仁以行，智也。

《集解》马注曰："正如所言弟子犹不能学也，况仁圣乎？"刘氏宝楠曰："学不厌，教不倦，即是仁圣，马《注》分为两义，非也。"

> 赤，尔何如？对曰："非曰能之，愿学焉。宗庙之事，如会同，端章甫，愿为小相焉。"
> "唯赤则非邦也与？""宗庙会同，非诸侯而何？赤也为之小，孰能为之大？"俱见《先进篇·侍坐章》

周氏国价曰:"春秋之世,礼乐征伐自诸侯出,诸侯相见曰'会',同盟曰'同',截然不关天子事。然何以弭衅,必当慎仪;何以睦邻,责在为相。藉非擅东里之誉,恐难免北宫之讥。惟赤也笃雅有节,平昔留心礼度,见乎夹谷之会,夫子相而齐兵却;橐皋之会,端木相而吴盟辞。僖子无仪,爰以师事命懿子;武伯为会,先以执耳问高柴。凡此皆诸侯之会同,而吾党所讲,明于摈相者也。赤于此学习,趋跄而左右之,为之小相,是亦诸侯之事也,安见非邦也?"刘氏《正义》曰:"孔子谓:'赤也,束带立于朝,可使与宾客言。'夫与宾客言,是大相之事,赤言小相,其谦可知。"皇《疏》云:"赤之才德,堪为大相,若以赤为小,谁堪为大者?如此解释,得经旨矣。"

【谨按】考子华言行传记甚略,惟《大戴礼》《家语》《孔丛子》颇有纪载。子华娴于礼度,长于应对,实孔门中卓异才也。崔氏《考信录》以列于游、夏之前,谓其非余子所及。阎氏若璩《孔庙从祀末议》谓宜进有若、公西华于庙庭,广为十二哲。子华为学者推许如此,则其才德可知矣。

宓不齐

《史记》:"宓不齐,字子贱,少孔子四十九岁。"《家语》、孔安国并云"鲁人"。《家语》谓"少孔子三十岁",一本作"四十九"。尝为单父宰,有才知,仁爱百姓。

传记所载宓不齐之治单父也,不耕者不得收麦,则民无徼幸妄取之心矣;渔者辄舍其鱼,则民无敢欺诈犯法矣;与耆老尊贤者图治,则民情易洽,而上下无壅蔽之患矣;任人而不任力,则政教不烦,而内外无苛察之嫌矣;且也躬敦厚而明亲亲,尚笃敬而施至仁,加恳诚而致忠信,于是百姓化之,故能身不下堂,鸣琴而治。然其尤足致治而为孔子所亟称者,则在于亲贤取友。夫能亲贤人,未有于不肖而不能远也。诸葛武侯曰:"亲贤人远小人,先汉所以兴隆;亲小人远贤人,后汉所以倾颓。"武侯之言,其深知治乱之本欤?《史记》不齐"为单父宰,反命于孔子,曰:'此地有贤于不齐者五人，不齐事之，皆教不齐所以为治之术。'孔子赞之，曰：'夫举贤，百福之宗也。'治之大者，其在此矣。"《说苑》亦载此事。故《论语》于不齐他事无所纪，独载子谓子贱曰："君子哉若人！鲁无君子者，斯焉取斯？"呜呼！此不齐所以为贤也。夫孔门之能为循吏者，不一其人矣。循吏而有才者，余曰莫有过于宓不齐。今述宓不齐言行凡一条。

子谓子贱曰："君子哉若人！鲁无君子者，斯焉取斯？"《公冶篇》

　　《说苑》云："宓子贱治单父，其民附。孔子曰：'何施而得之也？'对曰：'所父事者三人，所兄事者五人，所友事者十二人。'孔子曰：'父事者三人，可以教孝矣；兄事者五人，可以教弟矣；友事者十二人，可以教学矣。犹未足也。'曰：'此地有贤于不齐者五人，不齐师之而禀度焉。'孔子曰：'昔尧舜听天下，务求贤以自辅。夫贤者，百福之宗也，神明之主也。惜乎！不齐之所治者邑也。'"《家语·辩政》篇、《吕氏春秋·察贤》篇略同。今以此证《论语》，则子贱取于鲁君子者可以见矣。

　　《家语·子路初见》篇："孔子兄子有孔篾者，与宓子贱偕仕，孔子往过孔篾，而问之曰：'自汝之仕，何得何亡？'对曰：'未有所得，而所亡者三。王事若聋，学焉得习？是学不得明也；俸禄少，馕粥不及亲戚，是以骨肉益疏也；公事多急，不得吊死问疾，是朋友之道阙也。所亡者三，即谓此也。'孔子不悦，往过子贱，问如孔篾。对曰：'自来仕者，无所亡，其有所得者三。始诵之，今得而行之，是学益明也；俸禄所供，被及亲戚，是骨肉益亲也；虽有公事，而兼以吊死问疾，是朋友笃也。'孔子喟然谓子贱曰：'君子哉若人！鲁无君子者，则子贱焉取斯？'"【按】此则子贱之才智过人，可以比较而见，尤足与此章相发明也。

　　康氏《注》曰："子贱能尊贤取友，以成其德，故孔子叹其贤。凡人之成德，皆赖贤师益友磨砺熏染之功，故人才愈多，则同时之成就愈众。若其地鲜贤才，而能自立者寡矣。若有贤才，而不知取以自助若此者，又曷足算哉？"

【谨按】考子贱事迹，《韩诗外传》《家语》《说苑》及《吕氏春秋》《韩非子》《淮南子》等书多有纪载，大略相同。《汉书艺·文志·儒家》载有宓子十六篇，其书已佚，则子贱固文学中人，其言行卓然可称者也。

钱氏坫《论语后录》曰："《颜氏家训》谓子贱即虙犧之后。"《史记·弟子传》作"宓不齐"，"宓"与"虙"古同字。《后汉书·伏湛传》谓："济南伏生，即不齐之后。是'虙'字亦作'伏'，盖古字通用也。"《史记正义》引《颜氏家训》云："兖州永昌郡城旧单父县地也，东门有子贱碑，汉世所立。"乃云济南伏生即子贱之后。曹之升曰："其祖画千古未闻之《易》，其孙绵百王已烬之书，而斯人之授受渊源，可概见矣。"曹说见《四书摭余说》。

崔氏述曰："《史记·仲尼弟子传》有年岁者凡二十有三人，其文盖有所本，然亦不能无误，如孔子称子贱曰'君子哉若人'。则是子贱已成德矣，其亲师取友历有年矣，而《列传》谓其少孔子四十九岁，则当孔子卒时，子贱年仅二十有五，成德安能如是之速？是所记年岁未必尽实也。"【按】孔子弟子年岁，《史记》《家语》纪载互有异同，不尽足据，周氏秉中、吴氏英皆辨之，已见上文。

《新序》云："子贱为单父宰时，请善书者二人于鲁君，使书宪为教品。及至单父，使书，子贱从旁掣其肘，书丑，则怒之。书者归以告鲁君，鲁君悟，乃命有司无擅征发单父，单父之化遂大治。"崔氏述疑此为假托之词，谓请人于君，而掣其肘，无礼甚矣。大夫且不可施之于其君，况宰乎？

崔氏又曰："《说苑》记子贱宰单父事凡四则，一任人任力之对，与《吕览·诗传》同；一则辞于孔子，而孔子告之以毋迎而距，毋望而许也；一则阳昼告以阳桥鲂鱼之说，子贱请其耆老尊贤者而与之共治也；一则孔子问以治单父之政所对，与《史记》略同，而其中有父事三人兄事五人所友者十一人之语，则《史记》所未及也。子贱之宰单父，见于《吕览·诗传》《史记》《新序》，而《说苑》又屡见之，然则此事固当有之，惟是单父小邑，武城大邑，子游仅得一人，单父何遽多贤？若是孔子云：'鲁无君子者，斯焉取斯？'则子贱盖能亲贤友仁，说者或因其言而傅会之耳。"

澹台灭明

《史记》:"澹台灭明,字子羽,武城人,少孔子三十九岁,状貌甚恶。"《家语》作"少孔子四十九岁",谓灭明"公正无私,仕鲁为大夫"。

士之趋炎附势者,辄挟其钻营之术,奔走权门,既卑鄙之可羞,其所谓特立独行者,又绝迹公门以鸣高,虽民间痛切之事,亦隐情饬已,而莫肯一诣有司,为之指陈利病,是殆为名之私多,而爱民之意少,非仁人之用心也。惟澹台灭明则不然,其处己也,则动必以正,而无见小欲速之意;其在公也,则有以自守,而无枉己徇人之私。故夫子问子游以得人,子游即举灭明以对。若子游者,可谓能知人矣。朱子曰:"持身以灭明为法,则无苟贱之羞;取人以子游为法,则无邪媚之惑。"诚然乎哉!今考灭明之为孔子弟子,见于《史记·弟子传》,而《家语》及《大戴礼》、皇《疏》、邢《疏》亦俱以为孔子弟子。郑《目录》曰:"澹台灭明者,孔子弟子,子游之同门也。"则已有确证矣。惟包《注》、朱《注》不云弟子,崔氏述亦疑之。然灭明之为孔子弟子,既编著于传记。文翁《图》及《古史考》《唐会要》诸书皆云然。包《注》虽未明言,而邢《疏》引《史记·弟子传》为言,其末云是亦弟子也。《注》不言弟子者,从可知也。是邢《疏》亦意包氏以灭明为孔子弟子矣。今仍序入孔门之列,述澹台灭明言行凡一条。

> 子游为武城宰。子曰:"女得人焉尔乎?"曰:"有澹台灭明者,行不由径,非公事,未尝至于偃之室也。"《雍也篇》

《大戴礼·卫将军文子》篇云:"贵之不喜,贱之不怒,苟利于民矣。廉于行己,其事上也,以佐其下,是澹台灭明之行也。先成其德,及事而用之,故动则不妄,是言偃之行也。"由此观之二子之言行,不苟如此。今考《山东通志》引《阙里志》云武城在费县属今沂州府西南八十里关阳川之旁,子游所宰邑也，有古石刻云"仰视高山，俯听流水。弦歌之声，宛然如在"数语。

《集注》引杨氏曰："为政以人才为先，故孔子以得人为问，如灭明者，观其二事之小，而其正大之情可见矣。后世有不由径者，人必以为迂；不至公室，人必以为简。非孔氏之徒，其孰能知而取之？"康氏《注》曰："非公事不至，则陈民间利病，而无干谒请托之私，其举动之正大，风节之高，心术之仁，皆可见矣。此子游能观子羽于微者。"

简氏《述疏》曰："《说苑》云：'宓子贱为单父宰，过于阳昼，阳昼曰："夫投纶错饵，迎而吸之者，阳鱎也鱎—作桥其为鱼，薄而不美，若存若亡，若食若不食者。鲂也，其为鱼，博而厚味，于是未至单父，冠盖迎之者交接于道。"子贱曰："车驱之，车驱之。"夫阳昼所谓阳鱎者至矣。于是至单父，请其耆父尊贤者，而与之共治。'今自灭明以观之，宰室不妄至，非若存若亡，若食若不食耶？其亦贤者而鲂也欤？"又曰："近世胡文忠林翼为大吏，其取人也，法子游之意，必方正无私者而后取之，故得人称盛焉。不然，捷径而达公门，犹以为人才也，殆哉！"

【谨按】考灭明事迹，《论语》及《史记》《家语》外，他书无可考见者。《博物志》载其以璧投河一事，近小说家言，不足证信。《史记》载："灭明状貌甚恶，欲事孔子，孔子以为材薄，既已受业，退而修行，行不由径，非公事不见卿大夫，南游至江，从弟子三百人，设取予去就，名施乎诸侯。"康氏有为遂以灭明为孔学南派之大宗。然《史记》所载，与《论语》稍异，当是史迁错文，以见义不必泥也。《史》称子羽状貌甚恶，而《家语》则云子羽有君子之姿，孔子尝以容貌望其才，其才不充孔子之望。若是，则适与《史记》所云相反矣。司马贞《索隐》亦疑之，今当以《史记》所言为近是。

曾点

《史记》作："曾蒇，字子皙。"孔安国曰："曾参之父。"

白沙先生之言曰："学以自然为宗，以忘己为大，以无欲为至。"又曰："致广大极高明，然不离乎日用，求之在我，优游餍饫久之，而后可入当于日用间，随处体认天理云。"盖白沙之学，能深造而自得之者也。故举凡名利得丧，视若烟云之过眼，而不足以动其心，则其所养可知矣。其鸢飞鱼跃之乐，拟诸圣门，则春风沂水之趣焉。然则曾晳者，其事虽不多见于经传，然其所学必有得于中，而后能超然物外。余观其山水之乐、旷达之怀，不得以其狂而议之，亦正惟其狂，而后能超绝等伦，故夫子特评之曰"吾与点也"。论其学力，或未逮白沙，而白沙之旨趣，则有类于曾晳。考其所学，亦圣门之别派也。今述曾点言行凡一条。

> "点，尔何如？"鼓瑟希，铿尔，舍瑟而作，对曰："异乎三子者之撰。"子曰："何伤乎？亦各言其志也。"曰："莫春者，春服既成，冠者五六人，童子六七人，浴乎沂，风乎舞雩，咏而归。"夫子喟然叹曰："吾与点也！"《先进篇》

《集注》曰："曾点之学，盖有以见乎人欲尽处，天理流行，随处充满，无少欠阙，故其动静之际，从容如此。而其言志，则又不过即其所居之位，乐其日用之常。初无舍己为人之意，其胸次悠然，直与天地万物上下同流，各得其所之妙，隐然自见于言外，视三子规规于事为之末者，其气象不侔矣。"

曾点，旷达之士也，考其言行，飘然有遗世之想，然行不掩言，不失为狂者，故《孟子》曰："若琴张、曾晳、牧皮者，孔子之所谓狂矣。其志嘐嘐然，曰：'古之人！古之人！'夷考其行而不掩焉者也。'"朱子以人欲净尽天理流行许之，则扬之太过矣。其抑三子，以为规规于事为之末，则又不及之论，是徒泥于"吾与点也"一言耳。周生《注》曰："与点者，善点独知时也。"邢《疏》曰："生值乱时，志在澡身浴德，咏怀乐道也。"李氏惇曰："三子承知之问兵农礼乐，言志之正也。点之志为别调，夫子独许之者，亦以见眼前真乐在己者可凭，事业功名在人者难，必喟然一叹，实不胜身世之感也。"李说见《群经识小》。

简氏《述疏》曰："《孟子》云：'广土众民，君子欲之，所乐不存焉；中天下而立，定四海之民，君子乐之，所性不存焉。君子所性，虽大行不加焉，虽穷居不损焉，分定故也。'今三子之志，其君子欲之乐之者乎？曾点之志，其君子所性者乎？夫子以酬知问诸子，当是时夫子与诸子其无知己而不得志也久矣。点以狂者之异，不言酬知而言素位之乐，夫子遂喟然叹而与点焉，故周生氏曰'善点独知时也'。"

陈氏《东塾读书记》曰："与点之语，后儒尤喜言之。《集解》周曰：'善点独知时。'此汉儒之说，本平实也。独知时者，知衰乱之时，志在隐逸，故夫子喟然而叹也。皇《疏》采李充，云彼三子者之云，诚可谓各言其志矣。然此诸贤既已渐染风流，殆服道化，亲仰圣师，诲之无倦，先生之门，岂执政之所先乎？呜呼！遽不能一忘鄙愿，而暂同于雅好哉！谅知情从中来，不可假已，唯曾生超然，独能对扬德音，起予风仪，其辞清而远，其旨高而适，亹亹乎固盛德之所同也。三子之谈，于兹陋矣。此则晋人之清谈，非圣门之学，其文华妙，亦非说经之体也。皇《疏》所采华妙之语，如此类者甚多，晋人说经风气如此。"

陈氏又云："朱《注》云'三子规规于事为之末'，又采程子云'子路等所见者小，孔子不取'。王氏复礼《四书集注补》云'夫子问如或知尔'，则何以哉？三子以抱负对，正遵师命，岂可云'规规于事为之末'乎？孔子既言'赤也为之小，孰能为之大？'而乃云所见者小，明与圣经相反，此则程、朱之说亦有未安，王氏辨之是也。"

王文成《传习录·陆澄》："问：'孔门言志，由、求任政事，公西赤任礼乐，皆是实用。及曾晳说来，似耍的事。圣人却许他，其意如何？'曰：'三子是有意必。有意必，便偏着一边，能此未必能彼。'曾点这意思却无意必，便是'素其位而行，不愿乎其外。素夷狄，行乎夷狄。素患难，行乎患难。无入而不自得'矣。三子所谓'汝器也'，曾点便有'不器'意。然三子之才，卓然成章，非若世之空言无实者，故夫子亦皆许之。"

【按】王氏此说，大意与简氏略同。

崔氏述疑此章为伪讬，谓："孔子问四子以何事答知己，故子路等所言皆从政之事，而点乃云风浴咏归，于知我不知我何涉？且先生问，更端则起而对，礼也。孔子方与诸弟子言，而点鼓瑟自如，不亦远于礼乎？"【按】《礼记·少仪》："侍坐于长者，弗使，不执琴瑟。"点之鼓瑟，必由夫子使之。方氏观旭《论语偶记》、潘氏《集笺》、刘氏《正义》皆以为然，不得因此而疑之也。

阎氏《四书释地》又续引陈几亭曰："某每怪曾点鼓瑟、三子之撰，一一入听，圣容微哂，明见无遗，耳目交用，不妨手挥，大是异事。后世讫无疑其故者，何哉？以上引陈氏说。余谓仍有口歌，盖古人琴瑟之用，皆与歌并奏。有自鼓而自歌者，孔子取瑟而歌、赵武灵王梦见处女鼓瑟而歌是也；有一人鼓瑟一人歌者，汉文帝使慎夫人鼓瑟，上自倚瑟而歌是也；有二人鼓瑟二人歌者，《乡饮酒礼》'工四人，二瑟'是也。无徒瑟者。当承点尔何如之问，点则口已罢歌，手亦停挥，但微有瑟音，故曰'希'曰'铿尔'，则投瑟之声也。《史》称刘穆之佐刘裕，'目览辞讼，手答笺书，耳行听受，口并酬应'。又刘炫'左画方、右画圆、口诵、目数、耳听、五事同举'，为千百载以来之异人，岂知圣门中已有曾点其人者乎？"

【谨按】考史传所记曾晳事迹，《史记》以外，《檀弓》《孟子》《家语》及《论衡》偶及之，无其他记载足资考证者。曾晳之年亦无可考。今以其侍坐列于子路之次，且为曾参之父，则其年当视子路为稍后也。

崔氏《考信录》曰："《檀弓》云：'季武子死，曾晳倚其门而歌。'余按大夫丧，倚其门而歌，无礼甚矣。孔子何取焉？且季武子卒于昭公七年，孔子仅十八岁，曾晳是时度亦不过数岁，安能倚其门而歌？此放诞之士，庄周之徒所伪托也。"

漆雕开

《史记》："漆雕开，字子开。"《汉·艺文志》作"漆雕启"。郑康成曰："鲁人。"《家语》曰："字子若，蔡人，少孔子十一岁。"

《家语》谓："漆雕开习《尚书》，不乐仕。"《说苑》载孔子言疑其善于数卜，必其艺术有过人者矣。盖漆雕开，隐者也。孔子使漆雕开仕，对以'吾斯之未能信'，非不能自信，盖不乐仕也。昔者鲁仲连逃于海上，其言曰："与其富贵而诎于人，宁贫贱而轻世肆志焉。"邹阳《上梁王书》曰："今人主沉于谄谀之辞，牵于帷裳之制，使不羁之士与牛骥同皂，此鲍焦所以忿于世而不留富贵之乐也。"果哉二子之言乎？怀其宝而迷其邦者乎？然则漆雕开之志远矣。开与季次、原宪、曾晳之流皆孔门高士也。今述漆雕开言行凡一条。

子使漆雕开仕，对曰："吾斯之未能信。"子说。《公冶篇》

毛氏奇龄《四书賸言》曰："子使漆雕开仕，是实使之仕也。其'使'字与子路使子羔为费宰文例并同。盖夫子为司寇，门人多使之仕者，其最著者则原思、子羔、冉有、季路、樊迟、子贡、公西华是也。若子游仕武城、子夏仕莒父、子贱仕单父、仲弓仕季氏宰，未知为夫子所使与否？至于漆雕开之使仕而不仕，与闵子之使仕而不仕，则皆在此时。刘宝楠曰：'夫子使漆雕开仕，当在为鲁司寇时。'其说与毛合。虽子骞力辞费宰，然仍为夫子宰，要经从政，与子开之始终不仕，稍有不同。要其使仕则一耳。"

【谨按】《集注》谓开言未能信，是未可以治人，故夫子说其笃志；又引谢氏说，谓圣人使之仕，必其才可以仕矣。二说显有矛盾。夫未可以治人，夫子何为使之仕？若虚使之，是教以干进也。孔《注》解未能信，为未能究习。刘宝楠推演其说，以谓开非不乐仕，实以仕进之道未能究习云。其说亦未为确。夫既未能究习，是开不可使仕矣。而夫子使之，将与子路之使子羔何异？且漆雕开始终未仕，岂其于从政之道终不究习乎？然则非不究习也，其不乐仕也。《论语笔解》李曰孔言未能究习，是开未足以仕，非经义也。其说是已。然云孔子善开能忖己知时变，则非不乐仕，盖知时未可以仕而不仕耳。若是，则与孔子使仕之意不对，亦非经义也。

康氏《注》曰："孔颜之学，成己则当成物。若明德而不新民，则于仁道有阙。漆雕开以未敢自信，不愿遽仕，则其学道极深，立志极大，不安于小成，不欲为速就，宜乎为八儒之一大派也，故孔子说之。"

【谨按】考《家语》《说苑》及《孔丛子》皆载漆雕开事。《史记·弟子传》曰："漆雕开，字子开。"阎氏《四书释地》谓上"开"字本"启"字，汉人避讳所改也，引《汉·艺文志》："孔子弟子，漆雕启。"证之。其说是已。《古今人表》亦作"启"，启者，开也，故字子开。然杨简《先圣大训》开又名"凭"。《家语·弟子解》云"字子若"。《集注》亦云"字子若"。《白水碑》康《注》作"泉碑""字子修"。皆误也。《家语·好生》篇有"漆雕凭"，孔子称为君子，谓"其言人之美也，隐而显；言人之过也，微而著"。然谓其仕臧文仲及孺子容，则与此章文义抵触，是当别为一人，杨氏以"开"为"凭"，盖误为一人耳。

宋翔凤曰："《汉·艺文志》有《漆雕子》十二篇。《论衡·本性》篇云：'世子作《养书》一篇，宓子贱、漆雕开、公孙尼子之徒亦论性情，与世子相出入。'据此，则开本有著书，《七略》安得反不载也？《韩非子·显学》篇言有漆彫彫、雕通氏之儒，则开之学非无所见，盖亦子张之流欤？"语见《论语说义》。是则开之所学甚深，实为孔门之一大宗也。

卷十三终　门人吕灿铭校字

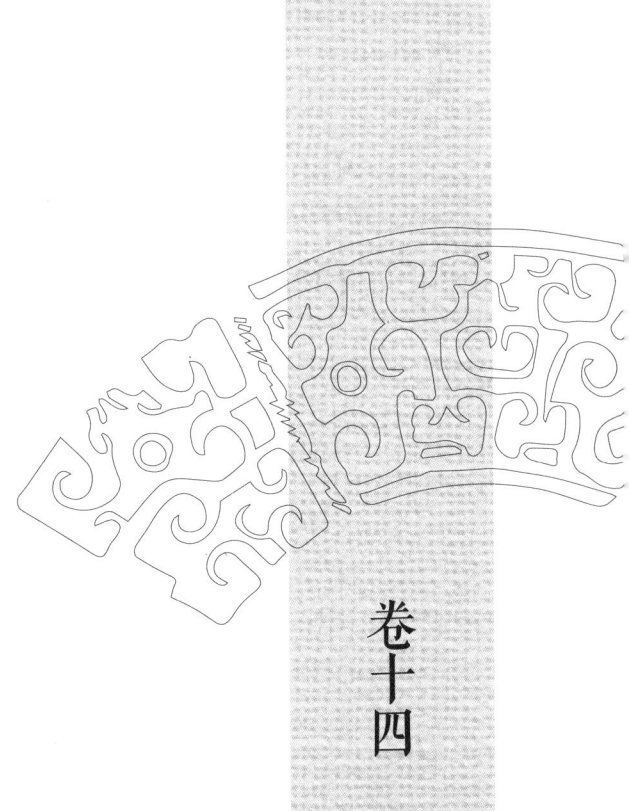

卷十四　南宮括　冉求

卷十四　南宫括　冉求

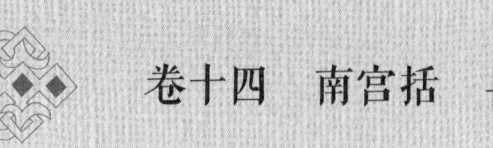

南宫括　《史记》："南宫括括，一作适字子容。"《家语》作"南宫绦"，《论语集解》同。孔安国曰："鲁人。"

经传记载"南容三复白圭"，能以谨言著称，孔子嘉之，曰："邦有道，不废；邦无道，免于刑戮。"夫未有轻易其言，而能谨于其行者也。能谨言慎行者，而后能见用于治世，而免祸于乱世。故孔子曰："君子哉若人！尚德哉若人！"然则，其与多言而躁之司马牛，殆不可同年而语矣。君子之出处也，必由其道，然生当昏浊之世，则愤时嫉俗之思，蕴蓄于胸中，往往不能自已，时或发之于言，其言之过激者，盖有之矣。然辄因此而获罪，则涵养不露圭角者，之实难其人也。《家语》曰南宫绦"以智自将，世清不废，世浊不污"。皇《疏》曰："卷舒随世，乃为有智。"若是乎南容固智者也！智而不陷于罪戾，而又能不囿于俗世者也，宜其超然物外，不为世所拘束，岂不毅然大丈夫也哉！注释家猥以载宝而朝之，南宫敬叔当之，误矣。今述南宫括言行凡三条。

子谓南容曰："邦有道，不废；邦无道，免于刑戮。"以其兄之子妻之。《公冶篇》

皇《疏》云："昔时讲说，好评公冶、南容，谓其德有优劣，故妻有己女、兄女之异。侃谓二人无胜负也。卷舒随世，乃为有智，而枉滥获罪，圣人犹然，不得以公冶为劣也。以己女妻公冶，兄女妻南容者，或因其年相称。《史记》《家语》皆不详两人年岁。而嫁事非一时，盖无意其间也。"《程子》曰："或疑公冶长之贤不及南容，圣人以其子妻长，而以兄子妻容，故厚于人而薄于己，此以私心窥圣人也。凡人避嫌者，皆内不足也。圣人至公，何避嫌之有？况嫁女必当量其才而配，尤不当有所避也。若此事则其年之长幼、时之先后皆不可知，惟以避嫌则大不可。避嫌之事，贤者且不为，况圣人乎？"杨氏《龟山语录》亦云："圣人不容有私意，若二女之少长美恶，必求其对，所妻之先后，未必同时也。记此者特言二人可讬以女子之终身，且以见圣人为子择配，不求其他，故可法也。"崔氏述曰："公冶长在缧绁中，而南容免于刑戮，其事若相反，而孔子皆妻之。若世俗之情，知取其免刑戮者，则在缧绁者为所弃；若不以缧绁为病，则亦未必求其免刑戮者而妻之。于此见圣人之观人择婿，得其中正，但取其实，不至于取祸而遇之，幸不幸不计也。"

南容三复白圭，孔子以其兄之子妻之。《先进篇》

《大戴礼·卫将军文子》篇："独居思仁，公言思义，其闻诗也，一日三复白圭之玷。是南宫縚之行也。夫子信其仁，以为异姓。"卢辩注"异姓"，谓以兄之子妻之也。张氏栻《论语解》曰："谨言如此，则谨行可知。"《集注》引范氏说，大意略同。

【谨按】南容谨言，此文可证，惟能谨言慎行，而后处无道之邦，可以免祸。否则，言出而祸随之矣。《史记》载南宫敬叔与孔子适周见老子，辞去，老子送之以言曰："聪明深察而近于死者，好议人者也；博辩广大危其身者，发人之恶者也。"《家语》载孔子观于周庙，有金口，三缄其口，而铭其背曰："古之慎言人也！戒之哉无多言！多言多败。无多事，多事多患。"又云："勿谓何伤，其祸将长；勿谓何害，其祸将大。诚能慎之，福之根也。""口是何？伤祸之门也。温恭慎德，使人慕之；执雌持下，人莫逾之。内藏我智，不示人技；我虽尊高，人弗我害。"云云。斯老氏知雄守雌之义，然实圣贤持躬涉世之道也。南宫敬叔原与南容别为一人，《史记索隐》以南宫縚即孟僖子之子仲孙阅，误也。南宫縚即南宫括，但非仲孙阅也。仲孙阅者，南宫敬叔也。《史记》载此一段，似与南容之谨言者有关，然当日与孔子适周者是否系为南容，而《史记》《家语》皆作敬叔，或当时纪载有误？亦未可知，然不得以南宫敬叔误作南容。

> 南宫适问于孔子曰："羿善射，奡荡舟，俱不得其死然。禹、稷躬稼而有天下。"夫子不答。南宫适出，子曰："君子哉若人！尚德哉若人！"《宪问篇》

　　刘氏《正义》曰："不义者不得其死，有德者皆有天下。此天道福善祸淫，适两举之，是贱不义而贵有德也。若夫不义者不得祸，或反得福；有德者不得福，或反得祸。此变数也，君子不以变数疑常数。故《荀子·荣辱》篇云：'仁义德行，常安之术也，然而未必不危也；污僈突盗，常危之术也，然而未必不安也。故君子道其常，而小人道其怪。'"

　　《中庸》云："故大德必得其位，必得其禄，必得其名，必得其寿。"斯理之常也。韩氏昌黎曰："君子得祸为不幸，而小人得祸为恒；君子得福为恒，而小人得福为幸。以其所为，似有以取之也。"《答卫中行书》。【按】此通理数之常变者而言。今适称羿、奡有力者终死，禹、稷有德者终王，不于其身，必于其子孙也，此就理之常者而言。适盖以孔子盛德无位，特借以重孔子者，孔子不答，则以理有常而数无定。然孔子虽不得位，而为百世师，所谓必得其名也。君子立身行己，求其在我者而已，终不趋势利而违仁义也。祸与福存乎天，名声之善恶存乎人，存乎天存乎人者，则听之自然，而不必用吾力也。惟一其心于仁义笃信而力行焉，虽遁世无闷不见，是而无闷也。其志确然而不可拔，夫岂以外至之荣辱而夺其所守哉？

　　【谨按】考《四库提要》以南宫縚与仲孙阅为两人，郑氏康成则以为一人，朱《注》因之，后之学者遂至辩说纷纭，然实为两人也。今考刘氏《正义》、潘氏《集笺》暨诸家论说，皆以南宫适即南宫绦，字子容，故曰南容。《家语》又作南宫韬韬与绦同，韬与容、括义皆相贯《史记》又作南宫括括与适同义此一人也。若南宫阅即仲孙阅，阅与说通。《左传》所云属说即南宫阅也，又名南宫说，其谥为敬叔即为孟僖子之子、孟懿子之弟或误作孟懿子之兄《左传》："孟僖子将卒，召其大夫属说与何忌即孟懿子使事仲尼。"以南宫为氏此又一人也。《世本》云仲孙貜生南宫绦，仲孙貜即孟僖子，《世本》误以南宫绦、南宫阅为一人，郑康成遂承其误耳。自郑君误依《世本》，而陆德明《释文》、司马贞《史记索隐》及朱子《论语集注》皆沿用之。康氏《论语注》、简氏《述疏》亦沿之。然《汉书·古今人表》分列南宫敬叔、南容为二人，则《世本》不可信也明。钱氏可选曰："孔子在鲁族姓颇微，而敬叔为公族元士，当必娶于强族，岂孔子得以兄子妻之？且《檀弓》载南宫敬叔反必载宝而朝孔子，谓不如速贫之愈。若而人者，岂能抑权力而伸有德，谨言行而不废于有道之邦耶？"其说与夏洪基所辩略同。汪照《大戴礼注补·卫将军文子》篇亦辩别甚详。

毛氏奇龄曰："敬叔即受僖子命，与其兄懿子同学礼于孔子者，然并不在弟子之列，《史记》《家语》所载弟子，仅容一人，向使容即敬叔，则未有载敬叔不载懿子者。【按】《史记·弟子传》不载南宫敬叔、孟懿子、孟武伯三人，孔《注》、马《注》、朱《注》亦未有称懿子、武伯为孔子弟子者。懿子、敬叔虽尝学礼于孔子，武伯虽尝游圣门，然皆世录子弟，不知尊事圣人，夫子仕鲁，堕三都，懿子梗命，致圣人之政化不行，则其人可知已。至若《史记》《家语》各载敬叔从孔子适周，见金人缄口，孔子戒以谨言其事，盖与容无涉也。"语见《四书賸言》。按马骕《绎史》、梁玉绳《古今人表考》及其所著《史记志疑》所言，亦与毛氏同，惟毛氏以南宫适别为一人，非是南容，则与《史记》不合，其误显然。吴氏英《著经句说》以南容即南宫绦，非南宫阅，但以南宫适即南宫敬叔，亦非是。吴氏盖沿孔《注》及颜师古《汉书注》之误。

崔氏述《考信录》曰："《论语》中南容凡三见，或曰南容，或曰南宫适，未尝一称敬叔与说，亦未有《春秋传》中南宫敬叔之一事。《春秋传》

中南宫敬叔亦凡三见，或谓之说，或谓之敬叔，未尝一称南容与适，亦未有《论语》中南容之一事。《史记·孔子世家》记学礼事，即《春秋传》中南宫敬叔事也。称为敬叔，不称为南容，于适周事亦然。至于《弟子传》则但云南宫适，字子容，不言为敬叔，所记三事皆采之《论语》中，亦无《春秋传》敬叔之一事。是《史记》以为两人也。王肃《论语注》云南容弟子南宫縚，鲁人也，不言为鲁大夫。韦昭《国语注》云敬叔鲁大夫，南宫说不言为南宫适，是魏人。吴人注解亦以为两人也。《家语》乃晋宋间人所撰，而于《弟子解》篇亦不言为敬叔，不载敬叔一事。至《观周》篇记学礼事，则云敬叔；《正论》篇记除僖子丧，则云南宫说，皆不言为南容，是《家语》亦以为两人也。其时康成之说尚未盛行，自司马氏采之以注《史记》，朱子复据以注《论语》，遂使后世疑尚德之人亦有载宝之事，使贤者代人受过也，不可以不辨。"

【谨按】考南容言行见于《论语》者三事，其他如《礼记·檀弓》《大戴礼》《家语》亦有载，及马骕《绎史》载南容事附入南宫敬叔其末，云"括，一名縚"，是为南容阋；《左传》作说，即南宫敬叔也。则马氏亦以为两人矣。明夏洪基辑《孔门弟子传略》亦分作两人是已。夏氏以南宫韬（适，括）字子容，为一人，以仲孙说（阋）谥敬叔者为一人。

冉求

《史记》："冉求，字子有，少孔子二十九岁。"郑《目录》曰："鲁人。"

《大学》记孟献子之言，曰："百乘之家，不畜聚敛之臣，与其有聚敛之臣，宁有盗臣。故曰：'长国家而务财用者，必自小人矣。'"盖圣人之所深恶，莫如聚敛者也。季氏富于周公，求也为之聚敛而赋益之，子曰："非吾徒也，小子鸣鼓而攻之可也。"则圣人之意可知矣。夫冉有之在圣门非一日矣，而孔子曰非吾徒，至使鸣鼓而攻，则是深恶而痛绝之也。大抵冉有之为人有才艺，长于理财，故曰："求也艺，于从政乎何有？""千室之邑、百乘之家，可使为之宰。"而冉有所自言者曰："方六七十，如五六十，求也为之，比及三年，可使足民。"此自道其实也，故曰："亦各言其志也。"夫岂夸大之论哉？然才有余而气不足，识虽明而力不专，既知颛臾之不可伐，而不能力陈其非；既知悦子之道，而又云力不足。故孔子曰"求也退"，又曰"今汝画"。退则无敢言之节概，隐忍依违，于是临事多而趋避熟矣。画则无精进之毅力，因循苟且，于是功未成而志先馁矣。此冉有之所短也。《家语》称其"性多退让"。夫退让之至，其弊也流于圆滑，圆滑之至，其弊也必无廉耻之节。《家语》又记孔子告冉有，一则曰"不廉污秽"，是谓"簠簋不饰"；再则曰"罢软不胜任"，是谓"下官不职"。斯皆药石之言，所以针砭冉有而儆戒之也。今述冉求言行凡十条。

> 季氏旅于泰山。子谓冉有曰："女弗能救与？"对曰："不能。"子曰："呜呼！曾谓泰山不如林放乎？"《八佾篇》

周氏国价《论语释疑》曰："近者林放以礼之本问矣，安知林放非有慨于时而特为此问耶？季氏不如林放也，冉有不如林放也，曾谓泰山之神，亦俯仰随时而不如林放之知本乎？将岩谷厚颜泰山，适为林放笑乎！"

【谨按】《王制》云："天子祭天下名山大川，诸侯祭名山大川之在其地者，大夫祭五祀。"今季氏旅泰山，僭也明，神不享非礼。季氏之旅泰山，是诬而祭之也。盖冉有是时仕于季氏，季氏之僭，冉有非不知也，知其不可则谏，谏而不听则退，此大臣之风度，非巽顺退让之冉有所能矣。夫子知其无可为，惟有付之感慨，而借林放以讽之耳。

> "求也何如？"孟武伯问子曰："千室之邑、百乘之家，可使为之宰也，不知其仁也。"《公冶篇》

【谨按】《大戴礼·卫将军文子》篇云："恭老恤孤，不忘宾旅，好学博艺，省物而勤，是冉求之行也。孔子因而语之曰：'好学则智，恤孤则惠，恭则近礼，勤则有继。'"冉有之所长若此，故可为宰。当时孔门弟子可使为宰者：子夏则为莒父宰。见《论语》。子贱则为单父宰。见《家语》。巫马期亦为单父宰。见《说苑》。子游则为武城宰。见《论语》。是皆公邑之宰也。闵子骞为费宰。据《家语》，然显与《论语》抵触。刘宝楠《论语正义》、龚元玠《四书客难》、周秉中《四书典故辨正》皆以为伪也。或当时闵子骞虽辞费宰，而仍为夫子宰，故《家语》傅会之。子皋为成宰。见《礼记》，《家语》作武城宰。又为费郈宰。见《史记》，《韩非子》云子路亦为郈令。费属季氏邑，成属孟氏邑，郈属叔孙氏邑，皆私邑也。其他如仲弓、子路、冉有则皆为季氏宰氏。见《论语》及《左传》。原宪为孔子宰。见《论语》及《家语》。曾子尝仕于莒。见《韩诗外传》。宰我则为临淄大夫见《家语》，龚氏元玠曰："春秋公私邑宰皆称大夫。"孔子又尝使漆雕开仕。见《论语》。由此观之，圣门多才，堪为邑宰者，固大有其人也。惟足民富国之术，尤为冉子所长，盖冉求多艺，善于理财，惜其不得志于世，而仅仕于权门耳。

子曰："求也艺，于从政乎何有？"《雍也篇·答季康子问章》

【谨按】简氏《述疏》曰："冉有之艺，大艺也，非曲艺也。曲艺为偏端之艺，大艺则三事大夫之才，通乎六经者也。哀十一年《左传》曰：'冉有以武城人三百为己徒卒，用矛于齐师，故能入其军，孔子曰义也。'由是言之，以冉有之艺为大夫，岂不可足民而却敌哉？九数者，《周官》六艺之一也，于是乎艺学家有以算术诋之冉有者，彼焉知九数之艺，古人皆然，独冉有也耶？彼矜算卫，而乏吏才，无兵略，岂冉有之艺云乎？"

【谨按】《集注》于使闵子骞为费宰章，引谢氏良佐言，谓闵子不仕权门，而视季氏不义之富贵，不啻犬彘，以讥由也不得其死，求也为季氏附益，既无先见之知，又无克乱之才云。毛氏奇龄驳之曰："夫子一门多事季氏，即夫子已先为季氏史，为季氏司职吏，如孟子所云为委吏为乘田者，而《集注》谢氏概以事犬彘诟之，极轻薄矣。即以仲弓而论，亦尝为季氏宰，使注《论语》而不知仲弓之为季宰，是为蔑经；既知仲弓为季宰，而故作是言，是为侮圣。若《史记》所载季氏再召冉求，夫子且曰非小用之，将大用之，何尝以失先鉴之知为冉求耻？《春秋策书》载冉求于清之战，为鲁师立功，此圣门克乱有成效者，而谢氏反责其无克乱才，吾不知谢显道在宋当多事之日曾克乱否？"语见《四书改错》。简氏朝亮曰谢氏之说宜有修焉。

> **冉求曰："非不说子之道，力不足也。"子曰："力不足者，中道而废。今女画。"**《雍也篇》

刘氏《正义》曰："《里仁篇》夫子云：'有能用其力于仁矣乎？我未见力不足者。'《表记》云：'乡道而行，中道而废，忘身之老也，不知年数之不足也，俛焉日有孳孳，毙而后已。'皆与此章相发。盖人之力生于气，而其为学也，则有志以帅气，志之不立，而诿于气之不振，是自弃矣。是故君子之为学，日知所亡，月无忘其所能，莫殚也，莫究也，期之终身而已，身之未亡，是力犹未尽。故夫强有力者将以为学也。舍学而强有力，将何用焉？力之既至，而学亦至，则希圣达天之诣；力之既至，而学犹未至，则是中道而废，亦不失为贤者之归。郑《注》喻废犹毙也，毙则不得不废，如力极罢顿，不能复行，则止也。当时颜子未达，一间而遽早死，是中道而废者。今冉求未至罢顿力极，而曰力不足，是自为画止也。"

朱子曰："懒惰是无药可医，人之所以懒惰，只缘见此道理不透，所以提掇不起。若见得道理分明，自住不得，岂容更有懒惰时耶？"【按】人之所以怠于工作者，皆缘所习之业未能得其乐趣，如耳之于声，目之于色，彼沉迷于声色者，以声色之外，无他乐事足以及之也。故乐之忘返而不罢矣。义理之悦我心，犹刍豢之悦我口也，使其真有得于中，见得此道，确然可乐，而有无限之兴趣，虽欲罢而不能矣。虽力不足，亦强为之；虽患难困穷，亦不能自己矣。焉有中道而废者哉？所谓"发愤忘食，乐以忘忧"；又云"三月不知肉味"。非徒然也。

> **季氏富于周公，而求也为之聚敛而附益之。子曰："非吾徒也。小子鸣鼓而攻之，可也。"**《先进篇》

《左传·哀公十一年》："季孙欲以田赋，使冉有访于仲尼，仲尼曰：'丘不识也。'三发不对，而私于冉有曰：'君子之行也度于礼，施取其厚，事举其中，敛从其薄。如是则以丘亦足矣。丘十六井，出戎马一匹、牛三头，是赋之常法。若不度于礼，而贪冒无厌，则虽以田赋，将又不足。且子季孙若欲行而法，则周公之典在；若欲苟而行，又何访焉？'弗听，故哀公十二年春即用田赋。"《鲁语》亦载仲尼之言，略有不同。潘氏维城曰："此即《孟子》所谓求也为季氏宰，无能改于其德，而赋粟倍他日也。"翟氏灏《四书考异》曰："鲁自宣公税亩而田赋倍，今冉有复为季氏访问田赋，所谓为之聚敛而附益之也。夫子既正告冉有，而冉有仍不劝阻季氏，卒用田赋，所以深责之也。"

毛氏奇龄曰："鲁自宣公十五年初税亩，既取之公田，复税及私田，十而取二，富倍周公矣。但富犹在公也。至昭五年，季武子公然夺公家之禄，四分公室，举厚实而悉归之季氏，则季氏富于周公矣。至哀公时犹以为未足，哀十一年冬，康子于取二之外，又欲议加，使冉有访于仲尼，竟于次年春用田赋，则康子此举，冉有实赞成之，故夫子责求为之附益。夫子责弟子，从无此番之严历，必有实在罪状，方云鸣鼓而攻也。"

【谨按】冉有为季氏聚敛，孔子责之，孟子亦讥议之，汉宋诸儒注释经义皆无异辞。孔《注》、郑《注》及朱《注》皆同。冉有不能救正季氏之失，又不明不可则止之义，孔子责之，至于鸣鼓而攻，非特罪冉有也，亦所以使学者知义利之别。李氏元度谓冉有之所为，阳为季用，阴使季敛怨于民，故不能如晋桓叔阴谋布德以收民心而篡晋，不能如陈氏厚施于国以图篡齐，彼深恐季氏得民，如晋之曲沃、齐之陈氏，则公室危矣，故于其用田赋而将顺之云云，其意欲为冉有回护也，究失经旨矣。

> 季子然问："仲由、冉求，可谓大臣与？"子曰："吾以子为异之问，曾由与求之问。所谓大臣者，以道事君，不可则止。今由与求也，可谓具臣矣。"曰："然则从之者与？"子曰："弑父与君，亦不从也。"《先进篇》

包氏慎言《温故录》曰："《韩诗外传》云：'大夫有诤臣三人，虽无道，不失其家。'今季氏无道，僭天子，舞八佾，旅泰山，以雍彻，然而不亡者，以有冉求、季路为宰臣也。故曰：'有谔谔诤臣者，其国昌。'据此，则二子事季氏，亦能匡正以道，而夫子斥之者，谓其不能以去就争也。夫二子非党恶之臣，然不能直伸己志折权臣僭窃之萌，故曰'具臣'。"张氏栻《论语解》曰："或云弑父与君不从，何必由、求而后能之？曾不知顺从之臣，其始也惟利害之是徇而已，履霜坚冰之不戒驯，至蹉跌，以至于从人弑君者多矣。如荀彧、刘穆之之徒，其始从曹操、刘裕，亦岂遂欲弑父与君哉？惟其渐渍顺从，势遂至此耳。"

康氏《注》曰："《公羊》庄二十四年，曹羁出奔陈。《传》曰：'三谏不从遂去之，君子以为得君臣之义。'《曲礼》曰：'为人臣之礼，不显谏，三谏而不从，则逃之。'此事君之大义也。盖仕以行道，道不行则去，不可恋栈也。以道事君者，不从君之欲，不可则止者，必行己之志。盖君之与臣，同为国家代理民事者也，但分有尊卑，而义非奴隶，自行其道，非以从君。"

简氏《述疏》曰："子路能死卫难，则对于鲁难可知也。齐师伐鲁，冉有用矛于齐军，斯不畏死矣，则能死难可知也。《礼·檀弓》云：'臣弑君，凡在官者杀无赦；子弑父，凡在宫者杀无赦。'若斯之言，二子岂不屡闻哉？"

> "求！尔何如？"对曰："方六七十，如五六十，求也为之，比及三年，可使足民。如其礼乐，以俟君子。"《先进篇·侍坐章》

【谨按】"方六七十，如五六十"，疆域既小，赋税不多，而能使财用不匮，其势颇难。窃以理财之道，必当公开。能公开，可涓滴归公，不病民而财用足；不能公开，则苞苴行而中饱者多，虽竭山海之精华，敛人民之脂膏，而国用犹不能足也。故理财之道无他，公正廉明而已。然足民必待之三年者，《汉书·食货志》云："三年耕则余一年之畜，衣食足而知荣辱，廉谨兴而争讼息。"故吏治必三载考绩，而足民亦当以三年计之也。刘氏《正义》曰："冉求之才，能治大国，而只言小国，是其性谦退也。"

> 子适卫，冉有仆。子曰："庶矣哉！"冉有曰："既庶矣，又何加焉？"曰："富之。"曰："既富矣，又何加焉？"曰："教之。"
> 《子路篇》

《说苑·建本》篇："子贡问为政，孔子曰：'富之，既富乃教之也。'"则夫子亦尝以此答子贡矣。《荀子·大略》篇曰："不富无以养民情，不教无以理民情。家有五亩宅百亩田，务其业而勿夺其时，所以富之也。立大学，设庠序，修六礼，明十教，所以教之也。《诗》曰：'饮之食之，教之诲之。'王事具矣。"《管子》云："治国之道，必先富民，民富则易治，民贫则难治。奚以知其然也？民富则安乡重家，安乡重家则敬上畏罪，敬上畏罪则易治也；民贫则危乡轻家，危乡轻家则敢于陵上犯禁，陵上犯禁则难治也。"《孟子·梁惠王》篇言："制民之产，必使仰足以事父母，俯足以畜妻子，乐岁终身饱，凶年免于死亡，然后驱而之善，故民之从之也轻。"汉荀悦云："人不畏死，不可惧以罪；人不乐生，不可劝以善。故在上者先丰民财，以定其志，是谓养生。礼教荣辱以加君子，化其情也；桎梏朴鞭以加小人，化其形也。若教化之废，推中人而坠于小人之域；教化之行，引中人而纳于君子之涂。是谓章化。"【按】此诸说皆既富而教之义，足与孔子之说相发明。

康氏《注》曰："庶而不富，则民生不遂；富而不教，则民德不育。富以养其生，教以养其性。二者备矣。夫饥寒切身，不顾廉耻，孔子虽重教化，而以富民为先，管子所谓治国之道，必先富民也。此与宋儒徒陈高义，但言饿死事小失节事大者异矣。宋后之治法，薄为俸禄而责吏之廉，未尝养民而期俗之善，于是弱者为伪，而强者乱矣。盖未富而言教，悖乎公理，紊乎行序也。此为孔子三至卫，在鲁哀公元年，时孔子年五十九岁。"简氏《述疏》以为孔子初至卫时言此，毛氏奇龄谓第二次适卫时事。

冉子退朝。子曰："何晏也？"对曰："有政。"子曰："其事也。如有政，虽不吾以，吾其与闻之。" 《子路篇》

康氏《注》曰："马《注》云：'政者，有所更改匡正；事者，所行常事也。'盖上所施行经国治民曰政，臣下奉令承旨作而行之谓之事。【按】《魏书·高景传》解此文，谓君上所施行合于法度经国治民者为政，臣下奉教承旨作而行之者为事。即康《注》所本。此言国有大事更改匡正，则孔子为之老，必与议焉。议政立法，必经元老也。若奉行故事，而非更改成案，则不得谓之政。此明议政与行事之别，议政必合大夫共议之，行事则任行事官独断也。今欧人有行政官、事务官之别，亦即此意。"

简氏《述疏》曰："《曲礼》云：'大夫七十而致仕，自称曰"老夫"，言以老而不治事，亦以老而与闻国政也。'《哀十一年·传》云：'季孙欲以田赋，使冉有访诸仲尼，曰："子为国老，待子而行。"'明乎礼有然也。"《左传》言"大夫致仕者"，若卫之石碏、公孙文子，晋之祈奚、楚之申叔，时皆以老而与闻国政焉。

刘逢禄《论语述何》曰："季康氏先召冉子，因冉子而以币反夫子于卫。时冉子从孔子适卫。夫子反鲁，冉子之力也。冉子朝事毕，至夫子所，一日迟至，故异而问之，夫子恐鲁君臣变古易常，冀以匡救之，其后伐颛臾、用田赋，皆冉子所告，然或行或否，则末如之何矣。"

皇《疏》引栾肇云："经言政事，冉有、季路未有不知其名而能职其事者，斯盖微言以讥季氏专政之辞。若以家臣无与政之理，则二三子为宰而问政者多矣，未闻夫子有讥焉。"《集注》谓："季氏专鲁，其于国政，盖有不与同列议于公朝，而独与家臣谋于私室者，故夫子为不知者而言，其语意与魏徵献陵之对略相似云。"斯二说者，盖得圣人立言之深意矣。

> 季氏将伐颛臾。冉有、季路见于孔子曰："季氏将有事于颛臾。"孔子曰："求！无乃尔是过与？夫颛臾，昔者先王以为东蒙主，且在邦域之中矣，是社稷之臣也，何以伐为？"冉有曰："夫子欲之，吾二臣者皆不欲也。"孔子曰："求！周任有言曰：'陈力就列，不能者止。'危而不持，颠而不扶，则将焉用彼相矣？且尔言过矣，虎兕出于柙，龟玉毁于椟中，是谁之过与？"冉有曰："今夫颛臾，固而近于费，今不取，后世必为子孙忧。"孔子曰："求！君子疾夫舍曰欲之而必为之辞。丘也闻有国有家者，不患寡而患不均，不患贫而患不安。盖均无贫，和无寡，安无倾。夫如是，故远人不服，则修文德以来之，既来之，则安之。今由与求也，相夫子，远人不服，而不能来也；邦分崩离析，而不能守也；而谋动干戈于邦内。吾恐季孙之忧，不在颛臾，而在萧墙之内也。"《季氏篇》

《集注》曰："是时四分鲁国，季氏取其二，孟孙、叔孙各有其一，独附庸之国尚为公臣，季氏又欲取以自益，故孔子言颛臾乃先王封国，则不可伐；在邦域之中，则不必伐。是社稷之臣，则非季氏所当伐。求、由二子为季氏宰，知季氏有此意，故告孔子。然求为季氏聚敛尤用事，故孔子独责之深。子路虽不与谋，而不能辅季氏以义，亦不得为无罪，故并责之。"简氏《述疏》曰："《春秋·昭公五年》：'春，王正月，舍中军。'《左传》云：'卑公室也。初舍中军。三分公室而各有其一，季氏尽征之。叔孙氏臣其子弟，孟氏取其半焉。及其舍之也，四分公室，季氏择二，二子各一，皆尽征之，而贡于公。'盖不均、不和、不安若斯矣，则分崩离析矣，况又叛乎？今经书冉有先于季路，与所书侍坐章不同，此犹《春秋》书法也。冉有与其谋者也，冉有与其谋而不安于心，则偕季路来见孔子，其斯不失为贤者乎？"蔡氏节《论语集说》曰："伐事则专责于求，相夫子之事则并责及于由，盖为季氏计者求也，至于不能勉季氏以道，则由亦不能逃其责矣。"

方氏观旭《论语偶记》曰："哀公欲去三桓，季氏早为隐忧，出甲堕都之后，君臣既已有隙，一旦难作，即效如意之谲，请因于费，而无可逞。又畏颛臾世为鲁臣，与鲁犄角以迫己，惟有谋伐颛臾克之，则如武子之取卞以益其疆；不克，则鲁师已惫，势不能使有司讨己，忧在内者攻强，此田常伐齐之故智也。夫子窥知其意，特发此言，所以诛奸人之心而抑其邪逆之谋也。"

【谨按】伐颛臾事，皇《疏》引蔡谟说，故为冉有、季路回护其失。崔氏述则直疑当日无此事，指为后人伪讬。今录其说，以供参考。

蔡氏谟曰："冉有、季路并以王佐之姿，处彼相之任，岂有不谏季孙以成其恶？所以同其谋者，将有以也。量己度势，不能制其悖心，乃顺其意，以告夫子，实欲致大圣之言以救斯弊，是以夫子发明大义，以酬来感，弘举治体，用救时难。既以示安危之理，又抑强臣擅命，斯乃圣贤同符，相为表里者也。"朱子《集注》引洪氏云："二子仕于季氏，凡季氏所欲为，必以告于夫子，则因夫子之言而救止者宜亦多矣。伐颛臾之事不见于经传，其以夫子之言而止也欤？"

崔氏述曰："此章可疑者五：《论语》记孔子之言皆简，而直此独繁而曲，其文不类一也；子路为季氏宰，在定公之世，冉有为季氏宰，在哀公之世，其时不合二也；《集注》曰：'按《左传》《史记》二子仕季氏不同时，此云尔者，疑子路尝从孔子自卫反鲁，再仕季氏，不久而复之卫也。'子路堕三都之谋刚直有素，归鲁后，不肯承季氏意，一旦堕其晚节以阿季氏，其理不似三也；颛臾之伐不见于经传，洪氏意其因孔子之言中止，其事无征四也；《僖二十一年·传》云：'任、宿、须句、颛臾，风姓也。实司太皞与有济之祀。'不言为东蒙主，亦不言为鲁臣，其说不符五也。且此篇文皆称孔子，与前十五篇异，其非孔氏之徒所记明甚，虽于义无大害，然其事未必有，且不可使子路受诬于百世也。"

【谨按】考冉有言行，见于《韩诗外传》及《家语》《庄子》等书甚简略，《韩诗外传》载冉有答鲁哀公问一段，其中引姚贾监门子为言，然姚贾为秦始皇时人，冉有安得引及之？是出于伪讬也无疑。

简氏朝亮曰："深于经者必深于兵，今自孔门言之，其有征矣。"《哀八年·传》吴王伐鲁，吴师"舍于庚宗，遂次于泗上。微虎欲宵攻王舍，私属徒七百人，三踊于幕庭；卒三百人，有若与焉。及稷门之内，或谓季孙曰：'不足以害吴，而多杀国士，不如已也。'乃止之。吴子闻之，一夕三迁。吴人行成"。由是言之，鲁大夫微虎选国士，有若能踊跃之，三而登其选；吴主，敌国之王也，乃忧鲁选士之害吴，而反求与鲁成，虽未战焉，然岂不以国士之风而却敌哉？《又哀十一年·传》，齐师伐鲁，"冉求帅左师，樊迟为右。季孙曰：'须也弱。'有子曰：'就用命焉。'季氏之甲七千，冉有以武城人三百为己徒卒……师及齐师战于郊，齐师自稷曲，师不逾沟。樊迟曰：'非不能也，不信子也。请三刻而逾之。'如之，众从之。师入齐军。"《左传》申之，曰："冉有用矛于齐师，故能入其军。孔子曰：'义也。'"今考诸《史记》，冉求少孔子三十九岁，樊迟少孔子三十六岁，冉求之艺，以知义能兵矣；樊迟固弱少年，佐冉有而用命，与众约三刻之信，众皆逾沟，遂以有功，何其壮也！其在后世关羽称万人之敌，为世虎臣；岳飞以背嵬骑兵五百人破大敌，皆深于《春秋》《左传》者。近世左文襄、彭刚直，经术士也，皆知兵，敌国畏之。呜呼！孔子之教其神乎。

【今按】《史记·孔子世家》谓："冉有为季氏将师，与齐战于郎，克之。季康子曰：'子之于军旅，学之乎？性之乎？'冉有曰：'学之于孔子。'"《家语正论》解云："孔子大圣，文武兼通，求也适闻其战法，犹未之详也。据此则冉有知兵矣，岂徒以艺术称哉！"

卷十四终　门人吕灿铭校字

卷十五　宰予　高柴　樊须

卷十五　宰予　高柴　樊须

宰予　《史记》："宰予，字子我，利口辩辞。"郑《目录》曰："鲁人。"

《论语》记孔门弟子，其为孔子所嘉许者凡一十有三人，曰颜子、曰曾子、曰闵子骞、曰冉伯牛、曰仲弓、曰子贡、曰子游、曰子夏、曰子贱、曰南容、曰曾点、曰子华、曰漆雕开。其为孔子所斥责者凡有四人，曰子路、曰冉有、曰樊迟、曰宰我。余考宰我言行，无论其与孔子问答，或与他人问答而为孔子所知者，盖无不为孔子所斥责，于其昼寝也，则曰"朽木不可雕"矣；于其行不掩言也，则曰"于予言而改是"矣；从井救人之问，则曰"何为其然"；短丧之问，则曰"女安则为之"。至于哀公问礼，宰我不知而妄对，孔子责之曰"成事不说，遂事不谏，既往不咎"。凡此皆被斥责，而无一褒扬之语及于宰我也。《集注》于昼寝章引胡氏说，曰"宰予不能以志帅气，宴安之气胜，儆戒之志惰"；于从井章引刘氏说，曰"宰予信道不笃"；于短丧章引范氏说，曰"宰我无恩"。由斯以观，则宰我之言行可知矣。夫岂过为已甚之辞哉？皇《疏》引缪播、李充等说，大抵为宰我回护耳。彼以长于口辩，故获与子贡并称，而不能谓其与子贡齐名也。《先进篇》载："言语，宰我、子贡。"《史记·弟子传》云宰予"利口辩辞"。又云子贡"利口巧辞"。是以两人皆列诸言语之选。然《史记·弟子传》谓："宰我尝为临淄大夫，与田常作乱，以夷其族，孔子耻之。"如此则宰我将摈于圣门之外矣，安得与诸贤齿？此盖纪载之误，未可以为据也。辨详于后，今述宰予言行凡五条。

> **哀公问社于宰我。宰我对曰："夏后氏以松，殷人以柏，周人以栗，曰使民战栗。"子闻之，曰："成事不说，遂事不谏，既往不咎。"**
> 《八佾篇》

方氏观旭《论语偶记》曰："宰我战栗之对，胡安国《春秋传》引之，用韩非书之说，曰：'哀公问于仲尼，曰《春秋》记"陨霜不杀草。李梅实"，何也？'曰：'此言可杀也。夫宜杀而不杀，则李梅冬实，天失其道，草木犹干犯之，而况君乎？'是故以天道言，四时失其序，则其施必悖，无以统万象矣。以君道言，五刑失其用，则其权必丧，无以服万民矣。哀公欲去三桓张公室，问社于宰我，宰我对以使民战栗，盖劝之断也。仲尼曰：'成事不说，遂事不谏，既往不咎。'而其自与哀公言，乃以为可杀，何也？在圣人则能处变而不失其常，在贤者必有小贞吉大贞凶之戒矣。"刘氏《正义》曰："此时哀公与三桓有恶，观《左传》记公出孙之前，游于陵阪，遇武伯，呼'余及死乎'，至于三问。是其机阱不安，欲去三桓之心，已非一日。则此社主之问与宰我之对，君臣密语，隐衷可想。又社，阴气，主杀。《甘誓》云：'不用命，戮于社。'《大司寇》云：'大军旅莅，戮于社。'是宰我因社主之义，而起哀公威民之心，本非臆见附会也。又曰：'所云既往者。'疑指平子，言平子不臣，致使昭公出亡，哀公当时必援平子往事以为祸本，而欲声罪致讨，然而禄去公室，政在大夫，已非一朝一夕之故，哀公遽欲逞威泄忿，冀以收已去之权，势必不能，故夫子言此以止之。盖知哀公之无能为而不可轻于举事也。"简氏《述疏》曰："孔子于哀公之问亦言杀矣，非徒言杀也。言可杀之时宜也，此岂以杀威民哉？哀公去三桓，苟得可杀之时宜则可杀矣，而公乞师于越，卒旅死焉，以非其时宜故也。魏高贵乡公愤司马昭而讨之，亦以非其时宜而反害也。"

苏氏子由《古史考》云："哀公将欲去三桓，而不敢正言，以古者戮人于社，故托社以问，宰我知其意，亦以隐答之，盖微喻其意，欲哀公伸威，借问社以进谏。夫子见事势不可妄动，故叠辞以折之，亦危行言孙之意欤？"是苏氏说早已发见其隐，方、刘诸家殆沿苏氏说而推言之耳。简氏谓当时举事不合时宜，其亦即苏氏不可妄动之谓也。

> 宰予昼寝。子曰："朽木不可雕也，粪土之墙不可杇也，于予与何诛？"《公冶篇》

刘氏《正义》引江氏声《论语竢质》曰："《说文》：'昼日之出入，与夜为界，是日出后为昼。'凡人鸡鸣而起，宰我日出后尚寝寐未起，故责之。郑《注》云：'寝，卧息也。盖昼非寝时，故《礼记》言君子不昼居内，若昼居内，虽问疾焉，可也！'《家语·曲礼》篇亦载此言。夫昼居内且不可，矧昼寝耶？"以上见刘氏《正义》。邢《疏》云："腐烂之木，不可雕琢刻画以成器物；粪土之墙，不可杇镘涂塈以成华美。此二者以喻人之学道，当轻尺璧而重寸阴，今乃废惰昼寝，虽欲施功教之，亦终无成也。"

许氏谦《读四书丛说》曰："天地之气，昼夜运行不息，昼阳夜阴，昼舒散，夜收敛。人法天地，故白昼用事，夜则寝卧，收敛神气，以为昼用。盖不收敛，则不能发扬而勤于事为，况在君子，尤不可昏惰。《易》曰'君子终日乾乾'，盖法天道之不息也。"

《论衡·问孔》篇谓："昼寝恶小，朽木粪土败毁不可复成之物，大恶也。责小过以大恶，安能服人？使宰我性不善如朽木粪土，不宜得入孔子之门；使其性善，孔子恶之太甚，过也。以宰我之贤，责以几微，但示其端而已自改，自改不在言之轻重。且昼寝非行恶也，以昼寝而观人善恶，能得其实乎？或其倦极而昼寝，则昼寝是精神索也，何足为诛？"《韩李笔解》："韩曰：'宰予四科十哲，安得有昼寝之责？假或偃息，亦未深诛。'李曰：'以宰予言行，虽昼寝，亦未为太过，使改之可矣。'综观诸说，亦是持平之论。然圣人之学，任重道远，非奋发有为，不足以成大器。陈白沙受学于康斋，一日晏起，康斋即警告之，欲其自强不息也。宰予之昼寝，或不止一次矣。盖昼寝则神气昏惰，容易成为习惯，将俾昼作夜也。若暂为偃息，假寐片时，庸何伤？"皇《疏》引珊琳公云："宰予见时后学之徒将有懈废之心生，故假昼寝以发夫子切磋之教。"范宁曰："宰我者，升堂四科之流，岂不免乎昼寝之咎，以贻朽粪之讥？时无师徒共明劝诱之教，故托夫弊迹，以为发起也。"【按】此皆属回护之词，未足为训。

《韩李笔解》又引他书作别解，云"昼"旧文作"畫"字，云旧文或有所本。李匡义《资暇录》："寝，梁武帝读为寝室之'寝'，'昼'当作'畫'字，言其绘画寝室周密也。"《齐东野语》云："尝见侯白所注《论语》，谓'昼'当作'畫'。"侯白，隋人。二读与旧文合。又李氏联琇《好云楼集》曰："《汉书·扬雄传》：'非木摩而不彫，墙涂而不画，此雄所作《甘泉赋》谏宫观奢泰之事。'暗用《论语》，可证画寝之说，汉儒已有之。"刘氏宝楠曰："春秋时，士大夫多美其居，故土木胜而知氏亡，轮奂颂而文子惧，意宰予画寝亦是其比，夫子因以不可雕不可杇讥之，正指其事。"此则旧文于义亦得通也。

> 子曰："始吾于人也，听其言而信其行；今吾于人也，听其言而观其行。于予与改是。"《公冶篇》，皇、邢二《疏》皆连上文为章。

《逸周书》芮良夫解云："以言取人，人饰其言；以行取人，人竭其行。"《说苑·尊贤》篇曰："夫言者，所以抒其胸而发其情者也，是故先观其言而揆其行。夫以言观其行，虽有奸轨之人，无以逃其情矣。是取人之术，当因言而察其行也。"《大戴礼·五帝德》篇子曰："吾欲以言语取人，于予邪改之；吾欲以貌取人，于师邪—本作'灭明'改之。"凡此诸文，皆可互证。

《集注》曰："宰予能言而行不逮，并引胡氏说，谓宰予不能以志帅气，居然而倦。盖宴安之气胜，儆戒之志惰也。听言观行，圣人不待是而后能，亦非缘此而尽疑学者，特因此立教，以警群弟子，使谨于言而敏于行耳。"

> 宰我问曰:"仁者,虽告之曰'井有仁焉',其从之也?"子曰:"何为其然也?君子可逝也,不可陷也;可欺也,不可罔也。"《雍也篇》

《集注》曰:"身在井上,乃可救井中之人;若从之于井,则不复能救之矣。仁者虽切于救人,然不应如此之愚也。"刘氏《正义》曰:"《孟子》言:'君子可欺以其方,难罔以非其道。'方者,义也,以义责君子,君子必信而从之,然非其道,则难罔之。盖可欺者,仁也;不可罔者,知也。"康氏《注》曰:"圣门好为穷理之学,宰我虑悲悯之窒碍难行,因设难以穷其变,不救人则非仁,救人则丧己,事属两难,天下事如此类者甚多。仁者日事悲悯以救众生,故佛氏有舍身饲鹰虎者,既已为仁,势必至此。惟孔子抉天心,握圣权,乃能断之。孔子以人己同气,义当救人,然必能救己,而后能求人;若先失己,人安能救?故必在井上,乃能救井中之人;若从在井中,同毙何益?仁者虽切于救人,然不可陷,不可罔,盖尚有学焉,故曰'好仁不好学,其蔽也愚'。以仁为主,亦当以智为役也。"

【谨按】宰我之问,实欲设词以推究仁者之措施。孔安国谓欲观仁者忧乐之所在,盖恐人有陷害,未尝忧为仁,有陷害也。康氏所云圣门穷理之学也。《集注》不察,以宰我为信道不笃,而忧为仁之陷害,故有此问。夫宰我信道不笃,在他时或有之,此不然也。故毛氏奇龄驳之。毛说见《四书改错》。

> 宰我问："三年之丧，期已久矣。君子三年不为礼，礼必坏；三年不为乐，乐必崩。旧谷既没，新谷既升，钻燧改火，期已久矣。"子曰："食夫稻，衣夫锦，于女安乎？"曰："安。""女安，则为之！夫君子之居丧，食旨不甘，闻乐不乐，居处不安，故不为也。今女安，则为之。"宰我出，子曰："予之不仁也！子生三年，然后免于父母之怀。夫三年之丧，天下之通丧也。予也有三年之爱于其父母乎？"《阳货篇》

《礼记·三年问》云："凡生天地之间者，有血气之属必有知，有知之属莫不知爱其类；今是大鸟兽则与'若'同义失丧其群匹，越月逾时焉，则必反巡，过其故乡，翔回焉，鸣号焉，蹢躅焉，踟蹰焉，然后乃能去之；小者至于燕雀，犹有啁噍之顷焉，然后乃能去之；故有血气之属者，莫知于人，故人于其亲也，至死不穷。将由夫患邪淫之人与，则彼朝死而夕忘之，然而从之，则是曾鸟兽之不若也，夫焉能相与群居而不乱乎？将由夫修饰之君子与，则三年之丧，二十五月而毕，若驷之过隙，然而遂之，则是无穷也。故先王焉，为之立中制节，一使足以成文理，则释之矣。"【按】此经文足与本章互相发明。

刘氏《正义》曰："三年之丧，当时久已不行，以滕文公之贤，问于孟子，定为三年之丧，而父兄百官皆不欲，且云吾宗国鲁先君莫之行，吾先君亦莫之行。鲁先君则文公以来之谓也。然《檀弓》言子贡、闵子骞皆三年丧毕，见于夫子，是圣门之徒皆能行之。宰我亲闻圣教，以时人欲定亲丧为期，故举以待斥于夫子，其谓君子三年不为礼，礼必坏；三年不为乐，乐必崩。此为古成语，谓人久不为礼乐，则致崩坏，非为居丧者言，而当时短丧者或据此以为口实，故宰我亦直其语，不为隐讳也。"

【谨按】刘说亦本于缪氏播，皇《疏》引缪播云："尔时礼坏乐崩，而三年不行，宰我大惧其往，以为圣人无微旨以戒将来，故假时人之谓，启愤于夫子，义在屈己以明道也。李充云：'宰我言语，列在四科，安有知言之人而发违情犯礼之问？'将以丧礼渐衰，孝道弥薄，故起斯问，以发其责耳。"二说大意相同，皆为宰我回护。梁氏玉绳《论语瞥记》亦采缪说，谓与齐宣王欲短丧不同也。【按】宰我是否屈己明道，虽未可知，而其就商于圣人，不敢自足之心显而易见。自经此一问，得圣人为之论定，后世遂不敢行短丧之制，则此问之大有关于世风可知矣。陈氏澧曰："皇《疏》多引旧说，如季氏富于周公、季氏将伐颛臾、子路使子羔为费宰、宰予昼寝、樊迟请学稼、子华使于齐、子路曰子行三军则谁与及此章，所引皆欲为诸贤回护，其意本甚善，然往往多纡曲难通之处。"

后儒为宰我回护者，不止一家，毛氏奇龄、黄氏式三亦言之。毛氏曰："丧致乎哀，则期亦匪易也。宰我之问，为真能居丧者言，亦仁人不过乎物，孝子不过乎物之意，原未可轻诟厉者，况其言有本，《礼》曰：'三年之丧，再期之丧。'至亲以期为断，天地则已易矣，四时则已变矣，其在天地之中者，莫不更始焉。然而必三年者，加隆焉尔，惟加隆，故再期也。语见《礼·三年问》。则是先王制礼，原只以期年而推进之，宰我之说，实本诸此。"毛说见《四书改错》。黄氏曰："考墨子之治丧，以薄为其道，其书有《节葬篇》，谓三年之丧为败男女之交，故庄子称其生不歌，死无服，韩非子亦称墨子之葬，桐棺三寸，服丧三月，而尸子直称禹制三月之丧，世遂谓墨子之学出于禹。然则春秋时不行三年之丧，必有援墨氏以自文者。司马迁曰墨翟宋大夫，并孔子时，或曰在其后。"【今按】季康子之母死，公输般请以机对，墨与般同时，康子与孔子同时，则史迁所称并孔子时者信矣。孔子时，墨氏之教已萌，故后世并称孔墨，其服丧三月之说便于时俗，而时人酌之为期，方谓较墨者从厚，宰我闻其言，必有不慊于心者，故举以问，欲以博圣人之论定欤？

康氏《注》曰："今欧、美、日本人于父母皆期丧周时，或行期丧，故宰我以为旧制期已可矣，乃与孔子商略之词，孔子所以发明必须三年之意者，盖昊天罔极之恩，终身无以报之，然送死有时，复生有节，初生三年之时，抚育顾复，备极劬劳，必历三年，而后免于父母之怀，则当如期以报之也。今鸟兽之失群匹，犹必踯躅鸣号，越月逾旬而后能已，况于人性之灵而父母之恩哉？故其哀思之切，发于不忍之良，而于境物之美，自有不安之意。盖本人情以制礼，非勉强为之也。自孔门推行三年丧制于天下，至晋武帝乃为定制，迄今二千余年，遂为通制，然三年者，实二年，《礼记·三年问》曰：'三年之丧，二十五月而毕。'又曰：'正与使倍之，故再期也。'盖再期二十四月而大祥，祥而鼓素琴，丧已解矣。中月而禫，于是月之中行禫祭而服毕矣。"郑文谓中月为中隔一月，为二十七月，今用之则误也。

考宰我言行，《礼记》及《大戴礼》《家语》《说苑》《孔丛子》《冲波传》《盐铁论》皆有纪载，大抵好问鬼神生死及丧祭等事，孟子言其智足以知圣人，然则非但以言语见长也。四科之中，宰我与子贡并列，其亦圣门高弟欤？惟以赋性率直，涵养功疏，往往口无择言，辄为孔子所斥责，是则其长处在言语，其见短处亦在言语也，言可不慎乎！

《史记·弟子传》载："宰我事齐为临淄大夫，与田常作乱，以夷其族，孔子耻之。"《盐铁论》云："宰我秉笔，有宠于齐，田常作乱，道不行，身死庭中。"据此则与《史记》所载异矣。此则事关名节，不可不辨，据《说苑》云："田成子常与宰我争，宰我夜伏卒，将以攻田成子，令于卒中曰'不见旌节，毋起'。鸱夷子皮闻之，以告田成子，因为旌节，以起宰我之卒而攻之，遂残之也。"马氏骕曰："据此则宰我不党于田常矣。"语见《绎史》。苏氏《志林》曰："李斯上书谏二世，其略曰田常为简公臣，布惠施德，阴取齐国，杀宰予于庭，是则宰予不党田常，反为常所杀也。《弟子传》说宰予与田常作乱，使先师之门，乃有叛臣，岂非千载之惑？"宋氏翔凤《过庭录》曰："田常杀阚止，弑简公，其族盛强，使宰我与之作乱，何至反灭其族？"

【按】苏、宋二说是已，然以为宰我即阚止，则误也。

《史记索隐》曰："《左氏传》无宰我与田常作乱之文，而有阚止，字子我，因争宠，遂为陈恒即田常所杀，恐其字与宰我相涉，因误云。然若是，则与田常争宠之'子我'别为一人，是谓'子我'而非'宰我'也。"崔氏述曰："《左传》所记简公之世，只有陈、阚二人共政以致相争，《史记》谓与田常作乱者，即谓与田常相争也，而措词不审，遂若党于陈恒者然，而阚我自名止，宰我自名予，安得遂以为一人？使宰予果有此事，《左传》何以无一语及之？《索隐》之说是也。"

周氏秉中《四书典故辨正》曰："此事有一大佐证，而昔人未之及者。

【按】《左传·哀公五年》，齐公子阳生奔鲁。六年，陈乞使召阳生，阚止知之，待诸外。公子曰：'事未可知，反与壬也，处阳生遂至齐，陈乞立之，是为悼公。'十年，悼公卒，子简公壬立。简公之在鲁也，阚止有宠焉，及即位，使为政。十四年陈恒杀子我，而弑简公。【按】《史记》孔子陈、蔡之危，宰我与焉。子西曰'王之官尹，有如宰予者乎？'此哀公六年事也。是年宰予从孔子于陈、蔡，不在鲁，安得有先待阳生反与壬处之事？则阚止之非宰我，不待辨而明矣。"

高柴

《史记》："高柴，字子羔，少孔子三十岁。"《家语》作"子高"，"少孔子四十岁"。《礼记》作"子皋"；《左传》作"季羔"。郑《目录》曰："卫人。"《家语》作"齐人"。未知孰是。

子羔之执亲丧，泣血三年，未尝见齿，是心弗忘亲孝也。及为成宰成人，不敢不为其兄服衰，是教民以义，礼也。为邑宰时，葬其妻而犯人之禾，不偿以值，曰恐此后之难继，是明于治体，智也。俱见《檀弓》。为政而刖人之足，刖者非惟不敢修怨，反因脱子羔之危。见《家语·致思》篇。是树德获报，仁也。事见《家语》及《说苑》。若是，则子羔才德堪为邑宰也。乃子路使子羔为费宰，夫子以为"贼夫人之子"，曷故？曰此当是子羔年少学未成熟之时，故云然尔。若子羔为成宰，则在其学优之时矣。吴氏英曰："子路使子羔时，必其年尚未弱冠，或仅当弱冠时。《弟子传》谓'少孔子三十岁'，固为合者，乃《家语》改为四十岁，则于使为宰时，仅舞勺之年尔，不足信也。"今述高柴言行凡二条。

柴也愚。《先进篇》

《集注》曰："愚者，知不足而厚有余。《家语》记其'足不履影，启蛰不杀，方长不折；执亲之丧，泣血三年，未尝见齿。避难而行，不径不窦。'可以见其为人矣。"简氏《述疏》曰："'好仁不好学，其蔽也愚。'故曰'愚者','知不足而厚有余'。然《中庸》言：'博学、审问、慎思、明辨、笃行，虽愚必明。'考《檀弓》云：'成人有其兄死而不为衰者，闻子皋将为成宰，遂为衰。'此其愚而明者之能以孝感也。《檀弓》又云：'子皋葬其妻，犯人之禾，申祥以告曰："请庚之。"子皋曰："孟氏不以是罪予，朋友不以是弃予，以吾为邑长于斯也。"买道而葬，后难继也。'此亦其明矣，岂尚愚耶？"

刘氏《正义》曰："夫子评论四子，柴愚，参鲁，师辟，由喭，窃谓愚与鲁近狷，辟与喭近狂，其后四子德成学立，故子贡答卫将军文子，咸称其美行矣。"

> 子路使子羔为费宰，子曰："贼夫人之子。"子路曰："有民人焉，有社稷焉，何必读书然后为学？"子曰："是故恶夫佞者。"《先进篇》

《左传》："子皮欲使尹何为邑，子产曰：'未知可否。'子皮曰：'愿，吾爱之，不吾叛也。使夫往而学焉，夫亦愈知治矣。'子产曰：'不可。人之爱人，求利之也。今吾子爱人则以政。犹未能操刀而使割也，其伤实多。子之爱人，伤之而已，其谁敢求爱于子？侨闻学而后入政，未闻以政学也。若果行此，必有所害。'"【按】子产言与夫子语意相同。

《朱子大全集·答陈明仲书》曰："子路非谓不学而可为政，但谓为学不必读书耳。上古未有文字，固无书可读，但圣贤有作则道之，载于经者详矣。舍是不求而欲以政，学既失之矣，况以责之中材之人乎？子路本意未必及此，但因夫子之言，而强以此自解耳。"张氏栻曰："学虽不独在书籍之间，然必多识前言往行，以畜其德，德立于己，而后可言，无适而非学也。如子路之言，将使学者以聪明为可恃，而无复敦笃潜咏之功，甚至于废书而任意，则其弊有不可胜言矣。"康氏《注》曰："治民之法，虽贵于阅历，尤先本于读书，必于政治之学，讲求已深，然后可出而任政。若未尝考古今治法，但资目前阅历，则必为俗吏，甚且害民矣。"《韩诗外传》："哀公问于子夏曰：'必学而后安国保民乎？'子夏曰：'不学而安国保民，未之闻也。'记者述之以明，学优乃仕，为定义也。"刘氏《正义》曰："《史记·弟子传》作'使子羔为费郈宰'论《衡艺增》篇'子路使子羔为郈宰'，是一以为'费郈'，一以为'郈'，无单言'费'者，与《论语》所记不同也。戴氏望谓《史记》'费'字疑为后人所增益，当是子路以堕郈后不可无良宰，故欲任子羔治之。然《论语集解》不释'郈'，包、周、马、郑诸家所据本皆作'费'，岂当时已文误，而莫之能正耶？所当阙疑者。"

【按】孙志祖《读书脞录》曰："左氏《定十二年·传》：'仲由为季氏宰，将堕三都，于是叔孙氏堕郈季氏堕费子路之使。'子羔当在此时或费或郈，择一使之。故《史记》并书之也。"孙说未审确否，录之以备参证。

【谨按】考子羔事迹，见于《论语》者只此。《礼记》《左传》《家语》《说苑》《韩非子》等书，颇有记述子羔，盖谨愿人也，在圣门中学力不及漆雕刻开，而游、夏更无论矣。持躬不及原宪，而冉、闵更无论矣。才略不及子贱，而由、求更无论矣。《史记》载"子羔为费郈宰"，《家语》谓其"仕为武城宰"，是仕于鲁也。《家语》暨《说苑》又载"子羔为政刖人足"，《韩非子》谓"孔子相卫，子羔为狱吏"，是仕于卫也。然则子羔未尝不仕，特其仕在中年学成之后耳。

樊须

《史记》："樊须，字子迟，少孔子三十六岁。"《家语》作"少孔子四十六岁"，《家语》及《左传》杜注并云："鲁人。"郑《目录》曰："齐人。"

孔门弟子问仁凡有六人，曰颜渊，曰仲弓，曰子贡，曰子张，曰樊迟，曰司马牛，而樊迟则三问仁，而两问知。夫子告樊迟之问仁，一则曰"先难后获"；再则曰"爱人"；三则曰"居处恭，执事敬，与人忠"。皆就仁之切近者言。盖樊迟钝根人也，语以"无违"，则曰"何谓"；告以"爱人"，又未能达其钝也。钝则不能顿悟，而志气易流于龌龊，于是不问苍生而问鬼神矣；不学安上治民之礼，而学老农老圃矣。惟教以切近而易行者，使其致谨于伦常日用之间，无望其速成无期乎近效，极困知勉行之功，庶可闻大道之旨归也。夫子之所以告之者，其理不外乎此。果能敬以持己爱以及物知之明，而处之当，则日用间莫非天理之流行矣。仁道又岂有他术哉？今述樊须言行 凡六条。

> **孟懿子问孝。子曰："无违。"樊迟御，子告之曰："孟孙问孝于我，我对曰'无违'。"樊迟曰："何谓也？"子曰："生，事之以礼，死；葬之以礼，祭之以礼。"**《为政篇》

邢《疏》云："生事之以礼，谓冬温夏清，昏定晨省之属也。死葬之以礼，谓为棺椁衣衾而举之，卜其宅兆而安厝之之属也。祭之以礼，谓春秋祭祀以时思之，陈其簠簋而哀戚之之属也。不违此礼，是无违之理也。不即告孟孙者，初时意在简略，欲使思而得之。必告樊迟者，恐孟孙以从父令是无违，故既与别后告于樊迟，将使复告孟孙也。"康氏《注》曰："《孝经》特发从父令，未得为孝之义，盖生则几谏，死则干蛊，故事亲只当从礼，大孝在论义，乱命不可从，而父道可以改也。盖人道以公理为归，虽父母之尊亲，亦不能违公理，而乱从之也。"

皇《疏》引卫瓘说，谓："孔子不即告孟孙，乃独告樊迟者，旧说谓樊迟与孟孙狎，必问之也；一云孟孙问时，樊迟在侧，孔子知孟孙不晓，必问樊迟，故于樊迟御时而告之。愚谓樊迟与孟孙同门，素所亲昵。孟孙不列于《弟子传》者，已于南容篇发其义。孔子恐孟孙未达其意，又不能问。适樊迟为御，因告之以发明本旨。《孟子·庄暴》章，恐庄暴误会好乐之义，乃向齐王申言之，亦即此意。然孔子当时但言无违，不言无违于礼，亦颇令人索解。故樊迟尚未明其旨。"王充曰："孝子亦当先意承志，不当违亲之欲，但言无违，独不嫌于无违志乎？设若樊迟不问，则无违之旨究不可知也。"王说见《论衡·问孔》篇。【按】《论语》所记，其中须研求而后能明其义，如此章之类者尚多，故王充著《问孔》篇以申论之。

方氏观旭《论语偶记》曰："《檀弓》云：'三家视桓楹是葬，僭礼也。'《八佾篇》'三家者以雍彻',是祭僭礼也。惟是懿子之父仲孙貜,《春秋》书卒在昭公十四年,《史记·弟子传》'迟少孔子三十六岁',然则貜卒时迟尚未生。今夫子于樊,迟御而告以生事之礼,欲其转告懿子,意懿子当时或尚有母在欤?"

> 樊迟问知。子曰:"务民之义,敬鬼神而远之,可谓知矣。"问仁,子曰:"仁者先难而后获,可谓仁矣。"《雍也篇》

《集注》曰:"专用力于人道之所宜,而不惑于鬼神之不可知,知者之事也。先其事之所难,而后其效之所得,仁者之心也。"刘氏《正义》曰:"此文论仁,知皆居位临民之事,意樊迟时或出仕也,世衰则神教兴,其始亦以祸福示戒,而终必归于渎祀,以长其诒慢之罪。春秋时如黄能实沈多非礼之祀,在上者僭越无等,在下者习于风俗,竞为祈禳,而不知所惩究之,获罪鬼神,莫能邀福,斯惑之甚者矣。惟知敬远之义,则吉凶顺逆皆可顺受其正,修其在己,而不为无妄之求,斯可谓知矣。"康氏《注》曰:"古者好事鬼神,孔子乃专务民义,于古之多神教扫除殆尽,中国之不为印度,不曰事鬼,而专言人道,皆孔子之功也。然高谈不迷信者,即拂去一切,则愚。回述孔子之言曰:'言人之恶,非所以美己;言人之枉,非所以正己。故君子攻其恶,无攻人之恶。'《荀子》云:'斗者忘其身也,忘其亲也,行其少顷之志,而丧终身之躯,然且为之,是忘其身也。室家立残,亲戚不免乎刑戮,然且为之,是忘其亲也。'"以上所言皆与本章之义相发。《集注》谓樊迟粗鄙近利,故告之,以此救其失。窃以为不然,岂独樊迟易犯此病?孔子此言,实天下人之药石也。《学记》云:"君子之于学也,藏焉,修焉,息焉,游焉。今樊迟之问,即游焉者,而不忘学矣。故孔子称之曰善哉,不得以粗鄙近利议之也。"张氏栻曰:"樊迟之在圣门,虽资质稍钝,然亦务实者,故凡樊迟之所疑者在,他人则忽之矣,惟其于师友之际问辨不置,亦可以见其切己之学矣。"

刘氏逢禄《论语述何》曰:"《春秋》:'上辛,大雩。季辛,又雩。'《传》曰：'又雩者，非雩也，聚以逐季氏也。'樊迟欲究昭公丧乱之由，而言不迫切，故夫子特善之。夫先尽君道，而臣自正，昭之失民失政久矣，骤欲得之，可乎？子家驹言诸侯僭天子，大夫僭诸侯，公曰：吾何僭！是知人之恶，而不知己之恶也。至不忍一朝之忿，而身不容于齐晋，辱及宗庙，则惑之甚矣。"宋氏翔凤《四书发微》曰："此当是孔子自卫反鲁，由后追前之言。时哀公亦欲去季氏，故举昭公前事以危之。"【按】《论衡·明雩》篇谓："樊迟从游，感雩而问，刺鲁不能崇德而徒雩也。"刘宋两家之说本此，戴氏望《论语注》亦同此义，今姑存之，别作一解。

> 樊迟问仁，子曰："爱人。"问知，子曰："知人。"樊迟未达，子曰："举直错诸枉，能使枉者直。"樊迟退，见子夏曰："乡也吾见夫子而问知，子曰：'举直错诸枉，能使枉者直。'何谓也？"子夏曰："富哉言乎！舜有天下，选于众，举皋陶，不仁者远矣。汤有天下，选于众，举伊尹，不仁者远矣。"《颜渊篇》

《集注》引曾氏几曰："迟之意，盖以爱欲其周，而知有所择，故疑二者之相悖。曾氏语。然举直错枉，知也。使枉者直，则仁矣。如此不惟不相悖，而反相为用。子夏盖有以知夫子之兼仁知而言矣。"

刘氏《正义》曰："《左传·宣十六年》：'晋侯请于王，以黻冕命士会将中军，且为太傅，于是晋国之盗逃奔于秦。羊舌职曰："吾闻之：禹称称，举也善人，不善者远，此之谓也。"'《汉书·刘向传》向上封事曰：'贤人在位，则引其类而聚之于朝；在下位，则思与其类俱进。故汤用伊尹，不仁者远，而众贤者至。'又《汉书·王吉传》云：'舜汤举皋陶、伊尹，不仁者远。'今俗吏得任子弟，率多骄骜，不通古今，无益于民，此《伐檀》所为作也，宜明选求贤，除任子令，斯选于众，不由世族也，是《春秋》讥世卿之义。盖卿大夫世袭，则选举之法不行，子夏述舜举皋陶，汤举伊尹，皆不以世而以贤，所以明大法也。"

《大戴礼·王言》篇孔子曰："仁者莫大于爱人，知者莫大于知贤。"

《荀子·君道》篇子贡对夫子问曰："知者知人，仁者爱人。"是爱人、知人，为仁、知之大用。《书·皋陶谟》曰："在知人，在安民。"禹赞斯谟曰："知人则哲，能官人；安民则惠，黎民怀之，能哲而惠，何忧乎欢兜，何迁乎有苗。何畏乎巧言令色孔壬？"故尧用皋陶，则不仁者远矣，是知以成仁也。《孟子》曰："知者无不知也，当务之为急；仁者无不爱也，急亲贤之为务。"盖能亲贤即能知人，能亲贤即能安民。故包《注》云："举正直之人用之，废置邪枉之人，则皆化为直是也。"仁与知虽不同，而义实相成。郑氏汝谐曰："选众而举贤，知也。举贤而使不贤者远，仁也。仁知异名而同归也。"郑说见《论语意原》。樊迟未达，是不明仁知相须为用之理耳。

> **樊迟请学稼，子曰："吾不如老农。"请学为圃，子曰："吾不如老圃。"樊迟出，子曰："小人哉！樊须也。上好礼则民莫敢不敬，上好义则民莫敢不服，上好信则民莫敢不用，情夫如是，则四方之民襁负其子而至矣，焉用稼！"**《子路篇》

《集注》引杨氏时曰："樊迟游圣人之门而问稼圃，志则陋矣，辞而辟之可也。待其出而后言其非，何也？盖于其问而自谓农圃之不如，则拒之者至矣，及其既出则惧终不喻，将求老农老圃而学，则所愈远矣，故复言之。"

刘氏《正义》曰："春秋时世卿持禄废选举之务，贤者多不在位，无所得禄，故樊迟请夫子学稼学圃，盖讽子以隐也。"皇《疏》引李充云："樊迟虽非入室之流，然亦从游侍侧，且圣教殷勤，谓谋道不谋食。"又曰："耕也，馁在其中。学也，禄在其中。而迟亲禀明诲，乃咨稼圃，何哉？盖迟之斯问，将必有由，亦如宰我问丧之谓也。"

毛氏奇龄曰："迟思以学稼教民，盖惧末治文胜，直欲以本治治天下，一返稼穑，教民之始，惜其行近于农人 小人即农人且思以身教，故夫子自谓不如农人，而以君民相感三大端教之，盖好礼、义、信，则用大，学稼则用小，然不得如杨氏所云，斥为陋志也。"康氏《注》曰："老农老圃皆专门种植之学，有心得，有经验，有传方，虽以圣人之智，而专门之学，必当问之专门技师，此但因樊迟欲洁身忘世，故以学道化民进之，盖圣人胞与为心也。然此为樊迟言之耳，若举世之人，安得尽为大人之学？且学为农林专门，未尝不善，更兼以礼义信，则为伊尹、诸葛之躬耕，岂非孔子所深许乎？"

【谨按】夫子于语樊迟后提出礼、义、信三大端，就为治化民立论，则迟之学稼学圃，或因中国以农立国，欲提倡重农学说以治天下，未必如长沮、桀溺之遁世耕植也。朱鹿田谓迟思以稼穑治民，即毛氏奇龄所言之意，亦如包咸《注》所云迟将用稼以教民也。迟以为世好文治，民不信从，不如以本治治之是也。《书·无逸》曰："则知小人之依。"高宗与农人习处，曰"爰暨小人"。《孟子》曰："有大人之事，有小人之事。"小人者，细民之谓，杨氏以孔子称曰"小人"，遂斥迟为陋志，过矣。

> 樊迟问仁。子曰："居处恭，执事敬，与人忠，虽之夷狄不可弃也。"《子路篇》

程子明道曰："'居处恭'三句，是彻上彻下语。"程子伊川曰："学者须敬守此心，栽培深厚，涵泳于其间，然后可以自得。"朱子曰："'告樊迟'三语，便与'告颜回仲弓'都无异。"蔡氏节曰："'居处恭，执事敬，与人忠'，则心无乎不在也。造次颠沛必于是，无少间断，则仁在其中矣。"康氏《注》曰："三者皆行己接物之公理也，公理既备，则不徒在礼义文明之邦人皆尊信，即在夷狄野蛮之国，公理不废，亦必不见弃也。仁本为公理，人能尽公理者，无在而不可行矣。"

孔子语子张曰："言忠信，行笃敬，虽蛮貊之邦行矣。言不忠信，行不笃敬，虽州里行乎哉？"其与告樊迟之说略同。盖东海、西海之人，此心同，此理亦同，以己心理而度人之心理，无不同也。故曰："忠恕违道不远。"夫"居处恭，执事敬，与人忠"，一诚为之也。诚则天理常存，而人欲不足以扰之。惟诚而后能敬，能诚则居处无不恭，执事无不敬，与人无不忠。《经》曰："修己以敬。"则可以安人，安百姓，是故君子笃恭而天下平。

【谨按】考樊迟言行，《左传》《家语》略有纪载，而《论语》特详。樊迟生质虽钝，而能好问，既问于师，复质诸友，不惮反覆推究，以明其理，务得其实如此，则虽愚必明矣。且当仕于季氏，伐齐有功。见左氏《哀十一年·传》。其壮志可嘉也。朱子以为粗鄙近利，杨氏斥为志陋，岂笃论哉？

毛氏奇龄曰："《论语》问仁者颜渊、仲弓、子贡、子张、司马牛、樊迟凡六人，问崇德辨惑者，子张、樊迟二人，问知者无有也。两问知，三问仁者，更无有也。惟樊迟能之，可谓切实为己，圣门之高第，是不可多得者也。乃《集注》云'粗鄙近利'，《语类》云'鄙俗粗暴'，何为也？"尹和靖曰："学者之问也，不独欲闻其说，又必欲知其方，不独欲知其方，又必欲为其事。如樊迟之于仁知，既问于师，又辨诸友，当时学者之精密如此，则未尝粗暴也。若以其曾请学稼故，则邢昺云迟请学播种之法，欲以教民也。"谢上蔡曰："迟学稼圃将以为民，非役志于自殖财货，则未尝近利也。若以夫子称为小人而疑之，则朱氏亦云小人谓细民，非与君子相反之小人，明矣。"李璨曰："樊迟在圣门最有名字，其见于《鲁论》者亦甚精密。且儒者难于事功，迟独能用命以退齐师，三刻逾沟，从容成事，有何粗暴？况义利之辨，直君子小人所分途，会圣门诸贤了无实据，而可以'近利'二字凿指之耶？"

卷十五终　门人吕灿铭校字

卷十六 公冶长 颜无繇 巫马施 申枨 司马耕

卷十六　公冶长　颜无繇　司马耕　巫马施　申枨

公冶长

《史记》："公冶长，字子长，齐人。"《家语》作"鲁人，名苌，字子长。为人能忍耻"。一本云"名芝，字子长"。孔安国亦作"鲁人"。范宁云："长，字子芝。"诸说不一，当以《史传》为正。

子产铸《刑书》而叔向责之，赵鞅刑鼎而仲尼讥之。孔子语子路曰："礼乐不兴，则刑罚不中。刑罚不中，则民无所措手足。"其于公冶长则曰："可妻也。虽在缧绁之中，非其罪也。"相提并观，以公冶长之贤，不免在于缧绁，则春秋时刑罚之滥可想而知矣。范氏宁曰："公冶行正获罪，罪非其罪也。孔子以女妻之，将以大明衰世用刑之枉滥，劝将来守正之人也，其洵然欤。"余考《家语》谓公冶长能忍耻，故孔子妻之以女，夫能忍耻而后可以雪耻，若一朝之忿忘其身，以及其亲，则惑矣。昔者曹沫卒复鲁国之仇，范蠡终报会稽之辱，惟其不轻举妄动，然后能建立事功，故曰："忍克有济。"此非大勇之人乎？若公冶长者，其事业虽无所表见，而当其困于缧绁丧失自由之时，犹复坚忍自守，不肯甘心屈辱，于是皎皎之操行，终以大白于天下，则其志气之沉毅，魄力之坚定，诚能过人远矣。孔子取之，盖有由也。今述公冶长言行凡一条。

> 子谓公冶长："可妻也。虽在缧绁之中，非其罪也。"以其子妻之。
>
> 《公冶篇》

《海录》载，公冶长能"辨鸟雀语，云'嗒嗒啧啧'。白莲水边，有车覆粟，车脚沦泥，犊牛折角，收之不尽，相呼共啄，人验之果然"。又《留青日札》云："公冶长贫而闲居，无以给食，有雀鸣其舍，呼之曰：'公冶长，公冶长，南山有个虎驮羊，你食肉，我食肠，当亟取之勿彷徨。'子长如其言往取食之，及亡羊者迹之，得其角，以为偷也，讼之鲁君，逮系之狱，于是孔子叹曰：'虽在缧绁之中，非其罪也。'未几雀复飞于狱舍曰：'公冶长，公冶长，齐人出师侵我疆，沂水上峄山旁，当亟御之勿彷徨。'子长介狱吏白之鲁君，不信，姑如其言，往迹之，则齐师果将及矣。急发兵应敌，遂获大胜。因释公冶长而厚赐之，欲爵为大夫。辞不受，盖耻因禽语以得禄也。"

王氏夫之《论语稗疏》曰："公冶鸟语、闵子芦花说皆猥鄙，盖因《论语》有'非其罪'也，及孝哉之叹，遂傅会成诬矣。"沈佺期诗曰："不如黄雀语，能雪冶长猜。"则妖妄之传自唐已然矣。沈诗，杨用修作宋之问诗，见《搜采异闻记》。【按】王氏所云以解鸟语之说为伪也，然皇《疏》引别书名《论释》者，称公冶长解禽语，食死人肉，致被疑为杀人，因以系狱。其事与《留青日札》不同，邢《疏》斥为不经。皇侃则疑或有是事，以其为古旧相传者也。《论释》云："公冶长从卫还鲁，至界上，闻鸟相呼往清溪，食死人肉。须臾见一老姬当道而哭，冶长问之，姬曰：'儿前日出行，于今不返，当是已死，不知所在。'冶长曰：'向闻鸟相呼，往清溪食肉，恐是姬儿也。'姬往看，得其儿，已死。姬告村司，村司问姬从何知之，姬曰：'见冶长道如此。'村司曰：'冶长不杀人，何缘知之？'乃囚冶长付狱主，问冶长何以杀人，冶长曰：'解鸟语，非杀人。'主曰：'当试之。'冶长在狱六十日，卒日有雀缘狱栅上相呼，冶长含笑，吏启主冶长笑雀语，是似解鸟语。主教问冶长雀何所道而笑之，冶长曰：'雀鸣啧啧，白丽水边有车翻覆黍粟，牡牛折角，收敛不尽，相呼往啄。'狱主遣人往看，果如其言，于是得放。"此出杂书也。

若《史记》载秦仲知百鸟音，与之语，皆应。《论衡》云广汉阳翁伟能听百鸟音，此实奇事，诸书所载冶长事虽似不经，然解鸟语则古时已有之。刘氏正义曰："《周·官》：'夷隶掌与鸟言，貉隶掌与兽言。'则冶长解鸟语，容或有之，谓因此获罪，恐近于傅会耳。"简氏《述疏》曰："考《僖二十九年·左传》云：'介葛卢闻牛鸣，曰："是生三牺，皆用之矣，其音云。"问之，而信。'《左传》贾服说云：'伯益明是术，故尧舜使掌朕虞。'又：'魏管辂听鸟言而言事。'《三国志》称其验矣。是古有是术，特不传耳，据上两说则冶长之事未可尽以为小说俚语而疑之。至于《家语·颜回》篇谓颜回闻桓山之鸟悲鸣，而知其子将分散于四海，谓其往而不返也，窃以音类知之。孔子曰：'回也善于识音矣。'是以回亦能知鸟语也，然此实傅会之词，与冶长事不同。"

【谨按】考公冶长言行，他书罕有记载。《家语》亦甚简略，《留青日札》及《海录》记其解鸟语事，或以为小说家言。崔氏《考信录》曰："使长果因食肉而陷于罪，是以口腹，故而取非其有也，虽非盗窃，亦不得为无罪，孔子何得谓之非其罪乎？"崔说是也。故谓冶长解鸟语则可信，谓其因此而得灾则不可信。《论语》所载似较《留青日札》为近是。

张华云公冶长墓在阳城姑幕城东南五里，基极高。邢《疏》亦引张说。潘氏维城曰："《后汉·郡国志》'琅琊国姑幕县'注引《博物记》云：'淮水入城东南五里有公冶长墓。'【按】《汉·地理志》'琅琊郡姑幕'注，或曰'薄姑'，应劭曰'薄姑'，亦作'蒲姑'。蒲、薄一声之转也。《左氏昭九年传》《正义》引服虔云：'蒲姑，齐地，长墓在齐地，当为齐人也。'而孔注及王肃、《家语》并以为'鲁人'，范宁、杜预则以为鲁公族，非也。"

颜无繇

《史记》："颜无繇，字路，颜回父。"《家语》作"颜繇"，云："少孔子六岁，孔子始教于阙里而受学焉。"

孔门弟子年最长者莫如秦商，《家语》谓秦商少孔子四岁，然名字不见于《论语》，其弟子之见于《论语》者，当以颜路年最长。《家语》谓其少孔子六岁，比子路尚长三岁也。《史记》谓子路少孔子九岁。他如曾点《史记》《家语》皆不著其年，然点为曾参父，《论语》记子路、曾皙、冉有、公西华侍坐，则其年当在子路之次冉耕《史记》《家语》亦不著其年，然《论衡》谓伯牛为仲弓父，则其年可知矣漆雕开《家语》谓其少孔子十一岁有若《史记》谓其少孔子十三岁《闵损》《史记》谓其少孔子十五岁在孔门中皆以年长著称，而子张《史记》谓其少孔子四十八岁子贱《家语》谓其少孔子四十九岁曾子《史记》谓其少孔子四十六岁子游《史记》谓其少孔子四十五岁子夏《史记》谓其少孔子四十四岁子华《史记》谓其少孔子四十二岁子羔《家语》谓其少孔子四十岁樊迟《家语》谓其少孔子四十六岁辈年最少冉有《史记》为其少孔子二十九岁仲弓《史记》谓其少孔子二十九岁颜渊《史记》谓其少孔子三十岁子贡《史记》谓其少孔子三十一岁原宪《家语》谓其少孔子三十六岁之数子者，其年岁若是班然，盖比闵损等为少而必子游、子张等，则为长也。宰我、公冶长、南宫括、司马牛、申枨五人，其年不见于传记，《史记》于有若则云少孔子十三岁，《家语》谓少孔子三十六岁，相差甚远。今以《孟子》考之，孔子没后，子夏、子游、子张皆欲尊师，有若则不惟师其德，当时亦必齿德俱尊，列在行辈之右矣。颜路事迹，除请车外无所表见，爰叙其年齿，并及诸子之年，为排比之，使资考证焉。简氏朝亮曰："《史记·弟子列传》其末云：'弟子籍，出孔氏古文近是。'又云：'自子石以右三十五人，颇有年名，及受业闻见于书传。'曰'近是'、曰'颇有'，则其名亦未可执焉。"今述颜无繇言行凡一条。

> **颜渊死，颜路请子之车以为之椁。子曰："才不才，亦各言其子也。鲤也死，有棺而无椁，吾不徒行以为之椁，以吾从大夫之后，不可徒行也。"**《先进篇》，原文并解义已录入颜子言行卷内。

《家语·弟子解》谓孔子始教于阙里，而颜路受学阎氏。《四书释地》谓"阙里"二字误当作"闾里"，其言曰："《家语》于颜路称孔子始教于'阙里'而受学。朱子《集注》删去'阙里'二字，盖孔子时无'阙里'之名，'阙里'始见于《汉书·梅福传》，在汉后方盛称之，盖缘鲁恭王徙鲁于孔子所居之里,造宫室有双阙焉,人因名孔子居曰'阙里'。一征诸《水经注》,谓孔庙东南五里步有双石阙;一征于史晨飨孔庙后碑,以今日拜阙孔子,望见阙观式路虔跽云云是也。"又曰"旋读宋版王肃注本《七十二弟子解》曰:'颜繇,回父,字季路,孔子始教于间里而受学。'乃是'间'字,非'阙'字,尤足征孔子时断无'阙里'之名也。"《四书释地又续》。

【谨按】考颜路事迹寥寥,《论语》外,他书罕有纪载。王充《论衡》谓:"鲧恶禹圣,叟顽舜神,颜路庸固,回杰超伦,盖颜路之在圣门无所表见,殆附骥尾而名益彰耳。"其封赠典礼,《阙里志》载之特详,云:"唐开元二十七年赠颜无繇杞伯,宋真宗大中祥符元年,封颜子父为曲阜侯。金世宗大定四年,诏以曲阜侯七旒七章。元顺帝元统三年,改曲阜侯,冕服,九旒九章。明嘉靖九年,令天下学校别立启圣祠以颜子父无繇,与曾点、伯鱼、孟孙氏配。"据此亦可谓尊崇之至矣。

司马耕

《史记》:"司马耕,字子牛,多言而躁。"皇《疏》作"司马犁",《家语》作"司马黎耕",孔安国曰:"宋人。"

司马牛之为人,悃款多而忧虑深,亢直过而性气急。惟其多于悃款,遂不免忧虑深,故见于颜色,恒有悲不自胜之容;惟其过于亢直,遂不免性气急,故发诸言论,常有急不暇择之弊。夫子告以"不忧不惧",又曰:"仁者其言也,讱所以箴其短,而欲进之也。"夫司马牛,贤者也,其行事虽不概见,然余考《左传》所载其兄向魋作乱,子颀、子车皆牛兄弟,而党于魋。牛兄弟五人,一左师向巢;二魋、三子颀、四子车、五牛,究其次序亦未详审。向魋攻宋不克,奔曹奔卫,后复奔齐,夫牛始恶其兄之为乱,故避而之齐,盖义不欲与叛人同国也。未既魋复之齐,而牛乃适吴,吴人不察,恶魋及牛,牛遂反而之鲁,竟卒于鲁郭门之外。当其去宋适齐,仓皇出国,流离转徙,踽踽独行,有兄不如无兄,有弟不如无弟,穷愁莫语,悲愤填胸,实不胜伦常骨肉之忧，天涯沦落之。然而恩以义断，久已痛不欲生，纵令客死他邦，决不随叛逆同污秽，宁能以身之察察，受物之汶汶者乎！其坚忍卓绝之操，与夫耿耿之孤忠，足以动天地而泣鬼神者矣。余读史至其身死郭门，邱与涂殡，不禁流连感想，为之掩卷而长叹也。今述司马耕言行凡三条。

> 司马牛问仁。子曰："仁者，其言也讱。"曰："其言也讱，斯谓之仁矣乎？"子曰："为之难，言之得无讱乎？"《颜渊篇》

皇《疏》引江熙云："《礼记》言：'仁之为器，重其为道远。举者莫能胜也，行者莫能致也。'勉于仁者，不亦难乎？夫易言仁者，不行之者也行仁；然后知勉仁为难，故不能轻言之也。"王氏弼曰："情发于言，志浅则言疏，思深则言讱。"

【谨按】江、王二氏皆以仁者不轻言仁，盖仁者之言，不肯丝毫苟且。朱子谓仁者心存而不放，故事不苟，事不苟，故其言自有不得而易者，非谓强闭之而不出也。《经》云："君子欲讷其言。"又云："木讷近仁。"木讷正与巧言令色相反，知巧言令色之鲜仁，则知木讷之近仁矣。《经》又云："堂堂乎张也，难与并为仁。"堂堂，谓其心有外驰也，木讷则心不外驰，知堂堂之难与为仁，则知木讷之近仁矣。

【谨按】《史记》谓"牛多言而躁"，《集注》亦谓"牛多言而躁"，并引杨氏说，谓："观此及下章再问之语，则牛之易言可知。"愚谓牛虽多言，而此之问必其未能洞悉讱字之义。《荀子》杨倞注云："讱，难也。盖讱为认之省文，是言之忍也。含忍其言，为难。《广雅》云：'讱，难也。'谓含忍而难言也。"能含忍而不轻于言，则其心不放而仁在其中矣。牛不知而再问，是多问而非多言也。毛氏奇龄曰："圣门问仁，已不可多得。牛既能问，而又切近，何得为躁？子路问君子，两问而斯而已乎，岂子路亦多言者耶？"

刘氏《正义》曰："《释文》：'讱或作仞。'仞是假借字。《汗简》引《古论》作'劭'。郑注云：'讱，不忍言也。'以谓心有所不忍，而不能径遂其情，言之若委曲烦重，故曰不忍言也。盖牛之兄桓魋有宠于宋景公，而为害于公，牛忧之情见乎辞，然兄弟怡怡又不能以义伤恩，而魋之不共，上则祸国，下致绝族，为之弟者此时必须涕泣而道矣。徐遵明《公羊疏》申解《论语》云：'谓难言之事，须切而言之，盖切而言，正所以致其不忍之情，故夫子以为仁也。'"【按】此说是以夫子有所指而告之，亦可作一解。

> 司马牛问君子。子曰："君子不忧不惧。"曰："不忧不惧，斯谓之君子矣乎？"子曰："内省不疚，夫何忧何惧？"《颜渊篇》

孔《注》曰："牛兄桓魋将为乱，牛自宋来学，常忧惧，故孔子解之。"刘氏《正义》曰："此当是牛来学于夫子，而桓魋尚未作乱之时，不忧不惧，即仁者不忧，勇者不惧之义。夫桓魋谋乱有覆宗绝世之祸，牛为之弟，岂得漠然无动于中。孟子谓越人关弓而射，我则谈笑而道，若其兄关弓而射，我则垂涕泣而道之如此，乃为亲亲乃为仁。今牛因兄为乱，常致忧惧，乃人伦之变，人情之所万不得已者。孔《注》谓夫子因此以'不忧不惧'解之，是教牛以待越人者待兄也，悖义伤恩，远失经旨矣。"

【谨按】夫子言"君子不忧不惧"，是就君子居心统常变而言之也，不必如孔《注》所云，因牛兄桓魋为乱而劝解之也。君子之居心泰然，内省不疚，平时固无所忧患，无所恐惧，所谓无入而不自得也。即使事变之来，亦只是尽其在我，所谓"素患难，行乎患难"，顺受其正而已。司马牛之问君子，当时桓魋或尚未作乱，而牛则早已知其兄之不臣，忧惧之情现于容貌辞气之间。夫子亦隐窥其微，虽非以此劝解，而所以训诲牛者，则处常处变之道，不外乎此，斯所以为君子也。窃尝思之，当夫患难之际，最要是胸有主宰，而后能有以自克，不为境遇所困，否则彷徨无主，而过于忧惧，不惟无益，而反有害矣。牛处伦常之变，孰云不当忧惧，正恐其过于忧惧耳。

> 司马牛忧曰："人皆有兄弟，我独亡。"子夏曰："商闻之矣：死生有命，富贵在天。君子敬而无失，与人恭而有礼。四海之内，皆兄弟也。君子何患乎无兄弟也？"《颜渊篇》

《大戴礼·曾子制言上》："曾子门弟子或将之晋，曰：'吾无知焉。'曾子曰：'何必然往矣！有知焉，谓之友；无知焉，谓之主。且夫君子执仁立志，先行后言，千里之外，皆为兄弟，苟是之不为，则虽汝亲，庸能亲汝乎。'"《说苑·杂言》篇夫子曰："敏其行，修其礼，千里之外，亲如兄弟。若行不敏，礼不合，对门不通也。"【按】《大戴礼》及《说苑》之言，并与此文义相发。钱氏大昕《潜研堂集》、刘氏宝楠《论语正义》皆云自"死生有命"，至"四海之内皆兄弟也"，为子夏所闻之言。简氏《论语集注述疏》则谓"君子敬而无失"以下皆子夏之言，于文法似较妥叶。

简氏《述疏》曰："牛兄弟五人，牛兄向魋，是曰桓司马。魋兄向巢，官左师。子颀、子车皆魋弟也，而党于魋。今以《哀十四年·左传》考之，宋桓魋之宠害于公，公将讨之，未及，魋先谋公，公知之，告皇野请救。野曰：'不得左师不可言，必得巢也。'召左师至，遂攻桓氏。子颀骋而告司马，司马欲入，子车止之，向魋遂入于曹以叛，使左师巢伐之，而不能克也。左师亦入于曹，于是乎向魋奔卫，向巢奔鲁，则牛忧可知矣。司马牛乃致其邑与珪而适齐，迨向魋奔齐，牛不与魋同也。又致其邑而适吴，吴人恶之而反。赵简子召之，陈成子亦召之，卒于鲁郭门之外。由是推之，子夏与牛言者，当在向魋乱后焉。"方氏观旭《论言偶记》亦谓牛独亡兄弟之言，似发于向巢、向魋出奔之后。盖魋等叛迹未彰，牛之隐忧虽深，何至举以告人。即子夏慰解之辞，断不宜当其兄弟无故之日，反泛引"四海皆兄弟"之语以相晓也。周氏秉中《四书典故辨正》以子夏之言发于向魋未乱之前，谓牛谏魋不从，而身为公族，决然舍去，人情所难，惟有见几而作，不与其乱。子夏不便显言，故微词以讽之。牛不能从，至乱作而后出奔，卒至安身无所，客死道途云。

【谨按】牛既无应变弭乱之才，又不能及早超然远引，终日忧愁忽思，及至祸成事发，流离播迁，然后对子夏慨叹曰："人皆有兄弟，我独亡。"夫既曰亡，则其兄弟作乱奔散四方可知也。若使向魋乱事未形，牛虽知之而不告发，在子夏亦何从而知其因，而为此慰解之言。是则子夏慰解之言，实发于向魋出奔之后也。周氏秉中之言，盖泥于上章孔《注》之说。此与上章或不同一时也。

【谨按】考司马牛事迹，《论语》以外，仅见于《左传》及《史记》《家语》，他书罕有纪载者。

巫马施

《史记》："巫马施，字子旗，少孔子三十岁。"《论语》作"巫马期"，郑《目录》曰："鲁人。"《家语》作"陈人"。

崔氏述《洙泗考信录》以谓巫马期在昭公之世已与孔子同朝，不似尝受业也者。然余考《史记》《家语》及郑《目录》《集解》、孔《注》、皇《疏》、邢《疏》、朱子《集注》与夫《吕氏春秋》《韩诗外传》诸书，皆以巫马施为孔子弟子无异词，是与陈子禽不同而列之为弟子也固宜。子禽于子所雅言之《诗》《礼》，尚未得闻，因问伯鱼而后闻《诗》闻《礼》，且云子贡贤于仲尼，所谓未得其门者矣。子旗亲炙于夫子，孔子出行，命从者持盖，而子旗知之。夫子见陈师败，而子旗随行，其与诸门弟子之亲炙圣师也同，是不得以在昭公之世，与孔子同朝而疑之也。惟《史记》作"巫马施，字子旗"，《论语》"旗"作"期"，盖古字同音，段，借也。《说文》云："施，旗貌。齐栾施，字子旗。知施者旗也。"古人名字相配，故《白虎通》云："闻名即知其字，闻字即知其名。"今述巫马施言行凡一条。

> 陈司败问："昭公知礼乎？"孔子曰："知礼。"孔子退，揖巫马期而进之，曰："吾闻君子不党，君子亦党乎？君取于吴，为同姓，谓之吴孟子。君而知礼，孰不知礼。"巫马期以告。子曰："丘也幸，苟有过，人必知之。"《述而篇》

许氏谦曰："古者妇人皆以其姓在下，而以孟仲之次加于上，如《春秋》所书'仲子伯姬'，《诗》所称'孟姜'之类。子是宋姓，姬是鲁姓，姜是齐姓，伯仲孟则长幼之序也。仲子宋女，伯姬鲁女，孟姜齐女也。同姓不得为婚。春秋时同姓之国虽多，婚姻皆不通也，吴鲁之先皆同宗，无婚姻之义。昭公违礼娶于吴女，以同姓之女而字之，曰孟子，当作宋女，盖以掩其失耳。"

【谨按】昭公，鲁之先君也，娶于吴同姓之女，非礼也。孔子不明言其非礼，讳国恶也。郑《目录》云："期，鲁人。"则期于鲁君，亦宜讳矣。故闻司败言而不答，司败以昭公知礼为问，未尝显言其事，则孔子万不能曰不知礼。及司败以为有党，而夫子受以为过，亦不正其所以过，初若不知孟子之事者。参引《集注》吴氏说。其实陈司败非礼也，司败向人之臣子，而问其君父之过失，岂合于人情乎？或曰陈司败与季氏同党，季氏逐昭公司败党于季氏，故问知礼以难焉，或说盖有由也。

简氏朝亮曰："作史之例，贵于直书，《春秋》之例，则微而显，董狐《南史》以直笔著称史法也。孔子修《春秋》非职于史，而于属辞比事见之，故曰：'属辞比事。'《春秋》，教也，虽不直书，亦可等于直书。今云丘有过，正《坊记》所云：'善则称君，过则称己。'其词微其义显矣。司败称君子亦党，则以孔子而连巫马氏焉。叶公以证父之恶为直，司败以讳君之恶为党，彼盖知直之为公，党之为私，而于父子君臣之义蔑如也。微孔子，大道其隐乎。"

【谨按】考巫马期事，《论语》仅一见之，《史记》《家语》外，《说苑》《韩诗外传》亦有纪载。

《说苑》云："宓子贱治单父，弹琴，身不下堂，单父治。巫马期以星出，以星入，而单父亦治。期问其故，子贱曰：'我之谓任人，子之谓任力，任力者劳，任人者逸。'"由此观之，则巫马期固勤劳之贤者也。

《韩诗外传》载："子路与巫马期薪于韫丘之下，陈之富人有处师氏者，脂车百乘，觞于韫丘之上。子路语巫马期曰：'得此富，终身无复见夫子，子为之乎？'巫马期投镰于地曰：'吾闻勇士不忘丧其元，志士不忘在沟壑。'"云云。若是，则子路之识鄙矣，不足信。

申枨

《史记·弟子传》无申枨，有申党，亦作"申棠，字周"。《索隐》作"申堂"，《家语》作"申续"，又误作"申绩"。文翁《图》作"申傥"，包咸曰："鲁人。"郑玄曰："孔子弟子申续也。"

《论语》一经，所记孔门言行，有因一言一事而特著于篇者，若颜路以请车一见，公冶长以孔子妻之一见，子贱以孔子称之一见，巫马期以陈司败问知礼一见，申枨以孔子谓其多欲一见是也。若夫懔然有节，概能知去就之分，而未尝屈节为人臣，则有季次其人。湛深《易》学，得闻孔子微言，能以《易》义传于后世，枝派繁衍，卓然为一代经师者，则商瞿其人也。发明坚白异同之说，正名辨义，别树一帜，开后世名家学派，则公孙龙其人也。或以坚白异同之说为战国时之公孙龙，非孔子弟子。斯皆圣门卓异之才，而名不著于《论语》，何哉？论者谓《论语》一书曾子门人所记，是以遗略者多。凡所记载，类多约身笃谨之训，而于精深瑰博之论，微言大义，俱付缺如。故曰夫子之言性与天道，不可得而闻也。然则商瞿、公孙龙之言行不著于《论语》，其以此欤？《史记》于季次不著年岁，或谓公孙龙少孔子五十岁，其出最后，故不著于《论语》。然商瞿少孔子二十九岁，其年与冉有仲弓等则晚出之说，不足据也。申枨事不概见于经传，而孔子谓其多欲，则其所学殆未能纯矣。今述申枨言行凡一条。

> 子曰："吾未见刚者。"或对曰："申枨。"子曰："枨也欲，焉得刚？"《公冶篇》

《集注》谢氏良佐曰："刚与欲正相反，能胜物之谓刚，故常伸于万物之上。为物掩之谓欲，故常屈于万物之下。枨之欲不可知，其人得非悻悻自好者乎。或者疑以为刚，然不知此其所以为欲也。"简氏《述疏》曰："刚者，闲邪而自强也，则能胜物矣。《孟子》云：'其为气也，至大至刚，以直养而无害，则塞乎天地之间。'此非常伸于万物之上乎？欲者，人欲也，感物之邪也。其阳刚为阴柔所掩，是为物掩也。《孟子》云：'行有不慊于心，则馁矣。'此非常屈于万物之下乎？"

钱氏时《四书管见》曰："刚者天德，非血气也，养而无害，正大直方，故富贵不能淫，贫贱不能移，威武不能屈。若有一毫物欲之私，则馁矣。"刘氏《正义》曰："郑《注》云：'刚谓强，志不屈挠。'孔《注》云：'欲谓多情欲，古无欲有欲，欲根于性，而发于情，故《乐记》言性之欲，《说文》言情人之阴气有欲者也，圣凡愚智，同此性情，即同此欲。'其有异者，圣智皆能节欲，能节故寡欲也。若不知节欲，则必纵欲而为性情之贼。故《孟子》曰：'存心莫善于寡欲，其为人也寡欲。虽有不存焉者，寡矣；其为人也多欲，虽有存焉者，寡矣。'"

康氏《注》曰："枨盖素有刚直名，其短在有嗜欲，虽有刚德而嗜欲既发，则不觉柔屈不得为刚矣。盖能胜物之谓刚，惟不屈于物，故直养浩气，可塞于天地之间。为物累之谓欲物，至而化于物，故掩抑短气消沮于方寸之内，无论如何强直之人，一有嗜欲，气即馁败，神明消沮，故周子谓圣人可学，在无欲也。"

【谨按】喜、怒、哀、惧、爱、恶、欲，谓之七情。见《礼运》。七情之中，欲之范围最广，其发也根于心，有是心则有是情，有是情则有是意，情与知意皆属已发，是心之作用，而非心之本体也。七情是心之条目，心为七情之总汇。然心有人心、道心之分。所谓道心者，即本心也，亦曰良心，是原于性，是即心之本体。仁义礼智皆根于性而生，故无不善。若人心则惟危矣，夫七情之发既根于心，亦莫不由于气。知觉运动皆气也，故喜怒哀乐亦是气为之。气有清浊纯驳，其清而纯者善矣，其浊而驳者则不善也。惟气有善不善，心有善不善，故发而为情，亦有善不善。《孟子》曰："乃若其情，则可以为善。"盖指其情之近于理者而言。情近于理，岂有不善？《易》曰："利贞者，性情也。"夫性其情是以性克情，以理制欲也。不能以理制欲，于是妄念一起，其势若决江河泛滥，而无所不至矣。然天之生人，天赋成形，而理亦在有是形。有是气亦即有是理，故曰天命之谓性，能率性而行即谓之道，是即性即理也。孟子谓性善也，固宜。或曰既云有是气即有是理，何不云气即是理？《乐记》云："人生而静，天之性也。感于物而动，性之欲也。"此以性亦有欲，一若欲亦根于性而生也者，非耶。曰：不然，此所谓性之欲，谓感于物而动之欲。《仲虺之诰》所谓天之生民，有欲盖其出于气，而非出于性。然欲亦非尽不善，若其欲一循乎理则善矣。不循乎理，则是气质之偏，而非其本原之性。夫理本于性，性生于气，无气即无性矣，无性即无理矣。七情者，气之动而心之所发也。是故心与性不同，理与气不同，不能将心作性，亦不能离心以言性。不能将气作理，亦不能离气以言理。盖心之主宰者为性，气之纯粹者为理。程子所谓说理不说气，则不备是也，而不能混理与气为一也，不能混心与性为一也。孔子云吾未见刚者，所谓刚者，盖指配义与道至大至刚之人，此纯然依于理而行，能变化其气质之偏者也。若枨也，欲则是感情用事，不能化其气质之偏，其为气也非至大至刚之气，或矜才使气，而涉于客气，不能欲净理纯，但觉其私欲而已，焉得谓之刚。

考申枨言行，仅见于《论语》，他书无所纪载。惟其名字则甚多，枨一作"棠"，或作"堂"，或作"党"，或作"偒"，又作"续"，作"绩"，作"缭"，作"繢"，一人凡有九名。其作"绩"者或云与"续"字音近，作"缭"，作"繢"则传写之讹也。

汉《王政碑》有"羔羊之絜"，无"申棠之欲"。见宋洪适《隶续》。此作"棠"也。王氏应麟曰："以枨为棠，则申枨、申棠一人耳。"《史记》："申棠，字周。"《家语》："申续，字周。"今本《史记》以"棠"为"党"，《家语》以"续"为"绩"，当是传写之误。《史记索隐》："申堂，字周。"此作"堂"也。今本《史记》云"申党字周"，此作"党"也。朱彝尊《孔子弟子考》引汉文翁《礼殿图》有"申偒"，此作"偒"也。文翁《图》有"申枨、申棠"，今本所传《礼器图》，止有申党一人，是以"偒"又作"党"。《论语释文》及邢《疏》并引郑曰："申枨盖孔子弟子申续。"又引《家语》："申续，字周。"则"续"又"枨"之别名。夫申枨、申棠、申堂、申党、申偒、申续，别名虽多，只是一人。《朱氏弟子考》据《论语》则列申枨字子续据《史记》则列申棠字周，今本《史记》作"党"据《家语》则列申续字子周，一本《家语》作"绩"是分作三人矣，非是。朱氏《曝书亭集》谓棠党可合为一人，而申枨、申棠则文翁《图》已并列。开元祥符亦分别追封，宜并祀云。其说即为《弟子考》之根据，今不取。诸家文虽有异，或则传写之讹，或则声音之转。《诗·丰》云："俟我乎堂兮。"郑《笺》："堂当为枨盖堂枨声相近也。"钱氏大昕《养新录》谓："古文赓、续同声。"《家语》："申续，续读如庚，与棠音亦不相远。"然则枨"棠""堂"皆声相近续，读如"庚"，"党""傥"二字则"堂"字声音之转，可无疑者。

至如《史记·索隐》引《家语》作"申繚"。《困学纪闻》引《家语》作"申绩"，今本《家语》作"申续，字子周"，梁玉绳《汉书古今人表考》云郑作"申续"，必有所据。"绩"与"续"通，繚、绩两字乃传写之讹是也。

唐宋以来，称名参错，分申枨、申党为二人。玄宗开元二十七年，封申党召陵伯，申枨鲁伯。真宗祥符二年封枨文登侯，党淄川侯，俱列从祀。至明嘉靖九年，大学士张璁奏请存枨去党，而祀典始正。

《集解》包《注》以枨为鲁人，不云弟子。郑《注》、朱《注》则以枨为孔子弟子。崔氏述曰："《述而》一篇，与申枨前后章皆论弟子孔子名之，亦如诸弟子补之。"近是。

卷十六终　门人吕灿铭校字

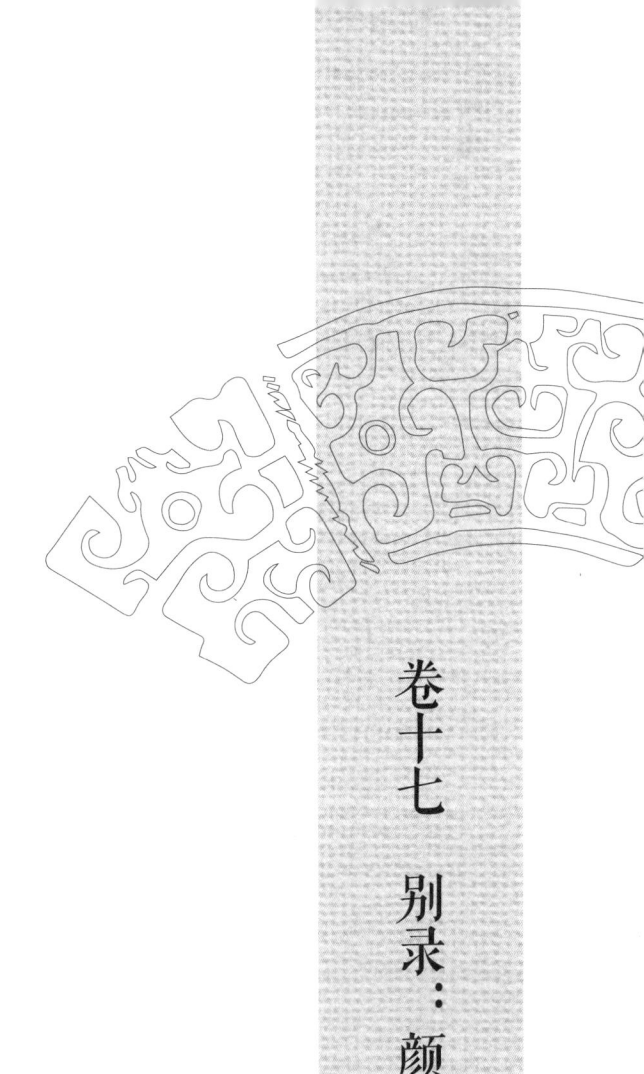

卷十七 别录：颜回

卷十七　别录：颜回

　　余既采《论语》所记孔门言行著录于编，其他若大小《戴记》《左传》《韩诗外传》《家语》《说苑》《新序》以暨周秦诸子《庄》《列》《荀》《韩》《孔从子》《吕氏春秋》之类，所载孔门言行不鲜，虽往往驳而不醇，伪而失真，然亦学者所欲参究以资评判，未可缺而不录。今于原文或有删节，使较简明。其尤秕缪，不经者则缺诸或为辩正焉。而俚言俗说近于小说家言者，则屏而弗载也，其亦博我以文之义欤。

颜　回

《韩诗外传》

　　子路曰："人善我，我亦善之；人不善我，我不善之。"子贡曰："人善我，我亦善之；人不善我，我则引之，进退而已耳。"颜回曰："人善我，我亦善之；人不善我，我亦善之。"三子所持各异，问于夫子。夫子曰："由之所言，蛮貊之言也；赐之所言，朋友之言也；回之所言，亲属之言也。"

　　孔子与子贡、子路、颜渊游于戎山之上，孔子喟然叹曰："二三子各言尔志，予将览焉。由尔何如？"对曰："得白羽如月，赤羽如朱，击钟鼓者，上闻于天，下槊于地，使将而攻之，惟由为能。"孔子曰："勇士哉！赐尔何如？"对曰："得素衣缟冠，使于两国之间，不持尺寸之兵、升斗之粮，使两国相亲如弟兄。"孔子曰："辩士哉！回尔何如？"对曰："愿得明王圣主为之相，使城郭不治，沟池不凿，阴阳和调，家给人足，铸库兵以为农器。"孔子曰："大士哉！由来，区区汝何攻？赐来，便便汝何使？愿得之冠，为子宰焉。"

【谨按】《家语》《说苑》亦载此段，而措词稍异。"戎山"作"农山"，《韩诗外传》别有一段云孔子与子路、子贡、颜渊游于景山，令其各言己志，措词与此不同。

颜渊问于孔子曰："渊愿贫如富，贱如贵，无勇而威，与士交通，终身无患难，可乎？"孔子曰："善哉！回也。夫贫而如富，其知足而无欲也；贱而如贵，其让而有礼也；无勇而威，其恭敬而不失于人也；终身无患难，其择言而出之也。若回者，其至乎！虽上古圣人，亦如此而已。"

【谨按】此段及《庄子》记孔子问颜回曷不仕一段，前于卷四《屡空》章引入，兹复叙述者，存原文也。他仿此。

《家语》

鲁定公问于颜回曰："子亦闻东野毕之善御乎？"对曰："善则善矣，虽然，其马将必佚。"定公谓左右曰："君子固有诬人也。"颜回退。后三日，牧来诉之曰："东野毕之马佚，两骖曳两服入于厩。"公闻之，越席而起，促驾召颜回。回至，公曰："前日寡人问吾子以东野毕之御，而子曰：'善则善矣，其马将佚。'不识吾子奚以知之？"颜回对曰："以政知之。昔者帝尧巧于使民，造父巧于使马，舜不穷其民力，造父不穷其马力，是以舜无佚民，造父无佚马。今东野毕之御也，升马执辔，衔体正矣；步骤驰骋，朝礼毕矣；历险致远，马力尽矣。然而犹乃求马不已。臣以此知之。"公曰："善哉！吾子之言，其义大矣，愿少进乎？"颜回曰："臣闻之，鸟穷则啄，兽穷则攫，人穷则诈，马穷则佚。自古及今未有穷其下而能无危者也。"公悦，以告孔子。孔子对曰："夫其所以为颜回者，此之类也，岂足多哉？"《韩诗外传》及《新序》亦载此事。

崔氏述曰："此事本出《吕览》，乃颜阖对庄公语，非颜渊与定公也。定公之时颜子尚少，安能自达于君？因其氏之同也，遂移之于颜渊，误矣。《新序》亦载此事，盖又缘《外传》而误者。然观《吕览》之文，亦非实事，乃为黄老言者假设此事，借御马以喻其意，欲为政者之安静无为耳。"

孔子在卫，昧旦晨兴，颜回侍侧，闻哭声甚哀，子曰："回，汝知此何所哭乎？"对曰："回以此哭声，非但为死者而已，又有生离别者也。"子曰："何以知之？"对曰："回闻桓山之鸟生四子焉，羽翼既成，将分于四海，其母悲鸣而送之，哀声有似于此，谓其往而不返也。回窃以音类知之。"孔子使人问哭者，果曰："父死家贫，卖子以葬，与之长决。"子曰："回也善于识音矣。"

【谨按】《论释》及《海录》《留青日记》等书载公冶长能识鸟语，盖古时或有此科学说，已详《公冶长篇》。然《家语》载此则不足信，实傅会之词耳。《说苑·辨物篇》亦载此事。

颜回问于孔子曰："成人之行若何？"子曰："达于性情之理，通于物类之变，知幽明之故，睹游气之原，若此可谓成人矣。既能成人，而又加之以仁义礼乐，成人之行也。若乃穷神知礼，德之盛也。"《说苑》亦载此言。

颜回问于孔子曰："小人之言有同乎君子者矣？"孔子曰："君子以行言，小人以舌言。故君子为义之上相疾也，退而相爱；小人为乱之上相爱也，退而相恶。"颜回谓子路曰："力猛于德而得其死者，鲜矣，盍慎诸。"

叔孙武叔多称人之过而评论之，颜回曰："吾闻诸孔子曰：'言人之恶，非所以美己；言人之枉，非所以正己。'故君子攻其恶，无攻人之恶。"

颜回谓子贡曰:"吾闻诸夫子,身不用礼而望礼于人,身不用德而望德于人,乱也。夫子之言,不可不思也。"以上见《颜回》篇。

孔子厄于陈、蔡,从者七日不食,子贡以所赍货,窃犯围而出,告籴于野人,得米一石焉。颜回、仲由炊之于坏屋之下,有埃墨堕饭中,颜回取而食之。子贡自井望见之,不悦,以为窃食也。入问孔子曰:"仁人廉士,穷改节乎?"孔子曰:"改即何称于仁廉哉?"子贡曰:"若回也,其不改节乎?"子曰:"然。"子贡以所饭告孔子。子曰:"吾信回之为仁久矣,虽汝有云,弗以疑也,其或者必有故乎?汝止,吾将问之。"召颜回曰:"畴昔予梦见先人,岂或启佑我哉?子炊而进饭,吾将进焉?"对曰:"向有埃墨堕饭中,欲置之则不洁,欲弃之则可惜,回即食之,不可祭也。"孔子曰:"然乎?吾亦食之。"颜回出,孔子顾谓二三子曰:"吾之信回也,非待今日也。"二三子由此乃服之。

崔氏述曰:"圣人以诚待人,况于颜渊乃诈称梦以钩距之,贤者犹不出此,况圣人乎?颜渊具体而微,而不能不以窃食见疑于子贡。子贡智足以知圣人,曰'赐也何敢望回',而不能不以窃食疑颜渊,有是理欤?"【按】其说本于《吕览》,而词与此小异。然《吕览》之意不过明知人之难,谓目见者独不足信。详见《吕览·任教》篇。遂托于孔颜以为言耳。

楚昭王聘孔子,孔子往拜礼焉,路出陈、蔡。陈、蔡大夫相与谋曰:"孔子圣贤,其所刺讥皆中诸侯之病,若用于楚,则陈、蔡危矣。"遂使徒兵距孔子。孔子不得行,绝粮七日,外无所通,藜羹不充,从者皆病。孔子召子路问曰:"《诗》云:'匪兕匪虎,率彼旷野。'吾道非耶?奚为至于此?"子路愠,作色而对曰:"君子无所困。意者夫子未仁欤?人之弗吾信也;意者夫子未智欤?人之弗吾行也。由也昔者闻诸夫子:'为善者天报之以福,不善者天报之以祸。'今夫子积德怀义,行之久矣,奚居之穷也?"子曰:"由未知识也,吾语汝。汝以仁者为必信也,则伯夷、叔齐不饿死首阳；汝以智者为必用也，则王子比干不见剖心；汝以忠者为必报也，则关龙逢不见刑；汝以谏者为必听也，则伍子胥不见杀。夫遇不遇，时也；贤不肖，才也。君子博学深谋而不遇时者，众矣，何独丘哉！芝兰生于深林，不以无人而不芳；君子修道立德，不以穷困而改节。为之者，人也；生死者，命也。是以晋重耳之有霸心，生于曹卫；越王勾践之有霸心，生于会稽。故居下而无忧者，则思不远；处身而常逸者，则志不广。庸知其终始乎？"子路出，召子贡，告如子路。子贡曰："夫子之道至大，故天下莫能容，夫子盍少贬焉。"子曰："赐，良农能稼，不必能穑；良工能巧，不能为顺；君子能修其道，纲而纪之，不必其能容。今不修其道而求其容，赐，尔志不广矣，思不远矣。"子贡出，颜回入，问亦如之。颜回曰："夫子之道至大，天下莫能容。虽然，夫子推而行之，世不我用，有国者之丑也，夫子何病焉？不容，然后见君子。"孔子欣然叹曰："有是哉，颜氏之子！使尔多财，吾为尔宰。"以上见《在厄》篇。

【谨按】厄于陈、蔡，七日不食一事，《韩诗外传》《说苑》《庄子》《吕氏春秋》皆有纪载。《史记·孔子世家》亦详载之，修词大同小异。然《论语》一书所记孔子之言，皆平易切实，与此所记者截然不同，其为傅会，可想而知，余已于子路卷在陈绝粮节论及。

崔氏述曰："子路愠见曰：'君子亦有穷乎？'虽不能无怨天尤人之意，然观其'衣敝缊袍，与衣狐貉者，立而不耻'，则其信道笃，而乌有未仁未知疑孔子者。子贡言：'夫子之得邦家，立之斯立，道之斯行，绥之斯来，动之斯和。'又曰：'夫子温、良、恭、俭、让以得之。'是其智足以知圣人也。若欲孔子自贬其道，则识趣卑陋甚矣，何以为子贡、颜渊之言固当，然夫子遽欣然而笑，欲为之宰，毋乃近于好谀乎？且《论语》所载诸弟子未有不尊信圣人者，若此所言，则自颜渊外皆不足以知孔子矣，此事亦见于《韩诗外传》及《说苑》，其文与《世家》互异，其谬最显而易见者。孔子以鲁哀公六年自陈反卫，至十三年吴夫差始赐伍员属镂以死。而《外传》及《说苑》述孔子之言并有子胥抉目于吴东门之语。孔子以鲁哀公十六年卒,至二十二年越始灭吴,以后越始通于诸夏,而《说苑》述孔子之言有勾践心生于会稽之语,未来之事,孔子何由知之?盖好事者敷衍其词,遂致失实。此如阮逸所作伪《文中子》,元经以隋人而避唐朝讳者,正同其为伪撰,不辨而自明矣。"

《说苑》

颜回将西游,问于孔子曰:"何以为身?"孔子曰:"恭敬忠信,可以为身。恭则免于众,敬则人爱之,忠则人与之,信则人恃之。人所爱,人所与,人所恃,必免于患矣。可以临国家,何况于身乎?故不比数而比疏,不亦远乎?不修中而修外,不亦反乎?不先虑事,临难乃谋,不亦晚乎?"《家语》所载略同。

《庄子》

颜回见仲尼,请行。曰:"奚之?"曰:"将之卫。"曰:"奚为焉?"曰:"回闻卫君,其年壮,其行独,轻用其国,而不见其过。轻用民死,死者以国量乎泽若蕉民其无如矣。回尝闻之夫子曰:'治国去之,乱国就之,医门多疾。'愿以所闻思其则,庶几其国有瘳乎!"仲尼曰:"嘻!若殆往而刑耳!夫道不欲杂,杂则多,多则扰,扰则忧,忧而不救。古之至人,先存诸己而后存诸人。所存于己者未定,何暇至于暴人之所行!且若亦知夫德之所荡,而知之所为出乎哉?德荡乎名,知出乎争。名也者,相轧也;知也者,争之器也。二者凶器,非所以尽行也。且德厚信矼,未达人气;名闻不争,未达人心。而强以仁义绳墨之言术暴人之前者,是以人恶有其美也,命之曰菑人。菑人者,人必反菑之,若殆为人菑矣!且苟为悦贤而恶不肖,恶用而求有以异?若唯无诏,王公必将乘人而斗其捷。而目将荧之,而色将平之,口将营之,容将形之,心且成之。是以火救火,以水救水,名之曰益多,顺始无穷。若殆以不信厚言,必死于暴人之前矣。且昔者桀杀关龙逢，纣杀王子比干，是皆修其身以下伛拊人之民，以下拂其上者也，故其君因其修以挤之；是好名者也。昔者尧攻丛、枝、胥敖，禹攻有扈，国为虚厉，身为刑戮。其用兵不止，其求实无已。是皆求名实者也。而独不闻之乎？名、实者，圣人之所不能胜也，而况若乎？虽然，若必有以也，尝以语我来！"颜回曰："端而虚，勉而一，则可乎？"曰："恶！恶可！夫以阳为充孔扬，采色不定，常人之所不违，因案人之所感，以求容与其心。名之曰日渐之德不成，而况大德乎！将执而不化，外合而内不訾，其庸讵可乎！"

"然则我内直而外曲，成而上比。内直者，与天为徒。与天为徒者，知天子之与己，皆天之所子，而独以己言蕲乎而人善之，蕲乎而人不善之邪？若然者，人谓之童子，是之谓与天为徒。外曲者，与人之为徒也。擎跽曲拳，人臣之礼也，人皆为之，吾敢不为耶！为人之所为者，人亦无疵焉，是之谓与人为徒。成而上比者，与古为徒。其言虽教，谪之实也。古之有也，非吾有也。若然者，虽直而不病，是之谓与古为徒。若是则可乎？"仲尼曰："恶！恶可！大多政法而不谍，虽固，亦无罪。虽然，止是耳矣，夫胡可以及化？犹师心者也。"颜回曰："吾无以进矣，敢问其方。"仲尼曰："斋，吾将语若！有而为之，其易耶？易之者，皞天不宜。"颜回曰："回之家贫，唯不饮酒、不茹荤者数月矣，如此，则可以为斋乎？"曰："是祭祀之斋，非心斋也。"回曰："敢问心斋。"仲尼曰："一若志，无听之以耳，而听之以心，无听之以心而听之以气。听止于耳，心止于符。气也者，虚而待物者也。唯道集虚。虚者，心斋也。"颜回曰："回之未始得使，实自回也；得使之也，未始有回也。可谓虚乎？"夫子曰："尽矣。吾语若：若能入游其樊而无感其名，入则鸣，不入则止。无门无毒，一宅而寓于不得已，则几矣。绝迹易，无行地难。为人使易以伪，为天使难以伪。闻以有翼飞者矣，未闻以无翼飞者也。闻以有知知者矣，未闻以无知知者也。瞻彼阕者，虚室生白，吉祥止止。夫且不止，是之谓坐驰。夫徇耳目内通而外于心知，鬼神将来舍，而况人乎？是万物之化也，禹舜之所纽也，伏羲几蘧之所行终，而况散焉者乎？"见《人间世》篇。

颜回问仲尼曰："孟孙才，其母死，哭泣无涕，中心不戚，居丧不哀。无是三者，以善处丧盖鲁国。固有无其实而得其名者乎？回壹怪之。"仲尼曰："夫孟孙氏尽之矣，进于知矣。唯简之而不得，夫已有所简矣。孟孙氏不知所以生，不知所以死；不知就先，不知就后，若化为物，以待其所不知之化已乎！且方将化，恶知不化哉？方将不化，恶知已化哉？吾特与汝，其梦未始觉者耶！且彼有骇形而无损心，有旦宅而无情死。孟孙氏特觉，人哭亦哭，是自其所以乃。且也相与吾之耳矣，庸讵知吾所谓吾之乎？且汝梦为鸟而厉乎天，梦为鱼而没于渊，不识今之言者，其觉者乎，梦者乎？造适不及笑，献笑不及排，安排而去化，乃入于寥天一。"

颜回曰："回益矣。"仲尼曰："何谓也？"曰："回忘仁义矣。"曰："可矣，犹未也。"他日复见，曰："回益矣。"曰："何谓也？"曰："回忘礼乐矣。"曰："可矣，犹未也。"他日复见，曰："回益矣。"曰："何谓也？"曰："回坐忘矣。"仲尼蹴然曰："何谓坐忘？"颜回曰："堕肢体，黜聪明，离形去知同于大通，此谓坐忘。"仲尼曰："同则无好也，化则无常也。而果其贤乎！丘也请从而后也。"以上见《大宗师》篇。

孔子西游于卫。颜渊问师金曰："以夫子之行为奚如？"师金曰："惜乎！而夫子其穷哉！"颜渊曰："何也？"师金曰："夫刍狗之未陈也，盛以箧衍，巾以文绣，尸祝斋戒以将之；及其已陈也，行者践其首脊，苏者取而爨之而已。将复取而盛以箧衍，巾以文绣，游居寝卧其下，彼不得梦，必且数眯焉。今而夫子亦取先王已陈刍狗，聚弟子游居寝卧其下。故伐树于宋，削迹于卫，穷于商周，是非其梦耶？围于陈、蔡之间，七日不火食，死生相与邻，是非其眯耶？"夫水行莫如用舟，而陆行莫如用车。以舟之可行于水也，而求推之于陆，则没世不行寻常。古今非水陆与？周鲁非舟车与？今蕲行周于鲁，是犹推舟于陆也，劳而无功，身必有殃。彼未知夫无方之传，应物而不穷者也。""且子独不见乎桔槔者乎？引之则俯，舍之则仰。彼，人之所引，非引人也。故俯仰而不得罪于人。故夫三皇五帝之礼义法度，不矜于同而矜于治。故譬三皇五帝之礼义法度，其犹柤梨橘柚耶！其味相反而皆可于口。故礼义法度者，应时而变者也。今取猿狙而衣以周公之服，彼必龁啮挽裂，尽去而后慊。观古今之异，犹猿狙之异乎周公也。故西施病心而颦其里，其里之丑人见而美之，归亦捧心而颦其里。其里之富人见之，坚闭门而不出，贫人见之，挈妻子而去之走。彼知颦美而不知颦之所以美。惜乎！而夫子其穷哉。"见《天运》篇。

颜渊东之齐，孔子有忧色。子贡下席而问曰："小子敢问：'回东之齐，夫子有忧色，何耶？'"孔子曰："善哉汝问。昔者管子有言，丘甚善之，曰：'褚小者不可以怀大，绠短者不可以汲深。'夫若是者，以为命有所成而形有所适也，夫不可损益。吾恐回与齐侯言尧、舜、黄帝之道，而重以燧人、神农之言。彼将内求于己而不得，不得则惑，人惑则死。且汝独不闻耶？昔者海鸟止于鲁郊，鲁侯御而觞之于庙，奏《九韶》以为乐，具太牢以为膳。鸟乃眩视忧悲，不敢食一脔，不敢饮一杯，三日而死。此以己养养鸟也，非以鸟养养鸟也。夫以鸟养养鸟者，宜栖之深林，游之坛陆，浮之江湖，食之鳅鲦，随行列而止，委蛇而处。彼唯人言之恶闻，奚以夫譊譊为乎！《咸池》《九韶》之乐，张之洞庭之野，鸟闻之而飞，兽闻之而走，鱼闻之而下入，人卒闻之，相与还而观之。鱼处水而生，人处水而死，彼必相与异，其好恶故异也。故先圣不一其能，不同其事，名止于实，义设于适，是之谓条达而福持。"见《至乐》篇。

颜渊问仲尼曰："吾尝济乎觞深之渊，津人操舟若神。吾问焉，曰：'操舟可学耶？'曰：'可。善游者数能。若乃夫没人则未尝见舟而便操之也。'吾问焉而不吾告，敢问何谓也？"仲尼曰："善游者数能，忘水也。若乃夫没人未尝见舟而便操之也，彼视渊若陵，视舟之覆犹其车却也。覆却万方陈乎前而不得入其舍，恶往而不暇！以瓦注者巧，以钩注者惮，以黄金注者殙。其巧一也，而有所矜，则重外也。凡外重者内拙。"见《达生》篇，《列子》亦载此文，词句稍异。

孔子穷于陈、蔡之间，七日不火食，左据槁木，右击槁枝，而歌猋氏之风，有其具而无其数，有其声而无宫角，木声与人声，犁然有当于人心。颜回端拱还目而窥之。仲尼恐其广己而造大也，爱己谓造哀也，曰："回，无受天损易，无受人益难。无始而非卒也，人与天一也。夫今之歌者，其谁乎？"回曰："敢问无受天损易。"仲尼曰："饥渴寒暑，穷桎不行，天地之行也，运物之泄也，言与之偕逝之谓也。为人臣者，不敢去之。执臣之道犹若是，而况乎所以待天乎！何谓无受人益难？"仲尼曰："始用四达，爵禄并至而不穷，物之所利，乃非己也，吾命有在外者也。君子不为盗，贤人不为窃。吾若取之，何哉？故曰：鸟莫知于鹔鷞，目之所不宜处，不给视，虽落其实，弃之而走。其畏人也，而袭诸人间，社稷存焉尔。""何谓无始而非卒？"仲尼曰："化其万物而不知其禅之者，焉知其所终？焉知其所始？正而待之而已耳。""何谓人与天一耶？"仲尼曰："有人，天也。有天，亦天也。人之不能有天，性也。圣人晏然体逝而终矣。"见《山木》篇。

颜渊问于仲尼曰："夫子步亦步，夫子趋亦趋，夫子驰亦驰，夫子奔逸绝尘，而回瞠若乎后矣！"夫子曰："回，何谓耶？"曰："夫子步亦步也，夫子言亦言也，夫子趋亦趋也，夫子辩亦辩也，夫子驰亦驰也，夫子言道，回亦言道也。及奔逸绝尘，而回瞠若乎后者，夫子不言而信，不比而周，无器而民滔乎前，而不知所以然而已矣。"仲尼曰："恶！可不察与！夫哀莫大于心死，而人死次之。日出东方而入于西极，万物莫不比方。有目有趾者，待是而后成功，是出则存，是入则亡，万物亦然，有待也而死，有待也而生。吾一受其成形，而不化以待尽。效物而动，日夜无隙，而不知所终，薰然其成形。知命不能规乎其前，丘以是日徂。吾终身与汝交一臂而失之，可不哀与？汝殆著乎吾所以著也。彼已尽矣，而女求之以为有，是求马于唐肆也。吾服汝也甚忘；汝服吾也亦甚忘。虽然，汝奚患焉！虽忘乎故吾，吾有不忘者存。"见《田子方》篇。

颜渊问乎仲尼曰："回尝诸夫子曰：'无有所将，无有所迎。'回敢问其游。"仲尼曰："古之人，外化而内不化；今之人，内化而外不化。与物化者，一不化者也。安化安不化？安与之相靡？必与之莫多？狶韦氏之囿，黄帝之圃，有虞氏之宫，汤武之室。君子之人，若儒墨者师，故以是非相𩐎也，而况今之人乎！圣人处物不伤物。不伤物者，物亦不能伤也。唯无所伤者，为能与人相将迎。山林与！皋壤与！使我欣欣然而乐与！乐未毕也，哀又继之。哀乐之来，吾不能御，其去弗能止。悲夫，世人直为物逆旅耳！夫知遇而不知所不遇，知能能而不能所不能，无知无能者，固人之所不免也。夫务免乎人之所不免者，岂不亦悲哉！至言去言，至为去为，齐知之所知，则浅矣。"见《知北游》篇。

孔子谓颜回曰："回来！家贫居卑，胡不仕乎？"颜回对曰："不愿仕。回有郭外之田五十亩，足以给飦粥；郭内之田十亩，足以为丝麻；鼓琴足以自娱；所学夫子之道足以自乐也。回不愿仕。"孔子愀然变容曰："善哉回之意！丘闻之：'知足者不以利自累也，审自得者失之而不惧，行修于内者无位而不怍。'丘诵之久矣，今于回而后见之，是丘之得也。"见《让王》篇，晋皇甫谧《高士传》亦载此文。

《列子》

仲尼闲居，子贡入侍，仲尼有忧色。子贡不敢问，出告颜回。颜回援琴而歌。孔子闻之，果召回入，问曰："若奚独乐？"回曰："夫子奚独忧？"孔子曰："先言尔志。"曰："昔者闻之夫子曰：'乐天知命故不忧。'回所以乐也。"孔子愀然有闲曰："有是言哉？此吾昔日之言，尔请以今言为正也。汝徒知乐天知命之无忧，未知乐天知命有忧之大也。今告若其实：修一身，任穷达，知去来之非我，亡变乱于心虑，尔之所谓乐天知命之无忧也。曩吾修《诗》《书》，正礼乐，将以治天下，遗来世；非但修一身，治鲁国而已。而鲁之君臣日失其序，仁义益衰，情性益薄，此道不行一国与当年，其如天下与来世矣？吾始知《诗》《书》礼乐无救于治乱，而未知所以革之之方。此乐天知命者之所忧。虽然，吾得之矣。夫乐而知者，非古人之所谓乐知也。无乐无知，是真乐真知；故无所不乐，无所不知，无所不忧，无所不为。《诗》《书》礼乐何弃之有，革之何为？"颜回北面拜手曰："回亦得之矣。"出告子贡，子贡茫然自失，归家淫思七日，不寝不食，以至骨立。颜回重往喻之，乃反丘门，弦歌诵诗，终日不辍。

【谨按】《庄》《列》之说，寓言十九，然多精微之论，奥深之言，亦学者所宜玩索也。马氏骕谓《庄》《列》虽寓言，而至理存焉，至文出焉，是也。

《荀子》

子路入，子曰："由，知者若何？仁者若何？"子路对曰："知者使人知己，仁者使人爱己。"子曰："可谓士矣。"子贡入，子曰："赐，知者若何？仁者若何？"子贡对曰："知者知人，仁者爱人。"子曰："可谓士君子矣。"颜渊入，子曰："回，知者若何？仁者若何？"颜渊对曰："知者自知，仁者自爱。"子曰："可谓明君子矣。"《家语·三恕》篇亦载入。

《论衡》

颜渊与孔子俱上鲁泰山，孔子东南望，吴阊门外有系白马。引颜渊，指以示之，曰："若见吴阊门乎？"颜渊曰："见之。"孔子曰："门外何有？"曰："有如系练之状。"孔子抚其目而止之，因与俱下，下而颜渊发白齿落，遂以病死。盖以精神不能若孔子。强力自极，精华竭尽，故早夭死。

崔氏述曰："物大者易察，小者难审。使颜渊处阊门之外，望泰山之形，尚不能见。况从泰山之上，察白马之色，其不能见明矣。"陆贾曰："离娄之明，不能察帷薄之内，师旷之聪，不能闻百里之外，今阊门之与泰山，非直帷薄之内，百里之外也。昔秦武王与孟说举鼎，不任绝脉而死。举鼎用力，力由筋脉，筋脉不堪，绝伤而死宜也。若用目望远，即有不堪其伤，在目而发，何由白齿，何由落哉。"

【谨按】《韩诗外传》亦载有："颜渊望吴门，见一匹练，孔子曰：'马也。'"斯傅会之词，不足辨也。《冲波传》载："孔子使子贡往外，久而不来，孔子使弟子占之，遇鼎皆言无足不来。颜子掩口而笑，子曰：

'回也晒,谓赐来也。'曰:'无足者乘舟而来,赐至矣。'清朝也,子贡果朝至。"云。亦傅会成文耳。

卷十七终　门人李朴生校字

卷十八 别录：曾参上

卷十八　别录：曾参上

《孝经》

仲尼居，曾子侍。子曰："先王有至德要道，以顺天下，民用和睦，上下无怨，汝知之乎？"曾子避席曰："参不敏，何足以知之？"子曰："夫孝，德之本也，教之所由生也。复坐，吾语汝。身体发肤，受之父母，不敢毁伤，孝之始也；立身行道，扬名于后世，以显父母，孝之终也。夫孝，始于事亲，中于事君，终于立身。《大雅》云：'无念尔祖，聿修厥德。'"

曾子曰："夫慈爱恭敬、安亲扬名，则闻命矣，敢问子从父之令，可谓孝乎？"子曰："是何言与！是何言与！昔者天子有争臣七人，虽无道，不失其天下；诸侯有争臣五人，虽无道，不失其国；大夫有争臣三人，虽无道，不失其家；士有争友，则身不离于令名；父有争子，则身不陷于不义。故当不义，则子不可以不争于父，臣不可以不争于君；故当不义，则争之。从父之令，又焉得为孝乎！"

【谨按】《汉书·艺文志》云《孝经》一篇十八章。《孝经》者，孔子为曾子陈孝道也，今述曾子言行，节取其说附著于编，采辑他书亦仿此例。

《孝经钩命诀》

子曰："吾志在《春秋》，行在《孝经》。"《孝经序》引《公羊传序》同。孔子在庶，德无所施，功无所就，志在《春秋》，行在《孝经》，以《春秋》属商，《孝经》属参。《公羊疏》引。

《礼记》

曾子寝疾，病。乐正子春坐于床下，曾元、曾申坐于足。童子隅坐而执烛。童子曰："华而睆，大夫之箦与？"子春曰："止！"曾子闻之，瞿然曰："呼！"曰："华而睆，大夫之箦与？"曾子曰："然，斯季孙之赐也，我未之能易也。元，起易箦。"曾元曰："夫子之病革矣，不可以变，幸而至于旦，请敬易之。"曾子曰："尔之爱我也，不如彼。君子之爱人也以德，细人之爱人也以姑息。吾何求哉？吾得正而毙焉，斯已矣。"举扶而易之，反席未安而没。

崔氏述曰："《论语》记曾子有疾，召门弟子曰：'启予足，启予手。'《诗》云：'战战兢兢，如临深渊，如履薄冰，而今而后，吾知免夫。'曾子守身慎行，动必以正如此，不应临没而尚有不得其正者。籍令童子不言，曾子将不得其正而毙乎？大夫之箦，如非曾子所当御，则当赐之时固必辞之，辞之不获，平日亦必屏而不用，如何御于生时，而易于病革之际。为此说者，不过欲明曾子之心安于正，虽病革而不肯苟焉而已。"

曾子谓子思曰："伋！吾执亲之丧也，水浆不入口者七日。"子思曰："先王之制礼也，过之者俯而就之，不至焉者跂而及之。故君子之执亲之丧也，水浆不入口者三日，杖而后能起。"

崔氏述曰："曾子能体亲心彻，必请问，必曰有，乃独不能体亲心而自重其身乎？即曾子果有此事，亦不必呼子思而告之，此盖因曾子之孝而傅会之耳。"

齐大饥，黔敖为食于路，以待饿者而食之。有饿者，蒙袂辑履，贸贸然来。黔敖左奉食，右执饮，曰："嗟，来食！"扬其目而视之，曰："予唯不食嗟来之食，以至于斯也。"从而谢焉，终不食而死。曾子闻之，曰："微与。其嗟也可去，其谢也可食。"《新序》亦载此文，以上见《檀弓》。

曾子曰："孝子之养老也，乐其心，不违其志，乐其耳目，安其寝处，以其饮食忠养之，孝子之身终。终身也者，非终父母之身，终其身也。是故父母之所爱亦爱之，父母之所敬亦敬之，至于犬马尽然，而况于人乎？"见《内则》。

曾申问于曾子曰："哭父母有常声乎？"曰："中路婴儿失其母焉，何常声之有。"见《杂记》。

曾子曰："孝有三，大孝尊亲，其次弗辱，其下能养。"公明仪问于曾子曰："夫子可以为孝乎？"曾子曰："是何言与！是何言与！君子之所谓孝者，先意承志，谕父母于道，参直养者也，安能为孝乎？"

曾子曰："身也者，父母之遗体也，行父母之遗体，敢不敬乎？居处不庄，非孝也；事君不忠，非孝也；莅官不敬，非孝也；朋友不信，非孝也；战陈无勇，非孝也，五者不遂，灾及于亲，敢不敬乎？"

养可能也，敬为难；敬可能也，安为难；安可能也，卒为难。父母既没，慎行其身，不遗父母恶名，可谓能终矣。仁者，仁此者也；礼者，履此者也；义者，宜此者也；信者，信此者也；强者，强此者也。乐自顺此生，刑自反此作。

曾子曰："夫孝，置之而塞乎天地，溥之而横乎四海，施诸后世，而无朝夕。推而放诸东海而准，推而放诸西海而准，推而放诸南海而准，推而放诸北海而准。《诗》云：'自西自东，自南自北，无思不服。'此之谓也。"

【谨按】孝弟为仁之本。夫博施济众，仁也。而爱由亲始，未有不爱其亲，而能爱他人者也。其所厚者薄，而其所薄者果能厚乎？盖仁爱之发端，实出于人心之自然，所谓良知良能，是根于性而生也。人性皆善，故推诸东海、西海、南海、北海而皆准。曾子此说，其在一贯之理既明，而后发诸者欤？

> 乐正子春下堂而伤其足，数月不出，犹有忧色。门弟子曰："夫子之足瘳矣，数月不出，犹有忧色，何也？"乐正子春曰："善如尔之问也！吾闻诸曾子，曾子闻诸夫子曰：'天之所生，地之所养，无人为大。'父母全而生之，子全而归之，可谓孝矣。不亏其体，不辱其身，可谓全矣。"故君子顷步而弗敢忘孝也。今予忘孝之道，予是以有忧色也。壹举足而不敢忘父母，壹出言而不敢忘父母。壹举足而不敢忘父母者，是故道而不径，舟而不游，不敢以先父母之遗体行殆。壹出言而不敢忘父母者，是故恶言不出于口，忿言不及于身。不辱其身，不羞其亲，可谓孝矣。"《大戴礼·曾子大孝》篇所载与此同。以上见《祭义》。

【谨按】曾子言行载在《礼记》及《大戴礼》颇多，《礼记·曾子问》篇皆论丧制，《大学》一篇则曾子记孔子之言，其理与《中庸》相表里，为曾子生平得力处，然两篇皆自为首尾，不能节取，今以文多不录。

《大戴礼》

> 孔子闲居，曾子侍。孔子曰："参，女可语明王之道与？"曾子曰："不敢以为足也，得夫子之间也难，是以敢问。"孔子曰："居，吾语女。道者所以明德也，德者所以尊道也，是故非德不尊，非道不明。虽有国马，不教不服，不可以取千里。虽有博地众民，不以其道治之，不可以霸王。昔者明王内修七教，外行三至。七教修焉可以守，三至行焉可以征。七教不修，虽守不固；三至不行，虽征不服。是故明王之守也，必折冲乎千里之外；其征也，衽席之上还师。是故内修七教而上不劳，外行三至而财不费，此之谓明王之道也。"曾子曰："敢问不费不劳，可以为明乎？"孔子愀然扬麋曰："参！女以明王为劳乎？昔者舜左禹而右皋陶，不下席而天下治。夫政之不中，君之过也。政之既中，令之不行，职事者之罪也。明王奚为其劳也？昔者明王关讥而不征，市鄽而不税，税十取一，使民之力，岁不过三

日，入山泽以时，有禁而无征，此六者取财之道也。明王舍其四者而节其二者，明王焉取其费也？"

曾子曰："敢问何谓七教？"孔子曰："上敬老则下益孝，上顺齿则下益悌，上乐施则下益谅，上亲贤则下择友，上好德则下不隐，上恶贪则下耻争，上强果则下廉耻，民皆有别，则政亦不劳矣，此谓七教。七教者，治民之本也，教定则本正矣。上者，民之表也。表正则何物不正。是故君先立于仁，则大夫忠而士信，民敦，工璞，商悫，女僮，妇空空，七者教之专志也。七者布诸天下而不窕，内诸寻常之室而不塞，是故圣人等之以礼，立之以义，行之以顺，而民之弃恶也如灌。"

曾子曰："弟子则不足，道则至矣。"孔子曰："参！姑止，又有焉。昔者明王之治民有法，必别地以州之，分属而治之，然后贤民无所隐，暴民无所伏。使有司日省如时考之，岁诱贤焉，则贤者亲，不肖者惧。使之哀鳏寡，养孤独，恤贫穷，诱孝悌，选贤举能。此七者修，则四海之内无刑民矣。上之亲下也如腹心，则下之亲上也如保子之见慈母也。上下之相亲如此，然后令则从，施则行，因民既迩者说，远者怀来，然后布指知寸，布手知尺，舒肘知寻，十寻而索。百步而堵，三百步而里，千步而井，三井而句烈，三句烈而距，五十里而封，百里而有都邑，乃为畜积农衰焉，使处者恤行者，有与亡。是以蛮夷诸夏，虽衣冠不同，言语不合，莫不来至，朝觐于王，故曰：无市而民不乏，无刑而民不违，毕弋田猎之得，不以盈官室也；征敛于百姓，非以充府库也。忧怛以补不足，礼节以损有余。故曰：多信而寡貌。其礼可守，其信可复，其迹可履。其于信也，如四时春秋冬夏；其博有万民也，如讥而食，如渴而饮，下土之人信之，如暑热冻寒远若迩，非道迩也，及其明德也。是以兵革不动而威，用利不施而亲，此之谓明王之守也。折冲乎千里之外，此之谓也。"

曾子曰："敢问何谓三至？"孔子曰："至礼不让而天下治，至赏不费而天下之士说，至乐无声而天下之民和。明王笃行三至，故天下之君可得而知也，天下之士可得而臣也，天下之民可得而用也。"

曾子曰："敢问何谓也？"孔子曰："昔者明王必尽知天下良士之名，

既知其名，又知其数，既知其数，又知其所在。明王因天下之爵以尊天下之士，此之谓至礼不让而天下治；因天下之禄以富天下之士，此之谓至赏不费而天下之士说；天下之士说，则天下之明誉兴，此之谓至乐无声而天下之民和。故曰：所谓天下之至仁者，能合天下之至亲者也；所谓天下之至知者，能用天下之至和者也。所谓天下之至明者，能选天下之至良者也。此三者咸通，然后可以征。是故仁者莫大于爱人，知者莫大于知贤，政者莫大于官贤。有土之君修此三者，则四海之内拱而俟，然后可以征。明王之所征，必道之所废者也。彼废道不行，然后诛其君，致其征，吊其民而不夺其财也。故曰：明王之征也，犹时雨也，至则民说矣。是故行施弥博，得亲弥众，此之谓衽席之上乎还师。"右《王言篇第三十九》，又载《家语》。

曾子曰："君子攻其恶，求其过，强其所不能，去私欲，从事于义，可谓学矣。君子爱日以学，及时以行，难者弗辟，易者弗从，惟义所在，日旦就业，夕而自省思，以殁其身亦，可谓守义矣。君子学必由其业，问必以其序，问而不决，承间观色而复之，虽不说，亦不强争也。君子既学之，患其不博也；既博之，患其不习也；既习之，患其无知也；既知之，患其不能行也。既能行之，贵其能让也。君子之学致此五者而已矣。君子博学而孱守之，微言而笃行之，行必先人，言必后人，君子终身守此悒悒。行无求数有名，事无求数有成，身言之，后人扬之；身行之，后人秉之。君子终身守此惮惮。君子不绝小，不殄微也，行自微也，不微人。人知之，则愿也；人不知苟，吾自知也。君子终身守此勿勿也。君子祸之为患，辱之为畏。见善，恐不得与焉；见不善者，恐其及己也。是故君子疑以终身。君子见利思辱，见恶思诟，嗜欲思耻，忿怒思患。君子终身守此战战也。

"君子虑胜气，思而后动，论而后行，行必思言之，言之必思复之，思复之必思无悔言，亦可谓慎矣。人信其言，从之以行，人信其行，从之以复。复宜其类，类宜其年，亦可谓外内合矣。君子疑则不言，未问则不言，两问则不行其难者。君子患难除之，财色远之，流言灭之。祸之所由生自孅孅也，是故君子宿绝之。君子己善，亦乐人之善也；己能，亦乐人之能也。己虽不能，亦不以援人。君子好人之为善，而弗趣也，恶人之为不善而弗疾也。疾其过而不补也，饰其美而不伐也，伐则不益，补则不改矣。改当作复。君子不先人以恶，不疑人以不信，不说人之过，成人之美。存往者，在来者，朝有过夕改则与之，夕有过朝改则与之。君子义则有常，善则有邻，见其一，冀其二，见其小，冀其大，苟有德焉，亦不求盈于人也。君子不绝人之欢，不尽人之礼；来者不豫，往者不嗔也；去之不谤，就之不赂；亦可谓忠矣。君子恭而不难，安而不舒，逊而不谄，宽而不纵，惠而不俭，直而不径，可谓知矣。君子入人之国，不称其讳，不犯其禁，不服华色之服，不称惧惕之言，故曰：与其奢也，宁俭；与其倨也，宁句；可言而不信，宁无言也。君子终日言，不在尤之中；小人一言，终身为罪。君子乱言而弗殖，神言弗致也，道远日益，众信弗主，灵古阴字言弗与，人言不信不和。

"君子不唱流言，不折辞，不陈人以其所能。言必有主，行必有法，亲人必有方。多知而无亲，博学而无方，好多而无定者，君子弗与也。君子多知而择焉，博学而算焉，多言而慎焉。博学而无行，进给而不让，好直而径，俭而好佯者，君子不与也。夸而无耻，强而无惮，好勇而忍人者，君子不与也。亟达而无守，好名而无体，忿怒而为恶，足恭而口圣，而无常位者，君子弗与也。

"巧言令色，能小行而笃，难于仁矣。嗜酤酒，好讴歌，巷游而乡居者乎！吾无望焉耳。出入不时，言语不序，安易而乐暴，惧之而不恐，说之而不听，虽有圣人亦无若何矣。临事而不敬，居丧而不哀，祭祀而不畏，朝廷而不恭，则吾无由知之矣。

"三十、四十之间而无艺，则无艺矣；五十而不以善闻，则无闻矣；七十而无德，虽有微过，亦可以勉矣。勉与免同。其少不讽诵，其壮不议论，其老不教诲，亦可谓无业之人矣。

"少称不弟焉，耻也；壮称无德焉，辱也；老称无礼焉，罪也。过而不能改，倦也；行而不能遂，耻也；慕善人而不与焉，辱也；弗知而不问焉，固也；说而不能，穷也；喜怒异类，惑也；不能行而言之，诬也；非其事而居之，矫也；道言而饰其辞，虚也；无益而食厚禄，窃也；好道烦言，乱也；杀人而不戚焉，贼也。

"人言不善而不违,近欲说其;言说其言,殆于以身近之也;殆于以身近之,殆于身之矣。人言善而色莨焉,近于不说其言;不说其言,殆于以身近之也;殆于以身近之,殆于身之矣。

　　"故目者,心之浮也,言者,行之指也,作于中则播于外也。故曰:以其见者,占其隐者。故曰:听其言也,可以知其所好矣。观说之流,可以知其术也。久而复之,可以知其信矣。观其所亲爱,可以知其人矣。临惧之而观其不恐也,怒之而观其不惛也,喜之而观其不诬也,近诸色而观其不逾也,饮食之而观其有常也,利之而观其能让也,居哀而观其贞也,居约而观其不营也,勤劳之而观其不扰人也。

　　"君子之于不善也,身勿为能也,色勿为不可能也;色勿为可能也,心思勿为不可能也。太上乐善,其次安之,其下亦能自强。仁者乐道,智者利道,愚者从,弱者畏。不愚不弱,执诬以强,亦可谓弃民矣。太上不生恶,其次而能夙绝之也,其下复而能改也。复而不改,陨身覆家,大者倾覆社稷。是故君子出言以鄂鄂,行身以战战,亦殆勉于罪矣。是故君子为小由为大也,居由仕也,备则未为备也,而勿虑存焉。事父可以事君,事兄可以事师长;使子犹使臣也,使弟犹使承嗣也;能取朋友者,亦能取所予从政者矣。赐与其宫室,亦犹庆赏于国也;忿怒其臣妾,亦犹用刑罚于万民也。是故为善必自内始也。内人怨之,虽外人亦不能立也。

　　"居上位而不淫,临事而栗者,鲜不济矣。先忧事者后乐事,先乐事者后忧事。昔者天子日旦思其四海之内,战战惟恐不能乂;诸侯日旦思其四封之内,战战惟恐损失之;大夫日旦思其官,战战惟恐不能胜;庶人日旦思其事,战战惟恐刑罚之至也。是故临事而栗者,鲜不济矣。

　　"君子之于子也,爱而勿面也,使而勿貌也,导之以道而勿强也。宫中雍雍,外焉肃肃,兄弟憘憘,朋友切切,远者以貌,近者以情。友以立其所能,而远其所不能。苟无失其所守,亦可以终身矣。"右《曾子立事篇第四十九》。

　　卢氏文弨曰:"《大戴》者,孔门之遗言,周元公之旧典,多散见于是书。然此书之极精粹者，莫如《曾子》数篇，而《立事》一篇，尤学者所当日三复也，博学而屡守之，余素服膺斯言，自为棘人，每诵'君子思其不可复者而先施焉'数语，辄不禁泪之盈眦也。"

曾子曰："忠者，其孝之本与！孝子不登高，不履危，庳亦弗凭；不苟笑，不苟訾，隐不命，临不指，故不在尤之中也。孝子恶言死焉，流言止焉，美言兴焉，故恶言不出于口，烦言不及于己。故孝子之事亲也，居易以俟命，不兴险行以徼幸；孝子游之，暴人违之；出门而使，不以或为父母忧也；险涂隘巷，不求先焉，以爱其身，以不敢忘其亲也。孝子之使人也不敢肆，行不敢自专也；父死三年，不敢改父之道；又能事父之朋友，又能率朋友以助敬也。君子之孝也，以正致谏；士之孝也，以德从命；庶人之孝也，以力恶食。任善，不敢臣三德。故孝子之于亲也，生则有义以辅之，死则哀以莅焉，祭祀则莅之，以敬如此，而成于孝子也。"右《本孝篇第五十》。

曾子曰："君子立孝，其忠之用，礼之贵，故为人子而不能孝其父者，不敢言人父不能畜其子也；为人弟而不能承其兄者，不敢言人兄不能顺其弟也；为人臣而不能事其君者，不敢言人君不能使其臣者也。故与父言，言畜子；与子言，言孝父；与兄言，言顺弟；与弟言，言承兄；与君言，言使臣；与臣言，言事君。君子之孝也，忠爱以敬，反是，乱也。尽力而有礼，庄敬而安之，微谏不倦，听从而不怠，欢欣忠信，咎故不生，可谓孝矣。尽力无礼，则小人也；致敬而不忠，则不入也。是故礼以将其力，敬以入其忠，饮食移味，居处温愉，著心于此，济其志也。"

子曰："可入也，吾任其过；不可入也，吾辞其罪。"《诗》云："有子七人，莫慰母心。"子之辞也。"夙兴夜寐，无忝尔所生。"言不自舍也，不耻其亲，君子之孝也。是故未有君而忠臣可知者，孝子之谓也；未有长而顺下可知者，弟弟之谓也；未有治而能仕可知者，先修之谓也。故曰：孝子善事君，弟弟善事长，君子一孝一弟，可谓知终矣。"右《立孝篇第五十一》。

单居离问于曾子曰："事父母有道乎？"曾子曰："有。爱而敬。父母之行，若中道则从，若不中道则谏。谏而不用，行之如由己。从而不谏，非孝也；谏而不从，亦非孝也。孝子之谏，达善而不敢争辨。争辨者，乱之所由兴也。由己为无咎则宁，由己为贤人则乱，孝子无私乐，父母所忧忧之，父母所乐乐之。孝子惟巧变，故父母安之。若夫坐如尸，立如齐，弗讯不言，言必齐色，此成人之善者也，未得为人子之道也。"

单居离问曰："事兄有道乎？"曾子曰："有。尊事之以为己望也，兄事之不遗其言。兄之行若中道，则兄事之；兄之行若不中道，则养之。养之内，不养于外，则是越之也；养之外，不养于内，则是疏之也。是故君子内外养之也。"

单居离问曰："使弟有道乎？"曾子曰："有。嘉事不失时也。弟之行若中道，则正以使之；弟之行若不中道，则兄事之。诎事兄之道，若不可，然后舍之矣。"

曾子曰："夫礼，大之由也，不与小之自也。饮食以齿，力事不让，辱事不齿，执觞觚杯豆而不醉，和歌而不哀。夫弟者，不衡坐，不苟越，不干逆色，趋翔周旋，俛仰从命，不见于颜色，未成于弟也。"右《事父母篇第五十三》。

曾子曰："夫行也者，行礼之谓也。夫礼，贵者敬焉，老者孝焉，幼者慈焉，少者友焉，残者惠焉。此礼也，行之则行也，立之则义也。今之所谓行者，犯其上，危其下，衡道而强立之，天下无道故若，天下有道，则有司之所求也。故君子不贵兴道之士，而贵有耻之士也。若由富贵兴道者与贫贱，吾恐其或失也；若由贫贱兴道者与富贵，吾恐其赢骄也。夫有耻之士，富而不以其道，则耻之；贫而不以其道，则耻之。弟子无曰不我知也。鄙夫鄙妇相会于墙阴，可谓密矣，明日则或扬其言矣。故士执仁与义而明行之，未笃故也，胡如其莫之闻也。杀六畜不当及亲，吾信之矣；使民不时失国，吾信之矣。蓬生麻中，不扶自直；白沙在泥，与之皆黑。是故人之相与也，譬如舟车然，相济达也。己先则援之，彼先则推之。是故人非人不济，马非马不走，土非土不高，水非水不流。君子之为弟也，行则为人负，无席则寝其趾，使之为夫人则否。近市无贾，在田无野，行无据依，苟若此，则夫扶可因笃焉。富以苟不如贫以誉，生以辱不如死以荣。辱可避，避之而已矣；及其不可避也，君子视死若归。父母之雠，不与同生；兄弟之雠，不与聚国；朋友之雠，不与聚乡；族人之雠，不与聚邻。良贾深藏若虚，君子有盛教如无。"弟子问于曾子曰："夫士何如则可以为达矣？"曾子曰："不能则学，疑则问，欲行则比贤，虽有险道，循行达矣。今之弟子，病下人，不知事贤，耻不知而又不问，欲作则其知不足，是以惑暗，惑暗。终其世而已矣，是谓穷民也。"

曾子门弟子或将之晋，曰："吾无知焉。"曾子曰："何必然，往矣！有知焉谓之友，无知焉谓之主。且夫君子执仁立志，先行后言，千里之外，皆为兄弟。苟是之不为，则虽与亲，庸孰能亲汝乎！"右《制言上篇第五十四》。

曾子曰："君子进则能达，退则能静。岂贵其能达哉，贵其有功也；岂贵其能静哉，贵其能守也。夫唯进之何功，退之何守，是故君子进退有二观焉。故君子进则能益上之誉而损下之忧；不得志，不安贵位，不怀厚禄，负耜而行道，冻饿而守仁，则君子之义也。其功守之义，有知之，则愿也；莫知之，苟吾自知也。吾不仁其人，虽独也，吾弗亲也。故君子不假贵而取宠，不比誉而取食，直行而取礼，比说而取友，有说我则愿也，莫我说，苟吾自说也。故君子无悒悒于贫，无忽忽于贱，无惮惮于不闻。布衣不完，疏食不饱，蓬户穴牖，日孜孜上仁；知我吾无诉诉，不知我吾无悒悒。是以君子直言直行，不宛言而取富，不屈行而取位。仁之见逐，智之见杀，固不难。诎身而为不仁，宛言而为不智，则君子弗为也。君子虽言不受必忠，曰道；虽行不受必忠，曰仁；虽谏不受必忠，曰智。天下无道，循道而行，衡涂而偾，手足不掩，四肢不被。此则非士之罪也，有士者之羞也。是故君子以仁为尊。天下之为富，何为富？则仁为富也；天下之为贵，何为贵？则仁为贵也。昔者，舜匹夫也，土地之厚，则得而有之；人徒之众，则得而使之，舜惟仁得之也。是故君子将说富贵，必勉于仁也。昔者，伯夷、叔齐死于沟浍之间，其仁成名于天下。夫二子者，居河济之间，非有土地之厚、货粟之富也，言为文章、行为表缀于天下。是故君子思仁义，昼则忘食，夜则忘寝，日旦就业，夕而自省，以殁其身，亦可谓守业矣。"右《制言中篇第五十五》。

曾子曰："天下有道，则君子诉然以交同；天下无道，则衡言不革。诸侯不听，则不干其土，听而不贤，则不践其朝。是以君子不犯禁而入人境，不避患而出危邑，则秉德之士不谄矣。故君子不谄富贵以为已说，不乘贫贱以居已尊。凡行不义，则吾不事；不仁，则吾不长；奉相仁义，则吾与之聚群；向迩寇盗，则吾不与虑。国有道则突若入焉，国无道则突若出焉，如此之谓义。

夫有世义者哉？仁者殆，恭者不入，慎者不见使，正直者则迩于刑，弗违则殆于罪。是故君子错在高山之上，深泽之汙，聚橡栗藜藿而食之，生耕稼以老十室之邑。是故昔者禹见耕者五耦而式，过十室之邑则下，为秉德之士存焉。"右《制言下篇第五十六》。

曾子疾病，曾元抑首，曾华一作"申"抱足。曾子曰："微乎！吾无夫颜氏之言，吾何以语汝哉！然而君子之务，盖有之矣。夫华繁而实寡者，天也；言多而行寡者，人也。鹰隼以山为卑，而增巢其上，鱼鳖鼋龟以渊为浅，而蹶穴其中，卒其所以得之者，饵也。是故君子苟无以利害义，则辱何由至哉！亲戚不悦，不敢外交；近者不亲，不敢求远；小者不审，不敢言大。故人之生也，百岁之中，有疾病焉，有老幼焉，故君子思其不可复者而先施焉。亲戚既没，虽欲孝，谁为孝？年既耆艾，虽欲弟，谁为弟？故孝有不及，弟有不时，其此之谓与！言不远身，言之主也；行不远身，行之本也。言有主，行有本，谓之有闻矣。君子尊其所闻，则高明矣；行其所闻，则广大矣。高明广大，不在于他，在加之志而已矣。与君子游，苾乎如入兰芷之室，久而不闻，则与之化矣；与小人游，贶乎如入鲍鱼之次，久而不闻，则与之化矣。是故君子慎其所去就。与君子游，如长日加益，而不自知也；与小人游，如履薄冰，每履而下，几何而不陷乎哉！吾不见好学盛而不衰者矣，吾不见好教如食疾子者矣，吾不见日省而月考之其友者矣，吾不见孜孜而与来而改者矣。"右《曾子疾病篇第五十七》。

单居离问于曾子曰："天圆而地方者，诚有之乎？"曾子曰："离！而闻之云乎？"单居离曰："弟子不察，以此敢问也。"曾子曰："天之所生上首，地之所生下首。上首之谓圆，下首之谓方。如诚天圆而地方，则是四角之不掩也。且来，吾语汝。参当闻之夫子曰：'天道曰圆，地道曰方，方曰幽而圆曰明。明者，吐气者也，是故外景；幽者，含气者也，是故内景。故火日外景，而金水内景。吐气者施，而含气者化，是以阳施而阴化也。阳之精气曰神，阴之精气曰灵。神灵者，品物之本也，而礼乐仁义之祖也，而善否治乱所兴作也。阴阳之气各从其所，则静矣，偏则风，俱则雷，交则电，乱则雾，和则雨。阳气胜则散为雨露，阴气胜则凝为霜雪。阳之专气为雹，阴之专气为霰，霰雹者，一气之化也。毛虫毛而后生，羽虫羽而后生，毛羽之虫，阳气之所生也。介虫介而后生，鳞虫鳞而后生，介鳞之虫，阴气之所生也。惟人为倮匈而后生也，阴阳之精也。毛虫之精者曰麟，羽虫之精者曰凤，介虫之精者曰龟，鳞虫之精者曰龙，倮虫之精者曰圣人。龙非风不举，龟非火不兆，凤非梧不栖，麟非薮不止，此皆阴阳之际也。兹四者，所以圣人役之也，是故圣人为天地主，为山川主，为鬼神主，为宗庙主。圣人慎守日月之数，以察星辰之行，以序四时之顺逆，谓之历。截十二管，以察八音之上下清浊，谓之律。律居阴而治阳，历居阳而治阴，律历迭相治也，其间不容发。圣人立五礼以为民望，制五衰以别亲疏，和五声之乐以导民气，合五味之调以察民情，正五色之位，成五谷之名。序五牲之先后贵贱，诸侯之祭牲，牛，曰太牢；大夫之祭牲，羊，曰少牢；士之祭牲，特豕，曰馈食。无禄者稷馈，稷馈者无尸，无尸者厌也。宗庙曰刍豢，山川曰牺牷，割列禳瘗，是有五牲。此之谓品物之本，礼乐之祖，善否治乱之所由兴作也。'右《天圆篇第五十八》。

【谨按】《大戴礼》载曾子言行凡十篇，其《大孝》篇与《礼记·祭义》相同，上文已著录，今从略。其《天圆》一篇推阐阴阳生化之理，词极精核。宋儒所著若《太极图说》《西铭》等书，能窥天道间奥矣，亦推《天圆》篇以为最纯最博。梅氏文鼎著《曾子天圆注》一卷，今编入《天算丛书》中。韩氏元吉谓《大戴礼》一书探索阴阳，穷析物理，推本性命，杂言礼乐之辩，器数之详，必有自来，以是知圣门之学无不赅备云。今考《易》《礼》与《春秋》，益知孔门学问之精博。故研究孔门学术者，其说虽出于诸子百家，犹当采缀而辑录之，而况于二戴之传出于圣门之所记乎！

           卷十八终　门人李朴生校字

卷十九 别录：曾参下

卷十九　别录：曾参下

《韩诗外传》

曾子仕于莒，得粟三秉，方是之时，曾子重其禄而轻其身。亲没之后，齐迎以相，楚迎以令尹，晋迎以上卿。方是之时，曾子重其身而轻其禄。怀其宝而迷其国者，不可与语仁；窘其身而约其亲者，不可与语孝。任重道远者，不择地而息；家贫亲老者，不择官而仕。故君子矫褐趋时，当务为急。《传》云："不逢时而仕，任事而敦其虑，为之使而不入其谋，贫焉故也。"

崔氏述曰："齐迎以相，楚迎以令尹，晋迎以上卿，此战国时之风气，春秋时未有如是者。且楚僭王猾夏，曾子必不仕楚也。"

曾子曰："往而不可还者，亲也；至而不可加者，年也。是故孝子欲养而亲不待也，木欲直而时不待也。是故椎牛而祭墓，不如鸡豚逮亲存也。故吾尝仕齐为吏，禄不过钟釜，尚犹欣欣而喜者，非以为多也，乐其逮亲也。既没之后，吾尝南游于楚，得尊官焉，堂高九仞，榱题三围，转毂百乘，犹北向而泣涕者，非为贱也，悲不逮而亲也。故家贫亲老，不择官而仕。若夫信其志，约其亲者，非孝也。"

崔氏述曰："此亦因曾子以孝著，故托言之。亲存则不择官而仕，亲没则视富贵如浮云，此君子之常态，况于曾子？至云'堂高九仞，榱题三围，转毂百乘'，此非曾子所为也，故不足信。"

昔者孔子鼓瑟，曾子、子贡侧门而听。曲终，曾子曰："嗟乎！夫子瑟声殆有贪狼之志、邪僻之行，何其不仁趋利之甚。"子贡以为然，不对而入。夫子望见子贡有谏过之色、应难之状，释瑟而待之。子贡以曾子之言告。子曰："嗟乎！夫参，天下贤人也，其习知音矣。向者丘鼓瑟，有鼠出游，狸见于屋，循梁微行，造焉而避，厌目曲脊，求而不得，丘以瑟浮其音，参以丘为贪狼邪僻，不亦宜乎？"

【谨按】此段所记，欲表明曾子能识音，与《家语》载颜渊闻哭声而知有生离别者相类，皆傅会之词耳。

《家语》

齐尝聘，欲以为卿，而不就。曰："吾父母老，食人之禄则忧人之事，故吾不忍远亲而为人役。"参后母遇之无恩，而供养不衰。及其妻以黎蒸不熟，因出之。人曰："非七出也。"参曰："黎蒸，小物耳。吾欲使熟，而不用吾命。况大事乎？"遂出之，终身不取妻。其子元请焉，告其子曰："高宗以后妻杀其子孝己，尹吉甫以后妻杀伯奇。吾上不及高宗，中不比吉甫，庸知其得免于非乎？"《弟子解》篇，《白虎通》亦载及。

崔氏述曰："或疑蒸黎过小，不至于出，为之解曰：出妻令其可嫁，盖有大过而出也，以蒸黎为名尔。"【余按】妻也者，上奉父母，下理内政，所关甚重。若少年时出妻不复娶，中馈托之何人？有母尸饔胡不恤焉，而家政亦必致于废。若既老而出之，岂数十年皆无大过，独一旦而忽有大过乎？老而弃之，亦非君子之所以居心也。道之传也，孔子授曾子，曾子授子思，子思传之孟子，而三人皆以出妻闻。孟子之妻亦几于出，岂为圣贤妻者皆有大过，抑为圣贤者必求全责备，一不当意即出之乎？孔子谓君子之使人也，器之。孟子曰："中也养不中，才也养不才。"于妻也亦当如是尔。然则此事必傅会成文，不足信也。按曾子出妻之说，简氏朝亮谓其诬引《韩诗外传》曰："曾参丧妻不更娶。"是丧妻非出妻也。并谓子思出妻之说，亦是传闻之诬耳。简说与崔氏见解略同，附之以资参考。

> 曾子耘瓜，误斩其根。曾晳怒，建大杖以击其背。曾子仆地而不知人久之。有顷，乃苏，欣然而起，进于曾晳曰："向也参得罪于大人，大人用力教参，得无疾乎？"退而就房，援琴而歌，欲令曾晳闻之，知其体康也。孔子闻之而怒，告门弟子曰："参来勿内。"曾参自以为无罪，使人请于孔子。子曰："女不闻乎？昔瞽瞍有子曰舜，舜之事瞽瞍，欲使之未尝不在于侧；索而杀之，未尝可得。小棰则待过，大杖则逃走。故瞽瞍不犯不父之罪，而舜不失烝烝之孝。今参事父，委身以待暴怒，殪而不避，既身死而陷父于不义，其不孝孰大焉？女非天子之民耶？杀天子之民，其罪奚若？"曾参闻之曰："参罪大矣。"遂造孔子而谢过。《韩诗外传》《说苑》亦载此事。

崔氏述曰："耘瓜而断其根，细已甚，曾晳旷达之怀，必不至以小物介意，宁因区区之事而逞一朝之怒，遂不复顾其子之生死乎？孟子谓：'曾子养曾晳，必有酒肉。将彻，必请所与，问有余，必曰有。'其善体亲心如是，安有不自贵重，甘奉此身以殉其亲一时之怒。余谓曾晳之旷达，曾子之孝谨，家庭之间必雍睦异常。但曾子以孝名，后人言孝者因傅会之，故有里名胜母，曾子不入之语。见《说苑》。犹之闵子之孝，后人遂以芦花之事傅会之尔。"

张自烈《曾晳杖参辨》曰："晳父子无是事也。夫晳狂士也，方侍坐言志，暮春咏游，孔子喟然与之，岂爱瓜怒参，杖其背，仆地弗恤乎？审如是，则是以所不爱及其所爱，谓之暴可也，恶得为狂乎？"

> 曾子从孔子于齐，齐景公以下卿之礼聘曾子，曾子固辞。将行，晏子送之曰："吾闻之，君子遗人以财，不若善言。今夫兰之本三年，湛之以

鹿醢，既成噉之，则易以匹马。非兰之本性也，所以湛者美矣，愿子详其所湛者。夫君子居必择处，游必择方，仕必择君。择君所以求仕，择方所以修道。迁风移俗，嗜欲移性，可不慎乎？"孔子闻之，曰："晏子之言，君子哉！依贤者固不困，依有者固不穷，马蚿斩足而复行，何也？以其辅之者众也。"右两段见《六本》篇，《说苑》及《荀子》《晏子》亦载此事，措词稍别。

曾子敝衣而耕于鲁，鲁君闻之而致邑焉，曾子固辞不受，或曰："非子之求，君自致之，奚固辞也？"曾子曰："吾闻受人施者常畏人，与人者常骄人。纵君有赐，不我骄也，吾岂能勿畏乎？"孔子闻之曰："参之言足以全其节也。"《在厄》篇，《说苑》亦载之。

崔氏述曰："君子之辞受，准乎义而已，若以畏人骄人为词，浅已。况国君所赐，尤不可以苟辞苟受，而乃以俗情之施于常人者，施之于君乎？且曾子于及门年最少，若能为君所重如此，必其中年后事，孔子安得复存，此后人伪托之词耳。"

曾子曰："入其国也，言信于群臣，而留可也；行忠于卿大夫，则仕可也；泽施于百姓，则富可也。"孔子曰："参之言此，可谓善安身矣。"《致思》篇，《说苑》略同。

曾子曰："狎甚则相简，庄甚则不亲。故君子之狎足以交欢，其庄足以成礼。"孔子闻斯言也，曰："二三子志之，孰谓参也不知礼乎？"《好生》篇，《说苑》亦载此言。

《说苑》

鲁人攻费，曾子辞于费君曰："请出，寇罢而后复来。请姑毋使狗豕入吾舍。"费君曰："寡人之于先生也，人无不闻。今鲁人攻我，而先生去我，我胡守先生之舍？"鲁人果攻费，数之罪十，而曾子之所争者九。会师罢，费君复修曾子舍，而后迎之。《尊贤》篇。

【谨按】《孟子》云:"曾子居武城,有越寇。或曰:'寇至盍去诸?'曰:'无寓人于我室,毁伤其薪木。'寇退则曰:'修我墙屋,我将反。'寇退,曾子反。左右曰:'待先生如此,其忠且敬也。寇至则先去。以为民望,寇退则反。殆于不可,沈犹行。'曰:'是非汝所知也。昔沈犹有负刍之祸,从先生者七十人,未有与焉。'"孟子论之曰:"曾子,师也,父兄也。"据此是曾子居鲁而非居费,是越寇鲁而非鲁攻费,或不同一时一事也。录之以备参考。

公孟子高见颛孙子莫曰:"敢问君子之礼何如?"颛孙子莫曰:"去尔外厉,与尔内色胜,而心自取之,去三者而可矣。"公孟不知,以告曾子。曾子愀然,逡巡曰:"大哉言乎!夫外厉者必内折,色胜而心自取之者必为人役。是故君子德行成而容不知,闻识博而辞不争,知虑微达而能不愚。"

曾子曰:"响不辞声,鉴不辞形,君子正一而万物皆成。夫行非为影也,而影随之;呼非为响也,而响和之。故君子功先成而名随之。"

公明宣学于曾子,三年不读书。曾子曰:"宣而居参之门,三年不学,何也?"公明宣曰:"安敢不学。宣见夫子居宫庭,亲在,叱咤之声未尝至于犬马,宣说之,学而未能;宣见夫子之应宾客,恭俭而不懈惰,宣说之,学而未能;宣见夫子之居朝廷,严临下而不毁伤,宣说之,学而未能。宣说此三者,学而未能,宣安敢不学而居夫子之门乎?"曾参避席,谢之曰:"参不及宣,其学而已。"《反质》篇。

【谨按】语门人而自称名,又云避席谢之,恐非师道所宜,疑此亦傅会之词。

曾子有疾,孟仪往问之,曾子曰:"鸟之将死,必有悲声,君子集大辟,必有顺辞,礼之有三仪,知之乎?"对曰:"不识也。"曾子曰:"坐,吾语汝。君子修礼以立志,则贪欲之心不来;君子思礼以修身,则怠惰慢易之节不至；君子修礼以仁义，则忿争暴乱之辞远。若夫置罇俎列笾豆，此有司之事也，君子虽勿能，可也。"

【谨按】此段词意与《论语·泰伯篇》所记略同。

曾子有疾，曾元抱首，曾华抱足。曾子曰："吾无颜氏之才，何以告汝！虽无能，君子务益。夫华多实少者，天也；言多行少者，人也。夫飞鸟以山为卑，而层巢其巅；鱼鳖以渊为浅，而穿穴其中。然所以得之者，饵也。君子苟能无以利害身，则辱安从至乎？官怠于宦成，病加于少愈，祸生于懈惰，孝衰于妻子，察此四者，慎终如始。《诗》曰：'靡不有初，鲜克有终。'"

【谨按】《大戴礼·曾子疾病》篇所记略同。曾子之孝，以不辱身为本，夫辱其身，即是辱其亲矣。《孝经》云："立身行道，扬名于后世，以显父母。"曾子云："大孝尊亲，其次弗辱。"又曰："慎行其身，不遗父母恶名，可谓能终矣。"审是则曾子守身可知也。

《新序》

曾参之处郑，有与曾参同名姓者杀人，人告其母曰："曾参杀人。"其母织自若也。顷然一人又来告之，其母曰："吾子不杀人。"有顷一人又告，其母投杼下机，逾墙而走。

崔氏述曰："此战国策士假设之言，以见谗言之易入，以曾子之贤，故托之耳。宁有贤如曾子，其母知之有素，而尚惑于人言者乎？"

《列女传》

鲁黔娄先生死，曾子与门人往吊之。其妻出户，曾子吊之上堂，见先生之尸在牖下，枕墼席，槁缊袍，不表覆，以布被手足，不尽敛，覆头则足见，覆足则头见。曾子曰："斜引其被则敛矣。"妻曰："斜而有余，不如正而不足也。先生以不斜之故能至于此，生而不斜，死而斜之，非先生意也。"曾子不能应，遂哭之曰："嗟乎！先生之终也，何以为谥？"其妻曰："以康为谥。"曾子曰："先生在时，食不充口，衣不盖形，死则手足不敛，旁无酒肉，何乐于此而谥为康乎？"其妻曰："昔先生君尝欲授之以政，以为国相，辞而不为，是有余贵也。君尝赐之粟三十钟，先生辞而不受，是有余富也。彼先生者，甘天下之淡味，安天下之卑位，不戚戚于贫贱，不忻忻于富贵，求仁而得仁，求义而得义，其谥为康，不亦宜乎？"曾子曰："唯斯人也，而有斯妇。"【按】《汉书》道家有《黔娄子》四篇，齐隐士也，守道不诎，威王下之。

【谨按】《列女传》载此，其意欲表明黔娄为高士，遂借曾子以陪衬之，诚如其言，则曾子之识见，曾妇人之不若矣，夫岂足信？且其文词显浅不类，当日文字殆策士之谈，讬言以消其胸中傀儡耳。

《庄子》

曾子居卫，缊袍无表，颜色肿哙，手足胼胝，三日不举火，十年不制衣，正冠而缨绝，捉衿而肘见，纳履而踵决，曳纵而歌《商颂》，声满天地，若出金石。天子不得臣，诸侯不得友。故养志者忘形，养形者忘利，致道者忘心矣。《让王》篇。

【谨按】此段与《韩诗外传》所载原宪事迹大同小异，二子之操行，皆确然不可拔者也。

《荀子》

曾子曰："孝子言为可闻，行为可见。言为可闻，所以说远也；行为可见，所以说近也。近者说则亲，远者说则附。亲近而附远，孝子之道也。"

【谨按】《大戴礼·曾子疾病》篇云:"亲戚不说,不敢外交;近者不亲,不敢求远。"与此义互相发。

曾子曰:"无内人之疏,而外人之亲;无身不善而怨人,无刑已至而呼天。内人之疏,而外人之亲,不亦远乎!身不善而怨人,不亦反乎!刑已至而呼天,不亦晚乎!《诗》曰:'涓涓源水,不壅不塞;毂已破碎,乃大其辐;事已败矣,乃重太息。'其云益乎!"

【谨按】《韩诗外传》载曾子曰"君子有三言,可贯而佩之"一段,大意亦与此同。

曾子曰:"同游而不见爱者,吾必不仁也;交而不见敬者,吾必不长也;临财而不见信者,吾必不信也。三者在身,曷怨人。怨人者穷,怨天者无识,失诸己而反诸人,不亦迂哉!"

《韩非子》

曾子之妻之市,其子随之而泣,其母曰:"汝还,顾反为汝杀彘。"适市来,曾子欲捕彘杀之,妻止之曰:"特与婴儿戏耳。"曾子曰:"婴儿非与戏也。婴儿非有知也,待父母而学者也,听父母之教。今子欺之,是教子欺也。父欺子,而不信其母,非以成教也。"遂烹彘。

【谨按】马氏骕曰:"按此与孟母买豚肉相类。"

《孔从子》

曾子问听狱之术。孔子曰:"其大法有三焉:治必以宽,宽之之术,归于察,察之之术,归于义。是故听而不宽,是乱也;宽而不察,是慢也;察而不中义,是私也。私则民怨。故善听者,虽不越辞,辞不越情,情不越义。《书》曰：'上下比罚，无僭乱辞。'"

《吕氏春秋》

曾子曰："父母生之子弗敢杀，父母置之子弗敢废，父母全之子弗敢阙。故舟而不游，道而不径，能全支体以守宗庙，可谓孝矣。养有五道，修宫室，安床第，节饮食，养体之道也。树五色，施五采，列文章，养目之道也。正六律，和五声，杂八音，养耳之道也。熟五谷，烹六畜，和煎调，养口之道也。和颜色，说言语，敬进退，养志之道也。此五者，代进而厚用之，可谓善养矣。"

《论衡》

曾子出薪于野，有客至而欲去。曾母曰："愿留，参方到。"即以右手搤其左臂，曾子左臂立痛，即驰至，问母臂何故痛，母曰："今者客来欲去，吾搤臂以呼汝耳。"

【谨按】《孝子传》亦载此事，大同小异。《搜神记》谓曾子从仲尼在楚，而心动。辞归，问母，母曰："思尔，啮指。"孔子曰："曾参之孝，精感万里。今啮指心动，盖精气所感召耳。"曾参之母爱子如此，其生母欤？而《家语》谓参后母，遇之无恩，何能爱之若此，岂以曾子供养不衰，而有以感格之欤？

今以《家语》考之，谓曾参后母遇之无恩。又云因耘瓜断根，曾皙建大杖以击其背。《庄子注》谓曾子"为父所憎，尝见绝粮，而后苏"。及曾子出妻，终不再娶，引高宗、尹吉甫皆以后妻杀子为戒。《韩诗外传》亦云曾参丧妻不更娶，人问其故，曾子曰："以华元善人也，岂不以高宗、尹吉甫之覆辙为不可蹈，而恐其害及华元欤？"则当日家庭事可想而知矣。曾子处境如此，卒能奉养不衰，以感格之，所以为纯孝也。

有若

《礼记》

有子问于曾子曰:"问丧于夫子乎?"曰:"闻之矣。'丧欲速贫,死欲速朽。'"有子曰:"是非君子之言也。"曾子曰:"参也,闻诸夫子也。"有子又曰:"是非君子之言也。"曾子曰:"参也,与子游闻之。"有子曰:"然。然则夫子有为言之也。"曾子以斯言告于子游。子游曰:"甚哉,有子之言似夫子也!昔者,夫子居于宋,见桓司马自为石椁,三年而不成。夫子曰:'若是其靡也,死不如速朽之愈也。'死之欲速朽为桓司马言之也。南宫敬叔反,必载宝而朝。夫子曰:'若是其货也,丧不如速贫之愈也。'丧之欲速贫,为敬叔言之也。"郑《注》:"丧谓仕失位也。"曾子以子游之言告于有子。有子曰:"然。吾固曰非夫子之言也。"曾子曰:"子何以知之?"有子曰:"夫子制于中都,四寸之棺,五寸之椁,以斯知不欲速朽也。昔者夫子失鲁司寇,将之荆,盖先之以子夏,又申之以冉有,以斯知不欲速贫也。"见《檀弓》。

崔氏述曰:"'丧欲速贫''死欲速朽'之语,曾子果与子游同闻之,则桓司马、南宫敬叔之事,曾子必与子游同见之,何容曾子不知,而子游独知之。公明仪曰:'三月无君则吊。'孟子曰:'惟士无田,则亦不祭。'又曰:'且比化者,无使土亲肤,于人心独无恔乎?'丧之不欲速贫,死之不欲速朽,此天理人情之自然,曾子岂不知之,其不信此不情之语也明甚。"

《左传》

哀公八年,吴伐我。懿子谓景伯:"若之何?"对曰:"吴师来,斯与之战,何患焉?且召之而至,又何求焉?"吴师克东阳而进,舍于五梧。明日,舍于蚕室。公宾庚、公甲叔子与战于夷,获叔子与析朱锄,献于王。王曰："此同车，必使能，国未可望也。"明日，舍于庚宗，遂次于泗上。微虎欲宵攻王舍，私属徒七百人三踊于幕庭，卒三百人，有若与焉。及稷门之内，或谓季孙曰："不足以害吴，而多杀国士，不如已也。"乃止之，吴子闻之，一夕三迁。

【谨按】有若参列戎行，论者以为其习于军旅之事。夫儒者而习知战阵，亦分内事也。昔者王守仁以书生从戎，生擒宸濠，平定赣越诸寇贼。彼盖席《尔雅》训辞之业，赫然成破敌之功，岂若武臣子弟常习为战斗，而决胜负于一旦哉。抑古者寓兵于农，国民皆有当兵之义务。近世征兵制度，殆仿此欤？

《孟子》

他日，子夏、子张、子游以有若似圣人，欲以所事孔子事之，强曾子。曾子曰："不可。江汉以濯之，秋阳以暴之，皜皜乎不可尚已。"

《史记》

孔子既没，弟子思慕。有若状似孔子，弟子相与共立为师，师之如夫子时也。他日，弟子进问曰："昔夫子当行，使弟子持雨具，已而果雨。弟子问曰：'夫子何以知之？'夫子曰：'《诗》不云乎？"月离于毕，俾滂沱矣。"昨暮月不宿毕乎？'他日，月宿毕，竟不雨。商瞿年长无子，其母为取室。孔子使之齐，瞿母请之。孔子曰：'无忧，瞿年四十后当有五丈夫子。'已而果然。敢问夫子何以知此？"有若默然无以应。弟子起曰："有子避之，此非子之座也！"

【谨按】此必非实事，崔氏述辨之已详有子言行卷中，《荀子·解蔽》篇谓有子恶卧而淬掌，此则言其勤苦力学也，与《家语》称其强识好古道相近。

闵损

《韩诗外传》

闵子骞始见夫子有菜色,后有刍豢之色。子贡问曰:"子始有菜色,今有刍豢之色,何也?"闵子曰:"吾出蒹葭之中,入夫子之门,夫子内切磋以孝,外为之陈王法,心窃乐之;出见羽盖龙旗,旃裘相随,心又乐之。二者相攻于胸中,而不能任,是以有菜色也。今被夫子之教寖深,又赖二三子切磋而进之,内明于去就之义,出见羽盖龙旗旃裘相随,视之如坛土矣,是以有刍豢之色。"《尸子》所载略同。

孟尝君请学于闵子,使车往迎。闵子曰:"礼有来学往教,致师而学,不能礼,往教则不能化君也。君所谓不能学者也,臣所谓不能化者也。"于是孟尝君曰:"敬闻命矣。"明日袪衣请受业。

《家语》

闵子骞为费宰,问政于孔子。子曰:"以德以法。夫德法者,御民之具,犹御马之有衔勒也。君者,人也;吏者,辔也;刑者,策也。夫人君之政,执其辔策而已。"子骞曰:"敢问古之为政?"孔子曰:"古者天子以内史为左右手,以德法为衔勒,以百官为辔,以刑罚为策,以万民为马,故御天下数百年而不失。善御马者,正衔勒,齐辔策,均马力,和马心,故口无声而马应辔,策不举而极千里。善御民者,壹其法,正其百官,以均齐民力,和安民心。故令不再而民顺从,刑不用而天下治。是以其政美,其民和,而众称之。用永厥世。"

"不能御民者,弃其德法,专用刑辟。譬犹御马,弃其衔勒,而专用箠策,其不制也,可必矣。夫无衔勒而用箠策,马必伤,车必败。无德法而用刑辟,民必流,国必亡。治国而无德法,则民无修;民无修,则迷惑失道。如此,则刑罚暴,上下相谀,莫知念忠,上下俱无道。故民恶其残虐,莫不吁嗟,灾害并生,用殄厥世。故曰德法者,御民之本。"

> "古之御天下者，以六官总治焉。冢宰之官以成道，司徒之官以成德，宗伯之官以成仁，司马之官以成圣，司寇之官以成义，司空之官以成礼。六官在手以为辔，司分均仁以为纳。故曰御四马者执六辔，御天下者正六官。是故善御马者，正身以总辔，均马力，齐马心，回旋曲折，唯其所之。故可以取长道，赴急疾。此圣人所以御天地与人事之法则也。天子以内史为左右手，以六官为辔，己与三公为执六官，均五教，齐五法，故唯其所引，无不如志。"
>
> "官属不理，分职不明，法政不一，百事失纪，曰乱。乱则饬冢宰。地利不殖，财物不蕃，万民饥寒，教训不行，风俗淫僻，人民流散，曰危。危则饬司徒。父子不亲，长幼失序，君臣上下，乖离异志，曰不和。不和则饬宗伯。贤能而失官爵，功劳而失赏禄，士卒疾怨，兵弱不用，曰不平。不平则饬司马。刑罚暴乱，奸邪不胜，曰不义。不义则饬司寇。度量不审，举事失理，都鄙不修，财物失所，曰贫。贫则饬司空。故御者同是车马，或以取千里，或不及数百里，其进退缓急异也。夫同是官法，或以致平，或以致乱者，亦其所以为进退缓急异也。故天子考德正法，则天下之治乱可坐庙堂之上而知之。斯治国之要道也。"

马氏骕曰："此文语多出入《大戴礼》诸篇。"

《说苑》

> 闵子骞兄弟二人，母死。其父更娶，复有二子。子骞为其父御车，失辔，父持其手，衣甚单。父归，呼其后母儿，持其手，衣甚厚温。即谓其妇曰："吾所以娶汝，乃为吾子。今汝欺吾，去无留乎？"子骞前曰："母在一子单，母去四子寒。"其父默然，故曰：孝哉闵子骞，一言其母还，再言三子温。

【谨按】《孝子传》载此事，大略相同。谓其后母以芦花代絮，父知之，欲出其妻。赖闵子骞一言而止，其母感动，遂改前非，故孔子称之。

> 子夏三年之丧毕,见于孔子。孔子与之琴,使之弦,援琴而弦,衎衎而乐,作而曰:"先王制礼,不敢不及也。"子曰:"君子也。"闵子骞三年之丧毕,见于孔子,孔子与之琴,使之弦,援琴而弦,切切而悲,作而曰:"先王制礼不敢过也。"孔子曰:"君子也。"子贡问曰:"闵子哀不尽,子曰'君子也';子夏哀已尽,子曰'君子也'。赐也惑,敢问何谓?"孔子曰:"闵子哀未尽,能断之以礼,故曰'君子也'。子夏哀已尽,能引而致之,故曰'君子也'。夫三年之丧,故优者之所屈,劣者之所勉。"《家语》略同。

【谨按】马氏骕曰:"其说与《檀弓》驳异。"【按】《檀弓》所载,系子夏、子张二人,不言闵子也。《檀弓》以不敢过者为子夏,正与此相反,当以《檀弓》所载者为近是。

《孔丛子》

> 孔子昼息于室而鼓琴焉。闵子自外闻之,以告曾子曰:"向也,夫子之音清彻以和,沦入至道;今也,更为幽沉之声。幽则利欲之所为发,沉则贪得之所为施,夫子何所感而若是乎?吾从子入而问焉。"曾子曰:"诺。"二子入问夫子,夫子曰:"然。汝是言也,吾有之向见猫方取鼠,欲其得之,故为之音也。汝二人者孰识诸?"曾子对曰:"闵子。"夫子曰:"可与听音矣。"

【谨按】传记所载颜子、曾子皆以知音称,今闵子亦然,正以见孔门识音者大有其人也。古者以六艺教人,诗礼而外,兼有乐律,故弦歌之声不绝,宜其善于审音矣。

冉耕

《家语》

冉伯牛危言正行，而遭恶疾。

《淮南子》

颜回、季路、子夏、冉伯牛，孔子之通学也。然颜渊夭死，季路葅于卫，子夏失明，冉伯牛为厉，此皆迫性拂情，而不得其和也。

【谨按】孔门诸贤遭厄者多矣，若夫穷如原宪，无辜入狱如公冶长，此未足以言厄也。以君子忧道不忧贫也。至如《淮南子》所称之四贤，则诚厄矣。然谓迫性拂情，不得其和，殊未必然。

《尸子》

尸子曰："仲尼志意不立，子路侍；仪服不修，公西华侍；礼不习，子游侍；辞不辩，宰我侍；忘忽古今，颜渊侍；节小物，伯牛侍。曰：'吾以六子自厉也。'"

【谨按】此表明孔门多才，足见诸子各有所长也，然亦教学相长之义。故曰："吾以六子自厉。"盖抗颜为师，一出口，一举足，即为及门模范，其敢有丝毫苟且也耶！王氏守仁自谓中年以后，及门诸子夹持之力，收效甚多，殆即此义。

冉雍

《家语》

仲弓问于孔子曰："雍闻至刑无所用政，至政无所用刑。至刑无所用政，桀纣之世是也；至政无所用刑，成康之世是也。信乎？"孔子曰："圣人之治化也，必刑政相参焉。太上以德教民，而以礼齐之。其次以政导民，以刑禁之。化之弗变，导之弗从，伤义败俗，于是乎用刑。"

仲弓曰："古之听讼，尤罚丽于事，不以其心，可得闻乎？"孔子曰："凡听五刑之讼，必原父子之情，立君臣之义以权之。意论轻重之序，慎测浅深之量以别之。悉其聪明，正其忠爱以尽之。大司寇正刑明辟以察狱，狱必三讯焉。有指无简，则不听也。附从轻，赦从重。疑狱则泛与众共之，疑则赦之。皆以大小之比成也。是故爵人必于朝，与众共之也；刑人必于市，与众弃之也。"

仲弓曰："听狱，狱之成，成何官？"孔子曰："成狱成于吏，吏以狱成告于正。正既听之，乃告大司寇。听之，以奉于王。王命三公卿士参听棘木之下，然后乃以狱之成告于王。王三宥之以听命，而制刑焉。所以重之也。"

仲弓曰："其禁何禁？"孔子曰："巧言破律，遁名改作，执左道以乱政者，杀；作淫声，造异服，设伎奇器以荡上心者，杀；行伪而坚，言诈而辩，学非而博，顺非而泽，以惑众者，杀；假于鬼神、时日、卜筮，以疑众者，杀。此四诛者不以听。"仲弓曰："其禁尽于此而已？"孔子曰："此其急者。"《刑政》篇。

《说苑》

孔子曰："可也，简。"简者，易野也。易野者，无礼文也。孔子见子桑伯子，子桑伯子不衣冠而处。弟子曰："夫子何为见此人乎？"曰："其质美而无文，吾欲说而文之。"孔子去，子桑伯子门人不说，曰："何为见孔子乎？"曰："其质美而文繁，吾欲说而去其文也。"夫文质修者谓之君子，有质无文谓之易野。子桑伯子易野，欲同人道于牛马，故仲弓曰太简。孔子之时，上无明天子，故言"雍也可使南面"。南面者，天子也。雍以得称南面，问子桑伯子于孔子。雍以孔子许其宽洪简重，故可临民。又疑孔子以己类于伯

> 之简易而无礼文，故举以为问。孔子曰："可也，简。"仲弓曰："居敬而行简，以道民，不亦可乎？居简而行简，无乃太简乎？"子曰："雍之言然。"仲弓通于化术，孔子明于王道，而无以加仲弓之言。《修文》篇。

【谨按】以南面为天子，此语谬误。简氏朝亮已辨之，说详《仲弓》卷中。

《孔丛子》

> 仲弓问古之刑教与今之刑教。孔子曰："古之刑省，今之刑繁。其为教，古有礼然后有刑，是以刑省；今无礼以教，而齐之以刑，刑是以繁。《书》曰：'伯夷降典，折民维刑。'谓先礼以教之，然后继以刑折之也。夫无礼则民无耻，而正之以刑，故民苟免。《书》曰：'哀矜折狱。'"仲弓问曰："何谓也？"孔子曰："古之听讼者，察贫穷，哀孤独，及鳏寡、老弱、不肖而无告者，虽得其情，必哀矜之，死者不可生，断者不可属。若老而刑之，谓之悖；弱而刑之，谓之尅；不赦过，谓之逆；率过以小罪，谓之枳；故宥过赦小罪，老弱不受刑，先王之道也。《书》：'大辟疑赦。'又曰：'与其杀不辜，宁失不经。'"以上《刑论》篇。

卷十九终　门人李朴生校字

卷二十 别录：端木赐

卷二十　别录：端木赐

《礼记》

子贡问于孔子曰："敢问君子贵玉而贱珉？何也？为玉之寡而珉之多与？"孔子曰："非为珉之多故贱之，玉之寡故贵之也。昔者，君子比德于玉：温润而泽，仁也；缜密以栗，知也；廉而不刿，义也；垂之如队，礼也；叩之，其声清越以长，其终诎然，乐也；瑕不掩瑜，瑜不掩瑕，忠也；孚尹旁达，信也；气如白虹，天也；精神见于山川，地也；圭璋特达，德也；天下莫不贵者，道也。《诗》云：'言念君子，温其如玉。'故君子贵之也。"《聘义》《家语·问玉》篇亦载此文，《说苑·杂言》篇言玉有六美，与此略同。

子贡问丧，子曰："敬为上，哀次之，瘠为下。颜色称其情，戚容称其服。"请问兄弟之丧，子曰："兄弟之丧，则存乎书策矣。君子不夺人之丧，亦不可夺丧也。"《家语》略同。

子贡观于蜡，孔子曰："赐也，乐乎？"对曰："一国之人皆若狂，赐未知其乐也。"子曰："百日之蜡，一日之泽，非尔所知也。张而不弛，文武弗能也。弛而弗张，文武弗为也。一张一弛，文武之道也。"《家语》略同，以上见《杂记》。

子贡见师乙而问焉，曰："赐闻声歌各有宜焉，如赐者，宜何歌也？"师乙曰："乙，贱工也，何足以问所宜？请诵其所闻，而吾子自执焉。宽而静，柔而正者宜歌《颂》；广大而静，疏达而信者宜歌《大雅》；恭俭而好礼者，宜歌《小雅》；正直而静，廉而谦者，宜歌《风》；肆直而慈爱者，宜歌《商》；温良而能断者，宜歌《齐》。夫歌者，直己而陈德也，动己而天地应焉，四时和焉，星辰理焉，万物育焉。故《商》者，五帝之遗声也，商人识之，故谓之《商》。《齐》者，三代之遗声也，齐人识之，故谓之《齐》。明乎《商》之音者，临事而屡断；明乎齐之音者，见利而让。临事而屡断，勇也；见利而让，义也；有勇有义，非歌，孰能保此？故歌者，上如抗，下如队，曲如折，止如槁木，倨中矩，句中钩，累累乎端如贯珠。故歌之为言也，长言之也。说之故言之；言之不足，故长言之；长言之不足，故嗟叹之；嗟叹之不足，故不知手之舞之足之蹈之也。"《乐记》。

《左传》

春，邾隐公来朝，子贡观焉。邾子执玉高，其容仰；公受玉卑，其容俯。子贡曰："以礼观之，二君者皆有死亡焉。夫礼，死生存亡之体也，将左右周旋，进退俯仰，于是乎取之；朝祀丧戎，于是乎观之。今正月相朝，而皆不度，心已亡矣。嘉事不体，何以能久？高仰，骄也；卑俯，替也。骄近乱，替近疾，君为主，其先亡乎？"夏五月壬申，公薨，仲尼曰："赐不幸言而中，是使赐多言者也。"《定十五年·传》，《家语》略同。

太宰嚭召季康子，康子使子贡辞。太宰嚭曰："国君道长，而大夫不出门，此何礼也？"对曰："岂以为礼，畏大国也。大国不以礼命于诸侯，苟不以礼，岂可量者？寡君既共命焉，其老岂敢弃其国？太伯端委以治周礼，仲雍嗣之，断发文身，裸以为饰，岂礼也哉？有由然也。"《哀七年·传》。

公会吴于橐皋，吴子使太宰嚭请寻盟。公不欲，使子贡对曰："盟，所以周信也，故心以制之，玉帛以奉之，言以结之，明神以要之。寡君以为苟有盟焉，弗可改也已。若犹可改，日盟何益？今吾子曰'必寻盟'，若可寻也，亦可寒也。"乃不寻盟。《哀十二年·传》。

吴人藩卫侯之舍，子服景伯谓子贡曰："夫诸侯之会，事既毕矣，侯伯致礼，地主归饩，以相辞也。今吴不行礼于卫，而藩其君舍以难之，子盍见太宰？"乃请束锦以行。语及卫故，太宰嚭曰："寡君愿事卫君，卫君之来也缓，寡君惧，故将止之。"子贡曰："卫君之来，必谋于其众，其众或欲或否，是以缓来。其欲来者，子之党也；其不欲来者，子之仇也。若执卫君，是堕党而崇雠也。夫堕子者得其志矣。且合诸侯而执卫君，谁敢不惧？堕党崇雠，而惧诸侯，或者难以霸乎！"太宰嚭说，乃舍卫侯。《哀十二年·传》。

冬，及齐平。子服景伯如齐，子贡为介，见公孙成，曰："人皆臣人，而有背人之心。况齐人虽为子役，其有不贰乎？子，周公之孙也，多飨大利，犹思不义。利不可得，而丧宗国，将焉用之？"成曰："善哉！吾不早闻命。"

陈成子馆客，曰："寡君使恒告曰：'寡人愿事君如事卫君。'"景伯揖子贡而进之，对曰：'寡君之愿也。昔晋人伐卫，齐为卫故，伐晋冠氏，丧车五百。因与卫地，自济以西，禚、媚、杏以南，书社五百。吴人加敝邑以乱，齐因其病，取讙与阐，寡君是以寒心。若得视卫君之事君也，则所愿也。'"成子病之，乃归成，公孙宿以其兵甲入于嬴。《哀十五年·传》。

越子使后庸来聘，且言邾田，封于骀上。二月，盟于平阳，三子皆从。季康子叔孙文子孟武伯，皆从后庸盟。康子病之，言及子贡，曰："若在此，吾不及此夫！"武伯曰："然。何不召？"曰："固将召之。"文子曰："他日请念。"《哀二十七年·传》。

崔氏述曰："《春秋传》述子贡料事之明，不一而足，然不关大得失，无庸尽载。惟当日盟聘，其事特著，与夫受玉一事，因孔子之训诫，及季孙之思子贡，因并录之。"

《孟子》

昔者孔子没，三年之外，门人治任将归，入揖于子贡，相向而哭，皆失声，然后归。子贡反，筑室于场，独居三年，然后归。

【谨按】孔子后事多为子贡所经理，孔门师弟之情同于父子，亦足见圣德感人之深也。

《尚书大传》

东郭子思问于子贡曰："夫子之门何其杂也？"子贡曰："夫隐栝之旁多枉木，良医之门多疾人，砥砺之旁多顽钝。"夫子闻之曰："修道以俟天下，来者不止，是以杂也。"《荀子》作南郭惠子，《说苑》作东郭子惠，其辞略同。

《大戴礼》

卫将军文子问于子贡，曰："吾闻夫子之施教也，先之以诗书，而道之以孝悌，说之以仁义，观之以礼乐，然后成之以文德。盖入室升堂者七十有余人，其孰为贤？"子贡对以不知。以上据《家语》抄录。"贤人无妄，知贤则难，故君子曰：'智莫难于知人。'"文子曰："吾子亲游焉，是以敢问也。"子贡对曰："夫子之门人，盖有三千，赐有逮及焉，有未及焉，不得遍知也。"文子曰："吾子之所及，请问其行也。"子贡对曰："夙兴夜寐，讽诗崇礼，行不贰过，称言不苟，是颜渊之行也。孔子说之以《诗》，《诗》云：'媚兹一人，应侯顺德。永言孝思，孝思维则。'若逢有德之君，世受显命，不失厥名，以御于天子，则王者之相也。在贫如客，使其臣如籍，不迁怒，不深怨，不录旧罪，是冉雍之行也。孔子论其材曰：'有土君子，有众使也，有刑用也。'说之以《诗》曰：'靡不有初，鲜克有终。'不畏强御，不侮矜寡，其言循性，其都以富，材任治戎，是仲由之行也。孔子说之以《诗》'受小共大共，为下国恂蒙。荷天之宠，敷奏其勇'。强乎武哉，文不胜质，恭老恤孤，不忘宾旅，好学博艺省物而勤，是冉求之行也。孔子因而语之曰：'好学则智，恤孤则惠，恭则尽礼，勤则有继，其称之也，宜为国老。'志通而好礼，摈相两君之事，笃雅有节，是公西赤之行也。孔子曰：'礼经三百，可勉能也；威仪三千，则难也。'谓门人曰：'二三子欲学宾客之礼者，于赤也。'满而不盈，实而如虚，过之如不及，先王难之，博无不学，其貌恭，其德敦，其言于人也无所不信，其骄大人也常以浩浩，是以眉寿，是曾参之行也。孔子曰：'孝，德之始也；弟，德之序也；信，德之厚也；忠，德之正也。参也中夫四德矣！'美功不伐，贵位不善，不悔不佚，不敖无告，是颛孙师之行也。孔子言之曰：'其不伐则犹可能也，其不弊百姓则仁也。《诗》云："恺悌君子，民之父母。"'夫子以其仁为大也。学以深，厉以断，送迎必敬，上友下交，银乎如断，是卜商之行也。孔子曰：'《诗》云："式夷式已，无小人殆。"而商也，其可谓不险也。'贵之不喜，贱之不怒，苟于民利矣，廉于行已其事上也，以佑其下，是澹台灭明之行也。孔子曰：'独贵独富，君子耻之，夫也中之矣。'先成其虑，及事而用之，故动则不妄，是言偃之行也。孔子曰：'欲能则学，欲知则问，欲行则讯，欲给则豫，当是而行，偃也得之矣。'独居思仁，公言仁义，其闻《诗》也，一日三复白圭之玷，是南宫韬之行也。夫子信其仁，以为异姓。自见孔子，出入于户未尝越礼，往来过之足不履影，开蛰不杀，方长不折，执亲之丧，未尝见齿，是高柴之行也。孔子曰：'高柴执亲之丧，则难能也；开蛰不杀，则天道也；方长不折，则恕也；恕，则仁也。'凡此诸子，赐之所亲睹也。吾子有命而讯，赐则不足以知贤。"文子曰："吾闻之也，国有道，则贤人兴焉，中人用焉，百姓归焉。若吾子之论既富茂矣，则一诸侯之相也，未逢明君也。"子贡既与卫将军文子言，适鲁，见孔子曰："卫将军问二三子之行于赐，不一而三，赐也。辞不获命，以所见者对矣，未知中否，请以告。"孔子曰："言之。"子贡以其质告。孔子闻而笑曰："赐！汝为知人矣。"

【谨按】《家语》亦载此文，其词大同小异。《家语》措词较明显，实本于《大戴记》而润饰之。此篇据《大戴礼》及《家语》原文略加删订，一便省览。

《韩诗外传》

荆伐陈，陈西门坏，因其降民使修之。孔子过而不式，子贡执辔而问曰："礼，过三人则下，二人则式。今陈之修门者众矣，夫子不为式，何也？"孔子曰："国亡而弗知，不智也；知而不争，非忠也；亡而不死，非勇也。修门者虽众，不能行一于此，吾故弗式也。"

鲍焦衣敝肤见，挈畚持蔬，遇子贡于道。子贡曰："吾子何以至于此也？"鲍焦曰："天下之遗德教者众矣，吾何以不至于此也？吾闻之，世不己知而行之不已者，爽行也；上不己用而干之不止者，是毁廉也。行爽廉毁，然且弗舍，惑于利者也。"子贡曰："吾闻之：非其世者，不生其利；汙其君者，不履其土。非其世而持其蔬。《诗》曰：'普天之下，莫非王土。'此谁有之哉？"鲍焦曰："于戏！吾闻贤者重进而轻退，廉者易愧而轻死。"于是弃其蔬而立槁于洛水之上。君子闻之，曰："廉夫刚哉！夫山锐则不高，水径则不深，行磏者德不厚，志与天地拟者其为人不祥。鲍焦可谓不祥矣。其节度深浅，适至于是矣。"

【谨按】鲍焦，廉士也，闻子贡一言而死，其刚矣哉。然此或出于傅会，未足信也。《新序》亦载其事。季孙子之治鲁也，众杀人而必当其罪，多罚人而必当其过。子贡曰："暴哉治乎！"季孙闻之曰："吾杀人必当其罪，罚人必当其过，先生以为暴，何也？"子贡曰："夫奚不若子产之治郑？一年而负罚之过省，二年而刑杀之罪亡，三年而库无拘人，故民归之如水就下，爱之如孝子敬父母。子产病，将死，国人皆吁嗟曰：'谁可使代子产死者乎？'及其不免死也，士大夫哭之于朝，商贾哭之于市，农夫哭之于野。哭子产者皆如丧父母。今窃闻夫子疾之时，则国人喜；活，则国人皆骇。以死相贺，以生相恐，非暴而何哉？赐闻之：讬法而治谓之暴，不戒致期谓之虐，不教而诛谓之贼，以身胜人谓之责。责者失身，贼者失臣，虐者失政，暴者失民。赐闻居上位而行此，其不亡者，未之有也。"于是季孙稽首谢曰："谨闻命矣。"

【谨按】《新序》亦载此事，大意略同，而词较简略。或当日有其事，而记载互异耳。

齐景公谓子贡曰:"先生何师?"对曰:"鲁仲尼。"曰:"仲尼贤乎?"曰:"圣人也,岂直贤哉!"景公嘻然而笑曰:"其圣何如?"子贡曰:"不知也。"景公悖然作色曰:"始言圣人,今言不知,何也?"子贡曰:"臣终身戴天,不知天之高也;终身践地,不知地之厚也。若臣之事仲尼,譬犹渴操壶杓,就江海而饮之,腹满而去,又安知江海之深乎?"景公曰:"先生之誉,得无太甚乎?"子贡曰:"臣赐何敢甚言?尚虑不及耳。臣誉仲尼,譬犹两手捧土而附泰山,其无益亦明矣。使臣不誉仲尼,譬犹两手把泰山,无损亦明矣。"景公曰:"善,岂其然!善,岂其然!"

【谨按】《说苑》载此事略同。又载赵简子及太宰嚭两人问仲尼,子贡答辞亦与此大同小异。孟子谓子贡智足以知圣,殆此类也。

　　孔子居燕,子贡摄齐而前曰:"弟子事夫子有年矣,才竭而智罢,振于学问不能复进,请一休焉。"孔子曰:"赐也欲焉休乎?"曰:"赐欲休于事君。"孔子曰:"《诗》云'夙夜匪懈,以事一人。'为之若此其不易也,若之何其休也?"曰:"赐欲休于事父。"孔子曰:"《诗》云:'孝子不匮,永锡尔类。'为之若此其不易也,如之何其休也?"曰:"赐欲休于事兄弟。"孔子曰:"《诗》云:'妻子好合,如鼓瑟琴。兄弟既翕,和乐且耽。'为之若此其不易也,如之何其休也?"曰:"赐欲休于耕田。"孔子曰:"《诗》云:'昼尔于茅,宵尔索绹。亟其乘屋,其始播百谷。'为之若此其不易也,如之何其休也?"子贡曰:"君子亦有休乎?"孔子曰:"'阖棺兮乃止播兮,不知其时之易迁兮。'此之谓君子所休也。"

【谨按】《列子·天瑞篇》所载略同,而辞较切当。《家语》及《荀子》亦载此事。

　　堂衣若扣孔子之门,曰:"丘在乎?丘在乎?"子贡应之曰:"君子尊贤而容众,嘉善而矜不能,亲内及外,己所不欲,勿施于人,子何言吾师之名焉？"堂衣若曰："子何年少言之绞？"子贡曰："大车不绞则不成其任，琴瑟不绞则不成其音，子之言绞，是以绞之也。"堂衣若曰："吾始以鸿之力，今徒翼耳。"子贡曰："非鸿之力，安能举其翼。"

孔子出卫之东门，逆姑布子卿，曰："二三子引车避，有人将来，必相我者也。志之。"姑布子卿亦曰："二三子引车避，有圣人将来。"孔子下步，姑布子卿迎而视之五十步，从而望之五十步，顾子贡曰："是何为者也？"子贡曰："赐之师也，所谓鲁孔丘也。"姑布子卿曰："是鲁孔丘欤？吾固闻之。"子贡曰："赐之师何如？"姑布子卿曰："得尧之颡，舜之目，禹之颈，皋陶之喙，从前视之，盎盎乎似有王者。从后视之，高肩弱脊……此惟不及四圣者也。"子贡吁然。姑布子卿曰："子何患焉？汗面而不恶，葭喙而不籍，远而望之，羸乎若丧家之狗，子何患焉？"子贡以告孔子。孔子无所辞，独辞："独不见夫丧家之狗欤？既敛而椁，布器而祭，顾望无人，意欲施之。上无明王，下无贤士方伯，王道衰，政教失，强陵弱，众暴寡，百姓纵心，莫之纲纪，是人固以丘为欲当之者也。丘何敢乎？"

【谨按】《史记·孔子世家》及《家语·困誓》篇载孔子适郑与弟子相失，独立东门。郑人评之，谓如丧家之狗，其词与此略异，可参观。《韩诗外传》又载孔子南游适楚，至于阿谷，见有处子佩瑱而浣，使子贡试与之言，而观其语云云。此等杜撰之词，近于侮辱圣贤，殊不足取。

《家语》

孔子为鲁司寇，摄行相事，朝政七日而诛乱政大夫少正卯，戮之两观之下，尸于朝三日。子贡进曰："夫少正卯，鲁之闻人也。今夫子为政而始诛之，或者为失乎？"孔子曰："居，吾语汝以其故。天下有大恶者五，而窃盗不与焉。一曰心逆而险，二曰行僻如坚，三曰言伪而辩，四曰记丑而博，五曰顺非而泽。此五者，有一于人，则不免君子之诛。而少正卯皆兼有之，其居处足以撮徒成党，其谈说足以饰褒荣众，其强御足以反是独立，此乃人之奸雄者也，不可不除。夫殷汤诛尹谐，文王诛潘正，周公诛管蔡，太公诛华士，管仲诛付乙，子产诛史何，此七子皆异世而同诛者，以七子异世而同恶，故不可赦也。"《始诛》篇。

【谨按】《史记》《说苑》及《荀子》亦载此事。简氏朝亮曰："孔子诛少正卯之事，朱子尝疑之。后儒如陈几亭、阎百诗辈皆辨之。然史迁于《孔子世家》载其事，盖本诸《荀子》也。故汉儒多信之，而后儒辨之者，亦非有可据以证其必无也。如《春秋》夹谷之会，《左传》言孔子却莱兵者，后儒亦疑之，以《论语》不书其事尔。然以《论语》为名，故详于记言，而略于记事。若却莱兵之事，左氏固耳而目之者，故其书之也，详而有体，视《史记》叙夹谷会事，从《谷梁传》而又杂采者不同。古《家语》谓左丘明与孔子同观周史，而为《春秋》经作传者也，岂其误书之乎？孟子引孔子之言，今不见于《论语》者多矣。孟子所称卫孝公之养，及主司城贞子，《论语》亦不书也。若诛少正卯之事，《荀子》书之，是先秦古书也，故《名臣奏议》若陆宣公者，非引之以资实用欤。"

子贡问于孔子曰："死者有知乎？将无知乎？"子曰："吾欲言死之有知，将恐孝子顺孙妨生以送死；吾欲言死者之无知，将恐不孝之子弃其亲而不葬。赐欲知死者之有知与无知，非今之急，后自知之。"《说苑》亦载入。

鲁国之法，赎人臣妾于诸侯者，皆取金于府。子贡赎之，辞而不取金。孔子闻之，曰："赐失之矣。夫圣人之举事也，可以移风易俗，而教导可以施之于百姓，非独适身之行也。今鲁国富者寡，而贫者众，赎人受金，则为不廉，则何以相赎乎？自今以后，鲁人不复赎人于诸侯。"《说苑》亦载此事，以上见《致思》篇。

孔子观于东流之水。子贡问曰："君子所见大水必观焉，何也？"孔子曰："以其不息且遍与诸生而不为也，夫水似乎德；其流也则卑下，倨邑必修其理，似义；浩浩乎无屈尽之期，此似道；流行赴百仞之嵠而不惧，此似勇；至量必平之，此似法；盛而不求概，此似正；绰约微达，此似察；发源必东，此似志；以出以入，万物就以化洁，此似善化也。水之德有若此，是故君子见必观焉。"

【谨按】《荀子》《说苑》《韩诗外传》悉载此等语。《荀子》措词尤为明显绝妙，水赞也。

子贡问于孔子曰："子从父命孝？臣从君命贞乎？"孔子曰："昔者明王万乘之国，有争臣七人，则主无过举；千乘之国，有争臣五人，则社稷不危；父有争子，不陷无礼；士有争友，不行不义。故子从父命，奚得为孝？臣从君命，奚得为贞？"以上《三恕》篇。

【谨按】子不以从父命为孝，臣不以从君命为忠，孔子于《孝经》已发其义。于《论语》季子然问由与求而云弑父与君亦不从，其义显然。余于《闵子言行》卷《孝哉》一章，并引申其说，可以参观。

子贡问于孔子曰："昔者齐君问政，夫子曰'政在节财'。鲁君问政，夫子曰'政在谕臣'。叶公问政，夫子曰'政在悦近而来远'。三者之问一也，而夫子应之不同。然则政有异端乎？"孔子曰："各因其事也。齐君为国，奢乎台榭，淫乎苑囿，五官伎乐，不懈于时，一旦而赐人以千乘之家者三，故曰'政在节财'。鲁君有臣三人，内比周以愚其君，外距诸侯之宾以蔽其明，故曰'政在谕臣'。夫荆之地广而都狭，民有离心，莫安其居，故曰'政在悦近而来远'。此三者所以为政殊矣。《诗》不云乎：'丧乱蔑资，莫惠我师。'此伤奢侈不节以为乱者也。又曰：'匪其止共，惟王之邛。'此伤奸臣蔽主以为乱也。又曰：'乱离瘼矣，奚其适归？'此伤离散以为乱者也。察此三者，政之所欲，岂同乎哉。"《说苑》亦载入。

【谨按】简氏朝亮曰："三者政之异也，非相反也。政之异，政之宜也。以子贡之智，此不必问焉。伪《家语》于此是袭《说苑》而为其所窜者，又不如《说苑》，则伪之拙也。"

子贡问于孔子曰:"夫子之于子产、晏子,可谓至矣,敢问二大夫之所自为,夫子所以与之者。"孔子曰:"夫子产于民为惠主,于学为博物。晏子于君为忠臣,而行为敬敏。故吾皆以兄事之,而加爱敬。"

子贡为信阳宰,将行,辞于孔子。孔子曰:"勤之慎之,无夺无伐,无暴无盗。"子贡曰:"赐也少事君子,岂以盗为累哉?"孔子曰:"汝未之详也。夫以贤代贤,是谓之夺;以不肖代贤,是谓之伐;缓令急诛,谓之暴;取善自与,谓之盗;盗非窃财之谓也。吾闻之:知为吏者,奉法以利民;不知为吏者,枉法以侵民。此怨之所由也。治官莫如平,临财莫如廉。廉平之守,不可改也。匿人之善,斯谓蔽贤;扬人之恶,斯谓小人。内不相训而外相谤,非亲睦也。言人之善,若已有之;言人之恶,若已受之。故君子无所不慎焉。"《说苑》亦载入。以上见《辨政》篇。

孔子在陈,陈侯就之燕游焉。行路之人云:"鲁司铎灾,及宗庙。"以告孔子,子曰:"所及者其桓、僖之庙。"陈侯曰:"何以知之?"子曰:"礼,祖有功而宗有德,故不毁其庙焉。今桓、僖之亲尽矣,又功德不足以存其庙。而鲁不毁,是以天灾加之。"三日,鲁使至,问焉,则桓、僖也。陈侯谓子贡曰:"吾乃今知圣人之可贵。"对曰:"君今知之,可矣,未若专其道而行其化之善也。"《辨物》篇。

子贡曰:"陈灵公宣淫于朝,泄治正谏,而杀之。是与比干谏而死同,可谓仁乎?"子曰:"比干于纣,亲则诸父,官则少师,忠报之心,在于宗庙而已,固必以死争之。冀身死之后,纣将悔悟,其本志在于仁者也。泄治之于灵公,位在大夫,无骨肉之亲,怀宠不去,仕于乱朝,以区区之身,欲正一国之淫昏,死而无益,可谓损矣。《诗》云:'民之多辟,无自立辟。'其泄治之谓乎。"《子路》篇。

孔子自卫将入晋,至河,闻赵简子杀窦犨鸣犊及舜华,乃临河而叹曰:"美哉水!洋洋乎!丘之不济此,命也夫。"子贡趋而进曰:"敢问何谓也?"孔子曰:"窦犨鸣犊、舜华,晋之贤大夫也。赵简子未得志之时,须此二人而后从政。及其已得志也,而杀之。丘闻之,刳胎杀夭,则麒麟不至其郊;竭泽而渔,则蛟龙不处其渊;覆巢破卵,则凤凰不翔其邑。何则?君子违伤其类者也。鸟兽之于不义尚知避之,况于人乎?"遂还,息于邹,作槃琴以哀之。

子贡问于孔子曰:"赐既为人下矣,而未知为人下之道,敢问之。"子曰:"为人下者,其犹土乎?汩之深则出泉,树其壤,则百谷滋焉,草木植焉,禽兽育焉,生则出焉,死则入焉。多其功而不意,弘其志而无不容。为人下者,以此也。"以上见《困誓》篇。

【谨按】《荀子》及《韩诗外传》《说苑》并载此文,略同。马氏骕曰:"绝妙土赞。"

孔子在卫,闻齐国田常将欲为乱而惮鲍、晏,因欲移其兵以伐鲁。孔子会诸弟子而告之曰:"鲁,父母之国,不可不救,不忍视其受敌。今吾欲屈节于田常以救鲁,二三子谁为使?"于是子路曰:"请往焉。"孔子弗许。子张请往,又弗许。子石请往,又弗许。三子退,谓子贡曰:"今夫子欲屈节以救父母之国,吾三人请使而不获往。此则吾子用辩之时也,吾子盍请行焉?"子贡请使,夫子许之。遂如齐,说田常曰:"夫鲁者,难伐之国,而子欲之过矣。"田常曰:"鲁何难伐也?"子贡曰:"其城薄以卑,其地狭以泄,其君愚而不仁,其大臣伪而无用,其士民又恶甲兵之事,此不可与战。君不若移兵伐吴。夫吴城高而厚,池广以深,甲坚以新,士选以饱,重器精兵,尽在其中。又使明大夫守之,此易伐也。"田常忿然作色曰:"子之所难,人之所易;子之所易,人之所难。而以教常,何也?"子贡曰:"吾闻之,夫忧在内者攻强,忧在外者攻弱。今子忧在内,吾闻子三封而三不成者,大臣有不听者也。今子又欲破鲁以广齐,战胜以骄主,破国以尊臣,而子之功不与焉,则交日疏于主,是子上骄主心,下恣群臣,求以成大事,难矣。夫上骄则恣,下骄则争,是子上与主有卻,下与大臣交争也,如此则子立于齐危矣,故曰不如伐吴。伐吴不胜,民人外死,大臣内空,是子上无强臣之敌,下无民人之过,孤主制齐者,唯子也。"田常曰:"善,然兵甲已加鲁矣,去而之吴,大臣疑我,奈何?"子贡曰:"若缓师，吾请往见吴王，令之救鲁而伐齐，君因以兵迎之。"田常许诺。子贡遂南说吴王，曰："臣闻之，王者不绝世，霸者无强敌，千钧之重，加铢两而移，今以万乘之齐，而私千乘之鲁，与吴争强，甚为王患之。且夫救鲁显名也，伐齐大利也，以抚泗上诸侯，威暴齐而服强晋，利莫大焉。名存亡鲁，实困强齐，愿王不疑也。"吴王曰："善。虽然吾尝与越战棲之会稽，越王今苦身养士，有报吴之心。待我伐越，然后可。"子贡曰："越之劲不过鲁，吴之强不过齐，王置齐而伐越，则齐必私鲁矣。且王方以存亡继绝为名，夫伐小越而畏强齐，非勇也。夫勇者不避难，仁者不穷约，智者不失时，义者不绝世。今存越示诸侯以仁，救鲁伐齐，威加晋国，诸侯必相率而朝吴，霸业成矣。若王必恶越，臣请东见越王，令出兵以从，此则实空越而名从诸侯以伐齐。"吴王大悦，乃使子贡之越。越王除道郊迎，身御至舍，而问曰："此蛮夷之国，大夫何以俨然辱而临之？"子贡曰："今者吾说吴王以救鲁伐齐。其志欲之，而心畏越，曰：'待我伐越，然后可如此。'则破越必矣。且夫无报人之志而令人疑之，拙也；有报人之意而使人知之，殆也；事未发而先闻者，危也。三者，举事之大患也。"越王顿首再拜曰："孤少失前人，内不量力，与吴战困于会稽，痛入骨髓，日夜焦唇干舌，徒欲与吴王接踵而死，孤之愿也。"遂问子贡，子贡曰："吴王为人暴猛，群臣不堪，国家敝于数战，士卒弗忍，百姓怨上，大臣内变，申胥以谏死。太宰嚭用事，顺君之过以安其私，此则报吴之时也。今王诚发士卒佐之，以徼射其志，而重宝以说其心，卑辞以尊其礼，则其伐齐必矣。彼战不胜，王之福也；战胜，必以兵临晋。臣还北见晋君，令共攻之。吴锐兵尽于齐，重甲困于晋，而王制其敝，此灭吴必矣。此圣人所谓屈节以求其伸者也。"越王大悦，顿首许诺，送子贡金百镒，剑一，良矛二。子贡不受，遂行。报吴王曰："臣敬以大王之言告越王，越王大恐，曰：'孤不幸，少失前人，内不自量，抵罪于吴，军败身辱，棲于会稽，国为虚莽，赖大王之赐，使得奉俎豆而修祭事，死不敢忘，何谋之敢虑。'"后五日，越王悉境内之兵，使大夫种顿首言于吴王曰："东海役臣勾践使者臣种敢修下吏问于左右，今闻大王将兴大义，诛强救弱，困暴齐而抚周室，请悉起境内士卒三千人，孤请自披坚执锐，以先受矢石。因越贱臣种奉先人藏器甲二十，领铁屈卢之矛，步光之剑，以贺军吏。"吴王大说，以告子贡曰："越王欲身从寡人伐齐，可乎？"子贡曰："不可，夫空人之国，悉人之众，又从其君，不义；君受其币，许其师，而辞其君。"吴王许诺，乃谢越王。于是吴王乃发九郡之兵以伐齐。子贡因去之晋，谓晋君曰："虑不先定，不可以应卒；兵不先辨，不可以胜敌。今夫齐与吴将战，彼战而不胜，越乱之必矣，与齐战而胜，必以其兵临晋。"晋君大恐，曰："为之奈何？"子贡曰："修兵休卒以待之。"晋君许诺，子贡去而之鲁，吴王果与齐人战于艾陵，大破齐师，获七将军之兵而不归，果以兵临晋，与晋人相遇黄池之上。吴晋争强，晋人击之，大败吴师。越王因之涉江袭吴，去城七里而军。吴王闻之，去晋而归，与越战于五湖。三战不胜，城门不守，越遂围王宫，杀夫差而戮其相，破吴。三年东向而霸。故子贡一出，存鲁乱齐，破吴强晋而霸越。子贡一使，使势相破，十年之中，五国各有变。孔子曰："夫其乱齐存鲁，吾之初愿。若强晋以敝吴，使吴亡而越霸，赐之说也。美言伤信，慎言哉。"《屈节》篇。

【谨按】《史记·弟子传》亦载此事，然其辞说近于战国策士之所为，必非子贡实事。王安石、苏洵、崔述皆已辨之，说详"子贡言行录"卷中。

孔子适齐，过泰山侧，有妇人哭于野者而哀。夫子式而听之，曰："此哀一似重有忧者。"使子贡往问之，而曰："昔吾舅死于虎，吾夫又死焉，今吾子又死焉。"子贡曰："何不去乎？"妇人曰："无苛政。"子贡以告，孔子曰："小子识之，苛政猛于暴虎。"《正论解》《檀弓》及《新序》亦载之。

孔子适季氏，康子昼居内寝，孔子问其所疾。季子出见之，言终，孔子退。子贡问曰："季孙不疾，而问诸疾，礼与？"孔子曰："夫礼，君子不有大故，则不宿于外；非疾，则不昼处于内。是故夜居外，虽吊之可也；昼居于内，虽问其疾可也。"

孔子在卫，卫之人有送葬者，夫子观之，曰："善哉！为丧乎！足以为法也。"子贡问曰："夫子何善尔？"子曰："其往也，如慕；其返也，如疑。"子贡曰："岂若速返而虞哉？"子曰："此情之至者也，小子识之，我未之能也。"以上《子贡问》篇。

《说苑》

子贡问孔子曰："今之人臣孰为贤？"孔子曰："吾未识也。往者齐有鲍叔，郑有子皮，贤者也。"子贡曰："然则齐无管仲，郑无子产乎？"子曰："赐，汝徒知其一，不知其二。汝闻进贤为贤耶？用力为贤耶？"子贡曰："进贤为贤。"子曰："然吾闻鲍叔之进管仲也，闻子皮之进子产也，未闻管仲、子产有所进也。"《韩诗外传》略异，《家语》亦载入。

子贡之承或，在涂，见道侧巾弊布拥蒙而衣衰，其名曰舟绰。子贡问焉，曰："此至承几何？"嘿然不对。子贡曰："人问乎己而不应，何也？"屏其拥蒙而言曰："望而黩人者，仁乎？睹而不识者，智乎？轻侮人者，义乎？"子贡下车曰："赐不仁，过问，三言可复闻乎？"曰："是足于子矣，吾不告子。"于是子贡三偶则式，五偶则下。《敬慎篇》。

【谨按】此与《论语》记子路问夫子于荷蓧之丈人大意同，是使人敬慎也。子贡当日未必实有是事，考子贡言行，见于《说苑》者颇多，然多与《韩诗外传》《家语》相出入。上已著录，兹不复赘。

《庄子》

子桑户、孟子反、子琴张三人相与友，曰："孰能相与于无相与，相为于无相为？孰能登天游雾，挠挑无极，相忘以生，无所终穷？"三人相视而笑，莫逆于心，遂相与友，莫然有间，而子桑户死，未葬。孔子闻之，使子贡往侍事焉。或编曲，或鼓琴，相和而歌曰："嗟来桑户乎！嗟来桑户乎！而已反其真，而我犹为人猗！"子贡趋而进曰："敢问临尸而歌，礼乎？"二人相视而笑，曰："是恶知礼意！"子贡反，以告孔子曰："彼何人者邪？修行无有，而外其形骸，临尸而歌，颜色不变，无以命之。彼何人者邪？"孔子曰："彼游方之外者也，而丘游方之内者也。外内不相及，而丘使汝往吊之，丘则陋矣！彼方且与造物者为人，而游乎天地之一气。彼以生为附赘县疣，以死为决疣溃痈。夫若然者，又恶知死生先后之所在！假于异物，托于同体；忘其肝胆，遗其耳目；反覆终始，不知端倪；芒然彷徨乎尘垢之外，逍遥乎无为之业。彼又恶能愦愦然为世俗之礼，以观众人之耳目哉！"子贡曰："然则夫子何方之依？"孔子曰："丘，天之戮民也。虽然，吾与汝共之。"子贡曰："敢问其方？"子曰："鱼相造乎水，人相造乎道。相造乎水者，穿池而养给；相造乎道者，无事而生定。故曰：鱼相忘乎江湖，人相忘乎道术。"子贡曰："敢问畸人。"曰："畸人者，畸于人而侔于天。故曰：天之小人，人之君子；人之君子，天之小人也。"《大宗师》篇。

子贡南游于楚，反于晋，过汉阴，见一丈人方将为圃畦，凿隧而入井，抱瓮而出灌，搰搰然用力甚多而见功寡。子贡曰："有械于此，一日浸百畦，用力甚寡而见功多，夫子不欲乎？"为圃者卬而视之曰："奈何？"曰："凿木为机，后重前轻，挈水若抽，数如泆汤，其名为槔。"为圃者忿然作色而笑曰："吾闻之吾师：'有机械者必有机事，有机事者必有机心。'机心存于胸中，则纯白不备；纯白不备，则神生不定；神生不定者，道之所不载也。吾非不知，羞而不为也。"子贡瞒然惭，俯而不对。

有间，为圃者曰："子奚为者耶？"曰："孔丘之徒也。"为圃者曰："子非夫博学以拟圣，於于以盖众，独弦哀歌以卖名声于天下者乎？汝方将忘汝神气，堕汝形骸，而庶几乎！而身之不能治，而何暇治天下乎！子往矣，无乏吾事！"

子贡卑陬失色，顼顼然不自得，行三十里而后愈。其弟子曰："向之人何为者耶？夫子何故见之变容失色，终日不自反耶？"曰："始以为天下一人耳，不知复有夫人也。吾闻之夫子：'事求可功求成用力小见功多者，圣人之道。'今徒不然。执道者德全，德全者形全，形全者神全。神全者，圣人之道也。托生与民并行而不知其所之，汒乎淳备哉！功利机巧必忘夫人之心。若夫人者，非其志不之，非其心不为。虽以天下誉之，得其所谓，警然不顾；以天下非之，失其所谓，傥然不受。天下之非誉，无益损焉，是谓全德之人哉！我之谓风波之民。"反于鲁，以告孔子。孔子曰："彼假修浑沌氏之术者也，识其一，不知其二；治其内，而不治其外，夫明白入素，无为复朴，体性抱神，以游世俗之间者，汝将固惊耶？且浑沌氏之术，予与汝何足以识之哉！"《天地》篇。

孔子见老聃归，三日不谈。弟子问曰："夫子见老聃，亦将何规哉？"孔子曰："吾乃今于是乎见龙！龙，合而成体，散而成章，乘乎云气，而养乎阴阳。予口张而不能嗋，予又何规老聃哉？"子贡曰："然则人固有尸居而龙见，雷声而渊默，发动如天地者乎？赐亦可得而观乎？"遂以孔子声见老聃。

老聃方将倨堂而应，微曰："予年运而往矣，子将何以戒我乎？"子贡曰："夫三王五帝之治天下不同，其系声名一也。而先生独以为非圣人，如何哉？"老聃曰："小子少进！子何以谓不同？"对曰："尧授舜，舜授禹，禹用力而汤用兵，文王顺纣而不敢逆，武王逆纣而不肯顺，故曰不同。"老聃曰："小子少进！余语汝三王五帝之治天下：黄帝之治天下，使民心一，民有其亲死不哭而民不非也。舜之治天下，使民心竞，民孕妇十月生子，子生五月而能言，不至乎孩而始谁，则人始有夭矣。禹之治天下也，使民心变，人有心而兵有顺，杀盗非杀人，自为种而天下耳，是以天下大骇，儒墨皆起。其作始有伦，而今乎妇女，何言哉！余语汝：三王五帝之治天下，名曰治之，而乱莫甚焉。三王之知，上悖日月之明，下睽山川之精，中堕四时之施。其知惨于蛎虿之尾，鲜规之兽，莫得安其性命之情者，而犹自以为圣人，不可耻乎？其无耻也！"子贡蹴蹴然立而不安。《天运》篇。

孔子穷于陈、蔡之间，七日不火食，藜羹不糁，颜色甚惫，而弦歌于室。颜回择菜，子路、子贡相与言曰："夫子再逐于鲁，削迹于卫，伐树于宋，穷于商周，围于陈蔡，杀夫子者无罪，藉夫子者无禁。弦歌鼓琴，未尝绝音，君子之无耻也若此乎？"颜回无以应，入告孔子。孔子推琴，喟然而叹曰："由与赐，细人也。召而来，吾语之。"子路、子贡入。子路曰：

"如此者可谓穷矣。"孔子曰:"是何言也!君子通于道之谓通,穷于道之谓穷。今丘抱仁义之道,以遭乱世之患,其何穷之为?故内省而不穷于道,临难而不失其德,天寒既至,霜露既降,吾是以知松柏之茂也。陈蔡之厄,于丘其幸乎!"孔子削然反琴而弦歌,子路抗然执干而舞。子贡曰:"吾不知天之高也,地之下也。"古之得道者,穷亦乐,通亦乐。所乐非穷通也,道得于此,则穷通为寒暑风雨之序矣。《让王》篇。

《列子》

林类年且百岁,底春披裘,拾遗穗于故畦,并歌并进。孔子适卫,望之于野。顾谓弟子曰:"彼叟可与言者,试往讯之!"子贡请行。逆之垄端,面之而叹曰:"先生曾不悔乎,而行歌拾穗?"林类行不留,歌不辍。子贡叩之,不已,乃仰而应曰:"吾何悔耶?"子贡曰:"先生少不勤行,长不竞时,老无妻子,死期将至,亦有何乐而拾穗行歌乎?"林类笑曰:"吾之所以为乐,人皆有之,而反以为忧。少不勤行,长不竞时,故能寿若此。老无妻子,死期将至,故能乐若此。"子贡曰:"寿者人之情,死者人之恶。子以死为乐,何也?"林类曰:"死之与生,一往一反。故死于是者,安知不生于彼?故吾知其不相若也。吾又安知营营而求生非惑乎?又安知吾今之死不愈昔之生乎?"子贡闻之,不喻其意,还以告夫子。夫子曰:"吾知其可与言,果然;然彼得之而不尽者也。"《天瑞》篇。

《荀子》

子路问于孔子曰:"鲁大夫练而床,礼耶?"孔子曰:"吾不知也。"子路出,谓子贡曰:"吾以夫子为无所不知,夫子徒有所不知。"子贡曰:"汝何问哉?"子路曰:"由问鲁大夫练而床,礼耶?夫子曰吾不知也。"子贡曰:"吾将为汝问之。"子贡问曰:"练而床,礼耶?"孔子曰:"非礼也。"子贡出,谓子路曰:"汝谓夫子为有所不知乎?夫子徒无所不知,汝问非也。礼，居是邑，不非其大夫。"《家语·子夏问》篇所载略同。

崔氏述曰："孔子谓季氏：'八佾舞于庭，是可忍也，孰不可忍也。'三家者以雍彻，子曰：'"相维辟，公天子穆穆"奚取于三家之堂？'子曰：'臧文仲，其窃位者与，知柳下惠之贤而不与立也。'子曰：'臧武仲以防求为后于鲁，虽曰不要君，吾不信也。'孔子于季孙、臧孙之失皆直指之而无所讳，所谓不非其大夫者，安在乎？居是邦不非其君可也，若不非其大夫，则谄矣。孔子曰：'邦无道，危行言孙。'盖不公言于大庭广众以避祸则有之矣，非以是为礼也。且练祥禫丧之大节也，床不床，丧之常礼也。子路、子贡所谓身通六艺者，于此讲之熟矣，岂待问乎？"

《韩非子》

殷之法，刑弃灰于街者。子贡以为重，问之仲尼。仲尼曰："知治之道也。夫弃灰于街必掩人，掩人，人必怒，怒则斗，斗必三族相残也。此残三族之道也，虽刑之可也。且夫重罚者，人之所恶也；而无弃灰，人之所易也。使人行其所易，而无离其所恶，此治之道。"

【谨按】此治乱用重典之义，权且之策也。韩子法家，故其所见如此，所述孔子之言，未必实事。

《孔丛子》

齐东郭亥欲攻田氏，执贽见夫子而访焉。夫子曰："子为义也，丘不足与计事。"揖子贡使答之，子贡谓之曰："今子，士也，位卑而图大。位卑则人不附也，图大则人惮之，殆非子之所任也，盍姑已乎？夫以一缕之任系千钧之重，上县之无极之高，下垂之不测之深，旁人皆哀其绝，而造之者不知其危，子之谓乎！马方骇，鼓而惊之；系方绝，重而填之。马奔车覆，六辔不禁；系绝于高，坠入于深，其危必矣。"东郭亥色战而跪曰："吾已矣，愿子无言。"既而夫子告子贡曰："东郭亥，欲为义者也，子告之以难易则可矣,奚至惧之哉?"《嘉言》篇。

季桓子以粟千钟饩夫子,夫子受之而不辞,既而以颁门人之无者。子贡曰:"季孙以夫子贫,故致粟。夫子受之而以施人,无乃非季孙之意乎?"子曰:"何?"对曰:"季孙以为惠也。"子曰:"然,吾得千钟所以受而不辞者,为季孙之惠,且以为宠也。夫受人财不以成富,与季孙之惠于一人,岂若惠数百人哉?"

【谨按】子贡之贤知,岂有不明此理而待问于夫子哉?

"昔孙文子以卫侯哭之不哀,知其将为乱,不敢舍其重器而行,尽寘诸戚,而善晋大夫二十人。或称其知,何如?"孔子曰:"人知其为知也,吾未知其为知也。"子贡曰:"敢问何谓也?"子曰:"食其禄者,必死其事。孙子知卫君之将不君,不念伏死以争,而累规去就,尸利携贰,非人臣也。臣而有不臣之心,明君所不赦。幸哉!孙子之以此免戮也。"以上《记义》篇。

《淮南子》

卫君朝于吴,吴王囚之,欲流之于海。说者冠盖相望,而弗能止。鲁君闻之,撤钟鼓之县,缟素而朝。仲尼入见曰:"君胡为有忧色?"鲁君曰:"诸侯无亲,以诸侯为亲。大夫无党,以大夫为党。今卫君朝于吴王,吴王囚之,而欲流之于海,孰意卫君之仁义而遭此难也。吾欲免之而不能为,奈何?"仲尼曰:"若欲免之,则请子贡行。"鲁君召子贡,授之将军之印。子贡辞曰:"贵无益于解患,在所由之道。"敛躬而行,至于吴,见太宰嚭。太宰嚭甚悦之,欲荐之于王。子贡曰:"子不能行说于王,奈何?吾因子也。"太宰嚭曰:"子焉知嚭之不能也?"子贡曰:"卫君之来也,卫国之半曰不若朝于晋,其半曰不若朝于吴,然卫君以为吴可以归骸骨也,故束身以受命。今子受卫君而囚之,又欲流之于海,是赏言朝于晋者,而罚言朝于吴也。且卫君之来也，诸侯皆以为蓍龟兆，今朝于吴而不利，则皆移心于晋矣。子欲成霸王之业，不亦难乎？"太宰嚭入，复之于王。王报出令于百官，曰："比十日，而卫君之礼不具者死。"子贡可谓知所以说矣。《人间训》。

【谨按】《淮南子》所载与《左传》略同，其辞繁，不免于傅会矣。左氏叙次简当，较为可信。

《论衡》

子贡事孔子一年，自谓过孔子。二年，自谓与孔子同。三年，自知不及孔子。当一年、二年之时，未知孔子圣也。三年之后，然乃知之。

【谨按】此形容子贡所学之日进，而未必实有其事。今以《论语》所记，及子贡对齐景公之言考之，则子贡之知圣人，岂必在于从学三年之后。

鲁将伐越，筮之，得鼎折足。子贡占之，以为凶，何则？鼎而折足，行用足，故谓之凶。孔子占之，以为吉，曰："越人水居，行用舟不用足，故谓之吉。"鲁伐越，果克之。

【谨按】此与《冲波传》所载占筮之说略同，占筮之术，识其时其地，尤当识其机也。《冲波传》所记已详"颜回别录"中。

卷二十终　门人李朴生校字

卷二十一 别录：卜商 言偃

卷二十一　别录：卜商　言偃

一、卜商

《礼记》

子夏既除丧而见，予之琴，和之而不和，弹之而不成声，作而曰："哀未忘也。先王制礼而弗敢过也。"子张既除丧而见，予之琴，和之而和，弹之而成声，作而曰："先王制礼，不敢不至焉。"《说苑》所载稍异当以此为近是。

子夏问于孔子曰："居父母之仇如之何？"夫子曰："寝苫枕干，不仕，弗与共天下也。遇诸市朝，不反兵而斗。"曰："请问居昆弟之仇如之何？"曰："仕，弗与共国，衔君命而使，虽遇之，不斗。"曰："请问居从父兄昆弟之仇如之何？"曰："不为魁。主人能，则执兵而陪其后。"《家语·子贡问》篇略同。

子夏丧其子而丧其明。曾子吊之，曰："吾闻之也，朋友丧明则哭之。"曾子哭，子夏亦哭。曰："天乎！予之无罪也！"曾子怒曰："商！女何无罪也？吾与女事夫子于洙泗之间，退而老于西河之上，使西河之民疑女于夫子，尔罪一也；丧尔亲，使民未有闻焉，尔罪二也；丧尔子，丧尔明，尔罪三也。而曰尔无罪与？"子夏投其杖而拜曰："吾过矣！吾过矣！吾离群而索居亦已久矣。"以上见《檀弓》。

【谨按】《檀弓》记此事，后儒多以为失实。王充《论衡》云子夏失明，虚妄之言是也。说详"卜商言行录"卷中。子夏问曰："三年之丧，卒哭，金革之事无辟也者，礼与？初有司与？"孔子曰："夏后氏三年之丧，既殡而致事；殷人既葬而致事。《记》曰：'君子不夺人之亲，亦不可夺亲也。'此之谓乎。"子夏曰："金革之事无辟也者，非与？"孔子曰："吾闻诸老聃曰：'昔者鲁公伯禽，有为为之也。'今以三年之丧从其利者，吾弗知也。"《曾子问》篇，《家语·子夏问》篇同。

孔子闲居，子夏侍。子夏曰："敢问《诗》云'凯弟君子，民之父母'，何如斯可谓民之父母矣？"孔子曰："夫民之父母乎，必达于礼乐之原，以致'五至'而行'三无'，以横于天下，四方有败，必先知之，此之谓民之父母矣。"子夏曰："民之父母既得而闻之矣，敢问何谓'五至'？"孔子曰："志之所至，诗亦至焉；诗之所至，礼亦至焉；礼之所至，乐亦至焉；乐之所至，哀亦至焉；哀乐相生。是故正明目而视之，不可得而见也；倾耳而听之，不可得而闻也，志气塞乎天地。此之谓'五至'。"子夏曰："'五至'既得而闻之矣，敢问何谓'三无'？"孔子曰："无声之乐，无体之礼，无服之丧，此之谓'三无'。"子夏曰："'三无'既得略而闻之矣，敢问何《诗》近之？"孔子曰："'夙夜其命宥密'，无声之乐也。'威仪棣棣，不可选也'，无体之礼也。'凡民有丧，匍匐救之'，无服之丧也。"子夏曰："言则大矣，美矣，盛矣，言尽于此而已乎？"孔子曰："何为其然也？君子之服之也，犹有五起焉。"子夏曰："何如？"孔子曰："无声之乐，气志不违；无体之礼，威仪迟迟；无服之丧，内恕孔悲。无声之乐，气志既得；无体之礼，威仪翼翼；无服之丧，施及四国。无声之乐，气志既从；无体之礼，上下和同；无服之丧，以畜万邦；无声之乐，日闻四方；无体之礼，日就月将；无服之丧，纯德孔明。无声之乐，气志既起；无体之礼，施及四海；无服之丧，施于孙子。"子夏曰："三王之德，参于天地。敢问何如斯可谓参天地矣？"孔子曰："奉'三无私'，以劳天下。"子夏曰："敢问何谓'三无私'？"孔子曰:"天无私覆,地无私载,日月无私照。奉斯三者,劳天下,此之谓三无私。其在《诗》曰:'帝命不违,至于汤齐,汤降不迟,圣敬日齐。昭假迟迟,上帝是祇。帝命式于九围。'是汤之德也。天有四时,春秋冬夏,风雨霜露,无非教也。地载神气,神气风霆,风霆流形,庶物露生,无非教也。清明在躬,气志如神,耆欲将至,有开必先,天降时雨,山川出云。其在《诗》曰:'嵩高惟岳,峻极于天,惟岳降神,生甫及申。惟申及甫,惟周之翰,四国于蕃,四方于宣。'此文、武之德也。三代之王也,必先其令闻。《诗》云:'明明天子,令闻不已。'三代之德也。'弛其文德,协此四国。'太王之德也。"子夏蹶然而起,负墙而立,曰:"弟子敢不承乎!"《孔子闲居》篇。

【谨按】《家语·论礼》篇亦载此文。三无、五起之说,精微之论也,即孔氏之微言。《家语》谓子夏好论精微,盖已得闻孔子之大道矣。

《韩氏外传》

子夏读《诗》已毕,夫子问曰:"尔亦可言于《诗》矣?"子夏对曰:"《诗》之于事也,昭昭乎若日月之光,明燎燎乎如星辰之错行,上有尧舜之道,下有三王之义,弟子不敢忘。虽居蓬户之中,弹琴以咏先王生之风,有人亦乐之,无人亦乐之,亦可发愤忘食矣。《诗》曰:'衡门之下,可以栖迟。泌之洋洋,可以乐饥。'"夫子造然变容曰:"嘻!吾子始可以言《诗》已矣!然子已见其表,未见其里。"颜渊曰:"其表已见,其里又何有哉?"孔子曰:"窥其门不入其中,安知其奥藏之所在乎?然藏又非难也。丘尝悉心尽志已入其中。前有高岸,后有深谷。泠泠然如此既立而已矣。不能见其里,盖谓精微者也。"

子夏问曰:"《关雎》何以为《国风》始也?"孔子曰:"《关雎》至矣乎!夫《关雎》之人,仰则天,俯则地,幽幽冥冥,德之所藏;纷纷沸沸,道之所行;如神龙变化,斐斐文章,大哉《关雎》之道也。万物之所系,群生之所悬命也。河洛出书图,麟凤翔乎郊,不由《关雎》之道,则《关雎》之事将奚由至矣哉！夫六经之策，皆归论汲汲，盖取之乎《关雎》。《关雎》之事大矣哉！冯冯翊翊，自东自西，自南自北，无思不服，子其勉强之，思服之。天地之间，生民之属，王道之原，不外此矣。"子夏喟然叹曰："大哉！《关雎》乃天地之基也。"

哀公问于子夏曰："必学然后可以安国保民乎？"子夏曰："不学而能安国保民者，未之有也。"哀公曰："然则五帝有师乎？"子夏曰："臣闻黄帝学乎大坟，颛顼学乎禄图，帝喾学乎赤松子，尧学乎务成子附，舜学乎尹寿，禹学乎西王国，汤学乎贷子相，文王学乎锡畴子斯，武王学乎太公，周公学乎虢叔，仲尼学乎老聃，此十一圣人，未遭此师，则功业不能著乎天下，名号不能传乎后世者也。"《新序》亦载入。

卫灵公昼寝而起，志气益衰，使人驰召勇士公孙悁，道遭行人卜商。卜商曰："何驱之疾也？"对曰："公昼寝而起，使我召勇士公孙悁。"子夏曰："微悁，而勇若悁者，可乎？"御者曰："可。"子夏曰："载我而反。"至，君曰："使子召勇士，何为召儒？"使者曰："行人曰：'微悁，而勇若悁者可乎？'臣曰：'可。'即载与来。"君曰："诺，延先生上。趣召公孙悁。"至，入门，杖剑疾呼，曰："商下，我存若头。"子夏顾咄之，曰："咄！内剑，吾将与若言勇。"于是君令内剑而上。子夏曰："来。吾尝与子从君而西，见赵简子。简子披发杖矛而见我君，我从十三行之后趋而进曰：'诸侯相见，不宜不朝服。不朝服，行人卜商将以颈血溅君之服矣。'使反朝服而见吾君，子耶？我耶？"悁曰："子也。"子夏曰："子之勇不若我一矣。又与子从君而东至阿，遭齐君单鞈而坐。吾君单鞈而坐。我从十三行之后，趋而进曰：'礼：诸侯相见，不能相临以庶。'揄其一鞈而去之者，子耶？我耶？"悁曰："子也。"子夏曰："子之勇不若我二矣。又与子从君于囿中，于是两寇肩逐我君，拔矛下格而还，子耶？我耶？"悁曰："子也。"子夏曰："子之勇不若我三矣。所贵为士者，上摄万乘，下不敢敖乎匹夫，外立节矜，而敌不侵扰；内禁残害，而君不危殆。是士之所长，君子之所致贵也。若夫以长掩短，以众暴寡，凌轹无罪之民，而成威于闾巷之间者，是士之甚毒，而君子之所致恶也，众之所诛锄也。

《诗》曰：'人而无仪，不死何为？'夫何以论勇于人主之前哉！"于是灵公避席抑手曰："寡人虽不敏，请从先生之勇。"《诗》曰："不侮矜寡，不畏强御。"卜先生也。

子夏过曾子，曾子曰："入食。"子夏曰："不为公费乎？"曾子曰："君子有三费，饮食不在其中。君子有三乐，钟磬琴瑟不在其中。"子夏曰："敢问三乐。"曾子曰："有亲可畏，有君可事，有子可遗，此一乐也。有亲可谏，有君可去，有子可怒，此二乐也。有君可喻，有友可助，此三乐也。"子夏曰："敢问三费？"曾子曰："少而学，长而忘，此一费也。事君有功，而轻负之，此二费也。久交友而中绝之，此三费也。"子夏曰："善哉！谨身事一言，愈于终身之诵，而事一士，愈于治万民之功。夫人不可以不知，何也？吾尝菌焉吾田，暮岁不收，土莫不然，何况于人乎？与人以实，虽疏必密；与人以虚，虽戚必疏。夫实之与实，如胶如漆，虚之与虚，如薄冰之见昼日。君子可不留意哉！"

《家语》

孔子将行，雨而无盖，门人曰："商也有之。"孔子曰："商之为人也甚悋于财，吾闻与人交，推其长者，违其短者，故能久也。"《致思》篇《说苑》亦载之

【谨按】子夏之贤，何至吝惜一盖？此必非实事。崔氏述亦辩之，说详"卜商言行录"卷中。

孔子曰："吾死之后，则商也日益，赐也日损。"曾子曰："何谓也？"子曰："商也好与贤己者处，赐也好说不若己者。不知其子，视其父；不知其人，视其友；不知其君，视其所使；不知其地，视其草木。故曰：'与善人居，如入芝兰之室，久而不闻其香，即与之化矣；与不善人居，如入鲍鱼之肆，久而不闻其臭，亦与之化矣。丹之所藏者赤，漆之所藏

者黑。'是以君子必慎其所与处者焉。"《六本》篇、《说苑》亦载之。

【谨按】子贡、子夏两人晚年造道甚深，此段所载，当是后人因子贡方人而讬言之耳，说详"子贡言行录"卷中。

子夏问于孔子曰："商闻《易》之生人及万物鸟兽昆虫，各有奇偶，气分不同。而凡人莫知其情，惟达德者能原其本焉。天一地二人三，三如九九，九八十一。一主日，日数十，故人十月而生。八九七十二，偶以从奇，奇主辰，辰为月，月主马，故马十二月而生。七九六十三，三主斗，斗主狗，故狗三月而生。六九五十四，四主时，时主豕，故豕四月而生。四九三十六，六为律，律主鹿，故鹿六月而生。三九二十七，七主星，星主虎，故虎七月而生。二九一十八，八主风，风为虫，故虫八月而生。其余各从其类矣。鸟鱼生阴，而属于阳，故皆卵生。鱼游于水，鸟游于云，故立冬则燕雀入海化为蛤。蚕食而不饮，蝉饮而不食，蜉蝣不饮不食，万物之所以不同。介鳞夏食而冬蛰，龁吞者八窍而卵生，咀嚼者九窍而胎生。四足者无羽翼，戴角者无上齿。无角无前齿者膏，无角无后齿者脂。昼生者类父，夜生者似母。是以至阴主牝，至阳主牡。敢问其然乎？"孔子曰："然。吾昔闻老聃亦如汝之言。"子夏曰："商闻山书曰：'地东西为纬，南北为经，山为积德，川为积刑，高者为生，下者为死，丘陵为牡，溪谷为牝，蚌蛤龟珠，与日月为盈虚。'是故坚土之人刚，弱土之人柔，墟土之人大，沙土之人细，息土之人美，垎土之人丑。食水者善游而耐寒，食土者无心而不息，食木者多力而不治，食草者善走而愚，食桑者有绪而蛾，食肉者勇毅而悍，食气者神明而寿，食谷者智惠而巧，不食者不死而神。故曰：'羽虫三百有六十而凤为之长，毛虫三百有六十而麟为之长，甲虫三百有六十而龟为之长，鳞虫三百有六十而龙为之长，倮虫三百有六十而人为之长。'此乾川之美也，殊形异类之数。王者动必以道动，静必以道静，必顺理以奉天地之性，而不害其所主，谓之仁圣焉。"子夏言终而出，子贡进曰："商之论也何如？"孔子曰："汝谓何也？"对曰："微则微矣，然则非治世之待也。"孔子曰:"然。各其所能。"《执辔》篇。

【谨按】此文与《大戴礼·本命》及《易·本命》两篇文义互相发明,可以参观。

子夏问于孔子曰:"《记》云:'周公相成王,教之以世子之礼。'有诸?"孔子曰:"昔者成王嗣立,幼未能莅阼,周公摄政而治,抗世子之法于伯禽,欲王之知父子君臣之道,所以善成王也。夫知为人子者,然后可以为人父;知为人臣者,然后可以为人君;知事人者,然后可以使人。是故抗世子之法于伯禽,使成王知父子、君臣、长幼之义焉。"《子夏问》篇。

《说苑》

孔子读《易》至于《损》《益》,则喟然而叹。子夏避席而问曰:"夫子何为叹?"孔子曰:"夫自损者益,自益者缺,吾是以叹也。"子夏曰:"然则学者不可以益乎?"孔子曰:"否,天之道成者,未尝得久也。夫学者以虚受之,故曰得。苟不知持满,则天下之善言不得入其耳矣。昔尧履天子之位,犹允恭以持之,虚静以待下,故百载以逾盛,迄今而益章。昆吾自臧而满意,穷高而不衰,故当时而亏败,迄今而逾恶,是非损益之征与?吾故曰:'谦也者,致恭以存其位者也。'夫丰明而动故能大,苟大则亏矣,吾戒之,故曰:'天下之善言不得入其耳矣。'日中则昃,月盈则食,天地盈虚,与时消息,是以圣人不敢当盛。升舆而遇,三人则下,二人则式,调其盈虚,故能长久也。"子夏曰:"善,请终身诵之。"《家语·六本》篇亦载入,词略同。

子夏问仲尼曰:"颜渊之为人也,何若?"曰:"回之信,贤于丘也。"曰:"子贡之为人也,何若?"曰:"赐之敏,贤于丘也。"曰:"子路之为人也,何若?"曰:"由之勇,贤于丘也。"曰:"子张之为人也,何若?"曰:"师之庄,贤于丘也。"于是子夏避席而问曰:"然则四者何为事先生？"曰："坐，吾语汝。回能信而不能反，赐能敏而不能屈，由能勇而不能怯，师能庄而不能同，兼此四子者，丘不为也。夫所谓至圣之士，必见进退之利、屈伸之用者也。"《杂言》篇，《家语》《列子》亦载此文。

《列子》

赵襄子率徒十万狩于中山，藉艿燔林，扇赫百里。有一人从石壁中出，随烟烬上下，众谓鬼物。火过，徐行而出，若无所经涉者。襄子怪而留之，徐而察之，形色七窍，人也；气息音声，人也。问奚道而处石？奚道而入火？其人曰："奚物而谓石？奚物而谓火？"襄子曰："而向之所出者，石也；而向之所涉者，火也。"其人曰："不知也。"魏文侯闻之，问子夏曰："彼何人哉？"子夏曰："以商所闻夫子之言，和者大同于物，物无得伤阂者，游金石，蹈水火，皆可也。"文侯曰："吾子奚不为之？"子夏曰："刳心去智，商未之能，虽然，试语之有暇矣。"文侯曰："夫子奚不为之？"子夏曰："夫子能之而能不为者也。"文侯大说。《黄帝》篇。

《荀子》

子夏贫，衣若县鹑。人曰："子何不仕？"曰："诸侯之骄我者，吾不为臣；大夫之骄我者，吾不复见。"

《尸子》

孔子曰："商，汝知君之为君乎？"子夏曰："鱼失水则死，水失鱼犹为水也。"孔子曰："商知之矣。"

子夏曰："君子渐于饥寒，而志不僻，銙于五兵，而辞不慑，临大事不忘昔席之言。"

《韩非子》

子夏见曾子，曾子曰："何肥也？"对曰："战胜故肥也。"曾子曰："何谓也？"子夏曰："吾入见先王之义，则荣之；出见富贵之乐，又荣之。两者战于胸中，未知胜负，故臞。今先王之义胜，故肥。是以志之难也，不在胜人，在自胜也。故曰'自胜之谓强'。"

【谨按】此与《韩诗外传》记闵损事谓始有菜色，后有刍豢之色等语略同，当是傅会之词尔。

《孔丛子》

子夏问《书》大义。子曰："吾于《帝典》见尧、舜之圣焉；于《大禹》《皋陶谟》《益稷》，见禹、稷、皋陶之忠勤功勋焉；于《洛诰》，见周公之德焉。故《帝典》可以观美，《大禹谟》《禹贡》可以观事，《皋陶谟》《益稷》可以观政，《洪范》可以观度，《泰誓》可以观义，《五诰》可以观仁，《甫刑》可以观诚，通斯七者，则《书》之大义举矣。"

子夏读《书》既毕，而见夫子。夫子谓曰："子何为于《书》？"子夏对曰："《书》之论事也，昭昭然如日月之代明，离离然若辰星之错行，上有尧、舜之道，下有三王之义。凡商之所受《书》于夫子者，志之于心弗敢忘，虽退而穷居河济之间，深山之中，作壤室，编蓬户，常于此弹琴，以歌先王之道，则可以发愤慷喟，忘己贫贱，故有人亦乐之，无人亦乐之。上见尧舜之德，下见三王之义，忽不知忧患与死也。"夫子愀然变容曰："嘻！子殆可与言《书》矣，虽然，其亦表之而已，未睹其里也。夫窥其门而不入其室，恶观其宗庙之奥、百官之美乎？"《尚书大传》所记略同，以上见《论书》篇。

【谨按】此与《韩诗外传》记子夏读《诗》已毕一段，词意略同。已见上文，可参观。

《中论》

子夏曰:"日习则学不忘,自勉则身不堕,函闻天下之大言,则志益广。"

二、言偃

《礼记》

公仪仲子之丧,檀弓免焉。仲子舍其孙而立其子。檀弓曰:"何居?我未之前闻也。"趋而就子服伯子于门右,曰:"仲子舍其孙而立其子,何也?"伯子曰:"仲子亦犹行古之道也。昔者文王舍伯邑考而立武王,微子舍其孙腯而立衍也。夫仲子亦犹行古之道也。"子游问诸孔子,孔子曰:"否,立孙。"《家语·公西赤问》篇略同。

子游问丧具。夫子曰:"称家之有亡。"子游曰:"有亡恶乎齐?"夫子曰:"有,毋过礼。苟亡矣,敛首足形,还葬,县棺而封。人岂有非之者哉?"《家语·子夏问》篇载此特详,可参观。

曾子袭裘而吊,子游裼裘而吊。曾子指子游而示人曰:"夫夫也,为习于礼者,如之何其裼裘而吊也?"主人既小敛,袒、括发,子游趋而出,袭裘带绖而入。曾子曰:"我过矣,我过矣,夫夫是也。"

【谨按】此与曾子吊于负夏一节,足证子游深于礼学,虽以曾子之贤,犹善而服之也。

司寇惠子之丧,子游为之麻衰、牡麻绖。文子辞曰:"子辱与弥牟之弟游,又辱为之服,敢辞。"子游曰:"礼也。"文子退,反哭。子游趋而就诸臣之位,文子又辞曰:"子辱与弥牟之弟游,又辱为之服,又辱临其丧,敢辞。"子游曰:"固以请。"文子退,扶适子南面而立,曰:"子辱与弥牟之弟游,又辱为之服,又辱临其丧虎也,敢不复位?"子游趋而就客位。

【谨按】惠子废嫡立庶，而子游重服以讥之，是自处于非礼矣。此必非子游之所为，崔氏述已辨之。

将军文子之丧。既除丧，而后越人来吊，主人深衣练冠，待于庙，垂涕洟。子游观之曰："将军文氏之子，其庶几乎！亡于礼者之礼也，其动也中。"

司士贲告于子游曰："请袭于床。"子游曰："诺。"县子闻之曰："汰哉，叔氏！专以礼许人。"

有子与子游立，见孺子慕者，有子谓子游曰："予壹不知夫丧之踊也，予欲去之久矣。情在于斯，其是也夫。"子游曰："礼有微情者，有以故兴物者，有直情而径行者，戎狄之道也。礼道则不然。人喜则斯陶，陶斯咏，咏斯犹，犹斯舞，舞斯愠，愠斯戚，戚斯叹，叹斯辟，辟斯踊矣。品节斯，斯之谓礼。人死，斯恶之矣；无能也，斯倍之矣。是故制绞、衾，设蒌、翣，为使人勿恶也。始死，脯醢之奠；将行，遣而行之；既葬而食之。未有见其飨之者也，自上世以来未之有舍也，为使人勿倍也。故子之所刺于礼者，亦非礼之訾也。"以上见《檀弓》。

曾子吊于负夏。主人既祖，填池，推柩而反之，降妇人而后行礼。从者曰："礼与？"曾子曰："夫祖者，且也。且，胡为其不可以反宿也？"从者又问诸子游曰："礼与？"子游曰："饭于牖下，小敛于户内，大敛于阼，殡于客位，祖于庭，葬于墓，所以即远也。故丧事有进而无退。"曾子闻之曰："多矣乎，予出祖者！"

子游问曰："丧慈母如母，礼与？"孔子曰："非礼也。古者男子外有傅，内有慈母，君命所使教子也，何服之有？昔者鲁昭公少丧其母，有慈母良，及其死也，公弗忍，欲丧之。有司以闻曰：'古之礼，慈母无服。今也君为之服，是逆古之礼，而乱国法也。若终行之，则有司将书之，以遗后世，无乃不可乎？'公曰：'古者天子练冠以燕居。'吾弗忍也，遂练冠以丧慈母。丧慈母，自鲁昭公始也。"《曾子问》，《家语·子夏》篇亦载入。

昔者仲尼与于蜡宾，事毕，出游于观之上，喟然而叹。仲尼之叹，盖叹鲁也。言偃在侧曰："君子何叹？"孔子曰："大道之行也，与三代之英，丘未之逮也，而有志焉。大道之行也，天下为公，选贤与能，讲信修睦。故人不独亲其亲，不独子其子，使老有所终，壮有所用，幼有所长，矜寡孤独废疾者，皆有所养；男有分，女有归；货恶其弃于地也，不必藏于己；力恶其不出于身也，不必为己。是故谋闭而不兴，盗窃乱贼而不作，故外户而不闭，是谓大同。今大道既隐，天下为家，各亲其亲，各子其子，货力为己，大人世及以为礼，城郭沟池以为固，礼义以为纪，以正君臣，以笃父子，以睦兄弟，以和夫妇，以设制度，以立田里，以贤勇智，以功为己，故谋用是作，而兵由此起。禹、汤、文、武、成王、周公由此其选也。此六君子者，未有不谨于礼者也，以著其义，以考其信，著有过，刑仁讲让，示民有常。如有不由此者，在执者去，众以为殃。是谓小康。"言偃复问曰："如此乎，礼之急也？"孔子曰："夫礼，先生以承天之道，以治人之情，故失之者死，得之者生。是故礼，必本于天，殽于地，列于鬼神，达于丧、祭、射、御、冠、昏、朝、聘。圣人以礼示之，故天下国家何得而正也。故礼仪也者，人之大端也，所以讲信修睦，而固人肌肤之会，筋骸之束也；所以养生送死，事鬼神之大端也；所以达天道，顺人情之大窦也。唯圣人为知礼之不可以已也。故坏国、丧家、亡人，必先去其礼。故礼之于人也，犹酒之有糵也：君子以厚，小人以薄。故先王修义之柄，礼之序，以治人情。故人情者，圣王之田也，修礼以耕之，陈义以种之，讲学以耨之，本仁以聚之，播乐以安之。故礼也者，义之实也，礼以义起也。义者，艺之分，仁之节也。协于义，讲于仁，得之者强。仁者，义之本也，顺之体也，得之者尊。故治国不以礼，犹无耜而耕也；为礼不本于义，犹耕而弗种也；为义而不讲之学，犹种而弗耨也；讲之以学而不合之以仁，犹耨而弗获也；合之以仁而不安之以乐，犹获而弗食也；安之以乐而不达于顺，犹食而弗肥也。四体既正，肤革充盈，人之肥也。父子笃，兄弟睦，夫妇和，家之肥也。大臣法，小臣廉，官职相序，君臣相正，国之肥也。天子以德为车，以乐以御，诸侯以礼相与，大夫以法相序，士以信相考，百姓以睦相守，天下之肥也，是谓大顺。"《礼运》，据原文节录出，《家语》亦载之。

【谨按】大同之道为孔子救世思想，其一生精神所在者此也。然于及门中，独为子游言之，何也？盖子游习于礼，为专门名家，故言之特详。夫苟不以礼则无以治国，无以救世，其何以臻于大同？所谓大同者，谓同吾所乐于人，而不敢以自私也。故曰：'己立立人，己达达人；乐以天下，忧以天下。思天下有溺者，犹己溺之；思天下有饥者，犹己饥之。'其一视同仁之观念，与天地生物之理相应，而岂有自私自利之见哉！非徒然所谓平等自由遂可以称大同也。平等自由必期合于礼而后可，苟不以礼，则上下乱矣。平等之谓何，防闲溃矣。自由之谓何，以礼为主而后能行，其自由平等之方策，而后上下不至于无法纪，不至于无秩序，不至侵及人之自由。故《大同》一篇，载在《小戴记》之《礼运》，以其不能越礼而言大同也。明乎斯义，始可以言大同之道。清代学者秦蕙田先生著《五礼通考》，举凡天文、地理、兵刑、礼乐、选举、食货无不赅括于书中，然后知礼之所赅者广也，其殆深明礼学之精义欤。

《家语》

子游问于孔子曰："葬者涂车刍灵，自古有之。然今人或有偶，是无益于丧？"孔子曰："为刍灵者善矣，为偶者不仁，不殆于用人乎。"《公西赤问》篇。

【谨按】《礼·檀弓》载孔子之言曰："死者而用生者之器也，不殆于用殉乎哉！"其言与此略同。

《说苑》

季康子谓子游曰："仁者爱人乎？"子游曰："然。""人亦爱之乎？"子游曰："然。"康子曰："郑子产死，郑人丈夫舍玦佩，妇人舍珠珥，夫妇巷哭，三月不闻竽琴之声。仲尼之死，吾不闻鲁国之爱夫子，奚也？"子游曰："譬子产之与夫子，其犹浸水之与天雨乎。浸水所及则生，不及则死，斯民之生也，必以时雨，既以生，莫爱其赐。故曰：'譬子产与夫子也，犹浸水之与天雨乎。'"

【谨按】喻语本甚切当，但辞句浅易不类子游之言，姑存之备览。

卷二十一终　门人李朴生校字

卷二十二 别录：颛孙师 仲由

卷二十二　别录：颛孙师　仲由

一、颛孙师

《礼记》

仲尼燕居，子张、子贡、言游侍，纵言至于礼。子曰："居，女三人者，吾语女礼，使女以礼周流，无不遍也。"子贡越席而对曰："敢问何如？"子曰："敬而不中礼谓之野，恭而不中礼谓之给，勇而不中礼谓之逆。"子贡曰："敢问何以为此中也？"子曰："礼乎礼，夫礼所以制中也。"子贡退。言游进曰："敢问礼也者，领恶而全好者与？"子曰："然。郊社之义，所以仁鬼神也；尝禘之礼，所以仁昭穆也；馈奠之礼，所以仁死丧也；射御之礼，所以仁乡党也；食飨之礼，所以仁宾客也。"子曰："明乎郊社之义，尝禘之礼，治国其如指诸掌乎。是故居处有礼，故长幼辨也；闺门有礼，故三族和也；朝廷有礼，故官爵爵序也；田猎有礼，故戎事闲也；军旅有礼，故武功成也。是故宫室得其度，量鼎得其象，味得其时，乐得其节，车得其式，鬼神得其享，丧纪得其哀，辨说得其党，官得其体，政事得其施，加于身而错于前，凡众之动得其宜。若无礼，则手足无所错，耳目无所加，进退揖让无所制。是故以之居处，长幼失其别，闺门三族失其和，朝廷官爵失其序，田猎戎事失其策，军旅武功失其制，宫室失其度量，鼎失其象，味失其时，乐失其节，车失其式，鬼神失其飨，丧纪失其哀，辨说失其党，官失其体，政事失其施，加于身而错于前，凡众之动失其宜。"子曰:"礼也者,理也;乐也者,节也。君子无理不动,无节不作。"

子张问政。子曰:"师乎,前,吾语女乎。君子明于礼乐,举而错之而已。"子张复问。子曰:"师,尔以为必铺几筵升降酌献酬酢,然后谓之礼乎?尔以为必行缀兆兴羽籥作钟鼓,然后谓之乐乎?言而履之,礼也;行而乐之,乐也。君子力此二者,以南面而立,夫是以天下太平也。诸侯朝,万物服体,而百官莫敢不承事矣。礼之所兴,众之所治也。礼之所废,众之所乱也。昔圣帝明王、诸侯,辨贵贱、长幼、远近、男女、外内,莫敢相逾越,皆由此也。"三子者既得闻此言也于夫子,昭然若发矇矣。《仲尼燕居》。

【谨按】《家语·论礼》篇所载与此次第不同,其末段子张问政以下见于《问玉》篇。

《大戴礼》

子张问入官于孔子,孔子曰:"安身取誉为难也。"子张曰:"安身取誉如何?"孔子曰:"有善勿专,教不能勿搢,已过勿发,失言勿踦,不善辞勿遂,行事勿留。君子入官,自行此六路者,则身安誉至而政从矣。且夫忿数者,狱之所由生也;距谏者,虑之所以塞也;慢易者,礼之所以失也;惰怠者,时之所以后也;奢侈者,财之所以不足也;专者,事之所以不成也;历者,狱之所由生也。君子入官,除七路者,则身安誉至而政从矣。故君子南面临官,大城而公治之,精知而略行之,合是忠信,考是大伦,存是美恶,而进是利,而除是害,而无求其报焉,而民情可得也。故临之无抗民之志,胜之无犯民之言,量之无狡民之辞,养之无扰于时,爱之勿宽于刑,若此则身安誉至而民自得也。故君子南面临官,所见迩,故明不可蔽也;所求迩,故不劳而得也;所以治者约,故不用众而誉至也。法象在内故不远,泉源不竭故天下积也,如木不寡短长,人得其量,故治而不乱。故六者贯乎心,藏乎志,形乎色,发乎声,若此则身安誉至而民自得也。故君子南面临官，不治则乱至，乱至则争，争之至又反于乱。是故宽裕以容其民，慈爱以优柔之，而民自得也。已故躬行者，政之始也；调悦者，情之道也。善政行易则民不怨，言调悦则民不辨法，仁在身则民显以佚之也。财利之生微矣，贪以不得；善政必简矣，苟以乱之；善言必听矣，详以失之；规谏日至，烦以不听矣。言之善者，在所日闻；行之善者，在所能为。故上者，民之仪也；有司执政者，民之表也；迩臣便辟者，群臣仆之伦也。故仪不正则民失誓，表弊则百姓乱，迩臣便辟不正廉，而群臣服汙矣。故不可不慎乎三伦矣。故君子修身，反道察说，而迩道之服存焉。是故夫工女必自择丝麻，良工必自择赍材，贤君良上必自择左右。是故佚于取人，劳于治事；劳于取人，佚于治事。故君子欲誉，则谨其所便；欲名，则谨于左右。故上者辟如缘木者，务高而畏下者滋甚。六马之离，必于四面之衢；民之离道，必于上之佚政也。故上者尊严而绝，百姓者卑贱如神，民而爱之则存，恶之则亡也。故君子南面临官，贵而不骄，富而能恭，有本能图，修业居久而谭，情迩畅而及乎远，察一而关于多，一物治而万物不乱者，以身为本者也。故君子莅民，不可以不知民之性，达诸民之情，既知其以生有习，然后民特从命也。故世举则民亲之，政均则民无怨。故君子莅民，不临以高，不道以远，不责民之所不能。今临之明王之成功，则民严而不迎也；道以数年之业，则民疾，疾则辟矣。故古者冕而前旒，所以蔽明也；统纩塞耳，所以弇听也。故水至清则无鱼，人至察则无徒。故枉而直之，使自得之；优而柔之，使自求之；揆而度之，使自索之；民有小罪，必以其善以赦其过，如死使之生，其善也。是以上下亲而不离。故惠者，政之始也。政不正，则不可教也；不习，则民不可使也。故君子欲言之见信也者，莫若先虚其内也；欲政之速行也，莫若以身先之也；欲民之速服也者，莫若以道御之也。故不先以身，虽行必邻矣；不以其道御之，虽服必强矣；故非忠信，则无可以取亲于百姓矣；外内不相，应则无可以取信者矣。四者治民之统也。"《子张问入官》篇见六十五。

【谨按】《仲尼燕居》及《子张问入官》两篇皆载入《家语》，辞较明显。《家语》所记子张言行，其重要者亦只此两篇耳。

《韩诗外传》

孔子过康子，子张、子夏从。孔子入坐，二子相舆论，终日不决。子夏辞气甚隘，颜色甚变。子张曰："子亦闻夫子之议论耶？徐言闇闇，威仪翼翼；后言先默，得之推让。巍巍乎，荡荡乎，道有归矣。小人之论也，专意自是，言人之非，瞋目搤腕，疾言喷喷，口沸目赤。一幸得胜，疾笑嗌嗌，威仪固陋，辞气鄙俗，是以君子贱之也。"

【谨按】孔子言师也过，商也不及。《集注》谓子夏规模狭隘。《家语》云子夏为人性不弘，不弘者狭隘之谓。后儒因此傅会其辞，贬抑子夏。《韩诗外传》所载，想亦傅会之辞耳，子夏未必若此也。

《新序》

子张见鲁哀公，七日而哀公不礼，托仆夫而去，曰："臣闻君好士，故不远千里之外，犯霜露，冒尘垢，百舍重趼，不敢休息以见君。七日而君不礼，君之好士也，有似叶公子高之好龙也。叶公子高好龙，钩以写龙，鉴以写龙，屋室雕文以写龙，于是乎龙闻而下之，窥头于牖，拖尾于堂。叶公见之，弃而远走，失其魂魄，五色无主。是叶公非好龙也，好乎似龙而非龙者也。今臣闻君好士，故不远千里之外以见君，七日不礼，君非好士也，好夫似士而非士者也。《诗》曰：'中心藏之，何日忘之。'敢托而去。"《杂事》篇。

【谨按】此文系属伪托，崔氏述已辨之，说详'子张言行录'卷中。

《庄子》

子张问于满苟得曰："盍不为行？无行则不信，不信则不任，不任则不利。故观之名，计之利，而义真是也。若弃名利，反之于心，则夫之士为行，不可一日不为乎？"满苟得曰："无耻者富，多信者显。故观之名，计之利，而信真是也。若弃名利，反之于心，则夫士之为行，抱其天乎！"子张曰："昔者桀、纣贵为天子，富有天下，今谓臧聚曰：'汝行如桀、纣。'则有怍色，有不服之心者，小人所贱也。仲尼、墨翟，穷为匹夫，今谓宰相曰：'子行如仲尼、墨翟。'则变容易色，称不足者，士诚贵也。故势为天子，未必贵也；穷为匹夫，未必贱也。贵贱之分，在行之美恶"满苟德曰："小盗者拘，大盗者为诸侯，诸侯之门，义士存焉。昔者桓公小白杀兄入嫂，而管仲为臣；田成子常杀君窃国，而孔子受币。论则贱之，行则下之，则是言行之情，悖战于胸中也，不亦拂乎！故《书》曰：'孰恶孰美？成者为首，不成者为尾。'"

　　子张曰："子不为行，即将疏戚无伦，贵贱无义，长幼无序，五纪六位，将何以为别乎？"满苟得曰："尧杀长子，舜流母弟，疏戚有伦乎？汤放桀，武王伐纣，贵贱有义乎？王季为适，周公杀兄，长幼有序乎？儒者伪辞，墨者兼爱，五纪六位，将有别乎？且子正为名，我正为利。名利之实，不顺于理，不监于道。吾日与子讼于无约，曰：'小人殉财，君子殉名。'其所以变其情，易其性，则异矣；乃至于弃其所为，而殉其所不为，则一也。'故曰：无为小人，反殉而天；无为君子，从天之理。若枉若直，相而天极，面观四方，与时消息。若是若非，执而圆机；独成而意，舆道徘徊。无转而行，无成而义，将失而所为；无赴而富，无殉而成，将弃而天。比干剖心，子胥抉眼，忠之祸也；直躬证父，尾生溺死，信之患也；鲍子立乾，申子不自理，廉之害也；孔子不见母，匡子不见父，义之失也。此上世之所传，下世之所语，以为士者正其言，必其行，故服其殃，离其患也。"《盗跖》篇。

【谨按】此《庄子》寓言也，《离骚》抑郁之思，借子张、满苟得发之。凡《庄》《列》之说，多类此矣。

《孔丛子》

子张曰："女子必渐乎二十而后嫁，何也？"孔子曰："十五许嫁，而后从夫，是阳动而阴应，男唱而女随之义也。以为纺绩组紃织纴者，女子之所有事也。黼黻文章之美，妇人之所有大功也。必十五以往渐乎二十，然后可以通乎此事，通乎此事，然后乃能上以孝于舅姑，下以事夫养子也。"《嘉言》篇。

子张问曰："圣人受命，必受诸天，而《书》云'受终于文祖'，何也？"孔子曰："受命于天者，汤武是也；受命诸人者，舜禹是也。夫不读《诗》《易》《春秋》，则不知圣人之心，又无以别尧舜之禅、汤武之伐也。"

子张问曰："礼，丈夫三十而室，昔舜三十徵庸，而《书》云'有鳏在下，曰虞舜'，何谓也？"曩者师闻诸夫子曰："圣人在上，君子在位，则内无怨女，外无旷夫。尧为天子，而有鳏在下，何也？"孔子曰："夫男子二十而冠，冠而后娶，古今通义也。舜父顽母嚚，莫能图室家之端焉，故逮三十而谓之鳏也。《诗》云：'娶妻如之何？必告父母。'父母在，则宜圆婚，若已没，则己之娶，必告其庙。今舜之鳏乃父母之顽嚚也，虽尧为天子，其如舜何？"

子张曰："仁者何乐于山？"孔子曰："夫山者岿然高。"子张曰："高则何乐尔？"孔子曰："夫山草木植焉，鸟兽蕃焉，财用出焉，直而无私焉，四方皆伐焉。直而无私，兴吐风云以通乎天地之间，阴阳和合，雨露之泽，万物以成，百姓咸飨，此仁者之所以乐乎山也。"《韩诗外传》所载略同。以上《论书》篇。

《书》曰："兹殷罚有伦。"子张问曰："何谓也？"孔子曰："不失其理之谓也。今诸侯不同德，每君异法，折狱无伦，以意为限，是故知法之难也。"子张曰："古之知法者与今之知法者，异乎？"孔子曰："古之知法者能远狱，今之知法者不失有罪。不失有罪，其于恕寡矣。能远于狱，其于防深矣。寡恕近乎滥，防深治乎本。《书》曰：'维敬五刑，以成三德。'言敬刑所以为德也。"

《书》曰："若保赤子。"子张问曰："听讼可以若此乎？"孔子曰："可哉！"古之听讼者恶其意，不恶其人，求所以生之，不得其所以生，乃刑之，君必与众共焉，爱民而重弃之也。今之听讼者，不恶其意，而恶其人，求所以杀，是反古之道也。以上《刑论》篇。

二、仲由

《礼记》鲁人有朝祥而莫歌者，子路笑之。夫子曰："由，尔责于人，终无已夫？三年之丧，亦已久矣。"子路出，夫子曰："又多乎哉！踰月则其善也。"《家语》亦载入。

子路有姊之丧，可以除之矣，而弗除也。孔子曰："何弗除也？"子路曰："吾寡兄弟而弗忍也。"孔子曰："先王制礼，行道之人皆弗忍也。"子路闻之，遂除之。《家语·子贡问》篇载入。

子路曰："吾闻诸夫子，丧礼与其哀不足，而礼有余也，不若礼不足，而哀有余也。祭礼与其敬不足，而礼有余也，不若礼不足，而敬有余也。"

子路曰："伤哉，贫也！生无以为养，死无以为礼也。"孔子曰："啜菽饮水，尽其欢，斯之谓孝。敛手足形，还葬而无椁，称其财，斯之谓礼。"《家语·子贤问》篇略同。

子路去鲁，谓颜渊曰："何以赠我？"曰："吾闻之也，去国，则哭于墓而后行。反其国不哭，展墓而入。"谓子路曰："何以处我？"子路曰："吾闻之也，过墓则式，过祀则下。"以上见《檀弓》。

子路为季氏宰。季氏祭，建闇而祭，日不足，继之以烛。虽有强力之容，肃敬之心，皆倦怠矣。有司跛倚以临祭，其为不敬大矣。他日祭，子路与。室事交乎户，堂事交乎阶，质明而始行事，晏朝而退。孔子闻之，曰："谁谓由也而不知礼乎？"《礼器》《家语·公西赤问》篇载入。

《左传》

仲由为季氏宰,将堕三都,于是叔孙氏堕郈。季氏将堕费,公山不狃、叔孙辄帅费人以袭鲁。公与三子入于季氏之宫,登武子之台。费人攻之,弗克。入及公侧,仲尼命申句须、乐颀下,伐之,费人北。国人追之,败诸姑蔑。二子奔齐,遂堕费。将堕成,公敛处父谓孟孙:"堕成,齐人必至于北门。且成,孟氏之保障也。无成,是无孟氏也。子伪不知,我将不堕。"冬十二月,公围成,弗克。《定十二年·传》。

【谨按】《家语·相鲁》篇云:"孔子言于定公曰:'家不藏甲,邑无百雉之城,古之制也。今三家过制,请皆损之。'乃使仲由堕三都。"强宫室,弱私家也。围成弗克,则是孟懿子梗命使政化不行矣,说详"南容言行"卷中。

小邾射以句绎来奔。曰:"使季路要我,吾无盟矣。"使子路,子路辞。季康子使冉有谓之曰:"千乘之国,不信其盟,而信子之言,子何辱焉?"对曰:"鲁有事于小邾,不敢问故,死其城下可也。彼不臣,而济其言,是义之也,由弗能。"《哀十四年·传》。

齐陈瓘如楚,过卫,仲由见之曰:"天或者以陈氏为斧斤,既翦丧公室,而他人有之,不可知也。其使终飨之,亦不可知也。若善鲁以待时,不亦可乎!何必恶焉?"子玉曰:"然。吾受命矣,子使告吾弟。"《哀十五年·传》。

卫孔圉取太子蒯聩之姊,生悝。孔氏之竖浑良夫长而美,孔文子卒,通于内。太子在戚,孔姬使之焉。太子与之言曰:"苟使我入获国,服冕、乘轩,三死无与。"舆之盟,为请于伯姬。

闰月,良夫与太子入,舍于孔氏之外圃。昏,二人蒙衣而乘,寺人罗御,如孔氏。孔氏之老栾宁问之,称姻妾以告,遂入,适伯姬氏。既食,孔伯姬杖戈而先,太子与五人介,舆豭从之。迫孔悝于厕,强盟之,遂劫以登台。栾宁将饮酒,炙未熟,闻乱,使告季子。召获驾乘车,行爵食炙,奉卫侯辄来奔。

季子将入，遇子羔将出，曰："门已闭矣。"季子曰："吾姑至焉。"子羔曰："弗及，不践其难！"季子曰："食焉，不辟其难。"子羔遂出，子路入。及门，公孙敢门焉，曰："无入为也。"季子曰："是公孙也，求利焉，而逃其难。由不然，利其禄，必救其患。"有使者出，乃入，曰："太子焉用孔悝？虽杀之，必或继之。"且曰："太子无勇，若燔台，半，必舍孔叔。"太子闻之，惧，下石乞、孟黡敌子路，以戈击之，断缨。子路曰："君子死，冠不免。"结缨而死。孔子闻卫乱，曰："柴也其来，由也死矣。"《哀十五年·传》。

《史记·仲尼弟子列传》

初，卫灵公有宠姬曰南子。灵公太子蒉聩得过南子，惧诛，出奔。及灵公卒而夫人欲立公子郢，郢不肯，曰："亡人太子之子辄在。"于是卫立辄为君，是为出公。出公立十二年，其父蒉聩居外，不得入。子路为卫大夫孔悝之邑宰。蒉聩乃与孔悝作乱，谋入孔悝家，遂与其徒袭攻出公。出公奔鲁，而蒉聩入立，是为庄公。方孔悝作乱，子路在外，闻之而驰往。遇子羔出卫城门，谓子路曰："出公去矣，而门已闭，子可还矣，毋空受其祸。"子路曰："食其食者不避其难。"子羔卒去。有使者入城，城门开，子路随而入，造蒉聩。蒉聩与孔悝登台，子路曰："君焉用孔悝，请得而杀之。"蒉聩勿听。于是子路欲燔台，蒉聩惧，乃下石乞、壶黡攻子路，击断子路之缨。子路曰："君子死而冠不免。"遂结缨而死。孔子闻卫乱，曰："嗟乎，由死矣！"已而果死。故孔子曰："自吾得由，恶言不闻于耳。"

《韩诗外传》

孔子遭齐程木子于郯之间，倾盖而语终日，有间，顾子路曰："由来！取束帛十匹以赠先生。"子路不对。有间，又顾曰："束帛十匹以赠先生。"子路率尔而对曰:"昔者由也闻之于夫子,士不中道相见,女无媒而嫁者,君子不行也。"孔子曰:"夫《诗》不云乎:'野有蔓草,零露漙兮。有美一人,清扬婉兮。邂逅相遇,适我愿兮。'且夫齐程木子,天下之贤士也,吾于是而不赠,终身不之见也。大德不逾闲,小德出入可也。"《家语》亦载入。

子路曰:"士不能勤苦,不能轻死亡,不能恬贫穷,而曰我行义,吾不信也。昔者申包胥立于秦廷七日七夜,哭不绝声,是以存楚。不能勤苦,焉得行此?比干且死,而谏愈忠;伯夷叔齐饿于首阳,而志益彰。不轻死亡,焉得行此?曾子褐衣缊绪,未尝完也;粮米之食,未尝饱也。义不合,则辞上卿。不恬贫穷,焉能行此?夫士欲立身行道,无顾难易,然后能行之。欲行义白名,无顾利害,然后能行之。《诗》曰:'彼己之子,硕大且笃。'良非笃修身行之君子,其孰能与之哉?"

子路曰:"有人于斯,夙兴夜寐,手足胼胝而面目黧黑,树艺五谷以事其亲,而无孝子之名者,何也?"孔子曰:"吾意者身未敬耶?色不顺耶?辞不逊耶?古人有言曰:'衣欤食欤,曾不尔即。'子劳以事其亲,无此三者,何为无孝之名?意者所友非仁人耶?坐语汝,虽有国士之力,不能自举其身。非无力也,势不便也。是以君子入则笃孝,出则友贤,何为其无孝子之名?"《家语·困誓》篇略同。

孔子行,简子将杀阳虎,孔子似之,带甲以围孔子舍。子路愠怒,奋戟将下。孔子止之曰:"由!何仁义之寡裕也。夫《诗》《书》之不习,《礼》《乐》之不讲,是丘之罪也。若吾非阳虎而以我为阳虎,则非丘之罪也。命也!我歌,子和。"子路歌,孔子和之三,终而围罢。《诗》曰:"来游来歌。"以陈盛德之和而无为也。《说苑》略同,《家语·困誓》篇载孔子之宋一段,词章亦同。

孔子困于陈、蔡之间,即三经之席,七日不食,藜羹不糁,弟子有饥色,读《诗》《书》习《礼》《乐》不休。子路进谏曰:"为善者,天报之以福;为不善者,天报之以贼。今夫子积德累仁,为善久矣,意者当遗行乎?奚居之隐也?"孔子曰:"由来!汝小人也,未讲于论也。居,吾语汝。子以知者为无罪乎？则王子比干何为剖心而死？子以义者为听乎？则伍子胥何为抉目而悬吴东门？子以廉者为用乎，则伯夷叔齐何为饿于首阳之山？子以忠者为用乎，则鲍叔何为而不用？叶公子高终身不仕，鲍焦抱木而泣，子推登山而燔？故君子博学深谋，不遇时者众矣。岂独丘哉？贤不肖者材也，遇不遇者时也。今无有时，贤安所用哉？故虞舜耕于历山之阳，立为天子，其遇尧也。傅说负土而版筑，以为大夫，其遇武丁也。伊尹故有莘氏僮也，负鼎操俎调五味，而立为相，其遇汤也。吕望行年五十，卖食棘津，年七十屠于朝歌，九十乃为天子师，则遇文王也。管夷吾束缚自槛车，以为仲父，则遇齐桓公也。百里奚自卖五羊之皮，为秦伯牧牛，举为大夫，则遇秦缪公也。虞丘于天下，以为令尹，让于孙叔敖，则遇楚庄王也。伍子胥前功多，后戮死，非知有盛衰也，前遇阖闾，后遇夫差也。夫骥罢盐车，此非无形容也，莫知之也。使骥不得伯乐，安得千里之足？造父亦无千里之手矣。夫兰茝生于茂林之中，深山之间，人莫见之故不芬。夫学者非为通也，为穷而不困，忧而志不衰，先知祸福之始，而心无惑焉。故圣人隐居深念，独闻独见。夫舜亦贤圣矣，南面而治天下，惟其遇尧也。使舜居桀纣之世，能自免于刑戮之中，则为善矣，亦何位之有？桀杀关龙逢，纣杀王子比干，当此之时，岂关龙逢无知，而王子比干不慧乎哉？此皆不遇时也。故君子务学，修身端行而须其时者也。子无惑焉。"《诗》曰："鹤鸣于九皋，声闻于天。"《说苑》载入，词章略同。《家语·在厄》篇亦记此章。

《家语》

鲁有俭啬者，瓦鬲煮食食之，自谓其美，盛之土型之器，以进孔子。孔子受之，欢然而悦，如受太牢之馈。子路曰："瓦甂，陋器也。煮食，薄膳也。夫子何喜之如此乎？"子曰："夫好谏者思其君，食美者念其亲。吾非以馔具之为厚，以其食厚而我思焉。"《说苑》所载略同。

子路问于孔子曰："管仲之为人何如？"子曰："仁也。"子路曰："昔管仲说襄公，公不受，是不辩也。欲立公子纠而不能，是不智也。家残于齐而无忧色，是不慈也。桎梏而居槛车，无惭心，是无丑也。事所射之君，是不贞也。召忽死之，管仲不死，是不忠也。仁人之道，固若是乎？"孔子曰："管仲说襄公，襄公不受，公之暗也。欲立子纠而不能，不遇时也。家残于齐而无忧色，是知权命也。桎梏而无惭心，自裁审也。事所射之君，通于变也。不死子纠，量轻重也。夫子纠未成君，管仲未成臣。管仲才度义，管仲不死束缚而立功名，未可非也。召忽虽死，过于取仁，未足多也。"《说苑》略同。

【谨按】孔子称管仲之仁，以其一匡九合，功在救世，《论语》已明言之。说并详"子路言行"卷中。

子路见于孔子曰："负重涉远，不择地而休；家贫亲老，不择禄而仕。昔者，由也事二亲之时，常食藜藿之实，为亲负米百里之外。亲没之后，南游于楚，从车百乘，积粟万钟，累茵而坐，列鼎而食，愿欲食藜藿为亲负米，不可复得也。枯鱼衔索，几何不蠹，二亲之寿，忽若过隙。"孔子曰："由也事亲可谓生事尽力，死事尽思者也。"《说苑》略同。

【谨按】南游于楚，重车百乘等语，疑属傅会，崔氏述已辩之，详"子路言行"卷中。

子路治蒲，请见于孔子，曰："由愿受教于夫子。"子曰："蒲其何如？"对曰："邑多壮士，又难治也。"子曰："然。吾语尔：恭而敬，可以摄勇；宽而正，可以怀强；爱而恕，可以容困；温而断，可以抑奸。如此而加之，则正不难矣。"《说苑》略同，以上《致思》篇。

子路盛服见孔子，子曰："由，是倨倨者何也？夫江始出于岷山，其源可以滥觞；及其至于江津，不舫舟，不避风，则不可以涉。非唯下流水多耶？今尔衣服既盛，颜色充盈，孰肯以非告汝乎？"子路趋而出，改服而入，盖自若也。子曰："由，志之，吾告汝：奋于言者华，夺于行者伐。夫色智而有能者，小人也。故君子知之曰知，言之要也；不能曰不能，行之至也。言要则智行，智则仁，既仁且智，恶不足哉？"《韩诗外传》及《说苑》亦载入。

崔氏述曰："《说苑》称子路持剑，孔子非之，子路请摄齐以事孔子，又称子路盛服而见孔子，非之。子路乃改服，而入考其所载孔子之言，皆类杨氏之旨，盖托言之耳，其实古人盛服佩剑，皆寻常事，不足为病也。"

子路问于孔子曰："有人于此，披褐而怀玉，何如？"子曰："国无道，隐之可也；国有道，则衮冕而执玉。"以上《三恕》篇。

子路戎服见于孔子，拔剑而舞之，曰："古之君子以剑自卫乎？"孔子曰："古之君子，忠以为质，仁以为卫，不出环堵之室，而知千里之外。有不善则以忠化之，侵暴则以仁固之，何持剑乎？"子路曰："由乃今闻此言，请摄齐以受教。"《说苑》略同。

孔子谓子路曰："君子以心导耳目，立义以为勇；小人以耳目导心，不愻以为勇。故曰：退之而不怨，先之斯可从已。"以上《好生》篇。

子路治蒲三年，孔子过之，入其境曰："善哉！由也恭敬以信矣。"入其邑，曰："善哉！由也忠信而宽矣。"至庭，曰："善哉！由也明察以断矣。"子贡执辔而问曰："夫子未见由之政，而三称其善，其善可得闻乎？"孔子曰："吾见其政矣。入其境，田畴尽易，草莱甚辟，沟洫深治，此其恭敬以信，故其民尽力也。入其邑，墙屋完固，树木甚茂，此其忠信以宽，故其民不偷也。至其庭，庭甚清闲，诸下用命，此其言明察以断故。其言明察以断，故其政不扰也。以此观之，虽三称其善，庸尽其美乎！"《辨政》篇。

【谨按】《韩诗外传》亦载此文，崔氏述谓其文词冗弱，不类孔子之言，然其事则容或有之云。盖后儒记载，往往铺张成文。周秦诸子以及传记所载者，类多如此矣。

子路问于孔子曰："请释古之道，而行由之意，可乎？"子曰："不可，昔东夷之子慕诸夏之礼，有女而寡，为内私婿，终身不嫁。嫁则不嫁矣，然非贞节之义也。苍梧娆娶妻而美，让与其兄。让则让矣，然非礼之让也。不慎其初，而悔其后，何嗟及矣！今汝欲舍古之道，行子之意，庸知子意不以是为非，以非为是乎？后虽欲悔，难哉！"《六本》篇，《说苑》亦载入。

马氏骕曰："此非孔子言。"

阳虎既奔齐，自齐奔鲁，适赵氏，孔子闻之，谓子路曰："赵氏其世有乱乎？"子路曰："权不在焉，岂能为乱？"孔子曰："非汝所知。夫阳虎亲富而不亲仁，有宠于季孙，又将杀之，不克而奔，求容于齐。齐人囚之，乃亡归晋，是齐鲁二国已去其疾，赵简子好利而多信，必溺其说而从其谋，祸败所终，非一世可知也。"《辨物篇》。

子路见孔子，曰："汝何好乐？"对曰："好长剑。"孔子曰："吾非此之问也，徒谓以子之所能，而加之以学问，岂可及乎？"子路曰："学岂益哉也？"孔子曰："夫人君而无谏臣则失正；士而无教友则失听；御狂马不释策，操弓不反檠，木受绳则直，人受谏则圣，受学重问，孰不顺哉？毁仁恶士，必近于刑。君子不可不学。"子路曰："南山有竹，不柔自直。斩而用之，达于犀革。以此言之，何学之有？"孔子曰："栝而羽之，镞而砺之，其入之不亦深乎？"子路再拜曰："敬受教。"《说苑》略同。

子路将行，辞于孔子，子曰："赠汝以车乎？赠汝以言乎？"子路曰："请以言。"孔子曰："不强不达，不劳无功，不忠无亲，不信无复，不恭失礼，慎此五者而已。"子路曰："由请终身奉之，敢问亲交取亲若何？言察可行若何？长为善士而无犯若何？"孔子曰："汝所问，苞在五者中矣。亲交取友，忠也；言寡可行，其信也；长为善士，而无犯，其礼也。"《说苑》亦载入，以上《子路初见》篇。

子路问于孔子曰："君子亦有忧乎？"子曰："无也。君子之修行也，其未得之，则乐其意；既得之，又乐其治。是以有终身之乐，无一日之忧。

小人则不然，其未得也，患弗得之；既得之，又恐失之。是以有终身之忧，无一日之乐。"《在厄》篇，《说苑》及《荀子》略同。

孔子遭厄于陈、蔡之间，绝粮七日，弟子馁病。孔子弦歌，子路入见曰："夫子之歌，礼乎？"孔子弗应，曲终而曰："由，来，吾语汝：君子好乐，为无骄也；小人好乐，为无慑也。其谁之子不我知而从我者乎？"子路悦，援戚而舞，三终而出。明日，免于厄，子贡执辔，曰："二三子从夫子而遭此难也，其弗忘矣。"孔子曰："善恶何也？夫陈、蔡之间，丘之幸也。二三子从丘者，皆幸也。吾闻之，君不困不成王，烈士不困行不彰。庸知其非激愤厉志之始于是乎在？"《困誓》篇。

【谨按】《说苑》《庄子》亦载此事，《庄子》说已详《子贡》篇，至《韩诗外传》载困于陈蔡一段，则事同而词稍有别，宜参观。

子路鼓琴，孔子闻之，谓冉有曰："甚矣，由之不才也。夫先王之制音也，奏中声以为节，流入于南，不归于北。夫南者生育之乡，北者杀伐之域，故君子之音温柔居中，以养生育之气。忧愁之感，不加于心也；暴厉之动，不在于体也。夫然者，乃所谓治安之风也。小人之音则不然，亢厉微末，以象杀伐之气。中和之感，不载于心；温和之动，不存于体。夫然者，乃所以为乱之风。昔者舜弹五弦之琴，造南风之诗。其诗曰：'南风之薰兮，可以解吾民之愠兮；南风之时兮，可以阜吾民之财兮。'唯修此化，故其与也勃焉，德如泉流，至于今，王公大人述而弗忘。殷纣好为北鄙之声，其废也忽焉，至于今，王公大人举以为诫。夫舜起布衣，积德含和，而终以帝；纣为天子，荒淫暴乱，而终以亡。非各所修之致乎！由，今也匹夫之徒，曾无意于先王之制，而习亡国之声，岂能保其六七尺之体哉？"冉有以告子路，子路惧而自悔，静思不食，以至骨立。夫子曰："过而能改，其进矣乎。"《辩乐解》，《说苑》亦载之。

崔氏述曰："此文词意浅蔓，必非孔子之言，且乐以象德瑟之不和，由于气质之未化，当从容而涵养之，非七日不食所能变也。此因《论语》载由之瑟奚为于丘之门一章，而傅会言之耳。"

> 子路问于孔子曰："由闻丈夫居世，富贵不能有益于物，处贫贱之地而不能屈节以求伸，则不足以论乎人之域矣。"孔子曰："君子之行己，期于必达，可以屈则屈，可以伸则伸。故屈节者所以有待，求伸者所以及时。是以虽受屈而不毁其节，志达而不犯于义。"《屈节》篇。

《说苑》

> 孔子闲居，喟然而叹曰："铜鞮伯华，而无死天下，其有定矣。"子路曰："愿闻其为人也何若。"孔子曰："其幼也，敏而好学；其壮也，有勇而不屈；其老也，有道而能以下人。"子路曰："其幼也，敏而好学，则可；其壮也，有勇而不屈，则可。夫有道又谁下哉？"孔子曰："由不知也。吾闻之，以众攻寡，而无不消也；以贵下贱，无不得也。昔者周公旦制天下之政，而下士七十人，岂无道哉？欲得士之故也。夫有道而能下于天下之士，君子乎哉。"《家语》略同。

> 子路问于孔子曰："治国何如？"孔子曰："在于尊贤，而贱不肖。"子路曰："范中行氏尊贤而贱不肖，其亡，何也？"曰："范中行氏尊贤而不能用也，贱不肖而不能去也。贤者知其不己用而怨之，不肖者知其贱己而仇之。贤者怨之，不肖者仇之，怨仇并至，中行氏虽欲无亡，得乎？"《家语》同。

【谨按】此文词既浅易，意亦狭隘。不己用而遂怨之，岂得为贤？疑非孔子之言。

> 子路为蒲令，备水灾，与民春修沟渎，为人烦苦，予人一箪食一壶浆。孔子闻之，使子贡止之。子路愆然不悦，往见夫子，曰："由也以暴雨将

至,恐有水灾,故与人修沟渎以备之,而民多匮于食,故与人一箪食一壶浆,而夫子使赐止之,何也?夫子以仁教而禁其行仁也,由也不受。"子曰:"尔以民为饿,何不告于君,发仓廪以给食之,而以尔私馈之,是汝不望君之惠,见汝之德义也,速已则可,否则尔之受罪不久矣。"子路心服而退。《家语·致思》篇同。

【谨按】《韩非子》载季孙相鲁,子路为郈令。为长沟,子路以其私秩粟为浆饭,要作沟者而餐之,孔子使子贡止之,谓其不合于礼,曰:"汝之飧之,为爱之也。夫礼,天子爱天下,诸侯爱境内,大夫爱官职,亦爱其家,过其所爱曰侵。今鲁君有民,而子擅爱之,是侵也。"云云。大意与此相近,可参观。惟《韩非子》称子路为"郈令",《北堂书钞》亦作"郈"。然郈为叔孙之邑,与季孙何涉?全谢山以为不足据,疑其讹"蒲"为"郈"。然蒲为卫邑,亦与季孙无涉也。成回学于子路三年,回恭敬不已,子路问其故何也。回对曰:"臣闻之行者比于鸟,上畏鹰鹯,下畏网罗,夫人为善者少,为谗者多,若身不死,安知祸罪不施。行年七十,常恐行节之亏,回是以恭敬待大命。"子路稽首曰:"君子哉!"

【谨按】此文当是有讬,而言未必实有其事。

赵襄子谓仲尼曰:"先生委质以见人主,七十君矣,而无所通。不识世无明君乎?意先生之道固不通乎?"仲尼不对。异日,襄子见子路,曰:"尝问先生以道,先生不对。知而不对,则隐也。隐则安得为仁?若信不知,安得为圣?"子路曰:"建天下之鸣钟而撞之以梃,岂能发其声哉?君问先生,无乃犹以梃撞乎?"

《庄子》

孔子西藏书于周室,子路谋曰:"由闻周之徵藏史,有老聃者,免而归居。夫子欲藏书,则试往因焉。"孔子曰:"善,往见老聃。"《天道》篇。

孔子之楚，舍于蚁丘之浆，其邻有夫妻臣妾登极者，子路曰："是稷稷何为者耶？"仲尼曰："是圣人仆也。是自埋于民，自藏于畔，其声销，其志无穷，其口虽言，其心未尝言，方且与世违，而心不屑与之俱。是陆沈者也，是其市南而僚耶？"子路请往召之，孔子曰："已矣！彼知丘之著于己也，知丘之适楚也，以丘为必使楚王之召己也，彼且以丘为佞人也。夫若然者，其于佞人也，羞闻其言，而况亲见其身乎！"子路往视之，其室虚矣。《则阳》篇。

孔子游乎缁帷之林，休坐乎杏坛之上。弟子读书，孔子弦歌鼓琴。奏曲未半，有渔父者下船而来，须眉交白，被发揄袂，行原以上，距陆而止，左手据膝，手持颐以听。曲终，而招子贡、子路，二人俱对。客指孔子曰："彼何为者也？"子路对曰："鲁之君子也。"客问其族。子路对曰："族孔氏。"客曰："孔氏者何治也？"子路未应，子贡对曰："孔氏者，性服忠信，身行仁义，饰礼乐，选人伦，上以忠于世主，下以化于齐民，将以利天下。此孔氏之所治也。"又问曰："有土之君与？"子贡曰："非也。""侯王之佐与？"子贡曰："非也。"客乃笑而还行，言曰："仁则仁矣，恐不免其身，苦心劳形以危其真。呜呼，远哉其分于道也！"子贡还报孔子，孔子推琴而起曰："其圣人与！"乃下求之。至于泽畔，方将杖挐而引其船，愿见孔子，还乡而立。孔子反走，再拜而进。客曰："子将何求？"孔子曰："曩者先生有绪言而去，丘不肖，未知所谓，窃待于下风，幸闻咳唾之音，以卒相丘也。"客曰："嘻！甚矣子之好学也！请释吾之所有，而经子之所以。子审仁义之间，察同异之际，观动静之变，适受与之度，理好恶之情，和喜怒之节，而几于不免矣。谨修而身，慎守其真，还以物与人，则无所累矣。今不修之身而求之人，不亦外乎？"孔子愀然曰："请问何谓真？"客曰："真者，精诚之至也。不精不诚，不能动人。故强哭者，虽悲不哀；强怒者，虽严不威；强亲者，虽笑不和。真悲无声而哀，真怒未发而威，真亲未笑而和。真在内者，神动于外，是所以贵真也。其用于人理也，事亲则慈孝，事君则忠贞，饮酒则欢乐，处丧则悲哀。忠贞以功为主，饮酒以乐为主，处丧以哀为主，事亲以适为主。功成之美，无一其迹矣。事亲以适，不论所以矣；饮酒以乐，不选其具矣；处丧以哀，无问其礼矣。礼者，世俗之所为也；真者所以受于天也，自然不可易也。故圣人法天贵真，不拘于俗。愚者反此。不能法天而恤于人，不知贵真，禄禄而受变于俗，故不足。惜哉，子之早湛于人伪，而晚闻大道也！"孔子再拜，请因受业而卒学大道。客曰："吾闻之，可与往者与之，至于妙道；不可与往者，不知其道，慎勿与之，身乃无咎。子勉之！吾去子矣，吾去子矣！"乃刺船而去，延缘苇间。颜渊还车，子路授绥，孔子不顾，待水波定，不闻挐音而后敢乘。子路旁车而问曰："由得为役久矣，未尝见夫子遇人如此其威也。万乘之主，千乘之君，见夫子未尝不分庭伉礼，夫子犹有倨敖之容。今渔者杖拏逆立，而夫子曲要磬折，言拜而应，得无太甚乎？门人皆怪夫子矣，渔人何以得此乎？"孔子伏轼而叹曰："甚矣，由之难化也！湛于礼义有间矣，而朴鄙之心至今未去。进，吾语汝！夫遇长不敬，失礼也；见贤不尊，不仁也。彼非至人，不能下人，下人不精，不得其真，故长伤身。惜哉！不仁之于人也，祸莫大焉，而由独擅之。且道者，万物之所由也，庶物失之者死，得之者生，为事逆之则败，顺之则成。故道之所在，圣人尊之。今渔父之道，可谓有矣，吾敢不敬乎！"《渔父》篇。

《孔丛子》

颜仇善事亲，子路义之。后仇以非罪执于卫，将厄，子路请以金赎焉，人将许之，既而二三子纳金于子路以入卫。或谓孔子曰："受人之金，以赎其私昵，义乎？"子曰："义以赎之，贫取于友，非义而何？爱金而令不辜陷辟，凡人犹且不忍，况二三子于由之所亲乎？《诗》云：'如可赎兮，人百其身。'苟出金可以生人，虽百倍古人，不以为多。故二三子其欲，由也成其义，非汝之所知也。"《记义》篇。

《论衡》

　　世称子路无恒之庸人,未入圣门时,戴鸡佩豚,勇猛无礼。闻诵读之声,摇鸡奋豚,扬唇吻之,音聒圣贤之耳,恶至甚矣。孔子引而教之,渐渍磨砺,开导诱进,猛气消损,骄节屈折,卒能政事,列在四科。斯盖变性使恶为善之明效矣。

卷二十二终　门人李朴生校字

卷二十三 别录：原宪等十六人

卷二十三　别录：原宪等十六人

一、原宪

《韩诗外传》

原宪居鲁，环堵之室，茨以蒿莱，蓬户瓮牖，桷桑而无枢，上漏下湿，匡坐而弦歌。子贡乘肥马，衣轻裘，中绀而表素，轩不容巷而往见之。原宪楮冠藜杖而应门，正冠则缨绝，振襟则肘见，纳履则踵决。子贡曰："嘻！先生何病也？"原宪仰而应之曰："宪闻之，无财之谓贫，学而不能行之谓病，宪贫也，非病也。若夫希世而行，比周而友，学以为人，教以为己，仁义之匿、车马之饰、衣裘之丽，宪不忍为之也。"子贡逡巡，而有惭色，不辞而去。原宪乃徐步曳杖，歌《商颂》而反，声沦于天地，如出金石。天子不得而臣也，诸侯不得而友也，故养身者忘家，养志者忘身。身且不爱，孰能忝之？《诗》曰："我心匪石，不可转也；我心匪席，不可卷也。"《新序》及《庄子》亦载入。

崔氏述曰："子贡贫无谄，富无骄者也，何至以贫为耻，以富为荣？此殆战国贫贱骄人之士，设为此词以自高，非实事也。"【按】子贡原非以富骄人，惟原宪贫窭，乏于滋养，其面目形色稍为枯槁，亦意中事。子贡以谊属同门，乍见之余，未免惊异，而以病问。虽似出言不择，亦无大咎。若如原宪云云，则词近铺张，恐不免为后人傅益耳。《庄子·让王篇》载曾子居卫一段，其词亦与此相类，宜参阅。

《史记·游侠列传序》

原宪，闾巷人也，读书怀独，行君子之德义，不苟合当世，当世亦笑之。故原宪终身空室蓬户，褐衣蔬食不厌，死而已四百余年，而弟子志之不倦。

《家语》

原思言于曾子曰："夏后氏之送葬也，用盟器《檀弓》作'明器'示民无知也。殷人用祭器，示民有知也。周人兼而用之，示民疑也。"曾子曰："其不然矣。夫盟器，鬼器也；祭器，人器也。古之人胡为而死其亲乎？"《子夏问》篇，《檀弓》所记略同。

二、公西赤

《家语》

齐庄而能肃，志通而好礼，傧相两君之事，笃雅有节，是公西赤之行也。子曰："礼经三百，可勉能也；威仪三千，则难也。"公西赤问曰："何谓也？"子曰："貌以傧礼，礼以傧辞，是谓难焉。"众人闻之，以为成也。孔子语人曰："当宾客之事，则达矣。"谓门人曰："二三子欲学宾客之礼者，其于赤也。"《弟子行》篇，"子贡言行别录"已录入。

公西赤问于孔子曰："大夫以罪免，卒，其葬也如之何？"孔子曰："大夫废其事，终身不仕，死则葬之以士礼；老而致仕者，死则从其列。"《公西赤问》篇。

《孔丛子》

《书》曰:"其在祖甲,不义惟王。"公西赤曰:"闻诸晏子:'汤及太甲、武丁、祖乙,天下之大君。'夫太甲为王,居丧行不义,同称君,何也?"孔子曰:"君子之于人,计功而除过。太甲即位,不明居丧之礼,而干冢宰之政,伊尹放之于桐,忧思三年,追悔前愆,起而复位,谓之明王。以此观之,虽四于三王,不亦可乎?"

三、宓不齐

《家语》

孔子谓宓子贱曰:"子治单父,众悦,子何施而得之也?子语丘所以为之者。"对曰:"不齐之治也,父恤其子,其子恤诸孤而哀丧纪。"孔子曰:"善,小节也,小民附矣,犹未足也。"曰:"不齐所父事者三人,所兄事者五人,所友事者十一人。"孔子曰:"父事三人,可以教孝矣。兄事五人,可以教悌矣。友事十一人,可以举善矣。中节也,中人附矣,犹未足也。"曰:"此地民有贤于不齐者五人,不齐事之而禀度焉,皆教不齐所以治人之道。"孔子叹曰:"其大者乃于此乎有矣。昔尧舜听天下,务求贤以自辅。夫贤者,百福之宗也,神明之主也。惜乎不齐之所治者小也。"《辩政》篇,《韩诗外传》《说苑》亦载入,《史记》略同。

孔子兄子有孔蔑者,与宓子贱偕仕。孔子往过孔蔑而问之曰:"自汝之仕,何得何亡?"对曰:"未有所得,而所亡者三。王事若龙,学焉得习,是学不得明也。俸禄少,饘粥不及亲戚,是以骨肉益疏也。公事多急,不得吊死问疾,是朋友之道阙也。其所亡者三,即谓此也。"孔子不悦,往过子贱,问如孔蔑。对曰:"自来仕者,无所亡,其有所得者三。始诵之,今得而行之,是学益明也。俸禄所供,被及亲戚,是骨肉益亲也。虽有公事,而兼以吊死问疾,是朋友笃也。"孔子喟然,谓子贱曰:"君子哉,若人,鲁无君子者,则子贱焉取此。"《子路初见》篇,《说苑》同。

孔子弟子有宓子贱者，仕于鲁，为单父宰。恐鲁君听谗言，使己不得行其政，于是辞行，故请君之近史二人，与之俱至官。宓子戒其邑吏，令二史书。方书辄掣其肘，书不善则从而怒之。二史患之，辞请归鲁。宓子曰："子之书甚不善，子勉而归矣。"二史归报于君曰："宓子使臣书而掣肘，书恶又怒臣，邑吏皆笑之，此臣所以去之而来也。"鲁君以问孔子，子曰："宓不齐，君子也。其才任霸王之佐，屈节治单父，将以自试也。意者以此为谏乎。"公寤，太息而叹曰："此寡人之不肖。寡人乱宓子之政，而责其善者，数矣。微二史，寡人无以知其过。微夫子，寡人无以自寤。"遽发所爱之使，告宓子曰："自今已往，单父非吾有也，从子之制。有便于民者，子决为之。五年一言其要。"宓子敬奉诏，遂得行其政，于是单父治焉。躬敦厚，明亲亲，尚笃敬，施至仁，加恳诚，致忠信，百姓化之。《新序》亦载入，《吕氏春秋》略同。

崔氏述曰："请人于君而掣其肘，非礼也。此战国策士因当时世主任人不专，而论言之耳。"

齐人攻鲁，道由单父。单父之老请曰："麦已熟矣，今齐寇至，不及人人自收其麦。请放民出，皆获传郭之麦，可以益粮，且不资于寇。"三请而宓子不听。俄而齐寇逮于麦。季孙闻之，怒，使人让宓子曰："民寒耕热耘，曾不得食，岂不哀哉？不知犹可，以告者宓子不听，非所以为民也。"宓子蹴然曰："今兹无麦，明年可树。若使不耕者获，是使民乐有寇。且得单父一岁之麦，于鲁不加强，丧之不加弱。若使民有自取之心，其创必数世不息。"季孙闻之，赧然而愧曰："地若可入，吾岂忍见宓子哉！"

三年，孔子使巫马期远观政焉。巫马期阴免衣，衣弊裘，入单父界。见渔者，得鱼辄舍之。巫马期问焉，曰："凡渔者为得，何以得鱼即舍之？"渔者曰："鱼之大者名为鱄，吾大夫爱之；其小者名为鲋，吾大夫欲长之。是以得二者辄舍之。"巫马期返以告孔子曰："宓子之德至，使民暗行，若有严刑于旁。敢问宓子何行而得于是？"孔子曰："吾尝与之言曰：诚于此者刑乎彼。宓子行此术于单父也。"《吕氏春秋》略同,以上见《屈节》篇。

《说苑》

宓子贱治单父,弹鸣琴,身不下堂而单父治。巫马期亦治单父,以星出,以星入,日夜不处,以身亲之,而单父亦治。巫马期问其故于宓子贱,宓子贱曰:"我之谓任人,子之谓任力,任力者劳,任人者佚。"人曰:"宓子贱则君子矣!佚四肢,全耳目,平心气,而百官治,任其数而已矣。巫马期则不然,弊性事情,劳烦教诏,虽治,犹未至也。"《韩诗外传》《吕览》同。

宓子贱为单父宰,辞于夫子。夫子曰:"毋迎而距也,毋望而许也,许之则失守,距之则闭塞。譬如高山深渊,仰之不可极,度之不可测也。"子贱曰:"善,敢不承命乎!"

宓子贱为单父宰,过于阳昼,曰:"子亦有以送仆乎?"阳昼曰:"吾少也贱,不知治民之术,有钓道二焉,请以送子。"子贱曰:"钓道奈何?"阳昼曰:"夫投纶错饵,迎而吸之者,阳桥也;其为鱼也,薄而不美;若存若亡,若食若不食者,鲂也,其为鱼也,博而厚味。"宓子贱曰:"善。"于是未至单父,冠盖迎之者交接于道。子贱曰:"车驱之,车驱之,夫阳昼之所谓阳桥者至矣。"于是至单父,请其耆老尊贤者,而与之共治单父。以上《政理》篇。

崔氏述曰:"子贱治单父,见于《吕览》《诗传》《史记》《新序》,而《说苑》又屡见之,则固有其事。惟以单父小邑而得贤之多如此,所载又与《史记》不同,则疑其有附益也。"崔说已详"宓子贱言行录"卷中。

《韩非子》

宓子贱治单父,有若见之曰:"子何臞也?"宓子曰:"君不知贱不肖,使治单父,官事急,心忧之,故臞也。"有若曰:"昔者舜鼓五弦,歌

《南风》之诗而天下治。今以单父之细也，治之而忧，治天下将奈何乎？故有术以御之，身坐于庙堂之上，有处女子之色，无害于治；无术而御之，身虽瘁癯，犹未有益。"

【谨按】此段与《说苑》载子贱鸣琴而治之说互相抵触，或者初时任力，后则任人，其感于有子之言乎？

四、澹台灭明

《家语》

澹台子羽有君子之容，而行不胜其貌。宰我有文雅之辞，而智不充其辩。孔子曰："里语云：'相马以舆，相士以居，弗可废矣。'以容取人，则失之子羽；以辞取人，则失之宰予。"《子路初见》篇。

澹台灭明有君子之姿，孔子尝以容貌望其才。其才不充孔子之望，然其为人公正无私，以取与去就以诺为名，仕鲁为大夫也。《弟子解》。

《博物志》

澹台子羽渡河，赍千金之璧于河，河伯欲之，至阳侯波起，两鲛挟船。子羽左操璧，右操剑，击鲛皆死。既渡，三投璧于河伯。河伯跃而归之，子羽毁而去。澹台子羽子溺水死，欲葬之，灭明曰："此命也，与蝼蚁何亲！与鱼龟何离！"遂使勿葬。

【谨按】《博物志》所记，小说家言耳，与《殷芸小说》所载颜渊、子路共坐，而鬼魅求见；《搜神记》所载曾参治疗，玄鹤其后，鹤衔明珠以报；《冲波传》载子路取水逢虎，而揽其尾，如此等类，皆不足信也。

五、曾点

《檀弓》

季武子寝疾，蟜固不说齐衰而入见，曰："斯道也将亡矣，士唯公门说齐衰。"武子曰："不亦善乎！君子表微。"及其丧也，曾点倚门而歌。

【谨按】《檀弓》载曾点倚门而歌，其说不足信也。崔氏述已辨之，详"曾点言行录"卷中。

《孟子》

万章问曰："敢问如何斯可谓狂矣。"曰："如琴张、曾皙、牧皮者，孔子之所谓狂矣。""何以谓之狂也？"曰："其志嘐嘐然，曰'古之人，古之人'。夷考其行而不掩焉者也。"

崔氏述曰："琴张、曾皙之狂，不过志期古人，而行不掩其言，如孟子所云者是已，非有悖礼伤教事也。如悖礼伤教，孔子奚取焉？"

《家语》

曾点疾时礼教不行，欲修之。孔子善焉。《论语》所谓"浴乎沂，风乎舞雩"之下。《弟子解》。

《论衡》

鲁设雩祭于沂水之上。暮者，晚也；春，谓四月也。春服既成，谓四月之服成也。冠者、童子，雩祭乐人也。浴乎沂，涉沂水也，象龙之从水中出也。风乎舞雩，风，歌也。咏而馈，咏歌馈祭也。孔子曰：吾与点也。善点之言，欲以雩祭调和阴阳，故与之也。据《集解》包氏《注》，则云："浴于沂水之上，风凉于舞雩之下，歌咏先王之德而归夫子之门。"其说较王充为洽。

六、漆雕开

《家语》

孔子问漆雕凭曰："子事臧文仲、武仲及孺子容，此三大夫孰贤？"对曰："臧氏家有守龟焉，名曰蔡。文仲三年而为一兆，武仲三年而为二兆，孺子容三年而为三兆。凭从此之见，若问三人之贤与不贤，所未敢识也。"孔子曰："君子哉！漆雕氏之子。其言人之美也，隐而显；言人之过也，微而著。智而不能及，明而不能见，孰克如此。"《好生》篇。《说苑》所记，其末云："智不有及，明不能见，得无数卜乎？"与此稍异。

【谨按】《说范》所记漆雕凭作漆雕马，人又谓其仕臧文仲，则与《论语》文义抵触矣。且漆雕凭是否即漆雕开，未敢决定也。

《孔丛子》

墨子曰："孔子诸弟子，子贡、季路辅孔悝以乱卫。阳虎乱鲁，弗肸以中牟畔。漆雕开形残。"诘之曰："如此言，卫之乱，子贡、季路为之耶？斯不待言而了矣。阳虎欲见孔子，孔子不见，何弟子之有？弗肸以中牟畔，召孔子，则有之矣。为孔子弟子，未之闻也。且漆雕开形残，非行己之致，何伤于德哉？"《诘墨》篇。

七、南宫括

《礼记》

南宫绦之妻之姑之丧，夫子诲之髽，曰："尔毋从从尔！尔毋扈扈尔！盖榛以为笄，长尺，而总八寸。"《檀弓》，《家语》同。

《大戴礼》

"独居思仁,公言仁义,其闻《诗》也,一日三复白圭之玷,是南宫韬之行也。夫子信其仁,以为异姓。"《卫将军文子》篇。《家语·弟子行》篇同,"子贡言行别录"已录入。

【谨按】南容事迹见于传记者甚少,《左传》《哀公三年·传》《家语》《观周》篇诸书所载多属南宫敬叔事,而南宫敬即南宫说,亦即仲孙阅,与南容别为一人。今记南容事,不列入南宫敬叔,免混淆也。

八、冉求

《左传》

齐为鄎故,国书、高无㔻帅师伐我,及清。季孙谓其宰冉求曰:"齐师在清,必鲁故也,若之何?"求曰:"一子守,二子从公御诸境。"季孙曰:"不能。"求曰:"居封疆之间。"季孙告二子,二子不可。求曰:"若不可,则君无出,一子帅师,背城而战,不属者,非鲁人也。鲁之群室众于齐之兵车,一室敌车优矣,子何患焉?二子之不欲战也宜,政在季氏。当子之身,齐人伐鲁而不能战,子之耻也,不列于诸侯矣。"季孙使从于朝,俟于党氏之沟。武叔呼而问战焉。对曰:"君子有远虑,小人何知?"懿子强问之,对曰:"小人虑材而言、量力而共者也。"武叔曰:"是谓我不成丈夫也。"退而蒐乘。孟孺子泄帅右师,颜羽御,邴泄为右。冉求帅左师,管周父御,樊迟为右。季孙曰:"须也弱。"有子曰:"就用命焉。"季氏之甲七千,冉有以武城人三百为己徒卒,老幼守宫,次于雩门之外。五日,右师从之。公叔务人见保者而泣,曰:"事充,政重,上不能谋,士不能死,何以治民?吾既言之矣,敢不勉乎!"师及齐师战于郊。齐师自稷曲,师不逾沟。樊迟曰:"非不能也,不信子也,请三刻而逾之。"如之,众从之。师入齐军。右师奔,齐人从之。陈瓘、陈庄涉泗。盂之侧后入以为殿,抽矢策其马,曰:"马不进也。"林不狃之伍曰:"走乎?"不狃曰:

"谁不如？"曰："然则止乎？"不狃曰："恶贤？"徐步而死。师获甲首八十，齐人不能师。宵谍曰："齐人遁。"冉有请从之三，季孙弗许。孟孺子语人曰："我不如颜羽，而贤于邴泄。子羽锐敏，我不欲战而能默，泄曰'驱之'。"公为与其嬖僮汪锜乘，皆死，皆殡。孔子曰："能执干戈以卫社稷，可无殇也。"冉有用矛于齐师，故能入其军。孔子曰："义也。"

季孙欲以田赋，使冉有访于仲尼。仲尼曰："丘不识也。"三发，卒曰："子为国老，待子而行，若之何子不言也？"仲尼不对，而私于冉有曰："君子之行也，度于礼：施取其厚，事举其中，敛从其薄。如是，则以丘亦足矣。若不度于礼，而贪冒无厌，则虽以田赋，将又不足。且子季孙若欲行而法，则周公之典在；若欲苟而行，又何访焉？"弗听。以上见《哀十一年·传》："十有二年春，用田赋。"【按】《家语·正论解》亦载此事，又加详焉。

宋景曹卒，季康子使冉有吊，且送葬，曰："敝邑有社稷之事，使肥与有职竞焉，是以不得助执绋，使求从舆人，曰：'以肥之得备弥甥也，有不腆先人之产马，使求荐诸夫人之宰，其可以称旌繁乎！'"《哀二十三年·传》。

《礼记》

伯高之丧，孔氏之使者未至，冉子摄束帛乘马而将之。孔子曰："异哉！徒使我不诚于伯高。"《檀弓》，《家语·子贡问》篇略同。

《韩诗外传》

鲁哀公问冉有曰："凡人之质而已，将必学而后为君子乎？"冉有对曰："臣闻之，虽有良玉，不刻镂则不成器；虽有善质，不学则不成君子。曰：'何以知其然也？'夫子路，卞之野人也；子贡，卫之贾人也。皆学问于孔子，遂为天下显士。诸侯闻之，莫不尊敬。卿大夫闻之，莫不亲爱。学之故也。昔吴楚燕代，谋为一举而欲伐秦。姚贾，监门之子也，为秦往使之，遂绝其谋，止其兵。及其反国，秦王大悦，立为上卿。夫百里奚，齐之乞者也。逐于齐西，无以进，自卖五羊皮，为一栀车，见秦缪公，立为相，遂霸西戎。太公望少为人婿，老而见去，屠牛朝歌，赁以棘津，钓于磻溪，文王举而用之，封于齐。管仲亲射桓公，遂除报仇之心，立以为相，存亡继绝，九合诸侯，一匡天下。此四子者，皆尝卑贱穷辱矣，然其名声驰于后世，岂非学问之所致乎？由此观之，士必学问，然后成君子。《诗》曰：'日就月将。'"于是哀公嘻然而笑曰："寡人虽不敏，请奉先生之教矣。"

【谨按】此非冉有之言，将后人托言之耳。《战国策》载姚贾监门子，是在秦始皇时，冉子安得言之。其文藻饰，亦非春秋时语也。

《家语》

孔子在卫，冉求言于季孙曰："国有圣人而不能用，欲以求治，是犹却步而欲求及前人，不可得已。今孔子在卫，卫将用之。已有才而以资邻国，难以言智也。请以重币迎之。"季孙以告哀公，公从之。孔子既至，舍哀公馆焉。《儒行》篇。

【谨按】《史记·孔子世家》亦载此事，云："哀公十一年，冉有为季氏帅师，与齐战于郎。"《左传》作"战于郊"。克之，季康子因问军旅之事学之乎？抑性之也？冉有对以学于孔子，因而荐孔子于季孙。是时孔子在卫，遂迎孔子而反乎鲁，盖孔子之去鲁至是已十有四年矣。

冉有问于孔子曰："古者三皇五帝不用五刑，信乎？"孔子曰："圣人之设防，贵其不犯也。制五刑而不用，所以为至治也。凡夫之为奸邪窃盗靡法妄行者，生于不足。不足生于无度。无度则小者偷盗，大者侈靡，各不知节。是以上有制度，则民知所止。民知所止则不犯，故无陷刑之民。不孝者，生于不仁。不仁者，生于丧祭之礼不明。丧祭之礼，所以教仁爱也。丧制之礼明，则民孝矣。杀上者，生于不义。义所以别贵贱，明尊卑也。贵贱有别，尊卑有序，则民莫不尊上而敬长。朝聘之礼者，所以明义也，义明则民不犯。斗变者，生于相陵。相陵者生于长幼无序而遗敬让。乡饮酒之礼者，所以明长幼序而崇敬让也。长幼有序，则民怀敬让。淫乱者，生于男女无别。男女无别，则夫妇失义。婚礼聘享者，所以别男女，明夫妇之义也。男女既别，夫妇既明，故虽有淫乱之狱，而无陷刑之民。此五者，刑罚之所以生，各有源焉。不豫塞其源，而辄绳之以刑，是谓为民设阱而陷之。刑罚之源生于嗜欲不节，夫礼度者，所以御民之嗜欲而明好恶也。礼度既陈，五谷毕修，而民犹或未化，其犯奸邪靡法妄行之狱者，则饬制量之度；有犯不孝之狱者，则饬丧祭之礼；有犯杀上之狱者，则饬朝觐之礼；有犯斗变之狱者，则饬乡饮酒之礼；有犯淫乱之狱者，则饬婚聘之礼。三皇五帝之所以化民者如此，虽有五刑不用，不亦可乎。"据原文略加删简以便省览。

冉有问于孔子曰："先王制法，使刑不上于大夫，礼不下于庶人。然则大夫犯罪，不可以加刑；庶人之行事，不可以治于礼乎？"孔子曰："不然。凡治君子，以礼御其心，所以属之以廉耻之节也。故古之大夫，其有坐不廉污秽而退放之者，不谓之不廉污秽而退放，则曰'簠簋不饬'。有坐淫乱男女无别者，不谓之淫乱男女无别，则曰'帷幕不修'也。有坐罔上不忠者，不谓之罔上不忠，则曰'臣节未著'。有坐罢软不胜任者，不谓之罢软不胜任，则曰'下官不职'。有坐干国之纪者，不谓之干国之纪，则曰'行事不请'。此五者，大夫既自定有罪名矣，而犹不忍斥然正以呼之也。既而为之讳，所以愧耻之。是故大夫之罪其在五刑之域者，闻而谴发，则白冠氂缨，盘水加剑，造乎阙而自请罪，君不使有司执缚牵掣而加之也。其有大罪者，闻命则北面再拜，跪而自裁，君不使人捽引而刑杀，曰：'子大夫自取之耳，吾遇子有礼矣。'以刑不上大夫，而大夫亦不失其罪，教使然也。所谓礼不下庶人者，以庶人遽其事而不能充礼，故不责之以备礼也。"冉有免席曰："言则美矣！求未之闻，退而记之。"以上《五刑解》。

齐国师伐鲁，季康子使冉求率左师御之，樊迟为右。既战，季孙谓冉有曰："子之于战，学之乎？性达之乎？"对曰："学之。"季孙曰："从事孔子，恶乎学？"冉有曰："即学之孔子也。夫孔子者，大圣无不该，文武并用兼通，求也适闻其战法，犹未之详也。"季孙悦，樊迟以告孔子，孔子曰："季孙于是乎可谓悦人之有能矣。"

季康子问冉求之战，冉求既对之，又曰："夫子播之百姓，质诸鬼神而无憾，用之则有名。"康子言于哀公，以币迎孔子。以上《正论解》，宜与上交所引《史记·世家语》参观。

《庄子》

冉有问于仲尼曰："未有天地可知耶？"仲尼曰："可。古犹今也。"冉求失问而退。明日复见，曰："昔吾问'未有天地可知乎？'夫子曰：'可。古犹今也。'昔日吾昭然，今日吾昧然，敢问何谓也？"仲尼曰："昔之昭然也，神者先受之；今之昧然也，且又为不神者求耶！无古无今，无始无终。未有子孙而有子孙，可乎？"冉求未对，仲尼曰："已矣，末应矣！不以生生死，不以死死生，死生有待耶？皆有所一体。有先天地者物耶？物物者非物，物出不得先物也，犹其有物也。犹其有物也，无已。圣人之爱人也终无已者，亦乃取于是者也。"《知北游》篇。

九、宰予

《礼记》

宰我曰："吾闻鬼神之名，不知其所谓。"子曰："气也者，神之盛也。魄也者，鬼之盛也。合鬼与神，教之至也。众生必死，死必归土，此之谓鬼。骨肉毙于下，阴为野土，其气发扬于上，为昭明，焄蒿，凄怆，此百物之精也，神之著也。因物之精制为之极，明命鬼神，以为黔首，则百众以畏，万民以服。圣人以是为未足也，筑为宫室，设为宗祧，以别亲疏远迩，教民反古复始，不忘其所由生也。众之服自此，故听且速也。二端既立，报以二礼。建设朝事，燔燎膻芗，见以萧光，以报气也。此教众反始也。荐黍稷，羞肝、肺、首、心，见间以侠甒，加以郁鬯，以报魄也。教民相爱，上下用情，礼之至也。"《祭义》，《家语·哀公问政》篇略同。

《大戴礼》

宰我问于孔子曰："昔者予闻诸荣伊言，黄帝三百年。请问黄帝者人耶？抑非人邪？何以至于三百年乎？"孔子曰："予！禹汤文武成王周公可胜观耶。夫黄帝尚矣，女何以为？先生难言之。"宰我曰："上世之传，隐微之说，卒业之辨，暗忽之意，非君子之道也，则予之问也固矣。"孔子曰："黄帝，少典之子也，曰轩辕。生而神灵，弱而能言，幼而慧齐，长而敦敏，成而聪明。治五气，设五量，抚万民，度四方，教熊罴貔貅豹虎，以与赤帝战于阪泉之野。三战，然后得行其志。黄帝黼黻衣，大带，黼裳，乘龙扆云，以顺天地之纪，幽明之故，死生之说，存亡之难。时播百谷草木，淳化鸟兽昆虫，历离日月星辰，极略土石金玉，勤劳心力耳目，节用水火财物，生而民得其利百年，死而民畏其神百年，亡而民用其教百年，故曰三百年。"宰我曰："请问帝颛顼。"孔子曰："五帝用说，三王用度，女欲一日辩闻古者之说，躁哉予也！"宰我曰："昔者，予也闻诸夫子曰：'小子无有宿问。'"孔子曰："颛顼，黄帝之孙，昌意之子也，曰高阳。洪渊以有谋，疏通而知事，养财以任地，履时以象天，依鬼神以制义，治气以教民，洁诚以祭祀。乘龙而至四海，北至于幽陵，南至于交趾，西济于流沙，东至于蟠木。动静之物，大小之神，日月所照，莫不砥砺。"宰我曰："请问帝喾。"孔子曰："玄嚣之孙，蟜极之子也，曰高辛。生而神灵，自言其名。博施利物，不于其身，聪以知远明，以察微顺天之义，知民之隐。仁而威，惠而信，修身而天下服。抚致万民而利诲之，历日月而迎送之，明鬼神而敬事之。其色穆穆，其德侔侔，其动也时，其服也士。春夏乘龙，秋冬乘马，黄黼黻衣，执中而获天下，日月所照，风雨所至，莫不从顺。"宰我曰："请问帝尧。"孔子曰："高辛之子也，曰放勋。其仁如天，其知如神，就之，如日望之如云。富而不骄，贵而不豫。黄黼黻衣，丹车白马，伯夷主礼，龙、夔教舞，举舜、彭祖而任之，四时先民治之。流共工于幽州，以变北狄；放驩兜于崇山，以变南蛮；杀三苗于三危；殛鲧于羽山，以变东夷。其言不贰，其德不回，四海之内，舟舆所至，莫不说夷。"宰我曰："请问帝舜。"孔子曰："蟜牛之孙，瞽瞍之子也，曰重华。好学孝友，闻于四海，陶渔事亲，宽裕温良，敦敏而知时，畏天而爱民，恤远而亲近。承受大命，依于倪皇。睿明通知，为天下王。使禹敷土，主名山川，以利于民；使后稷播种，务勤嘉谷，以作饮食；羲和掌麻，敬授民时，使益行火，以辟山莱；伯夷主礼，以节天下；夔作乐，以歌籥舞，和以钟鼓；皋陶作士，忠信疏通，知民之情；契作司徒，教民孝友，敬政率经。其言不惑，其德不匿，举贤而天下平。南抚交趾、大教、鲜支、渠搜、氐羌，北山戎、发、息慎、东长、鸟夷羽民。舜之少也，恶悴劳苦，二十以孝闻乎天下，三十在位，嗣帝所，五十乃死，葬于苍梧之野。"宰我曰："请问禹。"孔子曰："高阳之孙，鲧之子也，曰文命。敏给克济，其德不回，其仁可亲，其言可信；声为律，身为度，称以上士；亹亹穆穆，为纲为纪，巡九州，通九道，陂九泽，度九山。为神主，为民父母，左准绳，右规矩，履四时，据四海，平九州，戴九天，明耳目，治天下。举皋陶与益以赞其身，举干戈以征不享不庭无道之民，四海之内，舟车所至，莫不宾服。"孔子曰："予！大者如说，民说至矣。予也非其人也。"宰我曰："予也不足，诚也，敬承命矣。"他日，宰我以语人，有为道诸夫子之所。孔子曰："吾欲以颜色取人，于灭明耶改之；吾欲以语言取人，于予耶改之；吾欲以容貌取人，于师耶改之。"宰我闻之，惧不敢见。《五帝德》篇，《家语》所载同。

《家语》

孔子为鲁司寇，见季康子，康子不悦。孔子又见之。宰予进曰："昔予也常闻诸夫子曰，王公不我聘则弗动，今夫子之于司寇也日少，而屈节数矣，不可以已乎？"孔子曰："然，鲁国以众相陵，以兵相暴之日久矣，而有司不治，则将乱也，其聘我者，孰大于是哉？"鲁人闻之曰："圣人将治，何不先自远刑罚，自此之后，国无争者。"孔子谓宰予曰："违山十里,蟋蛄之声,犹在于耳,故政事莫如应之。"《子路初见》篇。

《孔丛子》

宰我使于齐而反,见夫子曰:"梁丘据遇虺毒,三旬而后瘳,朝齐君,会大夫众宾而庆焉。弟子与在宾列。大夫众宾并复献攻疗之方。"弟子谓之曰:"夫所以献方将为病也,今梁丘子已瘳矣,而诸夫子乃复献方,方将安施?意欲梁丘大夫复有虺害当用之乎?众坐默然无辞。弟子此言何如?"夫子曰:"汝说非也。夫三折肱为良医,梁丘子遇虺毒而获瘳,诸有与之同疾者,必问所以已之之方焉。众人为此,故各言其方,欲售之以已人之疾也。凡言其方者,称其良也,且以参据所以已之之方优劣耳。"

宰我问:"君子尚辞乎?"孔子曰:"君子以理为尚,博而不要,非所察也。繁辞富说非所听也,唯知者不失理。"孔子曰:"吾于予所其言之近类也,赐所其言之切事也,近类则足以谕之,切事则足以惧之。"以上《嘉习》篇。

宰我问:"《书》云:'纳于大麓,烈风雷雨弗迷。'何谓也?"孔子曰:"此言人事之应乎天也,尧既得舜,历试诸难,已而纳之于尊显之官,使大录万机之政,是故阴阳清和,五星来备,烈风雷雨,各以其应,不有迷错愆伏,明舜之行合于天也。"

宰我曰:"敢问禋于六宗何谓也?"孔子曰:"所宗者六,皆洁治之也。埋少牢于大昭,所以祭时也;祖迎于坎坛,所以祭寒暑也;主于郊宫,所以祭日也;夜明,所以祭月也;幽禜,所以祭星也;雩禜,所以祭水旱也;禋于六宗,此之谓也。"以上《论书》篇。

孔子使宰予于楚,楚昭王以安车象饰,因宰予以遗孔子焉。宰予曰:"夫子无以此为也。"王曰:"何故?"对曰:"臣以其用,思其所在,观之,有以知其然。"王曰:"言之。"宰予对曰:"自臣侍从夫子以来,窃见其言不离道,动不违仁,贵义尚德,清素好俭。仕而有禄,不以为积,不合则去,退无吝心。妻不服彩,妾不衣帛。车器不彤,马不食粟。道行则

> 乐其治，不行则乐其身，此所以为夫子也。若夫观目之靡丽，窈窕之淫音，夫子过之弗之视，过之弗之听也。故臣知夫子之无用此车也。"王曰："然则夫子何欲而可？"对曰："方今天下，道德寝息，其志欲与而行之。天下诚有欲治之君，能行其道，则夫子虽徒步以朝，固犹为之，何必远辱君之重贶乎？"王曰："乃今而后知孔子之德也大矣。"宰予归，以告孔子。孔子曰："二三子以予之言何如？"子贡对曰："未尽夫子之美也。夫子德高则配天，深则配海，若予之言，行事之实也。"子曰："夫言贵实，使人信之，舍实何称乎？是赐之华，不若予之实也。"《记义》篇。

崔氏述曰："孟子谓宰我智足以知圣人，今其言乃浅陋若是，是岂宰予之言哉？《孔丛子》一书大抵欲推尊圣人，然或傅会以所有，或杜撰以所无，虽欲尊圣，适以浅视夫圣人耳。"

> 楚王使使奉金帛聘夫子，宰予、冉有曰："夫子之道，于是行矣。"遂请见，问夫子曰："太公勤身苦志，八十而遇文王，孰与许由之贤？"夫子曰："许由，独善其身者也；太公，兼利天下者也。然今世无文王之君也，虽有太公，孰能识之？"乃歌曰："大道隐兮礼为基，贤人窜兮将待时，天下如一兮欲何之。"《记问》篇。

【谨按】此与上文所记词意相类，殆皆假托之言也。

《冲波传》

> 宰我谓："三年之丧，日月既周，星辰既更，衣裳既造，百鸟既变，万物既易，黍稷既生，朽者既枯，于期可矣。"颜渊曰："人知其一，莫知其他。但知暴虎，不知凭河。鹿生三年，其角乃堕；子生三年，而离父母之怀。子虽美辩，岂能破尧舜之法，改禹汤之典，更圣人之文，除周公之礼，改三年之丧哉？父母者，天地也，天崩地坏，为之三年，不亦宜乎？"

【谨按】《史记》及《家语》皆以宰我与田常作乱，以夷其族。及考之《说苑》，则云田常与宰我争宠，卒残其身，此皆误记，非实事也。据《左传》，哀公十四年，陈阚争政，阚止是子我，而非宰我，是别为一人也，说已详"宰我言行录"卷中。《左传》及《说苑》所载之子我其事，与此无涉，不列入。

十、高柴

《礼记》

高子皋执亲之丧也，泣血三年，未尝见齿。君子以为难。

季子皋葬其妻，犯人之禾，申祥以告，曰："请庚之。"子皋曰："孟氏不以是罪予，朋友不以是弃予，以吾为邑长于斯也，买道而葬，后难继也。"

成人有其兄死而不为衰者，闻子皋将为成宰，遂为衰。成人曰："蚕则绩而蟹有匡，范则冠而蝉有緌，兄则死而子皋为之衰。"以上见《檀弓》。

《左传》

公会齐侯盟于蒙，孟武伯相，齐侯稽首，公拜，齐人怒。武伯曰："非天子，寡君无所稽首。"武伯问于高柴曰："诸侯盟，谁执牛耳？"季羔曰："鄫衍之役，吴公子姑曹；发阳之役，卫石魋。"武伯曰："然则彪也。"《哀十七年·传》。

《家语》

季羔为卫之士师，刖人之足。俄而，卫有蒯聩之乱。季羔逃之，走郭门。刖者守门焉，谓季羔曰："彼有缺。"季羔曰："君子不逾。"又曰："彼有窦。"季羔曰："君子不隧。"又曰："于此有室。"季羔乃入焉。既而追者罢，季羔将去，谓刖者曰："吾不能亏主之法而亲刖子之足矣，今吾在难，此正子报怨之时，而逃我者三，何故哉？"刖者曰："断足固我之罪，无可奈何。曩者，郡君治臣以法，令先人后臣，欲臣之免也，臣知之。狱决罪定，临当论刑，君愀然不乐，见君颜色，臣又知之。君岂私臣哉？天生君子，其道固然。此臣之所以悦君也。"孔子闻之，曰："善哉！为吏，其用法一也，思仁恕则树德，加严暴则树怨，公以行之，其子羔乎！"《致思》篇，《说苑·至公》篇略同，《韩非子》亦载之，词稍异矣。

卫将军文子将立三军之庙于其家，使子羔访于孔子。子曰："公庙设于私家，非古礼之所及，吾弗知。"子羔曰："敢问尊卑上下立庙之制，可得而闻乎？"孔子曰："天下有王，分地建国，设祖宗，乃为亲疏贵贱多少之数。是故天子七庙，三昭三穆，与太祖之庙七。太祖近庙，皆月祭之；远庙为祧，有二祧焉，享尝乃止。诸侯立五庙，二昭二穆，与太祖之庙而五，曰祖考庙，享尝乃止。大夫立三庙，一昭一穆，与太庙而三，曰皇考庙享，尝乃止。士立一庙，曰考庙。王考无庙，合而享尝乃止。庶人无庙，四时祭于寝。此自有虞以至于周之所不变也。凡四代帝王之所谓郊者，皆以配天；其所谓禘者，皆五年大祭之所及也。应为太祖者，则其庙不毁。不及太祖，虽在禘郊，其庙则毁矣。古者祖有功而宗有德，谓之祖宗者，其庙皆不毁。"

子羔问曰："祭典云：'昔有虞氏祖颛顼而宗尧，夏后氏祖颛顼而宗禹，殷人祖契而宗汤，周人祖文王而宗武王。'此四祖四宗，或乃异代，或其考祖之有功德，其庙可也。若有虞宗尧，夏祖颛顼，皆异代之有功德者也，亦可以存其庙乎？"孔子曰："善，如汝所问也。如殷、周之祖宗，其庙可以不毁。其他祖宗者，功德不殊，虽在殊代，亦可以无疑矣。《诗》云：'蔽芾甘棠，勿翦勿伐，邵伯所憩。'周人之于邵公也，爱其人，犹敬其所舍之树。况祖宗其功德，而可以不尊奉其庙焉？"以上见《庙制》篇。

十一、樊须

《左传》

齐为鄎故，国书、高无㔻帅师伐我，及清。孟孺子泄帅右师，颜羽御，邴泄为右。冉求帅左师，管周父御，樊迟为右。季孙曰："须也弱。"有子曰："就用命焉。"师及齐师战于郊。齐师自稷曲师不逾沟。樊迟曰："非不能也，不信子也。请三刻而逾之。"如之，众从之，师入齐军。《哀公十一·传》。

《家语》

樊迟问于孔子曰："鲍牵事齐君，执政不挠，可谓忠矣。而君刖之，其为至闇乎？"孔子曰："古人之士者，国有道则尽忠以辅之国，无则退身以避之。今鲍疾子食于淫乱之朝，不量主之明闇，以受大刖，是智之不如葵，葵犹能卫其足。"《正论》篇。

十二、公冶长

《海录》

公冶长辩鸟雀语，云："唶唶啧啧，白莲水边有车覆粟，车脚沦泥，犊牛折角，收之不尽，相呼共啄。"人验之，果然。

《留青日札》

公冶长贫而闲居，无以给食，有雀飞鸣其舍，呼之曰："公冶长，公冶长，南山有个虎驮羊，尔食肉，我食肠，当亟取之勿彷徨。"子长如其言往取食之，及亡羊者迹之，得其角，乃以为偷，讼之鲁君，不信鸟语，逮系之狱，孔子素知之，为之白于鲁君，亦不解也。于是叹曰："虽在缧绁之中，非其罪也。"未几，雀复飞鸣于狱舍曰："公冶长，公冶长，齐人出师侵我疆，沂水上，峄山旁，当亟御之勿彷徨。"子长介狱吏白之鲁君，亦弗信也，姑如其言往迹之，则齐师果将及矣。急发兵应敌，遂获大胜。因释公冶长而厚赐之，欲爵为大夫。辞不受，盖耻因禽语而得禄也。后世遂废其学。

《论释》

公冶长从卫还鲁，至堺上，闻鸟相呼往清溪食死人肉。须臾，见一老妪当道而哭，冶长问之，妪曰："儿前日出行，于今不返，当是已死，不知所在。"冶长曰："向闻鸟相呼往清溪食肉，恐是妪儿也。"妪往看，得其儿，已死。妪告村司，村司问妪从何知之，妪曰："见冶长道如此。"村司曰："冶长不杀人，何缘知之？"乃囚冶长付狱主，问冶长何以杀人？冶长曰："解鸟语，非杀人。"主曰："当试之。"冶长在狱六十日，卒日有雀缘狱栅上相呼，冶长含笑，吏启主："冶长笑雀语，是似解鸟语。"主教问冶长雀何所道而笑之，冶长曰："雀鸣唶唶，白莲水边有车覆黍粟，牡牛折角，收敛不尽，相呼往啄。"狱主遣人往看，果如其言，于是得放。

【谨按】诸书所载冶长事，当属傅会之言，然《论释》所云较为近是，已详"公冶长言行录"卷中。

十三、颜无繇

《家语》

颜繇，颜回父，字季路，少孔子六岁，孔子始教于阙里，而受学焉。《弟子解》。

【谨按】颜无繇事，除《论语》《史记》《家语》偶一记载外，他书无可考者。

十四、司马耕

《左传》

宋桓魋之宠害于公，公使夫人骤请享焉，而将讨之。未及，魋先谋公，请以鞍易薄，公曰："不可。薄，宗邑也。"乃益鞍七邑，而请享公焉。以日中为期，家备尽往。公知之，告皇野曰："余长魋也，今将祸余，请即救。"司马子仲即皇野曰："有臣不顺，神之所恶也，而况人乎？敢不承命。不得左师不可，请以君命召之。"左师即向巢，桓魋之兄每食，击钟。闻钟声，公曰："夫子将食。"既食，又奏。公曰："可矣。"以乘车往，曰："迹人来告曰：'逢泽有介麋焉。'"公曰："虽魋未来，得左师，吾与之田，若何？君惮告子。"野曰："尝私焉。君欲速，故以乘车逆子。"与之乘，至，公告之故，拜，不能起。司马曰："君与之言。"公曰："所难子者，上有天，下有先君。"对曰："魋之不共，宋之祸也，敢不唯命是听。"司马请瑞焉，以命其徒攻桓氏。其父兄故臣曰"不可"，其新臣曰"从吾君之命"。遂攻之。子颀骋而告桓司马即桓魋，司马欲入，子车止之子颀、子车，皆桓魋弟。曰："不能事君，而又伐国，民不与也，只取死焉。"向魋遂入于曹以叛。六月，使左师巢伐之，欲质大夫以入焉。不能，亦入于曹，取质。魋曰："不可。既不能事君，又得罪于民，将若之何？"乃舍之。民遂叛之。向魋奔卫。向巢来奔，宋公使止之，曰："寡人与子有言矣，不可以绝向氏之祀。"辞曰："臣之罪大，尽灭桓氏可也。若以先臣之故，而使有后，君之惠也。若臣，则不可以入矣。"

司马牛致其邑与珪焉，而适齐。牛，桓魋弟。向魋出于卫地，公文氏攻之，求夏后氏之璜焉。与之他玉，而奔齐，陈成子使为次卿，司马牛又致其邑焉，而适吴。吴人恶之，而反。赵简子召之，陈成子亦召之，卒于鲁郭门之外，阬氏葬诸丘舆。《哀十四年·传》。

> **《家语》**
>
> 司马黎耕，宋人，其性躁，好言语，见兄桓魋行恶，牛尝忧之。《弟子解》。

十五、巫马施

> **《韩诗外传》**
>
> 子路与巫马期薪于韫丘之下。陈之富人有处师氏者，脂车百乘，觞于韫丘之上。子路与巫马期曰："使子无忘子之所知，亦无进子之所能，得此富，终身无复见夫子，子为之乎？"巫马期喟然仰天而叹，阒然投镰于地，曰："吾尝闻之夫子：'勇士不忘丧其元，志士仁人不忘在沟壑。'子不知予与？试予与？意者其志与？"子路心惭，故负薪先归。孔子曰："由来！何为偕出而先返也？"子路曰："向也由与巫马期薪于韫丘之下，陈之富人有处师氏者，脂车百乘，觞于韫丘之上。由谓巫马期曰：'使子无忘子之所知，亦无进子之所能，得此富，终身无复见夫子，子为之乎？'巫马期喟然仰天而叹，阒然投镰于地，曰：'吾尝闻夫子：勇士不忘丧其元，志士仁人不忘在沟壑，子不知予与？试予与？意者其志与？'由也心惭，故先负薪归。"孔子援琴而弹《诗》曰："肃肃鸨羽，集于苞栩。王事靡盬，不能艺稷黍。父母何怙？悠悠苍天，曷其有所！予道不行耶？使汝愿者。"

【谨按】此文辞意卑鄙，以子路之贤，何至出此？不足据也。《韩诗外传》载巫马期与宓子贱论治任人任力之说，《说苑》亦载其事，已编入"宓子贱别录"卷中。

> **《家语》**
>
> 孔子将近行，命从者皆持盖。已而果雨。巫马期问曰："旦无云，既日出，而夫子命持雨具，敢问何以知之？"孔子曰："昨暮月宿毕，《诗》不

云乎'月离于毕，俾滂沱矣'，以此知之。"《弟子解》。

马氏骕曰："此事《论衡》以为子路，《史记》载入有若传，而《家语》则云巫马期，各不同也。"

十六、申枨

《史记》

申党—作"棠"字周。《弟子列传》。

《家语》

申续—作"续"或作"缭"字子周。《弟子解》。

【谨按】申党、申续，即是申枨。郑康成曰："申枨，盖孔子弟子申续也，字周。"见《论语》释文。《阙里志》云："申枨，字子续。"是即一人，说已详"申枨言行录"卷中。

卷二十三终　门人李朴生校字

卷二十四 附录：孔门弟子总考

卷二十四　附录：孔门弟子总考

孔门弟子，据《史记·仲尼弟子传》及《家语·弟子解》皆载有七十七人，其名字略异。文翁《石室图》所载则七十二人，名字亦有不同。然《家语》《史记》实有七十七人之数，则文翁《图》所记七十二人，误也。考诸《论语》得三十六人，较《弟子传》所载未及半数。然《弟子传》无年岁可记，无言行可考者，凡四十二人。有之则三十五人，与《论语》所记盖大同小异耳。若就《弟子传》推广之以考孔门弟子，据苏辙《古史考》采录至七十有九人。朱彝尊《孔子弟子考》则采录多至九十八人，搜罗亦勤矣。

余兹编所录亦九十有八人，以《史记·弟子传》七十七人，及《孟子》所载之牧皮一人赵岐谓牧皮为孔子弟子，合《家语·弟子解》之琴牢、陈亢、县亶三人，文翁《图》之林放、遽瑗、申枨、申堂四人，综计之为八十五人。然陈亢即《史记》之原亢籍，申枨、申堂实为一人，即《史记》之申党亦作"申棠"计重出者三人，实为八十二人。益以孺悲、仲孙何忌即孟懿子左丘明、子服景柏皆见于《论语》及孔璇、惠叔兰、仲孙说、宾牟贾、公罔之裘、序点以上皆散见于《家语》、颜涿邹见《汉志表》颜涿聚见《史记·孔子世家》及《吕氏春秋》廉瑀、鲁峻俱见文翁《图》常季见《庄子》鞠语见《晏子》诸子，则为九十八人矣。此与朱氏《考》之九十八人，名字亦有异。朱氏以薛邦、郑国为二人，又以申枨、申续、申堂一人而分为三，故不同。

夫《史》称孔子弟子三千，其贤者七十有七，今考诸子，虽或不在七十七贤之列，然不能断其不在弟子之列。惟其中应研究者如遽伯玉，于孔子为前辈，疑未入孔子门墙。林放、左丘明诸儒，目为弟子，亦少确据。凡此之类，皆宜辩正。及考《宋史·礼乐志》所载孔子弟子凡八十有二人，明夏洪基《孔门弟子传略》则八十人，是从来考列孔门弟子，皆无一定确数。其中不无任意增删者，诸家所记，以《史记》《家语》为近古，因据为定本，而参以《孟子》、文翁《图》《阙里志》、朱彝尊《孔子弟子考》诸书，为备列之间，附以考证，别其是非焉。其见于《论语》者凡三十六人，今定为可据。而编入《〈论语〉孔门言行录》者则二十七人。

颜回、曾参、有若、闵损、冉耕、冉雍、端木赐、卜商、言偃、颛孙师、仲由、原宪、公西赤、宓不齐、澹台灭明、曾点、漆雕开、南宫括、冉求、宰予、高柴、樊须、公冶长、颜无繇、司马耕、巫马施、申枨是也。其陈亢、林放、遽瑗、子服景伯、左丘明五人，虽见《论语》，然未能证实其为弟子。琴牢或作琴张，或以为非一人。孺悲虽见于《小戴礼·杂记》，然是否得罪而孔子不见。若公伯寮则谗诉之徒，士论黜之。孟懿子为鲁权臣子弟，子路堕都而懿子阻之，是未得为孔子徒也。<small>琴牢、孺悲、公伯寮、孟懿子四人，亦见《论语》。</small>凡此诸人皆未编入《言行录》中。至如《史记》《家语》所记弟子年岁、邑里，亦多互异，未足证信。崔氏《考信录》已辩之，今姑列出，备参考焉。

颜回 《史记》："颜回字子舆，鲁人，少孔子三十岁。"《家语·问孔子年表》云："少孔子三十九岁。"

《家语》曰："颜回以德行著，孔子称其仁。"

曾参 《史记》："曾参，字子与，鲁之南武城人，少孔子四十六岁。"

《史记》曰："孔子以为能通孝道，故授之业，作《孝经》。"《家语》同。

有若 《史记》："有若字子有，少孔子十三岁。"张守节《正义》引《家语》作"三十三"。今本《家语》作"三十六岁"。《孔子年表》作"四十三岁"。误也。郑《目录》曰："鲁人。"

《史记》言有若状貌似孔子。《家语》称其为人强识，好古道。

闵损　《史记》："闵损字子骞，少孔子十五岁。"或作"五十"，非是。郑《目录》曰："鲁人。"

　　《家语》曰："闵损以德行著名，孔子称其孝焉。"

　　冉耕　《史记》："冉耕字伯牛。"郑《目录》曰："鲁人。"《家语》同。《阙里志》谓伯牛"少孔子七岁"，未审何据。

　　《家语》曰："伯牛以德行著名，有恶疾。"孔子曰："命也夫。"

　　冉雍　《史记》："冉雍，字仲弓。"司马贞《索隐》引《家语》云："少孔子二十九岁。"今本《家语》不著其年岁。郑《目录》曰："鲁人。"

　　《家语》曰："仲弓，伯牛之宗族也，生于不肖之父，以德行著名。"《说苑》云："仲弓通于化术。"王充《论衡》曰："鲧恶禹圣，叟顽舜神。伯牛寝疾，仲弓洁全。颜路庸固，回杰超伦。"马氏骕《绎史》曰："据此，则伯牛、仲弓似属父子。"刘氏宝楠曰："《论衡》《家语》二说各异，当从《论衡》。"

　　端木赐　《史记》："端木赐字子贡，少孔子三十一岁，卫人。"

　　《史记》曰："子贡利口巧辩，孔子尝黜其辩。好废举，与时转货赀。尝相鲁、卫，家累千金。"《家语》云："子贡以口才著名。"

　　【谨按】子贡晚年造诣甚深，使孔子名布扬于天下者，实由子贡先后之也。

　　卜商　《史记》："卜商字子夏，少孔子四十四岁。"《家语》云："卫人。"

　　《史记》曰："孔子既没，子夏居西河教授，为魏文侯师。"《家语》所记略同。

　　【谨按】子夏以文学著名，博综群言，孔门博学之士，无出其右者。寿九十余，弟子甚众，多有名于时。孔子之微言大义，赖以发明者也。

　　言偃　《史记》："言偃字子游，吴人，少孔子四十五岁。"《家语》作"鲁人"，非是。朱彝尊《孔子弟子考》云"少孔子三十一岁"，亦误。

　　《史记》曰："子游习于文学，尝为武城宰。"司马贞《索隐》曰："偃仕鲁，为武城宰耳，非鲁人也。"今吴郡有言偃冢在。

　　【谨按】子游长于礼，《礼记》多载其问答之言，其学与子夏齐名。

颛孙师 《史记》："颛孙师字子张，陈人，少孔子四十八岁。"

《家语》曰："子张为人有容貌，资质宽冲，博洽从容。"

【谨按】子张晚年造诣颇纯，论者以为高出游、夏之上云。

仲由 《史记》："仲由字子路，卞人，少孔子九岁。"司马贞《索隐》引《家语》云："一字季路。"

《史记》曰："子路性鄙，好勇力，志伉直，冠雄鸡佩猳豚，孔子设礼稍诱之，后乃儒服，委质为弟子。喜从孔子游。尝为季氏宰，仕卫，为蒲大夫。又为卫孔悝之邑宰。"《家语》曰："子路有勇力才艺，以政事著名。"

原宪 《史记》："原宪字子思。"《论语》又称"原思"。郑《目录》曰："鲁人。"《家语》曰："宋人，少孔子三十六岁。"

《家语》曰："原宪清净守节，贫而乐道。"孔子为鲁司寇，原宪尝为孔子宰。孔子卒后，原宪退隐居于卫。

公西赤 《史记》："公西赤字子华，少孔子四十二岁。"郑《目录》曰："鲁人。"《家语》同。

《家语》曰："赤束带立朝，闲宾主之仪。"

【谨按】孟武伯问弟子，以仲由、冉求、公西赤并称，子华之见重于时也可知。阎若璩《孔庙从祀末议》谓："宜进有若、公西华于庙廷，广为十二哲。"则其才德诚有过人者矣。

宓不齐 《史记》："宓不齐，字子贱，少孔子四十九岁。"今本《家语》同。司马贞《索隐》、古本《家语》作"少孔子三十岁"，误也。《家语》及孔安国俱云："鲁人。"

《家语》曰："子贱仕为单父宰，有才智，仁爱百姓，不忍欺。孔子大之。"《说苑》曰："子贱治单父，鸣琴而治。"

澹台灭明 《史记》："澹台灭明字子羽，少孔子三十九岁，武城人。"《家语》作"四十九岁"。

《家语》曰："灭明为人公正无私，以取与去就然诺为名，有君子之姿，仕鲁为大夫。"

【谨按】《史记》称子羽状貌甚恶，《家语》则反是，二说不同，当以《史记》为近是。

曾点 又作"蒧"。《史记》:"曾点,字皙。"孔安国曰:"皙,曾参父。"《家语》同,又作"子皙"。

《家语》曰:"点疾时礼教不行,欲修之,孔子善焉。"

【谨按】曾点性旷达,观其言志可知,其学于孔门为别派。

漆雕开 《史记》:"漆雕开,字子开。"郑《目录》曰:"鲁人。"《家语》曰:"蔡人,字子若,少孔子十一岁。"

《家语》曰:"开习《尚书》,不乐仕进。"

【谨按】《汉·艺文志》作"漆雕启",有《漆雕子》十三篇。杨龟山《先圣大训》以开为凭,恐误。漆雕凭见《家语·好生》篇,孔子称为君子,谓其言人之美隐而显,言人之过微而著。然《家语》载其尝事臧文仲、武仲及孺子容,则与不乐仕之说牴牾。

南宫括 《史记》:"南宫括字子容,括作适。"《家语》作"韬",又作"绦"。孔安国曰:"鲁人。"《家语》同。

《家语》曰:"南宫韬以智自将,世清不废,世浊不污。孔子以兄之子妻之。"

【谨按】南容持躬谨严,常诵《白圭》之诗以自警。所谓危行言逊者欤!故孔子称之,以为邦有道,不废;邦无道,免于刑戮。

冉求 《史记》:"冉求字子有,少孔子二十九岁。"郑《目录》曰:"鲁人。"

《史记》曰:"冉有尝为季氏宰。"郑玄曰:"冉有性谦退。"《家语》曰:"仲弓之族人也,有才艺,以政事著名。"

宰予 《史记》:"宰予字子我。"郑《目录》曰:"鲁人。"《家语》同。

《史记》曰:"宰我利口辩辞,尝为临淄大夫。"《家语》曰:"宰我以口才著名。"

高柴 《史记》:"高柴字子羔。"羔,一作"皋",《左传》作"季羔,少孔子三十岁"。郑《目录》曰:"卫人。"《家语》作"齐人,少孔子四十岁"。

《家语》曰:"子羔,齐高氏之别族也,长不过六尺《史记》云'不过五尺',状貌甚恶,为人荐,孝而有法正,仕为武城宰。"

樊须 《史记》:"樊须,字子迟,少孔子三十六岁。"郑《目录》曰:"齐人。"《家语》曰:"鲁人,少孔子四十六岁。"

《家语》曰："樊迟尝仕于季氏。"

【谨按】左氏《哀十一年·传》，樊迟佐冉有伐齐有功，即仕于季氏之时也。樊迟资性颇钝，而能好问。

公冶长　《史记》："公冶长，字子长，齐人。"《家语》曰："鲁人，名苌。"范宁云："字子芝。"

《家语》曰："公冶长为人能忍耻，孔子以女妻之。"《海录》及《留青日札》等书谓子长能通鸟语，因鸟语侦知齐师侵鲁，鲁发兵应敌，遂退齐师。

颜无繇　《史记》："颜无繇字路，颜回之父。"《家语》曰："少孔子六岁，字季路。"

【谨按】阎氏若璩《四书释地》以"阙里"之"阙"字误，孔子时无称"阙里"者，当作"闒里"。

司马耕　《史记》："司马耕，字子牛。"孔安国曰："宋人。"《家语》作"司马黎耕"。

《家语》曰："子牛性躁好言，语见其兄桓魋行恶，常忧之。"《史记》曰："牛多言而躁。"

【谨按】子牛能不党于其兄桓魋，卓然特立，有坚忍不拔之操也。

巫马施　《史记》："巫马施，字子旗，少孔子三十岁。"《论语》作"巫马期"。郑《目录》曰："鲁人。"《家语》曰："陈人，字子期。"

【谨按】子期尝为单父宰，勤劳不懈，有政声。

申枨　《史记》无申枨，有申党，字"周枨"，亦作"棠"，作"堂"，作"党"，又作"倪"。郑玄作"申续"。《家语》作"申绩，字子周"。《阙里志》云"字子续"。张守节《史记正义》曰："鲁人。"

【谨按】孔子称枨也，欲焉得刚，见于《论语》。《史记》作"申党"，枨与棠、堂声相近，或作"申棠"，又作"申堂"。文翁《图》作"申倪"，党与棠声之转耳。《家语》作"申续"，亦作"申绩"，今以经传考之，实为一人。或则传写之伪，或则声音之转，遂至名字错出。朱氏《弟子考》据《论语》则列申枨，据《家语》则列申续谓即申绩，据《史记》

则列申棠今本《史记》作"党",文翁《图》作"倪",又作"棠",是一人而分作三人矣。

上凡二十七人,皆见于《论语》及《史记》《家语》,是信而有证者,故列入本编《言行录》中,其事迹及封赠各详卷内,兹特从略。

陈亢 "亢",亦作"伉",《家语》:"陈亢字子亢,一字子禽,少孔子四十岁,陈人。"《史记》无陈亢,而有原亢籍。《家语》又有原挑,字子籍。或谓即其人也。《阙里志》曰:"鲁人,或作齐人。"据《阙里志》唐封陈亢为颖伯,宋封南顿侯。本编所列封赠,皆据《阙里志》。然历代封赠名目多有更改,故记载互异,其详见于《通典》《通考》,今不具述。

《礼记·檀弓》曰:"陈子车死于卫,其妻与其家大夫谋以殉葬,定而后陈子亢至,以告曰:'夫子疾,莫养于下,请以殉葬。'亢曰:'以殉葬,非礼也。虽然,则彼疾当养者,孰若妻与宰?得已,则吾欲已;不得已,则欲以二子者之为之也。'于是弗果用。"郑《注》曰:"子亢,子车弟,孔子弟子。"孔《疏》曰:"以《论语》陈亢问于伯鱼,与伯鱼相问,故知为孔子弟子也。"

臧氏庸《拜经日记》曰:"《史记·弟子传》有原亢籍,无陈亢,盖原亢即陈亢也。"郑《注》《论语》及《檀弓》俱以陈亢为孔子弟子,当是名亢,字籍,一字子禽。原、陈之所以不同者,何也。盖原氏出于陈,原、陈同氏也。《诗·陈风·东方之原》,毛《传》曰:"原,大夫氏。"《春秋》庄二十七年,公子友如陈,葬原仲。杜预注《左传》,范宁注《穀梁》,皆云原仲陈大夫,原氏仲字,则原亢之为陈亢,信矣。

【谨按】陈亢即《史记·弟子传》之原亢籍。臧氏庸之说详已。郑《注》以为孔子弟子,是据《弟子传》为言,然学者多疑之。崔氏述、简氏朝亮皆不主郑说。今述其论如下。崔氏述曰:"陈亢尊子贡而轻视孔子,据《论语》,亢凡两问子贡,一问伯鱼,绝未尝一问孔子。且《论语》所记,门人未有相称以子者,而亢称伯鱼、子贡皆以子,则亢乃子贡、伯鱼后辈,非孔子弟子也。"

简氏朝亮曰:"《汉书·古今人表》列九等,陈亢、子禽皆列中中,陈子亢列中下。表分三人,皆不以为孔子弟子也。"

【谨按】《孟子》朱注言"私淑艾"者，其亦不以陈亢为孔子弟子也。《诗》《礼》为孔子雅言，而陈亢问于伯鱼者，则闻《诗》《礼》而遽喜，是未闻雅言者矣。叔孙武叔云子贡于仲尼，而子禽谓子贡者，其言亦同，是不得其门者矣。上列两家之说，已详概论，今以弟子总考叙述，各个人本事与概论不同，因并识之，不嫌繁复也，下仿此。

林放 《史记》《家语》不载，《阙里志》云"字子上"。郑玄曰："鲁人。"文翁《图》列为孔子弟子。唐赠清河伯，宋赠长山侯。

【谨按】文翁《礼殿图》、郑樵《通志·氏族略》皆以林放为孔子弟子，皇《疏》谓孔子弟子，见于《论语》者凡二十有七人。谯周《古史考》则云三十人，以林放亦是弟子之列。《唐会要》亦云然。然考郑《注》、朱《注》及刑《疏》，但云"鲁人"。《史记》《家语》均不载其名。且林放事见于《论语》者只有问礼一事，他无可考。崔氏述谓其人虽见于《论语》，而无明文，不能断定其为弟子。宋氏翔凤《论语说义》亦云林放不在弟子之列，诚然。

蘧瑗 《史记》《家语》不载。孔安国曰："蘧瑗字伯玉，卫大夫。"文翁《图》列为孔子弟子。唐赠卫伯，宋赠内黄侯。

【谨按】文翁《礼殿图》列蘧瑗为孔子弟子，而《史记》《家语》则无。《史记索隐》云林放、蘧伯玉虽见于文翁《图》，当是后人以所见增益，今殆不可考。马氏端临曰：《史记·仲尼弟子传序》言孔子之所严事于周，则老子于卫，则蘧伯玉于齐，晏平仲于楚，老莱子于郑，子产于鲁，孟公绰数称臧文仲、柳下惠、铜鞮、伯华、介山子，然孔子皆后之不并世，又史称孔子适卫主，蘧伯玉及反鲁。伯玉使人至，孔子礼其使，而称以夫子，其尊之者如此。然则瑗虽贤，盖非门弟子之列也。

崔氏述曰："蘧伯玉出近关，在鲁襄之十四年，是时已为大夫，其齿长矣。后八年而孔子始生。比孔子之冠，则伯玉已老矣，夫安得列之为弟子。"程氏敏政曰："孔子称蘧伯玉为夫子，必非及门之士。"

子服景伯 《史记》，《家语》及文翁《图》皆不载入弟子之列。《马融》曰："子服景伯，鲁大夫何忌也。"

【谨按】朱氏《弟子考》以洪氏《隶续》载鲁峻石壁残画七十二子像，其中有子服景伯。唐刘怀玉作《孔圣真宗录》，亦以子服景伯在七十子之间，遂据以列入《弟子考》。今以《论语》考之，公伯寮诉子路于季孙，景伯以告孔子，而欲诛寮于市朝。叔孙武叔毁仲尼，景伯又以告于子贡，则其卫道之深心，诚不愧为弟子者。惟《史记》《家语》无明文，他书亦无可考证，未敢断其必为孔门弟子也。

左丘明 孔安国曰："左丘明，鲁太史。"《汉书·艺文志》同。或曰孔子弟子，或曰非。《史记》《家语》皆无明文。唐贞观十三年，诏与颜回同从祀庙庭。宋祥符中，赠瑕丘伯。政和中，改赠中都伯。

朱氏《孔子弟子考》曰："左氏为孔子弟子，主其说者众矣。谓孔子将修《春秋》，与左丘明乘如周观，书于周史，归而修《春秋》之经，丘明为之传者，严彭祖也。《家语·观周》篇亦载此事。谓左丘明亲见夫子，好恶与圣人同者。刘歆也谓仲尼与丘明观鲁史记，有所褒贬，口授弟子，弟子退而异言。丘明恐弟子各安其意，以失其真，故论本事而作传者。班固也谓丘明受经于仲尼，是为素臣者。杜预也谓孔子作《春秋》，丘明、子夏造膝亲受者。荀崧也谓丘明躬为鲁史，受经于仲尼者。刘知几也谓左氏受经于仲尼，博采诸家，叙事尤备，能见其本末比余，传功最高者。啖助也谓仲尼明周公之志而修经，丘明受仲尼之经而为传者。权德舆也谓孔氏之门，左氏富而不诬，有以见圣人之心者，刘轲也。盖唐以前诸儒之论，皆以丘明受业孔门，故贞观、永徽中，祀周公为先圣，孔子为先师，是时孔庭配食止有颜渊、左丘明二人，褒崇之礼若此。迨至宋儒，尽舍三《传》说《春秋》，其惑于赵匡之说，则疑左氏在孔子之前，其惑于王安石之说，则疑左氏生孔子之后。遂使唐代特祀之先贤，不得与于七十子之列，然则汉晋以来经生之说，皆不足信耶？"**【按】**皇《疏》及《阙里志》亦言左丘明受经于孔子，为《春秋传》。

崔氏述曰："刘歆云左丘明好恶与圣人同，亲见夫子，是谓作《春秋传》者，即《论语》之左丘明。由是班固《汉书》谓孔子与左丘明观史记，杜氏《集解》谓左丘明受经于孔子，盖皆本诸刘歆。及宋程、朱出，始谓作传者与孔子不同时，非《论语》之左丘明。其后论说纷纭，甚至以左丘明为秦时人。考《左传》终于智伯之亡，系以悼公之谥，上距孔子之卒已数十年，而所称书法不合经旨者，往往有之，其必非亲炙于孔子也明甚，不得以《论语》之左丘明当之也。且《史记》但言《春秋传》为左丘明作，不言为何时人，说《论语》者以左丘为复姓，与《公羊》《穀梁》同，故传经者云公羊氏《春秋》，穀梁氏《春秋》，而或有云左氏《春秋》，不云左丘氏，又似作传者左氏，而非左丘氏也者。然则传《春秋》者果为左丘明与否？尚未可定。然无此传，则三代之遗制，东周之时事，与圣贤事迹皆无可考，则此书实孔子后一大功臣也。"

【谨按】朱氏以左丘明为孔子弟子，崔氏则断为非是。今以《论语》考之，《公冶篇》曰："巧言，令色，足恭，左丘明耻之，丘亦耻之。匿怨而友其人，左丘明耻之，丘亦耻之。"玩其词气，丘明似不在弟子之列。孔子称其门徒，见于《论语》者多矣，无有如此称呼者。《集解》孔安国曰："左丘明，鲁太史。"《汉书·艺文志》亦云然。《史记·十二诸侯年表序》曰："孔子论史记旧文，而次《春秋》，七十子之徒口受其传，指为有所刺讥褒贬，不可以书见也。鲁君子左丘明因孔子史记，具论其语，成左氏《春秋》。"据此，亦未言其为孔子弟子，但称为鲁太史，或鲁君子耳。且《弟子传》及《家语》皆不著其名，刘歆谓左丘明好恶与圣人同，亲见夫子，是不过据《论语》而言之，未能证实《春秋传》之作必为左丘明。或曰《论语》所列之左丘明，殆若孔子称老彭之类耳。《集注》曰："左丘明，古人之闻人。"其说是已。

【又按】《左传》称敬仲则曰五世其昌，称魏万则曰诸侯之子孙，必复其始。传文修于韩、赵、魏之灭智伯，事在孔子没后二十八年。魏氏为侯，在孔子没后七十八年。田和篡齐，和为敬仲八世孙，在孔子没后九十五年。使丘明为孔子弟子，何得后孔子百年犹在？是则《论语》之左丘明，当是孔子前辈，否则亦同时人诸儒谓左丘明，受经于仲尼，恐未必然。朱氏引证虽博，殊难证信也。

琴牢 《史记·弟子传》无名，《家语》谓："琴牢卫人，字子开，一字子张。"郑玄曰："牢，弟子牢也。或曰牢，即琴张，或曰非是。"唐赠南陵伯，宋赠顿丘侯，改赠阳平侯。

《图书集成》作"平阳"。

【谨按】郑《注》云:"牢,弟子子牢也。"然或以琴牢即琴张,或以为不同一人。据《家语·弟子解》云:"琴牢,卫人,字子开,一字张。"《集注》云:"孔子弟子姓琴,字子开,一字子张。"《集注》言琴牢者,从《家语》也。《史记》无文,或言《家语》伪书,然《汉书·古今人表》有琴牢此言,先乎王肃矣。左氏《昭二十年·传》:"琴牢闻宗鲁死,将往吊之,仲尼曰:'齐豹之盗,而孟絷之贼也,女何吊焉?'"《家语·曲礼》篇亦载此事。杜预《注》曰:"琴张,孔子弟子,字子开,名牢。"孔《疏》亦引《家语》云:"孔子弟子琴张,与宗鲁友。"简氏朝亮曰:"《孟子》言狂者,云琴张、曾皙。"盖张者琴牢之字,犹言皙者,曾点之字也。是皆以琴牢即琴张,谓为孔子弟子者也。其以牢与琴张不同一人者,据王氏念孙《经义述闻》曰:"王肃《家语》不足信,琴张见《孟子·尽心》篇,而《庄子·大宗师》篇作子琴张,无作琴牢者。《论语·子罕篇》郑《注》以为子牢,不以为琴张,牢与琴张不得合而为一也。《汉书·古今人表》有琴牢,云当作琴张,是后人据《家语》改之耳。王肃《家语》未出以前,不得有琴张名牢之说。"云。于是崔氏述、刘氏宝楠、潘氏维城皆以琴牢、琴张别为一人。若贾逵、郑众、赵岐以琴张为颛孙师,更无确据,服氏虔已辩之。

孺悲 《史记》《家语》无文,孺悲为孔子弟子,见于《小戴记·杂记篇》,无封赠。

《论语·阳货篇》:"孺悲欲见孔子,孔子辞以疾,将命者出户,取瑟而歌,使之闻之。"《集解》曰:"孺悲,鲁人。"皇、邢《疏》同。《集注》曰:"孺悲尝学士丧礼于孔子,当时必有以得罪者,故辞以疾,而使知其非疾,以警教之也。"程子曰:"此孟子所谓不屑之教诲,所以深教之也。"蔡节《论语集说》引武夷吴氏曰:"《杂记》言哀公使孺悲之夫子学士丧礼。"则孺悲当学于夫子矣。夫子之门,来者不拒,其不见者,必有为也。简氏《述疏》曰:"《礼·杂记》云恤由之丧,哀公使孺悲之孔子学士丧礼,《士丧礼》于是乎书。"由《记》言之,孺悲宜在孔子弟子列矣。而《弟子传》不载,其得罪可知也。经不言其得罪,云何?君子忠厚之道也。

皇《疏》引李充云："弦歌以表旨，使抑之而不彰。"则思善之路长也。

【谨按】 皇《疏》谓孺悲使人召孔子，欲与孔子相见，故孔子不见，而辞以疾，非也。经但云欲见孔子，不云欲召见孔子。贾《疏》又谓孺悲欲见孔子，不由介绍，故孔子辞以疾，其说亦非。孺悲如已学礼而来见，则无用乎介绍，如奉鲁君命来见，则孔子亦岂能辞之？此必其于学礼后，或因事得罪，而孔子不欲见之。所云将命者，是当时传达者为孔子所使之人，而孺悲尝从学礼，曾闻孔子弦歌之声，即知弦歌之人，故于将命者出之时，取瑟而歌，使之闻之耳。崔氏述疑此以为既属弟子，若有过则当责之，如责冉有之聚敛，责宰予之昼寝可矣。取瑟而歌使之闻，近于儿戏，且恐传之者增益之，反失其真云。然孔子为此，必有其作用，而未可臆度也。

朱氏《弟子考》曰："据《礼·杂记》：'孺悲学士丧礼于孔子，《士丧礼》于是乎书。'郑《注》云：'士丧礼已废矣，孔子以教孺悲，国人乃复书而存之。'方悫《注》云：'丧礼将亡，圣人不可以不书，必待孺悲学之，然后孔子书之者，以明礼之不废，亦有所因也。'盖孔门自子夏兼通六艺而外，若子木之受《易》，子开之习《书》，子与之述《孝经》，子贡之问《乐》，有若、仲弓、闵子骞、言游则撰《论语》，而传《士丧礼》者，实孺悲之功也。惟因《论语》记孔子不见，疑拒之门墙之外，不屑教诲，以亲受礼于孔子之儒，反不得与配食之列，斯则祀典之阙矣。"**【按】** 朱氏说不无理由，惟孺悲事见于《论语》者仅此一章，《史记》《家语》无纪载，《集注》亦未注明弟子，故不列入本编言行录中。

公伯寮 《史记》作"公伯缭，字子周"。马融曰："鲁人，弟子也。"《家语》无公伯缭，而有申缭，字子周。缭又作"遼"，或作"僚"。唐赠任伯，宋赠寿张侯。

《论语·宪问篇》："公伯寮诉子路于季孙。子服景伯以告，曰：'夫子固有惑志于寮也，吾力犹能肆诸市朝。'孔子曰：'道之将行也，与命也；道之将废也，与命也。公伯寮其如命何？'"

【谨按】 谯周《古史考》以公伯寮是谗诉之人，孔子不责，而云其如命何，疑非弟子之流。故《集注》亦不称其为弟子。惟马《注》则以为弟子。今考《史记·弟子传》及文翁《礼殿图》、郑樵《通志略》，皆著其名公伯寮。虽从学于圣门，但以诉子路一事得罪名教，不足称也。崔氏述曰："是时孔子为鲁司寇，子路为季氏宰，方相倚以行道，诉子路即所以撼孔子，乌有七十子而肯为是者哉！"明程敏政以寮为圣门蟊贼，奏请罢其从祀。《四库提要》曰："公伯寮列于弟子，虽据《史记》，然明代已罢其祀。夏洪基《孔门弟子传略》仍列其名，不免失考。"若是则《弟子传》中宜削去其名，屏诸门墙之外矣。孔子弟子三千，其贤者七十余人，若使不贤者亦得滥列，何以服三千之众？朱氏彝尊谓冉有、宰我过皆不免，似未可于公伯寮以一眚掩其生平。然寮之诉子路，又岂冉有、宰我之比哉！马氏骕曰："陈亢知殉葬之非礼，琴张与曾点并称狂士，是犹得为孔子徒也。若公伯寮谗诉之徒，不得疑于二子，岂可列为弟子？"诚哉是言也！

仲孙何忌 即孟懿子。据《左传》："何忌学礼于孔子。"《史记·弟子传》《家语·弟子解》皆不列其名。

朱氏《弟子考》曰："据《春秋左氏传》，孟僖子将死，召其大夫曰：'孔丘，圣人之徒也，臧孙纥有言曰："圣人有明德者，若不当世，其后必有达人，今其将在孔丘乎？我若获没，必属说与何忌，于孔子使事之而学礼焉？"'故懿子与南宫敬叔皆师事仲尼。《论语》：'懿子问孝，子曰："无违。"'盖语以无违，僖子学礼之命也。《孔丛子》又载懿子问《书》钦四邻之义并见《尚书大传》，详卷二《概论》是不可不附弟子之列。"云。

【谨按】懿子与其子武伯皆游圣门，惟《史记·弟子传》及《家语·弟子解》皆无纪载。《家语·正论解》载南宫说与仲孙何忌遵遗命事于孔子，而学礼事与《左传》略同，遂以二子亦尝学于孔子矣。孔《注》、马《注》及朱《注》皆未称述其为弟子，岂以孔子仕鲁时，使子路堕三都，及子路堕郈《史记》作"成"，而懿子听小人公敛阳《史记》作"公敛处父"。服虔曰："成宰也。"之谋，因而梗命，致使圣人之政化不行，以是而贬之欤？若是，则亦公伯寮其人也，不得附于弟子之列。

宋氏翔凤《论语发微》曰："《文选注》四十七引《论语摘辅象》云：'子然公顺多略。'"知季子然亦弟子之一。戴氏望《论语注》曰："疑子然即季襄，是以季子然为弟子也。"【愚按】子然为季氏子弟，其问由、求可为大臣。孔安国曰："子然自多得臣此二子，故问。"皇《疏》云："子然自夸己家，能得此二贤为臣，是则然挟其世禄之家，自夸豪势，正与郑康成所云仲尼之徒不言利禄者相反，安得称为孔子徒？"《史记·家语》不载其人，盖有由也。

【谨按】上列陈亢、林放、蘧瑗、子服景伯、左丘明、琴牢、孺悲、公伯寮、仲孙何忌九人，皆见于《论语》，连上文所载二十七人则三十六人矣<small>季子然未计入其目之为弟子者陈亢、公伯寮见于《史记》陈亢，《史记》作原亢籍琴牢、仲孙何忌见于《家语》何忌不见于《弟子解》，而散见于《家语》中林放、蘧瑗见于《礼殿图》，孺悲见于《礼·杂记》。子服景伯见于石壁残画七十二子像。左丘明见于杜氏《集解》</small>，皆似信而有征。然或证据不全，或以名字互异，或以得罪名教，概未列入本篇言行录中。

公皙哀 《史记》："公皙哀，字季次。"《家语》曰："字季沉，鲁人。"一本作"齐人"，又作"公皙克"。唐赠郳伯，宋赠北海侯。

《史记·弟子传》曰："天下无行，多为家臣，仕于都。唯季次未尝仕。"《游侠传》曰："季次，原宪间巷人也。读书怀独，行君子之德义，不苟合当世。当世亦笑之，故季次、原宪终身空室蓬户，褐衣蔬食不厌，死而已。四百余年，而弟子志之不倦。"《家语》曰："季沉鄙天下多仕于大夫家者，故未尝屈节为人臣，孔子特叹赏之。"

【谨按】子长以原宪、季次并称，则其推崇季次也至矣。季次不仕于大夫家，不肯屈节为人臣，其殆闵子骞、漆雕开之流欤？顾氏炎武曰："汶上县有汉卫尉卿衡方碑，其文曰：履该颜原，兼修季由。"<small>洪适以颜原为颜渊、原宪，而都穆以季由即季路，但与兼修二字不协，疑季即是季次。</small>据此，则季次固豪杰士也。

商瞿 《史记》："商瞿字子木，少孔子二十九岁，鲁人。"《家语》同。唐赠蒙伯，宋赠须昌侯。

《史记·弟子传》曰："孔子传《易》于瞿，瞿传楚人馯臂子弘。<small>《汉书》及荀卿作'子弓'。应劭曰：'子弓，子夏门人。'</small>弘传江东人矫子庸疵。<small>《汉书》作'桥庇，鲁人'。颜师古曰：'桥庇，字子庸。'</small>疵传燕人周子家竖<small>《汉书》作'周丑'</small>

竖傅淳于人光子乘羽张守节曰：'光乘字羽。'羽傅齐人田子庄何。《儒林传》云：'田何，字子庄。'何传东武人王子中同《汉书》作'王同，字子仲'同传菑川人杨何。"《汉书》云'字叔元'，张守节曰：'商瞿至杨何，凡八代。'《家语》曰："瞿特好《易》，孔子传之。"

【谨按】孔门深于《易》学者，子夏、商瞿二人最著，其传授渊源之广远，尤以商瞿为最，盖为专门名家也。

梁鳣 《史记》："梁鳣字叔鱼，少孔子二十九岁。"《家语》作"三十九，齐人"。唐赠赵伯，宋赠千乘侯。

《家语》曰："叔鱼年三十未有子，欲出其妻。商瞿谓曰：'子未也，昔吾年三十八无子，吾母为吾更取室。夫子使吾之齐，母欲请留吾。夫子曰："无忧也，瞿过四十当有五丈夫。"今果然。吾恐子自晚生耳，未必妻之过。'从之。二年而有子。"

【谨按】《史记》于商瞿、梁鳣皆云少孔子二十九岁，则年相若也。商瞿自言年三十八无子，梁鳣是时亦当为三十八岁。瞿又自言四十后果有五子，瞿是时应有四十岁，而后追溯当年事矣。瞿年五十，则鳣年亦五十。鳣之妻老矣，再过二年而后生子，若非更取室，能若是耶？抑瞿之年长于鳣而为是耶？否则《史记》年岁有误，或《家语》所载不足证信也。《家语》云梁鳣少孔子三十九岁，则是少于商瞿十年，据此事，亦奚止十年也。

颜幸 《史记》："颜幸字子柳，少孔子四十六岁。"郑《目录》曰："鲁人，少孔子三十六岁。"《家语》作"颜辛，字柳"，年岁与《史记》同。唐赠蓄伯，宋赠阳谷侯。

司马贞《史记索隐》曰："《礼记·檀弓》有颜柳，或即此人。"

【谨按】杜氏《通典》亦作"颜柳"，《咸淳临安志》作"颜韦"，或传写之误也。

冉孺 即冉儒。《史记》："冉孺，字子鲁（鲁一作曾），少孔子五十岁。"《家语》曰："鲁人，字子鱼。"年岁同。唐赠纪伯，宋赠临沂侯。

曹邮 《史记》："曹邮，字子循，少孔子五十岁。"《家语》同。《阙里文献考》作"蔡人"。唐赠曹伯，宋赠上蔡侯。

伯虔 《史记》："伯虔，字子析，少孔子五十岁。"《家语》云"字楷"，年岁与《史记》同。唐赠邹伯，宋赠沐阳侯。

【谨按】《史记》作"伯虔"，《家语》作"伯处"，司马贞《索引》云："《家语》云'字子皙'。"张守节《正义》又引《家语》作"子哲"，二者不同，盖传写之误也。其实伯虔字子皙，与析音同。朱氏《弟子考》曰："《史记》《家语》皆不著伯虔为何地人，考《咸淳临安志》云'鲁人'，宋思陵赞曰：'有虔子析，全鲁之望。'当必有所本也。"

公孙龙 《史记》："公孙龙，字子石，少孔子五十三岁。"郑《目录》曰："楚人。"《家语》云："卫人。"《孟子》云："赵人。"唐赠黄伯，宋赠枝江侯。

《史记索隐》曰："龙，《家语》或作'宠'，又作'耆'。"【按】子石则耆，或非谬。《家语》称"龙卫人"，然唐宋追封皆楚地，盖从北海郑氏之说。

【谨按】《孔丛子·公孙龙》篇所载公孙龙答子高白马论，似不为孔子弟子者。《庄子·秋水》篇坚白异同之说，属战国辩士之辞。《说苑》亦载其言论，疑与此公孙龙不同。

《史记·弟子传》曰："自子石以右三十五人，颇有年名，及受业闻见于书传，其以下四十二人，无年及不见于书传者矣。"

【谨按】本编右列四十四人，除申枨、陈亢申枨即申党，陈亢即原亢籍，《弟子传列》在三十五人之后林放、蘧瑗、子服景伯、左丘明、琴牢、孺悲、伸孙何忌九人外，即为《史记·弟子传》所列之三十五人。然三十五人中，颜幸、冉孺、曹邺、伯虔、公孙龙五人，虽有年名，亦无事迹可纪。梁鳣事迹，《史记》不载，仅见于《家语》。若冉季以下四十人，不但无事迹，亦无年岁可考。

冉季 《史记》："冉季，字子产。"《家语》同，郑《目录》曰："鲁人。"唐赠东平伯，宋赠诸城侯。

公祖句兹 《史记》："公祖句兹，字子之。"《家语》作"公祖兹"。《阙里志》曰："鲁人。"朱氏《考》同。唐赠期思伯，宋赠即墨侯。

秦祖 《史记》："秦祖，字子南。"《家语》同。郑《目录》曰："秦人。"唐赠少梁伯，宋赠鄄城侯。

漆雕哆 《史记》："漆雕哆，字子敛。"《家语》作"漆雕侈"。郑《目录》曰："鲁人。"唐赠武城伯，宋赠濮阳侯。

颜高 《史记》："颜高，字子骄。"《索隐》作"颜亥"。《家语》云"名产"。宋本《家语》作"颜刻，少孔子五十岁，鲁人"。唐赠琅邪伯，宋赠雷泽侯。

【谨按】颜高又作颜刻，或作颜克，名既不同，解诂各别。今述臧氏庸、俞氏樾两家解诂，以资参究。臧氏庸曰："颜高，字子骄，据《周秦名字解诂》，以'高'字为'克'字之误，《论语》克伐怨欲。马融曰：'克'好胜人也，意与骄相近《左氏定公十五年传》邾子执玉高，其容仰，子贡曰：'高仰，骄也。'是其义相近。《曲礼》子贡问邾人，因颜克而问礼于孔子，是正作'克'。然《史记·孔子世家》又作'刻'。《世家》载孔子过匡颜刻为仆。"俞氏樾曰："骄矜，非美德也，何取以名乎？隐元年《左传正义》曰：'克者，战胜获贼之名。'骄当读为矫。《尔雅释训》曰：'矫，矫勇也。'《释文》引舍人注云：'矫者，得胜之勇。'然则名克，字矫，正合古训。"俞说见《春秋名字解诂补义》。

《家语》曰："孔子适卫，子骄为仆，卫灵公与夫人南子同车出，而令宦者雍梁参乘，使孔子为次乘。游过市，孔子耻之，颜刻曰：'夫子何耻之？'孔子曰：'《诗》云：观尔新婚，以慰我心。'乃叹曰：吾未见好德如好色者也。"【按】《史记》张守节《正义》所引颜刻事略同。《家语》作颜刻，《史记》作颜高，《左传》亦载有颜刻事。

崔氏述曰："《史记·孔子世家》云或僭孔子于卫灵公，孔子去卫，'将适陈，过匡，颜刻为仆，以其策指之曰："昔吾入此由彼，缺也。"匡人闻之，以为阳虎。阳虎尝暴匡人，匡人遂止孔子。孔子状类阳虎，拘焉五日……使从者为宁武子臣于卫，然后得去'。盖孔子在鲁为司寇，居卫见礼于其君，其去也，道路之人亦当知之，不得因刻一言，而遂误以为虎。况拘之五日，亦当出一言以相诘，乃竟不知其非阳虎，岂人情耶？而宁武子之卒，至是已百余年矣，从者将欲为谁臣乎？此不足信者也。《集注》采之，异矣。"

漆雕徒父 《史记》漆雕徒父无字。《家语》作"漆雕从父，字子交"。或云"字子友"。《阙里志》曰："鲁人。"唐赠须句伯，宋赠高苑侯。

壤驷赤 《史记》:"壤驷赤,字子徒。"《家语》作"子从"。郑《目录》曰:"秦人。"唐赠北卫伯,宋赠上邽侯。

商泽 《史记》商泽无字。《家语》曰:"字子季,一作子秀。"《阙里志》曰:"鲁人。"唐赠睢阳伯,宋赠邹平侯。

石作蜀 《史记》:"石作蜀,字子明"。《家语》作"石子蜀,成纪人"。《阙里志》曰:"晋人。"唐赠石邑伯,宋赠成纪侯。

任不齐 《史记》:"任不齐,字选。"《家语》作"子蜀"。郑《目录》曰:"楚人。"唐赠任城伯,宋赠当阳侯。

公良孺 《史记》:"公良孺字子正。"《家语》作"公良儒,陈人。"

俞氏樾曰:"《家语》作'公良儒',误也。孺为幼稚之称,《易·蒙·象传》曰:'蒙以养正,圣功也。'贾谊有言:'习与正,人居之不能不正,犹生长于齐,不能不齐言也。习与不正,人居之不能毋不正,犹生长于楚,不能不楚言也。'则名孺而字之曰正,盖即所以为教矣,是不徒以训诂求其义也。"

《家语》曰:"公良孺贤而有勇,孔子周行,常以家车五乘从。"又载其从孔子,遇难于匡,伐树于宋,困于蒲。《史记·孔子世家》亦载其事。

【谨按】《史记·弟子传》所列之三十五人云,有事可纪,而颜幸、冉孺、曹邺、伯虔、公孙龙名在三十五人之列。今考《弟子传》不载其事,此必有错简者,以《家语》考之,颜高、公良孺、秦商、叔重会、孔忠五人皆有事迹,疑此五人当在三十五人中,亦恰与上列颜幸五人之数同。司马贞《史记索隐》曰:"公良孺、秦商、颜亥即颜高叔仲会四人连孔忠则为五人,但孔子忠不入《弟子解》,而散见于《家语》中《家语》有事迹,《史记》阙。"张守节《史记正义》曰:"公良孺当在《史记·弟子传》所云三十五人中,今列在四十二人后,恐误。"是也。

后处 《史记》:"后处,字子里。"《家语》误作"石处,字里之"。郑《目录》曰:"齐人。"唐赠营丘伯,宋赠胶东侯。

秦冉 《史记》:"秦冉,字开,一作子开。"《家语》无此人。文翁《图》有,朱氏《考》曰:"秦人。"唐赠彭衙伯,宋赠新息侯。

公夏首　《史记》："公夏首，字乘。"《家语》作"公夏守，字子乘"。郑《目录》曰："鲁人。"唐赠亢父伯，宋赠钜平侯。

朱氏《弟子考》曰："《魏志》有公夏浩，或子乘之后也。"

奚容蒧　《史记》："奚容蒧，字子晳。"《家语》作"奚蒧，字子偕"。"偕"一作"楷"。张守节曰："卫人。"唐赠下邳伯，宋赠济阳侯。

公坚定　《史记》："公坚定，字子中。"《家语》作"公肩，字子仲"。郑《目录》曰："鲁人，或晋人。"唐赠新田伯，宋赠梁父侯。

俞氏樾曰："古字定与正通，公坚定，字子中，盖取中正之义。《淮南子·主术》篇是以中立，高注曰：'中正也。'《仪礼·聘礼》篇郑注曰：'门中，门之正也。'是'中'与'正义'相近。或曰定乃星名，谓营室也。定字子中，盖取《诗》'定之方中'之义，是亦一说。"

颜祖　《史记》："颜祖，字襄。"《家语》作"颜相，字子襄"。《史记正义》曰："鲁人。"《阙里志》作"宋人"。唐赠临邑伯，宋赠富阳侯。

俞氏樾曰："按：《方言》云：'摇，祖上也；祖，摇也，转也。'郭《注》：'摇动，即转矣。是祖有旋转而上之义。'《尚书·尧典》篇：'荡荡怀山。'《襄陵传》曰：'襄，上也。'《史记·赵世家》以乐乘为武襄君。《正义》曰：'襄，举也，上也。'字亦作'骧'，然则名祖，字襄，义正相应。《家语》作'颜相'，误也。"

朱氏《弟子考》曰："《孟子》载：'昔者曾子谓子襄曰。'或即此人。按赵岐《注》：'子襄，曾子弟子也，若同一人，则是学于孔子，又学于曾子矣。'"

邽巽　《史记》："邽巽，字子敛。"邽巽或作亶邽。《家语》无此人。文翁《图》有。唐赠铜鞮伯，宋赠聊城侯。

句井疆　《史记》句井疆无字。《家语》曰："字子疆。"《阙里志》作"子孟"。郑《目录》曰："卫人。"唐赠洪阳伯，宋赠釜阳侯。

罕父黑　《史记》："罕父黑，字子索。"裴骃《集解》引《家语》曰："罕父，黑字索。"宋本《家语》作"宰父黑，字子黑。一作子素"。《阙里志》曰："鲁人。"唐赠乘丘伯，宋赠祁乡侯。

秦商 《史记》："秦商，字子丕。"《家语》云"字丕"。兹，宋本《家语》作"不慈，少孔子四岁，鲁人"。郑《目录》曰："楚人。"唐赠上洛伯，宋赠冯翊侯。

《左传》："襄公十年，孟献子以秦堇父为右生丕兹，事仲尼。"《家语》亦作"丕兹"，宋本作"不慈"，不字误，或当作"丕慈"。

朱氏《弟子考》曰："高邮夏氏《孔门弟子传略》及《阙里广志》皆云商少孔子四十岁，然商父堇父偪阳之役，与叔梁纥俱以力闻据《家语》，是宜与孔子生年相近。今据《家语》旧闻，暨《史记索引》、苏氏古史正之。"

【谨按】《孔子世家》以孔子生于鲁襄二十二年依《公》《谷》两家应作"二十一年"若如左氏所云，是孔子生年反在秦商后也。

颜之仆 《史记》："颜之仆，字叔。"《家语》作"子叔"。郑《目录》曰："鲁人。"唐赠东武伯，宋赠宛句侯。

荣旂 《史记》："荣旂，字子旗。"《家语》同。一本作"子祈"，又作"子颜"。《阙里志》曰："卫人。"朱氏《考》作"鲁人"。唐赠雩娄伯，宋赠厌次侯。

县成 《史记》："县成，字子旗。"《家语》作："县成，字子横"，一作"子谋"。郑《目录》曰："鲁人。"唐赠钜野伯，宋赠武城侯。

左人郢 《史记》："左人郢，字行。"《家语》作"左郢，字子行"。郑《目录》曰："鲁人。"唐赠临淄伯，宋赠南华侯。

燕伋 《史记》："燕伋，字思。"《家语》作"燕级，字子思"。唐赠渔阳伯，宋赠千源侯。

俞氏樾曰："《荀子·解蔽》篇曰：'空石之中有人焉，其名曰觙，其为人也善射，以好思。'觙与级并，当作伋，伋即及字，名及字思，乃取冀及之义也。故孔伋字子思。亦即此义。"

郑国 《史记》："郑国，字子徒。"《家语》作"薛邦，字徒"。宋本《家语》作"子从"。《阙里志》曰："鲁人。"唐赠荥阳伯，宋赠朐山侯。

《史记》张守节《正义》曰："《史记》作'国'，避高祖讳也。薛字与郑字误耳。"

朱氏《弟子考》曰："考仲尼之徒，名字多有同者，既有曾蒇，亦有奚容蒇，又曰公西蒇。既有冉耕，亦有司马耕。既有宓不齐，亦有任不齐，既有公西赤，亦有壤驷赤。既有卜商，亦有秦商，既有原亢，亦有陈亢此误作两人。既有狄黑，亦有宰父黑。既有冉孺，亦有公良孺。既有秦祖，亦有颜祖。此名不嫌同也。冉求字子有，有若亦字子有。颜无繇字季路，仲由亦字季路。颛孙师字子张，琴牢亦字子张。巫马施字子期，叔仲会亦字子期。公西蒧字子上，公西与如亦字子上。秦非字子之，公祖句兹亦字子之。原宪字子思，燕伋亦字子思。曾蒧字子晳，伯虔、狄黑、奚容蒧亦字子晳。壤驷赤字子徒，郑国亦字子徒。秦冉字子开，琴牢亦字子开。申续字子周，公伯寮亦字子周。荣旂字子旗，县成亦字子旗。颜哙字子声，乐欬亦字子声。漆雕哆字子敛，邽巽亦字子敛。此字不嫌同也。然则薛邦、郑国，子徒、子从，安见其名字相类，而并疑其姓氏之误耶？议祀典者，封郑而罢薛，亦安见其必为一人也？"

【谨按】朱氏说甚辩，然据《文献通考》所载，仲尼弟子名氏，不列薛邦其人，则自唐以来已作一人矣。

秦非　《史记》："秦非，字子之。"《家语》同。郑《目录》曰："鲁人。"唐赠沂阳伯，宋赠华亭侯。

施之常　《史记》："施之常，字子恒。"《家语》云："字子当。"《阙里志》曰："齐人。"朱氏《考》作"鲁人"。唐赠乘氏伯，宋赠临濮侯。

颜哙　《史记》："颜哙，字子声。"《家语》同。郑《目录》曰："鲁人。"唐赠朱虚伯，宋赠济阴侯。

步叔乘　《史记》："步叔乘，字子车。"《家语》同。郑《目录》曰："鲁人。"朱氏《考》作"少叔乘"。唐赠淳于伯，宋赠博昌侯。

朱氏《弟子考》曰："应劭《风俗通》云：'凡氏于字，伯仲叔季是也，有太叔、仲叔，则有少叔，无足异者。'子车之姓，《家语》《史记》诸书皆作'步'，而《广韵注》云：'孔子弟子有少叔乘，系复姓。'今从之。"

乐欬　《史记》："乐欬，字子声。"《家语》作"乐欣"。《史记正义》曰："鲁人。"《阙里志》作"秦人"。唐赠昌乎伯，宋赠建成侯。

朱氏《弟子考》曰："按：《春秋》定公十二年，费宰公山不狃率费人以袭鲁，孔子命申须句、乐颀勒士众下伐之。费人北遂，堕三都之城。杜预《注》以二人为鲁大夫。考乐欬《家语》作'乐欣'，'欣'与'颀'偏旁相同，疑'颀'即是'欣'也。"

廉洁 《史记》："廉洁，字间。"《家语》："廉洁，字子曹。"郑《目录》曰："卫人。"唐赠莒父伯，宋赠胙城侯。

叔仲会 《史记》："叔仲会，字子期。"《家语》曰："鲁人，少孔子五十岁。"或作"五十四"。郑《目录》亦曰"鲁人"，一作"晋人"。唐赠瑕丘伯，宋赠博平侯。

《家语》曰："叔仲会与孔子璇年相比，每执笔记事于夫子，二人迭侍左右。孟武伯见孔子而问曰：'此二孺子之幼也，于学岂能识于壮哉？'孔子曰：'然，少成则天性也，习惯若自然也。'"

颜何 《史记》："颜何，字冉，一作子冉。"马氏《绎史》云《家语》字"称"。今本《家语》不载。郑《目录》曰："鲁人。"唐赠开阳伯，宋赠堂邑侯。

朱氏《弟子考》曰："按：秦冉、颜何二子其名已见于《史记》明弘治元年，少詹事程敏政请正祀典，疑为字画相近之误，而罢其祀。然生数千年后，安见二子必无其人？释昙积上言于周太祖曰：'孔子领徒三千，达者七十有二，升堂入室者不过数人。自余以外，岂容斥逐？'彼释氏之言尚然，乃以臆见斥先贤之祀，吾未见其可也。"

马氏《绎史》曰："《史记》传仲尼弟子七十有七人。注云：'《孔子家语》亦有七十七人。'然今之《家语》止七十六人耳。《史》载：'颜何，字冉。'司马贞《索隐》云《家语》字'称'。考《家语》载姓颜者八人，而今之《家语》止七，是误脱颜何一人也。"

【谨按】 秦冉、颜何已列祀典，今本《家语》虽不载颜何，而古本则有其人也。《史记·孔子弟子传》秦冉、颜何并载，必有依据。马氏谓今本《家语》误脱颜何，是也。

狄黑 《史记》："狄黑，字皙，一作子皙。"《家语》作"皙之"。《阙里志》曰："卫人。"唐赠临济伯，宋赠林虑侯。

邦巽 《史记》："邦巽，字子敛。"《索隐》引《家语》作"邦选"，"巽"作"选"也。宋本《家语》作"邦选，字子饮"。文翁《图》作"国选"。郑《目录》曰："鲁人。"唐赠平陆伯，宋赠高堂侯。

《史记索隐》曰："《家语》作'邦选'，文翁《图》作'国选'，盖避汉高祖讳，改之。《史记》作'邦巽'巽，音'圭'盖与古本《家语》同。"

孔忠 《史记》孔忠无字。《集解》引《家语》云："孔忠，字子蔑。"宋本《家语》作"孔弗"。唐赠汶阳伯，宋赠郓城侯。

《家语》曰："孔忠，孔子兄之子也。问行己之道，子曰：'知而弗为，莫若勿知。亲而弗信，莫如勿亲。乐之方至，乐而勿骄。患之将至，思而勿忧。'孔蔑曰：'行己乎？'子曰：'攻其所不能，补其所不备，毋以其所不能疑人，毋以其所能骄人。终日言无遗己之忧，终身行不遗己之患，唯智者有之。'"见《家语·子路初见》篇。又载孔蔑与宓子贱偕仕，孔子问以何得何亡？子蔑言："未有所得，而有所亡者三。"其说已详"子贱言行录"卷中。

公西兴如 《史记》："公西兴如，字子上。"《家语》作"公西舆"。《阙里志》曰："鲁人。"朱氏《考》作"齐人"。唐赠重丘伯，宋赠临朐侯。

公西葴 《史记》："公西葴，字子上。"宋本《家语》作"公西减，字子尚，一作公西葴"。郑《目录》曰："鲁人。"唐赠祝阿伯，宋赠徐城侯。

【谨按】《史记·弟子传》凡七十有七人，今自公皙哀以下四十八人，皆据《弟子传》次序列之。《图书集成·圣门诸贤部》同，唯不载秦祖。加入公伯缭、原亢籍二人，并上文所载编入《言行录》者二十七人，共为七十七人也。所列林放、蘧瑗、子服景伯、左丘明、琴牢、孺悲、仲孙何忌七人，但见于《论语》，而不列《弟子传》中，《弟子传》无申枨、陈亢，而有申党，原亢籍。申党即申枨，原亢籍即陈亢，今核之，适符七十七人之数。

太史公曰："学者多称七十子之徒，誉者或过其实，毁者或损其真，钧之未睹厥容貌，则论言弟子籍出孔氏，古文近是，余以弟子名姓文字悉取《论语》弟子问，并次为编，疑者阙焉。"

朱氏《弟子考》曰："考孔门弟子籍，《汉艺文志》有《孔子徒人图法》二卷，《隋经籍志》有郑康成《论语孔子弟子目录》一卷。《唐·艺文志》作《论语篇目弟子》。惜俱失传。议礼者止以《家语》为凭，至斥《史记》为傅会。若文翁《礼殿图》则置之不复参详矣。"又曰："孔氏之徒三千，身通六艺者七十人。所云七十，盖取盈数耳，非限以七十也。自《孔子徒人图法》不存，而文翁《石室图象》又在显晦之间，世儒据以考定弟子籍者，唯《史记》之《弟子传》，《家语》之《弟子解》而已。议祀典者，先横七十子之目于心胸，虑溢七十二人之外，于是议论纷纭，以臆断为进退，举凡《论语》《春秋传》《礼记》所载，亦漫不加省，或于复姓者改姓一字。如奚容、壤驷、左人、少叔、石作、左丘之类，皆复姓改作奚、葴、左、郰是已。书之粟主，自国学至府州县学皆然。如此，是尚得为知礼也乎？"

县亶　《家语》县亶作"子象"，一作"悬亶"。《索隐》作"县亶"，《广韵注》作"县亶父，鲁人"。《史记》不载。

《史记·索隐》曰："仲尼弟子传公伯缭当即《家语》之申缭秦冉、邽单三人一本云公伯缭、秦冉、邽单、颜何四人《家语》不载。而别有琴牢、陈亢、县亶，以当此三人之数。此据古本《家语》，与今本王肃《家语》不同。"【按】陈亢、琴牢已著录，今补入县亶一人。

【谨按】县亶，或以为即《史记》之邽单。而王氏应麟又疑即《檀弓》之县子。然《檀弓》已明著县子之名曰琐。全谢山曰："晋有县氏。《檀弓》有县子，《左氏》有县贲父，若仲尼弟子，乃县亶也。"

【谨按】《家语》尚有孔璇、惠叔兰、仲孙说、宾牟贾、公罔之裘、序点六人。孔璇见于《弟子解》，惠叔兰以下五人，则散见《家语》中，朱氏《考》采之，今亦补列如下。

孔璇　《家语》孔璇与叔仲会同传，《史记》无文。

朱氏《弟子考》曰："按：嘉靖中张孚敬改定祀典，以秦冉、颜何疑为字画之误而罢其祀。又以薛邦疑即郑国，遂亦罢祀。而并黜孔璇。其说本于程敏政。考秦冉、颜何唐宋以来迭有封赠，自唐迄明从祀已久，所谓有其举之，莫敢或废，而孚敬废之，过矣。《家语》孔璇、叔仲会年相比，俱执笔侍于孔子。语见叔仲会名下，以二字合传，故不别标璇名。今叔仲会既得祀，则璇不应独遗也。"

惠叔兰　《史记·弟子传》《家语·弟子解》不载，而散见于《家语》中。郑《注》《檀弓》云："惠子，卫将军文子之弟。"

朱氏《弟子考》曰："据《家语》：'子游尝从孔子适卫，与将军子兰相善，使之受学于夫子。'司寇惠子之丧。郑司农《注》曰：'惠子，卫将军文子弥牟之弟，惠叔兰也。'古今议弟子从祀者，率本《家语》，而孔璇、惠叔兰独遗，不当补其阙乎？又荀卿《法行》篇：'南郭惠子问于子贡曰："夫子之门何其杂也？"子贡曰："君子正身以俟，来者不拒，去者不止。"夫良医之门多病人，檃栝之侧多枉木，是以杂也。'杨倞《注》曰：'南郭惠子，夫子弟子，未详其姓名，盖居南郭，因以为号。'据此疑即兰也。"

仲孙说　"说"亦作"阅"，字敬叔，孟僖子之子，懿子之弟，居附宫，亦曰南宫敬叔，又称南宫说。《史记·弟子传》《家语·弟子解》不载，而散见于《史记》及《家语》，《左传》亦载其事。

朱氏《弟子考》曰："仲孙貜即孟僖子，鲁大夫也将没，属其子说与何忌于孔子，使事之而学礼。考《春秋名号归一图》，阅即南宫敬叔僖子之子，孔子弟子也。昔孔子将适周，敬叔言于昭公，资车一乘，马二匹，与敬叔俱至周，问礼于老聃，问乐于苌宏，历郊射之所，考明堂之制，察庙朝之度，自周及鲁，弟子稍益进焉。子曰：'自南宫敬叔之乘我车也，而道加行。'是敬叔在弟子之列，有功于圣门者矣。今祀典阙诸，不无可议也。"

【谨按】《家语》及《孔子世家》《孔子年谱》皆载南宫敬叔学礼于孔子，及孔子与敬叔适周问礼于老聃事。《家语·致思》篇孔子曰："季孙之赐我粟千钟也，而交益亲，自南宫敬叔之乘我车也，而道加行，故道虽贵，必有时而后重，有势而后行。"云其言虽未尽确，而亦可资参考。《檀弓》记其载宝而朝，为孔子所讥议，然与公伯寮之谮诉不同。似不宜以一眚而掩之。今据《史传》所记列为弟子也，固宜。

宾牟贾　《史记·弟子传》《家语·弟子解》不载，而散见于《家语》中，亦见于《乐记》。据《广韵注》："宾牟汉复姓，贾，鲁人。"

朱氏《弟子考》曰："按：《乐记》宾牟贾侍坐于孔子，孔子与之言，及乐，宾牟贾起，免席而请，斯弟子之职也。子曰：'居，吾语女。'《论语》之命季路，《孝经》之命子与皆然，孔子盖以师道自居，则贾在弟子之列明矣。惟是孔子语弟子必呼其名，而记称之曰吾子，岂记礼者去圣人之世稍后，遂有此失乎？"

公罔之裘　序点　左列二子见于《礼记·射义》及《家语·观射》篇，《史记·弟子传》《家语·弟子解》则不载。

朱氏《弟子考》曰："按：二子从射于矍相之圃，孔子使扬觯而语，其事见于《礼记·射义》篇。射既阕，子路进曰：'由与二三子者之为司马，何如？'孔子曰：'能用命矣。'《家语·观乡射》篇亦载之。记首言孔子与门人习射于矍相之圃，及子路之云二三子，则二子为孔子弟子无疑也。"

【谨按】崔氏《考信录》以此为传者之失真，疑二子未列门墙。然崔氏虽疑之，亦无确切之反证也。

上列六人，皆散见于《家语》。仲孙说并见《左传》《史记》，宾牟贾并见《乐记》，公罔之裘、序点二人并见《礼记·射义》。

牧皮　赵岐《孟子注》："牧皮事孔子学者。"《史记》《家语》无文。

《孟子·尽心篇下》万章问曰："孔子在陈。何思鲁之狂士？"孟子曰："孔子不得中道，而与之必也狂狷乎？狂者进取，狷者有所不为也。"如琴张、曾皙、牧皮者，孔子之所谓狂矣。赵岐《注》牧皮与二人皆事孔子学者也。朱氏《弟子考》曰："孟子以牧皮与琴张、曾皙并称，此必孔子之所与，似不宜置之祀典之外。"

【谨按】牧皮从祀序列西庑，今以《孟子》赵《注》考之，是当为孔子弟子也。

颜浊邹　《汉书·古今人表》作"烛雏"，《说苑·正谏》篇同。《晏子·春秋外篇》作"烛邹"。

《史记·孔子世家》曰："孔子以诗书礼乐教弟子盖三千焉，身通六艺者七十有二人，如颜浊邹之徒，颇受业者甚众。"又云："孔子适卫，主颜浊邹家。"简氏朝亮曰："颜浊邹为孔子所主，则贤者也，如此之徒甚众，则《仲尼弟子传》外，岂不多君子哉。"

【谨按】颜浊邹即颜仇由也，为子路妻兄。《汉书·古今人表》有颜仇由，又有颜浊邹，误作两人。

颜涿聚 见《吕氏春秋》《史记·弟子传》《家语·弟子解》皆不载，而见于《孔子世家》中，左氏哀公二十三年《传》注："颜涿聚，字庚。"《淮南子·氾论训》作"啄聚"。

朱氏《弟子考》曰："按：《吕览》云颜涿聚，梁父之大盗也，学于孔子，为天下名士，以终其寿，是虽不在七十子之列，然不可谓非孔氏之徒也。"

【谨按】朱氏《考》与胡元玉驳《春秋名字解诂》皆以颜涿聚与颜浊邹为一人，是误。据《汉书注》，以卫之颜浊邹而为齐之颜涿聚，一为卫人，一为齐人，岂能合而为一。《汉书·古今人表》则以颜仇由与颜浊邹为两人。《汉书注》则以颜浊邹与颜涿聚为一人，皆误也。简氏朝亮曰："颜涿聚以梁父大盗，而改节为齐之忠臣，是能自显于《仲尼弟子传》外者也。"今特补列之。《论语》皇《疏》引《古史考》，以阳货为孔子弟子，非是。

廉瑀 文翁《礼殿图》孔子七十二弟子有廉瑀名，而《史记》及《家语》则不载。

鲁峻 文翁《礼殿图》亦有鲁峻名，今并据吴昌宝《四书经注集证·孔子弟子考》补入。

常季 见《庄子》，而《史记》及《家语》不载。

《庄子·德充符》篇常季问于仲尼曰："王骀，兀者也，汉之游者与夫子中分鲁。"郭象《注》："常季，孔子弟子。"

鞠语 见《晏子》，而《史记》及《家语》不载。

《晏子春秋》："景公上路寝，闻哭声曰：'吾若闻哭声，何为者也。'梁丘据对曰：'鲁孔丘之徒鞠语者也，明于礼乐，审于服丧，其母死，葬埋甚厚，服丧三年，哭泣甚哀。'公曰：'岂不可哉，而色悦之。'"《孔丛子·诘墨》篇亦载其事。朱氏彝尊曰："盖曾参、闵损、高柴、仲由、孺悲而外，又一孝子也。"

上列孔子门弟子凡九十有八人，其获从祀孔庭者八十二人。颜回、曾参、有若、闵损、冉耕、冉雍、端木赐、卜商、言偃、颛孙师、仲由、原宪、公西赤、宓不齐、澹台灭明、曾点、漆雕开、南宫括、冉求、宰予、高柴、樊须、公冶长、颜无繇、司马耕、巫马施、申枨以上二十七人，编入《言行录》。公晳哀、商瞿、梁鳣、原幸、冉孺、曹邺、伯虔、公孙龙、冉季、公祖句兹、秦祖、漆雕哆、颜高、漆雕徒父、壤驷赤、商泽、石作蜀、任不齐、公良孺、后处、秦冉、公夏首、奚容蒧、公坚定、颜祖、鄡单、句井疆、罕父黑、秦商、颜之仆、荣旂、县成、左人郢、燕伋、郑国、秦非、施之常、颜哙、步叔乘、乐欬、廉洁、叔仲会、颜何、狄黑、邦巽孔忠、公西舆如、公西葴、陈亢（即原亢籍），以上皆见《史记·仲尼弟子传》。遽瑗、林放、左丘明、琴张、牧皮、县亶，以上杂见《论语》《孟子》《家语》。若子服景伯、孺悲、公伯寮、仲孙何忌。以上四人见《论语》。

孔璇、惠叔兰、仲孙说、宾牟贾、公罔之裘、序点。上六人散见于《家语》、颜浊邹、颜涿聚、廉瑀、鲁峻、常季、鞠语。以上六人散见于《吕览》《史记》《庄子》《晏子》及文翁《图》《论语》诸书中。凡十有六人，皆未获从祀也。即从祀者如林放、遽伯玉诸贤，未必尽为弟子，上文已辩之矣。公伯寮本为孔门弟子。已载入《仲尼弟子列传》。以诉子路被黜。祀典所载，有陈亢，复有原亢，则以《家语》《史记》所载不同，遂分为二，今据臧氏庸说厘正之。

【谨按】孔子弟子三千，其见于《史记》《家语》外者，不得谓其非弟子。诚如朱氏彝尊所言，虽不在七十子之列，然不得谓非孔氏之徒也。今列孔门弟子以《史记》《家语》为本，参以文翁《石室图》《孟子》及孔昭焕《阙里文献考》朱氏《孔子弟子考》诸书为补列，之间附考证，疑者则辩别之，使研究孔门者有所考焉。

崔氏述曰："《史记·仲尼弟子列传》著其国邑者凡七人，颜子鲁人，子贡卫人，子游吴人，子张陈人，公冶长齐人，皆以国著。曾子南武城人，子路卞人，皆以邑著。以余考之，惟颜子、子贡为不误耳。颜氏之著名于鲁者多矣，春秋时有颜高、颜羽、颜息。《吕览》有颜阖。则颜子为鲁人可信也。《春秋传》艾陵之役，吴子赐叔孙甲卫，赐进曰：'州仇奉甲从君而拜。'则子贡为卫人，亦可无疑者，其余皆未敢以为确也。"【按】孔门多属鲁人，卫、齐、宋人亦多皆邻国也。子游为吴人，无可疑者，已详'子游言行'卷中。

以姓氏论，则姓颜者最多，凡八人。颜无繇、颜回、颜高即颜刻，亦名颜亥颜幸亦即颜辛，又曰颜柳颜祖亦作颜相颜之仆、颜哙、颜何是也。其次则姓冉五，冉耕、冉雍、冉求、冉孺、冉季是也。姓秦者四，秦商、秦祖、秦冉、秦非是也。姓公西者三，公西赤、公西与如、公西蒇是也。姓漆雕者三，漆雕开即漆雕启、漆雕哆、漆雕从父是也。《弟子传》所载公冶长、公伯寮、公晳哀、公孙龙、公良孺、公祖句兹、公夏首公坚定虽称公某，或属双姓，而非同姓。春秋时人多以公为姓者，如公叔文子、公明贾之类甚多。郑樵《氏族略》曰："诸侯之子称公子，公子之子称公孙，公孙之子不可复言公孙，则以王父字为氏，无字者则以名云。"

马氏骕曰："《家语》与《史记》姓名之相乱者，如壤之为穰，后之为石，坚之为肩，罕之为宰，祖之为相，旂之为祈，首之为守，伋之为级，欤之为欣，巽之为选，或以形误，或以音舛，是皆可以意会者。"

【谨按】《家语》曰穰驷赤，是以壤为穰也；曰石处，是以后为石也；曰公肩定，是以坚为肩；曰宰父黑，是以罕为宰；曰颜相，是以祖为相；曰荣祈，是以为旂为祈；曰公夏守，是以首为守；曰燕级，是以伋为级；曰颜欣，是以欤为欣；曰邦选，是以巽为选。其他，公良孺作良儒，申续作申续，公孙龙作公孙宠，伯虔作伯处，颜幸作颜辛，郑国作薛邦，廉絜作廉潔。如此之类，或《史记》与《家语》互异，或《家语》与古本互异，当是传写之讹耳。

今据诸家纪载以考孔门弟子，其见于《左传》者凡十有三人，蘧伯玉、子路、冉有、子贡、子羔、樊迟、有若、琴张、澹台子羽、南宫敬叔、司马牛、秦丕兹、仲孙何忌是也。顾氏栋高《春秋大事人物表》亦有列入，虽未确当，可资参考。《汉书·古今人表》于孔子弟子列第二等者，左丘明、颜渊、闵子骞、冉伯牛、仲弓凡五人；列第三等者宰我、子贡、冉有、季路、子游、子夏、曾子、子张、曾晳、子贱、南容、公西华、有若、漆雕启、澹台灭明、樊迟、巫马期、司马牛、子羔、原宪、颜路、商瞿、季次、公良孺、颜刻、颜柳凡二十六人；列第四等者孟懿子、南宫敬叔、公伯寮、公肩子、子石、琴牢、宾牟贾凡七人。列第五等者，颜濁邹、陈亢、林放、申枨、子服景伯凡五人。所列次第未允，姑录之备览。

文庙从祀诸贤，载在《通典》《通考》，秦蕙田《五礼通考》亦有纪载，然代有更改，以今考之，复圣颜子，宗圣曾子，述圣子思，亚圣孟子，大成殿内列为四配。闵子骞、仲弓、子贡、子路、子夏、有子，皆东序，西向；冉伯牛、宰我、冉有、子游、子张、朱熹，皆西序，东向，是为十二哲。其列于两庑者，东庑蘧瑗、澹台灭明、原宪、南宫括、商瞿、漆雕开、司马耕、梁鳣、冉孺、伯虔、冉季、漆雕徒父、漆雕哆、公西赤、任不齐、公良孺、公坚定、鄡单、罕父黑、荣旂、左人郢、郑国、原亢、廉洁、叔仲会、公西与如、邦巽、陈亢、琴张、步叔乘、秦非、颜哙、颜何、县亶；西庑林放、宓不齐、公冶长、公皙哀、高柴、樊须、商泽、巫马施、颜幸、曹邺、公孙龙、秦商、颜高、壤驷赤、石作蜀、公夏首、后处、奚容葴、颜祖、句井疆、秦祖、县成、公祖句兹、燕伋、乐欬、狄黑、孔忠、公西葴、颜之仆、施之常、申枨即申党、左丘明、秦冉、牧皮，统称先贤。然原亢与陈亢同是一人，颜路、曾点二人别祀于启圣祠，不在两庑之列。今核所列诸贤先后位次，多有未叶，后之明定祀典者，宜厘正焉。

卷二十四终　女　常照校字

卷二十五 附录：孔伋

卷二十五　附录：孔伋

> **孔伋**　《史记·孔子世家》："伯鱼生伋，字子思，年六十二，作《中庸》。"

【谨按】班固《艺文志》谓："孔子没，微言绝，七十子丧而大义乖。"余窃以为不然。考孔子言性与天道，子贡自谓不可得而闻，当时得闻其道者，颜、曾、有若而外，惟子游、子夏与子木耳。其后再传而子思出，三传而孟子继起，得二子阐明性道，并为之发扬光大。故时虽纷乱，而道术则大明也。孔子之微言奥旨，曾子《大学·诚意》一章所云慎独之功，及阐释治平之要在于絜矩之道，是即一贯忠恕本旨，已发明孔子教义。至子思作《中庸》，遂尽阐其秘要。迨孟子道性善，专就性之作用处指点出良知良能，及仁义礼智之端，斯道益显而愈明矣。惜乎！孟氏以后，继轨无人，斯道遂以中绝。然则谓孟子没而微言绝，周秦诸子兴而大义乖可也。余述子思、孟子言行附于孔门之后，以见孔学昌明于世，道统之不绝者，实赖有二子之力也。今述孔伋言行卷第二十五。

> 天命之谓性，率性之谓道，修道之谓教。

【谨按】子思论性，言简而精。《中庸》首章已尽揭圣道纲领，盖能上接尧、舜、禹之微言，而发明其所未发，下开孟子性善之学说，而为孔门心学之真传，可无疑者。何以言"天命之谓性"也？盖天赋人以成形，而理亦在。有是形即有是气，有是气即有是理。然气与理不同，气有聚散，而理无聚散；气有清浊，而理无清浊；气有纯驳，而理无纯驳。孟子言以志帅气，张横渠教人变化气质之偏，是气不尽善也。故不能以气作理，而又不能离气以言理。盖气之主宰者为理也，犹之乎心有善恶。《大禹谟》"人心惟危，道心惟微。"是心有善恶也。而性则有善而无恶。许氏《说文》："性，人之阳气，性善者也。"故不能以心作性，而又不能离心以言性。盖心之至虚而至灵者，是性也。天生人而赋之以形，即命之以性，亦即命之以理。理不必外求也，即性即理矣。性非人力所能为也，天命之也，故曰"天命之谓性"。董子谓"道之大，原出于天"是也。

【谨按】试以《书》《诗》证之。《汤诰》曰："惟皇上帝，降衷于下民，若有恒性。"此为六经言性之始。上帝者，天也。恒性，即常性。言性由天降，是天命之也。《诗·大雅·蒸民》之篇曰："天生蒸民，有物有则。民之秉夷，好是懿德。"朱《注》曰："则，法也，有物必有法。如有耳目，则有聪明之德；有父子，则有慈孝之心。是民所秉执之常性也。"既曰民之常性出自天生，故曰"天命之"也。

【谨按】何以言"率性之谓道"也？性，善也，即理也。率，循也，循此善性而行即谓之道，是不假外求也。仁义礼智，我固有之，非由外铄我也。仁义礼智四德，皆根于性而生。由性而发为恻隐之心，则为仁；由性而发为羞恶之心，则为义；由性而发为恭敬之心，则为礼；由性而发为是非之心，则为智。但能率循本性之德而行，不出仁义礼智范围，则是道也。孟子谓"人皆可以为尧舜"，亦以人能率其固有之善性，以诚正修齐，以至治国平天下，则亦是尧舜其人矣。

【谨按】何以言"修道之谓教"也？《尧典》曰："克明俊德，以亲九族。九族既睦，平章百姓。"释之者曰："尧之教人，谓'亲睦九族，平章百姓'者，其本则先之以'克明俊德'也。"《舜典》曰："慎徽五典，五典克从。"释之者曰："五典，五常之教也，父义、母慈、兄友、弟恭、子孝，必先慎美笃行斯道，而后五典克从而无违也。"《皋陶》曰："天叙有典，敕我五典五惇哉！"释之者曰："天次叙人之常性，各有分义，当敕正我五常之教，使合于五厚以厚天下也。"是故其道不外乎孝弟忠信，其教不外乎伦常日用。苟不率循本性而行，或索隐行怪以为道，则道其所道，非吾所谓道也。苟不修明《中庸》之道，而攻乎异端以为教，则教其所教，非吾所谓教也。故曰"修道之谓教"。

> 道也者，不可须臾离也，可离非道也。是故君子戒慎乎其所不睹，恐惧乎其所不闻。莫见乎隐，莫显乎微，故君子慎其独也。

【谨按】道者，仁义礼智之德性，即为人所共由之路，如何可离？若离却仁义礼智，则是失其常性，是人而禽兽也。君子于此常恐其或失陷也，于是戒慎恐惧之心恒存而不敢放。不睹不闻，事之未见者也；无形无声之中凛然如对大宾，如承大祭，无一毫苟且之私萌于念虑之间，勿谓其隐而不见也，勿谓其微而不显也。隐微之际，人所不知，而己则知之矣。独知之地犹不敢苟且，是诚意也，诚意之功在于慎独。苟掩其不善而著其善，则伪矣，是自欺也。苟有欺心，则无所不至，其始也发于一念之微，若火始然，若泉始达，然不加压抑，则火之焰张其势，必至燎原；水之流急其势，必崩溃如决江河，而莫之能御矣。故圣人之学，在于求放心。求放心在于无妄，无妄在于谨始慎微。子思之学原于曾子，故《中庸》与《大学》相表里，此与《大学》诚意之功相发。

> 喜怒哀乐之未发，谓之中；发而皆中节，谓之和。中也者，天下之大本也；和也者，天下之达道也。致中和，天地位焉，万物育焉。自"天命之谓性"至此为《中庸》之首章。《中庸》一书多引孔子之言，今惟取子思语阐述之。

【谨按】喜怒哀乐，情也，根于心而发也。其未发，则情未动，而心体浑然不偏不倚，故谓之中。夫情未发，则心无所系。一念不与，万籁俱寂，此时天君泰然，既无恶之可言，亦无善之可见。善与恶对，恶既未形，善亦不著，故曰："无善无恶心之体"。非鉴空也，非顿悟也，心之体本是如此，所谓太极之上，更有无极也。及此心一发，灵明一动，知是知非，而良知出焉，由无极而太极矣。于是把握良知，以为善而去恶，情之所发皆能中节，故谓之和。和者，无乖戾之谓其和也，是根于性而致然也，即是根于义理而后能中节，而后能和也，非由外铄也。苟由外铄，则近于伪矣。

【谨按】大本者，谓天下之理皆根于性而生，即由心体而出，故曰："中也者，天下之大本。"达道者，仁义礼智皆由率性而行，即天下所共由之道，反是则不可行矣。故曰："和也者，天下之达道。"中以体言，和以用言，而体用一原也。有是体而后能有是用，有是用由其有是体也。

【谨按】能致中和，则天地位矣，万物育矣。位者得其所也，育者遂其生也。盖天地万物本吾一体。一念杀机，则龙蛇起陆；一念中和，则生理盎然。故君子先养性情之本原，以消除万汇之戾气。孟子曰："万物皆备于我，反身而诚，乐莫大焉。"陆子静曰："宇宙内事，皆吾身心内事。"朱子曰："吾之心正，则天地之心亦正；吾之气顺，则天地之气亦顺。"是也。子思盖推言其效验如此。

> 君子之道，费而隐。

【谨按】朱子曰："费者，用之广也。隐者，体之微也。"朱《注》。用之广，则其大无所不包；体之微，则其细无所不入。孔子之道致广大而尽精微，惟用之广，是以身车所至，人力所通，莫不感被其德化。惟体之微，是以天之高，星辰之远，莫不洞明其象数。彼耶稣之教非不博大，而精微则不及矣；释氏之旨非不精微，而广大则有间矣。《庄子》谓孔子之道六通四关，其运无乎不在，不如诸子蔽于耳目鼻口，限于方隅是也。试以《易》道考之，其理通天地人，可谓广且大矣。然而六十四卦，三百八十四爻，其理变化不测，何其神也。虽探赜研几穷年，犹莫究其蕴也。

> 夫妇之愚，可以与知焉，及其至也，虽圣人亦有所不知焉；夫妇之不肖，可以能行焉，及其至也，虽圣人亦有所不能焉。天地之大也，人犹有所憾。

【谨按】日用云为之事，夫妇之愚可以与知焉。即云龙吟则景云出，虎啸则谷风生，此同类之相感应者，犹可以理推也。及其至也，则蚕吐丝而商弦绝，铜山崩而洛钟应，此虽圣人亦有所不能知矣。伦常动作之间，夫妇之不肖可以能行焉。即云禹之圣而有启，文王之圣而有周公，此以圣父生圣子，犹为事理之常也。及其变也，则尧何以生不肖之丹朱，舜何以生傲慢之商均，此虽圣人亦有所不能测矣。故夫天地之大，而人犹有所憾者，此也。

> 故君子语大，天下莫能载焉；语小，天下莫能破焉。

康氏有为曰："孔子之道，无所不包。其发乾元统天之论，则天下之人惊疑惝恍，无能受者，故莫能载焉；其发阴阳神明死生魂气之说，则天下之人信受坚持，无能易者，故莫能破焉。"愚谓语大莫能载者，盖天下为有形之物，道为无形之物。无形恒大于有形，譬如形之与影距离稍远，则影大于形矣。道之与天下，犹影之与形比也。故曰："语大，则天下莫能载。"所云"语小，天下莫能破"者，盖道之精微，乍观之似涉于渺茫，或疑入于空虚，虽至朴学之士，亦往往以精理名言，视作释老虚无之教。故性与天道之旨，经数千年以至于今，其能豁然贯通者鲜。然究其义蕴，则精确不可磨灭也。故曰："语小，天下莫能破。"

> 《诗》云："鸢飞戾天，鱼跃于渊。"言其上下察也。

【谨按】道不可须臾离，以至戒慎恐惧，无一息不可不存养，无一念之敢或放肆。然斯道非滞于一隅也，故放肆者不可以言道，拘谨者亦不可以言道。道之在吾身，若鸢之飞而至于天焉，若鱼之跃而至于渊焉。上下无常非为邪也，盖活泼泼地非可以迹象寻求也，非可以言语形容也。颜子所谓仰之弥高也，钻之弥坚也，瞻之在前，而忽焉在后也。

> 君子之道，造端乎夫妇；及其至，察乎天地。自"费而隐"至此为一章。

【谨按】此节总结上文，所谓日用伦常之事，夫妇之愚，可以与知与能。及其至也，虽圣人亦有不知不能者，盖道之广大精微，通天地，贯人己。卷之则退藏于密，放之则弥六合矣。

> 君子素其位而行，不愿乎其外。素富贵，行乎富贵；素贫贱，行乎贫贱；素夷狄，行乎夷狄；素患难，行乎患难。君子无入而不自得焉。

朱《注》曰："素，犹见在也。言君子但因见在所居之位，而为其所当为，无慕乎其外之心也。"康氏有为曰："人禀天之命以受生，境遇遭际各有不同，或生而帝王，或生而奴隶，或富过漪顿，或贫若黔娄，或居夷入海，或流亡囚虏，或始亨而终困，或先贫而后通，皆造物所为，虽仁圣不能与命争也。故孔子神圣，臣于昏愚之定哀；颜子具体，夭于陋巷之箪瓢；仲子覆醢，早见于侍坐；伯牛恶疾，伤歌于《茉苴》。君子知皆有命，故思不出位，任投所遇，而安之若素。非徒安之也，凡吾位之外一切可欣可慕者，泊然不以动。吾心非惟不动，且不愿焉。其安而行之，顺受自得如此，故入于富贵，不离衮衣玉食；入于贫贱，不避监门赁舂；入于夷狄，不妨断发文身以讲周礼；入于患难，可以幽囚著作，行乞清歌。其神明超胜，故无所入而不自得焉。"

> 在上位，不陵下；在下位，不援上，正己而不求于人，则无怨。上不怨天，下不尤人。故君子居易以俟命，小人行险以徼幸。子曰："射有似乎君子，失诸正鹄，反求诸其身。"自"素位而行"至此为一章。

康氏有为曰："素位而行，故不陵不援；不愿乎外，故不求无怨。凡人处境不顺，率多怨天；与人不得，则多尤人。怨天则生理不畅，而愁郁多；尤人则人事多争，而祸难作。若知自得，则不怨天，能乐其生矣；知正己，则不尤人，易免于祸矣。居易以俟者，是承上不怨天而言；反求诸身，是承上正己而言。"

【谨按】朱《注》此章分作五节，愚则共分两节，盖能素位而行，所以不愿乎其外；惟不愿乎其外，是以能素位而行，理无二致也。上节总言人所当行之道，下节则申述其工夫耳。"君子无入而不自得"一语最喫紧，为全章主旨。盖胸有主宰，故能不惑于境遇，不至见异思迁。不见异思迁，故能索位而行。不惑于境遇，故不怨不尤。居易以俟，而顺受其正，君子之心盖不动也。孟子曰："我四十不动心。"物虽动荡，而心不动荡，抑心之本体原不动也。心之本体浑然若太虚，不着一毫色相，夫何动之有？彼风吹幡动者，或以为风动，或以为幡动，其实非风非幡，乃仁者心动耳。心无所着，一若不睹不闻，原不觉其若何动荡，盖心体本如此也。《明史》论王守仁以书生从戎，提弱卒，扫积年逋寇，平定孽潘，用兵制胜，当夫危疑之际，神明愈定，智虑无遗，此虽由天资高，其亦有得于中者焉。语见《明史》论赞。盖不动心之效也，致良知之功用如是哉。

自诚明，谓之性；自明诚，谓之教。诚则明矣，明则诚矣。 上自为一章。

【谨按】人性虽善，而气禀材质则有刚柔、清浊、纯驳之不同。所谓上智下愚，即由此而判矣。荀子误解性字，遂认为恶。宋儒不敢言性恶，而分为义理之性、气质之性两种。彼杂气质言性，故或见其善，则以为性善；或见其恶，则以为性恶。皆非知性者也。盖性即理也，根于性之自然，而不杂以人欲之私，则真实无妄。夫真实无妄者，诚也。诚则胸无滞碍，灼然知是知非，故曰"自诚明谓之性"。又曰"诚则明矣"，是不思而得，不勉而中，生知安行之谓也。若气质未尽清明，则必加以砥砺之功，或学知而利行，或困知而勉行，而后能复其本体之明，而后能真实无妄，故曰"自明诚谓之教"，故"明则诚矣"。自诚明者不能不教，而得力于性之分数为多；自明诚者亦不能离性以言诚，而得力于教之分数为多，及其成功，一也。

> 唯天下至诚，为能尽其性。能尽其性，则能尽人之性；能尽人之性，则能尽物之性；能尽物之性，则可以赞天地之化育；可以赞天地之化育，则可以与天地参矣。右自为一章。

【谨按】阴阳之所以维系，万物之所以化生，纲常之所以不紊乱，人心之所以不陷溺，一诚而已矣。诚由性生，不诚则伪，伪则无所不至，何以能尽其性？故唯天下至诚为能尽其性也。人同此性，物亦同此性。吾不以诚待人待物，则人物何从而感应。所恶于上，则毋以使下。所恶于下，则毋以事上。其于人也如是，唯物亦然。故必能尽其性，而后能尽人之性。能尽人之性，而后能尽物之性。有必然者，夫至于能尽物之性，则是万物一体矣，可以赞天地之化育矣。天地无私心，亦一诚为之也。吾之诚与天地通，则天地之诚即我之诚，我之诚亦即天地之诚，故可以与天地参。

> 其次致曲，曲能有诚。诚则形，形则著，著则明，明则动，动则变，变则化。唯天下至诚为能化。右自为一章。

【谨按】"其次"者谓圣人之次。朱《注》谓："通大贤以下言之也。"曲，一端也，虽不能如圣人之至诚，而能因其一善之所发，扩而充之，以造其极曲无不致，则德无不实，而形著动变之功，自不能已。积而至于能化，则其至诚之妙，亦不异于圣人矣。以上兼采朱《注》。《孟子》谓："可欲之谓善，有诸己之谓信，充实之谓美，充实而有光辉之谓大，大而化之之谓圣。"其阶段亦由积累而成，而实原于一念之微。此一念也，即《复卦》一阳初复也。一阳初复，其几甚微，扩而充之，则美大圣神之功用，即由此出。故曰："苟得其养，无物不长；苟失其养，无物不消。"学者但患曲之不致，何患道之不闻？而谓平且之气，赤子之心，不足以进于圣人也，是岂知性命之学哉！

> 至诚之道，可以前知。国家将兴，必有祯祥；国家将亡，必有妖孽。见乎蓍龟，动乎四体。祸福将至，善，必先知之；不善，必先知之。故至诚如神。右自为一章。

【谨按】至诚之道何以能前知，盖以理知之也。天下事之成败得失，往往根于一念之是非，故作善降祥，作不善降殃者，理也。然有时作善未必降祥，不善未必降殃者，何也？盖有数存焉。此必有其因果者，在近证诸身，远或验诸数十年，或验诸数世之后。《孟子》所谓"天之生久矣，一治一乱"，虽数而仍不出乎理也。至于"国家将兴，必有祯祥，将亡必有妖孽"，此灾祥之说，《洪范》已发其端。汉儒如伏胜、董仲舒、刘向辈，复畅其说，皆推言阴阳五行以证物异。其言有合，有不合，大抵得其常性者，则心安而事，亦获休徵；失其常性者，则气变而物，亦致怪异，此盖事理之常也。所谓"见乎蓍龟，动乎四体。祸福将至：善，必先知之；不善，必先知之"者。朱《注》谓如《春秋传》所载"执玉高卑，其容俯仰"之类是也。盖神以知来，智能察往，彼季子、管辂之徒犹能其应如响，况于至诚者乎？是以孔子作《易》而知天命。后世卜筮专家能知过去未来者，辄以《易》道推之，盖验之天时人事，推之以数，而断之以理也。故曰："至诚如神。"

> 诚者，自诚也；而道，自道也。诚者，物之终始，不诚无物。是故君子诚之为贵。

【谨按】真实无妄之谓诚，是本于自性而生，不假外求者也。凡物之由外而诚者，苟有诈伪，辄为其所蒙蔽，而未易发觉。惟其出于自性，一有诈伪，人虽不知，而己则独知之矣。故求诚于外，而终不能诚，诚者自诚也，求在我者也。诸本自诚多作自成，康《注》本作"自诚"，"诚者自诚，道者自道"，恰相对，今从康本。道者，仁义礼智之德。人所当行亦人所共由之道，不可须臾离也，此为固有之德性，是自道也，而非索隐行怪以为道也。

【谨按】诚者何以为物之终始？诚本于心，在心为诚，在事为物，诚之为道，彻上彻下，无心即无诚，无心即无物，故曰"不诚无物"。盖无恩不成父子，无爱不成夫妇，无信不成朋友。夫父子、夫妇、朋友，物也；恩爱与信，则出乎诚。若无恩爱与信，虽表面周旋可观，亦伪而已矣。名为父子、夫妇、朋友，而其情不真，亦何所取此虚名哉？吾尝试之电光灯矣。有电而后有光，电熄则光亦灭。尝验之水蒸气矣，有热则水成液体，无热则液体亦消。又尝冬日披裘而知其暖也，然暖不在裘，而在于吾身之热力。苟置裘不披，则裘亦不暖，夫裘衣物之至暖者也，然不藉吾之热力，犹不能暖，是不诚无物也，"故君子诚之为贵"。

> 诚者，非自成己而已也。所以成物也。成己，仁也；成物，知也。性之德也，合内外之道也。故时措之宜也。"诚者自诚也"，至此为一章。

【谨按】

《论语》云："己立立人，己达达人。"《孟子》云："达则兼善天下。"是圣贤宗旨，皆在救世。伊尹视天下之溺由己溺由与犹同，视天下之饥由己饥，此非徒然泛爱众欲以博取声誉为也。盖实有见于天地万物皆吾一体，若使一物不得其所，则物之情不舒，亦即吾之心有所不安，是不忍之情所流露而不能自已者也。故诚者非自成己而已也，所以成物也。成己属仁，成物属知，而其本亦出于仁，皆吾性分所当然之事，不待勉强而致者，实无人己，无彼我，无内外之殊也。惟见于事为之际，则当以时措之，不出位，不越权，务得其宜。乾之初九曰潜龙，九二曰见龙，九五曰飞龙。潜龙则勿用，见龙则时舍，飞龙则上治，各以其时也。故用舍随时，而行藏在我，以时措之可也。时之为义，大矣哉！

子思子言之见于《中庸》其最精微者，已如上文所记载，因录全文而阐述之。故至诚无息以下，则节录而引申其说。

其言至诚无息以至不见而章，不动而变，无为而成，皆推言至诚之效验。又言纯亦不已者，盖纯一不杂，而行之能无间断，乃所谓至诚无息也。不息则久，久则徵，以至博厚高明。博厚配地，高明配天，其效验有如此，然德一之。如有不嗜杀人者，则天下之民皆引领而望之矣。盖以仁义之师而伐暴虐之君，是以至仁伐至不仁，焉有不倒戈相向而归顺者？《春秋》书梁亡，谓梁之上下离心，而瓦解之势已成，无可挽救，故亡也。仁者无敌之说，证之史乘而益信矣。

至于发政施仁，其大体不外教养两端，而养又先于教。其告梁惠、齐宣、滕文，皆备举制产授田之方，而后言设庠序之教，申之以孝悌之义。盖必使仰足以事父母，俯足以畜妻子，乐岁终身饱，凶年免于死亡，然后驱而之善，故民之从之也轻。若仰不足以事父母，俯不足以畜妻子，乐岁终身苦，凶年不免于死亡，此惟救死而恐不赡，奚暇治礼义哉？孟子此言，真通达治体之论，亦即孔子既富后教，管子衣食足而后礼义与之义也。孟子又言富岁子弟多赖，凶岁子弟多暴，无恒产而有恒心者，惟士为能。若民则无恒产，因无恒心。苟无恒心，放僻邪侈无不为，已及陷于罪，然后从而刑之，是罔民也焉。有仁人在位，罔民而可为也？_{告齐宣、滕文皆有此语。}又曰："圣人之治天下，使有菽粟如水火，菽粟如水火，而民焉有不仁者乎？"是则施行仁政必先于教养，能养而后能教，此是王政之本。

梁惠移民移粟，表面上似已尽心，而实为治标计划。河内凶移民于河东，在河内之民得以稍苏一时，而河东之民已感粟贵之影响，是以邻国为壑耳。后世移民政策大抵自为私图，而利益于民者少。故发一政见，行一政策，必先熟加考虑，使国计民生俱受其利而后可。若一方有利，一方有害，亦非善政。近世如管制金融，限制业事，功可由积累而成，而德性则不因积累而成。《孟子》谓："君子所性，虽大行不加，穷居不损，分定故也。"犹天地山川不因积累而后大也。夫至诚何以能无息乎？此心一放，必至于忘，及其甚也，则陷溺矣。然稍加矜持，又近于助，未免拘束，而失其自然之功。用故欲使至诚无息，宜注意于勿忘勿助，其工夫全在于必有事。必有事于讲学读书，则博学、审问、慎思、明辨，勤求不已，随其节目而进修焉，无所为助与忘也。必有事于修身正心，则愤怒、恐惧、好乐、忧患，务得其正，随其所遇而安行焉，无所为助与忘也。学者当以致良知为宗旨，致良知者，推致吾心之天理于事物，而无一毫人欲之私也，此心常依于理而行。是必有事也，能无间断，是勿忘、勿助之效也。如此，则至诚至息矣。

其言尊德性而道问学，致广大而尽精微者，何也？尊德性者，尽性也；道问学者，穷理也。尽性者固当穷理，而穷理愈能尽性。盖欲修子臣弟友之责，不可不明子臣弟友之道，然能尊德性，自然去道问学矣。谓道问学为尊德性工夫可也。《孔丛子·杂训》篇："虽有本性而加之以学，则无惑矣。"致广大者用之宏，尽精微者体之精。用宏则不患其偏隘，体精则不患其粗疏。有万物一体之仁，又当有精义入神之学。然惟尽精微始能致其广大，谓尽精微为广大工夫亦无不可也。后世学者或高谈性命而远于事情，或学涉支离而忽于实用，或泥于偏见而识不宏，或得其皮毛而乏精要，甚则水火门户之见深，更足为斯道之害。《庄子》所谓限于方隅，非孔子六通四关之学也。

君子之道本诸身，徵诸庶民者，盖推己及人，此絜矩之道也。东海圣人，西海圣人，此心同，此理同。所谓扩而充之足以保四海矣，内而诚正修齐，外而制礼作乐，举凡天下事理，无不以此一心为标准，故行而可为天下法，言而可为天下则。非离乎心理之外而可以诚正修齐，可以制礼作乐也。此其理如水之寒，如火之热，万古不易者也。故曰："考诸三王而不缪，建诸天地而不悖，质诸鬼神而无疑，百世以俟圣人而不惑。"

天下至诚何以能经纶天下之大经，立天下之大本？大经者，五品之人伦也；大本者，所性之全体也。惟至诚而后能于人伦各尽其当然之实，能于所性之全体无一毫人欲之私，此其道实本于心无偏倚。心无所倚，即是心无所着，是至虚也。惟虚而后能运得转，故圣人之道以无妄为本，无妄即诚，无妄由于至虚，胸无滞碍，抑心体本如是也。虚则全体浑然，即是未发之中，能虚而后能诚，能诚而后无妄，无人欲之私。及其应事接物，而后能泛应曲当，为发而中节之和。夫"焉有所倚"一语，实子思画龙点睛之笔。

君子之所不可及者，其为人之所不见，苟人见之而后修省，即容易作伪矣。故装饰门面者，皆有所求而致然也。君子则闇然而日章，淡而不厌，简而文，其内省不疚，无恶于志者，诚意、慎独之功也。君子、小人之分在诚与伪。君子则表里如一，始终如一，明可以对天地，幽可以质鬼神。小人则掩其不善，然究其实，则终不能掩，亦徒自苦耳。

物之成象者则有形，而道无形；形而能动则有声，而道无声。道之至者发育万物，峻极于天，此其用也。若以其体而言，则虚无一物，昭灵不昧而已。至道无形，至道无声，彼以声色化民者，末也。何况于大声以色，盖道之精者无迹象可寻，亦非物象所能比拟。《诗》曰："德輶如毛。"然毛犹有伦也。必如上天之载，无声无臭，乃可以拟道也，可谓至矣。此盖子思形容道体之至妙语，非探赜研几者，恶能知之？

《礼》，《坊记》《表记》《缁衣》三篇，亦子思之言也。其称子言之者，以别于《论语》之称"子曰"耳。其下复言"子曰"者，以篇首既有识别，故言"子曰"，亦知为子思之言矣。其所言者多礼让忠信，谨言慎行，与夫任贤经国之方，所谓庸言庸行者。若夫微言大义，则《中庸》已尽之矣。

《坊记》言圣人之制富贵，使民富不足以骄，贫不至于约，此即《论语》均无贫之义。故有国有家者，不患寡而患不均，不患贫而患不安。孔安国曰："忧不能安民耳，民安则国富。"苞氏曰："政教均平，则不患贫。"子思所言，殆欲使天下无甚贫甚富之民也。孟子论制民之产，必使仰足以事父母，俯足以畜妻子，亦即此意。古者井田之法行而民不敢兼并，及井田法废，后世遂有平均地权之议，是治国之要道也。但如何措施而后能不扰民，此则有待于审慎规划者矣。

《表记》言："君子议道自己，而置法以民。"议道自己者，谓为仁由己也。置法以民者，谓立法不能专凭一己之私见，而必因民之好恶以定赏罚。若以一人之所能者，以概天下之民，是强天下以从一己之欲，此专制时代则然，民主立宪政体则异是矣。子思此言，是创民主立宪之基础，治世之通义也。

吾读《缁衣》，子思子言谓："下之事上也，不从其所令，从其所行。"郑《注》曰："不从其所令，言民化行，不拘于言也。"《大学》曰："其所令反其所好，而民不从。"《论语》曰："其身不正，虽令不从。"是则临民制事不在其言论之足以动听，而视其所行之如何？故曰：为政不在多言。如专以言动人，虽如何劝勉之，奖励之，而民亦不从，以所令反其所好也。吾观今之为政者，当其登堂训话，动辄洋洋数千百言，发表其施政方针，以为足以振起民志也。及观其所措施，则无一足以当于民心者，亦不信之矣。

子思言行见于《孟子》颇多，《檀弓》《说苑》皆有记载，《孔丛子》所记尤多，其辞则纯驳参半，未必实事也。《说苑》载田子方赠子思以狐裘，《孔丛子》载子思言苟变于卫君等事，岂足为据？故崔述谓《孔丛子》一书所记子思言行，不足以见子思之贤，是为后人所傅会而成者。愚谓《檀弓》所记亦未尽可信，简氏朝亮辨之矣。如子思为嫁母服一事，崔述、简朝亮皆以为诬，是也。

或疑《中庸》一书为后人所撰，且非一人手笔，非也。《中庸》所载精理名言，发明孔子、曾子心学之奥蕴，厥后孟子道性善亦本其旨，而畅言之，非子思孰能发挥此理？其间篇章讹缺，或为后人所附益，未可知也。若疑全书为后人所伪撰，是殆食而不知其味者矣。

卷二十五终　女常照校字

卷二十六 附录：孟轲

卷二十六　附录：孟轲

孟轲

《史记》："孟轲，邹人也。"《阙里志》："孟子，名轲，字子舆，一字子车。鲁公族孟孙氏之后，父激宜公，母仇氏。"

孟子学孔子者也，孔孟宗旨皆在救世。孔子言志，老安少怀，又言己立立人，己达达人。以管仲有攘夷之功，则曰："微管仲，吾其被发左衽矣。"大其功，故许其仁，其救世之心溢于言表如此。孟子生当战国，欲救民于水火，而解其倒悬之急也，于是拒却时君功利之说，而进之以仁义。恐人之放其良心，而陷于罪戾也，于是谓人皆可为尧舜，而发明性善之本旨，知礼义之教当先。注重于民生也，于是主张计口授田之法，使衣食足而后训以义方。知立国之本在于民权也，于是言民为重，君为轻，使治国者当与民同其好恶。知用人之法不可凭私见而任意去取也，于是言国人皆曰贤，然后察其才识，识考其技能而登进之。且推阐心学秘要，谓不动心工夫全在于集义。详论出处大节，以谓辞受取与，必当究于礼义。痛辟异端学说，谓杨、墨、许行之言足以祸天下。综考孟子一生言行，其识见之闳达，学说之精深，规模之阔大，气象之严正，议论之雄博，盖无一不在于救世。孔子以后能绍其传而发明救世宗旨者，孟氏一人而已。故昌黎韩氏曰："欲观圣人之道，必自孟子始。"今述孟轲言行卷第二十六。

《孟子》七篇，开宗明义，即提出辟功利，崇仁义，见解义利之辨。其关键甚大，为王霸之所由分，而世道兴衰，人心淳浇，胥于此而决之。当其见梁惠王，王开口即曰："亦将有以利吾国乎？"此"利"字即是私利，非"乐其乐，而利其利"之利也明甚。故孟子曰："王何必曰利，亦有仁义而已矣。"进而推论好利之弊，谓"上下交征利，其国必危"，仁义与利正相反，"未有仁而遗其亲者也，未有义而后其君者也"。其告齐宣王曰："老吾老以及人之老，幼吾幼以及人之幼，治天下可运于掌上。"又曰："故推恩足以保四海，不推恩无以保妻子。"推恩者，谓以仁治其民，而不尚功利也。宋牼将之楚，以秦楚构兵，欲言其不利，说而罢之。孟子谓："先生之志则大矣，而号则不可。若秦、楚之王悦于利，以罢三军之师，是三军之士乐罢而悦于利也。将使君臣、父子、兄弟终去仁义，怀利以相接，然而不亡者，未之有也。若以仁义说秦、楚之王，秦、楚之王悦于仁义而罢三军之师，是三军之士乐罢而悦于仁义也。将使君臣、父子、兄弟去利怀仁义以相接，然而不王者，未之有也。"

孟子居恒，论说必称仁义，尝曰："尧舜之道，不以仁政，不能平治天下。"又曰："惟仁者宜在高位，不仁而在高位，是播其恶于众也。"又曰："天子不仁，不保四海；诸侯不仁，不保社稷；卿大夫不仁，不保宗庙；士庶人不仁，不保四体。"又曰："仁，人心也；义，人路也。舍其路而弗由，放其心而不知求，哀哉！"其崇仁义，抑功利如此。七篇之中，陈说甚多，不胜条举，然即此可以概见之矣。

孟子酷恶战争，以当时列国之君，无日不欲肆其并吞也，务为富国强兵，以强陵弱，以众暴寡，于是战争愈烈，而杀人愈多。孟子痛之，其言曰："不仁哉！梁惠王也。仁者以其所爱及其所不爱，不仁者以其所不爱及其所爱。""梁惠王以土地之故，糜烂其民而战之，大败，将复之，恐其不胜，故驱其所爱子弟以殉之，是之谓以其所不爱及其所爱也。"又曰："争地以战，杀人盈野；争城以战，杀人盈城。此所谓率土地而食人肉，罪不容于死。故善战者服上刑。"又曰："有人曰：'我善为阵，我善为战。'大罪也。又曰：'我能为君约与国战，必克。'今之所谓良臣，古之所谓民贼也。"故齐宣王欲辟土地，朝秦楚，孟子谓："以若所为求若所欲，犹缘木而求鱼。"其深恶战争如此。

孟子不特非战主义，且极言武力之不足恃。尝曰："域民不以封疆之界，固国不以山溪之险，威天下不以兵革之利。"又曰："城郭不完，兵甲不多，非国之灾。"则吴起在德不在险一言，至孟子而益明。如谓武力可以为国，可以治天下，则一部二十四史当删改之矣。后之学者如能阐明其理，则好大喜功，黩武穷兵之军阀，或能幡然觉悟，而戢其野心，则人类之受赐多矣。

太王避狄去邠，逾梁山，邑于岐山之下而居，孟子称为仁人，谓其不以土地之所以养人者而害人也。如必砺兵秣马，空城一战，无论其力有未逮，即使可以却敌制胜，而人民之颠连痛苦已不堪矣。若谓国君守社稷也，当效死勿去，此则视时势与事实之如何，不能与盘踞疆土而争名争利者同一比例。

制梃可以挞秦楚之坚甲利兵，或疑其说近于迂，非迂也。孟子实有见于当时国君皆残民以逞，未有发政施仁，能为人民造福也。故曰："民之憔悴于虐政，未有甚于此时者也。"如能拯民于水火之中，比如大旱之见云霓，甘霖既沛，谁不欣悦？孰不乐从而归之？故曰："保民而王，莫之能御。""行仁政而王，莫之能御。"又曰："不嗜杀人者能一之，如有不嗜杀人者，则天下之民皆引领而望之矣！"盖以仁义之师而伐暴虐之君，是以至仁伐至不仁，焉有不倒戈相向而归顺者？《春秋》书梁亡，谓梁之上下离心，而瓦解之势已成，无可挽救，故亡也。仁者无敌之说，证之史乘而益信矣。

至于发政施仁，其大体不外教养两端，而养又先于教，其告梁惠、齐宣、滕文，皆借学制产授田之言，而后言设庠序之教，申之以孝悌之义。"盖必使仰足以事父母，俯足以畜妻子，乐岁终身饱，凶年免于死亡，然后驱而之善，故民之从之也轻，若仰不足以事父母，俯不足以畜妻子，乐岁终身苦，凶年不免于死亡，此惟救死而恐不瞻，奚暇治礼义哉！"《孟子》此言，真通达治体之论，亦即孔子既富后教，管子衣食足而后礼义与之义也。

《孟子》又言："富岁子弟多赖，凶岁子弟多暴。""无恒产而有恒心者，惟士为能。若民，则无恒产因无恒心，苟无互心，放僻邪侈，无不为已。及陷于罪，然后从而刑之，是罔民也。焉有仁人在位，罔民而可为也？"告齐宣滕文皆有此语。又曰："圣人之治天下，使有菽粟如水火。而民焉有不仁者乎？"是则施行仁政，必先于教养，能养而后能教，此是王政之本。

梁惠移民移粟，表面上似已尽心，而实为治标计划，河内凶，移民于河东，在河内之民得以稍苏一时，而河东之民已感粟贵之影响，是以邻国为壑耳。后世移民政策，大抵自为私图，而利益于民者少，故发一政，见行一政策，必先熟加考虑，使国计民生俱受其利而后可。若一方有利，一方有害，亦非善政。近世如管制金融限制运输，种种措施，不惟病民，即于大局，亦丝毫无补，吾不知主政者之若何居心也。盖真有为国为民思想，必从实际上做起，视民之溺犹己溺，视民之饥犹己饥，所谓先天下之忧而忧，后天下之乐而乐，如此而后可以言保民。

抑为政之本，尤在于得民心，故孟子曰："桀纣之失天下也，失其民也；失其民者，失其心也。得天下有道：得其民，斯得天下矣；得其民有道：得其心，斯得民矣。得其心有道：所欲与之聚之，所恶勿施尔也。"孟子此语，诚探本穷源之论，未有违反民情而可以得国者，未有不顺民意而可以治国者，国以民为本也。故《大学》言："民之所好好之，民之所恶恶之，而后可称为民父母。苟好人之所恶，恶人之所好，是谓拂人之性，灾必逮夫身矣。且好恶不与民同，其所令反其所好，而民亦不从也。"《大学》又曰："君子有诸己而后求诸人，无诸己而后非诸人，所藏乎身不恕，而能喻诸人者，未之有也。"孟子学术见解出自子思，思出自曾子，故其言若合符节。既言"好恶当与民同，"又言"正己而物正"，又曰"其身正而天下归之，天下之本在国，国之本在家，家之本在身"。是则临民御政，一举一措，皆当以民意为标准，而又必整躬率物，足以为民表率，然后令出而民从。若夫省刑罚，薄税敛，市廛不征，关讥不征，泽梁无禁，与夫省耕省敛，补不足而助不给，一切兴利除弊工作，皆属仁政之条目耳。

其最能妨害仁政者，莫如聚敛之臣，与夫贪官污吏。孟献子曰"与其有聚敛之臣，宁有盗臣"是也。故孟子云："今之事君者曰我能为君辟土地，充府库；今之所谓良臣，古之所谓民贼也。"又曰："古之为关也，将以御暴。今之为关也，将以为暴。"是则聚敛与贪污皆为孟子所必斥，若不澄清吏治，贪污之风不除，天下未有能治者也。使孟子生于今日，目睹贪官污吏之众，吮民之脂，食民之膏又如此之多且钜，更不知作若何感想也！

孟子既重民生，而又提倡民权。曰："民为贵，社稷次之，君为轻。"彼生于战国，距今二千余年，独能发挥民主思想，公然播于君主政体之世，苟非具有超越古今绝大学识，奚能及此？以视卢梭、弥勒诸贤，上下千年，东西万里，所言不期而合。其学说足以维系世宙者至钜，又岂周秦诸子所能几及？观其语齐宣王曰："左右皆曰贤，未可也；诸大夫皆曰贤，未可也。国人皆曰贤，然后察之，见贤焉然后用之。左右皆曰不可，勿听；听诸大夫皆曰不可，勿听；国人皆曰不可，然后察之；见不可焉，然后去之。"其于用舍人才，皆主张众谋佥同，不敢徇一己之私见如此。使其说之行也，则贤者在位，能者在职矣。夫亲贤臣远小人，先汉所以兴隆；亲小人远贤臣，后汉所以倾颓。武侯出师，谆谆以此为劝诫，盖古今治乱未有不由于君子小人之消长也，惟用人行政，黜陟赏罚，一本诸大公，而无瞻徇依违之情态，则用得其人矣。

国人皆曰贤，何以尚须考察，恐其朋比为奸也。后世选举舞弊，或以金钱运动，或以势力联络，于是被选者类多贪劣无能，不足为民兴利除弊。甚则挟其私见，彼此联群结党，互通声气，反足以贻误大局，甚可耻也。昔者赵衰荐郤縠，胥臣荐郤缺，皆无所求而荐之，故被荐者能建殊勋。苟有所求，非逢迎则贿赂矣。逢迎贿赂之人，必无救国安民思想，如此则贤才何由而进？故孟子谓"国人皆曰贤，然后察之"，必有鉴别之识而后能得真才，此研究选政者所不可忽也。

孟子当日游历齐梁，居宋居邹，齐宣、梁惠、梁襄与夫邹穆、滕文诸君，皆亲见之。鲁平公亦欲见孟子，乃为臧仓所沮。然邹与滕皆小国，不足以有为也。独齐为大国，宣王亦足用为善，是以久于齐而不忍去。然齐宣虽好士，其待孟子之礼虽殷，而用心不专，嗜好太多。其时如王驩、景丑诸臣，皆不能以仁义匡君。当其接见孟子，听其言也则好之，及与左右处则忘之。故曰："吾见亦罕矣，吾退而寒之者多矣。"宜乎孟子之言，终不得入也。于是退而与万章、公孙丑诸贤序《诗》《书》，述仲尼之意。

梁惠好台池鸟兽之乐，问于孟子曰："贤者亦乐此乎？"孟子对曰："贤者而后乐此，不贤者虽有此，不乐。"引文王与夏桀为证，谓古之人与民皆乐，故能乐也。若夏桀则虽有台池鸟兽，岂能独乐哉？齐宣之好勇、好货、好色、好乐，孟子亦不以为病，谓王能好大勇，一怒而安天下之民，则民惟恐王之不好勇也。好货而能使居者有积仓，行者有裹粮；好色而能使内无怨女，外无旷夫；好货、好色皆与百姓同之，于王何有。好乐亦然，若与百姓同乐则王矣，虽至苑囿麋鹿无一不然，能与人民合作，同其快乐，正如四海一家，则君乐民亦乐。不以一己之乐而损及众人之乐，能以众人之乐而同乎一己之乐，此纯然民主见解，为孔子大同思想所以能臻于太平世。故曰乐民之乐者，民亦乐其乐；忧民之忧者，民亦忧其忧。乐以天下，忧以天下，然而不王者，未之有也。

孟子既重民权，故对于征伐受禅，亦视民意为趋向。齐伐燕，王欲取之，孟子曰："取之而燕民悦则取之，取之而燕民不悦则勿取。"是征伐以民意为趋向也。万章问："尧以天下与舜，有诸？"孟子曰："天与之。""尧荐舜于天而天受之，暴之于民而民受之。""使之主祭而百神享，是天受之也；使之主事而事治，百姓安之，是民受之也。""天视自我民视，天听自我民听。"是受禅以民意为趋向也。

推阐民权君权之轻重，则人民之视长官视君主当如公仆。于是人民，对于长官可有不服从之义。故曰："其身不正，虽令不从。"邹与鲁鬨，穆公问曰："吾有司死者三十三人，而民莫之死也。诛之则不可胜诛，不诛则疾视其长上之死而不救。"孟子对曰："凶年饥岁，君之民老弱转乎沟壑，壮者散而之四方者几千人矣；而君之仓廪实、府库充，有司莫以告，是上慢而残下也。曾子曰：'戒之，戒之！出乎尔者，反乎尔者也。'夫民今而后得反之也，君无尤焉。"在穆公言之，则以人民疾视其长上之死而不救为极严重问题；在孟子则以此为人民复仇之举，不足为罪。是则人民之不服从长官，未尝不可。不惟长官，孟子曰："君之视臣如手足，则臣视君如腹心；君之视臣如犬马，则臣视君如国人；君之视臣如土芥，则臣视君如寇仇。"是不以礼待其臣，而臣亦不能容受。以视后之为臣者，但知云天王明圣，臣罪不诛，不亦大可慨叹哉！

更进而言之，其君不贤，固可放也，故曰："君有大过则谏，反覆之而不听，则易位。"是以汤武征诛，孟子谓闻诛一夫。盖君主以保民为职责，不能保民，是失其职责。贼仁贼义，即失其为君之资格，故可放也。所以桀纣为匹夫，而汤武非弑君也。

孟子政见虽倾向于民主，期于与民同乐，而亦不尚无产阶级制之所谓平等自由。盖为政当识大体，有大人之事，有小人之事。故劳心者治人，劳力者治于人。治于人者食人，治人者食于人，天下之通义也。许行之并耕而食，饔飧而治。窃民主思想之近似者，以为出自神农学说，据以为治天下之道，其言固不足取。即子产听郑国之政，以其乘舆济人于溱洧，孟子亦不以为然，谓其惠而不知为政。盖君子为政，举其大者，而不屑屑于细微琐碎之恩泽，故曰："君子平其政，行辟人可也。焉得人人而济之？"若"每人而悦之，日亦不足矣"，"君子平其政，行辟人可"，是不尚无阶级之所谓平等也。每人而悦之，是以小惠市民，或则以小失惩民，皆不识为政之礼也。盖平等自由，只就人之理性而言，人人皆有理性，故人人皆当有平等自由思想，不受专制之威胁，不受无理之拘束，非谓上下之秩序、法律之制裁可以免也。不然者则是无政府主义，而大乱作矣。故曰："欲为君尽君道，欲为臣尽臣道。"苟上无道揆，下无法守，以至上无礼下无学，贼民与丧无日矣。

综观孟子政治言论，无一不在于救世。盖欲救民于水火，必先排除功利之说。排除功利，则战争思想与贪污行为先要屏除，而后能施仁政，而后能与民同乐，而后能不凭私见，以用舍天下之人才。抵制君权，提倡民权，则民主政体之嚆矢也。分田制产，先养后教，则治世经国之宏规也。其识见议论，与《大学》《中庸》所言息息相通。以当日专制政体之尊严，而孟子能大放厥词，绝无畏怯如此，则其浩然之气可知，岂徒学识之过人也哉！

以上所陈，皆属治术，若其学术，则上接洙泗渊源，更能发前人所未发。其主要学说，谓人性皆善，尧舜之性，亦与人同。人之为不善也，由于陷溺其心，若能求其放心，先立乎其大者，使其小者不能夺，则为大人。其说性善，专就良知之作用处指点出，尤足发聋振聩，今为阐述如下。

右属上篇论治术。即崇仁义，抑功利，去战争，绝贪污，用贤才，与民同乐及民权民生基本政策。

孟子曰："人之所不学而能者，其良能也；所不虑而知者，其良知也。孩提之童无不知爱其亲者；及其长也，无不知敬其兄也。亲亲，仁也；敬长，义也。"按此，是以孩提知爱其亲，证明人之性善；孩提于无知无识之时，能知爱亲，则是生性使然，此其心即是赤子之心，故曰："大人者，不失其赤子之心者也。"此心守而勿失，则天君泰然，俯仰自得，即为天民大人。或曰："如将孩提给乳母保养，则他将亲爱乳媪，不知爱其生母矣。此盖因乳媪能抚育之，是根于利己心而生爱情者。"殊不知孩提当时固不知尚有生母也，苟知有生母在，则未有不亲爱之者，此不足以怀疑孟子性善之真义也。

孟子曰："所以谓'人皆有不忍人之心'者，今人乍见孺子将入于井，皆有怵惕恻隐之心，非所以内交于孺子之父母也，非所以要誉于乡党朋友也，非恶其声而然也。"此言是见人临危之时而显出其有仁心。又曰："所欲有甚于生者，所恶有甚于死者，非独贤者有是心也，人皆有之，贤者能勿丧耳。一箪食，一豆羹，得之则生，弗得则死。嘑尔而与之，行道之人弗受，蹴尔而与之，乞人不屑也。"此言是明人处窘之时而显出其有义心，皆以证明性善之本旨。

盖人之善性，是根于先天而生，且人人皆有之，非特种人而后有之也。此犹人之耳目口鼻，其嗜好皆不甚相远。孟子曰："口之于味也，有同嗜焉；耳之于声也，有同听焉；目之于色也，有同美焉。至于心，独无所同然乎？心之所同然者何也？谓理也，义也。圣人先得我心之所同然耳。"又曰："恻隐之心，人皆有之；羞恶之心，人皆有之；恭敬之心，人皆有之；是非之心，人皆有之。恻隐之心，仁也；羞恶之心，义也；恭敬之心，礼也；是非之心，智也。仁义礼智，非由外铄我也，我固有之也，弗思耳矣。求则得之，舍则失之。"又曰："无恻隐之心，非人也；无羞恶之心，非人也；无辞让之心，非人也；无是非之心，非人也。恻隐之心，仁之端也；羞恶之心，义之端也；辞让之心，礼之端也；是非之心，智之端也。凡有四端于我者，知皆扩而充之矣，若火之始然，泉之始达，苟能充之，足以保四海，苟不充之，不足以事父母。"孟子此言，以仁义礼智皆根于性而生，故曰："君子所性，仁义礼智根于心。"夫恻隐、羞恶、辞让、是非，情也；情虽有善有不善，而恻隐、羞恶、辞让、是非之情则善，故曰："乃若其情，则可以为善。"此仁义礼智之发端处，亦即性之发用处，能于此扩而充之，则已立立人，已达达人，无往而不利矣，故曰："足以保四海。"反之则不仁不义，将无以保其身，故曰："不足以事父母。"

不独人性皆善其性，且与天地万物相通，盖天地万物当然之理，无一不具于吾性分中，故曰："万物皆备于我。"盖万物一体，人我一原也。不能正心修身，即不能齐家治国，故曰："其所令反其所好，而民不从。"又曰："至诚而不动者，未之有也，不诚，未有能动者也。"此以见人同此心，故能相为感召，即铜山西崩、洛钟东应之理。《易》曰："同声相应，同气相求。"使人之心理各有不同，如犬马之性与人殊，亦奚能相为感召，此又为人性皆善之铁证。

人人皆有此善性，而不能反己以思，直以仁义为在外，非出于性之本原，是所谓道在迩而求诸远，事在易而求诸难，殆犹家有金玉财宝不能运用，反欲向人假贷也，不亦谬乎？夫圣人之学，心学也；圣人千言万语，无非发明心之体用，自古英雄豪杰所为事业，能经天纬地者，其大本大原皆从性善流出。是以临机应物，虽至千变万化，而各有条理，曾不离乎一心之妙用。孟子揭出性善本旨，实发前人所未发，所以启道学之源，开人心之蔽，其救世之功钜矣。

孟子性善说虽为特创，其理实胚胎于《大学》《中庸》，且与孔子性相近之说相通。盖性之相近，由于性善，而后能近。彼有恻隐、羞恶之心，此亦有恻隐、羞恶之心，所以知其相近。否则何以能近？若夫上智下愚，则因其气质不同，故思虑与才识不同。一则有才识，一则无才识，而非其性之不同也。气质虽有不同，而能克伐怨欲不行，不使气质之偏驳，掩蔽其灵明之善性，则亦可以为仁也。故尧舜性之，汤武反之，盖能加修为以复其恒性，及其成功，一也。

陈氏澧解性善说，谓与"性相近，习相远"正相发明，其言曰："心之所同然者何也？谓理也，义也，是性善也。圣人先得我心之所同然耳，是性相近也。富岁子弟多赖。阮文达云：'赖，犹懒也。'凶岁子弟多暴，非天之降才尔殊也，其所以陷溺其心者然也，是习相远也。所欲有甚于生者，所恶有甚于死者，是性善也，非独贤者有是心也，人皆有之，是性相近也。贤者能勿丧耳，是习相远也。虽存乎人者，岂无仁义之心哉？是性善也。平旦之气，其好恶与人相近也者几希，是性相近也。梏之反覆，则其违禽兽不远矣，是习相远也。孔孟之言，若合符节如此。"

或曰："孟子既言性善，而又谓形色天性，且曰：'口之于味也，目之于色也，耳之于声也，鼻之于臭也，四肢之于安佚也，性也，有命焉，君子不谓性也。'赵岐《注》曰：'不以性欲而苟求之，故君子不谓性也。'据此是声色之欲亦谓之性，然声色之欲有气质杂于其间，未必善也，其说能无抵牾乎？"曰："天赋人以成形，有形即有气，有气即有理，理寓于气也。犹诸十足炼金，亦由矿山产出，其未经煅炼为十足成色者，不得谓之非金，但非足金耳。故形色天性，惟圣人而后能践形尽性，犹矿山之金，必经煅炼而后成足金，其未经煅炼者，亦可统称之曰金。程子疑性有不同，遂分气质之性、义理之性，其实不必分也，只是性，便是善。不过性生于心，犹理寓于气，其气质清醇者，德全于天，不待勉强，稍加修为，以顺其自然之本体，即能复其本性，所谓尧舜性之也。若气质不尽清醇，必奋勉修为，然后能复其本性，所谓汤武身之。"又曰："汤武反之是也，然人之气质虽极昏庸，而其本原之善性不灭，亦由镜之光明虽被尘垢剥蚀，其间必有一隙之明也，故曰性善。"

学者以人之陷于罪恶，遂以为由于性之不善，而不知其属于气质之偏，或为习染之污也。盖气与性不同，虽不能离气以言性，而不能以气作性。人之气质有醇有驳，而性则醇而无驳。玉桂之气品有醇不醇，此其品质之不同也，而不能谓玉桂之性为寒。故举凡知觉运动，皆气也；知觉运动之能中乎规矩者，理也。冬之寒，夏之热，此气候为之也。冬不变而为夏，夏不变而为冬，其中能主宰此气候者，必有至理存焉。程子曰："论性不论气，不备。"故论性宜兼论气，而性与气之分，不可不辨也。

窃尝思之，人之有心性与气质。其气质犹鸡之蛋白也，心犹蛋黄也，性犹蛋黄中之一点红光，此为蛋黄之精灵，得此则可以成鸡，否则不能也。盖心之本体是性，犹蛋黄之有精灵。苟使蛋白、蛋黄皆坏，则此精灵亦受其影响。犹人之气质与心术既坏，则性灵亦蒙其害，是以为恶者，皆因不能克去其气质之偏，因而累及其心，且因以戕贼其性，是谓失其常性，而非性之本原若是也。故论性必兼论气，而后明论人之善恶。不可因其气质之不善，而误认其性为不善。

性善之说既不可易，能复其性即是圣人之学，所谓尧舜与人同者，性善也；谓人皆可以为尧舜者，以能复其性也。果能时时提醒此精明不昧之良心，而无自欺，则是善人信人也。虽至美大圣神，亦基于善与信而成。然则圣神之极功曾不离乎善与信，即不离乎性之作用，岂有他哉！

孟子云："尽其心者知其性，知其性则知天。"何也？曰恻隐、羞恶、辞让、是非之心，即是仁义礼智。仁义礼智根于心，而实原于性能依此仁义礼智而行，尽其心之所当为者，即是尽其性之所当为也。故曰："尽其心者知其性。"夫人惟不能反己以求而尽其心，是自暴自弃，不知心中有善，不知性即是善，以为善也者，后天之工作，人为之效果，由习而成也。是以善同于知识，即以知识为性也，是求在外者也。若能知善由性，出性由天生，则知天命之谓性，知道之大原出于天矣，故曰："知其性则知天。"

孟子发明性善之说以教人，原有积极、消极二义。积极者扩充之，谓知仁义之为善，则扩充之也。消极者抑制之，谓知不仁不义，则抑制之也。然必能抑制而后能扩充，盖天理与人欲恒战斗于人之胸中，故抑制之功比扩充尤为要，其机括全在于一念之动，故当于动念处用功。此一念也，为人禽之关键，克念作圣，若罔念则作狂矣。人之为善与恶，全凭此一念把握得住与否。稍觉私欲之萌，当视如秕之害苗，拔而去之，即无尤悔。《易》所谓"不远复，无祗悔"，盖不远而复，何悔之有？然必常存戒惧之心，惟恐陷于罪戾，然后不至放其良心，故慎嗜欲于未萌，卜动念于知几，其功为不可少也。性虽本善，若无戒惧工夫，亦何以存其心而养其性。《大学》言"慎独"，《中庸》言"戒惧不睹，恐惧不闻"，最是喫紧工夫。果能随时随地随事敬以自持，则虽有私欲之萌，亦制止之，将如烘炉点雪矣。

孟子曰："苟得其养，无物不长；苟失其养，无物不消。"又曰："养心莫善于寡欲，其为人也寡欲，虽有不存焉者，寡矣；其为人也多欲，虽有存焉者，寡矣。"又曰："耳目之官，不思而蔽于物，物交物则引之而已矣。心之官则思，思则得之，不思则不得也。"此皆言存养省察之要，若放其良心而失其所养，如马之脱去衔勒，焉有不荡检逾闲者，其为恶也固然。

譬如草木之性，本能蕃殖，亦必要去其荆棘，培其根柢，而后能发荣滋长。若任其消长，而不加以人事，时而狂风暴雨，则因而摧毁者多矣。及见其摧毁也，而以为其不能蕃殖焉，是岂草木之性也哉？孟子言："虽存乎人者，岂无仁义之心哉？其所以放其良心者，亦犹斧斤之于木也，旦旦而伐之，可以为美乎？其日夜之所息，平旦之气，其好恶与人相近也者几希，则其旦昼之所为，有梏亡之矣。梏之反覆，则其夜气不足以存；夜气不足以存，则其违禽兽不远矣。人见其禽兽也，而以为未尝有才焉者，是岂人之情也哉！"推孟子之意，无非注重于存养省察，不能专恃天然之美，而不加以人为之功。性善，天然之美也；存养，省察人为之功也。不然者，是失其天然之美矣。故曰："凶岁子弟多暴，非天之降才尔殊也。才即是性，非才质也。孙文曰：'一本才作性。' 其所以陷溺其心者然也。"又曰："若夫为不善，非才之罪也。"明乎此义，始可以言性善，始可以读《孟子》之书。

告子言性，其意以仁义非本于性，即谓性中原无仁义，故曰："以人性为仁义，犹以杞柳为桮棬。"是加一番改作工夫，而后能成。是以仁义为在外也。孟子驳之曰："以杞柳为桮棬，必加戕贼工夫。今若以此为比例，然则将戕贼人性以为仁义欤？"其性犹湍水之说，谓人性之无分于善不善，犹水之无分于东西。此谓仁义与性无关，人性无所谓善与不善，仁义则善而性未必善也，与上文杞柳桮棬说相同。皆因不知性中有仁义，离仁义与性而二之。至其言生之谓性，又言食色性也，是杂气质以言性，并言仁内义外，则其说益岐矣，是将仁义分作两截矣，皆由见理未真。夫性从心生，孟子亦有形色天性之言，然心之本体为性，气之主宰为理，不能认心作性，不能认气作理。告子所言于心性理气，分辨不清，不知仁义礼智根于性，故其说愈多而愈杂。后儒论性往往袭其遗说，荀子且谓礼义生于圣人之矫伪，其说殊不足取。

孟子曰："天下之言性也，则故而已矣。故者以利为本，故犹本也。"利，顺也。孟子谓言性者，但言其本可矣。顺其本而求之，自得其本矣。以告子论性于穿凿，失其本真，故言此以觉之，故曰所恶于智者，谓其凿也。由告子之说，以性善有待于人为；由孟子之说，以性善是顺其本真也，其不同也如此。

朱子谓告子桮棬之说，以人性无仁义，必待矫揉而后成；是即荀子性恶说，其谓性犹湍水，可使东西；是即杨子善恶混说，其曰生之谓性，以知觉运动为性，是又以气为性矣。因谓告子论性，前后数变其说。愚谓告子之说，只以性无善不善，不以性为善，亦不以性为恶，不同于荀子。亦非以性有善有恶，为善恶混如杨子所言也。其往复辨论，只言性无善无恶耳。朱子之说，未免误解。

与孟子性善论相反者，为荀子之性恶论，谓人性恶，其善者伪也。其意以性者先天所固有，善则是后天人为之功，故曰："其善者伪。"伪，即是人为也，非作伪之伪。其立论之根据，以为目欲极色，耳欲极声，是众人之常情，故曰人之性生而有好利疾恶与耳目之欲，故争夺残杀，因之而生。先王恶其乱也，故制礼义以化之。综观其说，大抵以气质为性，且以气质之偏骏者为性也。盖人之一身，气质占其大部份，性只占其小部分。犹鸡蛋之白，占蛋之大部份，其一点之红光只占得小部份耳。此小部份为复卦之一阳也。扩而充之则无往而非善矣，惜乎人不能在此处用力，气拘物蔽，如阳光之受烟障所掩，遂陷于恶。气质中之精明灵觉乃为性也，耳目口鼻四肢之欲，属于七情，而非性也。情发于心，心之主宰者为性，心有善恶，故情有善恶，而性则主宰是也。故性有善而无恶，情与性虽相因，而亦常战斗于胸中，能以性克情，以理制欲，然后不失为善人。

即以荀子所自言者前后参究之，其说亦相矛盾，其言圣人之所以同于众，而不过于众者，性也；尧舜之与桀纣，其性一也。又谓涂之人可以为禹，若是则人同此性矣。圣人知礼义之可以治国，而制礼作乐，亦以其性善耳。若使其性与人殊如犬马之不同类，又奚能知礼义之为善而制礼作乐哉！礼乐由圣人所作，圣人与涂之人同其性，然则礼义为人所固有，而人性之善也明矣。荀子云："生于天地之间，有血气之属，莫不知爱其亲。"且举鸟兽之失群悲鸣为比，并言人之于其亲也，至死无穷。此即孟子孩提知爱其亲之义，皆生于人性之自然，不待勉强也，岂反于性而悖于情哉！

董子性禾善米之说，谓性如禾，善如米。禾可以成米，不得谓禾即米。又谓性如茧如卵，卵待覆而成雏，茧待缫而为丝，性待教而为善，其说亦误。董子所云，即性无善无不善之旨，然性如不善，虽教之亦不能善也。枯朽之木，尚可以萌芽乎？其能萌芽者，必其有生机者也，仁义礼智根于性而生，若非性善，奚能生出仁义礼智，犹之日体本热，而后能发光也。彼穷凶极恶之人，陷溺其心者已久，而当其反省，未必不知其所为之非。观于柳灿临刑，自詈之言，可知其良心之发见。夫柳灿非不知君臣之义，而竟为负国贼者，以一念之动于恶而不能自拔。及至临刑，而后反省其失，故曰："人之将死，其言也善。"是人穷反本之道也。若禽兽则无此心，不能自反，而人能自反，其自反也，岂有人教之使然欤？曰非然，盖性善也！

扬雄言人之性善恶混，谓性中包含善恶两端。是即性可以为善，可以为不善之说。及韩氏昌黎提出性有三品，谓上焉者，善也；下焉者，恶也；中焉者，可以为善，可以为恶。是兼有性善指上焉者性恶指下焉者有性善，有性不善，及可以为善指中焉者，可以为不善诸说而折衷之。

王充《论衡·本性》篇云："周人世硕以为人性有善有恶，举人之善性养而致之，则善长；恶性养而致之，则恶长。世子作《养性书》一篇，子贱、漆雕开、公孙尼子之徒亦论性情，与世子相出入云。"如此则其所言与有性善有性不善之说，略无分别。综览诸家，言性多属调停两可之说，皆杂气质言之宜，其不明性之本旨也。自孔子后其能发明性命之奥旨者，惟子思、孟子两家之说为真。

孟子论性，多就性之发用处言。若性之本体，则无善无恶，王氏阳明谓"无善无恶心之体"是也。或疑既曰性善，何以谓性体无善无恶？曰："性即理也，故曰善。"然所谓理者，亦指其发用而名之，如发见其有恻隐之心，故称之曰仁；发见其有羞恶之心，故称之曰义。苟恻隐、羞恶之心未发见，何从知其为仁为义？是善恶未发，未有感觉以前，性体浑然虚无一物，无所谓恶，亦无所谓善，此性之本体也。彼疑是说以为两岐者，是岂知"上天之载，无声无臭"之奥蕴哉？

然未发之前，虽无所谓善恶，而善根已蕴藏于其中。譬如兰虽未开花，而其香气已蕴藏于兰之中。人之性虽未发见仁义体智，而恻隐、羞恶、辞让、是非之心，已蕴藏于性中，故曰喜怒未发而非空。何也？人之性虚中有实，至虚而至灵也。惟虚，故无一物之障，不见其恶，亦不见其善；惟灵，故胸有主宰，能物来而顺应。

孟子自言四十不动心。不动心者，谓不以贫富、贵贱、死生而动其心也，其要在于集义。朱《注》集义，谓事事皆合于义。能集义，则有以养其浩然之气，此心自然不动。公孙丑问："何谓浩然之气？"孟子曰："其为气也至大至刚，以直养而无害，则塞乎天地之间。其为气也，配义与道，无是馁也。是集义所生者，非义袭而取之也，行有不慊于心则馁矣。"是则孟子所学，其工夫全在于集义。

夫仁者不忧，勇者不惧。其不忧不惧，是心不动也，非强制之使然也。盖一以理为主，则有以养其浩然之气，彼志士仕人，贫贱不能移，威武不能屈者，岂有他哉？反诸已无不自慊赵岐《注》："慊，快也。"即存诸心而无所恐惧忧患，抑心体原不动也。心体无善无恶，此心不着一物，何动之有？心体是性，性即是理，性原不动，原不动。动也者，其气先馁也。馁者其行有不慊于心也。行有不慊于心，是未能集义也。即未能致其良知，失其心之本体也。集义是复其心之本体，故能集义，自然不动。

若告子之不动心，是硬捉着此心，却与孟子工夫不同。告子不得于言，勿求于心，不得于心，勿求于气。孟子曰："不得于心，勿求于气，可；不得于言，勿求于心，不可。"夫不得于言勿求于心，是不用其心也。孟子之不动心，是能使此心空虚，无一物之障碍，故不为物所牵累，非不用其心也。告子之不动心，虽不同于心斋坐忘，然总是不用其心也。是岂知静亦定、动亦定之理哉？心无分于动静也，只循乎天理，不为物欲所累，虽至应付万变，而此心自然不动，夫岂无所用其心哉？

若以不动心为不用心，则戒慎不睹，恐惧不闻，其戒慎，其恐惧，是用心也，而谓之动心可乎？戒慎恐惧之不懈，正以见此心之常存，此心常存，即是天理之无间。譬如灯之有油，火之有光，灯常有油，则火常有光。若无戒慎恐惧，则心放而不知求，天理灭矣，何异油尽而光熄也。形骸虽存，其与禽兽奚择，尚得谓之人乎？

北宫黝、孟施舍皆以不动心见称，然其所谓不动心者，在北宫黝则以必胜为主，在孟施舍以无惧为主，二者皆守气也。若曾子则守约矣，守约者反身循理，所守者约也，是即以理为主。夫气循乎理，则喜怒哀乐有则，虽动也而亦静，以气动而理不动也。不循乎理，无谕其抚剑疾视，即使杜门默坐，虽静而心亦动。苟无理以为之主宰，而徒以其气焉，气未有不动者也。故静亦定，动亦定者，必其气能循理而行者也。孟子之不动心，其以此夫。故曰："持其志，无暴其气。"

孟子之学在于集义，故不动心。然又云："必有事焉，而勿正，心勿忘，勿助长也。"其义安在？曰："君子之学，正其谊，不谋其利；明其道，不计其功。"谋利计功，是与道相背驰，所谓忘也。即不谋利计功，一意于正谊明道，然使心心念念不舍，亦不免欲速见小之弊。盖志气不广大，终不能达，是所谓助长也。助之与忘，皆足以动其心也。惟当于必有事上用功读书，则一心于读书治事，则一心于治事，既无他歧之惑，亦无欲速之见。白沙之学以自然为宗者，亦即此义。此孟子集义养气之节度，亦即其工夫也。今为揭其旨要，曰孟子之学以集义为宗旨，以知言养气为纲领，以勿忘勿助为工夫，以不动心为效验。

右属中篇论学术。<small>即性善之旨及不动心之功夫。</small>

孟子一生最重节概，尝言："生亦我所欲也，义亦我所欲也，二者不可得兼，舍生而取义者也。所欲有甚于生者，所恶有甚于死者，非独贤者有是心也，人皆有之，贤者能勿丧耳。一箪食，一豆羹，得之则生，弗得则死，嘑尔而与之，行道之人弗受；蹴尔而与之，乞人不屑也。"夫以生死为比例，得则生，不得则死，犹不足以动其好义之心，宁舍生而取义，则富贵功名之不足萦怀也决矣。又言："说大人则藐之，勿视其巍巍然。"述孔子之言曰："志士不忘在沟壑，勇士不忘丧其元。"述曾子之言曰："彼以其富，我以吾仁；彼以其爵，我以吾义。吾何慊乎哉！"其志气何等刚毅！何等果敢！

《孟子》言："天子不召师，而况诸侯。"又云："千乘之君求与之友而不可得也，而况可召与？"齐王欲召见孟子，而孟子辞以疾，曰："故将大有为之君，必有所不召之臣。欲有谋焉，则就之。其尊德乐道，不如是不足以有为也。""当其为卿于齐，出吊于滕，王使盖大夫王驩为辅行。王驩朝暮见，反齐滕之路，未尝与之言行事也。""公行子有子之丧，右师往吊，入门，有进而与右师言者，有就右师之位而与右师言者。孟子独不与右师言。"以此观之，苟非其义，苟非其道，虽小有所屈就，而孟子亦不肯也。故于公孙衍、张仪之为人，目其所行，为妾妇之道，曰："居天下之广居，立天下之正位，行天下之大道。得志与民由之，不得志独行其道。富贵不能淫，贫贱不能移，威武不能屈，此之谓大丈夫。"孟子之言行如此，其气象之峥嵘，真如壁立千仞。

当时陈代以孟子不见诸侯，疑其拘于小节。孟子引王良与嬖奚乘为比，曰："御者且羞与射者比。比而得禽兽，虽若丘陵，弗为也。如枉道而从彼，何也。"其语周霄曰："古之人未尝不欲仕也，又恶不由其道。不由其道而往者，与钻穴隙之类也。"孟子之不枉道求合，其与公孙衍、张仪辈相较，何止霄壤？是以所如辄阻，卒未得一试，以行其所学。夫幼而学，壮而行，孟子之素志也。然君子进以礼，退以义，得之不得，曰有命。苟不辨礼义而行之，是无义无命也。

陈代而外，公孙丑、万章之徒亲见孟子，汲汲皇皇，且言"三月无君，则弔"。用世之心，急切如此，而又不肯往见时君，故以"不见诸侯，何义？不讬于诸侯，何也"为问，皆未明孟子本意。盖汲汲皇皇者，惟其救世心切，所以不敢忘世也。不见诸侯，惟其守道，所以不敢枉道也。苟非致敬尽礼以聘。孟子之见梁惠、齐宣，当日因齐梁二君能致敬尽礼也。虽欲见之，犹且不可，亦安肯轻自往见，则君子之所养可知矣。

孟子去齐之后，从未肯轻见时君。万章问："何不寄公食禄于诸侯之国？"孟子曰："诸侯失国，而后讬于诸侯，礼也；士之讬于诸侯，非礼也。"并言"周之则受，赐之则不受。""往役则义，往见则不义"之理。"周之则受，往役则义"者，以自处于庶民地位也，故周之也可，往役也可。若非周之，而赐之而遽受之，是不仕而受禄，是以士而讬于诸侯也，非礼也。夫不仕于其国，一日召之往见，君之欲见之也。为其贤也，召即往见，是不以贤待我，而我亦不以贤自待，果何为也哉？

以孟子之贤，其审于去就也如此，而当时且有疑之者，甚且有非议之者。孟子论蚔鼃，谓其可以言，而不言蚔鼃，谏于王不听致为臣而去，齐人曰："所以为蚔鼃则善矣，所以自为则吾不知也。"是疑孟子恋栈也。孟子去齐，三宿而后出昼，尹士语人曰："不识王之不可以为汤武，则是不明也；识其不可然且至，则是干泽也。千里而见王，不遇故去。三宿而后出昼，是何濡滞也？"是疑孟子之干泽也。彭更，孟子弟子也，而亦疑之曰："后车数十乘，从者数百人，以传食于诸侯，不以泰乎？"是疑孟子之传食也。万章亦孟子弟子也，万章问交际曰："今之诸侯，其取之于民，犹御也。苟善其礼际，斯君子受之，何也？"万章之意以孟子于诸侯有所受取，而疑之也。若淳于髡则肆口慢骂曰："是故无贤者也，有则髡必识之。"其蔑视孟子如此。

孟子之出处大节，卓然固无可疑，即于辞受取与之间，亦无丝毫苟且。盖权利与义务对立，有是义务亦当有是权利，二者宜使其均平。若无义务而享权利，君子不取也。即不言权利义务，亦必有其名目，有其因素而后可。故无处而馈之不可，无处而受之尤为不可。孟子曰："可以取，可以无取，取伤廉；可以与，可以无与，与伤惠。"又言："非其义也，非其道也，一介不与人，一介不以取诸人。"则辞受取与之际，岂可苟然而已哉！

孟子尝论伯夷、伊尹、柳下惠之为人，曰："柳下惠不以三公易其介。"曰："行一不义，杀一不辜而得天下，皆不为也。"曰："非其义也，非其道也，禄之以天下，弗愿也。系马千驷，弗视也。"慨世之失其本心者，则曰："万钟则不辨礼义而受之，万钟于我何加焉。为宫室之美、妻妾之奉、所识穷乏者得我与？乡为身死而不受，今为宫室之美为之；乡为身死而不受，今为妻妾之奉为之；乡为身死而不受，今为所识穷乏者得我而为之，是亦不可以已乎？此之谓失其本心。"恶世人贪小利而忘大义，则曰："饮食之人，则人贱之矣，谓其养小以失大也。"又曰："今有无名之指，屈而不信，非疾痛害事也，如有能信之者，则不远秦楚之路，为指之不若人也。指不若人，则知恶之；心不若人，则不知恶，此之谓不知类也。"又曰："拱把之桐梓，人苟欲生之，皆知所以养之者。至于身，而不知所以养之者，岂爱身不若桐梓哉？弗思甚也。"又曰："人有鸡犬放，则知求之；有心放，而不知求。"哀哉！凡此皆谓以小害大，以贱害贵，失其本务也。故辞受取与之际，稍明此理，即不至失于贪，而为世所诟病矣。

陈臻问曰："前日于齐，王馈兼金一百而不受；于宋，馈七十镒而受；于薛，馈五十镒而受。前日之不受是，则今日之受非也？今日之受是，则前日之不受非也？"孟子曰："当在宋也，予将有远行行者，必有赆。辞曰：'馈赆。'予何为不受。当在薛也，予有戒心，辞曰：'闻戒。'故为兵馈之，予何为不受。若于齐，则未有处也，无处而馈之，是货之也，焉有君子而可以货取乎？"是受与不受，孟子必权衡其可与不可。孟子去齐，齐王欲以中国而授孟子，室养弟子以万钟，而孟子不受。并举子叔疑为戒。当其始见齐王，即不受禄矣。但为客卿不受实职，故不受卿大夫采邑之禄。故公孙丑以仕而不受禄为问。孟子盖不欲久齐，故不受也。总而言之，辞受取与，数量虽或甚小，而其当与不当，必有限度权之以义，而后轻重厚薄各得其宜。孟子曰："非其道也，则一箪食不可受于人；如其道，则舜受尧之天下不以为泰也。"其说诚确当而不可易。

所贵乎读书者，以能有精义之学也。孟子于出处、进退、辞受、取与，固已辨之极精，而守之极严。即于责任之界限认识亦极清楚。如曰："有官守者，不得其职则去；有言责者，不得其言则去。我无官守，我无言责也，则吾进退，岂不绰绰然有余裕哉。"禹稷三过其门而不入，孔子贤之；颜子居于陋巷，一箪食一瓢饮，孔子亦贤之。孟子曰："禹、稷、颜回，同道易地则皆然。"夫禹、稷、颜子一则汲汲救世，视天下之溺犹已溺，饥犹已饥；一则箪瓢陋巷，萧然自得，而孟子谓其同道者，盖有责任与无责任之分也。如使易地而处，则同矣。子思居于卫，有齐寇，或曰："寇至，盍去诸？"子思曰："如伋去君，谁与守？"曾子居武城，有越寇，或曰："寇至，盍去诸？"曾子遂去，寇退则反。孟子曰："曾子、子思同道，曾子，师也，父兄也；子思，臣也，微也。"曾子、子思易地则皆然，合而观之可以明责任之界线。

孟子门人有屋庐子者，亦喜判别是非。"孟子居邹，季任为任处守，以币交，受之而不报。处于平陆，储子为相，以币交，受之而不报。他日由邹之任，见季子；由平陆之齐，不见储子。屋庐子喜曰：'连得闲矣。'问于孟子。孟子语之故，屋庐子悦。或问之屋庐子曰：'季子不得之邹，储子得之平陆，盖储子可以亲见孟子而不见，乃以币交季任为处守，所处之地位不同。"赵岐《注》曰："季子守国，不得越境，至邹不身造孟子可也。储子为相，得循行国中，但以遥交礼，为其不尊贤，故答之而不见。"即此可知孟子之见人接物必有意义存焉。而屋庐子得其旨矣。任人有问屋庐子曰："礼与食孰重？"曰："礼重。""色与礼孰重？"曰："礼重。"曰："以礼食则饥而死，不以礼食则得食，必以礼乎？亲迎则不得妻，不亲迎则得妻，必亲迎乎？"屋庐子不能答，以告孟子。孟子曰："取食之重者，与礼之轻者而比之，奚翅食重，取色之重者，与礼之轻者而比之，奚翅色重。往应之曰：'紾兄之臂而夺之食，则得食；不紾，则不得食，则将紾之乎？逾东家墙而搂其处子，则得妻；不搂，则不得妻，则将搂之乎？'"是教屋庐子举极端之论以反诘之也。孟子驳彭更食志食功之说，举毁瓦画墁为比，亦似极端之论，不如是亦难以圆其说。此以见屋庐子留心精义之学，与淳于髡问男女授受之见解，其识见迥不侔矣。鄙意如能于十三经中采经义之有异同者，而分释之。于廿四史中采其事之似是而非者，为之剖判，其是非得失而一本于良知之真理以为标准，积久则学识愈富矣。

孟子生平刻苦自励，恒存向上之志，尝曰："待文王而后兴者，凡民也。若夫豪杰之士，虽无文王犹兴。"其尚论古，人至于舜与傅说，曰："天将降大任于斯人也，必先苦其心志，劳其筋骨，饥其体肤，空乏其身，行拂乱其所为，所以动心忍性，增益其所不能。"又曰："自暴者，不可与有言也；自弃者，不可与有为也。"且善以耻心激发人之逸志，曰："耻之于人大矣。不耻不若人，何若人有。"又曰："人必自侮而后人侮之，家必自毁而后人毁之，国必自伐而后人伐之，故无时无事不要奋图，《易》所谓自强不息也。"孟子惟能刻苦能坚忍，故成就远大居恒，严气正性。其教授门徒，举动必准于礼，尝曰："教者必以正。"又曰："大人也，正己而物正者也。"乐正子从于子敖之齐，及见孟子，稍迟，孟子责之曰："子亦来见我乎？我不意子学古之道，而以徒哺啜也。"其严厉如此。

孟子律己严正，而得力处在于反省，曰："爱人不亲反其仁，治人不治反其智，礼人不答反其敬。行有不得者，皆反求诸己。"又曰："有人于此，其待我以横逆，则君子必自反也：我必不仁也，必无礼也，此物奚宜至哉？自反而仁矣，自反而有礼矣，其横逆由是也，君子必自反也：我必不忠。自反而忠矣，其横逆犹是也，君子曰：'此亦妄人也已矣。'如此则与禽兽奚择哉？于禽兽又何难焉？"盖必能自反，确然自信仁至义尽，而后云于禽兽又何难，谓不足与之较也。如此可能谓之"不怨天，不尤人"者矣。

孟子作事，既以义为标准，而又能安于天命。义可行者则行，义不可行则不行也。其间有命存焉，故曰："行或使之，止或尼之。行止，非人所能也。"又曰："莫非命也，顺受其正。"又曰："求之有道，得之有命。"又曰："君子居易以俟命。"行法以俟命，然命不可见，而义则可知也。以义为准，若行之而不得，则命也。其穷其达，皆命也，则听之自然而已。

孟子之行止及其志趣，可以两言括之，曰："穷则独善其身，达则兼善天下。"

其为学也在于自得，曰："君子深造之以道，欲其自得之也。自得之，则居之安；居之安，则资之深；资之深，则取之左右逢其原。"夫自得而至于居安、资深、左右逢原，则不惟知其所当然，且能悟其所以然。于是天机流畅，万物一体之乐，活现于胸中，所谓活泼泼地鸢飞鱼跃之趣，有不可以言语形容者矣。故曰："人知之，亦嚣嚣；人不知，亦嚣嚣。"言常自得而不假外求也。白沙子所谓至无而动，至近而神。王阳明因格物而悟出良知，皆自得之学也。孟子道性善与言不动心工夫，其自得之功深矣。

自得之学在于深造，故深造之以道，而后可以言自得。孟子病人之为学不求深造，因循敷衍，但学皮毛，故曰："行之而不著焉，习矣而不察焉，终身由之而不知其道者，众也。"此中庸之道，所以人鲜能之。所谓"人莫不饮食，鲜能知味也"，如此安有自得之可言？故孟子重心学，不重口耳之学，兼采演绎法与归纳法，尝曰："守约而施博者，善道也。"又曰："博学而详说之，将以反说约也。"是以学欲其博，而守欲其约。不博则无以穷古今事理之奇变，不约则泛滥无止境，如水之溃决堤堰不可抑遏，又如游骑之无踪。班氏孟坚谓"读书当举大义"，又谓"存其大体玩经文"。韩氏昌黎言"提要钩元"，皆守约工夫也。

孟子教授方法具有条理，曰："大匠诲人，必以规矩，又使学者能自觉，能自觉而后能自得也。"曰："梓匠轮舆能与人规矩，不能使人巧。"又曰："君子引而不发，中道而立，能者从之。"故常教人善用其心思，谓心之官则思，思则得之，不思则不得也。人之自暴自弃，或养其小者为小人。孟子曰："弗思甚矣。"是注重开发教授也。

又教人以虚受善，尝称舜之舍己从人，乐取于人以为善。谓："好善优以天下。""若訑訑之声音颜色，则距人于千里之外。"又言："友也者，友其德也。"孟献子之友，皆无献子之家者也，若使有献子之家，则是势利之交不足取矣。故挟贵挟长，皆不可与为友。滕更之在门，而孟子不答，谓其有所挟而来也。

孟子最重孝道，曰："尧舜之道，孝弟而已矣。"曰："仁之实，事亲是也；义之实，从兄是也。"曰："不得乎亲，不可以为人；不顺乎亲，不可以为子。"曰："事孰为大？事亲为大；守孰为大？守身为大。"并引大舜、曾参以为孝之模范，盖处常易，处变难，必如舜之处境，父顽母嚚，克谐以孝，然后堪称千古之大孝。曾参之孝，能养志也，故曰："孝者善继人之志，善述人之事者也。"若云养口，抑末矣。

仁者爱人，而爱由亲始。孟子曰："亲亲而仁民，仁民而爱物。"夫未有不爱其亲而能爱人者也。《大学》曰："其所厚者薄，而其所薄者厚，未之有也。"孟子亦曰："于所厚者薄，无所不薄也。"今持此说以品评天下士，而考验其人格，则不差累黍。圣人之学在于救世，苟不能孝于其亲，则大本亏缺矣，更何足与之言仁义，与之言救世？

杨子云曰："古者杨墨塞路，孟子辞而辟之，廓如也。"韩昌黎曰："杨墨行，正道废，使向无孟氏，则服左衽而言侏离矣。愈尝推尊孟氏，以其功不在禹下者，为此也。杨韩二子推尊孟氏，以其能辟杨墨也。夫扬氏之学源于老聃、关尹，今考《列子》有《杨朱篇》，其宗旨弃名誉，一死生，恣情纵欲，放任自然，盖由厌世主义一变而为为我主义，其后名法诸家由之而出。太史公老庄申韩合传，殆即此意。墨氏之学，学者谓其宗尚大禹，称述之者颇多。今考其书，《修身》《尚贤》《非攻》《节用》等篇，亦多可采之论。二氏比较，则墨氏优矣。然昌黎《与孟简书》极赞孟氏之辟杨墨，及其《读孟》篇又称墨学，谓其道与圣人相为用，其说似相抵牾，何也？大抵战国之世，处士横议，邪说诬民，往往藉杨墨学说以鼓动天下。孟子见其言与孔氏不类，为学术人心起见，不得不辞而辟之，故曰："杨墨之道不息，孔子之道不著。"昌黎之答孟简，特援孟氏以自况，而非以墨学为不足取也。其《读墨子》一篇，与《答孟简书》词旨不同如此。

当是时，墨子则墨家也，杨子则道家也。告子之说，近于名家。公孙衍、张仪，则纵横家也。孙膑、吴起，则兵家也。商鞅，则法家也。许行，则农家也。齐东野人，小说家也。孟子生当其时，目睹群言淆杂，其论说虽各有偏胜之处，而流弊甚多，起而辟之，所以正人心也。

墨者夷之者因徐辟而求见孟子。今观其言，谓墨学爱无差等，而施由亲始。既曰施由亲始，则有差等矣，其说本自矛盾，孟子即据此而辨其非是，曰："天之生物也，使之一本，而夷子二本，故也。故与胡通，故也，即何也之义。"然则墨学之最害人心者，莫若爱无差等一语。爱无差等似公而非公也，推其极，必至于无父，其与尧舜之道以孝弟为根本者适得其反。夫异学独树一帜，彼亦必有其新奇特异之处，足以鼓励人民思想。其持之有故，其言之亦似成理，然出于一己之偏见，引而申之，扩而张之，足以淆惑人心，而遗害天下。故曰："发于其心，害于其事；发于其事，害于其政。"孔子之诛少正卯，谓其行僻而坚，言伪而辩也。

杨墨之外有许行，亦异学也。许行倡为神农之言，傅和之者有陈良之徒陈相。许行主张与民并耕而食，饔飧而治，是窃墨学之余绪以立言。然其说不为时君所尚，其势亦不可行。孟子举劳心两说以辩之，一击即倒矣。劳心者势不能兼劳力者也。

齐有陈仲子者，则为一种人格。孟子谓其避兄离母，处于于陵，若是则怪僻之士独行传中奇人也。孟子又云仲子者不义，而与之齐国而弗受，人皆信之，则其人盖有足多者焉。匡章，齐国之士也，公都子谓通国皆称其不孝，而孟子与之游。孟子辩之，举不孝者五以为例，而章子无之，其人亦未可厚非也。韩昌黎在潮州时，尝与大颠往来，其有取于是欤？然则圣贤之处人接物，亦必有道矣。

其时又有所谓乡原者，乡原为德之贼，以其阉然媚于世也，孟子亦甚恶之，谓其非之无可举也，刺之无可刺也，同乎流俗，合乎污世，居之似忠信，行之似廉洁，众皆悦之，而不知其非，故曰德之贼也。乡原非异端，特其心术坏耳。天下之患，莫患于人心之坏，心术坏，则外表虽有可观，而丧心病狂之事不可遏抑。其似是而非之说，尤足惑乱人心，故曰邪说诬民也。近人提倡"新道德"名词，其实道德无所谓新旧，人同此心，古今一体也。只要求其在我，提起此固有之良心而运用之，不使气拘物蔽。故曰："人病不求耳。"孟子发明性善本旨，其所以挽救人心，比诸距杨墨之功，尤为伟大。孔氏以后，谓孟子为第一人，可也。

孟子门人，据彭更之言考之，谓后车数十乘，从者数百人。又齐宣王欲养弟子以万钟，则当日从游之众可想而知。然多不可考据。吴莱《孟子弟子列传》则为十九人，其可据者则十七人而已。《孟子传略》已著录。最著名者，乐正子克、万章、公孙丑、公都子四人，乐正子二之中，四之下，善人也，信人也。万章长于史学，公孙丑长于政治学，公都子长于理学，其间与孟子论心性，论知言养气，论出处之义，辞受取与之节。或尚论古圣贤人，如尧之禅让、舜之大孝、禹之治水、稷之耕稼、伊尹百里奚之出处，并时人之诬孔子于卫主痈疽、于齐主侍人瘠环等事，孟子皆一一为之辨正。公都子谓外人皆称夫子好辨，当是托为此言以待孟子解惑耳。盖正人心，息邪说，距诐行，放淫辞，孟子岂得已哉！

孟子屡称述伯夷、伊尹、柳下惠，以伯夷之清、伊尹之任、柳下惠之和，皆特异于古之贤士，为足法于天下后世者。其尤加称许者，则为伊尹。伊尹救世思想与孟子如出一辙，孟子尝言乃愿则学孔子，孔子而外，吾必以其取法于伊尹矣。

后儒评论孟子，谓"君之视臣如犬马，则臣视君如寇仇"，疑其言之过当。然当日实为对病发药也。又疑"当今之世，舍我其谁"之言，未免夸大。然孟子以拯溺救民为职责，且实有其本领。当此之时，民在涂炭，孟子之大声疾呼，夫岂无病而呻吟者哉！若与孔、颜比较其气象，则孟子立言似欠浑融，此亦时势使然也。

孟子轶事散见于《韩诗外传》《列女传》《孔丛子》等书，《艺文志》载《孟子》十一卷，今惟有《孟子》七篇。赵岐《孟子题词》谓有《孟子外篇》四卷，《性善》《辨文说》《孝经》《为政》凡四篇，其文不能宏深，不与内篇相似，疑非孟子手笔，以为后人依托是也。《孟子外书》今尚存。《艺海珠尘》本、《经苑》本皆刻入。周广业《孟子四考》尝纂辑若干章，存其概耳。

《汉艺文志》列孟子于儒家，自扬雄称许孟子，及赵岐《孟子注》出，唐陆元善复加注释，韩昌黎更为表扬，其名益显。宋陈振孙《直斋书录解题》始列入于经部。朱子作《四书集注》则与《论语》并列矣。

自汉以来，读《孟子》及笺释《孟子》者多矣，然未有洞悉其性善本旨，为之剖析毫芒者。虽以赵岐之注释，朱子之集注，犹有误解之处，盖道之不明久矣。若夫荀卿非孟,王充刺孟,以至冯休删孟,司马光疑孟,晁说之诋孟。更有李泰伯、郑叔友辈,甚且讪诽孟子矣,吾无取焉。

　　右属下篇杂论。论出处进退、辞受取与及持身涉世、为学教授方法,与夫孝友之道、卫道之功。

卷二十六终　女　常照校字

卷末：李跋

　　常照在澳，就讲席于粤华、圣心两中学，顷承家君函召，暑假来港，以所著《〈论语〉孔门言行录》付梓，命为校勘。家君此书萃十三年功力而成，留港文人如伍宪子、马鉴诸先生，佥谓此书极有价值，可传之作。于是许爱周、杨永康、高可宁、陈玉泉、李荷葵、刘毓芸、何理甫、黄惠伯诸公，皆为签助印行。而书画家吕君灿铭曩尝受业于家君，并愿为校勘。余则校勘第四卷颜回，第五卷曾参，及第二十四卷孔门弟子总考、第二十五卷孔伋、第二十六卷孟轲。然思、孟两卷词义精奥，颇难明其旨要，爰竭绵力为之校毕，有无讹误，未敢自信也。

　　家君藏有经史百家之书四万余卷，连年内地多故，散佚殆尽。即前著之《春秋疆域图志》十二卷，亦已无存。此次出境，只携《言行录》一书，间关跋涉，幸而免迨流离海岛，方藉友人资助印刷。忽而患病，多月足不能行，加之年老，精力疲乏，妻儿远隔，乏人侍理，困苦不堪，犹复勉强起坐，摩娑陈编，以言校勘，则无书参考，盖塌无半卷之书也，岂但囊无十金之积已哉！

　　友人问曰："何不名曰'孔门言行录'，而必加'论语'二字？"余答曰："加'论语'者，经部书也；去'论语'二字，则史部传记类书，是圣门人物志、孔门弟子考之类矣。考《家语·弟子解》《史记·弟子传》，皆录孔子弟子七十有七人，然多无言行可记者，今若不加'论语'二字，称曰'孔门言行录'，载入七十七人，而多无言行，以云'言行录'，则名实不符。且《史记》及《家语》所载弟子人数已难断其必为孔子弟子，若就朱氏'孔子弟子考'九十八人录入，则更无从断定其必为弟子。如此泛滥，以云义例，则不谨严。"家君于此盖辨之审矣，故录孔门言行以《论语》所载者为主，其无确据者缺焉。更为《总录》一卷，采《史记·弟子传》《家语·弟子解》及朱氏《孔子弟子考》，并参以他书，分别录入，为《孔门弟子总考》，以附于编，使有可考。一以示详赡而无漏略之嫌，一以示考信而不失阙疑之义，庶几博学而详说之，将以反说约也云尔。

民国癸巳（一九五三年）夏五　女常照谨跋

附表

表一　《论语》孔门弟子氏族、年岁、邑里、官职、褒赠表

姓名	年岁	邑里	官职	褒赠
颜回（字子渊，颜无繇子。）	《史记》《家语》皆云"少孔子三十岁"。按：《家语》谓其卒年"三十二"，今以《传记》考之当作"四十一"。	《史记》《家语》皆云："鲁人。"		唐开元二十七年封兖国公，元封兖国复圣公，名位列在四配。
曾参（字子舆，曾点子。）	《史记》云"少孔子四十六岁"，按：曾子享寿九十余岁，孔子弟子年岁最高者子夏，次则曾子矣。	《史记》《家语》皆云："南武城人。"《索隐》曰："武城鲁邑。"	《韩诗外传》云："齐尝欲聘以为卿，楚迎以令尹，晋迎以上卿，皆辞弗就。"按，此为传会之辞，非实事也。	宋咸淳三年封郕国公，元赠宗圣公，名位列在四配。
有若（字子有。）	《史记》云："少孔子十三岁。"《家语》云："三十三。"别本作"三十六"。	《家语》及郑玄皆云："鲁人。"		唐赠汴伯，宋封平阴侯，名位在十二哲之列。
闵损（字子骞。）	《史记》《家语》皆云"少孔子十五岁"。	郑玄曰："鲁人。"	季氏使为费宰，辞弗就。	宋咸淳三年封费公，名位在十二哲之列。
冉耕（字伯牛。）	《史记》《家语》皆不著其年，《阙里志》云伯牛"少孔子七岁"，未审何据。	郑玄曰："鲁人。"	《阙里志》云："孔子为鲁司寇，伯牛为中都宰。"	宋咸淳三年封郓公，名位在十二哲之列。

（续表）

姓名	年岁	邑里	官职	褒赠
冉雍（《史记》云字仲弓，《家语》云伯牛之宗族。【按】王充《论衡》则以为伯牛之子，未审孰是，然马骕、刘宝楠、康有为皆主其说。）	《家语》云："少孔子二十九岁。"	郑玄曰："鲁人。"	仕鲁为季氏宰。	宋咸淳三年封薛公，名位在十二哲之列。
端木赐（字子贡。）	《史记》云："少孔子三十一岁。"	《史记》《家语》皆云："卫人。"	《史记》云子贡尝相鲁、卫，《家语》载其为信阳宰，当有其事也。	宋赠黎阳公，名位在十二哲之列。
卜商（字子夏。）	《史记》云："少孔子四十四岁。"【按】子夏年寿最高，卒年九十余，或曰百有余岁。	《家语》云："卫人。"	仕鲁为莒父宰，晚年居西河教授，为魏文侯师。	宋咸淳三年封魏公，名位在十二哲之列。
言偃（字子游。）	《史记》云："少孔子四十五岁。"	《史记》云言偃吴人，《家语》云"鲁人"，非是。	仕鲁为武城宰。	宋封吴公，名位在十二哲之列。
颛孙师（字子张。）	《史记》《家语》皆云："少孔子四十八岁。"	《史记》《家语》皆云："陈人。"		宋咸淳三年封陈公，名位在十二哲之列。

（续表）

姓名	年岁	邑里	官职	褒赠
仲由（字子路，一称季路。）	《史记》云："少孔子九岁。"	《史记》《家语》皆云卞人，《家语》卞作弁。	仕鲁为季氏宰，仕卫为蒲大夫，又为卫孔悝之邑宰。	宋封卫公，名位在十二哲之列。
原宪（字子思。）	《家语》云："少孔子三十六岁。"	《家语》云"宋人"，郑玄谓为"鲁人"。	孔子为鲁司寇时，原宪尝为孔子宰，孔子卒后，原宪退隐居于卫。	宋封任城侯，名位列在东庑。
公西赤（字子华。）	《史记》《家语》皆云："少孔子四十九岁。"	《家语》曰："鲁人。"		宋封钜野侯，名位列在东庑。
宓不齐（字子贱。）	《史记》《家语》皆云："少孔子四十九岁。"	《家语》曰："鲁人。"	仕鲁，为单父宰。	宋封单父侯，名位列在西庑。
澹台灭明（字子羽。）	《史记》云："少孔子三十九岁。"《家语》作"四十九"。	《史记》《家语》皆云"武城人。"	仕鲁，为大夫。	宋封金乡侯名位列在东庑
曾点（点一作蒧，字子晳，晳一作皙。）	《史记》《家语》皆不著其年岁。	鲁国人，曾参之父。		宋封莱芜侯，明嘉靖九年立启圣祠，以曾点与颜路、伯鱼、孟孙氏配。

（续表）

姓名	年岁	邑里	官职	褒赠
漆雕开（《史记》云字子开，《家语》云字子若。）	《家语》云："少孔子十一岁。"	郑玄曰："鲁人。"《家语》作"蔡人"。	孔子使漆雕开仕，开报书曰："吾斯之。"未能信子说。	宋封平舆侯，名位列在东庑。
南宫括（《家语》作"南宫韬，字子容"）	《史记》《家语》皆不著其年。	《家语》云："鲁人。"		宋封汝阳侯，名位列在东庑。
冉求（字子有。）	《史记》云："少孔子二十九岁。"	郑玄曰："鲁人，仲弓之宗族也。"	仕鲁为季氏宰。	宋咸淳三年封徐公，名位在十二哲之列。
宰予（字子我。）	《史记》《家语》皆不著其年岁。	《家语》曰："鲁人。"	仕齐为临淄大夫。	宋咸淳三年封齐公，名位在十二哲之列。
高柴（字子羔。）	《史记》云："少孔子三十岁。"《家语》云："四十。"	《家语》曰："齐人。"郑玄作"卫人。"	仕卫为士师，仕鲁为郕宰，又为武城宰。	宋封共城侯，名位列在西庑。
樊须（字子迟。）	《史记》云："少孔子三十六岁。"《家语》云："四十六。"	《家语》云："鲁人。"	《家语》云："仕于季氏。"	宋封益都侯，名位列在西庑。
公冶长（字子长。）	《史记》《家语》皆不著其年。	《史记》云"齐人。"《家语》曰："鲁人。"		宋封高密侯，名位列在西庑。

（续表）

姓名	年岁	邑里	官职	褒赠
颜无繇（《史记》云字路，《家语》云字季，路颜回父。）	《家语》云："少孔子六岁。"	鲁人。		宋封曲阜侯，明嘉靖九年立启圣祠，以无繇与曾点、伯鱼、孟孙氏配。
司马耕（《家语》作"司马犁耕"，字子牛。）	《史记》《家语》皆不著其年。	《家语》曰："宋人。"		宋封绥阳侯，名位列在东庑。
巫马施（即巫马期，盖字子期也，《史记》作"子旗"。）	《史记》《家语》皆云："少孔子三十岁。"	《家语》云"陈人"，郑玄作"鲁人"。	仕鲁为单父宰。	宋封东阿侯，名位列在西庑。
申枨（《史记》作"申党"，《家语》作"申续"，字子周。）	《史记》《家语》皆不著其年。	张守节曰："鲁人。"		宋封文登侯，名位列在西庑。

表二　《论语》孔门弟子德行、气质、学问、事功、技能表

姓名	德行	气质	学问	事功	技能
颜回	《家语》云回以德行著，孔子称其仁。（【按】卓尔之欢即其悟道之证。）	颜子秉性阴健，《集注》称其气质"深潜纯粹"是已，盖质既颖悟，加以学力，故孔子曰："语之而不惰者其回也与！"	颜子问仁、问为邦，而孔子语之皆与余子不同，盖颜子之学问内圣外王之学也。		《家语·颜回》篇颜子能识鸟音，因鸟鸣而辨别其情感，是亦技能之一。
曾参	《史记》《家语》皆云曾子以孝闻。孔子以为能通孝道故授之业，作《孝经》。【按】曾子闻一贯而悟出忠恕，是得闻性与天道也，其学笃实光辉，于孔门中当在颜氏之亚。）	曾子质鲁而笃志力学，人一己百，人十己千，卒传孔子之道。	传《孝经》及《大学》一篇别有曾子十篇，载《大戴礼记》（【按】孔门弟子学问渊博自子夏以外，无如曾子者。）	尝教授于武城，学者多宗师之，弟子甚众。子思、乐正子春、公明仪单居离、阳肤、子襄、沈猷行、公明高、檀弓、公明宣皆其弟子。	按，《曾子》十篇中，其《天圆》一篇推阐阴阳生化之理，实精于天算之学。又《韩诗外传》载曾闻孔子鼓瑟而能辨其旨趣，称为知音，此与颜闵知音事略同。
有若	有子为人和易笃实，其言论皆平实，切于人伦日用，在孔门应列入德行之科。	《史记》云有若状貌似孔子，《集注》曰："其气象有似孔子耳。"非谓状貌也。（【按】有若资质醇厚、雍容和雅之人也。）	孟子言有若智足以知圣人，若是，则其才识、学问可知已。	《左传·哀公八年》有若尝佐季氏伐吴，"吴子闻之，一夕三迁"，是有战功也。	习于兵事，有国士名。

（续表）

姓名	德行	气质	学问	事功	技能
闵损	《家语》云闵损以德行著名。（【按】闵子于孔门列在德行之科，孟子称其于圣人之道能具体而微，尝与颜渊并称，故曰"颜闵"。）	闵子性情恬淡，不乐仕进，不仕污君，以孝闻。			《孔丛子》载闵子闻孔子鼓琴而知其所感触，孔子称为可与听音，是其技能也。
冉耕	《家语》云冉耕以德行著名，孟子曰冉牛、闵子、颜渊则具体而微。（【按】学者以冉、闵并称，则其所养可知矣。）	《淮南子》谓伯牛迫性拂情而不得其和。（【按】《淮南子》之说非也，如其言则冉子之气质乖戾矣。）			
冉雍	《史记》孔子以仲弓为有德行。《家语》曰仲弓以德行著名。（【按】仲弓之学，以敬为主，盖居敬而行简也。其持躬甚密，在孔门中最著声望，名在"颜闵"之次。）	仲弓气质宽洪有雅量，沉默厚重，寡言语，孔子称其"可使南面"。	考《家语》及《孔丛子》仲弓所学详于刑政，是法学家也。《说苑》称仲弓通于化术，孔子明于王道，荀子略同。荀子所学出于仲弓，故推崇备至。		

（续表）

姓名	德行	气质	学问	事功	技能
端木赐	子贡资性颖悟，才智过人，在孔门中颜子而外，当推子贡。其识力尤精，当时播扬孔子之道者，子贡之力也。	《史记》云子贡利口巧辞，《家语》云子贡以口才著名。（【按】子贡天分高、资性敏，故有口才，长于专对，列在言语之科。）	子贡之学由知识入，故曰多学而识之，然其晚年造诣甚深，获闻性与天道。	子贡历聘于吴与齐，能以辞辩折冲樽俎之间，是使于四方而能不辱君命者矣。	考左氏定十五年传知子贡能相人善、观人吉凶也，又明敏能料事，好举废，与时转货赀，故家累千金。
卜商	子夏生平笃信、谨守。晚年造诣益深，孔门弟子践履笃实，曾子而外端推子夏。	子夏气质稍隘，故器量不宏，或有欲速见小之弊。	子夏文学列在四科，序《诗》、传《易》，又传《礼》。孔子复以《春秋》属之，好为精微之论，得孔氏之微言，故孔门弟子博学无如子夏者。	子夏教授西河，魏文侯尝师事之。段干木、田子方、吴起、禽滑釐、公羊高、谷梁赤、李克、高行子、曾申、馯臂子弓皆受业于其门。	
言偃	【谨按】大同之道为孔子一生救世思想，其说载在《礼运》。当时孔子独以语子游盖已立人、己达达人是大同之道，亦即礼之精义，子游以礼学名家，故孔子举礼之精者语之，其殆得闻孔子之微言者欤。	朱子曰子游北学于中国，因文学而得圣人之一体。考其言论，类皆简易疏通、高畅宏达，意其为人必敏于闻道而不滞于形器者。	子游长于礼，《礼》记檀弓多载其论。孔门言礼者，皆推子游，列在文学之科，与子夏齐名。	为武城宰，有政声。弦歌礼乐之音布于四境，孔子闻而赞美之。	

(续表)

姓名	德行	气质	学问	事功	技能
颛孙师	考《大戴礼》孔子称子张谓其不弊百姓，仁也。故以恺悌君子似之，盖子张晚年造诣颇醇，故有执德、宏信、道笃之言。论者谓其造诣高出游夏之上云。	《家语》云子张为人有容貌，资质宽冲，博接从容。			
仲由	子路为人果敢、刚直、有节概性，至孝。平居以忠信为主，无宿诺，故片言可折狱。其待人也，慷慨不吝，又能虚怀接物，入告之以有过，则喜。	《史记》云子路性鄙好勇，力志伉直，喜从孔子游。		子路为季氏宰，堕三都、出藏甲、治蒲有政绩，孔子称之。其后为卫孔悝邑宰，赴出公之难，与蒉聩斗，遂死于卫，孔子惜之。	《家语》云子路有勇力、才艺，以政事著名。
原宪	《家语》云原宪清净守节、贫而乐道。司马迁曰原宪同巷人也，环堵之室，萧然自得，读书怀独行君子之德，养志以忘其身义，不苟合当世而褐衣蔬食不厌。	原思气质温和、恬淡寡欲、不慕仕进，又能俭朴、刻苦、自励，盖廉洁之士也。			

（续表）

姓名	德行	气质	学问	事功	技能
公西赤	子华习于礼仪堪当使节。孔子谓其束带立于朝可使与宾客言，又曰齐庄而能肃志，通而好礼，摈相两君之间，笃雅有节，是公西赤之行也。	子华仪容隽伟，应对敏给，气度又复从容、温恭有礼。当其适齐，乘肥马、衣轻裘俨然贵介公子也。		尝为孔子使于齐。今考孔门克当行人选者，子贡而外莫若子华。	
宓不齐	子贱有才智，能亲师取友。及为单父宰，仁爱百姓，百姓亲爱之。孔子谓其才堪任霸王之佐。	气质谦冲，故能亲师取友，而办事明敏精密，故人不敢欺。在孔门中为不可多得之才。	《汉·艺文志》有宓子十六篇，子贱固以儒林而兼循吏者也。	子贱为单父宰，任人而不任力，故能鸣琴而治有政声，是以孔子大之。	
澹台灭明	《家语》云灭明为人公正无私，取与去就，以诺为名。《史记》曰灭明设取予去就名，施乎诸侯，孔子称之。	《家语》云灭明状貌甚恶，孔子曰："以貌取人，失之子羽。"	子羽从学于孔子后，刻苦修行，及南游至江，从弟子三百人，其学行于江汉之间，为南派之大宗。		
曾点	曾点春风沂水之思，是能素位而行、随遇而乐，论者谓曾点对孔子之言有万物得时之妙。其意志复远矣，故孔子欢美之，其性行于孔门为别派。	性旷达，孟子所谓"狂者"一流，故与琴张、牧皮并称。			

（续表）

姓名	德行	气质	学问	事功	技能
漆雕开	漆雕开信道甚笃，不乐仕进，原宪、季次一流人也，可谓隐君子矣。	气禀恬退、含蓄不露。	《家语》云开习《尚书》。（【按】开著有《漆雕子十三篇》，见《汉书·艺文志》。《韩非子》所载有漆雕氏之儒，与子思、子张并列。康氏有为遂称为八儒之一大派。）		《家语》载孔子称漆雕凭善于数卜，若凭与开为一人，则开又长于卜筮矣。
南宫括	《家语》云子容以智自将，世清不废、世浊不污。《大戴礼》载其独居思仁、公言思义，夫子信其仁。按，南容三复白圭，盖谨言慎行之士也，故邦有道不废，邦无道能免于刑戮。	子容禀性纯洁，是能持躬谨严，与人无忤、与世无争者。			

（续表）

姓名	德行	气质	学问	事功	技能
冉求	考《论语》所记冉有事，大抵才有余而气不足，识虽明而力不专，故孔子每抑而进之。	冉有性多退让，稍近怯懦，乏刚直态度，正与子路相反。	其学长于政事，能理财故。孔子谓千室之邑、百乘之家可使治其赋也。	冉有为季氏宰，虽不能正谏其失，然时有拾遗补阙之功，《哀十一年·传》齐师伐鲁，冉有帅左师，用矛能入其军，是有战功也。	能知兵。季康子问军旅之事，学之乎？性之乎？冉有对以学于孔子。孔子言，求也，艺故。艺学家遂以算术托之冉有，然冉有之艺不止于能九数也。
宰予	宰我虽长于言语，然其言论常为孔子所贬，斥曰"朽木"，曰"不仁"。《论语》所记，孔子之言，无有称许之者。	《集注》引胡氏说，谓宰我不能以志帅气，宴安之气胜，儆戒之志惰云。	宰我所学，好研究鬼神、生死之说，形气聚散之理，见于《礼记》及《大戴礼》《家语》者颇详。	《史记》载宰我与田常作乱，以夷其族，其说非是，已详"言行录·宰我"卷中。	
高柴	《家语》云子羔为人笃孝有法正，少居鲁，知名于孔子之门。（【按】《礼记》子羔执亲之丧，泣血三年未尝见齿，君子以为。难其持躬严正，而待人则慈祥恺悌，故民爱而畏之。）	子羔资质稍钝，长不盈五尺，孔子以为愚，然谨厚诚朴，盖笃行之士也。		子羔为士师，以法治民，被治者无怨言。及为郈宰，信赏必罚，郈人感其德化，不敢犯法。	

（续表）

姓名	德行	气质	学问	事功	技能
樊须	《论语》所载樊迟问仁问知，反覆推究，以明其理，是为切己之学，亦孔门高弟也。	樊迟资质颇钝，然笃实人也。《集注》谓为粗鄙近利，非是。		《哀十一年·传》齐师伐鲁，冉求帅左师，樊迟为右，先登三刻，逾沟众，从之，遂入齐军，有战功。	
公冶长	《家语》云子长为人能忍耻，孔子以女妻之。（【按】《留青日记》鲁以子长能解鸟语，欲爵为大夫，辞不受，是不苟仕也。）	子畏气质纯朴，廉介自持，是能不趋势利者。		《留青日记》云鲁因子长能解鸟语，侦知齐师侵鲁，发兵应敌，遂退齐师有功。	据《留青日记》及《论释》所载，子长能解鸟语，是有特殊技能矣。
颜无繇	《史记》云颜路父子尝各异时事孔子，然不详颜路学行，他书亦无记载者。	观颜路请车一事，则其质性坦直可知也。			
司马耕	考牛兄弟五人，其兄桓魋作乱，子颀、子车皆党于魋，惟牛能卓然特立，不肯苟从，盖有坚忍不拔之操。	《家语》云牛性躁好言语。			

（续表）

姓名	德行	气质	学问	事功	技能
巫马施	子旗言行见于经传者如《韩诗外传》所载，与子路薪于韫丘一节，则为有操守之士也。			为单父宰，勤劳有政声。	
申枨	申枨言行仅一见于《论语》，孔子谓其多欲，他无可考。	枨既多欲则气质必不能醇，学业亦必不能专矣。			

表三　孔门弟子授受源流系统表

（一）曾参
- 孔伋 亦为子游弟子。————孟轲
  - 乐正子克
  - 万章
  - 公孙丑—孟罤 孟轲子。
  - 公都子
  - 浩生不害
  - 孟仲子 亦受业于李克，或云即孟子之子，名罤也。
  - 陈臻
  - 充虞
  - 屋庐子连
  - 徐辟
  - 陈代
  - 彭更
  - 咸丘蒙
  - 桃应
  - 益成括
  - 胜更
  - 高子
- 乐正子春
- 公明仪 据孔颖达说，按公明仪又为会申弟子。
- 单居离 传《礼》。
- 阳肤
- 子襄
- 沈猷行
- 公明高
- 檀弓 传《礼》。
- 公明宣 据《说苑》。

【谨按】孔伋、乐正子春诸儒为曾参弟子，乐正子克、万章诸儒为孟轲弟子，已详于编，康氏有为谓孔伋为言偃弟子，或亦尝受业焉尔。

(二) 卜商
— 段干木
— 田子方
— 吴起 _{据朱彝尊说，按吴起又为曾申弟子。}
— 禽滑釐
— 公羊高 _{传《春秋》。}
— 谷梁赤 _{传《春秋》。}
— 李克 _{亦为曾申弟子。}
— 高行子 _{传《礼》。}—薛仓子—帛妙子—大毛公—小毛公
— 馯臂子弓 _{亦为商瞿弟子，传《易》。}
— 魏斯 _{即魏文侯。}
— 文子
— 曾申 _{传《诗》及《春秋》，又为左丘明弟子。}—李克—孟仲子—根牟子—孙卿子—大毛公

【谨按】段干木、田子方诸儒为卜商弟子已详于编中，高行子及曾申之传授系统据陆氏经典释文补入，以明《诗经》之授受源流也。其是否正确，尚待参究，子夏易学及《礼经》传受系统，其详无可考，惟馯臂子弓之传《易》则见于商瞿系统。

(三) 言偃—孔伋 _{康有为谓孔伋为子游弟子，陈澧东塾读书记亦疑子思、孟子之学出于子游。}

(四) 澹台灭明

【谨按】《史记·仲尼弟子传》谓澹台灭明南游至江，从弟子三百人，今无可考。

（五）商瞿 传《易》。—馯臂子弓 亦作子弘，为子夏门人。又—矫子庸疵 即矫庇。—周子家竖 即周丑。—光子乘羽 即光乘。—田子庄何 即田何。—王子中同 即王同。—杨何 商瞿至杨何凡八代。

（六）左丘明—曾申

【按】《经典释文序录》云左丘明作《传》以授曾申，是曾申为子夏弟子，又为左丘明弟子也。考《韩非子》所载有颜氏之儒、有仲弓氏之儒、漆雕氏之儒，而子游列在文学之科，子张亦以文学名。康氏有为谓庄周传子贡之学，有子为孔子传道之大宗，如此则诸子授受渊源必广，门弟子必多矣。然迄今皆无可考，书阙有间，可知也。汉志有世硕及公孙尼子、芊子，或云皆七十子之弟子，然无以知其为某人之弟子也。刘向曰成回学于子路，是子路弟子有成回。《汉·艺文志》有景子三篇，说宓子语，颜师古疑其为宓子弟子，因并禄出以待参考。

引用书目

经部（共九十五种）

《论语注疏》（魏·何晏等集解、宋·邢昺疏）

《论语集解义疏》（梁·皇侃疏）

《论语笔解》（唐·韩愈、李翱同撰）

《论语辨》（唐·柳宗元）

《论语集注》（宋·朱熹）

《南轩论语解》（宋·张栻）

《论语意原》（宋·郑汝谐）

《论语集说》（宋·蔡节）

《论语集注考证》（元·金履祥）

《论语正义》（清·刘宝楠）

《论语古注集笺》（清·潘维城）

《论语集注补正述疏》（清·简朝亮）

《论语注》（清·康有为）

《论语稽求篇》（清·毛奇龄）

《论语埃质》（清·江声）

《论语骈枝》（清·刘台拱）

《论语后录》（清·钱坫）

《论语补疏》（清·焦循）

《论语偶记》（清·方观旭）

《论语发微》（清·宋翔凤）

《论语说义》（清·宋翔凤）

《续论语骈枝》（清·俞樾）

《论语郑义》（清·俞樾）

《论语古义》

《论语述何》（清·刘逢禄）

《论语瞥记》（清·梁玉绳）

《论语纪闻》（清·管同）

《论语注》（清·戴望）

《论语说》（清·吴嘉宾）

《孔子年谱》（清·江永）

《孔子年谱》（清·朱彝尊）

　　以上《论语》之属

《孟子注疏》（汉·赵岐注、宋·孙奭疏）

《孟子正义》（清·焦循）

《孟子四考》（清·周广业）

《孟子字义疏证》（清·戴震）

《孟子生卒年月考》（清·阎若璩）

《孟子学案》（近人郎擎霄）

　　以上《孟子》之属

《四书集编》（宋·真德秀）

《四书纂疏》（宋·赵顺孙）

《融堂四书管见》（宋·钱时）

《大学章句》（宋·朱熹）

《中庸章句》（宋·朱熹）

《四书纂笺》（元·詹道传）

《四书辨疑》（元·人失名）

《四书通旨》（元·朱公迁）

《四书通》（元·胡炳文）

《四书通证》（元·张存中）

《四书丛说》（元·许谦）

《大学衍义补》（明·邱濬）

《四书改错》（清·毛奇龄）

《四书賸言》（清·毛奇龄）

《四书稗疏》（清·王夫之）

《四书释地》（又续、四书正误　清·阎若璩）

《四书考异》（清·翟灏）

《四书典故辨正》（清·周秉中）

《四书典故核》（清·凌曙）

《四书释疑》（清·周国价）

《四书客难》（清·龚元玠）

《四书摭余说》（清·曹之升）

《四书索解》（清·毛奇龄）

《四书随见录》（清·邹凤池、陈作梅合编）

《中庸注》（清·康有为）

　　以上四书之属

《周易注疏》（魏·王弼、晋·韩康伯注、唐·孔颖达正义）

《尚书大传定本》（汉·伏胜原本、清·陈寿祺校注）

《韩诗外传》（汉·韩婴）

《左传正义》（晋·杜预集解、唐·孔颖达正义）

《陆玑毛诗草木鸟兽虫鱼疏》（清·丁晏校本）

《大戴礼补注》（汉·戴德原本、清·汪照补注）

《礼记正义》（汉·郑玄注、唐·孔颖达正义）

《白虎通义》（汉·班固）

《春秋繁露注》（汉·董仲舒原本、清·凌曙注）

《礼记子思子言郑注补正》（清·简朝亮）

《明堂大道录》（清·惠栋）

《丧说》（清·夏之蓉）

《礼说》（清·惠士奇）

《求古录礼说》（清·金鹗）

《五礼通考》（清·秦蕙田）

《春秋大事表》（清·顾栋高）

《春秋名字解诂补义》（清·胡元玉）

《公羊通义》（清·孔宝森）

《孝经注疏》（唐玄宗注、宋·邢昺疏）

　　以上《易》《书》《诗》《礼》《左传》《公羊》《孝经》之属

《经典释文》（唐·陆德明）

《经义考》（清·朱彝尊）

《考信录》（清·崔述）

《经义述闻》（清·王引之）

《经传释词》（清·王引之）

《经学卮言》（清·孔广森）

《经史问答》（清·全祖望）

《群经补义》（清·江永）

《经咫》（清·陈龙范）

《经说》（清·姚鼐）

《群经平议》（清·俞樾）

《群经识小》（清·李惇）

《经句说》（清·吴英）

　　以上诸经总义及目录之属

史部（共三十一种）

《史记》（汉·司马迁）

《汉书》（后汉·班固）

《列女传》（汉·刘向）

《孝子传》（汉·刘向）

《新序》（汉·刘向）

《说苑》（汉·刘向）

《古史考》（汉·谯周）

《家语》（三国·王肃注本）

《后汉书》（南朝·宋范晔）

《史记索隐》（唐·司马贞）

《通典》（唐·杜佑）

《通志》（宋·郑樵）

《古史考》（宋·苏辙）

《路史》（宋·罗泌）

《隶释》（宋·洪迈）

《通考》（元·马端临）

《续文献通考》（明·王圻）（清·乾隆时曹仁虎等奉敕撰）

《阙里志》（明·陈镐）

《经籍志》（明·焦竑）

《清文献通考》（明·王圻）

《孔门弟子传略》（明·夏洪基）

《清史列传》（钞刻本）

《绎史》（清·马骕）

《汉书古今人名考》（清·梁玉绳）

《逸周书补注》（清·陈逢衡补注）

《阙里文献考》（清·孔继汾）

《孔门弟子考》（清·朱彝尊）

《孔庙从祀末议》（清·阎若璩）

《曹溪通志》（清·马元与释真朴重修）

《吾学录初编》（清·吴荣光）

《四库全书总目提要》（清·乾隆时纪昀等奉敕撰）

子部（共四十三种）

《庄子》（庄周）

《列子》（列御寇）

《管子》（管夷吾）

《晏子》（晏婴）

《墨子》（墨翟）

《荀子》（荀况）

《尸子》（尸佼）

《韩非子》（韩非）

《孔丛子》（孔鲋）

《吕氏春秋》（吕不韦）

《淮南子》（汉·淮南王安）

《法言》（汉·扬雄）

《盐铁论》（汉·桓宽）

《新论》（汉·桓谭）

《论衡》（汉·王充）

《潜夫论》（汉·王符）

《风俗通义》（汉·应劭）

《中论》（魏·徐幹）

　　以上周秦汉魏诸子

《周子通书》（宋·周敦颐）
《二程遗书》（宋·程颢程颐）
《朱子语录》（宋·朱熹）
《杨龟山语录》（宋·杨时）
《家范》（宋·司马光）
《翁注困学纪闻》（宋·王应麟原本）
《传习录》（明·王守仁）
《宋元学案》（清·黄宗羲、原本全祖望修）
《明儒学案》（清·黄宗羲）
《清儒学案》（清·唐鉴）
《日知录》（清·顾炎武）
《蒿庵闲话》（清·张尔岐）
《十驾斋养新录》（清·钱大昕）
《过庭录》（清·宋翔凤）
《朴学斋扎记》（清·宋翔凤）
《读书杂志》（清·王念孙）
《论学小记》（清·程瑶田）
《温故录》（清·包慎言）
《温故录》（清·赵佑）
《拜经日记》（清·臧庸）
《读书脞录》（清·孙志祖）
《东塾读书记》（清·陈澧）
《典三賸稿》（清·周寅清）
《古籍举要》（近人钱基博）
《图书集成汇编》（清·康熙时儒臣奉敕编纂）
　　以上理学及考订与类书之属

集部（共十三种）

《陆宣公奏议》（唐·陆贽）

《韩昌黎集》（唐·韩愈）

《东坡全集》（宋·苏轼）

《朱子大全集》（宋·朱熹）

《白沙子集》（明·陈献章）

《唐荆川集》（明·唐顺之）

《程氏篁墩集》（明·程敏政）

《曝书亭集》（清·朱彝尊）

《鲒埼亭集》（清·全祖望）

《述学补遗》（清·汪中）

《研经室集》（清·阮元）

《且住庵文稿》（清·汪喜荀）

《东塾集》（清·陈澧）

上录书目，皆举本编所引用者，或依著作人年代先后列入，或依四库类目，当分别观之。

后　记

《〈论语〉孔门言行录》是我爷爷的遗著，是一本考证、梳理及阐述孔门弟子言行的儒学著作，它将《论语》各篇章以孔门诸子为纲目予以编排，择录古书所记信而可征的各弟子言行以备参证，修罗纂辑、旁蒐远绍，旨在恢弘儒家思想。这本厚厚的书自20世纪50年代在香港以繁体竖排初次出版，后因种种原因，渐而湮灭无闻，其书其人知之者甚鲜。父亲在世时嘱咐我们一定将此书重新整理、句读标点再版，未及面世，他却不幸撒手西去。

掩卷而泣，悲从中来，我忘不了当父亲转院昏迷中，我和哥哥在病榻前诉说勿以我们为念，我们很好，让他安心养病……他没有任何反应。但当我捧着谢编辑送来的样书，对他说："爸爸，您看，这是爷爷的书。这本《言行录》现在重新出版了！"父亲紧闭的双眼努力地睁开，眼眸间流露出期待，又有些欣喜、有些湿润。

2005年，在美国的姑妈重新影印此书并寄回国内，使这本书在爷爷的众多遗著中得以完整保留。父亲在世时，我曾和他一起整理祖辈们留下的物品。他拿着这本旧书对我说，这本书初版后没几个月你爷爷就去世了。爷爷是在香港去世的，没有亲人在身边，只有一些朋友和弟子。在乱世中，爷爷耗费十三年时间撰成初稿，可谓呕心沥血。期间，手稿和参考典籍散佚殆尽，成书不久便患病卧床，自知已是风烛残年。其时的爷爷"多月足不能行，加之年老，精力疲乏，妻儿远隔，乏人侍理，困苦不堪，犹复勉强起坐，摩娑陈编，以言校勘……"每念及此处，不忍多思。整理刊印后，爷爷恐有错漏，殷切希望后人能继续校注、指正、重新出版，期冀对后人进一步了解、研究孔子和孔门弟子，以及研读中国优秀传统文化带来一些帮助。

十余年来，父亲始终将《言行录》的重新整理和再版视为心头事。孔子有言:"父在,观其志;父没,观其行,三年无改于父之道,可谓孝矣。"完成父亲的遗愿,是子女应尽的孝道,何况这也是祖父的临终嘱托和父亲弥留之际念念不忘的心愿。

父母在的时候,我们无论多大年纪都是父母的孩子;但父母都不在了,我们只是孩子的父母,只有承担的责任。我不禁屡屡回顾往事,想了解我的"根"。

爷爷去世时我还没出生,爷爷长什么样,我也只能通过照片得知些许。照片里,爷爷俊朗、威严,很有学识的样子,颇有些儒雅帅气。当我再回到家乡广东新会,爷爷的故事、他的"威水史"在邻里乡亲中仍然口口相传,着实令我诧异,于是我从乡里老者的回忆和爷爷的遗著中慢慢拾得关于他的只言片语。一点点地勾勒起爷爷的过往和形象。

我的爷爷李榕阶,字汾甫,出生在广东新会七堡乡涌沥里,是清末举人。据说爷爷年少时读书十分用功,在广雅书院就学时,要是同学寻他,只需去藏书数十万卷的冠冕楼准能找到他。宣统二年(1910),他乡试第一,获官署敕封举人,此后乡人益敬重之。之后为官、从教、行医,曾任民国广东五邑财政整理处处长等职。他为政清廉,时人称其"清廉自矢,出纳公开,苞苴断绝,然不加赋而用足,故地方绅商暨各处防军,皆称其廉能"。在本书里,他也同样强调财政"必当公开",应"公正廉明",并对主财政官员进行"三年考绩"。应是这一时期爷爷主理一方财政的诤语良言。

爷爷是位有正义感有担当的读书人。1920年,桂系据粤,陈炯明欲提兵攻之,省垣动荡。时省城文人齐聚教育总会商讨对策,久议不决。席间,爷爷力主去信有"莫屠户"之称的桂系都督莫荣新,劝其应识时务尽早离粤,以免生灵涂炭,并主笔成稿,签字后投往都府。后桂军果被驱离,众人笑评爷爷"是以文字驱离莫督军者也",只笔能退十万军,一时传为佳话。原来爷爷年轻时也曾如此年轻气盛、慷慨激昂,为民免于战火甘冒风险。1921年,与爷爷有一面之交的友人谢星桥患病,想来这位曾在福建任知县的梅州人应该是个清官,因为好歹当过县太爷的他居然无钱治病。爷爷当即赠与两百银元,并为之筹款五百元以解燃眉之急。谢星桥在行伍时的官长、曾任广东北伐军总司令的姚雨平将军闻之自愧不如，深受感动。其时，爷爷自己也资财贫乏，只是深信儒家推崇的管鲍之交"通财之义"，见不得友人患难无助罢了。或许正因为这些义行和品格，使得爷爷不仅受时人赞许，还与许崇智、李济深等民国政要成为好友。当年爷爷主持编修的祖谱颇受族人和各界认可，并由李济深题识，也算得上一件盛事。这本《〈论语〉孔门言行录》在港出版时，爷爷正是贫病交困之时，尝得省港诸友弟子

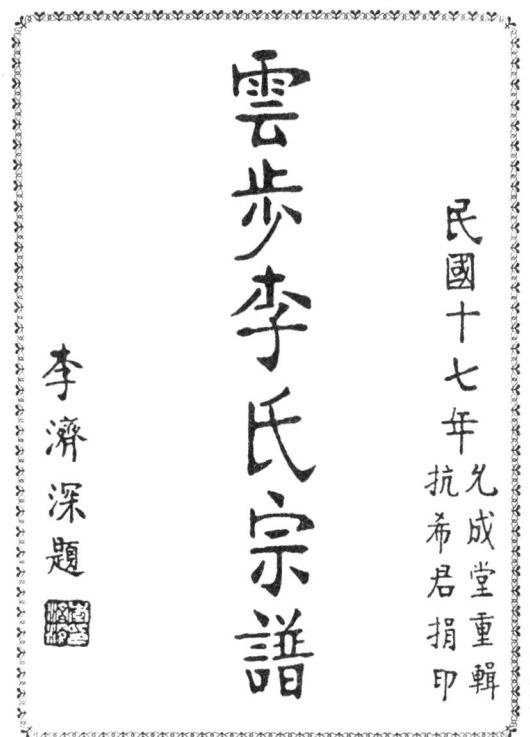

们的关注，一些知名学者如伍宪子、马鉴、钱穆、汪宗洙等不吝赐序，刊印时，桂南屏、卢湘父等名家为之呼吁，经费上又得港澳商界大佬许爱周、高可宁等资助，最终付梓。冥冥之中，就像是命运给一生古道热肠的爷爷最好的回报吧。爷爷除了这本书外，尚有《致知草堂文稿》、《春秋疆域图志》十二卷等著作，可惜均已散佚。

古之士人把文章当作是"经国之大业，不朽之盛事"，认为"年寿有时而尽，荣乐止乎其身，二者必至之常期，未若文章之无穷"。《〈论语〉孔门言行录》一书既是爷爷一生研究《论语》的结晶，更寄寓着爷爷经世致用、有益于国计民生的理想。在汇辑相关文献时，时时不忘注入自己对国家社会现实的思考和隐忧。"国家之患，不在水旱，不在盗贼，不在于财用匮乏，不在于兵革不利，而在于人心败坏。"他矢志不渝把毕生心血倾注在《论语》这部经典，或许与他儒家天下大同世界的梦想有关，也是用他一生

之所学所思，倾尽全力于乱世中为国为民找寻一剂拯救世人心灵的良药。所以在本书一以贯之的主题便是忧国忧民、经世致用及修身利人的责任感。爷爷留下的著作和故事，以及他时刻以中华民族之兴亡为己任的使命感，承袭着中华民族优秀传统文化的精神财富，他用笔端播扬后世，并将这种精神融进血脉，流淌在子子孙孙身体里。

李菁谨记（李榕阶先生孙女）